中 国
特殊钢工业年鉴
2023

章青云　主编

北 京
冶 金 工 业 出 版 社
2023

图书在版编目(CIP)数据

中国特殊钢工业年鉴. 2023／章青云主编 .—北京：冶金工业出版社，2023. 12

ISBN 978-7-5024-9688-3

Ⅰ. ①中… Ⅱ. ①章… Ⅲ. ①钢铁工业—特殊钢—中国—2023—年鉴 Ⅳ. ①F426. 31-54

中国国家版本馆 CIP 数据核字(2023)第 233120 号

中国特殊钢工业年鉴（2023）

出版发行	冶金工业出版社	**电　　话**	(010)64027926
地　　址	北京市东城区嵩祝院北巷 39 号	**邮　　编**	100009
网　　址	www. mip1953. com	**电子信箱**	service@ mip1953. com

责任编辑　李培禄　于昕蕾　美术编辑　彭子赫　版式设计　郑小利

责任校对　郑　娟　责任印制　禹　蕊

北京捷迅佳彩印刷有限公司印刷

2023 年 12 月第 1 版，2023 年 12 月第 1 次印刷

787mm×1092mm　1/16；32. 5 印张；765 千字；505 页

定价 198. 00 元

投稿电话　(010)64027932　投稿信箱　tougao@cnmip. com. cn

营销中心电话　(010)64044283

冶金工业出版社天猫旗舰店　yjgycbs. tmall. com

（本书如有印装质量问题，本社营销中心负责退换）

《中国特殊钢工业年鉴（2023）》

编　委　会

	冯　喆	傅小彬	耿　佩	顾荣祖	郭亚亚
	韩玉梅	郝广鹏	黄佩玲	贾名琳	姜燕燕
	金成超	康　咏	李得财	李　东	李海洋
	李　航	李　鸿	李晓东	李　伟	李　颖
	李志强	刘加军	刘　倩	刘永和	刘　娟
	刘美辰	刘运松	刘振民	陆　颖	陆吕凯
	陆治越	路霞霞	罗志玲	罗忠河	吕　兵
	吕正华	马华云	牛　犇	潘红日	庞辉勇
	彭学艺	卿海涛	任晓锋	萨仁高娃	尚慧群
	沈国平	石　敏	宋文祥	孙晓明	孙兴德
	谭裕民	王　琛	王　健	王明娣	王攀峰
	王玉莲	吴海峰	吴海荣	吴　俊	吴雅芝
	吴轶超	武立敏	肖广林	谢振亚	徐　俊
	徐潇声	徐亚鹏	薛　松	严锦涛	杨　阳
	杨国佳	杨建伟	杨连金	杨学斌	杨志贵
	张　弛	张丹丹	张　凯	张　颖	赵春梅
	赵鹏鹏	赵元鹏	郑　宇	周兰霞	周彦辉
	朱　宁				
执　笔　人	苏亚红	朱晓波	褚召忍	申延军	

序　　言

2022年注定是不平凡的一年。这一年是中国踏上全面建设社会主义现代化国家新征程、向第二个百年奋斗目标进军的开局之年。这一年，党的二十大胜利召开。党的二十大擘画了中国式现代化的宏伟蓝图，科学谋划了未来五年乃至更长时期党和国家事业发展的目标任务和大政方针，也为钢铁行业实现高质量发展提供了目标指引。

钢铁工业是国民经济的重要基础产业，是建设现代化国家的重要支撑，是经济社会实现绿色低碳发展的重要领域。随着中国经济进入高质量发展新时代，中国钢铁工业也进入了高质量发展新阶段。站在新的历史起点上，全行业正在大力推进以“高端化、智能化、绿色化”为主要方向的产业转型发展计划。计划的实施，将进一步提升行业总体水平、改善行业的整体面貌，钢铁工业对国民经济的保障能力和产业综合竞争力将进一步得到提升。

在中国共产党的领导下，多年来钢铁人为了钢铁事业不懈奋斗。中国钢铁经过改革开放四十余年的高速发展，综合实力和整体面貌也已发生了根本变化，目前正在全面实施面向未来的绿色低碳转型计划。特殊钢是钢铁工业的重要组成部分，在国民经济中占有重要地位，同时特钢行业也面临着转型升级、与世界接轨的重任，是钢铁行业转型发展中的先行军、特种兵。改革开放后，特殊钢产业进入了发展的快车道，四十多年来，通过持续推进产业和产品结构调整，取得令世人瞩目的伟大成就，为我国钢铁行业国际竞争力的提升、为国民经济的持续快速发展，为国防现代化发挥了重要的支撑作用，做出了重大贡献。

2022年，中国钢铁行业面对着国际形势复杂多变、国内疫情多点发散、国内需求不足、供给冲击、市场预期减弱等诸多共性问题；同时特钢行业也面对着行业潜在产能压力大、高精尖产品质量一致性攻关、标准落后于实物产品质量等行业特性问题。特钢企业努力克服经济下行、需求收缩、成本上升带来的不利影响，积极应对新冠病毒疫情造成的冲击，紧紧围绕“稳生产，保供给，控成本，防风险，提质量，稳效益”的工作目标，深化改革，攻坚克难，新产品开发突飞猛进，行业整体保持了平稳向好的发展态势，为保障国民经济和钢铁产业链健康发展做出了重要贡献。

祝贺2023年版《中国特殊钢工业年鉴》顺利出版。在中国特钢企业协会和特钢年鉴编委会的指导和支持下，特钢年鉴忠实记录中国特殊钢工业发展历程，为行业留史存志。希望特钢年鉴不断提高出版质量，坚持为政府部门、钢铁企业和广大读者提供总结性强、具有统计意义和连续性、系统性的资料性参考，不断取得新的佳绩。

中国钢铁工业协会党委书记、执行会长　何文波

2023年10月

前　　言

为了更好地、系统地记录、总结特殊钢工业的运行状况和改革发展成绩，为中国特殊钢行业留史存志，2022 年 5 月 27 日中国特钢企业协会联席会长会议决定由中国特钢企业协会组织主要特钢企业每年编写《中国特殊钢工业年鉴》，由协会轮值会长担任主编、冶金工业出版社正式出版。2022 年 12 月，我国特殊钢行业第一本正式出版的年鉴《中国特殊钢工业年鉴（2022)》正式出版，即将出版的《中国特殊钢工业年鉴（2023)》是第二部年鉴，有正式书号，全面、客观、准确记述我国特钢行业 2022 年发展情况，是一部具有可读性、可查性、资料性的年度史志类专业工具书。

党的二十大进一步明确了到 2035 年我国发展的目标任务，提出要实现高水平科技自立自强，进入创新型国家前列，要建成科技强国、人才强国、文化强国、教育强国、体育强国、健康中国，国家文化软实力显著增强。2023 年是贯彻落实二十大精神的开局之年，这本书也是中国特钢行业落实二十大精神，总结、提炼、传播冶金科技成果，完成行业知识传承传播的历史任务，支撑中国钢铁工业高质量发展的具体举措。

2022 年，中国钢铁行业面临着国际形势复杂多变、国内疫情多点发散、国内需求不足、供给冲击、市场预期减弱等诸多共性问题；同时特钢行业也面临着行业潜在产能压力大、高精尖产品质量一致性攻关、标准落后于实物产品质量等行业特性问题。面对困境，特钢企业积极响应国家新发展形势，开展行业自律、产品结构调整等一系列工作，克服市场需求下降、原燃材料成本上升等不利因素的影响，特钢行业总体实现平稳运行，新产品开发突飞猛进，满足了国内经济高质量发展对特钢品质新的需求。在全国特钢行业同仁的共同努力下，2022 年，全国主要优特钢企业优特钢粗钢产量 0.75 亿吨，同比下降 0.43%。优质钢产量 4144 万吨，同比上升 0.48%；其中，特殊质量合金钢产量 2891 万吨，同比上升 1.55%。从品种结构来看，2022 年重点品种产量 1162 万吨，同比下降 1.9%，齿轮钢、高温合金保持增长，轴承钢、弹簧钢产量下降。从产品端来看，优特钢管材、中厚板产量增长，棒、线材产量下滑。其中，优特钢棒材 2651 万吨，同比下降4.66%；线材1184万吨，同比下降8.8%；钢管产量611万吨，同比上升11.3%；板材产量1522万吨，同比上升51.2%。在国内大循环为主体、国内国际双循环相互促进的新发展格局下，特钢行业为国内制造业保证了基本供需平衡。

《中国特殊钢工业年鉴（2023）》（以下简称《年鉴》）的主要内容包括中国特殊钢行业运行情况综述、行业综合指标、产品创新和应用拓展、工艺技术装备进步、行业转型发展、企业管理创新（党建）典型案例、中国特殊钢行业大事记、特殊钢企业成果和奖励、中国部分特殊钢企业介绍、主要特殊钢企业统计、中国特钢企业协会等11章，以及2022年世界粗钢产量和全国主要钢铁产品产量、特殊钢下游用户行业运行情况和需求、宝武特冶高质量发展专题报道、太钢集团高质量发展专题报道和马钢集团高质量发展专题报道5个附录。

本书在编辑和出版过程中得到了中国特钢企业协会及各会长、副会长单位大力支持，各成员单位也给予积极配合。在此，谨向关心与支持本《年鉴》工作的各级领导和同志们，向各供稿单位、组稿（撰稿）人表示衷心的感谢！

由于《年鉴》内容涉及相关部门多，加之各种情况不断变化，本书在资料搜集整理上、在编辑过程中难免有疏漏之处，欢迎特钢行业的各级领导、各位同仁给予批评指正，我们将在今后的《年鉴》编写、出版中不断改进、完善、提高。

中国特钢企业协会轮值会长

宝武特种冶金有限公司 党委书记、董事长

2023年10月

目　录

第 1 章

中国特殊钢行业运行情况综述

2022 年中国钢铁行业面临着国际形势复杂多变、国内疫情多点发散、国内需求不足、供给冲击、市场预期减弱等诸多共性问题；同时特钢行业也面临着行业潜在产能压力大、高精尖产品质量一致性攻关、标准落后于实物产品质量等行业特性问题。面对困境，特钢企业积极响应国家新发展形势，开展行业自律、产品结构调整等一系列工作，克服市场需求下降、原燃材料成本上升等不利因素的影响，特钢行业总体实现平稳运行，新产品开发突飞猛进，满足了国内经济高质量发展对特钢品质新的需求。

1.1 2022 年特钢行业运行情况

1.1.1 通过行业自律，特钢供需保持基本稳定

（1）优特钢产量保持稳定，优质钢产量略有提升。

中国特钢企业协会主要成员单位优特钢粗钢产量 0.75 亿吨，同比下降 0.43%。优质钢产量 4144 万吨，同比上升 0.48%；其中，特殊质量合金钢产量 2891 万吨，同比上升 1.55%。在国内大循环为主体、国内国际双循环相互促进的新发展格局下，为国内制造业保证了基本供需平衡。

（2）产品结构根据市场情况进一步调整。

从品种结构来看，2022 年重点品种产量 1162 万吨，同比下降 1.9%，齿轮钢、高温合金保持增长，轴承钢、弹簧钢产量下降。其中，轴承钢产量 440 万吨，同比下降 9%；齿轮钢产量 453 万吨，同比上升 12.1%；弹簧钢产量 180.4 万吨，同比下降 11%；工模具钢 80.7 万吨，同比下降 7.3%；高温合金 7.9 万吨，同比上升3.2%。

从产品端来看，优特钢管材、中厚板产量增长，棒、线材产量下滑。其中，优特钢棒材 2651 万吨，同比下降 4.66%；线材 1184 万吨，同比下降 8.8%；钢管产量 611 万吨，同比上升 11.3%；板材产量 1522 万吨，同比上升 51.2%。

（3）电炉产优特钢仍具有较大的发展空间。

2022 年主要成员单位电炉产优特钢 1623 万吨，电炉粗钢的优特钢比达到 79.4%，优特钢粗钢的电炉钢比为 21.5%；其中，合金钢电炉比为 30.4%，非合金钢中的特殊质量钢电炉钢比为 34%，均比往年有所提高。

1.1.2 主要效益指标均在下降，经营压力加大

1.1.2.1 受经营环境影响，企业财务指标下滑

（1）利润水平大幅下滑。2022 年，主要成员单位实现利润总额 206.3 亿元，同比下降 64.8%，吨钢利润同比下降 63.7%，销售利润率 2.2%，与 2021 年相比下降 3.22 个百分点，比同期钢铁行业利润率高 0.71 个百分点。特殊钢企业成员单位利润总额情况如图 1-1 所示。

国内优特钢市场价格下滑。2022 年综合价格指数平均值为 142.79 点，同比下降 6.88 点，降幅 4.6%。其中，从 5 月份开始价格大幅下滑，连续下跌 7 个月，此期间均价同比下跌 14.5 点，降幅 9.47%。国内优特钢市场综合价格指数情况如图 1-2 所示。

当前综合价格指数从 2022 年 12 月份开始连续 3 个月环比增长，优特钢市场总体价格趋于平稳，市场信心有所提升。

（2）协会统计 27 家主要特殊钢企业，20 家利润同比下降，8 家出现亏损，亏损面 29.6%，其中 5 家由盈转亏。协会成员单位主要效益指标变化情况见表 1-1。

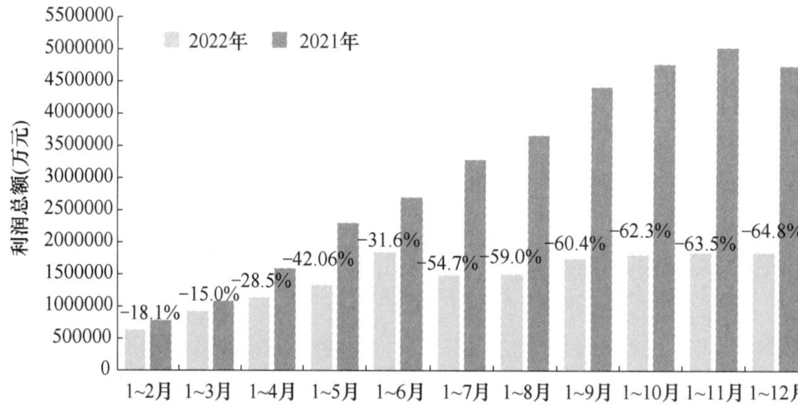

图 1-1 特殊钢企业成员单位利润总额情况

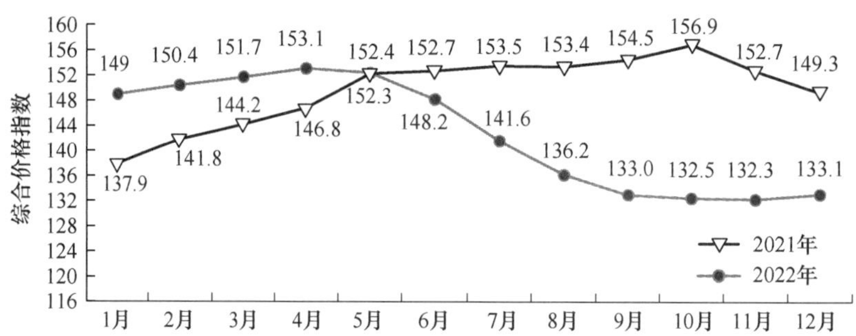

图 1-2 国内优特钢市场综合价格指数情况

表 1-1 协会成员单位主要效益指标变化情况

（亿元）

指标名称	2022 年	2021 年	增减量	增减幅度（%）
主营业务收入	9171.7	10315.8	-1144.1	-11.09
主营业务成本	7747.0	7831.3	-84.31	-1.08
三费	267	262	5	1.91
应收账款	302.9	168.3	134.65	80.01
实现利税	449.9	739.9	-290.0	-39.19
利润总额	206.3	586.5	-380.2	-64.8
销售利润率（%）	2.2	5.4	-3.2	

1.1.2.2 多措并举，去库存效果明显

协会成员单位在市场不景气时期，特钢企业均“勒紧裤子”，采取了各种措施，降低经营成本，加快了资金回笼，上半年库存大幅上升，库存自 8 月份以来连续低于或者持平去年同期水平；12 月末统计协会成员单位产成品库存 266 亿元，同比下降 8.3%。2022 年产成品库存情况如图 1-3 所示。

1.1.3 国际市场支撑特钢出口量上涨

根据中国特钢企业协会对 8 家主要出口成员单位统计，2022 年出口量同比上涨 20.4%，平均价格 1118.5 美元，同比上涨 9.25%。其中，棒材出口 168.8 万吨，同比上涨 14.8%，平均价格 1052 美元，同比上涨 6.31%；线材出口 21.1 万吨，同比上涨 39.45 %，平均价格 978 美元，同比下跌 0.17%；管材出口 37.6 万吨，同比上涨 41.28%，平均价格 1496 美元，同比上涨 20.22%。2022 年统计出口单位出口情况见表 1-2。

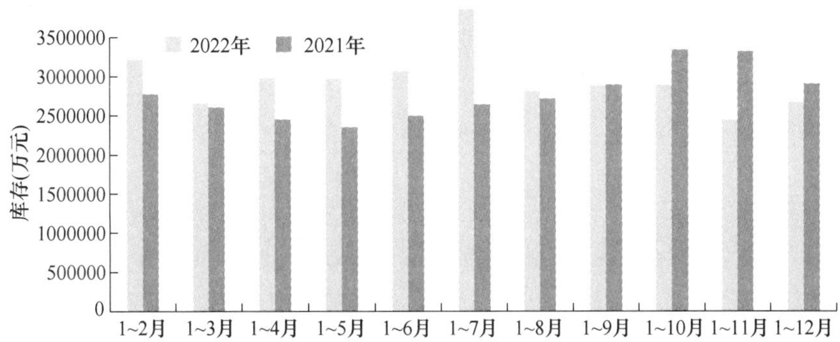

图 1-3 2022 年产成品库存情况

表 1-2 2022 年统计出口单位出口情况

项目	产量（万吨）				均价（美元/吨）			
	棒材	线材	管材	总计	棒材	线材	管材	均价
2022 年	168.8	21.1	37.6	227.5	1052	978	1496	1118.5
2021 年	147.1	15.1	26.6	188.9	989	980	1245	1023.8
同比/%	14.8	39.45	41.28	20.4	6.31	−0.17	20.22	9.25

1.1.4 加大研发投入

2022 年，中国特殊钢企业响应高质量发展政策，在科研、新产品研发上加大了投入力度。经统计特钢行业研发费用 212 亿元，同比下降 8.3%。

1.2 当前特钢行业存在问题

特钢是钢铁的一部分，特钢行业除了存在钢铁行业共性问题以外，还具有特钢行业的个性化问题：

（1）特钢行业潜在产能巨大。面对新形势，从我国高质量发展和经济发展布局来看，钢铁需求总量下降的大趋势已经确定无疑，据调研，我国目前特殊钢棒材生产需求量在 5200 万吨左右，但市场上尚有普优结合的产线具有 2000 万吨左右的产能，如果因房地产等基建项目对建筑材料需求减少而转至生产特殊钢，将会形成严重的供需失衡。

（2）特钢行业同质化竞争仍然严重。随着我国未来高质量发展和政策的调整，一方面产业结构会有较大调整，将有更多普钢企业转向特钢生产，中低端产品的同质化竞争可能会加剧；另一方面，通过近几年积极响应国家兼并重组政策，形成了一批大型综合性钢铁集团，特钢行业集中度有一定程度提高。在这些集团中，特钢企业大都属于集团二级单位，集团内部还未形成合力，仍然存在同质化竞争，导致集团资源配置低效、浪费，未能发挥集团优势。

（3）国内特殊钢产业链未形成科学有效的协同机制。在国内循环大背景下，特钢企业紧跟市场需求，在新材料研发和解决关键战略性钢铁产品生产难题方面不断取得突破。但由于与下游新产品、新技术认证评价标准的不同，造成高端产品在国内的推广应用相对缓慢；同时在突破关键战略性钢铁产品后，受到国外同质产品的价格打压，导致高投入低回报。

（4）特钢行业需要推动标准引领建设。在世界政治局势不稳定的情况下，中国特钢企业积极参与国际交流，企业形象、产品影响力在世界范围内持续增强。但在国内普遍存在标准落后于实物质量的现象，尤其是高端产品的标准制定滞后于研发速度，不仅未能起到标准引领作用，反倒受制于国外标准，在国际竞争上相对被动。

（5）特钢冶金设备的国产化率亟需提

高。特钢冶金设备的特殊性，导致目前存在部分关键设备仍需进口，尤其是特种冶炼装备中相当部分的设备和核心部件无法使用国产替代，对国外依赖性非常高，存在一定的风险隐患。

1.3　2023 年行业运行预测

近年来，中国特殊钢行业伴随产业、技术、装备水平提升，质量体系不断完善。特殊钢企业面向国家重大需求和经济市场进行特殊钢典型产品研发，突破了一批关键产品的制约，特殊钢产业结构得到优化，产品实现跨越，质量得到提升，满足了国民经济产业结构演变带来的消费结构变化。

同时，中国制造业产业链向中高端升级，中国高性能钢材的生产和应用比例显著提高。特殊钢材的新品种开发、质量提升带动并满足了下游军工、航空航天、船舶、汽车、机械、铁路以及新兴产业等大部分行业的发展和升级换代，为实现中国制造业向产业链中高端攀升奠定了基础。

新发展趋势必将带来我国经济增长结构的调整。在调整过程中，服务于不同行业领域的优特钢在用量上将发生变化，并发生产品结构性调整。例如，新能源汽车在国内的快速发展，在汽车总量不变的情况下，传统汽车用优特钢总量将减少；随着制造业绿色生产转型的步伐加快，新能源行业快速发展，新能源用优特钢使用量值得期待。

因此，2023 年随着国家防疫政策调整，各种提振市场信心的措施落地，将有力推动国内经济运行整体好转，预计全年优特钢产量将继续保持稳定向好态势。

1.4　下一步中国特钢行业高质量发展建议

2023 年是贯彻落实党的“二十大”精神的开局之年，中国特钢企业要深入领会党的二十大报告精神实质，把高质量发展思路贯穿企业经营、发展的各个方面和环节。同时，国家扩大内需政策与各项财政货币政策的配合，将继续刺激高质量发展下的新需求。面对新形势下社会用钢结构变化的挑战，中国特钢行业需要做好：

（1）继续做好行业自律工作。面对三重压力，特钢行业应以满足用户需求、保证供需平衡为前提，按照行业自律工作会议精神，自觉开展行业自律工作，处理好行业和个体的关系。行业自律一旦达成共识，就应该是行业成员个体共同遵守的契约，这就形成了行业的共同利益。

（2）构建产业链上下游协同发展，提升产业链韧性。建立中国特钢应用全产业链管理体制，有效协同特钢产业链上下游合作，避免各自为政，希望政府在这方面加强引导，增强特钢行业抗风险能力。

（3）加快新产品、新技术的推广应用。建立统一的上下游产品检测、评价标准，进一步提升标准的科学性和上下游生产制造工艺的适配性，推动新产品、新技术在国内市场的应用。

（4）推进标准引领建设。积极开展高端产品国家、行业、团体标准制定，推进国际认证工作，释放中国特钢产品在国际上的竞争力。

（5）继续推进兼并重组工作，优化企业资源配置。继续着力推进打造一批产业竞争力强，市场占有率高，差异化、特色化、专业化突出的大型特殊钢企业集团，引导企业集团兼并重组，加快规模化、专业化整合，强化集团内特钢企业间的协同创新，优势互补，积极构建高质量的特殊钢生态圈。同时，重组后的集团内部各特钢单元要统筹安排生产，真正实现内部的资源优化。

（6）强化特钢冶金设备安全保障。近年来，特钢行业装备生产研发取得了长足进步，但部分关键设备仍需进口，尤其是特种冶炼中的较大型装备、锻压设备、检测设备等需要加快技术攻关。这就需要发挥特钢协会平台优势和装备分会专业优势，开展特钢行业冶金装备关键核心技术攻关等交流活动，促进新设备、新工艺等的广泛应用。

中国特钢企业协会将一以贯之，继续坚持服务会员，搭建企业与政府沟通平台，以振兴特殊钢行业为己任。并针对特钢的特点，深化思想意识、强化责任担当，坚持以问题为导向，在钢铁协会的大力支持下，围绕“聚焦一个根本任务，全面提升产业基础能力和产业链现代化水平；坚持两大发展主题，绿色低碳发展、智能制造；着力解决行业三大痛点，控产能扩张、促产业集中、保资源安全；推进一个重要进程，持续推进中国钢铁产业国际化进程”的行业发展目标为工作重点，重点解决特钢行业的个性化问题，着力推进特钢行业的高质量发展。

第 2 章

中国特殊钢行业综合指标

2.1 主要指标完成情况

中国特钢企业协会会员企业主要指标完成情况见表 2-1。

表 2-1 中国特钢企业协会会员企业主要指标完成情况

产品名称	单位	2021 年	2022 年	同比增加	同比增长（%）
产值资料					
现价工业总产值	万元	80096836	76221823	-3875014	-4.8
销售产值	万元	78260964	74604157	-3656807	-4.7
工业增加值	万元	12827678	9886333	-2941344	-22.9
主要产品产量					
粗钢	万吨	12346	11969	-377	-3.1
钢材	万吨	11004	10447	-557	-5.1
销售及库存					
钢材销售量	万吨	10961	10342	-619	-5.6
钢材库存量	万吨	263	291	28	10.7
钢坯库存量	万吨	185	140	-45	-24.3
产品销售率（实物）	%	99.62	99.00	-1	
能耗					
能源消耗总量（吨标准煤）		60009580	93838687	33829107	56.4
主要财务指标					
主营业务收入	万元	103158297	91716782	-11441515	-11.1
主营业务成本	万元	78313436	77470384	-843051	-1.1
税金及附加	万元	436570	411923	-24647	-5.6
管理费用	万元	1418598	1359609	-58988	-4.2
财务费用	万元	672922	846594	173672	25.8
销售费用	万元	529429	460695	-68734	-13.0
研发费用	万元	2315978	2124235	-191742	-8.3
实现利税	万元	7398598	4493596	-2905002	-39.3
利润总额	万元	5864978	2063033	-3801945	-64.8
净利润	万元	5491615	1766567	-3725049	-67.8
资产总计	万元	74707216	81339739	6632524	8.9
负债合计	万元	42693367	46742306	4048938	9.5
所有者权益总额	万元	29230557	30679524	1448967	5.0

续表 2-1

产品名称	单位	2021 年	2022 年	同比增加	同比增长（%）
其中：实收资本	万元	8535997	8772109	236112	2.8
外径外贸					
钢铁产品出口额	万美元	551852	808062	256210	46.4
钢铁产品出口量	吨	5133590	6571384	1437794	28.0
劳动工资					
全员劳动生产率	元/(人·年)	3815062	3687861	-127200	-3.3
全部从业人员平均人数	人	209949	206683	-3266	-1.6
全部从业人员工资总额	万元	2885351	2384942	-500409	-17.3
固定资产投资					
本年完成额	万元	2066417	2316397	249980	12.1
其中：基本建设	万元	750095	794770	44674	6.0
更新改造	万元	1233861	1413471	179610	14.6
按投资方向分					
烧结	万元	181661	122118	-59544	-32.8
炼铁	万元	311019	162514	-148505	-47.7
炼钢	万元	224707	688796	464089	206.5
其中：电炉	万元	135036	511323	376286	278.7
转炉	万元	62980	110645	47665	75.7
连铸	万元	99115	75916	-23199	-23.4
轧材	万元	426678	526512	99835	23.4
其他	万元	823237	740541	-82696	-10.0

2.2 主要产品产量

中国特钢企业协会会员企业粗钢产量见表 2-2。

表 2-2 中国特钢企业协会会员企业粗钢产量 （吨）

产品名称	2021 年	2022 年	同比增加	同比增长（%）
粗钢总计	123463406	119683134	-3780272	-3.1
按化学成分分：				
非合金钢	39824840	38093076	-1731765	-4.3
普通质量非合金	18507708	16380828	-2126881	-11.5
优质非合金	17362004	18699361	1337357	7.7
特殊质量非合金	3955128	3012888	-942241	-23.8

续表 2-2

产品名称	2021 年	2022 年	同比增加	同比增长（%）
其中：特殊碳素钢	1671950	1753224	81274	4.9
碳素弹簧钢	84577	185866	101290	119.8
碳素工具钢	67797	66159	-1638	-2.4
电磁纯铁	31832	23230	-8602	-27.0
其他				
低合金钢	43912483	42833557	-1078926	-2.5
普通质量低合金	25518178	23175016	-2343161	-9.2
优质低合金	15743002	17654081	1911079	12.1
特殊质量低合金	2640673	2004459	-636214	-24.1
合金钢	34486305	33846610	-639695	-1.9
优质合金钢	5495401	5050302	-445099	-8.1
其中：电工用硅钢	1146882	972934	-173948	-15.2
特殊质量合金钢	28990904	28796308	-194596	-0.7
其中：合金结构钢	20291841	20895720	603879	3.0
合金弹簧钢	2048592	1809995	-238597	-11.6
合金工具钢	357114	300258	-56856	-15.9
高合金工具钢	454704	412166	-42538	-9.4
其中：模具钢	427335	308075	-119260	-27.9
高速工具钢	83843	65026	-18817	-22.4
高温合金钢	25565	26174	609	2.4
精密合金钢	2203	1303	-900	-40.9
耐蚀合金钢	28271	51472	23201	82.1
轴承钢	4841854	4383910	-457943	-9.5
其他钢	856916	1114887	257971	30.1
不锈钢	5239779	4910448	-329331	-6.3
其中：铬系不锈钢	2390189	2060961	-329228	-13.8
铬镍系不锈钢	2713539	265203	-2448336	-90.2
耐热不锈	136051	2584284	2448233	1799.5
按状态分：				
连铸坯	121026203	117722609	-3303594	-2.7
模铸钢锭	2038352	1957684	-80668	-4.0
铸造用液态钢	4029	2842	-1187	-29.5

续表 2-2

产品名称	2021 年	2022 年	同比增加	同比增长（%）
按冶炼方法分：				
转炉钢	100820248	98466354	-2353894	-2.3
电弧炉钢	22352076	20308279	-2043798	-9.1
感应电炉钢	291082	908502	617420	212.1

中国特钢企业协会会员企业钢材产量见表 2-3。

表 2-3　中国特钢企业协会会员企业钢材产量　　（吨）

产品名称	2021 年	2022 年	同比增加	同比增长（%）
钢加工产品				
（一）轧制、锻造钢坯				
按加工工艺分：				
轧制坯	28558578	33154514	4595936	16.1
锻造坯	179078	118098	-60980	-34.1
（二）钢材	110051869	104471805	-5580064	-5.1
按化学成分分：				
非合金钢	32224700	30529681	-1695019	-5.3
普通质量非合金	12811967	10683117	-2128850	-16.6
优质非合金	14845818	16893332	2047514	13.8
特殊质量非合金	4566914	2953231	-1613683	-35.3
其中：特殊碳素钢	1977764	1986857	9093	0.5
碳素弹簧钢	56674	29860	-26814	-47.3
碳素工具钢	23510	67041	43531	185.2
电磁纯铁	28372	9874	-18498	-65.2
低合金钢	43544765	41302685	-2242079	-5.1
普通质量低合金	26324280	22508879	-3815401	-14.5
优质低合金	14131120	16875643	2744523	19.4
特殊质量低合金	3089364	1918163	-1171201	-37.9
合金钢	29477662	28135813	-1341849	-4.6
优质合金钢	5332040	4845496	-486544	-9.1
其中：电工用硅钢	1010587	864083	-146504	-14.5
特殊质量合金钢	24145621	23290317	-855304	-3.5
其中：合金结构钢	16242526	16288076	45550	0.3
合金弹簧钢	1967935	1759007	-208928	-10.6
合金工具钢	317388	220490	-96898	-30.5
高合金工具钢	365158	334668	-30490	-8.3

续表 2-3

产品名称	2021 年	2022 年	同比增加	同比增长（%）
高速工具钢	56937	48202	-8735	-15.3
高温合金钢	10802	11590	788	7.3
精密合金钢	510	592	82	16.1
耐蚀合金钢	16868	47273	30405	180
轴承钢	4268695	3972204	-296491	-7
其他	898803	608214	-290589	-32
不锈钢	4804743	4503626	-301117	-6
铬系不锈钢	2145548	1903753	-241795	-11
铬镍系不锈钢	2553946	2486074	-67872	-3
耐热不锈钢	105249	113798	8549	8
按加工工艺分：				
钢材合计（1+2+3+4）	110051869	104471805	-5580064	-5
1. 热轧钢材	103019401	98403077	-4616324	-4
2. 冷轧（拔）钢材	3314528	2908499	-406029	-12
3. 锻压、挤压、施压钢材	728819	655399	-73420	-10
4. 其他加工工艺	2989121	2504830	-484291	-16
按品种分：				
铁道用钢材	40714	6468	-34246	-84
大型钢材	0			
中小型钢材	363753	350927	-12826	-4
棒材	28958970	28564448	-394522	-1
钢筋	24973177	23367641	-1605536	-6
线材（盘条）	17607072	16106724	-1500348	-9
特厚板	2553779	2896890	343111	13
厚板	8282761	7729946	-552815	-7
中板	5972894	5709311	-263583	-4
热轧薄板	11103	10117	-986	-9
冷轧薄板	25206	20378	-4828	-19
中厚宽钢带	3988689	3788843	-199846	-5
热轧薄宽钢带	1698909	1778340	79431	5
冷轧薄宽钢带	1835601	1638982	-196619	-11
热轧窄钢带	3674826	2486328	-1188498	-32
冷轧窄钢带	27125	25224	-1901	-7
镀层板（带）				
涂层板（带）				
电工钢板（带）	1010587	864083	-146504	-14.5

续表 2-3

产品名称	2021 年	2022 年	同比增加	同比增长（%）
无缝钢管	5872852	6510212	637360	10.9
焊接钢管	64792	64464	-328	-0.5
其他钢材	3089059	2552479	-536580	-17.4

2.3　主要技术经济指标

（1）转炉钢主要技术经济指标见表 2-4。

表 2-4　转炉钢主要技术经济指标

企业	金属料消耗（千克/吨）	钢铁料消耗（千克/吨）	合金料消耗（千克/吨）	工序能耗（千克标准煤/吨）	工人实物劳产率（吨/(人·年)）	炼钢时间（分/炉）	产钢量（吨/炉）
中信特钢	1097.24	1069.76	27.48	-7.29	4637.20	32.770	113.04
其中：兴澄特钢	1096.65	1067.53	29.12	-0.53	5491.84	31.940	130.16
大冶特钢	1106.57	1071.66	34.91	9.72	6299.12	32.899	102.57
青岛钢铁	1092.67	1071.61	21.05	-25.98	3417.29	33.560	101.35
西宁特钢	1083.05	1060.85	22.64	-2.80	268.72	32.000	67.60
凌源钢铁	1076.89	1056.12	16.34	-19.63	3045.45	28.806	62.58
新兴铸管	1073.40	1036.03	24.85	-25.65	4564.07	37.170	120.38
中天钢铁	1107.08	1077.11	29.97	-18.40	7843.49	24.000	135.00
莱芜特钢	1068.44	1046.10	21.33	-13.97	5326.58	34.260	87.70
太原钢铁	1119.17	1073.60	45.57	-10.63	4516.92	39.750	128.90
舞阳钢铁	1085.00	1061.00	23.61	-22.33	1622.00	29.4	128.18
承德建龙	1089.07	1042.46	24.10	-30.03	3274.00	31.450	79.50
巨能特钢	1089.68	1070.84	18.84	-21.46	924.00	59.317	78.69
沙钢东特	1092.56	1067.99	23.62	-23.93	4994.63	39.327	122.64
其中：淮钢	1093.17	1071.11	22.06	-28.60	3813.35		
江苏永钢	1083.79	1047.63	23.36	-20.61	6276.59	25.870	76.03
南京钢铁	1074.46	1048.58	25.89	-17.47	7193.86	33.510	133.91
方大特钢	1068.13	1048.39	19.74	-20.81		26.692	79.77
济源钢铁	1085.61	1061.79	24.00	-16.78	3479.38		
南阳汉冶	1099.80	1083.00	16.80			31.000	92.00
邢台钢铁	1095.29	1077.08	18.21	-23.04	1544.22	31.350	53.10
建龙北满	1106.91	1082.99	23.93	-19.26	26309.08	34.988	96.43
天钢联合	1076.23	1069.33	4.62	-45.33			
天津钢铁	1086.04	1068.41	11.62	-25.62	4946.74	28.944	114.49

（2）电炉钢主要技术经济指标见表 2-5。

表 2-5 电炉钢主要技术经济指标

企 业	电炉锭坯合格率（%）	金属料消耗（千克/吨）	钢铁料消耗（千克/吨）	其中：生铁消耗（千克/吨）	废钢消耗（千克/吨）	合金料消耗（千克/吨）	电极消耗（千克/吨）	电炉工序能耗（千克标准煤/吨）	综合电力消耗（千瓦·时/吨）	其中：电炉电力消耗（千瓦·时/吨）	工人实物劳产率（吨/人）	电炉日历作业率（%）	电炉炼钢时间（小时/炉）	电炉产钢量（吨/炉）
本钢特钢	99.83	1232.1	1189.9	561.8	628.1	42.1	3.2	61.4	214.4	196.0	598.0	23.78	1.46	52.58
宝武特冶	99.98	1095.8	892.7	49.7	843.1	203.1	2.4	145.4	1042.6	602.5	421.8	16.19	3.17	41.39
中信特钢	99.92	1117.4	1077.5	614.5	463.0	39.9	1.6	65.4	351.2	203.5	2876.9	86.85	0.93	72.75
其中：兴澄特钢	99.92	1105.2	1069.1	505.4	563.6	36.2	2.0	67.8	357.4	216.7	3738.8	90.82	0.79	104.77
大冶特钢	99.92	1126.8	1084.0	698.3	385.7	42.8	1.3	63.6	346.4	193.3	2443.7	85.52	1.00	58.91
石 钢	99.83	1120.5	1081.1	36.7	1044.4	39.3	1.0	109.0	381.6	381.6	2599.5	77.18	0.94	119.18
西宁特钢	100.00	1106.3	1076.2	701.5	365.4	30.1	0.9	−2.8	332.1	154.0				
长城特钢	99.41	1054.0	845.0	166.0	679.0	209.0	4.5	119.0	639.0	445.0	622.0	45.64	1.84	37.78
贵阳特钢		1108.4	1084.3	89.1	995.2	24.1	2.0	113.9	550.0			51.36	0.76	67.71
莱芜特钢	99.99	1073.8	1041.7	739.5	302.1	32.2	1.2	48.1	238.2	162.6	4475.4	76.71	0.78	79.51
太原钢铁	99.87	1175.6	521.7	306.1	215.5	648.9	2.6	59.4	368.0	347.6	1645.9	48.20	1.09	98.68
舞阳钢铁	99.95	1079.0	1051.0	546.0	505.0	28.8	0.98	195.4	187.7	195.2	107.6	40.32	0.93	
衡阳钢管	98.25	1130.0	1099.8	699.8	400.0	30.2	1.7	54.2	246.4	148.7	3579.3	87.42	0.74	61.14
中原特钢	99.95	1212.7	1146.3	17.5	1128.8	66.4	3.4	150.0	850.6	765.3	659.5	90.50	1.12	60.29
沙钢东特	99.91	1145.8	1082.5	358.0	724.5	63.3	2.1	62.4	439.0	263.7	796.1	51.62	1.31	55.93
其中：淮钢	100.00	1110.8	1090.1	487.2	602.9	20.8	1.1	20.3	277.9	185.9	3055.1	68.93	0.78	73.02
江苏永钢	99.82	1113.4	1061.5	949.7	111.8	34.7	0.6	29.3	169.7		2557.8	81.26	0.79	103.77
南京钢铁	99.45	1085.3	1046.6	640.9	405.7	38.7	1.6	56.3	346.3	269.4	2385.0	85.80	0.71	96.08
巨能特钢	99.92	1103.8	1078.9	736.4	342.5	24.9	1.3	70.8	226.2	151.6		10.66	1.20	69.40
马 钢	99.42	1077.2	1045.1	516.8	528.2	32.2	2.2	81.5	399.5	218.8	711.0	81.53	1.22	112.00
建龙北满	99.96	1119.3	1091.8	813.6	278.2	27.5	1.2	57.3	114.7	27.1	5805.1	33.93	1.38	94.44
永兴不锈	99.77	1062.3					3.9		508.3	348.6			1.66	38.89
天津钢管		1063.6	1032.7	423.1	610.0	30.9	1.7	69.8	323.2	257.0	2485.1	81.42	0.90	167.27
天工工具			827.0		827.0				2883.0					

（3）连铸主要技术经济指标见表 2-6。

表 2-6　连铸主要技术经济指标

企　业	综合连铸坯合格率（%）	综合连铸坯收得率（%）	电炉连铸比（%）	综合连铸机日历作业率（%）	综合连铸机台时产量（吨/小时）
本钢特钢	99.83	95.80	96.74	19.61	73.748
中信特钢	99.94	93.81	87.61	68.81	123.660
其中：兴澄特钢	99.96	93.73	99.80	69.38	141.330
大冶特钢	99.97	93.70	78.23	71.28	95.363
青岛钢铁	99.87	94.02		65.51	129.840
石　钢	99.83	95.62	100.00	48.14	101.720
天津联合	99.99				
西宁特钢	99.50	94.00	85.00	85.00	117.648
长城特钢	99.74	96.70	18.22	15.37	33.870
新兴铸管	99.99	99.93		41.31	179.100
贵阳特钢		98.57		56.68	79.610
中天钢铁	99.83	99.32	100.00	94.80	280.000
中原特钢	99.89	95.55	64.48	88.36	53.700
莱芜特钢	99.98	96.85	100.00	72.22	121.400
太原钢铁	99.83	97.55	98.69	80.88	141.100
舞阳钢铁	99.75	92.29	80.27	74.88	221.750
衡阳钢管	98.25	91.96	100.00	78.28	91.690
沙钢东特	99.85	96.95	68.98	57.29	90.925
其中：淮钢	100.00		100.00	71.77	90.220
江苏永钢	99.70	98.69	100.00	64.79	171.890
凌源钢铁	99.96	99.62	100.00	56.51	154.531
南京钢铁	98.64	98.84	100.00	78.39	180.780
巨能特钢	99.96	99.28	100.00	43.70	41.780
马　钢	99.46	94.76	100.00	84.02	154.700
方大特钢	99.99	99.97		74.81	160.903
济源钢铁	99.85	98.81		64.26	127.530
承德建龙	99.94	96.81		95.37	134.340
邢台钢铁	99.91	98.06		27.03	101.100
建龙北满	99.94	94.62	100.00	59.09	108.342
南阳汉冶	99.60	98.71		86.30	478.000
永兴不锈	99.99	99.00			
天津钢管	99.96	98.64	100.00	55.65	185.830
天津钢铁	99.96	97.71		81.94	188.324

(4) 轧钢主要技术经济指标见表2-7。

表2-7 轧钢主要技术经济指标

企业	钢材合格率(%)	综合成材率(%)	轧钢工人实物劳动生产率(吨/人)	热轧钢工序单位能耗(千克标准煤/吨)	热轧轧机小时产量(吨/小时)
本钢特钢	99.78	95.20	1319.818	93.228	74.518
宝武特冶	99.80	74.36	264.740		
中信特钢	99.83	94.17	2067.870	62.510	85.780
其中：兴澄特钢	99.78	93.81	2348.740	61.700	128.530
大冶特钢	99.93	92.21	1447.940	71.292	60.684
青岛钢铁	99.84	96.40	3247.110	55.760	79.960
石钢	100.00	95.69	3147.520	59.950	84.380
西宁特钢	99.46	95.82	747.270	134.000	67.280
长城特钢	99.76	87.01	395.000	109.000	17.500
凌源钢铁	99.88	99.34	3002.860	40.805	128.730
贵阳特钢		94.88			
中天钢铁	99.87	97.48	3660.818	56.918	126.995
莱芜特钢	99.98	95.54	3036.201	71.074	93.632
太原钢铁	99.84	93.54	2711.690	49.460	323.030
舞阳钢铁	99.75	92.29	80.270	74.880	221.750
天津钢管	100.00	92.00	1239.000	76.000	463.000
天工工具	98.30	86.00	166.000		
河冶科技	100.00	75.89	25.330		
承德建龙	99.80	97.00	2069.000	41.430	120.000
沙钢东特	99.91	95.47	1122.315	67.969	77.703
其中：淮钢	100.00	97.01	4662.380	45.980	109.590
江苏永钢	99.82	99.81	6404.970	37.670	148.916
南京钢铁	99.75	93.88	4426.120	47.720	165.050
新兴铸管	100.00	98.07	4390.820	34.570	127.280
巨能特钢	99.98	97.37	1137.360	51.430	71.390
马钢	99.32	95.11	171.670	67.420	132.130
方大特钢	99.98	101.12	4543.330	33.726	164.444
济源钢铁	99.91	96.84	2180.270	56.330	101.620
南阳汉冶	99.01	92.34			
永兴不锈		95.23			
邢台钢铁	100.00	97.33	2121.30	43.100	95.970
建龙北满	99.91	94.57	969.77	103.123	71.056
天钢联合	99.98	98.71	88.460	39.120	271.530
衡阳钢管	98.90	88.30	1939.920	118.880	54.180
天津钢铁	100.00	96.56	3216.010	38.036	199.373

2.4　固定资产投资

固定资产投资见表 2-8。

表 2-8　固定资产投资　　（万元）

企　业	投资完成额	烧结	炼铁	炼钢	其中：电炉	转炉	连铸	轧材	其他
本钢特钢	67130			42906	42906			24224	
宝武特冶	17972			17972					
中信特钢	367152	1575	7715	54630	40519	14111	2621	66913	233698
其中：兴澄	68684	1004	7715	4025	119	3906	2621	40450	12869
大冶特钢	237536	571	0	50605	40400	10205		19322	167038
西宁特钢	479			479	370	109			
长城特钢	37386			10458	10458			22003	4925
凌源钢铁	85250	7666		53629		53629		1410	22545
贵阳特钢	2653			817	817		497		1339
中天钢铁	62479	1518		18286	18286				42675
莱芜特钢	10960			1039	1039		690	9231	
太原钢铁	553866		14220	204824	204824			200545	134277
天津钢管	6241								6241
衡阳钢管	61899		13452	26548	26548			11754	10145
建龙北满	15271	989	529	958	480	478	718	1383	10695
中原特钢	10367						300		10067
承德建龙	121334	4466	5161	35578		1276	32821	38391	4917
沙钢东特	192517	72	28494	93617	86010	5631	7	65497	4830
其中：淮钢	67548							63545	4003
江苏永钢	244201	11816	59007	38182	88	33283	35039	18326	81831
南京钢铁	236190	53109	5417	80842	78978	1864	2483	55108	39231
天津钢铁	28447	4939	704	7767				1585	13452
巨能特钢	3361	641	280	264		264		207	1969
南阳汉冶	81759								81759
济源钢铁	80213	31774	27443					9936	11060
邢台钢铁	4766	3553	93				740		380
合　计	2291893	122118	162514	688796	511323	110645	75916	526512	716037

2.5　特钢企业主要指标排序

特钢企业主要指标排序见表 2-9。

表 2-9 特钢企业主要指标排序

粗钢产量		其中：电炉钢		钢 材		主营业务收入		利润总额	
企业名称	指标（吨）	企业名称	指标（吨）	企业名称	指标（吨）	企业名称	指标（万元）	企业名称	指标（万元）
合计	119683134	合计	21216590	合计	104471805	合计	91716782	合计	2063033
中信特钢	15026263	太原钢铁	3009536	中信特钢	12743130	南京钢铁	18835176	中信特钢	889550
中天钢铁	12227998	中信特钢	2431641	中天钢铁	11954450	中天钢铁	14006392	太原钢铁	591340
太原钢铁	12168775	衡阳钢管	1886275	太原钢铁	11573397	太原钢铁	10875036	南京钢铁	333469
南京钢铁	11003972	天津钢管	1801704	南京钢铁	10195189	中信特钢	9294699	江苏永钢	133876
江苏永钢	8849517	舞阳钢铁	1797012	江苏永钢	8919458	沙钢东特	5011980	方大特钢	111856
沙钢东特	7795943	石　钢	1715667	沙钢东特	5418840	江苏永钢	4497516	中天钢铁	105072
天钢联合	5880479	沙钢东特	1501043	天津钢铁	5180989	济源钢铁	2581876	济源钢铁	79620
天津钢铁	5480991	莱芜特钢	1378414	凌源钢铁	5059743	天钢联合	2398491	承德建龙	79509
凌源钢铁	5101120	马　钢	1053992	方大特钢	4254828	方大特钢	2323863	衡阳钢管	74759
方大特钢	4217689	南京钢铁	925374	济源钢铁	3940433	天津钢铁	2122624	新兴铸管	44619
济源钢铁	4037475	江苏永钢	859416	新兴铸管	2665229	凌源钢铁	2102984	舞阳钢铁	42629
舞阳钢铁	3195618	建龙北满	588233	南阳汉冶	2647554	舞阳钢铁	2036027	永兴不锈	39676
莱芜特钢	3072267	西宁特钢	580523	天津钢管	2604370	天津钢管	1859385	天工国际	29790
南阳汉冶	2717239	贵阳特钢	400715	舞阳钢铁	2499769	新兴铸管	1716346	贵阳特钢	28899
新兴铸管	2592393	永兴不锈	330112	衡阳钢管	1932160	南阳汉冶	1681081	巨能特钢	17176
承德建龙	2472805	长城特钢	264470	石　钢	1592645	衡阳钢管	1400782	建龙北满	10069
衡阳钢管	1886275	中原特钢	200482	巨能特钢	1398955	承德建龙	1266965	河冶科技	4579
建龙北满	1877253	天工工具	199500	莱芜特钢	1337729	石　钢	962453	天钢联合	3533
天津钢管	1801704	本　钢	130969	天钢联合	1324101	建龙北满	832577	南阳汉冶	3468
石　钢	1715667	宝武特冶	77229	建龙北满	1233196	莱芜特钢	811963	中原特钢	1896
巨能特钢	1464359	巨能特钢	54198	西宁特钢	1206424	西宁特钢	791843	石　钢	1018
西宁特钢	1212813	河冶科技	30085	邢台钢铁	1179447	马　钢	687891	宝武特冶	-9207
邢台钢铁	1196775			承德建龙	952944	永兴不锈	674338	天津钢管	-11509
马　钢	1054183			马　钢	801664	巨能特钢	638356	长城特钢	-17180
贵阳特钢	400715			本　钢	443459	邢台钢铁	597487	马　钢	-35097
永兴不锈	330112			贵阳特钢	385769	长城特钢	428019	沙钢东特	-52045
长城特钢	264470			长城特钢	382934	天工国际	386883	邢台钢铁	-52844
中原特钢	200482			永兴不锈	307254	宝武特冶	369672	莱芜特钢	-60840
天工工具	199500			天工工具	165600	中原特钢	202287	凌源钢铁	-70448
本　钢	130969			中原特钢	89882	贵阳特钢	196954	天津钢铁	-74414
宝武特冶	77229			宝武特冶	56647	河冶科技	124838	西宁特钢	-179785
河冶科技	30085			河冶科技	23616				

第 3 章

中国特殊钢产品创新和应用拓展

3.1 特殊钢产品创新

3.1.1 合金结构钢

方大特钢2000兆帕级高强度弹簧扁钢实现批量生产。2022年6月，方大特钢通过运用纯净冶炼技术、特殊轧制工艺研发生产出2000兆帕级高强度弹簧扁钢。该产品顺利通过相关验证，优异的疲劳服役性能获得客户认可，使方大特钢成功承接客户的批量订单。值得一提的是，方大特钢是国内首家研发生产该强度等级弹簧扁钢并实现批量生产的企业，该产品性能指标达到国内先进水平。

2000兆帕级高强度弹簧扁钢是目前国内最高强度弹簧扁钢。用该产品生产的高应力钢板弹簧与传统钢板弹簧比，强度可提高20%以上，韧性可提高80%以上，并可在最高应力1300兆帕负荷下保持25万次不发生断裂。目前，国内某知名高端客车已采用该产品制作高应力钢板弹簧，更好地承受车轮对车架的载荷冲击，极大地提升了车辆行驶的平稳性和驾乘舒适性。该钢种通过钢板弹簧构件中片数的减少和厚度的减薄实现了悬架系统的减重，进一步助力汽车轻量化和节能减排。

本钢高端齿轮钢首次走出国门。本钢板材特钢事业部签订了一笔出口意大利的690吨18CrNiMo7-6齿轮钢订单。18CrNiMo7-6齿轮钢是目前本钢所出口特钢产品中等级最高的品种，具有高纯净度和良好的耐磨性、韧性，广泛应用于汽车、风电、大型机械设备齿轮组，是欧洲用户主要使用的钢种之一。由于欧洲市场对该钢种的淬透性要求高于国内同类产品，技术控制要求高，生产难度大。

为保证该产品顺利交付，本钢国贸公司与板材制造部、板材研发院和板材特殊钢事业部等部门和单位联动，针对客户提出的技术要求进行了全面评审，最大程度满足客户需求。板材特殊钢事业部加强生产组织，制订科学的热处理工艺，通过采用空步距、缩短在炉时间、控制加热温度等措施，保证产品质量。

西王特钢生产了渗碳淬火齿轮钢18CrNiMo7-6。经下游用户锻造、热处理后进行了多项型式试验，并经南高齿对锻造、热处理后的产品进行横截面五点不同部位成分均匀性、硬度均匀性、金相组织均匀性、带状组织级别均匀性、拉伸性能均匀性等十四项检测项目检测验证，检测结果符合验证标准。渗碳淬火齿轮钢18CrNiMo7-6属于高标准高精齿轮用钢。本次首件验证通过，可使西王特钢的高端特殊钢更好进入高端齿轮钢领域，进一步加快了中国科学院弘光专项规划的八大系列高端稀土特殊钢新材料在西王特钢产业化。

方大特钢开发出大吨位矿用卡车用弹簧扁钢。为满足国内汽车生产企业开发大吨位矿用卡车的需求，目前方大特钢一次性成功开发、生产140毫米×34毫米平面半圆弧弹簧扁钢，并小批量试制25吨该产品发往板簧企业试用。

方大特钢成功研发33MnCrB5扁钢。方大特钢运用洁净钢冶炼技术、特殊化学成分及高精度轧制工艺控制技术研发出33MnCrB5扁钢。由该扁钢制作成的收割机旋耕刀部件比用普通碳素结构钢制作的旋耕刀强度更高、韧性更好，也更加耐磨，得到客户的高度认可，目前已实现小批量生产。

方大特钢认真研究农机装备的需求，专门研发生产出33MnCrB5旋耕刀用新型扁钢。33MnCrB5扁钢为特殊型钢材，在我国的合金结构钢、优质碳素结构钢标准中没有该牌号产品。为确保该产品优质可靠，方大特钢以欧洲标准EN10083中33MnCrB5-2牌号钢材的化学成分作为研发基础，额外添加一定量的钛元素，通过钛元素固溶强化，提高了钢材屈服强度和冲击韧性，研制出了该钢种。

邢钢开发 55SiCr 系列产品。弹簧钢线材主要用来制作螺旋弹簧，如汽车悬架簧、离合器簧、摩托车减震簧、机械弹簧、模具弹簧等。汽车弹簧在合金弹簧钢应用中占比最大，55SiCr 成为汽车弹簧主要原料。邢钢结合弹簧钢市场需求，逐步开发和细分了硅铝脱氧、硅脱氧等具有工艺差异化的 55SiCr 系列产品。

邢钢研发团队基于对弹簧钢夹杂物控制的理解和认知，持续探索如何提高硅脱氧弹簧钢生产效率。在解决核心问题过程中，又不断衍生出新的问题，通过冶炼过程分析、试验设计验证等相应的工艺评价，并借助小批量试制跟踪，验证了试验工艺的可行性、可靠性。试验工艺已批量生产数千吨，大幅提高了产品的铸坯合格率和连铸生产效率，达到了项目预期目标。

邢钢结合客户差异性需求，持续对弹簧钢细分产品开展不同工艺的试验探索，多系列、多维度不断优化工艺，产品质量稳定可控，客户反馈使用正常，初步测算近半年弹簧钢系列产品工艺创效达百万余元，为持续提升弹簧钢定制产品市场竞争力，支撑公司精品钢订单、提高产品盈利空间，发挥了技术创新价值。

河钢石钢生产出国内最大直径弹簧钢。河钢石钢大棒线成功生产出 100 毫米国内最大直径弹簧钢。该产品目前已通过国内某知名高端装备制造企业检验，产品抗疲劳性能、耐蚀性能等各项关键性能指标均优于进口材料，可替代进口。

超大型弹簧钢主要应用于大型工程机械、矿山机械等设备，工作环境恶劣，要求高应力、高频率、长寿命。目前，国内大型碾磨特装设备所需要的零部件 90%实现了国产化替代，但此前这次定制的弹簧钢仍需进口。河钢石钢瞄准高端制造和行业先进材料，加强技术攻关，加速新产品研发。

方大特钢 100 毫米×60 毫米超厚矩形截面弹簧扁钢试生产成功。100 毫米×60 毫米超厚矩形截面弹簧扁钢，对公差尺寸、断面垂直度、表面质量及性能等要求较高。弹扁线为组织好此规格新品开发，提前做好准备工作。生产前，召集相关工程技术人员梳理同组距品规的历史数据进行比对，对 100 毫米×60 毫米超厚矩形截面进行孔型设计，制定出生产控制计划，对轧辊加工、轧机及导卫预装方面进行规范，制定详细的试生产方案，正式试生产前对轧机全面进行检查，确保上线前的轧机、导卫预装质量符合控制计划要求。此规格新品开发取得成功，拓宽了公司轧钢厂弹扁生产线弹簧扁钢的市场渠道，并丰富了弹簧扁钢工艺储备。

东北特钢成功生产 105 吨的大型电渣锭。此次成功生产标志着东北特钢 100 吨以上大型电渣锭冶炼已具备了稳定的设备工艺水平和生产能力。

大型电渣锭主要应用于火力发电、风电材料、模具钢材料等领域。东北特钢股份使用的是直径 1823 毫米抽锭式结晶器，属于国内电渣钢行业的最大抽锭锭型。由于产品的锭型较大，生产工艺及设备运行保障条件要求极高，抽锭过程中易产生流钢、漏渣等问题，存在无法连续生产的风险，生产难度较大。

东北特钢为确保一次性生产成功，技术人员充分发挥自身能力水平，做好各项生产准备工作，从设备、技术、生产等各条线梳理生产难点，逐项攻关，对抽锭系统进行全面调试，并对整体渣系进行调整，重新调配渣系配比，制订了详细的工艺冶炼参数等。冶炼过程中，技术人员对锭型的生产不断进行控制优化，现场员工精心操作。在连续通电 71 小时的冶炼过程中，设备运行状态良好，整个生产过程稳定，工艺参数控制精准，实现一次性成功生产试制。

太钢双金属锯条用钢替代进口。太钢双金属锯条用钢成功打入某德资企业，双金属锯条用钢也叫热轧合金工具钢X32，合金含量高达8%。国内市场年需求量在2.5万吨左右，但下游相关企业均使用进口材料。2016年，太钢具备生产该产品的能力，但存在钢卷组织和性能不稳定的情况。太钢不断优化成分、调整轧制方案及优化退火工艺。2020年，太钢双金属锯条用钢的市场占有率达到50%以上，使太钢成为国内唯一具备该产品稳定供货能力的钢企。

某德资企业每年为全世界提供78万吨个性化、差异化高品质冷轧产品。中国基地双金属锯条用钢年需求量约为5000吨，均使用德国进口材料。2022年2月底，太钢瞄准进口原料交货期不稳定、制造成本高的痛点，于4月份成功为该企业供应双金属锯条用钢395吨，试用反馈良好，得到了下游锯条生产企业的认可。8月份，该企业再次向太钢订购了600吨双金属锯条用钢，并表示后续将用其全面替代进口产品。

太钢双金属锯条用钢的成功开发，不但为用户提供了稳定、直接的国内货源，摆脱了进口原料价格高、交货期不稳定的困扰，也标志着太钢产品在“高精特新”的道路上更进一步，为后续高端精冲工具钢替代进口奠定了良好基础。

3.1.2 轴承钢

中天钢铁非铝脱氧轴承钢生产技术达国际先进水平。截至2022年10月底，中天钢铁总计涉及非铝脱氧轴承钢约25万吨钢，实现新增产值约12亿元。中天钢铁非铝脱氧轴承钢用于制造轴承钢球、轴承内外圈、滚子、水泵轴等，广泛应用于汽车、精密机床等领域。经评审组认定，该项目采用非铝脱氧、低碱度渣冶炼的工艺，稳定控制Ds夹杂物≤0.5级，成果总体达到国际先进水平，Ds夹杂物比例控制达到国际领先水平。

该项目采用非铝脱氧、低碱度渣冶炼的工艺，改变了钢中的主要氧化物夹杂物类型，可稳定控制Ds夹杂物≤0.5级，在控制钢中全氧含量处于较低水平（$5\times10^{-6}\sim9\times10^{-6}$）的同时，可以保证具有比相同氧含量铝脱氧轴承钢更长的疲劳寿命，并能够实现17炉连浇，解决了铝脱氧轴承钢小方坯连铸的连浇难题。

宁钢开发出高碳铬轴承钢。2022年11月，宁波钢铁有限公司成功试制出高碳铬轴承钢GCr15-H。经检测，该产品各项性能指标均达到出厂标准，标志着宁钢全面掌握了转炉流程生产高碳铬轴承钢GCr15的一系列关键技术。

宁钢“冲压用高性能宽带轴承钢关键技术研发及产业化”项目入围浙江省宁波市“科技创新2025”重大专项。高碳铬轴承钢具有高强度、高硬度的特点，主要用于制造滚动轴承的滚动体和套圈、刀刃具、汽车配件等，要求有较高且均匀的硬度和耐磨性，以及较高的弹性极限。同时，该钢种对化学成分的均匀性、非金属夹杂物的含量和形态、碳化物的偏析与分布等要求都十分严格，是所有钢铁生产中要求最严格的钢种之一。

3.1.3 模具钢

攀钢成功开发出ML08Al冷镦钢热轧盘条。鞍钢集团攀钢成功开发出ML08Al冷镦钢热轧盘条。该产品具有成分稳定、有害元素少、钢质纯净度高、尺寸精度高、表面缺陷少、冷镦性能稳定等优点，通常使用时不需要热处理。经检验分析，该产品化学成分、力学性能、脱碳层等指标均满足用户要求，产品已发往用户试用。

邢钢开发出XGYZ01高端压铸模具钢。2022年9月，邢钢不锈钢公司高端压铸模具钢自有牌号XGYZ01电渣锭试产成功，不仅丰富了邢钢高技术含量、高附加值重熔钢产品阵容，还彰显了邢钢“精品特钢”优势和核心技术竞争力。

由于该钢种成分含量特殊，连铸坯冶炼及电渣重熔两个环节难度均较大。在邢钢技术中心、不锈钢公司、炼钢厂、线材厂技术人员积极参与下，邢钢技术研发团队结合市场高端客户信息反馈结果，依托邢钢技术专家委员会和技术中心产学研平台优势，经过多轮机理分析、头脑风暴、标杆对比，实现了技术指导服务与一线生产有效承接，从而确保了邢钢自产原料坯锭型与电渣炉结晶器完美匹配，成功破解在炼钢、电渣两道工序上的难题。

3.1.4 高温合金

长城特钢生产出Ti60高温钛合金。该产品填补了鞍钢集团在该合金研发和制备领域的空白。目前，传统高温钛合金的最高使用温度为600℃。而Ti60材料成分极其复杂，含有多种高熔点、难融化、易偏析元素，真空熔炼控制难度很高。为满足高端钛材发展需求，鞍钢集团北京研究院钒钛分院特种钛材团队将Ti60高温钛合金作为研发重点，与攀钢成都先进金属材料产业技术研究院和钛材公司江油分公司相关科研人员组成攻关团队，成功试制出鞍钢集团首个3吨重工业级Ti60高温钛合金铸锭。

张宣高科首单高温合金锻造材下线。张宣高科各工序紧密配合、高效协作，顺利完成3.9吨GH4080A高温合金锻造材生产任务。经测量，锻件尺寸均在公差范围内，满足客户后续深加工要求。GH4080A高温合金锻造材对火次、单火次变形量有较高要求，对温度变化较敏感，在锻造过程中极易出现角部裂纹。

攀钢高性能电热合金产品通过客户认证。攀钢研究院研制的大功率电炉用高性能Cr20Ni80电热合金线材产品试用周期超过一年，使用寿命较同行业平均水平长40%以上，获得客户好评。攀钢获得可参与招标的合格供货商资格。

Cr20Ni80电热合金由于奥氏体固溶体组织稳定、单一、均匀，具有良好的常温和高温力学性能，以及均匀的电气物理性质、良好的加工性能。其熔点高，电阻率高，电阻温度系数小，高、中、低温抗氧化性能好，又能被冷加工为很细的各种圆、扁状线材，常用来生产电热元件，高、中温电阻元件，应力测量元件和特殊元件等，是电气领域最重要的基础材料之一。

我国是Cr20Ni80电热合金的主要消耗国，仅攀钢每年对外采购Cr20Ni80电热合金产品金额就达上千万元。与进口产品相比，国产电热合金的质量、性能及使用寿命均存在较大差距，产品价格也仅为进口产品的1/5~1/4。基于国内产业升级与进口替代的强烈需求，攀钢研究院科研人员从材料设计出发，系统研究了合金成分、冶炼工艺、加工工艺及热处理工艺等因素，摸清了这些因素对Cr20Ni80电热合金性能的影响及规律，进而深度优化了Cr20Ni80电热合金的成分参数和全流程生产工艺。

攀钢成功开发GH738高温合金焊丝。鞍钢集团攀钢成都先进金属材料产业技术研究院成功开发出GH738高温合金焊丝。经检验，该产品表面光洁度好，焊接稳定性好，可应用于航空航天、石油化工、核电等领域。

GH738（Waspaloy）合金作为γ′相沉淀硬化型的镍基高温合金，以其优良的强韧化匹配及较低的裂纹扩展速率，广泛应用在石油化工、航空航天等领域所需的烟气轮机、燃气轮机等动力机械中的涡轮盘、叶片、螺栓及封严环等部件上。这些材料都需要焊接，焊接材料的质量直接决定焊接成品的质量及性能，因此对焊接材料的化学成分、力学性能、微观组织及长期服役性能要求很高。

为满足客户对GH738合金焊丝的质量

要求，攀钢研究院特钢技术研究所研发人员采用高纯净化冶炼工艺、合理的冷加工工艺，对合金的化学成分、丝材表面质量、尺寸误差范围、内部应力大小等进行优化和调整，研制开发出的 ϕ1.2 毫米规格的 GH738 高温合金焊丝的工艺性能、微观组织、外观质量等指标均达到标准要求。

太钢镍基合金在直弧型连铸机上成功开发。此举创造了国内外此项技术的首次规模化应用，大幅提高了太钢镍基合金品种市场占有率，为我国光伏多晶硅的生产提供了保障。

镍基合金是光伏多晶硅的生产原材料，通常采用模铸或真空感应炉熔炼，其成材率和生产效率低、成本高、产品质量不稳定，严重制约着该产品的生产规模和应用范围。宽幅直弧型连铸机具有高效稳定生产的优势，但因镍基合金的高合金含量、强裂纹敏感性的特性，铸坯极易产生纵裂、横裂、内裂、疏松等严重缺陷。

面对这项关键战略性技术难题，太钢炼钢二厂与技术中心精诚合作，打破常规思维，大胆调整冶炼、连铸工艺参数，创新开展技术攻关。经过一个多月的反复策划、实验、论证、试制，制订出镍基合金炼钢工序钢种技术方案，采用太钢最先进的中频炉、AOD 炉、VOD 炉、LF 炉冶炼，宽幅直弧形连铸机浇铸。2021 年 11 月到 2022 年 5 月，镍基合金多个品种成功试制，已具备批量生产的能力，实现了高效稳定低成本生产，创造了国内外此项技术的首次规模化应用。

太钢成功供货多晶硅项目关键设备用 N08120 材料。太钢突破一项关键战略性技术难题，为国内某设备厂生产出了多晶硅关键设备用的 N08120 材料，顺利实现了该产品的首次国产化。N08120 镍基合金材料长期依赖进口，且进口产能有限，交货周期长，价格高企，严重制约了中国企业的发展。

为此太钢营销中心及时收集相关资料，联合技术、生产等部门与单位，借助公司 PDT（产品开发小组）、SBU（战略业务单元）等平台，积极推动该材料的国产化，争取到首个订单。

天工国际大规格 TC4 钛合金丝冷拉成功。天工国际开创了国内同行业冷拉钛合金丝材的最大规格纪录，钛丝品质显著提升。钛合金丝材车间接到 20 吨直径 9.5 毫米大规格 TC4 丝材生产订单，客户对产品表面质量和丝材性能要求高。为了确保丝材能够一次成型并达到客户要求，天工国际改变传统热拉工艺，换成冷拉工艺，因为冷拉具有更多品质保障优势，可以保证更好的表面质量和材料的使用性能。

为了突破大规格钛丝冷拉的技术瓶颈，基于以前冷拉小规格钛丝的经验，天工国际技术人员努力研究新的拉拔工艺，并最终成功通过直径 11 毫米盘圆原材料用冷拉方式直接生产出直径 9.5 毫米大规格钛丝材。冷拉直径 9.5 毫米大规格主要技术难点是对材料的淬火硬度、塑性、力学四项、润滑系数等方面的要求。冷拉大规格钛合金丝材成品具有更优的表面质量、晶粒度，塑性更好，材料性能提升，生产成本降低，更好地满足了客户需求，市场竞争力也明显增强。

直径 9.5 毫米大规格钛丝冷拉工艺的成功，不仅在天工是首创，在行业内也实现了新突破。TC4 钛合金丝材可用于电子、医疗、航天航空等不同领域。冷拔大规格钛丝的成功，将为钛丝的市场开拓和产品竞争力提升提供保障。

鞍钢铸钢公司自主研发出 ANi36 因瓦钢。2022 年 9 月，鞍钢铸钢公司自主研发出 ANi36 因瓦钢。而且该公司已为某航空领域客户生产该钢种板坯轧制产品 150 吨，产品质量、技术指标均达到客户使用要求。自此，ANi36 因瓦钢成为鞍钢又一项高技术含量、高附加值产品，成为该公司一个新的效益增长点。

ANi36 因瓦钢是一种铁镍合金，具有低膨胀系数的特点，能在很宽的温度范围内保持固定长度，且体积不变。因这一特性，因瓦钢模具主要用在低温环境下的传输电缆、大型电子望远镜的基座定位装置上，也用于制造海上长途运输所需的液化天然气、液态氧、液态氢的储罐，以及精密激光与波导管中的结构元件、光学测量系统的承载件等。因其生产难度大，此前在行业中一直是关键战略性技术难题。

在生产研发过程中，该公司充分发挥电渣重熔的设备和技术优势，努力攻克钢水纯净度要求高、锻轧过程易出现裂纹等难点，并与科研团队合作，促使 ANi36 因瓦钢研发取得突破性进展，开创了我国采用电渣研发生产因瓦钢的先例。

3.1.5 不锈钢

舞钢轧制成功海洋工程用超级不锈钢复合板。海洋工程用超级不锈钢复合板 31254+DH36+31254 在舞钢轧制成功，并卷制焊接成筒，实现国内首发。这标志着舞钢在国内海工钢研发领域攻克世界性技术难题，向新型新材料领域“进军”迈出崭新一步。

海洋工程用超级不锈钢复合板可广泛应用于高浓度氯离子介质，如海水等苛刻工况环境中，以及石油化工管道、脱硫环保、桥梁、隧道等领域，不仅对海洋环境无污染，而且可减少海工装备钢材冗余量；与常规材料相比，该材料的超强耐腐蚀等性能，有助于减少项目后期频繁的人工维护费用、涂料费用等，还可延长装备使用年限到 100 年等，符合当前行业发展趋势。

在研发中，舞钢进行工艺创新设计，攻克了该种不锈钢复合钢板在生产过程中板形控制难度大、表面质量差、高剪切强度要求高等世界性技术难题，使双面不锈钢复合板钢板的不平度达到 3 毫米/米，剪切强度达到 510 兆帕附近，远高于国标设计标准的 210 兆帕，同时界面结合率为 100%，达到不锈钢复合钢板行业最高技术要求。

泰山钢铁研发出量具用 40Cr14。40Cr14 不锈钢是泰山钢铁在产品开发方面践行差异化、个性化、精品化研发路线，成功开发的具有自主知识产权的不锈钢新产品。其耐磨性、耐蚀性优于市场上同类产品，显著延长了产品生命周期，被广泛应用在高端领域，成功树立了泰山钢铁量刃具用不锈钢品牌。

太钢实现沉淀硬化 SUS630 不锈钢冷轧板批量供货，成为目前国内唯一一家可提供该类产品的企业。该产品解决了我国电子电路行业关键战略性基础材料的问题，助力中国电子电路印刷电路板（以下简称“PCB”）产业向高端迈进。

PCB 是集成电子元器件、实现控制功能的载体，俗称“电子产品之母”。PCB 是各国科技竞争的焦点，属于国家战略性技术领域，下游应用涵盖 5G、汽车电子、消费电子、工控设备、医疗电子、航空航天及军工产品等重要领域，是《中国制造 2025》的核心内容之一。近年来，我国大力发展 PCB 产业，目前已成为全球最大的 PCB 生产地区，产品逐步由中低端向高端方向迭代升级。

沉淀硬化不锈钢 SUS630 广泛应用于印刷电路板的热层压环节，是电子电路行业生产不可或缺的关键基础材料之一，其质量水平对电子产品的安全性和稳定性有着最直接的影响，生产技术和采购渠道多年被国外所掌握。随着 5G、物联网、智慧医疗、自动驾驶、可穿戴设备等高科技产业的兴起，电子电路行业对 SUS630 材料的需求大幅增长，关键战略性技术问题日益凸显。太钢产销研团队联合相关生产企业共同研发该产品，精准围绕用户需求进行独特化设计，严格执行全流程精细化质量管控。目前，太钢该类产品的线膨胀系数、平整度、同板差、表面质量、表面粗糙度均满足用户严苛要求，成功从实验室走向市场，实现批量稳定供货。

3.1.6 专用纯铁

太钢开发出高品质特种钢专用纯铁新产品。太钢开发的高品质特种钢专用纯铁新产品，产品各项指标完全满足客户需求，质量达到国际领先水平。高品质特种钢专用纯铁主要用于航空航天等尖端科技领域高温合金的生产，生产工艺复杂、技术含量高、冶炼难度大，属于国家关键战略性钢铁材料。用户对产品纯度要求较高，尤其对磷硫含量、气体含量及五害元素（铅、锡、砷、锑、铋）提出极其苛刻的控制要求。为此，太钢专门成立了特种钢专用纯铁新产品开发团队，不断完善冶炼方案，快速推进研发工作，掌握了高品质特种钢专用纯铁残余元素关键核心控制技术，成功开发出硫含量低于10×10^{-6}，以及硅、磷等残余元素含量也极低的高品质特种钢专用纯铁新产品。

多年来，太钢紧紧围绕市场需求，充分发挥工艺技术和装备优势，形成了具有自主知识产权的一系列生产技术和具有高端化、精品化特点的纯铁系列钢铁材料，打破了国外技术垄断，不断填补国内特种钢用纯铁领域空白。

3.1.7 耐磨钢

攀钢开发出钛合金化新型耐磨钢。攀钢协同中国钢研科技集团有限公司、重庆大学、东北大学等科研院校组成的项目组，成功开发出钛合金化新型耐磨钢，并形成钛合金化耐磨钢绿色低成本制备技术和以“转炉—连铸—轧制”替代“电炉—模铸—锻造”的制备流程，充分发挥了钛元素在钢中高强高韧、耐蚀耐磨的特性，形成了“资源—产品—产业”一体化完整产业链，开辟了钛资源应用新场景。

攀钢在国内率先成功实现“转炉—连铸—轧制”钛合金化耐磨钢浇铸技术的应用，填补了国内生产高钛钢技术空白。攀钢创造性地利用 TiC 颗粒增强耐磨性和强韧性，采用“转炉—连铸—轧制”流程生产的钛合金化耐磨钢，具有生产效率高、成材率高、成本低、产品使用范围广等优点。相比传统耐磨钢，钛合金化耐磨钢无需热处理，生产工艺简单，兼具耐磨性和韧性，可广泛适用于自卸车车斗、搅拌罐用钢、煤机输送用钢等，具有广阔的应用前景。

此项目技术研究成果可在各类高钛钢生产中推广应用，为攀钢开发高性能低成本含钛高新材料提供了重要的工艺、技术平台，为促进攀西钒钛产业链高价值深度延伸和可持续发展、提升我国高钛钢生产整体水平及高端产品自给率提供了有力的技术支撑。

舞钢开发新型磁盘用钢 WNM18。河钢舞钢根据客户需求，与客户共同协作，定制研发的一种新型、高级别、高端磁盘用钢，其中“W”是指“舞钢”，“NM”代表“耐磨”，“18”为合金含量。与传统的磁盘用钢相比，河钢舞钢研发的新型磁盘用钢 WNM18 不仅具有较强的力学性能、耐磨性能等，在线使用寿命提升 2～3 倍，而且综合制造成本降低了 5%左右，具备较强的市场应用前景和市场竞争力。

河钢舞钢“新型磁盘用钢 WNM18”研发团队在深入对接客户的同时，精心制订研发方案，在冶炼环节创新采用新的生产工艺，优化浇铸温度、时间，突破了产品内部性能不稳定等行业技术瓶颈；在轧制环节创新采用两项轧制工艺，攻克了轧制过程中易出现的板形不正等行业性技术难题，确保了批量试制的新型磁盘用钢各项性能指标全部达到优良。

3.1.8 工具钢

河冶科技沉淀硬化高速工具钢替代进口。沉淀硬化高速工具钢是一种无碳马氏体沉淀硬化型钢，合金元素含量高达40%以上，具有优异的抗高温软化能力，是一种应用在超高速切削刀具领域的新材料，之前全部依赖进口。2019年河冶科技成功开发出替代产品，并具备量产能力。2020～2021年，河冶科技通过持续技术革新和工艺优化，解决了客户应用过程中出现的问题，产品稳定性与合格率达到客户要求，刀具寿命与进口产品相当，2022年销售额达到500万元以上，使河冶科技成为国内唯一具备该产品稳定供货能力的钢企。

国内复杂刀具龙头企业曾大量使用进口材料。河冶科技瞄准进口材料交货期长、成本高的痛点，与这些企业联合开发应用，使用效果良好，不但提高了终端用户的加工效率，综合成本也大幅降低，得到了下游用户的认可，已实现持续稳定供货。

河冶科技沉淀硬化高速工具钢的成功开发，不但为用户提供了稳定、直接的国内货源，摆脱了进口材料价格高、交货期长的困扰，也标志着河冶科技在成为“世界知名工模具材料供应商及解决方案提供者”道路上稳步前行，努力为客户提供更加优质的产品和服务。

河冶科技自主设计千吨级粉末冶金高速工具钢产线投产。2023年河冶科技自主设计建成了千吨级粉末冶金高速工具钢生产线，单炉最大制粉量3000千克，是国内首台套制粉量超过500千克的国产气雾化制粉设备，打破了国外对全球大型气雾化设备的技术垄断。

该产线于2023年3月投产，四季度每月生产高速工具钢粉末100吨，经包套、热等静压并变形加工获得的粉末冶金高速工具钢产品氧含量$\leqslant 80\times10^{-6}$，碳化物颗粒尺寸不超过4微米，达到了国际第三代粉末钢的质量水平。

河冶科技粉末冶金高速工具钢产品在汉江工具、恒锋工具等高端用户进行了应用，部分替代了进口材料，并实现出口。

3.1.9 粉末冶金及其他

天工国际研发以粉末锥钻代替传统锥钻。从8月份开始，以粉末锥钻代替传统锥钻的研发工作正式启动，经过3个月的攻关优化，粉末锥钻研发取得成功，在加工部位的长度、槽型等方面进行了改良。研发中心切屑实验数据显示，新品粉末锥钻在冷切削（增加切削液）状态下，是国内知名A客户同类产品性能的2～3倍，是当前天工国际普通锥钻产品的5倍以上，粉末材料展现了明显的优势。

在锥钻转型升级的道路上，天工国际不满足发展市场认可度比较高的4341锥钻等老产品，而是从材料到生产、外观、工艺、包装、打字、涂层等，对粉末锥钻的研发提前进行系统规划，完全区别于普通产品，给市场一个全新的认识，通过找准自己的优势、补足劣势，完善市场。在产能布局上，粉末锥钻目标产能则要实现每月3万件以上。

刀具转型升级如一把正在开锋的利剑，只有远远超越其他品牌刀具的质量，才能真正做到普通刀具中国第一，品质超越YG1、OSG，实现世界一流水平的目标。

长城特钢来料加工试制TA10挤压管。TA10是一种国际上通用的抗缝隙腐蚀的钛合金，该合金在300℃的抗拉强度比纯钛高一倍，抗还原性介质的腐蚀能力强，在150～200℃的氯化物中不会发生缝隙腐蚀，在挤压管领域发展前景广阔。面对钛合金材料热变形温度窗口窄、低温挤压变形抗力大、产品质量表面要求高等工艺技术难点，钛材厂、轧钢厂经过试制前的充分讨论和周密计划，攻克了钛合金挤压无缝管工艺技术的坯料加热制度、挤压参数控制及质量控制及挤压过程温度保持控制难题，在轧钢厂挤压作业区新建的45兆牛挤压机上采用“包覆铜套”挤压 TA10 挤压管，成功生产出 ϕ159 毫米×15 毫米大口径 TA10 挤压管 79 支，质量达 20 余吨。从检测的参数看，长城特钢此次生产的 TA10 挤压管组织细化明显、质量指标符合用户要求，TA10 挤压管的成材率（棒材到管材）达 85%。

3.2 特殊钢产品应用拓展

3.2.1 能源用钢

太钢集团向江门中微子项目提供不锈钢产品。太钢提供了近 2000 吨低本底不锈钢钢板和棒材，用于该实验站主结构不锈钢球形网壳的制作。这是太钢瞄准国家重大需求和关键战略性钢铁产品技术，持续加大研发和科技攻关力度，大力开发高精尖特殊钢产品取得的又一成果。

江门中微子实验站是我国主持的第二个大型中微子实验项目，是我国高能物理研究的重大科学实验工程。该试验站的关键装置就是位于该不锈钢主结构球形网壳内玻璃球体中约 2 万吨烷基苯为液体闪烁体的探测器，该探测器是世界上能量精度最高、规模最大的液体闪烁探测器。为了保证探测器准确度和灵敏度，探测器被不锈钢主结构球形网壳支撑并置于一个巨大的水池中心，通过水包围以屏蔽周围环境的本底。本底是指物体本身放射性的一种表征方式，本底越低代表其放射性越低。球形网壳的建成将是全世界最大的不锈钢球形网壳结构，也是中国首例大型不锈钢结构。

为控制装置自身的本底水平，球形网壳用钢必须采用耐腐蚀的不锈钢，同时要求不锈钢材质本身放射性元素含量要低。太钢核电用不锈钢团队组织对太钢三条不锈钢冶炼生产线及其核电用不锈钢的冶炼石灰、白云石、高炉铁水、铬铁、电解镍等原辅料的本底水平进行一一摸排，最终认为炼钢二厂北区的冶炼工艺本底水平最好。每炉钢冶炼完成后，取样送高能所进行本底测试，测试合格的炉号作为中微子项目钢板、棒材的专用坯料。通过精心组织冶炼，本底水平得到很好控制，满足了中微子项目钢板合同对单重、合同量、批次间一致性、稳定性等各方面的要求，圆满完成了供货任务，再一次体现了太钢的责任与担当。

太钢液氢专用不锈钢产品国内首发并通过认证。太钢成为国内该类产品唯一供应商，与全球最大的氢气生产商和氢能基础设施领域的龙头企业签订批量订单，产品应用于国内某亚洲最大氢能源项目。太钢液氢专用不锈钢的开发，成功填补国内民用液氢压力容器用不锈钢的空白，促进了国内相关材料标准的建设和完善。

全球范围内，氢能的储运以高压气态和低温液态为主。液态储氢密度高，1 立方米液氢相当 800 立方米气氢。在尚未具备大规模管道输氢的技术背景下，相较于高压储运，液氢储运具有运输成本低、氢纯度高、计量方便等优势，更适合大规模存储和运输。目前发达国家以液氢储运占 70%以上。由于我国对液氢环境下材料的低温组织、性能等研究还不够完善，材料选择缺乏理论支撑和统一标准，导致我国液氢主要用于航天等领域，民用方面几乎空白。

太钢瞄准氢能行业先期介入，针对这一情况，与国家相关部门及制造企业合作，积极参与材料的设计研发，推进相关材料标准的制定。历时一年，成功开发出液氢容器专用不锈钢系列（板、管、型）材料，产品化学成分、超低温性能（-269℃）等指标完全满足液氢环境的苛刻要求，为我国能源绿色转型升级贡献了太钢力量。

太钢获得蟠龙项目两台机组订单。发电机组电动机定子铁心要求使用冷轧无取向硅钢产品，对磁性能、反复弯曲次数等关键技术指标均要求极高。此项目比白鹤滩百万千瓦巨型水电用钢要求还要高，制造难度极大。太钢以“将高端装备技术掌握在自己手里”为己任，致力实现高端技术自立自强，积极参与竞标，独家获得蟠龙项目前两台机组订单合同。

按照东方电机集团制定的大型水轮发电机组用硅钢技术标准，通过与材料应用技术专家充分沟通，太钢全面分解研究并掌握了各项技术要求，开展了全流程工艺创新，对关键工艺因素进行全方位精准管控，历经半年多的艰苦努力，成功开发出满足用户要求并达到世界领先交货性能水平的顶级牌号无取向硅钢，在国内率先实现批量稳定生产和供货。硅钢被称为钢铁产品中的“工艺品”，而高端冷轧无取向硅钢作为一种重要的软磁合金，生产工艺窗口窄、工序长，装备复杂，生产和装备技术更是一个国家制造业发展水平的重要标志之一。

南钢 1000 兆帕级高强水电钢替代进口。南钢大型水电工程用 1000 兆帕级高强钢通过技术评审。这标志着南钢首次完成 24～120 毫米厚度 1000 兆帕级高强水电钢开发，产品实现进口替代。其中，70～120 毫米厚度的产品整体技术达到国际领先水平，120 毫米厚度的产品属于全球首制。

近年来，随着大容量抽水蓄能电站建设加快，更高强度水电钢的研究和工程应用迫在眉睫。然而，1000 兆帕级高强水电钢生产技术难度大，此前只有国外极少数钢企能生产，核心产品和技术受制于人。

为破解这一关键战略性技术难题，南钢与高校、科研院所、制造厂、焊材厂家等联合攻关，经过 7 年不懈努力，最终在我国率先开发出全系列规格 1000 兆帕级高强水电钢。产品通过了第三方焊接工艺评定，并在中国水利水电第十四工程局一项目完成首次国产 1000 兆帕级高强钢岔管水压爆破试验，在中国水利水电第六工程局辽宁清原抽水蓄能电站项目完成 1000 兆帕级高强水电钢板焊接评定，并在国内首次实现工程示范应用。

南钢成功开发 EN10225 标准钢种并批量供货。南钢率先交付典型深远海域的海上风电项目，填补了在北海区域海上风电方面重大工程业绩的空白，对后续国内外海上风电市场具有重要的示范作用。南钢紧密抓住风电行业发展势头，完成国标 GB、欧标 EN10025&EN10225、美标 ASTM、日标 JIS 等各类标准产品的开发，生产的易成型、耐低温、可焊接系列风电用钢板，可服役于陆地、近海、海上以及各类极端严寒等气候条件，通过欧盟 CE、日本 JIS、印度 BIS、马来西亚 SIRIM 以及维斯塔斯、西门子、歌美飒、通用电气（GE）等第三方和重点国外用户认证并成为南钢战略客户。作为“中国风电产业十佳优秀企业”，南钢在国内率先成功开发 EN10225 标准钢种并批量供货，在与日韩、欧洲等钢铁巨头的竞争中，成功中标英国 EAST ANGLIA ONE 等海上风电项目。

南钢牵头完成了 GB/T 28410—2012《风力发电塔用结构钢板》国家标准起草。“风塔专用钢板”获国家重点新产品证书、江苏省高新技术产品认定证书，《风力发电塔用钢板的开发与应用》荣获冶金科学技术奖、南京市科学技术进步奖。南钢风电用钢开发近 20 年，近 3 年多来内贸累计销量超过 110 万吨，2019 年以来通过南钢国贸等平台出口总量超过 50 万吨。

舞钢钢板撑起国内一流风电项目。河钢集团舞钢公司生产的千吨高端风电钢板发往客户，将用于国内一流风电项目——山东渤中海上风电项目关键部位建设。

山东渤中海上风电项目是全国“十四五”规划布局的大型清洁能源基地主导项目之一，自核准开建以来，先后开创了山东首个海上风电平价项目、国内海上风电核准最快纪录、国内单体规模最大陆上集控中心、国内叶片最长纪录等 11 个第一的骄人业绩。在该项目设计初期，舞钢就积极介入，针对其所需的高端材料进行特殊定制。在生产过程中，舞钢充分发挥技术优势，积极进行工艺创新和管理创新，开发的高端风电钢屈服强度和拉伸强度等技术指标处于国际领先水平，与客户的个性化需求高度契合。

长城特钢叶片钢用于国内首台50兆瓦重型燃气轮机。国内首台国产F级50兆瓦重型燃气轮机在四川德阳发运交付。长城特钢生产的叶片钢用于该重型燃气轮机核心部件。我国首台国产F级50兆瓦重型燃气轮机整机有2万多个零部件，工作压力达18个标准大气压❶，等于海底180米深水压；工作温度超过1300℃，以6000转/分钟的转速高速旋转。该机1小时发电量超过7万千瓦·时，与同功率火力发电机组相比，每年可减少碳排放超过50万吨。长城特钢参与了3个牌号的燃机用叶片钢生产，用其加工成的透平叶片，是首台国产F级50兆瓦重型燃气轮机三大核心部件之一。

叶片是燃气轮机中的心脏，要在高温、高压、高速等极为复杂的工况下长期工作，如果其中一片叶片出问题，就会发生严重事故。因此，对制作燃机叶片的材料有极为严格的要求，其厚度公差、硬度控制、加工性能、抗拉强度必须经过行业认证，才有供货资格。叶片钢的高纯净度和长寿服役，是全世界叶片钢厂商攻克的两大关键技术难点。

长城特钢通过调整微量元素、控制电渣熔速、调整热处理工艺等措施，实施工艺技术升级。特别是在生产环节，该公司发挥炼钢、锻轧、轧钢工装优势，强化工序衔接，重点抓好炼钢工序成分控制和扁钢成材等关键环节，精准实施柔性化生产，确保合同兑现。

舞钢机组座环用钢Q500Q-Z35成功替代进口。河钢舞钢累计为白鹤滩水电站研发生产Q500Q-Z35、Q345C/B、SX780等特种宽厚钢板近万吨，主要用于水轮机座环、发电机顶盖、控制环、压力钢管等的制造，特别是定制研发的机组座环用钢Q500Q-Z35成功替代进口，为百万千瓦水轮发电机组制造用钢实现国产化提供了有力支持。

白鹤滩水电站是国家“西电东送”重大工程，装备有全球单机容量最大功率达百万千瓦的水轮发电机组。该工程对建设材料及关键部位用钢要求极为严格，尤其是对百万千瓦水轮发电机组制造所用大厚度、高级别水电钢板在韧性、强度及焊接性能等方面有着更高的要求。

河钢舞钢以国家重大项目用钢国产化为己任，为白鹤滩水电站“量身定制”高质量钢材。在研发过程中，由于该项目关键部位——水轮发电机组座环制造用钢Q500Q-Z35的生产技术被国外极少数顶级钢厂掌握着，国内尚无企业成功供货。为了突破关键战略性技术环节，打破国外企业对此项技术的垄断，河钢舞钢集中优势技术资源，成立专项研发攻关团队“河钢舞钢白鹤滩水电站用钢攻关团队”，对该钢的生产技术进行不断探索，创新热处理工艺，对淬火工艺进一步优化，使钢板性能较原来提升4~5倍，最终圆满解决了钢板冲击性能不稳定这一关键战略性的世界级技术难题。研发生产出了世界级高端水电钢Q500Q-Z35，产品具备焊接性能好、力学结构良好、低温冲击韧性强、表面质量好等优点，特别是大厚度高级别水电钢板低温冲击韧性、抗裂性和可焊性强等指标远远优于项目要求，成功替代进口，被用于制造世界单机容量最大的巨型水轮发电机组座环，更赢得了设备制造方的高度评价。

舞钢13MnNiMoR钢板用于田湾核电站。13Mn系列钢板是河钢舞钢精心打造的“拳头”产品之一，其具有高附加值、高市

❶ 1个标准大气压=101325帕。

场占有率、高性能等特点。河钢舞钢 13MnNiMoR 属中低温压力容器用钢板，主要广泛应用于石油、化工、锅炉等行业，用于制作反应器、换热器、分离器、球罐、油气罐、液化气罐、锅炉汽包、水电站高压水管、水轮涡壳等设备及构件。本次 13MnNiMoR 用于核电站项目关键部位制作，对于河钢舞钢尚属首次，在国内也是一次大胆突破。

为了实现举世关注的中俄核能开发项目田湾核电站的关键部位用钢“中国造”，河钢舞钢针对项目特殊设计需求，与项目设计人员深入交流，定制使用 145 毫米厚 13MnNiMoR 钢板制作项目关键部位用钢。研发过程中，河钢舞钢针对项目的安全性等对钢板性能的需求，创新在轧制、热处理环节新增一项工艺等，攻克了大厚度钢板轧制、热处理后冲击韧性不稳定的行业难题，使钢板具有良好的冲击韧性和焊接性能，各项指标全部优于客户需求。

3.2.2　汽车用钢

太钢纳米晶超薄带材在新能源汽车市场占有率大幅提升。2022 年 3 月 20 日，太钢集团生产的纳米晶超薄带材在新能源汽车领域得到应用。今年初以来，太钢加大纳米晶超薄带研发力度，目前太钢生产的纳米晶超薄带材在新能源汽车领域的市场占有率大幅提升到 30%。

方大特钢 2000 兆帕级高强度弹簧扁钢批量生产。2022 年 6 月，方大特钢通过运用纯净冶炼技术、特殊轧制工艺研发生产出 2000 兆帕级高强度弹簧扁钢。该产品顺利通过相关验证，优异的疲劳服役性能获得客户认可，使方大特钢成功承接客户的批量订单。值得一提的是，方大特钢是国内首家研发生产该强度等级弹簧扁钢并实现批量生产的企业，该产品性能指标达到国内先进水平。

2000 兆帕级高强度弹簧扁钢是目前国内最高强度弹簧扁钢。用该产品生产的高应力钢板弹簧与传统钢板弹簧比，强度可提高 20%以上，韧性可提高 80%以上，并可在 1300 兆帕最高应力负荷下保持 25 万次不发生断裂。目前，国内某知名高端客车已采用该产品制作高应力钢板弹簧，更好地承受车轮对车架的载荷冲击，极大地提升了车辆行驶的平稳性和驾乘舒适性。

太钢纯铁用在汽车锂电池。磷酸铁作为锂离子电池正极材料磷酸铁锂的前驱体材料，其产品质量很大程度决定了电池的整体性能。而纯铁作为其铁源，对纯净度要求极严。太钢抓住此项目投产前的关键阶段，与云天化研发中心进行多次试验，协助云天化确定了该项目纯铁产品的各种成分要求。针对多项特殊要求，太钢领导高度重视，由营销中心、技术中心、炼钢厂相关负责人深度协同，研究试制方案，营销中心太原公司与各相关部门多次沟通讨论生产保供方案。从 7 月 31 日评审成功到 8 月中旬交货，快速响应用户要求。此行业将是纯铁产品的又一个强有力的增量行业。

太钢供货新能源汽车驱动电机用电工钢。太钢作为某豪华品牌车企的唯一电工钢供应商，再次为其旗舰纯电动车型批量供应高牌号无取向电工钢。目前已形成厚度 0.18~0.35 毫米低损耗、高效、高强度、高效高强等 4 个系列 26 个新能源汽车驱动电机专用牌号产品，并针对客户的个性化需求，注重对需求的精准满足及需求升级引领，细化开发多款“个性化”专供产品，成为国内外多家知名汽车品牌主力车型唯一或主要国内电工钢原材料方案供应商。

太钢精密带钢 JDA61 全球首发。7 月 6 日，太钢集团氢能源双极板专用精密带钢 JDA61 全球首发。该产品是氢能源电池堆的核心部件，主要应用于城市公共交通、物流运输等领域。今年初以来，太钢通过加大技术创新力度，立足高科技、人工智能、新能源等领域，着力研发绿色高端精品，进一步优化品种结构，提升了企业竞争力。

潍坊特钢胎圈帘线用钢打入多家世界500强。胎圈帘线用钢是潍坊特钢的拳头产品，最细可拉到0.175毫米。潍坊特钢汽车用钢中夹杂物含量低，纯净度高，单个类别夹杂物控制在1.5级以内，夹杂物总和在4.5级以内，全氧含量在15×10^{-6}以内，成分波动范围小，通条力学性能均匀，末端淬透性能均匀，A、B面差值在6HRC以内，处于行业顶尖水平。

潍坊特钢汽车用钢生产线是一条全连续式棒材生产线，采用大矩形坯，通过大压缩比轧制，减小圆钢中心疏松、偏析、白点缺陷，大幅度提高钢材的内部质量，整条生产线的技术装备水平达到世界先进水平。其生产线减定径机组采用三辊式KOCKS轧机，所有成品均有减定径机组轧出，产品精度可达±0.05~0.15毫米，可实现自由尺寸轧制，可根据客户需要生产任意规格产品、轧机灵活性大，利用率高。为达到和满足汽车行业和制造加工行业的高标准严要求，配套建设的国内最先进的高精度、棒材精整探伤生产线，真正达到了产品零缺陷。帘线钢、胎圈钢丝专用钢已成为多家世界500强企业的首选原材料。

3.2.3 航空用钢

大冶特钢助力“鲲龙”AG600首飞。鲲龙AG600全状态新构型灭火机在广东珠海首飞成功。该飞机起落架用主承重构件材料由大冶特钢研制。

“鲲龙”AG600最大起飞重量为60吨，最大载水量为12吨，填补了国产大型航空灭火飞机空白。由于其复杂、恶劣的服役环境（湿热、高盐），飞机起落架主承重构件所需钢材不仅要具备超高强度，还要兼顾优良的抗氧化、抗应力腐蚀断裂及抗疲劳裂纹断裂的能力。这对材料冶炼的纯净度、均匀性提出了很高要求。大冶特钢从2019年初就成立攻关小组，对所需的特种钢材料进行内部预研，解决了该材料由于易偏析合金元素多造成的低倍径向偏析、热处理工艺窗口狭窄造成的组织性能不稳定等难题，成功研制并交付了近100吨直径为40~400毫米超高强度钢，用于“鲲龙”AG600起落架实验件及装机件的制作。

“鲲龙”AG600与运-20大型运输机、C919大型客机并称国产大飞机“三兄弟”。“鲲龙”AG600是目前世界在研最大的水陆两用飞机，具有执行应急救援、森林灭火、海洋巡察等多项特种任务的功能。

长城特钢高端叶片钢交货量大增。长城特钢生产的高端叶片钢交货量达592吨，为2021年全年交货量的150%，充分体现了国内高端客户对该公司叶片钢质量与交货服务的肯定。

作为特殊用钢的叶片钢，单次订货量小，且多以预订为主，保证质量和交货期是一大难题。今年初以来，长城特钢强化产销协同，努力提升叶片钢市场占有率。对外，长城特钢强化与战略客户间的技术交流，实施零距离服务；对内，通过调整热处理工艺、控制电渣熔速、调整微量元素等措施，破解技术难题，提升产品质量，叶片钢订单源源不断。同时，长城特钢通过整合炼钢、锻轧、轧钢工序优势，使叶片钢质量显著改善，订货量持续增长。

3.2.4 海工、船舶用钢

太钢首发液化天然气专用钢。太钢国内首发MARK-Ⅲ型LNG（液化天然气）运输船/罐薄膜型围护系统专用不锈钢产品，并通过了法国GTT认证，成为国内首家、全球第三家具备资质的供应商，解决了我国LNG海运、储存基础材料关键战略性技术难题。

LNG行业主流先进方向是薄膜型MARK-Ⅲ型运输船以及与之配套的薄膜型陆地储

罐，具有安全系数高、储存量大等特点。其采用特殊的奥氏体不锈钢冷轧板材制造，对材料的组织稳定性、低温力学性能、尺寸精度、板形及表面“零缺陷”等指标要求苛刻，生产难度极大，多年来主流技术和生产资质均由国外公司所掌握。法国 GTT 公司是世界上 LNG 船液化舱薄膜技术的所有者，世界上制造 LNG 船的船厂主要采用该公司的技术。

面对国家重大需求，作为国内较早涉足 LNG 行业用不锈钢材料的企业，太钢及时成立技术攻关团队，经过两年不懈努力，突破了薄膜型 LNG 船/罐用不锈钢超高平整度控制、高表面质量控制等关键技术瓶颈，产品平整度、表面质量、低温性能等指标完全满足 GTT 公司要求，一举获得 GTT 认可证书及国外多个船级社认证，具备供货资质，产品成功替代进口，为我国薄膜型 LNG 运输船/罐的国产化提供了有力支撑。

南钢高锰低温钢通过美国船级社认证。高锰低温钢以碳、锰、铬为主要合金元素，其中锰元素质量分数高达 25%，材料性质特殊、工业化生产难度大。高锰低温钢因其优异性能和经济性优势，作为低碳/零碳能源产业链中制造低温液罐所需的新材料备受瞩目，此前国际上仅韩国浦项具备该材料批量生产及供货能力。

南钢在国内率先攻克高锰低温钢的连铸生产技术难题，并依托宽厚板产线、炉卷产线的装备技术优势，开发出该材料的“转炉—精炼—连铸—热轧—在线固溶”全套生产工艺，对钢板母材及焊接接头的低温力学性能、疲劳性能、断裂韧性、物理及化学特性等进行了多方面的实验研究与评价试验。南钢生产的高锰低温钢具有高稳定性的全奥氏体组织，在-196~-269℃低温环境下具有优良的综合力学性能，并兼具无磁性、低温线膨胀系数小等物理特性，以及在特定使用条件下可抵抗氨腐蚀/氢损伤的性能。

舞钢 9Ni 钢板通过韩国船级社认证。河钢集团舞钢公司研发的 9Ni 钢板顺利通过韩国船级社工厂认证，获得进入韩国市场的“通行证”。至此，舞钢生产的 9Ni 钢已全部通过韩国船级社、日本船级社、中国船级社（CCS）、美国船级社（ABS）、挪威船级社（DNV）等世界九大船级社工厂认证。

9Ni 钢被冠以“钢板中的皇冠”称号，是国内外业界公认的高技术含量、高生产难度、高利润空间的产品，主要用于制造液化天然气存储和运输装置。随着国家环保政策趋严、民众环保意识增强，船舶运输业需要更为清洁的动力系统，更为环保的 LNG（液化天然气）动力船的需求量逐渐增大，用于制作 LNG 储罐的 9Ni 钢需求量随之增加。

舞钢充分发挥在超低温用钢领域的研发优势，成功开发并批量生产出多规格 9Ni 钢系列产品。为进一步扩大 9Ni 钢市场竞争力，舞钢不断加大船级社认证力度。

河钢集团舞钢公司突破世界性技术难题，完成海洋工程用超级不锈钢复合板国内首发。2022 年 8 月，河钢集团舞钢公司、上海海盛拓新材料科技有限公司、舞钢钢铁（北京）有限公司联合研发的新型材料——海洋工程用超级不锈钢复合板 31254+DH36+31254 在舞钢轧制成功，并卷制焊接成筒，实现国内首发。

海洋工程用超级不锈钢复合板可广泛应用于高浓度氯离子介质，如海水等苛刻工况环境中，以及石油化工管道、脱硫环保、桥梁、隧道等领域，不仅对海洋环境无污染，而且可减少海工装备钢材冗余量；与常规材料相比，该材料的超强耐腐蚀等性能，有助于减少项目后期频繁的人工维护费用、涂料费用等，还可延长装备使用年限到 100 年等，符合当前行业发展趋势。

在研发中，3 家单位组建了联合攻关团队，进行工艺创新设计，攻克了该种不锈钢复合钢板在生产过程中板形控制难度大、表面质量差、高剪切强度要求高等世界性技术难题，使双面不锈钢复合板钢板的不平度达到3毫米/米，剪切强度达到510兆帕附近，远高于国标设计标准的210兆帕，同时界面结合率为100%，达到不锈钢复合钢板行业最高技术要求。

沙钢独家供货全球最大C型LNG燃料罐。2022年4月，扬子江船业集团建造的14000TEU大型双燃料集装箱船——“MSC WASHINGTON”成功交付，标志着由沙钢独家供应的1800吨9镍钢建造的全球最大C型LNG燃料罐也正式投用。

9镍钢是业界公认的高技术含量、高生产难度的宽厚板品种之一，被冠以“钢铁钻石”美誉。与其他钢种相比，9镍钢对钢水纯净度、表面质量及钢板剩磁等方面要求极为苛刻。9镍钢最低使用温度可达-196℃，其强度高、低温韧性优异、焊接性能良好，主要用于制造液化天然气（LNG）储罐，是深冷环境下韧性最好的钢材。

3.2.5 轨道桥梁用钢

沙钢3.5万吨高性能桥梁钢助建“一带一路”。由中国中铁大桥局经过8年建设的孟加拉国帕德玛大桥正式建成通车。这座大桥的连接线项目采用了沙钢3.5万吨高性能桥梁钢，再一次彰显了中国钢企的实力和担当。

孟加拉国帕德玛大桥连接线项目是孟加拉国的头号工程，起于孟加拉国首都达卡站，经帕德玛大桥至终点站杰索尔，全长近170公里，是中孟共建“一带一路”和基础设施互联互通的重大合作项目。帕德玛大桥连接线项目对钢板的厚度、精度和性能等各项技术指标要求都非常严格。对此，沙钢特别建立了销售、技术、研发、生产一体化的联动机制，根据客户需求不断优化生产工艺，以优于国标的性能要求实施全过程品质管控，通过大数据采集、分析及产品质量跟踪，确保品种质量全面符合客户要求，赢得了客户的好评。

南钢供货单轨道岔用耐候钢近5000吨。单轨道岔用钢除要求高耐候性能外，还需具有高强度、高韧性、高塑性、低屈强比和易焊接等综合性能。钢板的强度与塑性匹配、强度与屈强比匹配及板形控制难度非常大。南钢目前已掌握宽薄规格单轨道岔用耐候钢稳定生产技术。南钢供货中车浦镇庞巴迪运输系统有限公司单轨道岔用耐候钢近5000吨，成功实现了该产品的国产化。耐候钢是一种耐大气腐蚀的钢材，是介于普通钢和不锈钢之间的低合金钢，它的耐大气腐蚀性是普通钢的8倍。近年来，南钢建立大气腐蚀试验站，设立耐蚀钢实验室等联合创新平台，整合国内外优势资源，致力研发各类耐腐蚀的新型高端钢材，着力创新改造抗腐蚀设备、研究先进耐腐蚀手段等。此次耐候材料是南钢继川藏铁路藏木特大桥及北京冬奥会“雪游龙”项目后，又一重大耐候钢应用项目。

3.2.6 家电家居用钢

马钢成功试制400兆帕级冷轧高强双面搪瓷用钢。冷轧高强双面搪瓷用钢在马钢合肥公司连退线成功下线。经技术检测分析，该搪瓷用钢新材料力学性能不仅达到400兆帕级，而且保证了双面涂搪后无鳞爆的表面质量性能要求。这是马钢，也是国内首次成功试制冷轧高强双面搪瓷用钢。

冷轧高强双面搪瓷用钢主要应用于户外大型储水箱内胆等，由于特定的使用环境，要求材料须同时具备高强度和双面抗鳞爆性能，在搪瓷用钢系列中属于高端产品。普通家用热水器内胆用搪瓷用钢为单面涂搪或低强度搪瓷用钢，其强度和抗鳞爆性能均无法满足户外大型储水箱内胆的生产要求。

马钢冷轧产品研发团队在走访用户时，国内某龙头企业向马钢提出冷轧高强双面搪瓷用钢需求意向，要求材料屈服强度达到400兆帕级以上，同时还须满足双面涂搪要求。针对客户的特殊需求，马钢组成技术中心搪瓷用钢研发团队，联合营销中心、制造等相关单位，历时2年，基于实验室数据，开展了多轮试制、实验；团队反复开展技术论证，采用全新的成分体系，制订合理的热轧、冷轧和退火工艺，摸索出材料的高强度和抗鳞爆性能匹配性关系，掌握了400兆帕级抗鳞爆冷轧高强双面搪瓷用钢关键技术，最终成功开发出马钢400兆帕级抗鳞爆冷轧高强双面搪瓷用钢。

太钢开发出高性能TES18产品。太钢是我国最早研发电梯面板用不锈钢的企业之一，在国内率先实现电梯面板用超纯铁素体不锈钢TTS443M的开发。太钢伴随中国电梯行业发展不断进步，并成为连续多年供应电梯品牌最多、厚度和宽度规格最全、市场占有率保持第一的企业。

面对电梯行业需求发展态势，太钢借助先进不锈钢材料国家重点实验室研发平台，针对电梯面板耐蚀性、加工性及表面质量需求，不断加大研发力度，国内首次开发出高性能TES18产品。该产品既能满足电梯面板性能要求，又符合低碳、环保、经济性要求，为电梯行业未来的发展赋予了新的能量。

在TES18新品的研发过程中，太钢电梯行业产销研开发团队从源头出发，调研数十家电梯行业终端用户和配套加工中心，在充分理解电梯行业面板用不锈钢需求基础上，通过优化成分设计，实现了TES18产品耐蚀性和机械加工性能的创新突破。同时将TES18产品的折弯粗糙度降低至传统产品的60%左右，解决了传统产品折弯粗糙度高带来的“橘皮”视觉问题。此外，针对电梯生产企业连续自动化生产线，太钢电梯行业产销研团队“量身定制”了相关工艺与力学性能控制标准，为TES18产品赋予了更适应电梯行业连续自动化产线的力学性能。

太钢宝新BFS500Z研发试制成功。为应对家电企业降本诉求，保持宝新产品的份额优势，宝新迅速启动了1803对标钢种BFS500Z研发试制。宝新BFS500Z从设计端即开始打造适用于洗碗机的成分体系，通过控制微量元素增加材料流动性。在冷轧端利用特有的工艺装备获得了满意的表面粗糙度，在关键的光亮退火工序进一步提升了表面光泽度和力学性能。宝新BFS500Z首轮试制卷硬度比1803低20度，粗糙度低0.05微米，光泽度高500度。试制卷交付用户加工洗碗机内门，冲压成型一次性成功，表面质量也完全满足用户的验收标准。

目前用户已将宝新BFS500Z用于洗碗机整机并进行各项运行测试。宝新BFS500Z BA是宝新304BA自我革新的产品。宝新主动推陈出新用更低成本的BFS500Z替代304，利用20年积累的BA板工艺优势，新品试制一次成功。首轮试制成功也让宝新更有信心维持BA产品在洗碗机领域的绝对份额，丰富了宝新BA家族的产品树，实现了奥氏体BA家族牌号全覆盖，进一步巩固了BA产品市场引领者地位。

3.2.7 石油和化工用钢

南海钻采平台隔水封压系统用管国产化项目花落大冶特钢。大冶特钢正式与某海洋工程技术服务公司签订了南海可燃冰钻采平台隔水封压系统用管国产化开发项目合同，替代进口产品。隔水封压系统用管主要用于深海油气钻采，其作用是平衡水下与海面压力、减少湍流、涡激振动对主隔水管道的损伤。由于长期在低温、高压、腐蚀、交变应力等复杂环境下服役，其对于材料的均匀性、洁净度、抗疲劳性等方面均提出了极高要求，是典型的高技术、高投入、高风险产品，其产品和技术一直被欧美等发达国家和地区垄断。

大冶特钢自2008年开始开发油气用调质无缝钢管以来，凭借着高效的产品开发、稳定的产品质量、优良的技术服务深得国内外用户信赖，在完井工具用管、石油钻具用管等细分领域，始终保持着行业领先地位。本次用户主动寻求合作，也正是看中大冶特钢在行业细分领域的龙头地位以及国内唯一具有类似产品生产经验的优势。此项目的顺利开展必将在深海钻采高端装备的国产化方面形成重大突破，对我国深海资源的开发及海洋强国战略的推进具有重大意义。

舞钢成功研发最厚加钒 Cr-Mo 钢板替代进口。舞钢独家中标中石化在浙江宁波镇海投资的某重点炼化项目热高压分离器钢铁材料供应权。其研发的193毫米、单重46吨加钒 Cr-Mo 钢板，为目前国内厚度最厚、单重最大，且替代进口，各项技术指标处于国际领先水平。

针对中石化致力于将镇海某重点炼化项目打造成国产化设备示范项目的需求，河钢舞钢组建专业的营销、技术、质量、生产服务团队与客户深度对接，共同合作参与项目的关键设备热高压分离器等制造用材的设计和研发工作。为了研发项目关键设备所需的特殊钢铁材料，河钢舞钢不断创新优化工艺设计方案，在冶炼环节创新合金成分配比体系，在轧制环节创新工艺路线等，克服了该类钢板生产工序复杂、技术标准要求高以及超大厚度、超长、大单重等条件下的研发困难，一举攻克了钢板内部性能易波动、表面质量难以控制等行业性技术难题。

舞钢钢板助建亚洲最大海上石油生产平台。河钢集团舞钢公司研发的1万余吨高端大厚度海工钢板用于亚洲最大海上石油生产平台——恩平15-1平台的关键部位制作，为国家大型装备国产化做出了贡献。

舞钢紧盯国家重点项目及重大项目建设，不断开发高端特钢来满足客户的个性化需求，致力于国家大型装备用材国产化研发、供应。针对恩平15-1平台关键部位所需的钢铁材料，舞钢提前介入，与项目业主、设计单位、制造方深度对接，为其提供个性化钢铁材料供货方案。在研发试制过程中，舞钢与客户成立恩平油田关键用钢研发服务团队，发挥技术优势，不断优化工艺设计，创新两项工艺流程，攻克了大厚度钢板性能冲击波动、表面质量要求高等技术难题，使产品的各项质量指标优良，完全满足项目使用要求，赢得客户的认可。

天津钢管产品助四川盆地钻井刷新纪录。中国石化勘探分公司重点预探井仁探1井，钻达井深8445米顺利完钻，刷新四川盆地直井钻井最深纪录。该井所需7个规格石油套管全部采用天津钢管产品，助力四川盆地油气勘探开发向超深层挺进。

仁探1井是中国石化勘探分公司部署在四川盆地川北低缓构造带通南巴背斜南段仁和场高点的一口五开制“1字号”重点预探井，钻探风险和施工难度极大。仁探1井创造了四川盆地川北区块大尺寸钻头使用钻井液钻进最深、三开施工钻井周期最短等多项纪录，为加快四川地区油气、矿产资源开发，保障国内能源供应提供了坚实后盾。

在设计过程中，天津钢管技术人员与中国石化勘探分公司设计单位多次沟通，根据地质构造和地层特点优选天津钢管产品，确保套管性能满足井位需求。在套管下井过程中，天津钢管技术人员全程到井队现场跟踪指导，确保每一根套管顺利下井，为该井的顺利完钻奠定了坚实基础。

马钢开发 LNG 站用厚壁无缝钢管 X80 钢。马钢成功开发 LNG（液化天然气）接收站用大直径高强度 X80 级厚壁（45~60毫米）无缝钢管用连铸圆坯。该产品直径、壁厚、强度等性能均领先现有 LNG 站用钢管指标，实现国内首发。

该产品具有4个技术创新点：一是在厚壁 X80 级无缝钢管用钢成分设计上，通过降低碳当量、结合微合金强韧化设计，实现高焊接性和高性能；二是使马钢掌握了厚壁X80钢夹杂物变性处理及控制技术；三是通过对大圆坯表面质量和中心质量控制研究，使马钢掌握了用大直径连铸圆坯生产该产品的技术诀窍；四是通过研究坯料直径与无缝钢管规格匹配、热轧变形工艺对钢管性能影响、热处理工艺-组织状态-性能关系等，使马钢掌握了该厚壁无缝钢管用钢组织、性能调控技术。

我国LNG接收站管道直径为800毫米，存在产能瓶颈。为提高LNG输送效率、管道输送压力和扩大管径，LNG站用管向无缝、大直径、厚壁发展已成为趋势。马钢瞄准无缝、高强、厚壁、大尺寸管径，立足于马钢先进的特钢产线，开展了技术攻关。经过多轮实验室工艺及现场工业性实验试制，研发团队成功开发了大直径高强度X80级厚壁（45~60毫米）无缝钢管用连铸圆坯。

衡阳钢管特殊扣套管服役超9000米深井。该井设计井深为9186米，位于新疆塔里木盆地北部，其所在油田是我国超深复杂气藏高效勘探开发示范区。塔里木盆地因历经数次构造变形，致使油气藏埋深度普遍在6000~10000米，这里地质构造异常复杂，是勘探“禁区”。

该井于今年5月下旬开钻，其表层套管、技术套管90%以上采用衡钢产品，截至目前套管下深达4420米。为实现超深井钻探新突破，衡钢成立项目攻关组，在产品设计、生产、质控、检验、交货环节，各部门通力协作，快速交货，商检各项指标全部达标，整个下井过程中无错扣、粘扣现象，上扣一次性合格率达100%，得到了客户的高度评价。

天津钢管向顺北深层油气田项目供套管3万余吨。目前，天津钢管“深地一号”钻探垂直深度超过8000米的油气井达41口，定向井井深最深达9300米。

天津钢管4种规格TP-CQ特殊扣套管成功应用于顺北803X井，6种规格TP-CQ特殊扣套管、P110 BC套管成功应用于完钻井深达9300米的顺北56X井。

“深地一号”勘探开发难度大，对套管的气密性、抗挤毁性能、抗硫化氢腐蚀性、连接强度等要求十分严苛。为保证套管在复杂的应用及施工条件下安全可靠，天津钢管领导带队深入油田用户走访，开展技术交流，研发人员专门设计特殊非标产品，并定制解决方案，与油田技术人员逐一校对数据，有效解决了顺北油气田勘探开发的用管难题。生产计划部及各生产厂倒排工期，科学排产，精益操作，精心生产，确保按时交付。销售总公司加紧组织生产发运，技术服务人员深入油田现场，提供跟井服务，保证油套管顺利入井，获得油田用户的赞誉。

黑龙江建龙中标延长油田项目1万吨石油用管。该公司本年度第3次中标延长油田项目，黑龙江建龙石油用管的耐腐蚀性、洁净度和抗挤毁性能显著提升，耐腐蚀性、抗挤毁性能达到国内先进水平，并且顺利通过API年度监督审核及PSL 3质量等级的增项。

2022年初以来，为进一步满足客户需求，更好地服务高端客户，黑龙江建龙以集团无缝钢管研究所为依托，与大庆油田技术研究所、渤海油田技术部、胜利油田技术中心、天津工业大学等研究院所开展战略合作，围绕产品质量提升和科技创新两方面展开工作，共完成13个新钢级的开发。与此同时，产品质量有了大幅提升，180无缝钢管产线产品合格率已提升至99.63%，273无缝钢管产线产品合格率已提升至99.41%。

承德建龙热轧态X60钢级无缝管线管“新鲜出炉”。承德建龙通过应用钒氮复合微合金化技术开发出了符合API SPEC 5L标准要求的热轧态X60钢级无缝管线管。目前，管线运输是陆地及海上长距离输送石油、天然气最经济合理的运输方式，随着石油天然气需求量的不断增加，管道的输送压力也不断增加，因此管线管钢都向着高强度方向发展。

API SPEC 5L 标准第 46 版规定，无缝管线管 PSL 1 等级 X60 钢级屈服强度不小于 415 兆帕，抗拉强度不小于 520 兆帕，伸长率不小于 23%（当壁厚为 10 毫米时）。

承德建龙通过走访圆管坯下游客户了解到，一般来说 X60 钢级的管线管需采用无缝钢管调质热处理的方法生产。虽然该方法可以解决力学性能不足的问题，但也存在热处理后钢管性能不稳定、成本高、能耗大等缺陷。为此，承德建龙深入研究低碳锰钢钒氮复合微合金化技术经试验对比寻找出了最适宜的化学成分配比，并通过控制钢管轧制温度实现了微合金化钢的晶粒细化保障管线管良好焊接性能的目的，同时又能够保证产品的高强度。经检验：

（1）219 毫米×8.18 毫米规格 X60 钢级无缝钢管力学性能达到：屈服强度不小于 495 兆帕，抗拉强度不小于 645 兆帕，伸长率不小于 33%。

（2）180 毫米×10 毫米规格 X60 钢级无缝钢管力学性能达到：屈服强度不小于 460 兆帕，抗拉强度不小于 625 兆帕，伸长率不小于 33%。

两个不同规格钢管产品均满足 API SPEC 5L 标准规定的 X60 钢级性能要求并保有比较大的性能富余量。

承德建龙热轧态 X60 钢级无缝管线管达到了调质态同等的力学性能要求有效解决了调质态管线管性能不稳定、成本高、能耗大的行业难题为行业高钢级管线管品种开发提供了建龙方案。

黑龙江建龙高强度地质钻探用贝氏体钢又增加了“新成员”。R780 级贝氏体钢地质管是黑龙江建龙根据客户需求研发的新产品，主要应用于地层钻探，属于高强度贝氏体钢，是过冷奥氏体在中温区域分解的产物，是钢经奥氏体化后过冷到珠光体转变和马氏体转变的中温区域发生的转变，使其具有高强度、高耐磨性、高耐热性等优点。由于钻探用管要深入到几百米地层深度，工作条件极为复杂，钻杆承受拉、压、弯曲、扭转和不均衡冲击载荷等应力作用，还要受到泥浆、岩石磨损。该类管材必须具有足够的强度、硬度、耐磨性和冲击韧性。为此，黑龙江建龙积极与客户开展技术交流与沟通，确定了 R780 级贝氏体钢地质管的开发计划。经过如轧制空冷、在线常化正火，不同温度回火热处理等不同工艺试验后确定了回火温度和在炉时间，为该产品的成功生产打下了基础。经检验此次黑龙江建龙开发生产的 R780 级产品各项指标均符合标准要求，钻杆具有抗弯强度高、体壁厚均匀、口径适中、钢级性能稳定、抗扭性好等特点，能够保证深孔钻进时对直线度的要求，具有较高的抗疲劳强度和较长的使用寿命，合格率高达 99%以上。日前已完成 50 吨首次供货。该产品的成功开发进一步提升了黑龙江建龙炼钢、轧钢工艺过程控制水平，标志着该公司高强度地质钻探用贝氏体钢又增加了“新成员”，企业在产品升级和高质量发展道路上又迈出了坚实的一步。

3.2.8 硬币用钢

土耳其硬币用上泰钢泰嘉造币钢。泰钢泰嘉生产的不锈钢冷轧造币钢获得土耳其某制币公司订单，其不锈钢冷轧产品就能摇身变成国外的“钢镚儿”。

与普通钢种相比，造币钢的生产难度非常大，它不仅对成分控制要求很严格，还对产品的板形、尺寸公差、表面硬度、表面粗糙度等要求非常高，尤其对板面的厚度公差要求近乎苛刻。造币钢的板面厚度公差要以“丝”为单位，每一批产品表面质量都要实现零缺陷，这样才能保证生产出来的硬币的厚度、质量、色差满足要求。目前国内能生产造币钢的企业不多，能生产不锈钢冷轧造币钢的企业就更少了。为了满足客户要求，泰嘉一方面发挥全产业链优势，在炼铁炼钢等上游环节调控微量元素的含量，另一方面在轧制环节下功夫，确保产品规格和表面质量达到要求。终于 2022 年 2 月份，首批不锈钢冷轧造币钢下线并顺利交付。

太钢中标南美币用不锈钢带。太钢成功开发出口南美新币种用钢，首批成品顺利装船发运。此次中标是太钢造币新产品首次应用于南美硬币新币种，对产品性能有多项特殊要求。太钢相关人员全流程跟踪把控，多次深入生产厂实地开会讨论多种生产保供方案，确保万无一失。热轧工序相关人员快速协调安排钢带热轧与热处理，保证钢带第一时间及时送至下工序。不锈冷轧厂相关人员认真确定专用产线，对生产工艺、产品参数、计量系统、钢带质量进行反复跟踪。技术人员经过多次试验，解决了该产品特殊厚度、宽度、表面质量、硬度与强度兼顾等技术难点，使产品得到了用户的认可与好评。面对严峻疫情，物流中心千方百计确保正常发运，精心组织协调，保证了用户生产进度要求，也保证了首批产品顺利装船发往南美。

第 4 章

中国特殊钢工艺技术装备进步

4.1 冶炼工艺进步

4.1.1 炼铁

山钢股份莱芜分公司铁水罐月度周转率首次突破 3.5 次。山钢股份莱芜分公司下发嘉奖令，对生产管理部、物流运输部、炼铁厂等 5 个单位在提高铁水罐周转效率工作中取得的优异成绩予以通报嘉奖。莱芜分公司以提高生产组织效率为抓手，多措并举推进全流程工序降本与效率提升。3 月份，该公司铁水罐周转率首次实现 3.5 次以上的目标，达到 3.55 次，炼钢工序铁水温度较去年平均提升 27℃，每月可挖潜降本 1300 余万元。提高铁水罐周转次数是减少铁水运输过程温降、提高炼钢侧入炉温度的最直接有效手段，不仅有力促进炼钢工序降本降耗工作，而且为节铁增钢和降低铁水罐综合运行成本创造有利条件。莱芜分公司厂区分散，铁水运输距离远、跨区调运量大、铁水罐罐型较多，各区高炉出铁方式和炼钢脱硫工艺不同，极大制约了铁水罐周转效率，2021 年铁水罐综合周转次数仅为 2.3 次。

为提高铁水罐周转效率，提升炼钢工序铁水温度，降低炼钢冶炼成本，今年初以来，该公司生产管理部门认真分析铁水调运各环节制约因素，联合物流运输部、炼铁厂、炼钢厂、特钢事业部等单位，从高炉配罐模式、机车运力配置、铁水运送方式、炼钢脱硫和翻铁顺序、铁钢检修时间匹配、铁水存量上限管理等方面入手，进行全方位和全流程优化，并建立了一天一调度、一天一通报、一天一分析、一月一考核的运行保障机制，加大铁钢界面管理力度，铁水罐周转次数逐月提升：从 1 月份的 3 次，到 2 月份的 3.3 次，再到 3 月份 3.55 次，较去年提升了 1.25 次，周转效率大幅提升，各区炼钢单元铁水温度较去年均有不同幅度提高，为当前公司节铁增钢提供了坚实保障。3 月份下半月，该公司在 3200 立方米高炉仍在大修的条件下，铁钢比达到 0.855 的历史最好水平。

方大特钢高炉利用系数位列全国同行第二。在 2021 年 11 月份全国 50 家钢铁企业高炉利用系数对标排名中，方大特钢高炉利用系数位列全国第二。

2021 年，方大特钢炼铁工序围绕安全必保、环保要好的工作思路，陆续克服诸多不利因素，通过强化内部管理、提高高炉操作水平，不断适应原燃料变化，有效提升中间产品质量，烧结矿碱度稳定率、筛分指数、烧结矿亚铁及球团矿抗压指数等指标均得到不同程度改善。高炉炉内操作通过调整装料制度、优化煤气流分布，力争全风全氧；炉外强化铁口、铁沟、渣沟维护力度，及时出尽渣铁，为铁水稳产顺产搭建有利平台。此外，方大特钢还在提高铁水质量方面开展技术攻关，铁水硫达标率较 2020 年同期提高 3.80%，为成品材质量提升创造了极为有利的条件。

4.1.2 炼钢

河钢舞钢高效低成本完成一批 9Ni 钢冶炼。11 月份，河钢集团舞钢二炼钢紧紧围绕该公司“降成本、提效益”的工作要求，不断解放思想，按照以大批量低价镍铁替代高价镍板的降本思路，组织进行含镍合金钢冶炼，于 11 月 11 日高效低成本完成一批 9Ni 钢冶炼。

9Ni 钢是高技术含量、高生产难度、高附加值的钢种，主要应用于-196℃的超低温环境中，是目前业内公认的冶炼难度较大的钢种之一，而以镍铁替代镍板大批量组织生产，在舞钢公司历史上尚属首次。此次冶炼的 9Ni 钢分 3 个浇次完成，均由电炉冶炼，全部是断面为 200 毫米×2300 毫米的连铸坯；3 个浇次分别为 9 炉、8 炉、6 炉，极大地降低了能源消耗。该厂充分利用目前情况下电炉出钢条件稳定性高、镍成分控制精度高的特点，科学合理组织生产。本次冶炼完成后，成品样的平均镍含量为 8.718%，基本接近 8.7% 的目标值，极大地减少了贵重合金消耗。

此次 9Ni 钢冶炼的一大亮点是：通过对冶炼工艺进行优化，进一步提升了舞钢公司 9Ni 钢的市场竞争力，也显著拓宽了创效空间。

为保证 9Ni 钢冶炼顺利，舞钢二炼钢提前谋划、精心组织，在冶炼开始之前就组织召开专题会议，进行全面评估；各工序安排技术人员全程进行技术跟踪指导，设备人员精心检查设备运行情况，快速协调解决电炉、精炼、铸机设备问题，为 9Ni 钢的顺利生产提供了有力支持。

太钢自主开发二氧化碳替代氩气顶底复吹冶炼。太钢作为不锈钢全流程生产企业，氩气消耗量大大高于普通碳钢生产厂，有效降低炼钢过程的氩气消耗是降低炼钢生产成本的重要措施。为实现“双碳”目标，技术中心科研人员以提高能源利用效率、促进绿色低碳可持续发展为重点，积极践行宝武绿色低碳冶金发展战略。早在 2018 年，就在国内率先研究二氧化碳在炼钢工序部分替代氩气，对二氧化碳气体在炼钢过程的脱碳速度、熔池温度、炉衬侵蚀等进行系统研究，以实现企业产生的二氧化碳气体内部循环利用，进而降低冶炼成本，促进低碳排放。

在大量科研实验的基础上，太钢自主开发二氧化碳替代氩气顶底复吹冶炼不锈钢、碳钢控制技术，实现超纯铁素体不锈钢冶炼氩耗降低 25%，碳钢冶炼实现氩气完全替代。自 2020 年 6 月开始二氧化碳替代氩气形成规模化应用，截至今年 2 月累计使用二氧化碳气体 2.1 万吨，替代外购氩气约 1.9 万吨，取得了降低氩气消耗、增加煤气回收、减少二氧化碳排放的显著效果，为实现钢铁企业内部二氧化碳能源化和资源化循环利用、助力“双碳”目标实现作出了新贡献。

新天钢联合特钢炼钢厂降低铁耗效果显著。2 月，天津市新天钢联合特钢有限公司炼钢厂以“提产降本”为中心，精益求精、奋力奔“最优”，各项生产指标不断攀升，2021 年实现了 2 号转炉炉龄 33980 炉、1 号转炉炉龄 32919 炉、1 号连铸机拉速突破 2.1 米/分钟；同时，在保证安全生产的同时，灵活调整生产工艺，采用低铁耗的生产模式，全年废钢使用量达到 190 万吨。

铁水单耗是制约炼钢产量的关键因素，提高废钢比，能有效降低铁耗，从而提升钢产量、增加效益。通过开展“提高废钢比，降低铁耗”的技术攻关项目，以增加废钢使用量，明确了多点位加入“高附加值”废钢模式，不同工序制订有针对性的废钢类型使用方案，以提高其金属收得率，进一步提高单炉产量。

提高废钢比是系统工程，需多部门协同。该厂废钢作业区进一步优化外购废钢结构，确保了废钢的供应以及为废钢质量提供保障；调度室科学利用铁水物理热，根据铁水罐来罐量、铁包包况确定铁水罐中废钢加入量；炼钢作业区优化装入制度，提高转炉装准率，促进各工序间的衔接，转炉单炉装准率按照±1 吨控制，从而促进连铸浇钢周期的稳定；精炼作业区加强钢水温度控制，适当降低钢水上限温度，保证连铸稳定生产；连铸作业区在厂部指导下，在提速的同时，助推“提高废钢比，降低铁耗”技术攻关项目的成功实施。在此期间，该厂的《提高 180 毫米×460 毫米板坯表面质量》攻关项目，获得天津市质量攻关一等奖。

新天钢联合特钢炼钢厂生产指标取得新突破。11 月，新天钢联合特钢公司炼钢厂创出多项生产指标新纪录：转炉冶炼周期在原 20.8 分钟/炉纪录的基础上再次突破，实现3座转炉冶炼周期在19分钟/炉以内；单日3座转炉冶炼193炉、单班8小时冶炼70炉、单炉座8小时冶炼25炉（含其他辅助时间），上述指标创国内一流，达到国际先进水平。该炼钢厂提高“吨钢创效”主要措施如下：

一是“转变思路，改进方法”灵活调整供氧强度，缩短供氧时间。他们经过多炉次的摸索，根据反应的不同时期，灵活调整供氧强度，快速促进硅、锰的氧化，紧密观察炉口火焰状况，及时调整氧枪枪位，确保炉渣的熔化效果，大幅缩短了供氧时间。

二是调整转炉渣系，丰富造渣剂种类，为转炉操作创造便利条件。该厂灵活调整装入制度，从而促进炉内反应的温度平稳上升，减小温度的剧烈波动，稳定转炉的操作。

三是优化加料时机，缩短成渣时间。该厂通过现场实践摸索，规范转炉的操作，在加料过程中，根据炉口火焰情况，多批次少批量加入渣料，同时转炉采取留渣操作，进一步促进转炉渣的快速形成，加快转炉冶炼节奏。

四是聚焦操作标准化，持续提高岗位操作技能水平。他们通过对操作规程进行系统梳理研究，结合班组最优操作法，提炼总结出适用于指导现场操作的标准化操作实施方案，先行在转炉关键操作岗位进行试点，进一步规范岗位职工操作行为，为短周期、快节奏生产奠定基础。

天铁钢渣磁选工艺升级效果好。今年初以来，天铁公司热轧厂采用钢渣有压热焖技术对转炉钢渣处理工艺进行升级，钢渣磁选新线投用后，每天可处理2800吨转炉渣，可使尾渣含铁量降至2%以下。生产过程中产生的废气、粉尘、污泥等可通过管道收集后进行集中处理，符合国家环保标准，实现了无污染排放。

4.1.3 连铸

马钢长材事业部重型异型坯连铸机冶废大幅度下降。2021年下半年以来，马钢股份有限公司长材事业部连铸二分厂在生产技术室的大力协同下，通过控制裂纹废品，大力降低连铸冶废，除试验新产品之外，每吨钢材轧后冶炼废品降到5千克以下，铸坯的表面质量得到明显的改善，每年减少冶废损失792万元。

太钢直弧形连铸机首次浇铸镍基合金成功。镍基合金是光伏多晶硅的生产原材料，通常采用模铸或真空感应炉熔炼，其成材率和生产效率低、成本高、产品质量不稳定，严重制约着该产品的生产规模和应用范围。自2021年11月份以来，太钢技术人员和一线员工不断进行连铸技术攻关，终于取得重大突破，成功在直弧形连铸机上浇铸镍基合金。目前，太钢已成功试制多个品种镍基合金，具备批量生产能力，为我国光伏多晶硅的生产提供了保障。

4.2 轧制工艺进步

4.2.1 长材轧制

长城特钢批量生产出超大截面D2棒材。长城特钢成功批量生产出超大截面D2棒材。D2系列棒材属于高碳高铬钢，大截面D2棒材在生产过程中容易产生偏析及开裂问题，生产难度大。为此，长城特钢制订了一系列工艺优化方案，确保了生产顺行。经检验，各项性能指标全部符合技术协议要求，达到国内领先水平。

方大特钢弹簧扁钢规格范围进一步扩大，首次成功试轧200毫米×200毫米断面钢坯。8月30日，方大特钢首次试轧200毫米×200毫米断面钢坯喜获成功。用其轧制出的100.5毫米×56.4毫米弹簧扁钢成品，外形尺寸经检验达到客户使用要求。这也是该公司目前生产的最大规格钢坯和弹簧扁钢，标志着方大特钢可生产弹簧扁钢产品的规格范围进一步扩大。

此前，方大特钢用于轧制弹簧扁钢产品的钢坯最大断面为180毫米×180毫米。但随着汽车板簧行业的不断发展，弹簧扁钢规格需求不断增多，弹簧扁钢的开发及可承接订单范围逐渐受到了钢坯原料断面不够大、产品压缩比小的制约。因此，扩大钢坯断面便成为方大特钢弹扁产品战略升级中的重要一环。

为创造试轧200毫米×200毫米断面钢坯的有利条件，方大特钢相关技术人员提前进行轧机孔型设计，安排轧辊的车削加工、导卫的预装，并制订科学合理的工艺操作要点；生产人员在试轧制期间对开轧温度、各道次轧件尺寸、轧制节奏等均严格要求，确保了首次试生产成功。同时，为保障生产效率，技术人员在设计该套生产工艺时特别兼顾了180毫米×180毫米断面钢坯的轧制，即在不进行改轧换辊的条件下可直接切换生产不同规格的钢坯断面。

长城特钢实现钛锭直轧开坯。长城特钢轧钢厂采用825粗轧机实现了钛及钛合金铸锭直轧开坯，开坯质量超过了快锻开坯水平。此举为采用“以轧代锻”方式加工钛锭打通了关键节点工艺，使长城特钢成为国内第二家实现钛锭直轧开坯的钛材生产企业。

钛锭直轧开坯比多火次锻造开坯具有三大优势。一是铸锭直轧一火成坯，节省了燃气消耗；二是显著提高了生产效率，以3吨二次真空自耗锭为例，直轧开坯耗时仅为快锻开坯的7.5%；三是轧制过程温降小，变形连续性强，没有表面压痕和开裂，大幅改善了钛锭加工后的表面质量。

直轧开坯工艺是钛及钛合金棒线材轧制领域最为先进的技术。为了走出一条属于长城特钢的装备低投入的“钛特”结合之路，攀钢研究院与长城特钢轧钢厂、钛材厂联合攻关，对铸锭尺寸、倒角宽度等生产过程的每一个细节反复琢磨、验证。经过3轮工艺试验，他们解决了极软高等级纯钛轧制过程粘辊等工艺难题，形成了具有长城特钢特色的铸锭直轧技术。该技术为长城特钢钛锭加工方法再添新翼，为做大做强长城特钢钛材提供了强有力的支撑。

东北特钢试制出高性能4J40大规格棒材。3月，沙钢集团东北特钢成功试制具有特殊性能要求的4J40大规格棒材，产品实物质量经检验达到行业领先水平。

4J40属于Fe-Ni-Co三元合金，居里点在300℃以上，具有在常温及300℃以上高温热膨胀系数很小的特点。该产品广泛用于制造仪表零件和电子器件，在海洋工程等领域市场前景广阔。由于4J40合金对成分及纯净度有着极为敏感的要求，在生产过程中合金膨胀系数经常波动，该产品生产加工难度很大。

为确保顺利完成4J40大规格棒材的生产试制任务，东北特钢技术人员查阅收集了大量的相关资料，并多次召开专题研讨会进行研讨。技术人员在总结前期生产数据及经验的基础上，对整个生产工艺过程的各个环节进行了精心策划。技术质量人员全程跟踪生产试制过程，不断摸索调整生产工艺，膨胀系数检验结果达到了客户的特殊要求，满足了科研院所的最佳设计目标值。最终，经过两轮次的生产试验，ϕ150~200毫米4J40大规格棒材试制任务圆满完成。

东北特钢大力开发推广9Cr18、9Cr18Mo高端系列产品。11月初，沙钢集团东北特钢国贸销售条线业务员接到某客户的反馈信息，该集团提供的9Cr18、9Cr18Mo产品使用性能良好，他们对产品质量非常满意，并表示后续将继续扩大订货量。自2020年以来，东北特钢技术、生产、国贸销售条线联合对9Cr18、9Cr18Mo系列产品进行全面开发推广，成效显著，为该产品成功替代进口奠定了坚实基础。

9Cr18、9Cr18Mo 钢种为马氏体不锈钢，淬火后具有高硬度和耐磨性，以及较好的高温、低温尺寸稳定性，广泛应用于刀具、高耐磨设备零件等，是当前模具加工、制造行业的高端原材料之一，属于高附加值产品，市场前景广阔。但由于该钢种生产难度较大，国内仅有极少数厂家具备稳定的技术水平和生产能力，绝大部分依赖进口。

东北特钢把该钢种的生产试制作为市场开拓的重点任务，全力做好技术攻关，技术人员坚持在生产现场跟班指导，对生产过程中出现的问题及时探讨分析，从各个方面对工艺升级改进，保证了产品的开发进度，试制生产达到预期目标。

经过两年多的不懈努力，东北特钢 9Cr18、9Cr18Mo 产品订单已由初始的单一类型盘条钢，逐渐拓展到大棒材、小棒材、锻造、热轧宽扁钢等多品类、全产线的订货模式，订货量也大幅增长。用户使用后反馈良好，产品在市场上获得了充分认可，具备良好的知名度，为该公司提升效益水平做出了积极贡献。

河钢石钢轧制出国内最大规格特钢棒材。河钢石钢大棒线轧制出直径为 400 毫米的国内最大规格特钢棒材，刷新了目前国内棒材轧制规格纪录，进一步增强了河钢石钢在特钢棒材领域的市场竞争力。经检验，该产品表面质量、化学成分、低倍组织、外形尺寸等各项性能指标均满足标准要求。该产品现已发往客户，将应用于气体机械制造领域。

这次轧制的直径 400 毫米超大规格棒材所供客户为国内气体机械制造龙头企业，河钢石钢充分发挥供应商先期介入作用，深入了解客户对原材料性能的要求，依托河钢石钢立式连铸机与国内最大棒线开坯机装备优势，为其提供更好的材料和更个性化的服务，助力客户新品研发。

河钢石钢集中优势资源，对钢水冶炼、连铸、加热、轧制工艺进行了精心策划。为确保该批产品首次成功轧制，轧钢厂在生产前期对 1350 开坯机轧制 400 毫米棒材进行了充分的可行性分析，并迅速完成了轧制孔型、轧辊配辊、轧制规程等工艺设计。同时，研发、技术、设备人员协同制订了生产方案，并逐一对生产环节岗位职工进行交底培训，广泛征集操作意见，优化、细化生产方案。在生产过程中，他们攻克了超大棒材轧制过程中料型扭转、弯曲等技术瓶颈，助力该产品成功下线。

马钢乘用车热绕弹簧用银亮材前 10 个月国内市占率逾 50%。2022 年初以来，中国宝武马钢股份埃斯科特钢公司抢抓长三角发展战略机遇，通过技术创新和高质量服务，不断提升产品竞争力和产品在下游领域的市场份额。今年前 10 个月，该公司重点产品——乘用车热绕弹簧用银亮材国内市场占有率达到 50%以上。

建龙北满特钢科研攻关项目取得突破。“方坯重压下关键技术研究与应用”历时 4 个月自主研发。轧材探伤合格率由 98.00% 提升至 99.98%，排除头尾坯后，合格率达到 100%，4 个月为企业创效 300 余万元。该技术全面实施后，预计可实现年创效 3070 万元。该项目已获得受理发明专利 11 项，授权 5 项，以及 8 项实用新型专利授权。

4.2.2 板材轧制

兴澄特钢的高强高韧低密度钢板制备取得重大突破。1 月底，世界首创用 100 吨电炉冶炼工艺生产的高强高韧低密度钢板在中信泰富特钢集团江阴兴澄特种钢铁有限公司问世。这是兴澄特钢联合北方材料科学与工程研究院团队，第二次成功实现该产品大规模工业化生产，也是双方基于 2016 年 40 吨电炉冶炼工艺生产实践后取得原创攻关的再创新，标志着我国成为世界上唯一掌握使用电炉大规模生产高强高韧低密度钢技术的国家。

高强高韧低密度钢比常规高强钢的密度降低10%以上，具备良好的强韧性，其比强度、比刚度可与钛合金媲美。这一重大突破将为车辆、船舶、航空、航天、建筑等领域提供极为重要的新型轻量化材料，有着广泛的应用前景，具有重大的战略意义，这一重大工艺技术突破使我国在高强高韧低密度钢的工业化生产技术领域处于国际领先水平。

舞钢DQ工艺攻关取得新突破。9月1日，从河钢集团舞钢公司二轧钢产线上传来消息，该厂8月份运用DQ（在线直接淬火）工艺生产钢板入库12500吨。至此，今年初以来，该厂运用DQ工艺生产钢板连续4个月入库量突破1万吨，这标志着舞钢公司DQ工艺攻关取得突破性进展，产品核心竞争力进一步增强。

舞钢公司落实河钢集团部署，在推进技术升级过程中，彻底摒弃“靠花钱解决问题”的惯性和惰性思维，积极引入工艺创新、管理创新理念，真正体现出技术在企业中的核心作用。DQ工艺的开发能充分提高产品品质，提高产线效率，压缩工序、缩短钢板生产周期，增强钢板力学性能，对舞钢坚定不移地走好高质量发展路线具有重大意义。

为持续增强产品市场竞争力，全方位满足客户的个性化需求，舞钢公司强化技术创新，加大DQ工艺攻关力度。科技人员建立冶炼到轧制专门台账，对各工序工艺节点进行跟踪并进行数据记录。舞钢公司对每一批钢板轧后都取科研样，检验钢板性能；对钢板内部组织等进行分析，找出性能不合钢板产生的原因，对后续生产工艺进行调整，保证钢板一次通过率；开展回火工艺试验，最终确定不同钢种、不同成分、不同厚度区间的配套回火工艺；根据DQ钢板取样检验结果进行分析，反推工艺优化；充分释放预矫直机和MULPIC设备的工艺潜能，一举攻克了钢板板形不稳定等行业技术难题，使攻关取得阶段性胜利。

舞钢成功轧制6毫米极限规格薄板。11月3日，河钢集团舞钢公司第二轧钢厂轧钢作业区极限规格6毫米×2600毫米×10000毫米NVA36钢板首次试制成功，钢板板形及表面质量良好，完全满足标准要求。这标志着该公司在钢板厚度精度控制上迈上新台阶，轧制控制技术达到国内领先水平。

进入第四季度，为进一步促进舞钢品种结构转型升级，舞钢第二轧钢厂在工艺控制和管理水平上大力挖潜，11月初，该厂积极组织开展6毫米极限规格薄板试验攻关。

在中厚板研发生产领域，生产薄规格产品对工艺技术控制精度要求很高，对设备的冲击很大，出现卡钢、甩尾等情况的可能性都大大超出生产其他规格产品。由于受轧机设备及控制程序的制约，6毫米薄板轧制已超出舞钢轧机的生产极限。为保持该公司在该领域建立的领先地位，在公司领导的高度重视及技术部门的指导下，第二轧钢厂组织攻关团队，下定决心解决此难题。为保证生产顺利进行，该厂超前组织生产、技术、设备等各关键环节骨干人员，围绕板形、温度、性能控制和表面氧化铁皮等技术瓶颈全过程跟踪控制，制订流程及预防措施，合理优化生产工艺，确保钢板在每一个生产环节都进行精确控制，有效保证了产品的稳定生产。

经过舞钢从上到下的提前谋划、精心准备和通力协作，6毫米极限规格薄板试制一次成功，板形良好，完全可以满足交货标准，这也标志着该公司在该领域达到国内领先水平。

舞钢成功研发高端特种钢板12Cr2Mo1VR，创国内同类钢板厚度、单重之最，并替代进口。11月，河钢集团舞钢公司成功研发高端特种钢板12Cr2Mo1VR，将用于制造中石化某重点炼化项目的关键部位。该高端特种钢板将替代进口，创目前国内采用电渣锭成材及“锻—轧”成材工艺生产的12Cr2Mo1VR钢板的厚度（193毫米）和单重（46吨）之最。

舞钢针对该项目关键设备加氢反应器的使用环境和制造技术要求，舞钢决定开发具有较强耐高温高压、耐氢腐蚀及抗回火脆化性能的高端特种钢板12Cr2Mo1VR。在研发中，面对诸多挑战设备极限和工艺极限的难题，舞钢大胆创新工艺，不断打造更优的工艺模型，采用电渣锭成材及“锻—轧”成材新工艺，攻克了钢板生产过程中成分、力学性能及显微组织不稳定等行业性技术难题，使生产出的钢板具有良好的成分均匀性、稳定的力学性能及达到预期目标的显微组织。经检验，该产品各项性能指标完全满足客户使用要求。

河钢舞钢创新轧机辊道安装技术创效益。1月19日，在河钢舞钢产线上，伴随着4200毫米轧机辊道的顺行，又一块高端特宽特厚钢板轧制成功。通过对4200毫米轧机辊道安装技术进行升级，月创效30多万元。

河钢舞钢4200毫米轧机号称钢铁行业的“功勋轧机”，自1978年投产以来，轧制了无数高端特宽特厚钢板，之前，由于该轧机辊道箱体常年在巨大冲击振动下工作，出现了松动、漏油等问题，每月备件更换费用、检修费、油费等成倍增加。

河钢舞钢机建公司抽调精兵强将与河钢舞钢一轧钢技术人员组成了技术攻关小组，对4200毫米轧机辊道安装技术进行探索研究。在攻关中，最大的难点就是如何提升箱体的安装精度，从而提高箱体运行的稳定性。河钢舞钢机建公司技术和管理人员对现场进行研究，对辊道箱体的结构和运作条件进行研判，最后借鉴机床安装的先进经验，把垫板厚度精度控制在特定范围之内，通过垫板的真实厚度控制箱体的整体高度，减少了反复检测带来的误差。他们通过微调的方式确定箱体的高度位置后，一举攻克了箱体安装精度、运行稳定性不高等技术难题，使轧机箱体安装精度比原安装精度提高1倍，箱体运行稳定性提高了1.5倍。

南钢紧跟世界桥梁建设的技术创新步伐。多年来，南钢紧跟世界桥梁建设的技术创新步伐，关注桥梁行业绿色环保、节能减排、全寿命管理的发展方向，在桥梁用钢上不断加大研发投入，开展新一代高性能桥梁钢的研发和应用工作，产品快速提档升级，现已形成Q345q-Q500q、耐候（含免涂装）桥梁钢系列（含耐候连接、焊接用钢）、桥梁用不锈钢复合板等全系列、多品类的批量供货能力，并在桥梁钢产品上推行满足用户基于精确需求、精确制造、精确配送的大规模个性化定制配送服务“JIT+C2M”新模式，为“中国桥梁”从大江大河走向山区和海洋、从国内走向海外奉献应有力量。南钢紧跟世界桥梁建设的技术创新步伐，时刻关注桥梁行业绿色环保、节能减排、全寿命管理的发展方向，积极参与国内外知名桥梁工程的材料供给。南钢桥梁钢团队专注于桥梁钢产品的各种应用环境，根据不同场景，开发并生产出了一系列高端桥梁钢品种，为“中国桥梁”贡献力量。

国内首家0.1毫米厚宽幅钛箔材在攀钢轧制成功。8月10日攀钢四川鸿舰重型机械制造有限责任公司自主研发的B750-20辊窄钛带轧机轧制出0.1毫米×500毫米宽幅钛箔材。经过第三方检测机构认定，其性能指标达到钛及钛合金带箔材国家标准，其技术居行业领先水平。攀钢因此成为国内首家成功轧制该规格钛带的企业。0.1毫米厚宽幅钛箔材的成功轧制，标志着攀钢在攻克高端钛材制造等关键核心技术，解决钒钛领域关键战略性新材料技术难题。

工业纯钛密度低、强度高，具有良好的耐蚀性及综合力学性能等特点。0.05～0.10毫米极薄钛带广泛应用于航空航天、化工、电子及新能源等领域，市场前景广阔。但由于钛金属的弹性模量低、回弹量大，导致尺寸精度控制差，尤其是轧制极薄钛带困难重重，难以突破。

鸿舰公司于 2019 年底依靠自身力量建成 B750-20 辊钛带轧机，开始走上钛带自主轧制之路。面对技术封锁与相关配套基础能力不足等困难，该公司组织相关人员日夜鏖战，不断进行自主探索与工艺攻关，先后解决了轧机精度不够等系列问题，并优化、固化一系列工艺参数形成定型工艺，可根据用户需求成功轧制 0.4～1.2 毫米系列产品，并用不到 3 年的时间突破了钛箔材生产技术壁垒。

攀钢开发出钛合金化新型耐磨钢，填补国内“转炉—板坯连铸”生产高钛钢的技术空白。7 月，鞍钢集团攀钢协同钢研总院、重庆大学、东北大学等科研单位开发出了钛合金化新型耐磨钢，形成了钛合金化耐磨钢绿色低成本制备技术，并以低成本的“转炉—连铸—轧制”替代了现有“电炉—模铸—锻造”制备流程。

项目组通过实验室基础理论研究与工业试验制备、产业规模化应用相结合的研发模式，逐步破解了困扰高钛钢连铸生产存在的成分精确控制、钢水可浇性、钢水夹杂物控制、铸坯质量控制、凝固态和热变形中钛的析出机理等关键技术难题，研究开发出含钛耐磨钢的“转炉—LF—RH—板坯连铸—轧制”制备流程，创造性地建立了 TiC 颗粒增强型钛合金化耐磨钢的个性化组织和析出调控方案。

目前攀钢在国内已率先实现了“转炉—板坯连铸—热连轧”钛合金化耐磨钢浇铸技术的应用，填补了国内“转炉—板坯连铸”生产高钛钢的技术空白。与“电炉—模铸”流程相比，攀钢采用“转炉—连铸”流程生产的钛合金化耐磨钢具有生产效率高、成材率高、生产成本低、使用范围广的优点。相比传统耐磨钢，钛合金化耐磨钢无需进行热处理，生产工艺简单，兼具耐磨性和韧性，可以作为自卸车车斗用钢、搅拌罐用钢、煤机输送用钢等，具有广阔的应用前景。

4.2.3　锻压工艺

抚顺特钢锻压“大力士”试车成功。6 月 6 日，抚顺特钢锻造厂新线 7000 吨快锻机热负荷试车成功。该快锻机总安装质量达到 1300 吨，配套 22 座炉窑，包括台车加热炉、台车热处理炉、室式炉，年设计产能为 4 万吨。该项目于 2021 年 10 月份开始进行设备安装，2022 年 5 月份开始冷调试。7000 吨快锻机投产后，抚顺特钢的快锻机产能将大幅度提升，品种规格将更加丰富。

长城特钢 31.5 兆牛快锻机组联动试车。31.5 兆牛快锻机组配套 1 台快锻机、6 座炉窑、1 台有轨车和 1 台无轨车。本次热负荷联动试车准确核对了 31.5 兆牛快锻机组各联动部位实际操作参数与设计参数存在的差距，并对各部位的配合参数也进行了标定，同时按工艺流程要求还对锻压主机、操作车及液压系统的热负荷配合及联动部分参数做出了最后确认，为下一步正式投产及量产达效提供了准确的参照数据。热负荷联动试车后，锻轧厂迅速制定了《31.5 兆牛快锻机组试生产方案》，保障 31.5 兆牛快锻机安全、快速组织试生产，缩短试生产时间，确保机组尽早达产，为锻造产线提高生产效率，加快品种结构调整，进一步开拓锻材产品市场，进而创造更多的经济效益打下坚实基础。

天工国际引进先进的 70 兆牛快锻液压机组。7000 吨快锻项目以拆旧建新和扩建的方式最大限度集约土地资源，引进上马国际上先进的70兆牛快锻液压机组和配套装备，旨在满足中国模具制造用大型模具材料需求，携手材料与模具产业拓展轻量化材料市场与模具应用的新时代。该项目建成后，将进一步完善天工的产品结构体系，形成大型高品质模具钢的市场供应能力，公司快锻吨位和综合锻造能力将显著提高，可以完成更大规格锻件、超优模块、汽车整体模具材料的生产，圆钢产品最大规格将从目前的直径800毫米扩展到直径1000毫米以上，模块产品将从600毫米厚增加到1000毫米厚以上，宽度从1000毫米增加到1600毫米厚以上。为拓宽销售渠道，巩固并增强企业的市场份额提供新动能，有利于企业更深层次的特殊钢种的研发，对进一步摆脱国外进口模具钢的依赖，稳定国内高端模具钢市场，具有深远的战略意义。

张宣高科首单高温合金锻造材下线。3月，在完成首单高温合金冶炼任务后，张宣高科各工序紧密配合、高效协作，顺利完成3.9吨GH4080A高温合金锻造材生产任务。经测量，锻件尺寸均在公差范围内，满足客户后续深加工要求。

GH4080A高温合金锻造材对火次、单火次变形量有较高要求，对温度变化较敏感，在锻造过程中极易出现角部裂纹。

为确保锻材质量，该公司技术人员详细讨论技术方案，并对可能出现的问题及操作可行性进行研究，确保生产过程顺利。在锻造前，他们对砧座和钳口进行预热，锻件出炉后采用石棉布迅速包裹夹持端，通过取料机协助坯料迅速变换夹持端，减少过程降温，缩短锻造火次。在锻造过程中，操作人员精细作业，严格执行低温控制锻造工艺，严格控制火次和单火次变形量；安排专人勤测温度，依据温度调整击打力度；留出足够温度区间对锻材进行精整，通过在线垫块和高频次测量，适当进行倒角修正，确保了产品尺寸在公差范围内。

4.3 特殊钢装备进步

4.3.1 整体工程

中天淮安精品钢帘线项目开工。1月8日，中天淮安精品钢帘线项目建设正式启动。该项目总投资额超200亿元，年产量为150万吨。

中天牌帘线钢可以拉到直径0.135毫米，科技含量高、单位附加值高、市场需求量大，目前国内市场占有率达到20%，稳居国内钢帘线领域第一方阵。中天钢铁将以该项目为基础，同步建设钢材深加工产业园，形成年营业收入超500亿元的新材料产业集群。

中天钢铁正加快形成“一总部、多基地”新型产业布局，同步建设中天（南通）绿色精品钢项目、中天淮安精品钢帘线项目、中天优特钢提档升级绿色制造项目等。“十四五”期间，中天钢铁将加速形成4000万吨产品生产规模，实现营业收入超3500亿元、员工3万名、利税300亿元的目标，并进入世界500强。

临沂特钢投产270万吨优特钢。项目采用国际先进水平的核心工艺及装备技术，炼钢区采用先进的KR铁水预处理工艺和铁水“一罐到底”的组织模式，可实现基于烟气分析实施动态冶炼的一键炼钢和转炉自动出钢，并配置高标准双工位旋转电极LF和真空RH处理双精炼系统及节能环保的干法+湿法除尘+转炉全余热回收系统；连铸区采用优质无缺陷铸坯热送的智能化生产系统；轧钢区采用基于BIM技术的智能化加热炉系统及超低碳绿色环保的自动化轧钢系统；全区域配备了可实现工业循环水重复利用的承压一体化冶金污水净化处理系统，设备水平和生产工艺均处于国际国内领先水平。

济源钢铁新建3号高炉设计炉容为1300

立方米。该项目由中冶京诚工程技术公司总承包。热风炉采用卡卢金热风炉技术，由河南凯翔实业有限公司承包建设。高炉采用串罐无料钟顶装设备、薄壁炉衬结构，炭砖和陶瓷杯结合的炉缸结构。采用软水密闭循环冷却，炉顶煤气休风全回收工艺及平坦化双出铁场设置。高炉配套建设 3 座卡卢金式旋切顶然热风炉，BPRT 高炉鼓风系统，80 吨/小时喷煤站及除尘、上料、渣水、矿槽、煤气回收等系统，设计年产能铁水 160 万吨，工程概算约 7.6 亿元。产能置换 3 号高炉建设是济源钢铁铁前系统产能置换的最后一个环节，也是最重要的一个节点。高炉建成后，铁前系统将形成两台 300 平方米烧结机对三座 1300 立方米高炉的生产模式，铁前工艺设备全面实现更新换代，生产装备达到国内一流水平，高炉生产将全面进入低碳、清洁、高效、节能的生产环境，为公司炼铁生产取得更为先进的生产经营指标奠定基础。

西王特钢两流大圆坯连铸机热试成功。西王特钢有限公司拥有冶炼、模铸、连铸及轧钢的一体化生产流程，其产品主要为应用于汽车、海洋船舶、风电、轴承、石油化工、机械设备等领域的特钢。2022 年 9 月 16 日，由达涅利提供核心设备与关键工艺的两流大圆坯连铸机在西王特钢进行热试，并一次取得成功。这台全新连铸机的核心设备由达涅利在中国常熟工厂制造加工，该铸机采用了 16.5 米弧半径，可浇铸 ϕ600～800 毫米大圆坯，且应用了达涅利特有的圆坯工艺诀窍以及完整的达涅利自动化控制系统和模型，以确保卓越的最终产品质量。

承德建龙 1300 毫米连铸圆坯生产线热试成功。该产线是世界第一条全智能化、数字化连铸生产线，可生产 ϕ700～1300 毫米的大直径连铸圆坯。ϕ1300 毫米圆坯为当今世界连铸大圆坯最大规格组距，填补了我国在大规格连铸圆坯生产技术上的空白并领先世界。产品面向大型海洋风电、大规格石油油服阀体等新能源用钢领域，为我国风电等洁净能源领域的发展提供了保障，也为锻造行业、重要高端特钢材料的生产、替代传统钢锭、提高金属收得率提供了重要技术支撑。

该项目是建龙集团联合风电龙头企业丹麦维斯塔斯、西门子歌美飒、金风科技等行业内顶级用户共同联合研发的。该项目采用了达涅利冶金设备有限公司设计制作建设的三机三流大圆坯连铸机生产线核心设备技术，应用了全流程保护浇铸、下渣检测、自动开浇、涡流型自动液面控制、铸坯加热、激光定尺、自动喷号机器人等国际领先技术，是集节能环保、先进工艺、智能化等于一体的世界一流连铸生产线。

在项目建设过程中，承德建龙克服了场地局限性带来的影响，打破传统思维模式，拆除原有发电厂，改变传统浇铸方向，系统考虑，不断创新，制定了完整的施工方案，保证项目顺利完成。这是承德建龙积极响应国家号召，践行绿色制造理念，共同建设“双碳”目标，积极融入全球绿色低碳产业链的重要体现，也为公司实现产品高端化和细分领域的行业引领、建设能源用钢全球行业引领者的发展目标打下了坚实基础。

太钢新建 CA1 机组极薄规格高牌号无取向硅钢项目。极薄规格高牌号无取向硅钢广泛应用于精密高频电机、高效智能家电、新能源汽车等领域，随着国家产业政策向节能、绿色、高效方向的不断推进，成为新兴制造业必备的高性能材料。公司领导层高瞻远瞩、洞察先机，提出“三快”要求：“快速决策”“快速建成”“快速达产”。最终，太钢新建 CA1 机组极薄规格高牌号无取向硅钢项目历时八个半月实现热负荷过钢。

本次改造利用现有厂房和电气室，历经拆除、土建、安装、调试等过程；适应性改造车间能源介质管网、厂房等，新建电气、机械、炉窑、表面处理、通风环保等各类设备；应用了包括脱脂段循环罐强化絮凝技术、绿色物理消泡技术、新一代 ECOCYL 燃烧技术、炉内成像技术、分段张力控制、分段冷却控制等一系列行业内首创、自主研发的 27 项新技术；应用了图像识别对中、表面检测仪、全自动巡边针孔仪、自动取样机器人等 11 项绿色化、智能化新技术；改进了原有退火机组中存在的各类问题 96 项；最终取得了一次性通过气密性检测、一次性烘炉、一次性穿带、一次性高速运行不跑偏、一次性热负荷过钢的良好效果。

天工国际加快粉末材料国产化进程。天工国际粉末冶金项目自 2018 年 3 月 26 日启动，设计产能 5000 吨，并确定粉末钢锭、近净成型、增材制造三个发展方向。一期产线于 2019 年 11 月建成投产，实现年产 2000 吨粉末冶金钢，打破国内依赖进口的局面，成为国内特钢行业中拥有冶炼、制粉、包套、筛分、热等静压在内的全流程粉末冶金工业化生产线企业，优势凸显。

通过持续的研发投入以及经验积累，天工国际已逐步进入国内国外市场，为客户稳定提供高性能粉末材料。此次进口热等静压设备全部到位后，该公司整体粉末钢年产能将达 5000 吨，进一步加快了粉末冶金工模具钢的国产化进程，也将持续提升天工品牌在全球市场的产品竞争力和影响力。

攀钢稳步推进钛铸件产线建设。5 月，鞍钢集团攀钢自主设计，具备加工精密钛铸件能力的生产线正紧锣密鼓地安装真空悬浮炉。钛铸件产线的前端所有工序已经打通，最后一步冶炼工序完成后就可生产。此次引进的真空悬浮炉为 100 千克真空悬浮炉，是国内迄今为止最大的真空悬浮炉，具备年产 100 吨以上钛铸件生产能力。

竖炉球团固固换热余热发电项目在建龙集团吉林恒联热试成功。5 月 11 日，全国首台套竖炉球团固固换热装置落户吉林恒联，可发电 1568 万千瓦 · 时、减碳 1.28 万吨，标志着钢铁行业新的高温球团余热回收技术诞生，填补了我国目前竖炉球团高效余热回收技术领域的空白。

传统的球团冷却设备为带冷机和环冷机，均采用鼓风冷却方式。这种冷却方式电耗高，设备漏风率高，余热回收效率低。为此，吉林恒联加强技术革新，开始对各项换热技术进行机理研究，寻求突破。2021 年 7 月份正式启动了由建龙川锅 EPC 承建的竖炉高温球团固固换热余热回收发电工程项目。

针对球团固固换热新技术的特点，两家企业与清华大学研究团队进行了多次技术交流，大胆创新，先后攻克了高温球团物料与锅炉换热管的固态换热机理的工程应用、高温球团对换热管束的磨损、高温球团的均匀下料控制、高温球团的筛分破碎、保温转运、固态换热锅炉受热面管束启动保护，以及固固换热工艺对球团理化性能影响的研究等一系列技术难题。

通过在竖炉球团余热利用工程领域中应用固态换热余热回收技术，扣除自发电量及带冷机少用电量，可以综合降低球团生产的工序能耗 2.72～5.14 千克标准煤/吨。吉林恒联竖炉球团固固换热余热回收装置成功投用后，可年产蒸汽 7.84 万吨、发电 1568 万千瓦 · 时、年经济效益可达 903.73 万元。

由于自发电量的增加、自耗电量的减少，吉林恒联竖炉球团工序能耗大幅下降，达到了行业标杆值（18 千克标准煤/吨）以内，每年可减少碳排放 1.28 万吨。同时，因竖炉球团取消带冷工序，采用固态缓冷工艺后，高温球团物料冷却效果得到改善，可以促进球团质量进一步提升。

4.3.2　单体设备

首批纯电动框架运输车交付中天钢铁。2022 年 4 月，宝钢工程下属苏州大方特种车股份有限公司通过“云交付”方式，为用户中天钢铁交付了首批共 12 台自主研制的纯电动框架运输车。该运输车可用于运输钢厂成品料、钢坯等物料，满足全天候 24 小时连续运行条件，每年可工作 6000 小时以上。

南钢一炼钢转炉热成像仪正式投用。这是钢铁行业 120 吨以上大转炉的首次应用。该系统 24 小时持续运行，能够实时监测转炉炉衬和耳轴的温度变化，有效提升智能化安全监测、数据自动分析、精细化管理水平。

转炉炉体热成像预警系统使用 3 个热像仪自动抓拍转炉耳轴、大面、小面、炉底等部位图像，自动分析转炉炉壁特定区域内的温度分布情况，直接输出温度数据报表以及温度变化趋势图。根据温度的变化，能及时发现炉衬的细微变化，及时采取补炉措施，从而延长转炉使用周期。而传统的模式是转炉安装固定式炉壁测厚仪，只能检测炉壁耐材的厚度，间接了解炉衬情况。南钢此次还创新地增加了对转炉耳轴的监测、预警，这也是以前无法做到的。

济源钢铁 5 号大方圆坯连铸机完成改造。该项目投资 1480 万元，ϕ600 毫米规格圆坯恢复生产。5 号大方圆坯连铸机主体设备全套进口，装备技术属于世界先进水平，由康卡斯特设计、制造，中国一冶集团有限公司承建。本次改造由中冶京诚工程技术有限公司负责。改造后可生产各种高、中、低碳合金钢种，钢种低倍质量评级可达到“疏松≤2.0 级；缩孔≤1.0 级，裂纹≤0.5 级”。

山西建龙钢包烘烤器全部实现全氧燃烧。3 月，山西建龙最后一台钢包全氧烘烤器成功点火并投入使用。自此，该公司 8 台钢包烘烤器全部实现全氧燃烧，标志着山西建龙钢包烘烤器全氧燃烧技术改造全部完成，预计每年可节约煤气 2523 万立方米，减少 CO_2 排放 3.292 万吨。

山西建龙钢包全氧烘烤器有别于目前国内大部分钢厂的钢包烘烤器，并未使用常规套筒式烧嘴，而是安装了新型的纯氧烧嘴，配套安装了火焰监测、氧气阀组等新型装备，对包盖也进行了相应的隔热保温技术改造，安装了低导热系数的全纤维耐热模块。

山西建龙钢包全氧烘烤器通过全氧助燃，减去了助燃空气中 79%的无用 N_2，燃烧后烟气量大幅度降低（50%以上），提高了理论燃烧温度和热流密度，大幅减少了排烟热损失，综合热效率得到显著提高，全氧烘烤器加热能力明显提高，烘烤时间缩短，减少了烘烤器使用数量（减少 50%），烘烤温度得到大幅度提高（由 900℃ 提升至 1100℃），煤气消耗由 48087 立方米/台减少到 11150 立方米/台，增加氧气 3266 立方米/台，将氧气折算成煤气，改造后的煤气消耗降低到 16539 立方米/台。

山西建龙钢包全氧烘烤器应用了全智能燃烧控制系统，具有自动点火、连续温度曲线控制、保温恒温控制等功能。火焰长度可调整，满足不同流量下的火焰加热质量要求，火焰监测、燃气低压、氧燃比超限、温度超限、燃气泄漏等实现安全联锁，保证使用安全。其系统组成、操作、维护简单，烟气排放减少 50%以上，钢包烘烤时包沿不冒火，车间环境明显改善，根据钢包耐材特性大修包、小修包等生产工艺要求，程序设计预设了多种烘烤曲线，操作工人只需选定合适的烘烤曲线，即可实现安全、高效的一键烘烤，提高了生产效率，减轻了工人的劳动强度。

南钢烧结厂使用机器取制样。在南钢烧结厂 1 号烧结取制样室，2 台白色机器人在烧结矿自动化皮带采样后，机器人与配套设备自动进行转运、缩分、粒度筛分、转鼓检验、冶金性能样制备、化学成分制样，并将样品自动风动送至化验室，基本实现烧结取、制、送样全程自动化。烧结取制样系统是检验高炉原料性能的重要环节，对于优化高炉原料配比具有重要作用。南钢现有5台烧结机，均为人工+机器取制样，烧结取制样的智能化改造是顺应行业数字化转型趋势的创新探索。

金恒科技烧结取样机器人项目在南钢制造部、炼铁事业部、烧结厂等单位的大力协同及支持帮助下，克服了旧设备改造、配套设备协同调试、粉尘等难点，快速推进项目建设。2022年8月底，4套烧结取样机器人均已上线运行，目前满足现场生产需求。

烧结取样机器人上线后，机器人24小时在线待命、随机自动取制样，能够有效提高取制样的规范性、精确性；机器人配合完成各工位所有样品的衔接运转，推进传统的离散型多工位作业模式向流程化的流水线模式转变，极大地提高了工作效能，节约了人力；送样由人工转变为风动送样，时间由原来的15分钟左右缩短至20几秒，送样的及时性大大提高；烧结取制样基本实现全流程自动化远程管控，有利于流程信息的及时传递和集中管理，为烧结和高炉的精准调剂创造条件，减少异常情况（炉况）发生，有利于高炉长周期稳定顺行及降本。

南钢中间包采用机器人操作。中间包的温度关联钢水过热度的技术要求，中间包测温是钢铁冶炼的重要环节，传统工作流程中，一炼钢中间包主要靠人工进行连铸过程中的测温、取样、定氢及加覆盖剂操作，工人需穿戴防护服，手持测温枪伸入钢包内完成测温取样工作。通常钢包温度高达1500℃以上，热辐射极高，劳动强度大，且存在一定的安全风险，以机器人替代进行该流程工作是智能制造的必然选择。

金恒科技测温取样及加覆盖剂机器人主要由取样、抓料等多种功能机器人及视觉系统等集成，能够实现中间包自动测温、取样及加覆盖剂，测温数据可实时上传，进一步保证测温深度的稳定，同时提高测温取样的成功率及精准度。机器人自动添加覆盖剂，可有效降低人工作业劳动强度，提高生产效率。

高温是机器人调试面临的重大难题。由于机器人调试需按生产节奏交叉进行，单次调试时间短，调试周期延长。且工作人员驻场以后，南京持续高温，屡破纪录，生产现场更是热浪灼人。然而，即使是在长达半个多月的40℃以上高温期间，现场调试也始终未曾松懈。项目成员坚持每天进场，组织技术专家现场解决疑难问题，每日跟进调试备件采购进度，全力保证项目快速推进。未来，金恒科技团队将持续优化机器人功能，同步展开现场操作人员培训，全面助力南钢全域智能化水平不断提升。

凤宝集团高能公司扁钢在线矫直机调试成功。7月，河南凤宝特钢集团高能公司扁钢在线矫直机调试成功，达到了扁钢、方钢S弯在线矫直，减少了后续工作量，有效提高了工作效率。值得一提的是，该套在线矫直机投资额为13.5万元，可节约技术改造资金近300万元。

该公司自2013年开发扁钢、方钢以来，相关钢种规格多达80余种，成为高能公司主导产品。受各方面条件影响，离线产品直线度超标问题长期困惑着该公司。尤其是阴极扁钢冷锯后进行压力矫直时，表面压痕严重，人工补焊修复给产品外观质量埋下隐患，有时甚至出现废品，且矫直效率低。

2021年，该公司将扁钢、方钢在线矫直机列入了年度技术改造目标。经考察，他们发现市场所用矫直机结构笨重，且效果不佳。经研究后，该公司决定由高能公司自行设计制造。在多方努力下，设计方案于2021年10月份完成，在线矫直机于2022年3月份完成制作，并于6月16日完成安装。6月17日，该公司成功生产出120毫米×198毫米扁钢，并一次性调试成功。

目前，扁钢在线矫直翻钢机已完成设计方案，相关工件正在制作中，待投用后可全方位进行矫直。

第 5 章

中国特殊钢行业转型发展

5.1 智能制造转型

5.1.1 国家示范企业及示范项目

2022年大数据产业发展试点示范项目。 2022年8月9日，工业和信息化部公示了“2022年大数据产业发展试点示范项目”，根据组织开展相关申报和评审工作，示范项目分为三大领域：数据要素市场培育试点示范（共16项）、大数据重点产品和服务试点示范（共77项）、行业大数据应用试点示范（共116项）。

数据要素市场培育试点示范领域分为三个方向：数据管理能力提升方向（6项）、数据交易流通方向（6项）、数据要素服务生态培育方向（4项）。大数据重点产品和服务试点示范领域分为两个方向：大数据重点产品方向（48项）、大数据服务方向（29项）。行业大数据应用试点示范领域分为三个方向：农业大数据应用方向（11项）、工业大数据应用方向（46项）、服务业大数据应用方向（59项）。

其中，中信泰富特钢集团股份有限公司“中信泰富特钢一业多地铁前大数据一体化智能管控平台项目”，江苏永钢集团有限公司“大数据驱动的钢铁企业产销质财创新应用项目”入选行业大数据应用试点示范领域的工业大数据应用方向。

2022年度智能制造示范工厂揭榜单位和优秀场景。 2022年12月2日，工业和信息化部、国家发展改革委办公厅、财政部办公厅、市场监管总局办公厅联合公示了“2022年度智能制造示范工厂揭榜单位和优秀场景名单”。根据组织开展相关申报和评审工作，其中中天钢铁集团（南通）有限公司的铁前集控智能制造示范工厂入选榜单企业；芜湖新兴铸管有限责任公司的质量精准追溯，方大特钢科技股份有限公司的污染监测与管控、数字孪生工厂建设，马钢交材“智能协作作业”和“产品数字化研发和设计”，永钢集团“污染监测与管控”入选优秀场景。

2022年工业互联网APP优秀解决方案名单。 2023年1月14日，工业和信息化部公示了“2022年工业互联网APP优秀解决方案”，根据组织开展相关申报和评审工作，其中南京钢铁股份有限公司的钢铁深加工产品个性化定制工业软件解决方案入选。

工业领域数据安全管理试点典型案例和成效突出地区名单。 2023年1月29日，工业和信息化部公示了“工业领域数据安全管理试点典型案例和成效突出地区名单”，根据组织开展的相关申报和评审工作，分为整体典型案例名单（13项）和单项典型案例名单。其中单项典型案例名单分为重要数据和核心数据识别典型案例、数据安全防护典型案例、数据安全监测典型案例、数据出境安全管理典型案例。

其中山东泰山钢铁集团有限公司的不锈钢制造企业大数据安全管理平台案例入选整体典型案例；中天钢铁集团有限公司的面向钢铁企业的重要数据和核心数据识别方案入选重要数据和核心数据识别典型案例。

2022年工业互联网试点示范名单。 2023年2月13日，工业和信息化部公示了“2022年工业互联网试点示范名单”，经企业申报、地方推荐、专家评审，分为20项试点示范：5G全连接工厂试点、数字化转型公共服务平台试点、工业互联网绿色低碳园区试点示范、工业互联网产业集聚园区试点示范、工业互联网产教融合园区试点示范、工业互联网数智运营园区试点示范、工业互联网平台+园区/产业集群试点示范、工业互联网标识解析集成创新应用试点示范、工业互联网标识解析二级节点服务平台试点示范、工业互联网平台+安全生产试点示范、工业互联网平台+绿色低碳试点示范、工业互联网平台+质量管理试点示范、工业互联网平台+产业链/供应链协同试点示范、联网工业企业网络安全分类分级管理试点示范、工业互联网平台企业网络安全分类分级管理试点示范、工业互联网标识解析企业网络安全分类分级管理试点示范、工业控制系统网络安全创新应用试点示范、垂直行业安全解决方案试点示范、安全服务创新载体试点示范、新技术融合创新应用试点示范。

其中，中天钢铁集团有限公司的中天钢铁网络安全分类分级管理建设项目入选联网工业企业网络安全分类分级管理试点示范，中天钢铁集团（南通）有限公司的基于工业互联网赋能沿海钢铁基地本质安全的全协同解决方案入选工业互联网平台+安全生产试点示范。

2022 年新一代信息技术与制造业融合发展试点示范名单。2022 年 10 月 31 日，工业和信息化部公示了“2022 年新一代信息技术与制造业融合发展试点示范名单”。根据企业自主申报、地方推荐、专家评审等环节，分为“数字领航”企业方向（30 个）、两化融合管理体系贯标方向（97 个）、特色专业型工业互联网平台方向（88 个）。其中，南京钢铁股份有限公司的全要素全价值链的钢铁智造运营生态构建项目入选“数字领航”企业方向；大冶特殊钢有限公司的基于准时交付的特钢产品定制化生产与服务能力项目入选两化融合管理体系贯标方向，江阴兴澄特种钢铁有限公司的数据驱动的特钢生产精益管控及客户服务能力项目入选两化融合管理体系贯标方向，山东泰山钢铁集团有限公司的生产与运营协同管控能力项目入选两化融合管理体系贯标方向。

2022 年工业互联网平台创新领航应用案例入围名单。2022 年 12 月 5 日，工业和信息化部公示了“2022 年工业互联网平台创新领航应用案例入围名单”，经企业自主申报、地方推荐、专家评审等环节，分为 5 个申报方向：平台化设计（7 个）、数字化管理（51 个）、智能化制造（47 个）、网络化协同（14 个）、个性化定制（4 个）。

其中，江苏永钢集团有限公司“基于大数据的钢铁行业销研产供财互联网平台创新应用”、凌源钢铁股份有限公司“基于工业互联网的钢铁企业数字管控平台创新应用”入选数字化管理方向，南京钢铁股份有限公司“基于云边融合与数字孪生的钢铁企业一体化智慧运营创新应用”入选智能化制造方向。

2022 年钢铁行业智能制造解决方案——智能装备类项目。2022 年 5 月 17 日，中国钢铁工业协会、冶金科技发展中心公示了“钢铁行业智能制造解决方案推荐目录”。根据专家评审会评审，分为六大类项目：智能生产类项目、智能工厂建设（改造）类项目、智慧服务类项目、工业信息安全类项目、智慧运营类项目、智能装备类项目。

其中，湖南华菱湘潭钢铁有限公司“基于 5G+云+AI 的板坯自动转钢”入选智能生产类项目、江阴兴澄特种钢铁有限公司“钢轧智能制造方案”入选智能工厂建设（改造）类项目、青岛特殊钢铁有限公司“高速优特钢线材智能立体仓库项目”入选智慧服务类项目，中天钢铁集团有限公司“钢铁行业工业互联网安全运营平台建设”、江苏沙钢集团有限公司“基于主动防御的钢铁行业工控安全防护方案”入选工业信息安全类项目。

5.1.2　省级示范企业及示范项目

第二批江苏省先进制造业和现代服务业深度融合试点单位。2022 年 2 月 10 日，江苏省发展改革委公示了“第二批江苏省先进制造业和现代服务业深度融合试点单位拟入选名单”，经单位申报、各设区市审核推荐、形式审查、专家评审、信用审查等环节，并经委主任专题会审议，评审通过了 29 家试点区域和 124 家试点企业。其中，南京钢铁股份有限公司入选试点企业。

2022年制造强省、民营经济政策资金拟支持项目。2022年3月14日，安徽省经济和信息化厅公示了“2022年制造强省、民营经济政策资金拟支持项目”，经企业申报、专家评审，共选择了1087家企业，其中芜湖新兴铸管有限责任公司的“绿色智能改造项目”入选为生产线改造设备补助支持方向；安徽长江钢铁股份有限公司的“长江钢铁智控平台建设项目”入选为培育各类工业互联网平台支持方向；马鞍山钢铁股份有限公司的“基于工业互联网平台xIn3Plat的冷轧‘ALL IN ONE’智慧工厂”入选为支持省级智能工厂贯标升级方向。

2022年江苏省智能制造示范工厂。2022年3月31日，江苏省工业和信息化厅公示了“2022年江苏省智能制造示范工厂名单”，经企业申报、地方审核、形式审查、专家评审、综合评价、专题会审、网上公示等程序，其中中天钢铁集团（南通）有限公司“数智化料场智能工厂”、江苏沙钢集团淮钢特钢股份有限公司“特钢棒材柔性制造智能工厂”入选。

2022年江苏省大数据产业发展试点示范项目。2022年7月1日，江苏省工业和信息化厅公示了“2022年江苏省大数据产业发展试点示范项目名单”，经企业申报、形式审查、专家评审、厅内会审等程序，拟选取55个试点示范项目，其中江苏永钢集团有限公司“大数据驱动的钢铁企业产销质财创新应用”项目成功入选。

2022年“江苏省制造突出贡献奖”优秀企业、先进个人和先进单位。2022年7月5日，江苏省工业和信息化厅、江苏省人力资源和社会保障厅公示了“江苏制造突出贡献奖拟表彰对象名单”，经层层选拔推荐、所在单位公示、严格初审复审、广泛征求意见，选出50家优秀企业和49名先进个人，其中确定江阴兴澄特种钢铁有限公司、江苏永钢集团有限公司为优秀企业拟表彰对象，江苏沙钢集团淮钢特钢股份有限公司总经理蒋建平为先进个人拟表彰对象。

2022年度山东省第二批DCMM贯标试点企业。2022年7月14日，山东省工业和信息化厅公示了“2022年度第二批DCMM贯标试点企业名单”，经企业申报、市级推荐、专家评审等程序，共评选出193家企业，其中青岛特殊钢铁有限公司、潍坊特钢集团有限公司入选。

2022年度江苏省重点工业互联网平台。2022年7月22日，江苏省工业和信息化厅公布了“2022年度江苏省重点工业互联网平台名单”，经企业申报、各地推荐、专家评审、现场抽查、信用审查、专题会审等程序，全省共有22家企业入围，其中常州有7家。中天钢铁集团常州皓鸣信息科技有限公司“工网宝—工业互联网平台”入选。

2022年山东省省级工业互联网平台。2022年7月26日，山东省工业和信息化厅公示了“2022年省级工业互联网平台名单”，经企业申报、各市推荐、专家评审等程序，按照公平公正、公开透明、兼顾行业的原则，确定了95家入围企业，分为跨行业跨领域、面向重点行业、面向重点区域、面向产业链供应链协同4个申报方向，其中山东泰山钢铁集团有限公司的泰钢智慧管控一体化平台入选面向重点行业申报方向。

2022年江苏省“质量标杆”企业。2022年7月28日，江苏省工业和信息化厅公布了“2022年江苏省‘质量标杆’名单”，根据《关于组织申报国家和省质量标杆的通知》，经各地推荐、专家评审等程序，确定为34家质量标杆企业，其中南京钢铁股份有限公司的南钢基于数字孪生的一体化智慧运营管理的创新经验入选。

2022年江苏省省级企业技术中心拟认定。2022年8月12日，江苏省工业和信息化厅公示了“2022年省级企业技术中心拟认定名单”，经企业申报、各市推荐、形式审查、数据复核、信用核查和会审会商等程序，共审核通过549家企业，其中江苏长强钢铁有限公司的江苏长强钢铁有限公司技术中心入选。

2022年第七批江苏省服务型制造示范企业（平台）。2022年10月14日，江苏省工业和信息化厅公示了“第七批江苏省服务型制造示范企业（平台）名单”经企业自愿申报、地方推荐、形式审查、专家评审、现场核查、信用查询等程序，评审出105家，其中中天钢铁集团有限公司入选。

江苏省第七批制造业单项冠军企业（产品）和第一批、第四批制造业单项冠军企业（产品）复核项目。2022年10月24日，江苏省工业和信息化厅公示了“江苏省第七批制造业单项冠军企业（产品）和第一批、第四批制造业单项冠军企业（产品）复核通过名单”，其中江苏沙钢集团有限公司的“制品原料用高速线材（硬线）”入选单项冠军产品（第七批），江阴兴澄特种钢铁有限公司的“高性能轴承钢”入选单项冠军产品（第四批）。

2022年新一代信息技术与制造业融合发展试点示范项目。2022年11月14日，山东省工业和信息化厅公示了“2022年新一代信息技术与制造业融合发展试点示范项目名单”，经企业申报、各市推荐、专家评审等程序，按照公平公正、公开透明、兼顾行业的原则，确定了工业设备上云标杆企业（25个）、工业互联网标杆工厂（50个）、5G+工业互联网应用标杆（体验推广中心方向，25个）、工业互联网典型应用场景（100个）项目。其中，山东泰山钢铁集团有限公司入选工业设备上云标杆企业。

2022年度江苏省5G全连接工厂项目。2022年11月15日，江苏省工业和信息化厅公示了“2022年度江苏省5G全连接工厂项目名单”，经企业申报、形式审查、专家评审、厅内会审等程序，拟选取2022年度5G全连接工厂项目21个，类别分为工厂级和车间级。其中中天钢铁集团有限公司的中天钢铁集团第三炼钢厂5G混合专网全连接数字孪生工厂建设项目、江苏永钢集团有限公司的永钢5G全连接智慧工厂入选工厂级。

江苏省第二批首席数据官制度试点企业及优秀案例。2022年11月18日，江苏省工业和信息化厅公示了“江苏省第二批首席数据官制度试点企业及优秀案例遴选结果”，经单位申报、地方推荐、形式审查、专家评审等，其中江苏沙钢集团有限公司入选首席数据官制度试点企业；江苏永钢集团有限公司“让数据成为推动永钢数字经济发展的新引擎”成功入选企业首席数据官制度优秀案例。

江苏省智能制造示范车间拟授牌。2022年12月14日，江苏省工业和信息化厅发布了“2022年江苏省智能制造示范车间拟授牌名单”，经企业申报、市县推荐、形式审查、信用查询、材料评审、现场核查等程序，拟对全省340家车间进行授牌，其中江苏永钢集团有限公司的新1号1320立方米高炉智能制造车间和棒材四车间、沙钢集团淮钢特钢股份有限公司的炼钢柔性制造智能车间和沙钢集团宏昌钢板有限公司智能炼铁车间、中天钢铁集团（南通）有限公司的绿色炼铁智能车间，靖江特殊钢有限公司的管加工智能制造车间入选。

5.1.3 智能制造工厂

方大特钢智慧管控中心建成投用　推进“5G+智慧工厂”建设。方大特钢新一代信息技术与工业生产制造过程深度融合项目——“5G+智慧工厂”项目于2022年初启动并开工建设，拟在5G通信基础上，将大数据、人工智能、数字孪生等新技术植入生产经营，打造具有自感知、自学习、自决策、自执行、自适应的智能工厂，为企业实现信息化与工业化深入融合，由传统型制造企业向新一代的智能制造型企业转型打下坚实基础。

方大特钢“5G+智慧工厂”项目拟分两期建设，一期工程以5G工业专网搭建为主，通过网络切片技术提供本地数据分流，对各生产设备数据进行采集，实现对企业生产经营全生命周期的信息化管控，满足企业对成本分析、工艺优化等多业务场景的需求，并进一步实现生产设备网络化、生产数据可视化、生产文档无纸化、生产过程透明化、生产现场无人化等先进技术应用，从而降低生产成本。二期工程以数字孪生为主要发力点，将运用三维建模技术对厂区进行三维建模，实现整个生产过程的重现及仿真，为企业新产品研发与生产工艺优化搭建可用平台。

5.1.4 智能检测平台

沙钢全流程质量检验监督中心投运。 2022年，经过四个多月的紧张建设，沙钢全流程质量检验监督中心全面投入运行，实现了质量检验全过程数字化管控，为沙钢高质量产品注入智慧动能。该中心总投资150万元，将公司内网涵盖大宗原辅材料检验的自动取样机、固定点监控、车载监控、执法记录仪，以及在线工艺质量信息监控等数据进行采集汇总，全面打通了原辅材料远程取样系统、计量系统、物流系统等多个系统之间数据传输壁垒，实现报验、取样、检验、报告全过程数字化管控。

近年来，沙钢快马加鞭推进智能化检验，通过引进智能化设备和对现有设备进行自动化改造升级等举措的实施，进一步提高产品质量、检验公正性以及劳动效率的提升。目前已建成近10个全自动制样分析系统和智能化验室，并推广应用多个智能取制样设备。

5.1.5 智能管控中心

方大特钢备件图纸实现信息化管理。 2022年11月26日，方大特钢自动化部自主开发并实施的方大特钢备件图纸信息化管理系统模块已正式上线并运行稳定，标志着该公司备件图纸管理水平迈上新台阶。

该系统模块采用搭建电子图纸文件服务器的方式，电子图纸文件可在服务器端进行统一管理与集中存储，安全可靠且调阅方便；设备采购系统集成电子图纸数据接口，可实现备件采购过程中图纸全电子化流转，进一步提高无纸化办公水平。同时，该系统模块还拥有电子图纸版本控制能力，其设备生命周期跟踪可更加完整，从而有效提升设备管理水平。此外，该公司外部供应商也可通过对应的供应商网站下载、查看该公司电子化备件图纸，既能够降低业务人员与供应商的沟通成本，又能够让供应商感受到企业信息化发展所带来的方便与快捷。

太钢炼钢二厂智控中心（北区）启用。 2022年4月29日，太钢炼钢二厂智控中心（北区）顺利落成入驻，标志着炼钢二厂全工序产线走进“智能化”新时代。该项目从2021年4月26日成立开始，经过设计、招标、签约、建设到入驻，在整整一年的时间里将转炉、AOD、RH、VOD、电炉、中频炉、连铸、原料、能环、脱硫等全工序产线20多个操作室集中到一个智控中心，实现全厂生产操作“ALL IN ONE”，为践行中国宝武数智重塑未来钢铁的战略部署迈出了坚实的步伐。

该智控中心全工序运用中国宝武自主研发的自主可控、互联互通的工业互联网平台iPlat，构建以数据可视化、数字板坯、生产效率管控、工序质量在线管控、在线设备智能监控、业务流程自动化为核心的炼钢“智慧大脑”，推动炼钢产线向“数字化、网络化、智能化”新模式发展。

太钢炼钢二厂智控中心（南区）项目投用。2022 年 5 月 20 日，太钢炼钢二厂智控中心（南区）项目完成建设，顺利投入使用。自此，南北两区智控中心“双轮驱动”，真正实现智能炼钢。智控中心（南区）项目是集选址新建、装修装潢、设备安装、调试运行于一体的综合性工程，包含集控操作大厅、数据分析中心、机房控制中心、供配电源室以及办公会议室等多区域多功能空间，从项目初期就面临建设任务重、安装工期短、老旧设备多、调试难度大等一系列难题。为按期完成项目，项目部倒排工期，和施工单位紧密沟通，全力协作，在全厂密切配合与公司相关部门的大力支持下，经过一年的紧张筹备和建设，克服了疫情防控、物流不畅等因素影响，确保了该项目与智控中心（北区）项目并驾齐驱，按节点稳步推进并建成投用。

宁波宝新率先实现太钢集团信息化系统覆盖上线。2022 年 6 月 1 日，太钢集团宁波宝新基地信息化系统成功切换上线。本次建设的太钢集团宁波宝新基地信息化系统，是深化管理变革、落实中国宝武管理理念的重要举措，是按照“集中一贯制”管理要求，构建的一个功能覆盖产线、高度集成、智能化、数智化的信息化平台。该平台支撑“一总部多基地”管控，对提升制造能力和运营效率将产生积极的推动作用。宁波基地作为太钢第一个系统覆盖上线的基地，将实现管理跨越，发挥协同效益，必将支撑太钢集团成为备受认同的钢铁生态圈构建者，是集团内共建高质量钢铁生态圈的又一个生动实践。

扬州特材打造可视化决策分析平台。2022 年 6 月 19 日，扬州特材“可视化决策分析平台”正式上线并运行。整个系统从开发设计、优化调整到实施上线试运行，再到进入正式考核阶段，历时 5 个月。近年来，多个信息化管理系统的上线与运行，为公司信息化管理系统搭起了较为完备的业务模型与运行数据，将信息化管理系统由“业务操作型”上升为“管理决策型”。

“可视化决策分析平台”是以超大液晶屏幕为主要展示载体的数据可视化技术，是使用大数据支持管理决策分析的应用体现。“可视化决策分析平台”有着多项优势：一是重点突出，集中展示公司管理层高度关注的经营管理指标；二是便捷高效，自动更新实时数据，省去复杂的搜索过程，结果更加及时、真实、直观，决策更高效；三是支持业务，发挥预警作用，督促各项目工作及时落实，与公司信息化管理软件系统形成良性互动。

淮钢铁前 MES 系统成功上线运行。经过近一年的调研开发测试，淮钢铁前 MES 系统在 2022 年 7 月开始试运行，经过 3 个月的现场培训、业务数据核对，于 10 月 31 日正式上线运行。

该系统覆盖从原料进厂到铁水送炼钢的铁前各生产工序，覆盖的物料包括铁前范围内的矿石辅料、烧结矿、铁水及铁区所有副产品，系统集成了 ERP 系统、皮带秤系统、地磅系统、能源系统、质检系统及数据采集系统等信息化系统。该系统以满足炼铁生产需求为出发点，以支持生产稳定为目标，对生产过程中的物流和信息流进行综合管理，着重于原料消耗采集及产品、质量、生产实绩数据汇总等，为操作人员及时了解生产、质量信息提供支撑，为生产技术人员制定配料计划和技术分析提供支撑，同时为采购、销售、质量提供基础信息。铁前 MES 系统的成功上线运行，改变了原有的人工数据统计方式，极大地提高了信息采集的实时性，减轻了生产人员的工作负荷，实现了财务对铁前成本控制的精细化管理。

福建三钢闽光云商智慧物流平台“闽光云通”上线。2022 年 8 月 8 日，闽光云商智慧物流平台——“闽光云通”成功上线，标志着福建三钢集团向钢铁服务型领域又迈进了一大步。闽光云通项目是闽光云商平台整体建设中的一个重要组成部分，该项目于2022年2月份启动，由闽光云商和宝信软件合作共同组建智慧物流专案组，先后完成了需求分析、系统设计、功能开发、出厂前测试、现场联合测试、系统模拟切换等工作。

闽光云通平台上线后，将会基于三钢集团物流需求，结合产业上下游资源优势，提升三钢内部四大基地产销的连接和协同，实现数据联通，提升三钢集团内物流整体效率；并通过集团资源引流，逐步通过市场竞争向上延伸物流产业链，向数字化，智能化、移动化，服务多元化运营平台升级，实现三钢由传统物流向平台物流的转型升级，并最终打造成为具有区域影响力的龙头社会产业大平台，为客户提供更加高效、便捷的物流服务。

太钢袁家村铁矿智慧控制中心投运。2022年10月，太钢袁家村铁矿智慧控制中心建成投用，标志着全线生产工艺“智能化”新时代。该智慧控制中心全工序运用中国宝武自主研发的自主可控、互联互通的工业互联网平台，全新开发L1操控画面，实现可操可控，全时段、全过程进行数据记录，对生产过程进行追溯，大幅提升了操作员对实时生产的控制能力。

智慧控制中心的建成打破了国外工控软件的垄断，实现了基础自动化领域的自主研发，并结合了5G+远程操作与AI智能化应用，推动生产线向“数字化、网络化、智能化”新模式拓展，有助于把袁家村铁矿打造成集采选球于一体的国内领先、国际一流的非煤矿山标杆企业，翻开智慧矿山的崭新篇章。

长江钢铁钢轧智能集控中心正式投运。2022年10月18日，长钢股份钢轧智能集控中心正式投运。这标志着长钢股份贯彻“四个一律”、推进智慧制造再次迈出关键一步。长钢股份钢轧智能集控中心由宝信软件EPC总承包，于2022年3月25日开工建设。长钢股份钢轧智能集控中心项目在自动化填平补齐基础上，进一步建成钢轧集控中心、钢轧智慧集控系统以及智慧应用系统。通过项目建设，对钢轧区域岗位、管理、流程功能进行重构，形成一体化操控中心。该项目投运后，将实现炼钢、轧钢工序一体化操作，钢轧区域平台化管理、智慧化运营。同时，将进一步提高计划协同效率，实现钢轧全要素能效的提升。

马钢特钢智控中心投运。2022年12月27日，马钢特钢智控中心正式投运。该中心是集产线远程操控、产线管控及智慧应用于一体的特钢智慧制造中心，实现了特钢行业多个第一，创造了马钢智控项目建设的高质量和新速度。它的建成投运是贯彻落实宝武“四个一律”要求、打造中国宝武优特钢精品基地的“智慧”新蓝图、实施管理变革和流程再造的务实之举，对提升特钢管理效率、生产效率、作业环境，推进特钢管理能力、岗位标准化作业水平提升，助力马钢特钢实现弯道超车，快速实现集团既定的战略目标，有着极其重要的意义和作用。

5.1.6 智能化生产

方大特钢一无人化智能设备上线。2022年7月15日，方大特钢炼铁厂1号高炉水渣池无人行车投入使用。该行车是继3号高炉水渣池无人行车投用后上线的第二部无人化智能行车。近年来，方大特钢积极推进智能化生产，对符合条件的生产现场开展设备智能化升级改造。通过对前期3号高炉水渣池无人行车投用效果良好的成功经验，炼铁厂陆续对1号高炉、2号高炉水渣池区域行车进行无人操作智能化改造。截至目前，1号高炉水渣池无人行车已安装调试完毕正式投入使用，2号高炉水渣池无人行车正处于调试过程中。

方大特钢建安公司自主研发双臂自动焊接机器人提高工效两倍。经过2个多月研发，2022年3月中旬，一台自主研发的双臂自动焊接机器人在方大特钢建安公司检安分公司上线投入运行，效果十分明显，比人工焊接效率提高两倍。

2022年初，该公司组织技术人员继续推进自动焊接机器人研发工作，经过群策群力研发成功一台双臂自动焊接机器人。这台机器人焊接臂可伸缩3米，焊接臂可垂直上下运动，在焊接臂前端加装焊接摇摆器、微调装置和旋转电机，可使焊枪位置根据焊接工艺进行实时调整；所有操作实现无线遥控，操作简便；整台设备可沿轨道水平移动焊接，焊接范围可达十几米。该机器人年可节省人工费10余万元，不仅提高了效率，而且使焊接质量有了保障。

南钢2号新能源机车试运行。2022年，南钢物流中心和金瀚环保联合研发的“南钢2号”（D-002）新能源机车经过一个月的紧张调试开始试运行，这是南钢第二台新型智能轨道电动机车，标志着南钢在清洁物流的新体系建设中又迈出了坚实的一步。南钢D-002新能源机车由内燃机车改造而成，采用磷酸铁锂电池组作为动力源，实现了机车生产作业全过程“零排放”，每年可减排二氧化硫1.03吨、二氧化碳312吨。在技术创新、降本增效、节能减排方面均具有代表性意义。

方大特钢长力自动化升级改造助推企业高质量发展。2022年，为切实解决员工劳动强度大、生产效率低、产品质量不稳定等制约企业发展的问题，方大特钢长力持续对生产设备进行自动化升级改造。为做好自动化升级改造工作，该公司始终关注实际技术与问题的解决，针对生产现场实际情况，陆续对卡箍原材料切断、轻型簧原材料切断及货叉弹扁切断等工序设备进行自动化升级改造。其中，卡箍原材料切断将原人工送料升级为机器自动送料，有效减轻员工劳动强度；轻型簧原材料切断由原切断、冲孔需要二台设备二道工序合并为一台设备一道工序，优化操作人员二人；货叉弹扁切断将原需多次加工成型改造为一次加工成型，在提高加工效率的同时，为产品质量的提升提供可靠保障。

扬州特材港务完成港区内各单机控制系统组网通信优化工作。2022年6月15日，扬州特材港务事业部完成港区内各单机控制系统组网通信改造优化工作。此项工作于5月开始逐步进行，目前已满足生产操作集中控制要求，助力智慧港口的创建工作。本次优化改造统一采用了西门子S7标准通信方式，通过对所需各类数据的模块化整合，以及PUT/GET方式进行数据的写入和读取，解决了各单机系统中S7-1200、S7-300/400、S7-200SMART等各系列PLC的通信问题。通过本次优化工作，港务事业部从根本上解决了各单机PLC之间通信及连锁的缺失、通信协议繁杂不统一、软件操作繁琐、上下位机通信不稳定等问题，使得港区内各单机PLC之间以及与上位机的通信更加灵活可靠，为港务基础自动化的模块化、多元化改进开发，乃至后期的智慧化改造打下坚实的基础。

太钢炼钢二厂北区2号转炉自动出钢热试车一次成功。2022年8月11日，太钢炼钢二厂北区2号转炉进行了自动出钢首次热试车，实现了热试车一次成功。此次热试车成功标志着太钢已掌握了转炉自动出钢技术，为实现转炉炼钢全过程智能化打下了坚实基础。转炉自动出钢是一项涵盖图像识别、算法优化、多设备协同控制、多专业化合作，并且对系统可靠性、安全性要求极高的功能应用项目，主要目标是根据工艺要求对转炉出钢相关的所有设备（包括转炉本体、钢车、钢包底吹、合金溜槽、滑板挡渣机构等）进行精准控制，从而实现出钢全过程无人干预。

在项目组成员的共同努力下，在短短的70天，从设备安装、调试、单体试车到最终热试车一次成功，解决了出钢图像稳定性、钢车位置精准控制、钢车与炉子倾动角度的拟合关系等难题，为推进太钢转炉智能化和减少现场“3D”岗位作出了积极的贡献，为落实中国宝武“四个一律”智慧制造行动迈出崭新的一步。

太钢第一套无人天车系统投运。2022年，太钢冷轧硅钢厂无取向硅钢中间库无人自动行车项目顺利上线，标志着太钢集团第一套无人天车系统顺利投运，也标志着冷轧硅钢厂建设智慧化工厂又迈进了一步。

该项目具有机组分布多、数据通讯类型杂、特殊物料作业难、上料精度要求高、任务调运难度大等特点。升级后的无人化智能天车拥有一套无人全自动天车控制系统（UACS）及多项新技术，如激光定位、格雷姆线定位、绝对值编码器定位、多级PLC控制、天车防摇技术等，可实现自动定位、自动识别、自动避让、自动吊运等多重功能。同时延伸智慧库区系统，实现物料出入库与天车吊运作业的信息化和自动化，不仅为中间库的生产信息提供了有效的控制和管理手段，还实现了各单元生产用天车的调度、库场管理和天车工作信息实时汇总，确保了生产过程中物流的顺畅与高效。

太钢中厚板智能化升级改造项目主轧线热负荷试车一次成功。2022年9月17日，随着一声令下，一块火红的钢坯从加热炉缓缓驶向轧机，通过4300毫米轧机自动轧制，第一块合格钢板顺利下线，太钢4300毫米中厚板智能化升级改造项目主轧线热负荷试车一次成功。太钢4300毫米中厚板智能化升级改造项目是山西省和太原市重点工程，也是宝武服务山西经济发展，成为全球不锈钢业引领者的重点项目。本次项目改造是为适应中厚板产品规格宽厚化、品种高端化、质量精品化发展趋势进行的结构再调整、发展再升级。项目的实施，对于调整产品结构，满足市场对高端中厚板需求，做强高等级不锈钢中厚板，支撑我国先进制造业发展具有重大意义。

“南钢2号”新能源机车试运行。2022年，南钢物流中心和金瀚环保联合研发的“南钢2号”（D-002）新能源机车经过一个月的紧张调试开始试运行，这是南钢第二台新型智能轨道电动机车，标志着南钢在清洁物流的新体系建设中又迈出了坚实的一步。南钢D-002新能源机车由内燃机车改造而成，采用磷酸铁锂电池组作为动力源，实现了机车生产作业全过程“零排放”，每年可减排二氧化硫1.03吨、二氧化碳312吨。

D-002新能源机车攻克了NGD-001新能源机车存在的一些难点、痛点，在机车的安全性、可靠性、功能性等方面有了显著的提升。D-002新能源机车采用220千瓦同轴永磁电机驱动，并配有水冷装置，大幅提升了机车的运载能力，最大牵引能力达到2000吨，满载续航里程120公里；整车配有先进的防碰撞系统，可保障铁路周边工作人员安全；使用先进仪器对机车进行合理配重，四轮平衡，更适合在工况条件复杂的重工业企业使用。

马钢首座全现代智能化变电所改造升级完成。2022年8月27日，在国家电网安徽省电力调度的统一指挥下，马钢烧结变、国网慈湖站、马二厂、国网南湖站共4个站所60余名操作、技术人员经过近20小时、1000余次操作，能环部11号变电所220千伏回路送电成功。这标志着马钢首座全现代智能化变电所改造升级完成，马钢电网因此具备自动调节功能，运行更加安全稳定，为马钢生产和后续新项目投产提供了科学、智能的电力保障。

5.1.7 智能制造合作

高品质特殊钢绿色智能制造联合技术创

新中心成立。2022年3月6日，高品质特殊钢绿色智能制造联合技术创新中心成立。常州东方特钢与北京科技大学共同组建的“高品质特殊钢绿色智能制造联合技术创新中心”签约及揭牌仪式在集团同和楼泰和厅举行。

本着“资源共享、优势互补、共同发展、互利共赢”的原则，北京科技大学与常州东方特钢将展开全方位的合作，包括钢铁材料冶炼、轧制等工艺技术、新产品研发、钢铁产品失效分析、安全技术研究及应用、循环经济研究、绿色发展、智能制造、人才培养、实践和实验基地建设等，将为该公司在钢铁领域绿色低碳技术的创新应用、产品提档升级和人才交流培养提供技术支撑和创新平台。

5.2 绿色化发展进步

5.2.1 环保治理

福建三钢220平方米烧结机烟气SCR脱硝顺利投运。2022年7月20日，福建三钢烧结厂220平方米烧结机烟气SCR脱硝烟气管道成功完成对接并顺利投入运行。7月23日凌晨，喷氨投入后出口N_xO排放达到国家超低排放标准。

220平方米烧结机烟气SCR脱硝项目是集团公司超低排放重要项目，该项目将220平方米烧结机原先的烟气COA脱硝改为更为先进的SCR脱硝。该SCR脱硝装置采用“一炉一套”布置方式，布置在脱硫除尘装置之后，与主机采用串联布置方式，采用SCR脱硝工艺。该项目由烟道系统、GGH换热系统、烟气加热系统、SCR反应器系统、喷氨系统等组成。220平方米烧结机烟气SCR脱硝的投运，标志着烧结厂从传统生产向绿色生产迈出坚实的一步，不仅为三钢超低排放建设加力赋能，更为推动三钢高质量发展打下坚实的基础。

江苏省首批“绿色发展领军企业”公布。2022年，江苏省生态环境厅、江苏省工商业联合会公布了“2022年度绿色发展领军企业”名单，确定106家企业为江苏省首批“绿色发展领军企业”，其中南京钢铁股份有限公司、中天钢铁集团有限公司和常熟市龙腾特种钢有限公司入选。其中，中天钢铁集团围绕“碳达峰、碳中和”的目标任务，提前研究碳捕捉等低碳冶炼技术，并先后投运长江流域首艘千吨级电动货船、新能源重卡、电动机车等，全面构建企业绿色运输网，颗粒物、二氧化硫、氮氧化物等排放指标远优于国家超低排放标准40%以上，稳居长流程先进钢铁企业之列。

荣程钢铁集团入选第一批低碳（近零碳排放）示范建设单位公示名单。2022年，天津市生态环境局发布了《关于第一批低碳（近零碳排放）示范建设单位》名单公示，天津荣程联合钢铁集团有限公司入选。多年来，荣程钢铁集团将实现“双碳”目标作为企业的“一号工程”，以“数字化转型绿色低碳高质协同发展”为主线，明确产业结构、能源结构、工序结构、产品结构、生态结构五大主攻方向，重点打造氢能源运输、智能制造、高炉富氧、“长改短”智慧电炉等低碳应用场景，细化重点项目，明确时间表、路线图，有序推进各项工作开展。

未来，荣程钢铁集团将继续坚持绿色先行，打造绿色低碳“新标杆”；坚持创新引领，打造主业做精“新引擎”；坚持数智驱动，激发智能制造“新活力”；坚持产研协同，构建融合发展“新局面”，坚定不移地走好数字化转型绿色低碳高质协同发展之路，为国家实现“双碳”目标贡献荣程力量。

方大特钢加速实施超低排放改造项目。2022年2月，方大特钢大型技改项目245平方米烧结机烟气超低排放改造项目进展顺利，预计于4月25日热负荷运行。投运后，该公司245平方米烧结机烟气排放将全面达到国家超低排放标准要求。方大特钢245平方米烧结机烟气超低排放改造项目于2021年7月开工建设，项目采用循环流化床法脱硫与中温脱硝工艺，可实现颗粒物、二氧化硫、氮氧化合物的超低排放。

西宁特钢完成废气污染综合治理及废水循环利用。2022年根据环境保护及污染源分布总体情况，先后建设了污水处理设施50余套，主要包括：在各原料场建设了防风抑尘网、洗车台，有效减少了二次扬尘污染；对各除尘设施进行全面诊断，并完成了提标改造；建设了日处理能力为2万吨的总排废水处理中心，引用了先进的物化结合法处理工艺，采用粗滤、辐流沉淀、化学高效絮凝沉淀、均质过滤、超滤及反渗透深度处理、消毒等工艺流程，综合考虑废水收集、处理和回收利用三项功能，废水经处理后实现了中水100%回收利用。公司环保治理设施已全面覆盖废水、废气、噪声及固体废弃物，目前各类污染防治设施运行正常，废气、噪声排放符合国家排放标准，并连续16年通过国家认证部门审核，获得ISO 14001环境管理体系认证证书。

方大特钢举行超低排放评估监测启动仪式。2022年3月7日，方大特钢举行超低排放评估监测启动仪式。为进一步提升企业环境治理能力，助推企业高质量发展，全面实施全流程超低排放改造，创建A级环保绩效企业，方大特钢特邀冶金工业规划研究院、江西省生态环境科学研究与规划院专家组，就方大特钢超低排放开展诊断和评估监测，并对所诊断出的问题提出建设性意见及整改方向，助力方大特钢全力推进A级环保绩效企业创建工作。

方大特钢一超低排放改造项目启动招标。2022年3月16日，方大特钢发布一则招标公告，对外公开招标焦化厂新增焦炉煤气脱硫改造总承包工程。方大特钢改制加盟方大集团以来，坚持“像对待生命一样对待生态环境”的绿色发展理念，投入大量资金进行环保设备技改升级。其中，245平方米烧结机烟气超低排放改造项目于2021年7月开工建设，130平方米烧结机烟气超低排放改造项目也在腾场地准备开建。

2022年，该公司在大力推进实施环保技改和超低排放改造项目的同时，以达到环保A级绩效企业标准为目标，按照环保A级绩效企业标准，建立和完善日常管控措施，加强对环保设施的运行监督管理，维护和保障超低排放改造效果；强化环保主体责任，将环保指标进行层层分解落实，将污染防治、环境提升与工业旅游景区管理相结合，实现企业生态文明和厂区环境建设再上新台阶。

芜湖新兴铸管大力推进超低排放。2022年5月，芜湖新兴铸管有限责任公司余热发电项目基地，2台大功率发电机组正在平稳运行，每小时可将全流程生产中产生的24万立方米高炉、转炉、焦炉煤气转化为10万千瓦·时发电量。为贯彻落实《国务院打赢蓝天保卫战三年行动计划》《关于推进实施钢铁行业超低排放的意见》要求，该公司近3年累计投资约20亿元，大力推进超低排放改造，先后完成焦炉烟气脱硫脱硝、烧结活性焦一体化脱硫脱硝、65兆瓦发电燃气锅炉烟气治理、原料场棚化等超低排放改造项目。该公司通过超低排放改造，每年减排颗粒物2015吨、二氧化硫1580吨、氮氧化物4110吨。

淮钢雨污分流项目投入试运行。2022年，淮钢投资4800万元建设的南北厂区雨污分流改造项目投入试运行。2022年4月下旬，该项目水泵、电气设备开始安装；7月下旬，该项目具备交工条件；8月20日，该项目完成所有设备及管道调试工作，投入试运行。该项目完成后，雨水可排入污水处理站进行处理，待水质达标后开始外排；生产废水通过新建的污水收集池收集后，明管压力输送至现有的污水处理站处理达标后方可排放；生活污水则通过收集后压力输送至城市污水管网，实现污水达标排放。

南钢一超低排放改造项目投入运行。2022 年 5 月 14 日，南京钢铁股份有限公司 1 号 150 吨转炉超低排放改造完成，正式投入运行。该公司转炉原除尘工艺为湿法（OG）除尘工艺，该除尘系统只能实现炼钢工序中一次除尘颗粒物≤50 毫克/立方米。为进一步推动工业领域节能减排工作，加快淘汰落后的生产工艺和设备，达到一次除尘颗粒物≤10 毫克/立方米超低排放标准，该公司投资 18250 万元，进行超低排放改造，由湿法（OG）除尘工艺改造为干法静电除尘工艺。该工艺回收煤气含尘浓度（标态）为≤10 毫克/立方米，排放气体的含尘浓度为≤10 毫克/标准立方米。

荣程钢铁集团顺利通过生态环境部超低排放验收审核。2022 年 9 月 28 日，天津荣程联合钢铁集团有限公司顺利通过生态环境部超低排放验收审核，并在中国钢铁工业协会网站公示，为荣程钢铁集团冲刺环保绩效评级 A 级企业奠定了坚实基础。未来，荣程钢铁集团将继续以“数字化转型、绿色低碳高质协同发展”为主线，努力打造国内领先的绿色标杆钢铁企业，助力“双碳”目标实现。

淮钢获绿色制造培育工程奖补资金 100 万元。2022 年，淮钢公司获得淮安市财政局绿色制造培育工程奖补资金 100 万元。近年来，该公司围绕节能降耗工作，强化能源管控，调动全员集思广益，开展蒸汽管网整治、烧结余热发电提效、焦化上升管余热回收等节能改造工作，其中码头、机修光伏项目并网发电，一轧和烧结大棚光伏发电项目有序推进。在该公司各部门的共同努力下，能耗指标持续下降，1~5 月份能源消耗同比下降 16.8 千克标准煤/吨，吨钢电耗同比下降 10.2 千瓦·时/吨，其他介质消耗也均有不同程度的降低。

下一步，该公司将发挥国家级绿色工厂的示范带头作用，准确把握“双碳”工作要求，继续深挖节能潜力，持之以恒推动企业绿色发展，为地方经济更好、更优发展作出贡献。

邢钢通过河北省 2021 年度温室气体排放核查。2022 年，邢钢通过河北省 2021 年度温室气体排放核查，为下一步管理温室气体并找出减量机会，提升能源利用效率，持续为做好碳减排工作奠定了基础。该公司作为邢台市重点生产企业，积极响应国家“双碳”行动号召，严格落实主体责任，采取一系列节能降碳措施巩固减排成果。针对此次温室气体排放核查工作，该公司高度重视，专门设立能源工作小组配合河北省生态环境厅核查组，做好相关核查工作。该公司提前与核查组进行沟通，按照《2021 年钢铁企业收资清单》逐项收集整理出企业生产设施运行数据、排放因子数据、计量器具信息等 26 项，共计提交 260 余份核查所需的文档信息材料。核查专家对该公司碳排放管理工作给予充分肯定，并一致通过了温室气体排放报告核查意见。

方大特钢原料采购设立“环保红线”严控“流动”污染。2022 年，为实现“创建 A 级环保绩效企业”目标，方大特钢从原料采购源头入手，加大采购物流监督管理，严控“流动”污染影响城市马路清洁和空气质量等问题，使环境整治工作不断持续深入有效地推进。截至 5 月 8 日，方大特钢原料采购实现物流运输零污染。

为严防运输车辆沿途鸣笛“扰民”、矿粉洒落地面污染马路、车辆不加盖篷布造成扬尘影响空气质量等问题的发生，方大特钢紧扣“环保是企业生命线”这一理念，针对废钢、熔剂、进口矿等原辅料采购每月进厂车流量较大的特点，从源头入手，监管靠前，严格落实省、市政府及有关部门对环境治理工作的要求，在签订合同时，对供应商、承运商设立“红线”，制定考核标准，增大供应商、承运商的违规成本；建立环保违规约谈制度，督促承运商加强管理，规范行为，对约谈后仍然“闯环保红线”的，直接解除合同。

方大特钢打响超低排放改造“全面攻坚战”。2022 年，方大特钢以达到环保 A 级绩效企业标准为目标，更高标准地打响超低排放改造“全面攻坚战”。1~7 月份，该公司累计投入资金 1.5 亿元启动实施轧钢加热炉烟气超低排放改造项目、动力厂热电锅炉超低排放改造项目、废钢堆场封闭改造项目、焦炉煤气精脱硫项目和超低排放集中管控平台等 30 余个超低排放改造项目，“十四五”期间方大特钢预计还将投入 5 亿元资金实施完成全过程、全流程超低排放改造，全面达到环保 A 级绩效企业标准。

方大特钢 245 平方米烧结机环冷机超低排放改造项目启动。2022 年，方大特钢 245 平方米烧结机环冷机超低排放改造项目启动并进入招标阶段。该项目实施后，可进一步提升环冷机密封效果，有效防止粉尘和颗粒物逸出，满足钢铁行业超低排放要求。该公司 245 平方米烧结机环冷机于 2011 年与 245 平方米烧结机同步建成投产，至今已运行 11 年，设备存在一定程度老化。为进一步改善生产现场环境，做好环境整治工作，该公司围绕生态环境部、发改委等 5 部门联合发布的《关于推进实施钢铁行业超低排放的意见》相关要求，决定对该烧结环冷机进行超低排放改造，通过将原环冷机主体运行部分拆除，改造为翻转卸料式环冷机，并将上部密封改造为全烟罩加水密封，下部密封改为橡胶密封和水密封等方式，增强其密封环保效果，满足超低排放要求。

方大特钢一超低排放改造项目正式启动。2022 年，方大特钢 3 号高炉炉顶均压煤气超低排放改造项目正式启动。该项目改造后每日可回收煤气 7000 余立方米，用于热风炉及烧结、球团等工序生产使用，在满足钢铁行业超低排放要求的同时，进一步降低能源消耗。近年来，该公司先后投资建设了焦化干熄焦余热发电机组、TRT 高炉煤气余压发电机组、烧结余热发电机组、35 兆瓦高温超高压煤气发电机组等，将所有余气、余热、余能进行充分回收，促进了能源循环综合利用最大化和能源消耗最小化。

大冶特钢更换 65 辆国六排放车辆。2022 年上半年更换 20 辆电动非道路移动机械之后，8 月 25 日，大冶特钢更换 65 辆符合国六排放标准的车辆投入厂内运输，是黄石第一次大批量替换上新超低排放的国六运输车。随着后续电动重卡的投用，2022 年底大冶特钢清洁运输比例达到 80%以上，达到 A 级环保绩效标准要求，进一步改善了周边大气环境质量。2022 年大冶特殊钢有限公司组织全公司采购、生产、销售、财务、研究院、信息化等相关人员，完成 2020—2022 年度公司法人边界、工序、机组“三级”单元的碳排放情况摸底，为后续工作奠定基础；并开展工序碳排放强度攻关，将降碳指标落实到工序，强化一把手负责制，工序碳排放强度较目标值下降 8%。

方大特钢 245 平方米烧结机烟气超低排放改造项目如期投运。2022 年，方大特钢大型技改项目 245 平方米烧结机烟气超低排放改造项目如期热负荷运行。投运后，245 平方米烧结机烟气排放全面达到国家超低排放标准要求。

方大特钢 245 平方米烧结机烟气超低排放改造项目于 2021 年 7 月份开工建设，项目采用循环流化床法脱硫与中温脱硝工艺，可实现颗粒物、二氧化硫、氮氧化合物的超低排放。近年来，方大特钢认真落实江西省钢铁行业超低排放改造计划要求，投入大量资金持续改善环境质量，加快推进超低排放改造项目，着力推动企业高质量发展，并已于 2021 年底完成球团竖炉烟气超低排放改造。在积极建设 245 平方米烧结机烟气超低排放改造项目的同时，推进 130 平方米烧结机烟气超低排放改造项目，力争年底实现热负荷投运。届时，该公司两台烧结机均可实现颗粒物、二氧化硫、氮氧化合物的超低排放。

淮钢全面推动绿色转型发展。 2022 年，淮钢总建筑面积为 25000 平方米的废钢大棚正式投入使用，该项目总投资 3500 万元，可储存 4 万吨废钢。近 3 年来，淮钢以新发展理念为指引，投入 20 亿元建设环保技改项目，全面推动绿色转型发展。该公司不仅投资建设了干熄焦项目、烧结原料场大棚项目、焦化煤筒仓项目等重点节能环保项目，还相继实施了烧结脱硫脱硝、发电脱硫脱硝、焦化脱硫脱硝、高炉均压放散、转炉三次除尘、废钢大棚、石子大棚等近百个超低排放改造项目，企业节能减排能力、污染治理能力、环保管理能力实现跨越式提升。在各类项目、技术支撑下，4 月份，该公司自发电比例达 70.79%，绿色能源在企业用能中的比例创历史新高。

5.2.2 节能降碳

太钢三大类不锈钢冷轧产品在 EPD 平台成功发布。 2022 年 7 月，太钢集团三大类不锈钢（奥氏体、铁素体、马氏体）冷轧板环境产品声明在钢铁行业 EPD 平台成功发布，标志着太钢主要不锈钢产品已完成了全生命周期碳足迹量化评价，可以向客户及相关方提供权威、可信的产品环境信息，助力构建低碳供应链体系。太钢认真贯彻落实国家碳达峰碳中和战略部署，坚决执行宝武碳减排时间表和路线图，加快“双碳”工作布局，于 2022 年 5 月 30 日发布了碳达峰及降碳行动方案，提出了“13460”（一个低碳发展中心、三个低碳发展阶段、四个低碳实施步骤、六大低碳发展路径、最终实现零碳目标）的绿色低碳发展模式，为太钢集团实现“双碳”目标描绘了清晰蓝图。开展产品全生命周期（LCA）碳足迹评价、发布环境产品声明为其中的重点工作内容。

荣程钢铁集团 55 兆瓦煤气发电机组成功并网发电。 2022 年 1 月 15 日，荣程钢铁集团 55 兆瓦煤气发电机组项目于凌晨 4 点 26 分成功实现并网发电，正式投入运行。该项目的投产，在有效提升荣程钢铁自发电比例的同时，大幅度提高了煤气利用率，使煤气利用率提升了 1.6 倍，标志着荣程钢铁绿色低碳高质协同发展再上新台阶。55 兆瓦煤气发电机组项目主要由一套 160 吨/小时超高温超高压煤气锅炉、一套 50 兆瓦中间再热凝汽式汽轮机、一套 55 兆瓦发电机组及配套附属设施等组成。该项目总投资 2.4 亿元，2021 年 4 月土建开工，历时 9.5 个月建成投产。该项目积极响应国家“节约能源、保护环境、双碳减排”的号召，项目投产后，预计年可实现发电量 3.96 亿千瓦·时，年可节约标准煤 11.88 万吨。

淮钢 30 兆瓦分布式光伏发电项目顺利开工。 2022 年 6 月 5 日，淮钢 30 兆瓦分布式光伏发电项目顺利开工。该项目由江苏沙淮光伏有限公司投资，苏美达能源公司作为 EPC 总承包单位和电力管家（电站运维等相关服务）。该项目建设面积 270000 平方米，利用料场大棚屋顶共计安装 67590 块、功率 430 瓦的轻质太阳能光伏组件。该项目并网后，将采用“自发自用”模式，电力消纳比例达 100%，预计首年发电量可达 3000 万千瓦·时，减少二氧化碳排放 28910 吨。

太钢能源消费正式进入绿电时代。 2022 年 2 月，太钢集团分别与同煤电力晋控新能源、华能山西华能新能源签订了 2022 年绿电直接交易协议。这标志着太钢由传统的煤电能源消费正式向绿电等新能源消费转变，太钢低碳转型迈出实质性步伐，未来太钢绿色新能源使用量将大幅增长。

2021年底，太钢外购电力采购专班与山西省内各大售电公司洽谈磋商，按照“绿电优先、成本最优”原则优选确定晋能控股电力集团、华能集团山西分公司为太钢2022年度电力供应合作单位。协议约定2022年度绿电采购不少于11亿千瓦·时，占太钢外购总电量18%，折合能源消费总量减量13.5万吨标准煤、二氧化碳减排97.3万吨。2022年1~2月，该公司绿电采购量已达3.16亿千瓦·时，完成采购计划的29%。

建龙集团召开绿色低碳路径发布会，3月10日建龙集团向社会公布钢铁板块绿色低碳发展路线图，明确实现碳达峰碳中和的具体路径。路线图指出，该集团将围绕“成为全球绿色低碳产品和服务的一流供应商”和“成为全球绿色低碳冶金技术的提供者和引领者”两大目标，通过六大路径，深入推进绿色低碳发展。到2025年，碳排放总量将达到峰值；2033年，碳排放总量较峰值下降20%，碳排放强度较2020年下降25%；2060年实现碳中和。具体包括以下几个方面：要推进工艺流程优化提升，持续推进源头减碳。要推进前沿技术创新应用，加强科技创新引领。要推进产品绿色低碳转型，开发高强度、耐腐蚀、长寿命、近终型、可循环钢材，实现全生命周期减碳。要推进用能效率结构优化，强化能源梯级利用和优化配置，推进能源结构绿色转型。要推进绿色物流系统升级，建设数字物流，促进物流系统低碳发展。要推进资源能源循环利用，促进产城融合发展，建设低碳园区。

芜湖新兴铸管打造清洁运输体系。2022年6月7日，芜湖新兴铸管首批5辆电动重型卡车投入运行，主要用于公司钢材产品往周边码头的短途倒运。该公司积极响应国家号召，主动践行“双碳”目标，将打造清洁运输体系、升级绿色物流作为企业实现低碳减排目标的重点，购置电动重型卡车替代柴油重型卡车。该公司根据环保车辆的市场行情、具体参数及使用情况，制订清洁运输车辆改造方案，提出优化皮带、铁路、水路及电动重型卡车的使用率等方案，在保证物料运输顺畅的前提下，增加清洁运输的倒运量。与柴油重型卡车相比，电动重型卡车具有零污染、零排放、低噪声等特点。每辆电动重型卡车载重30吨，充满电约1.5小时，可运行120公里，年可减少二氧化碳排放约35吨，年可节约燃油3.6万升，实现了环境效益与经济效益双丰收。

方大特钢深挖用电峰谷差潜力降本成效显著。2022年7月，方大特钢持续推进错峰用电管理工作，全月累计峰段用电低于谷段用电58.39万千瓦·时，降低用电成本约48万元。该公司能源动力系统根据生产情况制定错峰用电管理措施，要求各单位、各运行部门必须加强可阶段性停、开设备计划性管理，正常情况下各单位可阶段性停、开设备原则上每日峰段安排停机。对电机烘干设备原则上不安排在用电高峰时段开启，对于部分不重要设备的计划性检修原则上必须安排在用电高峰时段进行。与此同时，加强精细化管理，对运行设备制定了错峰用电具体操作要求，如循环水池在满足液位要求的前提下，保持总开泵时间不变但用电峰段少开、用电谷段多开，达到减少电耗节约电费的目的。

中天南通公司光伏发电项目开工建设。2022年9月5日，中天钢铁集团（南通）有限公司屋顶分布式光伏发电项目开工。该项目建成后，预计年发电量超7700万千瓦·时，每年可节约标准煤3万吨，减排的二氧化碳、二氧化硫和氮氧化物，相当于植树近150多万棵的环保效应。该项目由江苏通光昌隆电力能源有限公司总承包，总投资2.86亿元，设计容量120兆瓦，采用“自发自用、余电上网”的并网模式，一期利用一步炼钢连铸、轧钢、综合成品库等 13 栋厂房近 80 万平方米屋顶建设 76 兆瓦光伏电站，预计 2023 年 3 月前并网。

荣程钢铁新能第四批氢能重卡正式投运。2022 年 11 月 8 日，天津荣程钢铁集团新能第四批氢能重卡投入运营仪式在荣程众合自用加氢站举行。车身标有“荣程新能”字样的 20 辆氢能重卡正式交付投用，为该公司助力交通强国建设、助推打造京津冀地区氢能产业聚集区高地再蓄强大动力。截至目前，该公司共投入 50 辆氢燃料电池重卡，累计加氢 129 吨，运输 43.6 万吨，行驶 111.85 万公里，减碳 280 吨，减少二氧化碳排放 1029 吨。

该公司将深入贯彻新发展理念，不断加快新旧动能转换，全力实施科技创新、产业转型、智能制造、绿色低碳项目。同时，该公司继续抢抓氢能发展机遇，充分发挥“氢能源产业先行者”引领示范作用，推进氢能“制—储—运—加”及多场景应用普及，助力绿色物流体系建设再上新台阶。

南钢光伏发电二期项目开工建设。2022 年 12 月 15 日，南钢光伏发电二期项目正式开工建设。项目利用煤筒仓、智慧运营中心、职工食堂等区域，建设约 30 万平方米、装机容量 25 兆瓦的光伏发电机组。目前，已在能源动力事业部水厂区域施工。

方大特钢提高二次能源利用效率。2022 年，方大特钢将“降低一次能源消耗，提高二次能源利用效率”作为重点工作，大力实施二次能源综合利用和生产设备节能改造攻关活动。该公司完成 1 号汽轮发电机升级改造、2 号汽轮发电机和烧结余热发电机揭盖检修工作，投入运行后积极落实设备网络化管理责任，为各发电机组稳定运行奠定良好的基础。该公司以低消耗、循环利用为主线，强化生产组织，全面协调、平衡好煤气使用，提高转炉煤气回收量，减少非计划能源放散，最大限度发挥高炉煤气余压发电、煤气综合利用发电、余热蒸汽发电等机组运行水平；对影响发电量的各项因素进行跟踪，采取相关措施，提升发电机组运行效率。

方大特钢积极推进节能减碳。2022 年，方大特钢组织各主体生产单位，对照新修订的能源管理体系相关制度，从能源采购、接收贮存、加工转换、输配使用、余能余热回收利用等过程进行专项内审，进一步规范能源管理过程，实现绿色低碳发展。近年来，该公司为实现碳达峰、碳中和目标，坚持绿色低碳发展，大力推进节能减碳工作，成立了以总经理为主任的节能委员会，定期研究部署节能工作；还成立了能源管控中心，作为节能管理专门机构，负责能源管理的日常工作。

舞钢积极开展转炉煤气回收工作。2022 年，舞钢积极落实国家碳达峰、碳中和发展战略要求，不断促进节能减排工作，紧紧围绕提高转炉煤气回收量，积极开展转炉煤气回收工作。为高效回收利用转炉煤气，实现节能环保，2022 年 3 月份，该公司能源中心针对转炉煤气回收工作成立专项攻关小组，分别从操作制度、设备技改、数据校验、生产协调等方面开展攻关。为了提高转炉煤气的输出量，该中心与一炼钢、一轧钢和二炼钢等转炉煤气使用单位进行了密切联系，根据转炉排产计划合理组织转炉煤气供应。该中心根据用气单位的生产和检修计划，统筹安排转炉煤气供应和消耗平衡，确保煤气回收时间最大化，促进煤气回收率进一步提高，有效实现煤气均衡外供。

芜湖新兴铸管节能降耗效果显著。2022 年第四季度，芜湖新兴铸管有限责任公司积极开展了以“全力以赴冲刺四季度，科学审慎谋划新发展”为主题的活动。为使精炼炉风门和除尘风机实现连锁控制，该公司对炼钢除尘进行连锁控制改造，在单炉冶炼时关闭非冶炼炉座风门，同时风机工作频率由

45 赫兹降至 35 赫兹，有效降低电耗。基于生产过程中处于满负荷运行、作业间隙中可以降低电流的现状，该公司将除尘风机电机改造为变频器控制，在进行上件、出件等不产生粉尘的作业时段，让电机降频运行，仅此一项，年可节约电费超 12.5 万元。截至 10 月底，该公司累计有效申报项目 32 项，涉及除尘系统优化、电力能源替代、变频改造等，很多项目立行立改，形成了可复制、可推广的经验。

方大特钢每日节约发电蒸汽近百吨。 2022 年，方大特钢炼铁厂通过工艺优化，将供 245 平方米烧结机混合料预热的低压过热蒸汽置换为富余放散蒸汽，每日可节约发电蒸汽近百吨，节能减排效果显著。在烧结生产过程中，为降低烧结矿固体燃料消耗，有效提高烧结矿产量，需将进入 245 平方米烧结机前的混合料进行预加热至 60℃以上。长期以来，该烧结机混合料预热均采用还冷机余热回收产生的低压过热蒸汽。为进一步降低生产成本，将可用蒸汽用于多发电，炼铁厂与动力厂技术人员将目光放在炼钢炉顶及连铸汽化冷却系统产生的蒸汽上。该蒸汽由于为饱和蒸汽，含水量大，且生产过程非连续性，蒸汽压力与流量指标均不适合发电，在用于内部取暖、制氧工序汽化，以及提供给焦化化产系统后，仍有富余蒸汽需放散，将此蒸汽引入烧结混合料预热，既可替换出有用蒸汽用于发电，也可避免蒸汽放散带来的噪声问题。

方大特钢焦化厂压缩空气消耗持续稳定降低。 2022 年，方大特钢焦化厂通过规范操作、稳定压缩空气压力、及时更换脉冲阀等措施，压缩空气消耗持续稳定降低，平均每日降低约 11000 立方米。为进一步降低压缩空气消耗，焦化厂积极跟踪压缩空气各部位使用情况，对捣固炉风炮房与地面除尘站压缩空气使用量进行仔细调研。通过合理规范风炮使用方式，优化控制除尘器喷吹压力，有效降低因长时间使用电磁阀线圈发热不能复位造成压缩空气泄漏等情况。同时，进一步加大日常设备维护力度，及时更换破损脉冲阀、电磁阀等零配件，压缩空气消耗明显下降，其中，捣固炉风炮房压缩空气消耗下降约 6800 立方米/日、除尘系统降低约 4200 立方米/日，预计每月可节约成本 3.25 万元。

东方特钢正式引进强化换热系统。 RCCS ®强化换热系统由特殊高分子螺旋组带、独有特种陶瓷轴承、高强度特种钢支架组成，是环际低碳基于流体动力、强化换热及新材料方面的一系列独有专利技术所研发的革新性节能产品。2 月安装 RCCS ®强化换热系统并投入使用以来，在线清洗和强化换热效果显著，运行 2 个月左右，端差下降 6~8℃。

方大特钢小改小革助力能耗“双控”。 2022 年，方大特钢通过两项小改小革活动，预计全年节约用电 172.26 万千瓦·时，降本近 92 万元，为能耗“双控”助力。该公司动力系统在小改小革活动中对 2 号联合泵房的三台热电泵实施改造，在确保满足生产需求的基础上，将三台热电泵电机的运行功率从 500 千瓦降为 415 千瓦，目前运行效果良好，预计每年节约用电 146.88 万千瓦·时，全年降本约 78 万元。此外，该公司将离心空压机的两台自吸泵更换为立式长轴泵，运行电流减少 55 安，同时倒换时能迅速起压，效率远高于自吸泵，确保应急状态下冷却水不中断，离心空压机安全稳定运行，预计全年可节电 25.38 万千瓦·时，全年降本约 14 万元。

南钢新型智能轨道电动机车试运行。 2022 年，南钢物流中心和金瀚环保联合研发的“南钢 2 号”（D-002）新型智能轨道电动机车经过 1 个月的紧张调试开始试运行，标志着南钢在清洁物流体系建设中迈出了坚实的一步。“南钢 2 号”新型智能轨道电动机车由内燃机车改造而成，采用磷酸铁锂电池组作为动力源，实现了机车生产作业全过程零排放，每年可减排二氧化硫 1.03 吨、二氧化碳 312 吨。

方大特钢新增烧结焦丁筛分破碎系统项目有序推进。2022 年，方大特钢新增烧结焦丁筛分破碎系统项目完成土建施工部分，进入设备安装阶段。项目建成后，可有效提高烧结工序焦丁筛分粒级，每年可多回收焦丁 2587 吨以上，在降低烧结固体燃料消耗、节约高炉用料成本方面起到有效作用，年节约生产成本预计可达 379 万余元。近年来，随着该公司不断优化生产工艺，提高焦炭筛分效率，现有的 12 毫米烧结焦丁破碎筛分系统已无法满足高质量生产需求，为此，公司决定新增一套烧结焦丁筛分破碎系统，将焦丁筛分粒级由原先 12 毫米升级至 10 毫米。采用 10 毫米筛分粒级后，烧结入炉焦粉颗粒更加细腻，在优化固体燃料消耗的同时，筛分出的大颗粒焦丁则可替代高炉焦炭用料，从而降低焦炭使用成本。

方大特钢长力对轻簧 2 号热处理线淬火炉燃烧系统进行升级改造。2022 年，方大特钢长力投资 40 余万元对轻簧 2 号热处理线淬火炉燃烧系统进行技术升级改造，淬火炉每加热 1 吨产品便可节约天然气约 9 立方米，按年产 18000 吨产品测算，每年可节约天然气 162000 立方米，减少碳排放 463.32 吨，节能减排效果明显。此次技改工艺在于对轻簧 2 号热处理线淬火炉升温区、保温区燃烧器单独配置执行装置，由闭环温度自动调节系统进行控制，对进入燃烧器的天然气和助燃风进行双参数调整，当火焰检测系统检测到火焰熄火或意外停电时，可自动切断天然气供应，从而达到降低天然气消耗，减少碳排放的目标。

沙钢永兴首个分布式光伏发电项目正式并网运行。2022 年，随着国网安阳供电公司对沙钢永兴特钢公司“5.9 兆瓦分布式光伏发电项目”的成功验收，标志着公司首个光伏项目正式并网发电，为公司的绿色发展“充电蓄能”。

该项目是沙钢永兴特钢公司积极响应国家“碳中和、碳达峰”目标，推进绿色能源、节能减排新建的第一个光伏并网型项目，与中石化新星河南新能源开发有限公司共同合作建设，总投资 2400 万元，总装机容量 5.9 兆瓦。项目通过利用轧钢厂房和焦炭大棚屋顶建设分布式光伏发电，将光伏发电和建筑相结合，实现“资源有效综合利用”，预计项目投运后，每年可为公司提供 610 万千瓦・时的清洁电力，节约标准煤 1950 吨，减少二氧化碳排放 5870 吨。

下一步，该公司将继续坚持环保优先、绿色发展，实施创新驱动、转型升级，以绿色发展引领高质量发展，为打造天蓝地绿水清的美丽安阳作出新的更大贡献。

天津钢管屋顶光伏发电项目正式启动。为加快天津钢管绿色环保发展，降低用电成本，2022 年，天津钢管制造有限公司能源部等相关部门经多次调研、走访和前期准备，委托专业单位对厂房屋顶和接入点进行现场勘测，标志着该公司分布式屋顶光伏发电项目正式启动。

分布式屋顶光伏发电项目装机容量 25.7 兆瓦，年发电量 2700 万千瓦・时，计划 2022 年 6 月建成发电。该项目利用厂区屋顶资源，在轧管事业部、管加工厂等厂房屋顶安装光伏组件，项目电站产生的电量将用于用户侧并网，余电部分上网销售，不仅有利于节能减排，还能减少公司电费支出，节省屋顶维修费用，延长屋顶防水层寿命。

第 6 章

中国特殊钢企业管理创新（党建）典型案例

6.1 管理创新

6.1.1 安全管理

扬州特材开展安全冬训活动。为增强全体员工的安全生产意识，普及安全生产知识，根据公司党委、安委会安全生产工作部署，扬州特材结合冬季安全生产特点、检维修安全及新技术、新工艺等，制定“冬季全员安全培训”方案，于2022年1月4日至7日开展安全冬训活动。本次培训邀请扬州市江都区应急管理局田军、景华荣、祁蕾、顾群4位安全专家主讲，历时4天，分8场次开展。各部门、事业部及相关方单位共计831人参加，扬州特材总经理助理耿瑞君出席并作培训动员讲话。

方大特钢昆明春鹰开展春季消防安全知识培训。为进一步做好消防安全工作，2022年2月25日，方大特钢昆明春鹰组织部分干部员工开展“春季消防安全”知识培训。此次培训邀请云南政安消防知识宣传中心工作人员前来授课，结合火灾事故案例，就火灾隐患检查与排除、火灾分类及特点、消防设备设施使用、扑救初期火灾、疏散逃生，以及相关法律法规条例等消防安全知识进行讲解。

方大特钢济南重弹认真做好固体废物管理工作。2022年3月，为响应国家、地方及行业环保政策要求，加强从业人员的安全环保教育培训，方大特钢济南重弹利用生产间隙组织人员开展固体废物泄漏应急演练活动，营造出全员抓安全的良好氛围。为做好固体废弃物管理工作，该公司根据相关管理制度制定应急预案，不定期组织开展相关应急演练，不断提升公司各级管理人员和从业人员的安全、环保意识，以及对突发事件的应急反应速度和应急抢险能力，为生产安全及环保工作的有序开展奠定坚实基础。

昆明春鹰顺利完成环境职业健康安全管理体系内审。2022年8月18日，方大特钢昆明春鹰顺利完成2022年度环境职业健康安全管理体系内审。根据年度审核计划，方大特钢昆明春鹰在8月17日至18日两日内进行环境职业健康安全管理体系内审，相较于去年安全与环境方面管理能力明显提升，现场更加整洁、安全设施完备、文件记录齐全，员工对公司环境、安全方针了解更为透彻，员工安全意识普遍增强，为该企业生产经营持续发展提供了有力支撑。

沙钢永兴特钢公司顺利通过管理体系年度认证现场审核。2022年9月4日至9日，北京国金衡信认证有限公司审核专家组一行10人对沙钢永兴特钢公司质量、环境、职业健康安全、能源四大管理体系认证进行了为期五天的全面审核。评审期间，审核专家组一行按照体系标准、相关法律法规及公司体系文件、各项管理制度的要求，通过与管理者代表交流、查阅资料、员工代表座谈、生产一线实地调研等方式，对公司各分厂和职能处室所涉及的生产和管理环节、场所和过程等进行了全面细致的审核。经过审核，专家组认为，沙钢永兴体系建设严谨、有序，各项工作在公司内部得到了很好的推广和发展，“四体系”管理完善，运行持续有效，推荐通过再认证审核。

近年来，沙钢永兴特钢公司借助综合管理体系建设，坚持以全面管理为重要抓手，着眼于过程管理、持续改进和预防为主，通过系统的管理方法增强顾客、社会、职工和其他相关方满意度，逐步实现管理规范、环境优美、指标先进的企业建设目标，提高企业竞争力，推动企业高质量发展。

扬州特材开展旁站式安全监护考核工作。为加强对年修、工程技改项目等施工的安全监管，实现危险作业环节全过程、全方位有效控制，2022年10月8日，扬州特材球团事业部组织旁站式安全监护人员开展专项培训及考核，目前349人次顺利通过理论考核，获得监护资质。培训过程中，参加考核员工可通过微信小程序“考试宝”进行知识的巩固。培训结束，全体参训人员参加由系统随机组卷的闭卷理论考试，理论成绩达到90分的旁站式安全监护人员，持考评合格成绩单进行监护作业。此次考核更着重于旁站式安全监护人综合素质的培养，安全监护意识的提升。下一步，扬州特材球团事业部将创新培训模式，持续组织开展实操考核，促进安全技能的提升，为公司安全管理稳定生产提供有效保障。

扬州特材完成网络安全整体升级改造。2022年，扬州特材网络安全整体升级改造项目顺利完成，经过一个月的试运行，厂区整体网络运行稳定，实现了办公网、生产网、监控网、数据中心的四网隔离以及信息安全态势感知和智能化网络设备可视管理，为公司智能化生产建设提供有力支撑。受公司初期网络架构、技术条件有限以及核心网络设备和接入设备运行年限影响，网络运行与安全稳定性大大降低。通过本次整体升级改造，实现了数据中心网络和办公网络全部国产化设备升级替换；网络建设中规划了专用的带外管理网络，实现管理流量和业务流量分离，在业务出现异常时，不会影响到管理网络；并且对网络结构进行了优化，由原先星状网络结构改为树状网络结构，增加网络汇聚层，节约光缆资源的同时也便于未来网络扩充。

方大特钢济南重弹起重机械“双限位”装置上线，为安全加码。为进一步落实起重机械生产安全主体责任，确保起重机械的安全使用，2022年，方大特钢济南重弹对所使用的单轨起重机加装高度限位器，为安全加码。该公司单轨起重机高度限位装置普遍采用断火式限位器，使用过程中限位器一旦出现故障，则无法有效发挥限位作用。为增加起重机安全装置的可靠性，该公司通过现场论证，决定在断火式限位器基础上加装一套重锤式高度限位器，该限位器具有防护安全性高、反应灵敏、结构小巧、安装简便等优势。该限位器有效增加起重机安全装置动作的可靠性，为现场作业人员及设备的安全生产起到积极有效的保护作用。

方大特钢昆明春鹰开展危险废物规范化管理培训。为进一步开展好安全生产工作，2022年，方大特钢昆明春鹰举办危险废物规范化管理培训，来自该公司安全管理部、生产事业部人员及部分班长参加培训。培训结合昆明市生态环境局五华分局《危险废物规范化管理评估及危险废物执法典型案例》课件，就危险废物特征、特性及规范化管理相关法律法规、制度等方面知识进行宣教，为进一步夯实企业危险废物规范化管理奠定基础。后续，该公司还将持续开展生态环境保护知识培训，为推进新时代生态文明建设贡献力量。

6.1.2 设备管理

扬州特材设备条线开展“每月一创新”活动。为进一步提升设备管理水平，满足生产线长周期稳定运行需要，助力公司打造“标杆引领年”，2022年，扬州特材设备条线正式启动“每月一创新”活动。

“每月一创新”是指依据扬州特材“深化对标、提升管理”大纲，围绕“强能固基、重效提质”及设备条线年度“3332重点工作”总要求，鼓励全面探索前沿科技，引进新技术、新工艺、新材料，推广先进管理理念；每个事业部每月至少实施一项管理创新或技术创新，全面解决生产线提产过程中遇到的瓶颈问题，以提高设备管理水平，实现生产的高产、稳产，提高企业市场竞争力。近年来，扬州特材始终秉承科学发展观理念，积极组织产线稳产顺产攻关，实施了一系列设备改造及工艺改进，扬州特材港务码头吞吐量、球团双线日均产量屡创新高，球团工序能耗、日作业率等已跃居行业领先水平。

扬州特材完成网络安全整体升级改造。2022 年，扬州特材网络安全整体升级改造项目顺利完成，经过一个月的试运行，厂区整体网络运行稳定，实现了办公网、生产网、监控网、数据中心的四网隔离以及信息安全态势感知和智能化网络设备可视管理，为公司智能化生产建设提供有力支撑。

通过本次整体升级改造，实现了数据中心网络和办公网络全部国产化设备升级替换；网络建设中规划了专用的带外管理网络，实现管理流量和业务流量分离，在业务出现异常时，不会影响到管理网络；并且对网络结构进行了优化，由原先星状网络结构改为树状网络结构，增加网络汇聚层，避免了因设备故障或线路问题造成网络中断，同时也保护了公司内网环境安全。

6.1.3 技术创新

转炉长周期高效低碳稳态运行技术应用达世界先进水平。2021 年 12 月 29 日，新天钢联合特钢“转炉长周期高效低碳稳态运行新技术开发与应用”项目，经天津市科技局组织专家鉴定评价为国际先进水平。该项目通过对 120 吨转炉高炉龄、长周期运行技术，转炉高效率稳态运行技术，转炉低碳运行与能源回收再利用技术和钢渣综合再利用及低成本控制技术 4 个方面进行重点研究，实现了 120 吨转炉长周期高效低碳稳态运行。

创新点之一：转炉高炉龄长周期运行技术创新。

该项目总结得出转炉高炉龄长周期运行技术内涵“三低一高”原则：低出钢温度、低炉渣氧化性、短泡炉时间、高效率生产。溅渣护炉是基础，炉型维护是关键，长周期稳定运行是目标。

该项目通过系统优化转炉溅渣护炉工艺，通过优化炉渣组分、留渣量以及改进溅渣氮气压力、枪位等措施，提高溅渣护炉效果；以低温出钢为目标，通过加快钢包周转、钢包加盖、合金烘烤、中包保护浇铸等手段，整体减小炼钢系统温降幅度，减少高温对炉衬的侵蚀；开发快速补炉新工艺，缩短补炉时间，延长炉衬寿命并提高生产率；利用测厚仪对转炉全炉役内炉衬演变过程进行测量，并进行全炉役炉壁温度监测。截至目前，转炉炉龄达到 33980 炉，基本实现全炉役不进行油砂补炉。

创新点之二：转炉高效率稳态运行技术创新。

根据转炉低铁耗入炉物料结构和主要成分特点，该项目开发了转炉大流量供氧分阶段耦合技术，通过提升供氧强度和流量，提高氧气利用率，降低氧耗。

该项目还对氧枪及供氧系统进行研究与开发，在保持有效冲击深度的同时，将冲击面积扩大，促进转炉快速成渣。在转炉不同铁钢比模式下，选择最优的氧枪铜头参数，提高供氧强度，降低生产能耗；采用大口径转炉出钢口，大幅缩短转炉出钢时间，减少温度损失；采用全过程精炼生产模式，利用精炼作为转炉与连铸的缓冲，精炼比不低于 95%，减轻转炉出钢温度要求压力，供连铸钢水合格率高达 99%以上。各工序紧密衔接，提高生产作业率，转炉平均周期达到 22 分钟/炉。

创新点之三：转炉低碳运行与能源回收再利用技术创新。

该项目创新技术，转炉低铁耗冶炼技术，充分利用铁水物理热与化学热，降低碳消耗，完善多点位加入废钢的模式，配套烘烤与保温装置，废钢比达到 35%以上；转炉煤气零放散技术，通过调整转炉操作、优化喉口设定、改进回收条件、炉口微差压控制、加强操作以及设备管理等措施，使吨钢煤气回收量由 110 立方米提高到 170 立方米以上，相比原水平大幅提高；转炉煤气高效利用技术，开展“优化钢包烘烤减时长”实验，使大中修包烘烤整体烘烤时间缩短14%，引进新型节能蓄热式烘烤器，煤气使用率降低47.2%。在转炉过程碳回收与利用能力提升的同时，自发电率也随之提高，最高达到70%以上。

创新点之四：钢渣综合再利用及低成本控制技术创新。

该项目开发了转炉留渣、精炼炉渣再利用于转炉、大颗粒钢渣磁选再利用、热态钢包渣在线循环利用等钢渣循环再利用技术，实现渣料成本降低。在炉内热量充裕时，该项目增加了白云石、石灰石与含铁回收渣料的利用，通过规范基础操作、少渣双渣操作、调整中前期吹炼和造渣操作等措施，达到了转炉快速成渣和快速脱磷的目的，实现低成本生产。

该项目实施后，联合特钢120吨转炉单炉役最高炉龄由20000炉提高至目前的33980炉，平均冶炼周期由35分钟/炉缩短到至22分钟/炉，冶炼效率提升37.1%，实现了转炉煤气资源的100%回收；开发了多项钢渣循环再利用技术，辅料消耗降低了16.54千克/吨，2021年实现增加效益3.65亿元。该项目通过实施长周期大废钢比稳态运行，使联合特钢废钢比提高到35%以上，吨钢综合能耗降至400千克标准煤以下。

新天钢联合特钢热连轧全流程高效生产工艺及精品带钢技术项目为国际先进水平。该项目采用低能耗、低排放的高精度智能烧钢工艺、粗轧不均匀宽展孔型优化技术、全工况高效连续轧制技术、普通带钢低成本提质技术，实现了生产效率和产品质量的大幅提升，取得了显著的经济效益和社会效益。

项目主要研究内容和技术特点：

其一，研发了低能耗、低排放的高精度智能烧钢工艺。

针对当前高能耗、高排放的节能环保问题，该项目研发了低能耗、低排放的高精度智能烧钢工艺，提升烧钢质量和温控精度，避免欠烧、过热或过烧等问题的出现，减少污染物排放，满足环保要求。

基于步进式加热炉特点，该项目利用激光氧分析仪及智能烧钢系统等先进技术，显著提升混合燃气的燃烧效率。在此基础上，精确控制炉内各段温度、压力、空燃比及排放量，其中氧含量检测响应时间达1秒左右，温度控制精度达到1%，炉压控制在5~25帕，氧含量控制在1%~3%，同时通过实时优化烧钢参数来稳定烧钢工艺，形成了高效、绿色的加热炉烧钢工艺制度，实现双蓄热步进式加热炉的低能耗、低排放智能自动烧钢。

其二，研发了粗轧不均匀宽展孔型优化技术。

针对矩形坯或方坯的宽展问题，该项目研发了粗轧不均匀宽展孔型优化技术，优化孔型和平（立）辊的匹配工艺，获得了良好的平面形状和截面形状，有助于优化板凸度、板形等指标。

另外，该项目还利用多道次立辊调整带钢边部形状，精确控制带宽精度，严格控制平面形状及截面形状，改善轧制状况，提升板形精度，同时减小头尾偏差。为降低轧辊消耗，该项目优化设计了“孔型匹配秒流量容错”机制，避免堆钢事故发生。根据轧制批次宽度的不同，粗轧平轧5道次中采用1道次至2道次进行不均匀宽展孔型轧制。不均匀宽展孔型首先是使用在第一道次，其次是使用在第三道次，同时允许上、下工作辊对称不均匀宽展孔型轧制，也允许单个工作辊不均匀宽展孔型轧制，容错率大大提高。

其三，研发了600毫米以下热轧带钢的全工况高效连续轧制技术。

针对传统热轧600毫米以下带钢的低速、低效问题，该项目研发了精品带钢的全工况高效连续轧制技术，结合先进的仪器仪表和智能测控系统，开展热送热装、智能加热、超快冷技术的优化工作。

综合连铸坯热装热送、中间坯保温、精细调整速比、超快冷/层冷、立（卧）式高效卷取、机器人激光打码等先进理念，显著提升生产线的生产效率。其中，平均热装率达到 90.5%；三线终轧速度为 18.2 米/秒，平均日产量达 7830 吨，平均成材率为 99.08%；四线终轧速度最快达到 16.0 米/秒，平均日产量达 6236 吨，平均成材率为 98.94%；氧化铁皮厚度≤12 微米。

其四，研发了普通热轧带钢的低成本提质技术。

该项目应用控轧控冷核心理论，研发了普通热轧 600 毫米以下带钢的低成本提质技术，丰富了同材质不同性能、不同规格的轧制工艺，开展了低牌号升级高牌号减量化轧制等系列研究工作。

通过优化粗、精轧制工艺，精确控制加热炉出炉温度和轧制速度等，实施严格的控轧控冷策略，以优化轧制工艺的方式低成本生产高等级精品带钢；采用 180 毫米×460 毫米坯料成功开发出了厚度达 2.5~6.5 毫米、宽度达 460~520 毫米的系列精品带钢，板形合格率为 99.8%、性能合格率为 100%，同时实现普通 Q235B 连铸坯升级轧制 Q355B。

热连轧全流程高效生产工艺及精品带钢关键技术在联合特钢公司应用后，解决了 600 毫米以下带钢的共性难点问题，生产效率和产品质量得以大幅提升，截至目前累计创效 3.88 亿元，吨钢煤耗明显降低，生产效率大幅提升，产品实现由普通到精品的升级。

该技术紧紧围绕生产过程高效化、智能化、绿色化、高质化开展研究，对于增强市场竞争力、提高生产水平和实现可持续发展具有重大意义。该技术在 600 毫米以下带钢领域具有很强的优势，推广潜力巨大。通过生产实践和技术应用，该公司目前已经形成了一整套的热连轧全流程高效生产工艺及精品带钢关键技术，并具有自主知识产权。该技术达到国际先进水平，可为相关领域内企业提供示范，应用前景广阔。

6.1.4 财务管理

方大特钢控制设备材料采购费用。针对当前钢材市场严峻形势，方大特钢设备材料采购部门眼睛向内，做好采购费用管控工作，2022 年 6 月 21 日~8 月 5 日，取消部分非紧急需要的备件和材料采购计划，减少采购费用 178.5 万元，招标比价降本 111 万元。该公司对采购计划从严审核，以保证公司生产正常运行的合理库存为界线，超过库存量的不采购、有库存可调拨的物资不采购。同时，对正在执行中的合同进行梳理，价格接轨市场、与兄弟单位对比，踩准、踩好当前市场节奏，准确把握市场价格节点，通过谈判降价。

方大特钢增强企业资信审核力度防范风险。2022 年，方大特钢进一步加强对业务单位的企业资信审核力度，防范企业经营领域存在的风险。该公司审监法务部与各业务单位合作，从企业资信审核入手，对拟引进开展业务合作的企业资信情况加大审核力度，对查询到存在经营状况严重恶化、丧失商业信誉、有丧失或者可能丧失履行债务能力的企业进行风险预警，提示谨慎合作；对发现存在失信被执行人、限制高消费、经营异常情况的企业，则列入不予合作单位。同时，为及时妥善处理争议事项，避免诉讼纠纷，该公司审监法务部门主动协助生产指挥中心、原料公司、设备材料公司、销售公司，对正履行合同中是否存在的合同违约、质量（逾期）考核争议、应收款项逾期、合作方经营状况恶化等所有风险事项全面梳理排查。据统计，方大特钢已对 5300 余家拟引进企业、数百个招标项目、数千家投标单位资信情况进行审核，对资质不符合要求的单位坚决否决投标资格，有效控制合同前法律风险的发生。

方大特钢降低原燃料采购成本应对钢材市场下行压力。面对全国钢铁行业整体进入微利甚至亏损运营的局面，方大特钢在确保安全、环保、质量的前提下，不断优化炉料结构，全力应对市场下行带来的成本压力。2022年7月，方大特钢主要采购品种焦炭、炼焦煤和国内矿等环比下降采购金额3000余万元。

该公司生产、技术、采购、财务等部门高效协同，结合当前市场行情和生产营运效果，制定原燃料采购降成本措施；坚持每天分析生产、采购成本动态，商讨生产配料方案；按照经济生产炉料结构的需求，密集开展市场调研，先后到煤焦、国内矿、进口矿和废钢等供应单位进行走访，现场对标、算账、决策。该公司通过考察江浙沪闽等废钢市场，寻找到替代普通压块的新型废钢料型，每吨直接降低采购费用390元；调整进口矿采购布局，以期货形式采购非主流矿替代高价主流矿硬性降本每吨30元；准确研判瘦煤市场行情，锁定的价格环比每吨降低采购费用100余元等。同时，该公司严格库存管控，按照够用、合理、库存下线的总体要求，加强与供应商的协调力度，衔接好供应事项，保证生产不断料；每天通报库存情况，月底兑现考核，使库存管理与成本管控有机结合，减少采购资金占用。7月，该公司环比降低库存1.9万余吨。

方大特钢品种替代优化原燃料结构。面对国内外宏观环境错综复杂，原材料价格高位运行，方大特钢原料采购部门不断深化资源结构调整，加强采购、生产和工艺协作，通过采取品种替代等方式，优化原燃料结构。2022年8月，方大特钢吨钢采购价格在方大集团钢铁板块对标赛马排位中实现当月第一，降低采购费用557.6万元。该公司采购人员转变观念，先后前往贵州、安徽、山西和山东等十余个省市，广泛开展市场调研。方大特钢通过一系列的走访，了解了供应单位的生产、库存状况，以及市场资源供给与价格情况，并根据走访信息，成功引进新供应商和新资源点3家（处），采购可替代的资源。

同时，方大特钢注重发挥联合降本作用，原料采购部门加强与技术中心、生产单位的密切协作，按照“快进快出”原则，每天研究原燃料性价比，分析进厂原料结构，以及库存品种结构，根据不同的成本组合，不断优化生产工艺，使采购引进的焦粉替代烧结无烟煤、达州1/3焦煤等快速投入生产，降低了烧结固体燃料消耗，优化了炼焦煤资源结构，从而挖掘出配煤配矿的降本潜力。

6.1.5 质量管理

方大特钢顺利通过IATF 16949体系现场审核。2022年，北京九鼎国联认证有限公司派出审核组对方大特钢IATF 16949汽车质量管理体系开展初次认证现场（二阶段）审核，通过对方大特钢IATF 16949汽车质量管理体系15个管理过程的现场审核，审核组专家确认方大特钢建立并实施运行的质量管理体系符合IATF 16949—2016标准要求，通过IATF 16949质量管理体系现场审核。为促进企业战略产品弹簧扁钢质量管理水平提升，进一步满足用户和市场需求，增强企业可持续发展竞争力，方大特钢于2021年4月启动IATF 16949汽车质量管理体系推广工作。从此次审核情况看，方大特钢IATF 16949汽车质量管理体系目标建立了有效监控机制，收集运行数据并持续改进，炼铁、炼钢、热轧过程保障资源充分，过程控制有效，现场操作员工具备较高的质量意识和质量技能，能够为顾客提供有质量优势的汽车用热轧弹簧扁钢产品。

沙钢永兴特钢公司启动“质量、环境、

职业健康安全、能源”管理体系内审工作。为确保公司管理体系运行良好，推动公司管理水平持续提升，根据年度内审安排和体系标准要求，2022 年 5 月 18 日，沙钢永兴特钢公司启动了“质量、环境、职业健康安全、能源”四大管理体系年度内部审核工作，此次内审将以专项单体系滚动审核的形式进行。该公司从各部门抽调 25 名精干人员组成 3 个审核小组，通过现场查看、提问、查阅文件和工作记录等方式，按照标准、体系文件、法律法规对公司各职能部门及生产单位的职业健康安全管理体系运行情况进行全面审核，对发现的问题项和不合格项，要求相关部门限期整改，明确责任人，确保整改实效。

接下来，该公司还将继续安排对质量、环境、能源管理体系运行情况的全方位审核，并计划于 6 月中下旬全面完成内审工作，此次内审工作的开展，也将为公司一年一度的体系外审工作顺利进行奠定扎实的基础。

南钢测量管理体系通过年度监督审核。2022 年 9 月 27 日，南钢测量管理体系通过年度监督审核。中启计量体系认证中心评审组一致认为，南钢一贯重视测量管理体系，组织机构健全、管理规范、资料齐全，符合国家审核准则要求。为进一步强化计量意识，夯实计量基础，提高计量管理水平，为企业的生产经营提供数据保障，南钢于 1996 年建立测量管理体系。多年来一直严格贯彻执行南钢《计量管理手册》与《计量管理程序文件》，坚持“年内审、季验证、月例会、日检定”的管理制度，每年上半年组织一次内审，对体系内 21 个重点要素的执行情况进行督促检查。

每季度开展计量专业检查，对各单位用于生产工艺控制、能源计量、产品外形尺寸监测、产品质量特性监测的计量器具进行现场验证，核查其检验及日常运维情况。始终坚持以重点测量过程的监视、控制与分析为核心，按时下达计量确认计划并严格执行，把测量设备的申购、流转与周检、抽检工作有机结合，有力地保证了企业测量管理体系的有效性和适宜性。

6.1.6 人力资源管理

太钢智慧教学系统上线运。2022 年 4 月，教培中心数字化多媒体智慧教学及设备集中管控系统正式上线运行，太钢培训开启了多区域智慧教学、信息交互共享新模式。

多年来，太钢培训采用的是基础的电化教学设施，即投影仪+白板模式，每个教室设备单独配置，未能接入统一管控平台，无法远程控制、智能联动，无法对环境自动调节控制，属于边检查边使用边调整状态。随着常态化疫情防控以及信息技术的发展，能实现多种培训模式成为企业培训的首要需求。对此，太钢教培中心积极对标找差，多方调研比较，在 2018 年完成太钢职工教育培训平台建设实现线上培训的基础上，于今年设计实施了 IDV（集中存储、分布运算）架构方式，搭建太钢智慧教学系统，智能化管控、多媒体教学的数字化教学全面启动。

6.2 党建引领

6.2.1 党建活动

方大特钢组织部分党员观看电影《狙击手》。2022 年 2 月 12 日，方大特钢开展观看爱国主义电影党员主题日活动，组织部分党员观看电影《狙击手》。电影《狙击手》以真实的战争为背景，情节连贯清晰，写实感强烈，主要聚焦点是五班的十名战士，通过他们的英雄故事以小博大、以点带面展现了志愿军战士舍身报国的伟大形象和伟大的抗美援朝精神，剧情险象环生、悬念迭起，牵动着观众的心绪。许多观众对志愿军将士们的必胜信念和顽强意志敬佩不已。

南钢党委联合鼓楼医院江北国际医院党委开展学雷锋主题党日活动。2022 年 3 月 5 日，第 59 个学雷锋纪念日，南钢党委联合鼓楼医院江北国际医院党委开展“名医名企聚合力、党建引领促发展——鼓医南钢行”学雷锋主题党日活动，签约推进党建创新联盟的探索实践，并组织 33 位医护专家开展义诊、健康讲座等志愿服务活动，南钢、湖滨社区、九龙洼社区青年志愿者同步开展学雷锋活动，为南钢职工及周边社区居民提供健康暖心的服务。

扬州特材组织开展警示教育活动。2022 年 4 月 22 日，扬州特材总经理助理及以上人员参加中信泰富、中信泰富特钢集团组织的警示教育大会视频会，共同观看了零容忍第四集《系统施治》，听取了中信泰富和中信泰富特钢内部查处的违反中央八项规定精神典型问题和严重违法违纪案例。其余党员干部参加支部组织的警示教育活动。目前公司警示教育活动已开展 7 场次、受教育范围达到 137 人次。下一步，扬州特材将继续组织开展警示教育活动，贯彻上级党委警示教育大会精神，从党委、支部、部门三个层面组织开展，做到敏感岗位以上人员全覆盖。

河钢石钢销售中心党委组织开展“团结就是力量”主题党日活动。2022 年 5 月 14 日，河钢石钢销售中心党委组织班子成员、党员、入党积极分子和业务骨干来到革命圣地西柏坡，组织开展“团结就是力量”主题党日活动。当前，正值河钢石钢新区高质量发展的关键时期，为加大市场开拓力度争取更多订单，助推企业高质量发展，销售中心党委围绕公司党委的工作部署，以“团结就是力量”的精神引领为抓手，进一步统一思想，提高团队作战能力。

南钢强化党员干部和敏感岗位人员廉洁教育。2022 年 6 月 25 日，南钢举办廉政教育课堂，来自各事业部党工委及处室、生产厂党政负责人，以及敏感岗位人员等共 600 余人线上线下参加了培训。近年来，南钢坚持全面从严治党，狠抓党风廉政建设和反腐败工作，打造“诚信、合规、敬业、阳光”的廉洁文化，为构建风清气正政治生态和诚信阳光经营生态创造了有利环境。持续开展廉洁教育，今年上半年分别针对中高层、新任中层、敏感岗位人员等组织了专题廉政教育，组织新任中层签署廉洁承诺书，定期汇编廉政教育学习材料并下发各单位学习。通过持续强化教育培训，提升各层级人员的廉洁从业意识，做到忠诚、干净、担当。

长城特钢锻轧厂党委举办发展党员工作专题培训。为提升基层党务人员党建工作业务能力，扎实做好新形势下发展党员工作，2022 年 10 月 26 日，长城特钢锻轧厂党委举办了一期发展党员工作专题培训，对所属各党支部的组织委员进行针对性务实培训，推动发展党员工作流程规范严谨。

本次培训重点围绕鞍钢集团党委组织部下发的《发展党员工作流程及党员档案应有材料明细清单》，分别从申请入党、入党积极分子的确定和培养、发展对象的确定和考察、预备党员的接收、预备党员教育考察和转正等 5 个阶段 25 个程序，对入党流程和具体操作方法进行了详细解读和说明，并以该厂轧钢党支部正在进行的发展党员材料为案例，就《入党积极分子培养考察登记表》《预备党员教育考察登记表》《入党志愿书》的填写及党员档案材料的建立进行了专项辅导，具有很强的指导性和可操作性。

方大特钢开展“学习二十大、联结政企心”主题党日活动。2022 年 11 月 12 日，南昌市青山湖区科工局机关党支部党员到方大特钢，与方大特钢机关第六党支部共同开展“学习二十大　联结政企心”主题党日活动。活动中，党员参观了方大特钢企业文化展示馆、炼钢厂班组休息室及党团活动室、智慧管控中心等地，深入理解党的二十大报告确定的“必须坚持科技是第一生产力、人才是第一资源、创新是第一动力，深入实施科教兴国战略、人才强国战略、创新驱动发展战略，开辟发展新领域新赛道，不断塑造发展新动能新优势”“建设现代化产业体系，坚持把发展经济的着力点放在实体经济上，推进新型工业化，加快建设制造强国、质量强国、航天强国、交通强国、网络强国、数字中国”等重要思想、重要观点、重大战略、重大举措。

长城特钢钛材厂党支部开展党员知识竞赛。2022 年 11 月下旬至 12 月上旬，长城特钢钛材厂党支部开展以“学习党的二十大 团结奋进新征程”为主题的知识竞赛活动，该支部 52 名党员参加了知识竞赛，通过竞赛，钛材厂党员细学深学了党的二十大报告及党章 2022 年新旧对照版，提升了党性修养，为钛材厂做好年底收口工作积聚了正能量。

此次竞赛内容广泛，包括党的二十大主题、新时代新征程我国经济和社会发展目标、中国式现代化本质要求及《中国共产党章程（修正案）》等众多知识点。题型上包括填空、选择、判断、简答及论述等，活动开始后，钛材厂党员们结合习近平总书记在党的二十大所作报告，逐字逐句学原文，相互交流学习体会和心得，为竞赛顺行奠定了坚实理论基础。

方大特钢昆明春鹰党委开展党建工作。2022 年，方大特钢昆明春鹰党委下发《关于开展“实现 2022 年昆明春鹰全面扭亏为盈目标任务，凝心聚力谋发展，艰苦奋斗创佳绩”主题活动》的通知，通过充分发挥基层党组织的带动作用，为企业发展增添助力。面对严峻的市场形势，昆明春鹰积极应对市场变化，将发挥党的基层党支部作用作为部门工作的重要环节，通过党员示范作用，带领全体员工在生产工作中积极作为，为降本增效出谋划策。为做好此项工作，该公司要求各支部党员定期开展理论学习，不断提高自身素质，用科学的理论武装头脑、指导实践，围绕 2022 年工作目标，真抓实干、脚踏实地，认真践行“变、干、实”总要求，努力为全面扭亏为盈创造有利条件。

6.2.2 党建合作

太钢与宝武智维基层党组织共建签约。2022 年 7 月，太钢运行中心装备部党支部与宝武智维工业智能事业部党总支、太钢电气公司党委三方党组织共建签约仪式举行。为了高效、快速解决传统设备运维实施中存在的人员效率偏低、异常判断可靠性低、突发故障风险偏高、易发生过维修或欠维修等问题，强化党组织政治引领作用、战斗堡垒作用和党员先锋模范作用，促进党的建设与生产经营深度融合，构建高效太钢智能运维服务模式，三方党组织形成共识，开展基层党组织共建，推动党建工作和设备智能运维管理再上新台阶。

南钢与江苏省消防协会建立党建创新联盟。2022 年 7 月 16 日，南钢保卫部党委与江苏省消防协会党支部签署党建创新联盟合作协议，进一步强化党建引领，发挥党组织和党员作用，创新党建工作组织建设和活动形式，实现党建资源共享、优势互补，探索党建创新工作新路径。双方就消防专业技术培训、消防安全管理、企业安全生产、企业管理与发展、党建业务融合等进行了交流探讨，将以“凝聚党建合力、打造南钢产业链”为目标，本着“自愿加入、平等交流、互相学习、促进合作”的联盟宗旨，以党建创新联盟为平台，不断创新机制体制，发挥聚合联动效应，凝聚发展合力，共同推动联盟成员单位高质量发展。

南钢与南信大建立党建创新联盟。2022 年 12 月 30 日，南钢党委与南京信息工程大学（简称“南信大”）党委签署党建创新联盟协议。根据协议，双方将加强校企合作，促进产教融合，共创校企党建联动的新局面。南信大党委常委、纪委书记周乃贵，党委常委、党委组织部部长张新厂，党委常委、党委宣传部部长吴波，南钢党委副书记、纪委书记王芳等出席签约仪式。至此，南钢与政府、学校、企业、科研院所等建立党建创新联盟共 151 家。

永钢集团党委荣获 G60 优秀党建项目。2022 年，永钢集团党委《数字化工厂系统》党建项目荣获“党建引领长三角 G60 科创走廊建设科技创新、党建创新深度融合优秀项目”。该项目是以党建项目为载体、科技创新项目为内核，由企业党组织牵头发动，党员科技骨干带头攻关的党建项目化工作机制。2021 年 6 月，长三角 G60 科创走廊“双服双创”要素对接会上，长三角主要城市中心城区高质量发展联盟九城区共同启动了科技创新、党建创新深度融合项目机制，共同聚力党建引领长三角 G60 科创走廊建设。

第 7 章

中国特殊钢行业大事记

7.1 中国特钢企业协会大事记

1月4日，中国轴承工业协会理事长周宇一行六人莅临特钢协会交流工作。

1月10日，特钢协会秘书长刘建军参加中国钢铁工业协会第六届会员大会二次会议。

1月13日，特钢协会秘书长刘建军一行三人赴中国钨业协会，与丁学全会长等协会领导交流工作，并签署了战略合作协议。

1月14日，中冶集团冶金设备研究院轧钢分公司总经理吴迪一行莅临特钢协会交流工作并就双方加强合作达成共识。

1月26日，经中国特钢企业协会专家委员会专家评选出的“2021中国特钢行业十大影响力事件”在《中国冶金报》刊登。

1月份，特钢协会牵头组建绿色低息信贷团体标准（特钢）工作团队。

2月10日，特钢协会与优赛科创集团姜和平专家等举行视频会议，就双方加强合作达成共识。

2月21日，特钢协会召开“绿色低息信贷团体标准工作会议”。中国科技产业化促进会、冶金工业规划研究院、中信特钢、东北特钢、天津钢管、长城特钢、中航国际租赁有限公司、中国光大银行、平安银行等单位参加本次会议。

2月22日，工业和信息化部规划司司长王伟一行赴中国钢铁工业协会调研。中钢协党委书记、执行会长何文波，副会长骆铁军等领导接见，特钢协会秘书长刘建军参会。

2月23日，特钢协会秘书长刘建军一行走访宝武特种冶金有限公司。宝武特种冶金有限公司党委书记、董事长章青云，党委副书记、纪委书记、工会主席徐克勤，综合服务部、产销研运营中心等部门有关领导参与座谈。双方就继续加强合作，促进特钢行业高质量发展达成共识。

2月24日，特钢协会秘书长刘建军一行赴汉诺威米兰展览（上海）有限公司交流，就双方加强合作达成共识。

2月25日上午，特钢协会在上海召开“全国优特钢市场预警研讨会暨行业自律启动会”，本次会议由上海钢联电子商务股份有限公司承办。

2月25日下午，特钢协会秘书长刘建军参加并主持由上海钢联电子商务股份有限公司举办的“我的钢铁特钢年会”。

2月26日，特钢协会秘书长刘建军一行参加由上海钢联电子商务股份有限公司举办的“2022（第四届）上海大宗商品周&2022中国钢铁市场展望暨‘我的钢铁’年会”。

3月2日，特钢协会成功举办中国特钢企业出口座谈（视频）会，刘建军秘书长作重要讲话。

3月4日，特钢协会与汉诺威米兰展览（上海）有限公司签订“2022中国国际特殊钢工业展览会合作协议”。

3月10日，特钢协会秘书长刘建军一行赴江阴走访兴澄特钢，协商筹办装备分会会员大会。

3月10日，由特钢协会牵头对部分特钢企业开展特钢企业能耗指标摸底调查工作。

3月11日，特钢协会秘书长刘建军参加中信泰富特钢2021年度业绩发布会。

3月12日，特钢协会秘书长刘建军一行赴马鞍山到泰尔重工股份有限公司参观学习，就双方加强合作达成共识。

3月12日，特钢协会和冶金工业规划研究院携手启动中国特钢行业“十四五”规划滚动修改工作。

3月13日，特钢协会秘书长刘建军一行走访马鞍山钢铁股份有限公司，与马钢股份特钢公司有关领导座谈，双方就加强合作，促进特钢行业高质量发展达成共识。

3 月 17 日，特钢协会向钢协及海关总署税收征管局（广州）提交 2022 年税则修订调整建议表。

3 月 18 日，特钢协会秘书长刘建军参加“2022 年无缝钢管市场预警研讨会暨钢管行业自律工作启动会”并作重要讲话。

3 月 29 日，经过前期招投标和评标工作，特钢协会决定聘请上海际汀展览展示设计中心作为“2022 中国国际特殊钢工业展览会”的展会服务商。

4 月 20 日，应海关总署税收征管局（广州）协助调研的商请函，特钢协会组织太原钢铁（集团）有限公司与不锈钢分会协调组织开展不锈钢产品反倾销措施实施情况调研工作，并完成调研报告提交给海关总署。

5 月 6 日，特钢协会牵头冶金工业规划研究院成功举办特钢能耗指标工作会议（视频）。特钢协会钱刚会长、刘建军秘书长，冶金规划院李新创书记、范铁军院长会同能源处的工作人员及各企业的领导、专家出席本次会议，本次会议由冶金规划院能源处部学处长主持。

5 月 7 日，特钢协会牵头冶金工业规划研究院成功举办绿色信贷团体标准专家评审会（视频）。特钢协会刘建军秘书长、于叩顾问，科促会宁春林理事，冶金规划院肖邦国副院长、霍咚梅主任、王强博士会同参编单位代表及张宇春主任、朴志民部长等专家参加了本次评审会，本次会议由特钢协会宣传展览部宋健主任主持。

5 月 12 日，特钢协会成功举办特钢协会专家委员会全体工作会议（视频）。特钢协会刘建军秘书长、于叩顾问，冶金规划院肖邦国副院长、特钢协会的各专家委员及河北龙凤山铸业、《特殊钢》杂志编辑部的代表参加了本次会议。钢铁协会苏长永副秘书长、陈玉千副秘书长作为特邀嘉宾出席会议，本次会议由特钢协会宣传展览部宋健主任主持。

5 月 17 日，特钢协会刘建军秘书长等人参加了由钢铁协会举办的进出口委员会工作会议（视频）。

5 月 27 日，特钢协会成功举办中国特钢企业协会十届一次会长联席会（视频）。特钢协会钱刚会长及其他正、副会长，特钢协会各分会领导及部门工作人员参加了本次会议，钢铁协会骆铁军副会长、苏长永副秘书长、陈玉千副秘书长作为特邀嘉宾出席会议，本次会议由特钢协会刘建军秘书长主持。

6 月 6 日，特钢协会秘书长刘建军一行走访冶金工业规划研究院，与冶金规划院能源处处长部学等交流特钢能耗指标工作推进情况，并就工作方案取得一致意见。

6 月 10 日，特钢协会成功举办了绿色信贷工作推进会，会议讨论了绿色信贷业务的工作流程，并就推动绿色信贷业务的开展成立专项工作小组。

6 月 11 日，山东天保董事长张传发一行来访特钢协会，与特钢协会秘书长刘建军、宣传展览部相关人员，就特钢行业数字化发展及深化双方合作进行座谈。

6 月 13 日，特钢协会秘书长刘建军一行走访冶金工业规划研究院，与冶金规划院院长范铁军及能源处专业人员，就我国特钢企业能耗指标共性问题研究及深化双方合作进行座谈。

6 月 14 日，《中国冶金报》社副社长熊余平一行来访特钢协会，与特钢协会秘书长刘建军、宣传展览部、统计部相关人员，就双方协作，强化对特钢行业宣传进行座谈。

6 月 15 日，中国金属学会副理事长兼秘书长王新江一行来访特钢协会，与特钢协会秘书长刘建军、顾问于叩等交流并指导工作。

6 月 21 日，冶金工业出版社党委书记、社长苏长永、《中国冶金报》社主任苏亚红等一行来访特钢协会。特钢协会秘书长刘建军、宣传展览部相关人员与来访嘉宾座谈，就加强中国特钢行业全方位宣传报道，对特钢行业图书出版发行合作进行了交流。

6月23日，特钢协会顾问于叩参加由工业和信息化部工业文化发展中心与中国冶金报社共同召开的“金融支持钢铁绿色发展”会议。

6月27日，特钢协会秘书长刘建军一行走访中国废钢铁应用协会，与废钢协会常务副会长兼秘书长冯鹤林、党支部书记李树斌、副秘书长都兴亚等，就围绕上下游产业链加强合作进行座谈。

6月27日，特钢协会秘书长刘建军一行走访中国金属学会，与中国金属学会常务副理事长田志凌及综合部及新技术推广应用办公室相关人员，就协会建设及深化双方合作进行座谈。

7月1日，特钢协会举办绿色信贷座谈会，与会代表讨论并通过了绿色信贷业务工作流程。冶金工业规划研究院、天津钢管制造有限公司、攀钢集团江油长城特殊钢有限公司、光大银行、平安银行等单位参加了本次会议。

7月6日，河南济源钢铁（集团）有限公司高级顾问刘建新、科技管理处领导白瑞娟一行来访特钢协会，与特钢协会秘书长刘建军、宣传展览部相关人员，就特钢行业高质量发展及深化双方合作进行座谈。

7月8日，特钢协会在辽宁省凌源市成功举办全国优特钢预警研讨会，与会代表对当前优特钢市场形势进行了充分交流和深入研讨，并且达成了共同维护市场公平竞争秩序，加强自律工作，营造良好市场环境，实现互利共赢的共识，本次会议由凌源钢铁集团有限公司协办。

7月13~14日，特钢协会秘书长刘建军一行赴西宁特钢调研，与西宁特殊钢股份有限公司党委书记、董事长张伯影、尹良求等座谈。

7月19日，中国特钢企业协会秘书长刘建军一行走访攀钢集团江油长城特殊钢有限公司。攀钢集团江油长城特殊钢有限公司总经理李强、副总经理赵斌，攀钢专职董监事付正刚、总经理助理孙俊等参与座谈。

7月21日，中国特钢企业协会秘书长刘建军一行到河南济源钢铁（集团）有限公司和河南中原特钢装备制造有限公司进行走访交流。就优特钢短流程的相关政策、倡议行业自律、当前市场行情等方面进行了充分的交流沟通。

8月3日，特钢协会秘书长刘建军赴太原参加由中国特钢企业协会不锈钢分会举办的2022年第七届中国国际双相不锈钢大会并致辞。

8月4日，特钢协会秘书长刘建军、冶金装备分会秘书长王希民一行走访中国重型机械研究院股份公司。与中国重型院董事长、党委书记王社昌、副总经理丘铭军等领导就特钢行业发展的热点、难点问题做了深度交流研讨。双方就加强互联互通机制，共同推动特钢行业生产装备技术升级与绿色革新达成共识。

8月5日，新兴际华应急产业有限公司党委书记、董事长、总经理巩国平一行来访，特钢协会秘书长刘建军、协会顾问于叩、宣传展览部参与座谈。

8月5日，建设银行北京长安支行行长王红军来访，特钢协会秘书长刘建军、协会顾问于叩、宣传展览部参与座谈。就双方合作推动特钢行业绿色信贷业务作了深入交流。

8月9日，特钢协会秘书长刘建军一行走访南京钢铁集团公司，与南京钢铁副总裁徐晓春、特钢事业部副总经理朱定华等领导交流了特钢市场运行情况，就加强双方合作，共同推进特钢行业高质量发展达成共识。

8 月 10 日，特钢协会在无锡成功举办特钢出口会议。会议交流了上半年特钢产品出口情况，并就税目税则工作计划达成一致。

8 月 11 日，特钢协会秘书长刘建军一行走访中天钢铁集团有限公司，与中天特钢有限公司总经理王郢等领导座谈。

8 月 11 日，特钢协会秘书长刘建军一行走访芜湖新兴铸管有限责任公司，与新兴铸管董事长刘涛等领导座谈。

8 月 11 日，山东寿光巨能特钢有限公司总经理刘发友、部长赵元鹏一行来访，特钢协会顾问于叩，宣传展览部参与座谈。双方交流了巨能特钢经营情况、行业现状及双方合作进行探讨与交流。

8 月 18 日，冶金装备分会二届一次会员大会顺利召开。大会选举产生了新的一届分会负责人，王永建当选为中国特钢企业协会冶金装备分会理事会会长，王希民当选为中国特钢企业协会冶金装备分会理事会秘书长。会议总结了过去的工作成果和宝贵经验，分析了新形势新发展；达成发挥协会平台作用，会员单位间多沟通协调，凝聚力量共同推动中国特钢行业健康可持续发展的共识。

8 月 24 日，特钢协会秘书长刘建军参加由中国钢铁工业协会组织的意识形态会议。会后，刘建军秘书长向大家传达了会议精神，要求大家重视和加强特钢协会外宣工作的审核。

9 月 6 日，特钢协会秘书长刘建军赴江苏江阴市参加由中国钢铁工业协会、中国特钢企业协会主办的“特殊钢产品种类规则（PCR）推进会”。中国钢铁工业协会党委副书记姜维，中信泰富特钢总裁李国忠、党委副书记郏静洪、副总裁谢文新、总裁助理许晓红，南钢常务副总裁徐晓春，建龙北满总经理巩飞、东北特钢总工程师董学东、河钢石钢副总经理董大西、钢铁行业 EPD 平台技术委员会主席刘颖昊、博世中国研发部副总经理顾舒蔚等领导出席会议。

9 月 9 日，特钢协会秘书长刘建军在北京参加湖北作家罗日新创作的长篇小说《钢的城》新书发布会。

9 月 18 日，特钢协会秘书长刘建军赴江苏丹阳市参加由中国模具工业协会模具材料专业委员会、天工国际有限公司联合主办的“一体化大型模具用材料及制造应用”技术与产业论坛并在会上致辞。

9 月 22~23 日，由中国特钢企业协会主办的中国特钢统计信息工作会议在湖南长沙顺利召开。协会秘书长刘建军致辞，中国钢铁工业协会信息统计部主任、中国统计学会冶金分会常务副会长陈国康、中国特钢企业协会统计专业委员会会长顾荣祖分别作重要报告。会议还对 2021 年度统计工作先进单位进行了表彰。

9 月 26 日，特钢协会秘书长刘建军赴江苏江阴市向执行会长、中信泰富特钢党委书记、董事长钱刚汇报 2022 年特钢工业展览会及特钢论坛的筹备情况。

9 月 28 日，特钢协会秘书长刘建军、顾问于叩一行赴山西太原向特钢协会会长、太钢集团党委书记、董事长盛更红汇报协会工作情况。

9 月 30 日，特钢协会秘书长刘建军主持召开特钢能耗专题研讨会（视频）。中国钢铁工业协会副秘书长黄导一行，冶金工业规划研究院副总工程师、能源处处长部学一行赴协会参加线下会议；中信泰富特钢安全环保部部长陆海军等领导视频参会。

11 月 6 日，特钢协会秘书长刘建军赴江苏江阴市参加“第二届中国（黄石）特钢产业发展大会暨黄石（江阴）特钢产业招商推介会”。

11 月 15 日，特钢协会秘书长刘建军赴辽宁沈阳市参加由中国钢铁工业协会、中国金属学会、冶金工业出版社联合主办，东北大学承办的“冶金专业教材和工具书经典传承国际传播工程”启动会暨冶金专业高等教育和职业教育教材建设研讨会。

11 月 18 日，特钢协会秘书长刘建军、顾问于叩一行赴安徽黄山市参加由钢之家网站主办的“第十八届钢铁产业发展战略会议暨 2023 年钢铁产业链发展形势高峰论坛”。特钢协会秘书长刘建军在大会上作《中国特钢行业现状及发展趋势》报告，协会顾问于叩主持“第五届中国优特钢行业高峰论坛”。

11 月 20 日，特钢协会秘书长刘建军在北京参加天津荣程钢铁集团专家研讨会。原国家冶金局副局长、原国有重点大型企业监事会主席、全联冶金商会原名誉会长赵喜子，国际标准化组织原主席、中国金属学会理事长张晓刚，冶金工业规划研究院院长范铁军等领导一并参加研讨会。

11 月 22 日，特钢协会秘书长刘建军赴福建宁德市参加由不锈钢分会主办的“2022 年中国不锈钢行业年会暨中国不锈钢产业发展高端论坛”并致辞。

11 月 24～25 日，特钢协会秘书长刘建军以视频方式参加由中国金属学会、中国金属学会青年工作委员会共同主办的“第十一届中国金属学会青年学术年会”。

7.2 中国特殊钢企业大事记

7.2.1 开工投产

1 月

1 月 8 日，总投资超 200 亿元，着力打造全球体量最大、智能化程度最高的中天钢铁淮安精品钢帘线制造基地项目，在江苏省淮安市正式启动。未来 3 年半时间内，建成一座 150 万吨产能规模的精品钢帘线制造基地，还将建设钢材深加工产业园，形成一个 500 亿元营收的新材料产业集群。

1 月 11 日上午，龙腾特钢隆重举行 19.6 兆瓦分布式光伏项目开工仪式，该项目是继 2021 年 11 月龙腾特钢原料码头光伏发电项目建成后的又一重大工程。

1 月 12 日，新天钢联合 2 号转炉停炉大修，2 月 26 日 14 时 56 分烘炉恢复生产。

1 月 15 日，荣程钢铁集团 55 兆瓦煤气发电机组项目成功实现并网发电，正式投入运行。该项目的投产，在有效提升天荣公司自发电比例的同时，大幅度提高了煤气利用率，使煤气利用率提升了 1.6 倍。

1 月 20 日，泰国天工二期扩能设备包含磨沟机、倾边机、开口机、磨床等 90 余台设备已顺利运抵泰国天工，预计 1 月底可全部完成安装调试并投入使用，随着同步进行员工招聘和技能培训不断跟进，2022 年 6 月份成品产出可实现 600 万件/月。二期达产后，将继续实施三期扩能，最终实现每月 800 万件成品磨制钻的月产能。

1 月 22 日，《中国特殊钢》新书发布会在江苏江阴中信泰富特钢集团总部成功举行。

1 月 25 日，中天钢铁总投资 1000 万元、历时 9 个月深化建设的智慧废钢判级系统在企业废钢部上线投用。

2022 年 1 月，在智信中心、烧结原料厂、设计与施工单位的共同努力下，历经 4 个月的辛勤奋斗，一原混匀矿料池 4 号混匀堆料机、3 台混匀取料机成功实现智能堆取、机上无人化操作。淮钢首套堆取料机远程操控系统成功应用，开启了淮钢“智能制造”新篇章。

2 月

2 月 8 日，天钢公司自主研发的中厚板 MES 系统核心框架测试成功，达到预期效果。

2 月 9 日，太钢高端冷轧取向硅钢项目脱碳渗氮涂氧化镁退火机组 1 热负荷试车成功，为一期项目的建成投产奠定了坚实基础。

2月19日，随着两块钢一前一后在精轧机组内依次顺利通过，第一条F5抛钢，第二条F1咬钢，宝钢德盛1780毫米产线突破轧制间隙极限，成功实现精轧机组内双钢同时在线轧制，成为国内第七家具备该技术的热轧板带生产线。

随着济南重弹自动化轧制设备安装的逐步就位，“变截面簧全自动轧制生产线”新设备调试投产进入倒计时。“变截面簧全自动轧制生产线”具有精度高、速度快、质量稳等特点，可进一步节省材料，降低加工成本，有助于该企业突破以往技术“瓶颈”，有效提升设备“自动化”和“智能化”，为该公司生产经营提供有力的技术支撑。该设备于2月底安装调试完成并投入运行。

3月

3月6日，常州东方特钢高品质特殊钢绿色智能制造联合技术创新中心成立。

3月7日，方大特钢举行超低排放评估监测启动仪式。冶金工业规划研究院、江西省生态环境科学研究与冶金规划院专家，方大特钢总经理常健、副总经理唐春等出席。

3月14日，宝钢德盛炼铁厂一号高炉超低排放改造项目历经59天正式竣工并投入使用。

3月15日，天工合金熔融智能工厂项目正式启动。与紫光云引擎合作开展合金熔融车间的整体数字化建设，建立从原材料仓库到生产车间，再到成品仓库全流程的系统化管理，以及生产过程的透明化管理。这也是天工与紫光云引擎的第二次合作。

3月15日，天工国际磨钻一二厂开始陆续搬迁，4月15日结束搬迁。按照项目产能规划，进行自动化改造升级的开口机、倾边机等设备已经全部返回磨钻厂，配套的新设备待地面辅助工程结束后也将陆续进场。项目完成达产后，新磨钻厂月产能将实现1000万件。

3月18日，东方特钢成功实现2507超级双相不锈钢卷的连续退火酸洗生产，成功贯通了超级双相不锈钢“炼—轧—洗”一体化工艺路线。东方特钢已具备了2507超级双相不锈钢卷和中厚板的供货能力。

3月22日，太钢不锈热轧厂中厚板生产线智能化升级改造项目，4300毫米轧机牌坊吊装见证仪式举行。

3月28日11时58分，东特股份高炉易地大修项目新建烧结机工程正式热负荷试车，试车过程中各环节运行较为稳定，当天顺利产出烧结矿。

3月29日，中天绿色精品钢项目首座高炉正式投产，进入投产达产期。

3月30日，中天淮安精品钢帘线项目破土动工。

4月

4月2日，中天绿色精品钢项目三号转炉正式投产。三号转炉采用全下悬挂技术、顶底复吹技术等，多项先进技术的融合实现了安全、智能、高效的炼钢生产，主要环保指标均达到了国家冶金企业超低排放标准。

4月4日下午，中天绿色精品钢项目轧钢八号精棒正式热试，全线投产。

4月8日，太钢不锈举行高端冷轧取向硅钢项目常化酸洗机组EPC总承包合同签约仪式。常化酸洗机组是太钢高端冷轧取向硅钢二期项目的重点工程，也是山西省2022年度省级重点工程项目，对太钢冷轧取向硅钢和无取向硅钢实现全品种全系列、绿色低碳高质量发展具有重要作用。

4月10日上午，中天淮安精品钢帘线项目首桩开工仪式，进入施工阶段。

4月13日，西宁特钢江仓公司经过三个月维修改造的干熄焦系统成功投产使用。

4月16日，太钢-山东鑫海不锈钢基地

项目举行线上签约仪式。临沂鑫海新型材料有限公司掌握全封闭式大型矿热炉 RKEF 技术，具备年产 144 万吨镍铁合金和 100 亿度电的能力。太钢与鑫海新材料共同成立的合资公司，将建成 300 系不锈钢低成本高效化生产基地，借助股东方鑫海新材料已建成的 RKEF 实现镍铁水红送，大幅降低生产所需的运费和电费及生产损耗，具有极强的协同效应。

4 月 16 日上午，济源钢铁年产 20 万吨特殊钢深加工一期项目举行开工仪式。项目占地 59 亩，总投资约 4500 万元，建设工期 6 个月。包括：办公楼 1 座、餐厅 1 座、维修工房、备件仓库、成品库厂房各 1 座，以及相关配套、道路设施等，总计建筑面积 12000 平方米。

4 月 25 日，经过半个多月的安装调试和试运行，东方特钢新上线的空压机，运行良好，产出压缩空气 330 立方米/分钟。

4 月 26 日，天钢光伏发电项目通过国网天津市电力公司东丽供电分公司的验收，顺利并网发电，正式将绿电引入公司生产。

4 月 26 日，中天绿色精品钢新建 300 万吨带式球团工程项目已正式投产。

4 月 29 日，太钢炼钢二厂智控中心（北区）顺利落成入驻，炼钢二厂全工序产线走进“智能化”新时代。从 2021 年 4 月 26 日成立开始，在整整一年的时间里将转炉、AOD、RH、VOD、电炉、中频炉、连铸、原料、能环、脱硫等全工序产线 20 多个操作室集中到一个智控中心，实现全厂生产操作“ALL IN ONE”。

5 月

5 月 1 日，衡钢 219 机组集中操控室投入运行，进一步优化了现场操作员工的工作环境，强化了工序之间的信息沟通，提升了工作效率。

5 月 7 日，南钢印尼金瑞公司首座焦炉顺利出焦，成为印尼青山工业园区焦化产业园首家投产的企业，将为印尼当地经济社会发展注入新动力、激发新活力。

5 月 10 日，方大特钢大型技改项目 245 平方米烧结机烟气超低排放改造项目如期热负荷运行。投运后，245 平方米烧结机烟气排放全面达到国家超低排放标准要求。

5 月 14 日，方大特钢轧钢厂弹扁线利用生产品规交替改轧的有利时机，完成了对 100 毫米×60 毫米超厚矩形截面弹簧扁钢的新品开发试生产，并取得成功。

5 月 19 日，太钢高磁感取向硅钢项目实现全线贯通，首批经脱碳渗氮线、环形炉、平整拉伸线生产的 18 卷 0.27 毫米高磁感取向硅钢产品 HIB 命中率高达 100%，刻痕前 100 及以上牌号占比 90%，095 及以上牌号占比 30%，磁感平均为 1.915 特斯拉、最高为 1.93 特斯拉。该批次产品的顺利产出，标志着太钢成为国内第三家具备高磁感取向硅钢批量生产能力的厂家。

5 月 19 日，中天绿色精品钢项目中央水处理厂分盐结晶系统正式投产，顺利出盐，标志着整个项目真正实现废水零排放。

5 月 20 日，太钢炼钢二厂智控中心（南区）项目完成建设，顺利投入使用。自此，南北两区智控中心“双轮驱动”，真正实现智能炼钢。

5 月 25 日，中天长江码头散货堆场气膜大棚项目首座大棚顺利充气起膜。

5 月 26 日，威县举行邢钢转型升级搬迁改造项目签约活动。县委书记崔耀鹏、县委副书记、县长高凯英出席仪式。

5 月 27 日，巨能特钢开发的外贸出口汽车用非调质钢 38MnVS5 首次试制，钢材各项理化指标要求严格，试制难度较大。为实现顺利试制，工艺人员经过多次讨论策划，采取了造渣工艺优化、硫合金化时机调整、微合金化提升轧态力学性能等工艺改进及优化措施。

5 月 31 日，天钢完成雨污分流项目，雨污分流管道及一体化泵站投入使用。

6 月

6 月 1 日，53 辆纯电动新能源重型货车正式入驻太钢厂区，配套建设的 14 个充电桩也同步投用，太钢厂区货运车辆电动化实现新突破，清洁运输进入了绿色低碳新阶段。

6 月 2 日，总建筑面积 25000 平方米的淮钢废钢大棚正式投入使用，项目总投资 3500 万元，可储存 4 万吨废钢。至此，淮钢在行业企业中率先实现所有原辅料“进仓”，“风吹原料尘满天”的场景彻底成为历史。

6 月 5 日，超低排放重点项目天钢炼钢厂砌包间新建 40 万立方米风量除尘器项目成功试运行。

6 月 6 日，安阳永兴公司首个分布式光伏发电项目正式并网运行，该项目装机容量 5.9 兆瓦，每年可发电 610 万度。

6 月 10 日上午，济源钢铁国泰微粉 1 号、2 号生产线光荣退役。升级改造后，微粉公司企业生产规模预计可达到 140 万吨，国泰微粉整体生产效率和装备水平将大幅提高。

6 月 13 日，通过长城特钢钛材厂、轧钢厂工艺技术、生产人员的共同努力，长城特钢首次成功试制 TA10 挤压管。该公司目前已具备 TA10 挤压管批量生产能力。

6 月 15 日，山西太钢不锈钢精密带钢有限公司 3 号轧机及配套项目正式开工，预计 2022 年底建成投运。项目建成后，公司总产能将达到 3.3 万吨，精带产品供不应求局面有望得到缓解，太钢高端精品材料支撑先进制造能力将进一步增强。

6 月 16 日，“河冶官方旗舰店”正式上线运营，河冶科技部分现货精品在店铺内同时展出，供买家进行网购。

6 月 18 日上午，申源高性能特种合金材料产业化及高线智能化技术改造项目奠基仪式在集团本部隆重举行。

6 月 27 日上午 9 时 30 分，随着马鞍山市委书记张岳峰下达开工令，宝武特冶特种冶金材料马鞍山基地项目正式进入全面建设阶段。

6 月 30 日上午 10 时，山西太钢不锈钢股份有限公司冷轧硅钢厂 CA1 机组热负荷过钢，成为国内首条新建极薄规格高牌号无取向硅钢专业化生产线。

6 月 30 日上午，荣程钢铁集团在天荣公司举办 10000 马力废钢破碎生产线正式投产剪彩仪式，标志着荣程钢铁集团的再生资源回收利用业务迈上新台阶。

6 月，河冶科技申报河北省科技厅技术创新平台“河北省高品质工模具材料重点实验室”获批建立。

7 月

7 月 1 日，太钢集团信息化升级改造（一期）项目上线仪式举行。

7 月 9 日，济源钢铁 5 号大方圆坯连铸机改造结束，实现了 ϕ600 毫米规格圆坯的批量生产能力。

7 月 8 日，长城特钢钛材厂新增 10 吨 VAR 炉完成了为期两天的热负荷试车。具备年产 2000 吨的能力。

7 月 14 日，南钢举办设备智维 IEMP 平台上线仪式，党委书记、董事长黄一新，常务副总裁徐晓春等出席。南钢设备智慧运维平台依托设备管理体系（FMS），打造设备智维平台，提升设备稳定运行、状态感知、专业分析、生产保障、绩效管控等五种能力。

7 月 15 日，方大特钢炼铁厂 1 号高炉水渣池无人行车投入使用。该行车是继 3 号高炉水渣池无人行车投用后上线的第二部无人化智能行车。

7月22日上午，潍坊特钢集团集装箱铁路运输开通仪式在铁路专用运输一号线现场举行。

7月29日，长城特钢锻轧厂正式启动锻造产线新建31.5兆牛快锻机组首次热负荷联动试车。

7月，天钢中厚板轧机新增塑烧板除尘项目正式投运。

8月

8月4日，中天绿色精品钢项目配置江苏首个中大型高炉煤气精脱硫装置。

8月5日，青岛特钢二期37MWp分布式屋顶光伏发电项目开工仪式在再生钢铁原料货场综合治理项目二期打包车间举行。

8月6日，中天特钢八轧厂大盘卷首单完美交付，标志着国际首条配置PSM大规格线材及大盘卷复合生产线正式完成首单生产任务。

8月11日，炼钢二厂北区2号转炉进行了自动出钢首次热试车，实现了热试车一次成功。此次热试车成功标志着太钢已掌握了转炉自动出钢技术，为实现转炉炼钢全过程智能化打下了坚实基础。

8月11日，南钢召开智慧采购一体化项目启动会和废钢管理提升会，金恒科技对智慧采购一体化项目整体实施方案做了汇报，战略运营部宣读了采购一体化项目考核办法；特钢事业部、板材事业部、战略运营部汇报了废钢管理提升工作，招采与制造党委对废钢日常监督工作做了汇报。参会单位围绕智慧采购一体化项目建设和废钢管理提升工作作了交流与探讨。

8月12日，太钢不锈冷轧厂“工业大脑”子项目“钢带性能预测模型”取得新进展，成功预测不锈钢冷板性能指标，预测出430冷板抗拉强度预测精度和准确度，实现重大突破。

8月14日，方大特钢新增烧结焦丁筛分破碎系统项目完成土建施工部分，进入设备安装阶段。

8月15日，一批新规格、新长度钛管管材在长城特钢轧钢厂精管作业区50穿孔机试穿成功。在8月初成功穿孔钛管65支，其中18支1.2米长料，突破了钛管穿孔的历史长度，钛管荒管生产已达相应的技术要求、长度要求，为后续轧钢厂精管作业区的放量生产钛管奠定了坚实的基础。

8月26日，马钢特钢项目完成重大节点，150吨转炉托圈炉壳提前4天时间，顺利安装就位。

8月27日，承德建龙钒钛新材料超大规格圆坯连铸机一次热试成功，顺利生产出ϕ800毫米规格连铸坯，刷新了建龙集团最大圆坯的生产纪录。

8月27日，济源钢铁投资约7.6亿元的1300立方米新3号高炉开工建设，工期一年，预计2023年9月竣工投用。高炉建成后，铁前系统将形成两台300平方米烧结机对三座1300立方米高炉的生产模式。

9月

9月3日，本钢特钢事业部引进的1号ECOARC电炉，倾动系统承载着1200多吨质量，平稳地向出钢侧倾动，倾动角度从0.5°增加到3°，随着前倾归位，ECOARC电炉倾炉试验，一次成功。

9月4日，方大特钢超低排放改造工作又有新进展，原料焦炭筛分除尘、轧钢厂加热炉超低排放改造和弹扁线除尘改造等项目已开工建设，企业超低排放改造工作驶入“快车道”。

9月6日，太钢冷轧硅钢厂无取向硅钢中间库无人自动行车项目顺利上线，太钢第一套无人天车系统顺利投运，冷轧硅钢厂智慧化工厂建设迈进了一步。

9月12日，新天钢联合3号转炉停炉大修，9月21日9时16分烘炉恢复生产。

9 月 16 日上午，淮钢新建研发办公中心正式落成启用。生产管理处综合调度中心也同步投入运行，淮钢在推动企业数字化、信息化、智能化转型升级方面又迈出重要一步。

9 月 17 日，一块火红的钢坯从加热炉缓缓驶向轧机，通过 4300 毫米轧机自动轧制，第一块合格钢板顺利下线，太钢 4300 毫米中厚板智能化升级改造项目主轧线热负荷试车一次成功。

9 月 22 日，济源钢铁国泰微粉公司在微粉生产线升级改造项目施工现场举行开工仪式。

9 月 22 日，江苏星火特钢集团 1600kWp 光伏发电项目成功并网发电。

10 月

10 月 11 日，济源钢铁新 2 号 300 平米烧结机正式投产。

10 月 15 日，本钢板材特殊钢事业部电炉一次热负荷试车成功。

10 月 22 日 18 时 16 分，新天钢联合 1250 立方米高炉开炉，进入恢复生产阶段。

10 月 26 日，方大特钢轧钢厂新建钢坯精整线项目举行揭牌仪式，竣工投产。该项目包括抛丸、探伤及钢坯修磨等工序及配套设施，可对多种钢坯进行全面修磨或局部修磨，年钢坯修磨能力约 4. 8 万吨，可增加高端弹簧扁钢产品的质量控制手段。

10 月 26 日，太钢袁家村铁矿智慧控制中心建成投用标志着全线生产工艺进入“智能化”新时代。

10 月 26 日，莱钢特钢事业部 100 吨电炉系统连铸生产线通过中间包适应性改造，首次实现 ϕ700 毫米和 ϕ800 毫米规格连铸坯同中间包混浇生产。

10 月 27 日，太钢炼钢二厂北区转炉成功“一键炼钢”，实现了转炉从装炉结束到出钢的全流程自动控制，彻底打破了传统的炼钢操作模式，完成了炼钢人多年的夙愿，为太钢实现“四个一律”迈出了革命性的一步。该厂自今年 8 月 11 日完成“自动出钢”到现在“一键炼钢”成功实现，太钢真正进入智能化炼钢的新时代。

10 月 28 日，长城特钢新建钛材厂真空自耗炉热负荷试车获得成功。

10 月 29 日，方大特钢炼铁原料场料路分离超低排放改造项目开始施工，计划建设工期 8 个月。项目竣工后，可实现炼铁原料场料路分离，物料堆放更加规范，进一步减少现场扬尘。

10 月 31 日，淮钢铁前 MES 系统正式上线运行。前期经历了近一年的调研、开发测试，三个月的现场培训、业务数据核对。

10 月 31 日，南钢印尼金瑞公司 1 号焦炉顺利推出首炉焦炭，这是继 2022 年 5 月 7 日南钢印尼金瑞公司 2 号焦炉顺利投产后，时隔 177 天，南钢印尼焦炭项目建设的又一重大里程碑。

11 月

11 月 1 日，长城特钢在轧钢厂挤压作业区举行 1500 退火炉点火烘炉仪式，标志着历时 3 个月改造工程顺利竣工。

11 月 4 日，太钢代县矿业公司尾矿输送平峒工程实现圆满贯通。

11 月 5 日，本钢特钢轧机改造工程小棒分线改造项目于 18 时 16 分成功实现热负荷试车一次成功，棒材径向尺寸精度达到国标水平。

11 月 7 日，南钢第一炼钢厂 3 号（150 吨）转炉热成像仪正式投用，这是钢铁行业 120 吨以上大转炉的首次应用。该系统 24 小时持续运行，能够实时监测转炉炉衬和耳轴的温度变化，有效提升智能化安全监测、数据自动分析、精细化管理水平。

11 月 8 日下午，天工 7000 吨快锻项目 200 多吨的底梁吊装入位。快锻主机机组从

10月23日进入安装。整个主机安装计划于12月份结束，然后进行设备的管路、电路安装。

11月15日，长城特钢轧钢厂精管作业区试生产的钛管新品种TC4在热轧50穿孔机上实现穿孔一举成功。

11月15日，太钢纪委牵头的智能化监督项目——废钢智能验质项目进入功能调试阶段，之后开始进行智能模拟学习“提智”，预计今年年底可投入运行。

11月16日，衡钢340机组集控中心正式启用，加速打造智慧工厂步伐。

11月18日11点18分，中天淮安项目一厂湿拉设备正式启动。

11月23日，福建三钢烧结厂200平方米烧结机烟气SCR脱硝项目顺利投入运行，补齐了200平方米烧结机机头烟气超低排放治理的最后一块短板。

11月24日上午，福建三钢80万吨中大规格优质棒材项目EPC总承包工程启动会召开。

11月28日上午，常熟龙腾希尔顿酒店工程主体结构封顶。

12月

12月10日，方大特钢自动化部自主开发构建的备件采购价格库上线运行平稳，可为企业提升备件采购性价比提供可靠的数据支撑。

12月10日，方大特钢245平方米烧结机环冷机超低排放改造项目启动并进入招标阶段。该项目实施后，可进一步提升环冷机密封效果，有效防止粉尘和颗粒物逸出，满足钢铁行业超低排放要求。

12月15日，南钢光伏发电二期项目正式开工建设。建设约30万平方米、装机容量25兆瓦的光伏发电机组。

12月23日，太钢鑫海不锈钢炼钢项目正式竣工投产，该项目的建成投产，标志着太钢在建设全球最具竞争力的不锈钢全产业链高科技企业的新征程上又迈出了重要一步。

12月23日，马钢新特钢项目一期工程正式建成。

12月25日19时36分，西宁特钢2号高炉送风点火，12月26日下午3点20分，2号高炉顺利出铁。

12月27日上午10时，马钢特钢智控中心正式投运。

12月27日，新天钢联合炼钢厂1号转炉停炉大修，计划下年1月7日烘炉。

12月28日，随着首条成品运输船在2号码头上货，常州中天钢铁物流中心正式投入运营。

12月28日上午10点58分，淮钢“十四五”规划重点项目产品延伸加工精品棒材项目一次性调试出材。

12月28日，南钢印尼焦炭项目部2022年陆续投产2座焦炉，当年生产合格焦炭34万余吨、煤气1.5亿余立方米、焦油11700余吨，并完成相应的产品销售工作，一期项目已实现报表利润4000余万元。

12月29日，宁波宝新年产6万吨高品质不锈钢光亮板项目平整机组第一卷产品成功下线，该工程按照建设进度计划进入了热负荷试生产阶段。

12月31日，长城特钢锻轧厂薄板产线启动热负荷试车。11月17日热轧机主机牌坊安装，12月7日冷轧主机、平整主机牌坊安装，12月8日热轧加热炉点火烘炉，四项里程碑工作任务均按时间节点要求顺利完成。锻轧厂薄板生产线包括薄板产品热轧、冷轧、热处理、碱酸洗、精整五大工序智能化生产操作相关配套设备设施。

7.2.2 调研考察

1月

1月4日，青海省委常委、省总工会主席马吉孝来西宁特钢调研，慰问奋战在钢铁一线的干部职工，指导2022年生产经营工作。

1 月 5 日上午，江西省委副书记、代省长叶建春考察了江西永兴特钢新能源科技有限公司。

1 月 14 日，江苏省总工会副主席井良强一行调研南钢，副总裁、工会主席黄旭才陪同。

1 月 17 日，山西省人大常委会副主任张志川带领部分在晋全国人大代表视察太钢。

1 月 20 日，太原市委常委、宣传部部长杨继承来到太钢集团，看望慰问了全国“最美职工”李国平，转达党和政府对模范人物的亲切关怀，并致以诚挚的新春祝福。

1 月 24 日下午，江苏省应急管理厅总工程师苏斌、执法局副局长缪春峰、救援与预案管理处副处长储剑波、市应急管理局副局长王淮、基础处处长翟瑞松一行对淮钢安全生产工作进行检查指导。

1 月 24 日，山东省应急管理厅非煤矿山安全监督管理处处长彭兆峰带领督导组就春节、两会、冬奥会等重点时期安全生产工作来西王特钢督导检查。

1 月 25 日，江苏省工经联领导、省政协原副主席吴冬华调研南钢智慧运营中心，称赞南钢实现了从“适应数字化、运用数字化”到“驾驭数字化、引领数字化”的转变。

1 月 26 日，济源产城融合示范区党工委委员、副市长俞益民到中原特钢走访慰问，向全体员工致以节日的问候。

1 月 28 日，青海省工信厅党组书记、厅长，省国资委党委副书记、副主任洪涛来西宁特钢慰问困难党员及专业技术人员，转达省委、省政府对困难党员和高精尖专业技术人才的关心爱护。

1 月 28 日，江西省总工会党组成员、副主席任春山一行来到方大特钢开展慰问“重点项目不停工、重点企业不停产”一线职工活动，把工会的温暖送到一线工人的心坎里，向节日期间留守在企业的工人“鼓劲”。

1 月 31 日上午，南昌市应急管理局党委书记、局长吴志强一行到方大特钢，督查春节期间安全生产工作，并对节日期间坚守在安全生产工作一线的员工进行慰问。

1 月 31 日，江西省委常委、南昌市委书记李红军到方大特钢开展春节走访活动。

2 月

2 月 1 日上午 9 时，邢台信都区委常委、常务副区长朱一等一行 7 人到邢钢进行工作调研，详细了解公司生产运营和安全检修情况，向大家拜年。

2 月 4 日，邢台市委常委、常务副市长张强到邢台钢铁有限责任公司调研休风停炉、安全生产和大气污染治理工作。

2 月 4 日，邹平市人大常委会主任乔铭、副主任张祥克一行来西王特钢调研节日期间安全生产和疫情防控工作。

2 月 5 日，大年初五，江苏省委常委、南京市委书记韩立明来到南钢现场调研，检查疫情防控、安全生产等工作，并慰问节日期间坚守岗位的企业员工。

2 月 8 日上午，常州市委书记陈金虎率队走访“五星企业”，到连续 17 年获评“工业五星级企业”的中天钢铁。

2 月 8 日，抚顺市委书记来鹤一行到抚顺特钢，就企业近期生产经营情况、“十四五”发展规划、技改项目建设情况等进行工作调研。

2 月 10 日下午，淮安市委书记陈之常到淮钢大棒材生产现场与“十四五”规划项目场地，开展节后生产及项目建设情况调研。

2 月 11 日，山西省委常委、太原市委书记韦韬到太钢开展入企服务，调研企业生产经营情况，面对面听取企业诉求，帮助解决实际困难和问题。

2月15日，大连市生态环境局副局长王浩一行来东北特钢调研，对企业近期环保工作推进情况、技改项目建设及下一步环保工作总体规划进行了解，并对企业环保工作提供技术帮助和工作指导。

2月17日，浙江省经济和信息化厅党组成员、副厅长厉敏一行莅临东方特钢开展“助企开门红”服务企业复工复产专项活动调研。

2月21日，江苏省职业技能鉴定中心主任杨进保、副主任蒋洪卫等一行6人调研南钢高技能人才培养推进工作。

2月23日，东丽区委副书记、区长贾堤一行到天津钢管调研。

2月24日，湖南省委副书记、省长毛伟明来衡钢调研，现场了解无缝钢管生产装备、工艺技术，并希望衡钢扎实推动生产过程智能化、资源利用高效化、厂区建设低碳化，切实增强企业整体竞争力。

2月24日，辽宁省工业和信息化厅副厅长姚振智一行到抚顺特钢，就企业近期生产经营、技改项目建设、产品研发等情况进行工作调研。

3月

3月3日，贵州省应急管理厅副厅长孙晓东一行对公司钢铁8项执法检查重点事项自查自纠、广东惠州“2.18”电炉爆炸事故传达学习等工作进行检查。

3月3日，河北省国资委党委书记、主任王普清到石钢新区调研。

3月6日，江苏省委常委、苏州市委书记曹路宝来永钢集团调研指导。

3月7日，邢台市委常委、常务副市长张强带队到邢钢生产一线督导调研安全生产和疫情防控工作。

3月7日，南京市委副书记、市委党的建设工作领导小组副组长沈文祖专题调研南钢等企业党建工作。

3月8日上午，邯郸市人大常委会主任王进江，党组副书记、副主任牛颖建一行莅临金鼎钢铁集团调研指导工作。

3月9日，南京市国资委党委委员、副主任江磊，综合处处长李建国、副处长鲍伟莅临南钢，就数智化工作开展情况进行调研。

3月9日，南京市委常委、常务副市长杨学鹏调研南钢高端化、智能化、绿色化转型发展，以及一季度企业生产经营、疫情防控、安全工作等情况。

3月9日，江西省应急管理厅党委书记、厅长龙卿吉带队到方大特钢督导检查全国“两会”期间安全防范工作，对企业近两年在安全生产方面所做的工作与取得的成绩予以肯定。

3月9日，贵阳市生态环境局到贵钢核查超低排放整治情况，检查情况正常。

3月16日下午，贵州省国资委党委副书记、副主任申勇率工作组赴首钢贵钢调研指导工作。

3月17日，天津市、东丽区应急管理局领导及专家督查组一行10人到天津钢管开展安全督导工作，对公司落实“钢八条”重点执法检查事项、现场安全措施及安全报警连锁装置等情况进行检查，对可持续改进和促进经济发展、安全发展事宜进行研究讨论。

3月18日下午，淮安市委副书记、市长史志军到淮钢调研指导。

3月22日，青海省国资委规划发展与产权管理处处长文保杰一行7人来西宁特钢开展省属国有企业创新能力诊断现场调研。

3月30日，湖南省副省长、省国资委党委书记陈飞来衡钢调研。

3月30日，省国资委党委委员、副主任李春霞带队来西宁特钢检查督导疫情防控和安全生产工作。

3 月 30 日上午，邯郸市委常委、常务副市长张才一行莅临公司调研指导项目建设工作。

4 月

4 月 1 日下午，甘肃省统计局副局长张军祯、临夏州副州长李明海一行 4 人走进方大特钢涤纶加工项目参观调研。

4 月 2 日上午，淮安市生态环境局副局长杨浩明在淮钢公司调研指导。

4 月 3 日上午，靖江市委书记张长平带队深入靖江特钢察看疫情防控及生产经营情况。

4 月 7~8 日，河南省委书记楼阳生来济源钢铁调研，视察了特殊钢大棒材生产线和河南省特殊钢材料创新中心。

4 月 8 日，国务院安委会贵州省工贸行业安全生产专项督导组到贵钢督导帮扶安全生产工作。

4 月 11 日，南京市委政法委常务副书记曹谦荣到南钢就“数转智改”和绿色环保等工作走访调研。

4 月 12 日下午，福建省副省长康涛到三钢集团调研。

4 月 12 日下午，淮安市检察院检察长薛国骏、常务副检察长刘月进、副检察长赵文等一行来到淮钢公司，就更好地服务企业进行调研走访。

4 月 13 日，山西省委常委、太原市委书记、市新冠肺炎疫情防控工作领导小组组长韦韬到太钢集团督导检查疫情防控工作。

4 月 17 日，南京市委常委、副市长邢正军，市政府副秘书长崔永国调研南钢，要求千方百计畅通企业产业链、供应链。

4 月 18 日上午，湖州市政府党组成员、新区党工委副书记钱洪文一行莅临我司子公司湖州永兴新能源有限公司考察调研。

4 月 19 日，江苏省省长许昆林一行在南京检查指导疫情防控、企业复工复产、重大项目建设等工作，并就领办督办的《关于推动产业补链强链，打造集成电路产业高地的建议》提案进行调研。

4 月 19 日，河南省委常委、省政府副省长费东斌来济源钢铁调研，在视察了特殊钢大棒线生产线之后，在公司会议室进行了座谈，详细了解企业在生产经营方面的困难和问题。

4 月 24 日，江苏省政协理论研究会会长，原江苏省省委常委、省政府副省长徐鸣一行到南钢调研工业旅游区创建情况，分享交流创建特色街区经验，探讨特色工业旅游区可持续发展之策。

4 月 25 日，河北省省长王正谱深入石钢新区生产一线调研。

4 月 26 日，江苏省发展改革委党组成员、副主任温志刚，工业处处长陈巍，服务业处处长曹阳，创新和高技术处处长鄂有阳等一行就智改数转、两业融合推进等情况调研南钢。

4 月 27 日，苏州市委常委、副市长顾海东带领相关部门负责人，走访调研永卓控股，帮助企业纾困解难。

4 月 27 日，江苏省委全面依法治省委员会办公室副主任马太建，省生态环境厅副厅长尹荣尧，南京市生态环境局副局长石勇，市司法局二级巡视员杨以群等调研南钢绿色低碳发展等工作。

4 月 28 日，贵州省国资委党委委员、副主任游明进一行到首钢贵钢调研。

4 月 29 日，青海省安全生产委员会第五综合督察组来西宁特钢督导检查安全生产工作。

4 月 30 日下午，辽宁省委副书记、大连市委书记胡玉亭到东北特钢调研安全生产、疫情防控等工作情况，并慰问一线员工。

5 月

5 月 5 日下午，常州市委书记陈金虎带队来集团开展为民营企业家“送服务、解难题、办实事”活动，帮助企业协调解决发展中的难题。

5月6日下午，淮安市市长史志军在市工信局局长杨维东的陪同下来淮钢调研指导，到淮钢五轧项目施工现场、南岸码头走访。

5月7日，太原市委副书记、市长张新伟，副市长李永强一行到太钢开展入企服务并到精密带钢公司调研项目建设和新产品开发情况。

5月9日，黑龙江省委常委、省政府副省长王一新率队深入建龙北满特钢实地调研，了解企业生产经营、产品研发等情况。

5月9日上午，潍坊市人大常委会党组副书记、副主任田民利一行到潍坊特钢集团走访调研所包靠企业，开展集中服务企业活动，为企业排忧解难。

5月11日，南京市政协副主席、党组副书记范群一行深入南钢走访调研。

5月13日，江苏省委副书记、省长许昆林一行来永钢集团调研指导。

5月13日，滨州市市场监督管理局党组书记、局长劳建刚一行就贯彻落实省政府《关于贯彻〈国家标准化发展纲要〉推进标准化创新发展的实施意见》来西王特钢考察调研。

5月13日，鞍钢集团总经理、党委副书记戴志浩在长城特钢检查安全并调研生产经营工作。

5月19日，山西省常务副省长张吉福率省发改委、国资委、工信厅、自然资源厅、能源局、国运公司等相关部门负责人到太钢调研。

5月19日上午，福建省副省长林文斌带领相关部门负责人到三钢调研。

5月19日下午，江苏省生态环境厅副厅职环境监察专员俞波涛、第三专员办主任梁晨辉一行来淮钢公司调研指导。

5月20日下午，河南省委常委、省政府副省长费东斌一行到龙成集团考察调研，到汉冶特钢轧钢厂3500线特种钢产业升级项目进行实地考察。

5月22日，潍坊市委副书记、市长刘运到潍坊特钢集团调研工业经济运行情况，潍坊特钢集团董事长、总经理于光富在现场进行了企业工作汇报。

5月24日，中共南京市委宣传部副部长汪晓燕调研南钢理论宣讲、新闻宣传、媒体融合等工作，座谈交流环节，南钢党委工作部向市委宣传部报告了企业的绿色、智慧、人文、高科技等高质量发展新特征，以及理论宣讲、品牌传播、企业文化建设等情况。

5月24日，江苏省工信厅两化融合推进处副处长钟维亚带队就“智改数转”及节能增效工作调研南钢。

5月24日，山西省政协党组成员、副主席李晓波率省市政协常委、委员、民主党派人士及有关工作人员到太钢就减污降碳提质、构建现代产业体系，助力经济高质量发展进行专题调研。

5月27日，南通市委书记王晖，市委副书记、市长吴新明，市委常委、常务副市长陆卫东，市委常委、秘书长王洪涛，副市长童剑实地调研中天绿色精品钢项目、内河码头作业区，听取相关情况介绍。

5月28日，南京市原市长王宏民，南京市原副市长奚永明调研南钢，并先后参观了南钢智慧运营中心、生态湿地园、霸王山纪念馆等工业旅游核心景点。

5月29日，山东省化转办钢铁焦化组组长岳文胜、副组长王历国一行就企业生产经营情况和发展遇到的问题来西王特钢调研。

5月30日，江苏省委书记吴政隆调研中天淮安精品钢帘线项目。

5月31日，青海省政协副主席、省总

工会主席马吉孝来西宁特钢宣讲省十四次党代会精神，并看望慰问了疫情期间坚守生产一线的干部职工，送上了省委省政府和各级工会组织对企业职工的关心关爱。

5 月 31 日，贵州省政协副主席陈晏到贵钢调研生产经营情况。

6 月

6 月 2 日，大连市发改委主任冷雪峰一行到沙钢东北特钢，对公司近期生产经营情况、技改项目、能源消耗、超低排放等工作进行现场调研。

6 月 7 日，全国人大常委会副委员长张春贤率执法检查组就贯彻实施《中华人民共和国环境保护法》情况在山西省委书记、省人大常委会主任林武等省领导的陪同下到太钢检查企业环境保护法执行情况。

6 月 9 日，省发改委党组副书记、副主任胡奎一行莅临东方特钢调研指导。嘉兴市发改委主任顾秋莉等领导陪同调研。

6 月 9 日，贵州省生态环境厅、贵阳市生态环境局有关专家到贵钢进行 2022 年度危险废物规范化环境管理评估检查。

6 月 10 日，江苏省委省级机关工委副书记杨庆国一行来南钢考察。

6 月 12 日，全国人大常委会执法检查组成员深入南钢检查指导工作。丁仲礼调研企业绿色发展生态优先、钢铁+新产业双主业发展，以及打造绿色、智慧、人文、高科技的高质量发展新特征等情况，询问了钢铁智造中原料来源、产品去处、过程降碳等情况。

6 月 14 日，齐齐哈尔市委常委、副市长刘刚一行深入建龙北满调研，并参观了生产管控中心、技术中心、特殊钢线材厂生产现场。

6 月 15 日，天津市发改委副主任白向东带领天津市发改委、工信局、生态环境局及天津市钢铁工业协会专家组一行莅临荣程钢铁集团开展调研服务。

6 月 16 日上午，团市委书记何喆、副书记朱莎莎一行来到淮钢，与团员青年召开座谈交流会。

6 月 17 日，河北省工信厅二级巡视员李玉民、普阳钢铁董事长郭龙鑫一行来永卓控股考察调研。

6 月 18 日，无锡市委书记杜小刚到兴澄特钢研究院调研了兴澄特钢能源管控中心，调研重大项目、重点企业运行情况，现场会商解决难点堵点问题。无锡市委常委、江阴市委书记许峰，江阴市市长包鸣等领导参加调研活动。

6 月 23 日，河北省生态环境厅党组书记、厅长李晋宇到石钢新区调研检查环保相关工作。

6 月 28 日，江苏省总工会副主席井良强带队到南钢，现场慰问职工。

6 月 30 日，江苏省生态环境厅党组书记、厅长王天琦一行来龙腾特钢展开调研，王天琦厅长现场听取了龙腾特钢超低排放改造及相关工作的介绍，并观看了工作人员演示环境监测的操作过程。

6 月 29 日，辽宁省应急管理厅副厅长郝军超到东北特钢股份进行调研指导，了解公司生产经营及安全生产工作情况。

7 月

7 月 4 日上午，常州市市长盛蕾一行赴中天长江码头调研国内国际双循环物流通道建设情况。

7 月 4 日下午，淮安市委书记陈之常来淮钢调研指导。在淮钢公司产品延伸加工精品棒材项目现场，季永新向陈之常一行汇报了企业上半年生产经营情况，并重点汇报了“十四五”规划技改项目进展情况。陈之常肯定了淮钢在困难形势下取得的经营成果以及项目推进情况。

7 月 5 日下午，河北省发改委产业转型升级服务中心主任黄必鹤一行莅临龙凤山铸业就产业转型升级相关工作进行调研。

7 月 6 日上午，生态环境部华东督查局局长杨永康在江苏省生态环境厅副厅长潘良宝等领导陪同下调研东方特钢绿色发展工作。

7 月 7 日，泰州市委书记朱立凡、兴化市委书记方捷、兴化市委副书记、市长殷俊等一行来申源集团子公司江苏泰富恒通特种材料有限公司走访调研。

7 月 9 日下午，中国钢铁工业协会党委书记、执行会长何文波一行走访调研中信泰富特钢集团。

7 月 11 日，江苏省省长许昆林调研中天淮安精品钢帘线项目，他希望企业高起点谋划、高标准建设，发挥龙头企业牵引作用，带动链上企业布局落户，集聚资源全链条培育优质项目，加快形成产业集聚效应。

7 月 11 日下午，常州市副市长夏思军、生态环境局局长顾晓彬来中天钢铁调研生态环保工作。

7 月 12 日下午，江苏省发展改革委重大办副主任刘俊一行赴中天绿色精品钢项目调研项目建设情况，并详细了解项目相关手续办理以及推进过程中存在问题和困难等。

7 月 12 日，南京市应急管理局党组成员、副局长刘方宁，处长金淮明，四级调研员谢宏等一行就安全管理情况深入南钢调研座谈。

7 月 13 日，全国人大常委会副委员长万鄂湘一行莅临河冶科技公司视察调研。

7 月 13 日，江苏省发改委副主任高清，南京市发改委副主任何军，南京江北新区管委会副主任陈文斌，南京江北新区经济发展局副书记赵余高等一行就“智改数转”“两业融合”推进等情况调研南钢。

7 月 14 日，江苏省工信厅节能与综合利用处处长姚海坤一行就节能降碳、智慧能源、“双碳”推进等工作来南钢作专项调研。

7 月 14 日上午，天津市政协副主席尚斌义带领市政协企业调研服务组一行，到天津钢管进行调研指导。

7 月 18 日下午，区委书记朱海波来到淮钢特钢产业园项目现场，调研推进项目建设工作，副区长方野参加活动。

7 月 19 日，拉萨市副市长、共青团江苏省委副书记潘文卿，拉萨市商务局副局长、江苏省商务厅外资管理处副处长孙光耀等一行就废钢再利用等调研南钢。

7 月 21 日，河北省服务外贸企业专班调研组组长李振平一行莅临邢钢调研指导工作。

7 月 22 日，齐齐哈尔市委书记王刚，市委副书记、市长沈宏宇，市人大常委会主任吴煜，市政协主席姜在成等到建龙北满特钢走访调研。

7 月 25 日，青海省目标责任第一考核组组长、省国资委党委委员、副主任李春霞带队到西宁特钢开展 2021 年度领导班子和领导人员目标责任考核工作。西宁特钢党委副书记、总经理马玉成代表领导班子作述职报告。

7 月 26 日，青海省纪委监委驻省工信厅纪检监察组组长、工信厅党组成员、国资委党委委员段革胜一行到西宁特钢调研指导省属国有企业“一把手”和领导班子监督工作有关情况。

7 月 26 日，太原市工业高质量发展大会召开。山西省委常委、太原市委书记韦韬带领部分与会人员实地观摩了太钢集团高端冷轧取向硅钢技术改造项目。

7 月 26 日，江苏省交通运输厅机关党委副书记李晴良、建设管理处处长徐斌等一行走访调研南钢企业高质量发展情况。

7 月 29 日上午，江苏省工信厅召开常州、镇江片区钢铁企业调研座谈会，中天钢铁、龙江钢铁、东方特钢、武进不锈、鸿泰钢铁、飞达集团 6 家重点企业齐聚集团，回顾上半年生产运营情况，把脉行业运行态势，研究应对措施和对策建议等。

8 月

8 月 3~4 日，中国驻印尼大使陆慷一行到访印尼青山工业园区，实地考察园区企业建设和发展情况，了解园区企业诉求。南钢副总裁万华代表南钢印尼焦炭项目部介绍相关情况。

8 月 4 日，江苏省政协主席张义珍一行调研中信泰富特钢集团。

8 月 4 日，山西省长治市委常委、常务副市长张利锋一行莅临金鼎钢铁集团调研考察。

8 月 4 日上午，淮安市总工会党组书记、副主席王立华一行来到淮钢特钢产业园项目施工现场，为高温下作业的施工人员送去清凉和慰问。

8 月 10 日，中国科协党组成员、书记处书记兼中国科技馆馆长、中国科技馆发展基金会副理事长殷皓，中国科协原党组成员、书记处书记、中国科技馆发展基金会副理事长宋军带领调研组来到济源钢铁，调研科技馆建设和企业科技创新等工作。

8 月 12 日，南京市政协副主席、九三学社省委副主委、监督委主任、南京市委主委李奇一行调研南钢。

8 月 15 日，南通市委常委、组织部部长封春晴率队来中天钢铁集团（南通）有限公司调研党建工作。

8 月 16 日，江苏省经信厅材料工业处处长沈忠平一行莅临恒石公司、东方特钢调研指导。

8 月 17 日，青海省科协党组书记尤伟利一行 5 人到西宁特钢调研指导工作。

8 月 18 日，苏州市总工会党组书记、副主席朱建春带队来龙腾特钢调研工作。龙腾特钢筹备工匠学院负责人就项目背景、建设思路、预期成效等内容作了专题汇报。

8 月 22 日，国务院国有重点大型企业监事会原主席、中国工业大奖实地考察组组长石大华带队，来永钢进行第七届中国工业大奖实地考察。

8 月 29 日，信都区委书记王银明调研特色产业集群“领跑者”企业，到邢台钢铁有限责任公司开展实地调研座谈，详细了解项目建设、生产经营、技术创新、产品研发、市场销售以及稳经济运行一揽子政策措施享受情况，现场协调解决企业面临的问题。

8 月 30 日，江苏省人大常委会副主任、党组副书记王燕文率调研组来南京开展集体协商立法调研，并实地考察南钢等企业。

9 月

9 月 1 日上午，2022 世界人工智能大会在上海世博中心开幕。中信集团携旗下十余家子公司亮相“创新应用”主题展区，集中展示中信近年来的智能化转型成果。中央政治局委员、上海市委书记李强，上海市委副书记、市长龚正等领导走进中信集团展区察看展出的新技术、产品及应用，中信集团党委委员、副总经理王国权陪同介绍。

9 月 2 日，江苏省工信厅二级巡视员常如平，人民网江苏总编辑汪峥嵘，南京市工信局一级调研员夏群，江苏省工信厅信息基础设施处副处长赵峰，江北新区经发局副局长陈骏俊，中国信通院工物所南京运营中心主任姚頔等一行来南钢，就工业互联网标识解析建设情况展开专题调研。

9 月 2 日，南京市市场监管局局长时新峰带队赴南钢开展“百团进百万企业千万员工”安全生产专题宣讲和特种设备安全“百日攻坚”行动督查工作。

9 月 7 日，江苏省应急管理厅党委书记、厅长蒋锋来海，调研中天钢铁集团（南通）有限公司安全生产工作。

9月13日下午，河北省交通运输厅党组书记、厅长侯智敏带领相关部门负责同志，到金鼎钢铁督导检查企业运行工作。

9月14日上午，淮安市市长史志军来淮钢调研指导。史志军对淮钢1~8月份生产经营成绩表示肯定，并就企业全年的经营业绩以及未来发展提出了具体要求。

9月20日，国家发展和改革委员会价格成本调查中心综合信息处处长何倩到南钢调研，深入了解“双碳”目标下南钢实施碳减排的成本情况，以及钢铁行业面临碳减排成本挑战的意见及建议等。

9月20日，江苏省发改委党组成员、副主任高清率队调研中天钢铁集团（南通）有限公司。

9月20日上午，淮安市清江浦区区委书记朱海波来淮钢就120万吨废钢加工中心项目推进情况进行调研。朱海波一行实地察看了废钢加工中心项目建设进展，仔细询问项目存在的困难和问题，并提出问题的解决方案，落实相关部门跟进督查。

9月26日上午，淮安市委副书记、市长史志军到淮阴区开展稳经济增长专题调研，到中天淮安项目施工现场视察。

9月26日，滨州市副市长刘裕斌来西王特钢调研项目建设工作，在西王特钢100万吨高品质稀土特殊钢项目现场，听取了项目规划进度、工艺技术先进性、产品创新等有关内容，并就项目推进过程中的有关问题与公司领导进行了交流。

9月27日，中国科学院过程工程研究所博导研究员朱廷钰、副研究员刘霄龙一行莅临济源，前往济源钢铁调研，就钢铁企业超低排放开展对接合作。

9月28日，西宁市政府党组成员、副市长张爱红带领相关部门，来西宁特钢检查指导安全生产工作，要求公司严格落实安全生产相关规定，全力保障国庆期间生产安全。

9月28日，江苏省工信厅二级调研员张金国一行来访南钢，就南钢智能制造建设和智慧能源管理解决方案展开交流。

9月29日，南昌市企业联合会副会长、企业家协会副秘书长胡浩一行到方大特钢走访调研，并为方大特钢颁发奖牌。方大特钢被评为“2021年南昌市工业企业销售30强”，董事长徐志新荣获“2021年度新时代南昌杰出企业家”称号，总经理常健荣获“2021年度南昌市优秀企业家”称号。

10月

10月2日，南昌市委常委、副市长肖云到方大特钢调研国庆假期“两不停”暨安全生产工作。肖云先后来到轧钢厂优特钢生产线、智慧管控中心检查指导，详细了解企业生产经营情况，仔细询问假期各项安排，具体督导安全生产工作。

10月2日，天津市津南区委书记王宝雨一行来到荣程钢铁集团，深入天荣公司污水处理厂及提标改造项目，调研疫情防控、安全生产、项目建设等情况，看望慰问节日期间坚守一线的干部职工。

10月5日下午，中央广播电视总台江西总站党委书记、站长宋大珩一行到方大特钢现场调研。青山湖区委常委、宣传部部长兰杨丽陪同并介绍相关情况。

10月10日上午，江苏省税务局党委副书记、副局长刘伯羽率队来中天钢铁集团（南通）有限公司调研，深入企业了解情况、走访问需。

10月10日，贵州省工信厅二级巡视员杨胜辉带队到贵钢，对国务院安委会督导帮扶组交办问题整改落实情况开展“回头看”。

10月11日，南昌市委副书记、市长万广明到方大特钢调研，了解企业生产经营状况，协调解决企业在生产经营过程中遇到的困难和问题。

10月11日，青海省国资委党委书记、主任洪涛，省国资委党委委员、副主任栾风江一行6人来公司调研指导工作。西宁特钢党委书记、董事长张永利汇报相关工作。

10月13日上午，邯郸市副市长徐科华深入企业生产一线及项目建设现场，详细了解企业生产运行及项目建设情况，并就转型升级、项目建设、产品结构等问题展开深入交流。

10月14日，江苏省生态环境厅党组书记、厅长王天琦率队来中天钢铁集团（南通）有限公司调研。

10月14日上午，淮安市市长史志军来淮钢调研指导。

10月18日，江苏省财政厅党组书记、厅长张乐夫实地调研中天淮安项目建设情况，他要求财政部门要以更高站位、更宽视野、更大格局推进重大项目建设，支持企业扩大投资，帮助企业解决困难。

10月17日，天津市、东丽区两级应急管理局领导及专家来到天津钢管，开展党的二十大期间安全督查。

10月18日上午，清江浦区区委书记朱海波来淮钢调研指导。

10月25日，江苏省发改委主任李侃桢率队调研中天淮安项目，淮安市长史志军，常务副市长顾坤，宁淮智能制造产业园党工委书记许明，市政府秘书长刘爱国，市政府副秘书长黄克清，淮阴区委书记王建军参加调研。

10月27日下午，潍坊市副市长、市政府党组成员刘玉深入潍坊特钢集团有限公司就全市供暖企业安全生产和保障供热工作进行调研督导。

11月

11月3日上午，潍坊市税务局党委委员，高新区税务局党委书记、局长舒强到潍坊特钢集团调研指导，就民营企业的发展及税务问题进行了深入交流与探讨。

11月13日上午，承德市市长王亚军带队，市政协主席吴清海等市直部门60余人莅临承德建龙进行实地参观考察，观摩重点项目建设情况。

11月16日，修文县委副书记、县长邓谦到首钢贵钢进行调研。

11月17日，印度尼西亚总统佐科在G20峰会上接见了振石控股集团董事局主席张毓强等在印尼投资的中国企业家代表。

11月17日下午，南阳市副市长张志强一行到南阳汉冶特钢有限公司进行考察参观，重点到汉冶特钢轧钢厂3500线精轧区域了解现场生产情况。

11月23日，江苏省人大常委会原副主任、党组副书记张艳，南京市人大常委会原副主任吉忠坤等一行调研南钢。

11月24日，中国信息通信研究院院长余晓晖、江苏省通信管理局局长许继金、江苏省工信厅二级巡视员常如平一行调研南钢工业互联网建设情况。

11月27日，贵阳市副市长宋旭升一行到首钢贵钢调研，首钢贵钢党委书记、董事长李金柱陪同调研。

11月28日，太原市委副书记、市长张新伟到太钢调研督导疫情防控和生产经营工作。

11月28日，河北省副省长胡启生到承德建龙实地调研企业经济运行和转型升级情况。胡启生一行深入承德建龙环保管控中心、无缝钢管厂、钒钛新材料超大规格圆坯连铸机生产现场，详细了解了建龙集团和承德建龙发展历史、生产经营、项目建设、智能制造、安防环保、重点产品、钒钛产业发展等情况。

12月

12月1日，济源产城融合示范区管委会党组成员、济源市政府副市长王笑非一行到中原特钢济源园区，就疫情防控情况、核酸筛查工作、生产经营情况、职工工作和食宿情况、相关诉求及疫情封控期间的火灾隐患安全防控开展调研。

12 月 6 日，天津市津南区税务局党委书记、局长陈战方、区财政局副局长邢广春一行莅临荣程钢铁集团，调研企业生产经营及经济税源情况。

12 月 7 日上午，由江苏省国资委副主任李秀斌、省部属企事业工会主任景月琴等人组成的江苏省产改督查组，来淮钢公司调研指导。

12 月 7 日，山西省委常委、太原市委书记韦韬深入太钢集团调研指导复工复产工作，强调要深入学习贯彻党的二十大精神，全面落实党中央及省委部署，尽快把工作重心聚焦到经济发展上来，推动复工复产，加快项目建设，全力以赴确保经济健康运行。

12 月 7 日，淮安市举行重大产业项目调研，市长史志军率队深入调研中天淮安精品钢帘线项目建设情况。

12 月 7 日，苏州市应急管理局局长潘春华一行走访调研永钢集团。

12 月 11 日下午，铜陵市委副书记、市长孔涛一行到访中信泰富特钢集团。

12 月 13 日下午，三明市市长李春、副市长郭海阳及有关部门负责人到我司开展重点成长型企业专题调研。

12 月 14 日，南京市文化和旅游局党委委员、副局长黄琴一行调研南钢，现场指导南钢工业文化旅游区的各项工作。

12 月 21 日，示范区管委会党组成员、济源市副市长兼市公安局局长武胜伟一行来我公司调研，对济源钢铁概况、生产规模、行业地位、主要品种、科技研发、深加工等领域有了详细了解。

12 月 27 日，天津市津南区区长杨灏一行莅临荣程钢铁集团，调研企业年末生产经营状况与开年经营计划。

7.2.3 交流合作

1 月

1 月 3 日，阪和（上海）管理有限公司经营企划部副总经理藤曲省一就西王特钢特材产品进出口合作事宜前来考察洽谈。西王特钢销售副总徐学兵等接待考察组。

1 月 4 日，中国轴承工业协会理事长周宇一行 6 人莅临特钢协会交流工作。

1 月 10 日上午，河钢舞钢总经理赵国昌，常务副总经理钱泽旺，销售分公司总经理张晨光等一行 6 人，走访上海振华重工（集团）股份有限公司。上海振华总经济师李瑞祥，生产管控总部总经理庄一君，振华重工南通传动董事长戴立新等人出席并会晤交流。双方签订了高强钢年度采购等协议，上海振华被河钢舞钢授予战略合作伙伴。

1 月 10 日，特钢协会秘书长刘建军参加中国钢铁工业协会第六届会员大会二次会议。

1 月 12 日，西宁特钢党委书记、董事长张永利，党委副书记、总经理马玉成等领导与中国铁路青藏集团公司党委书记、董事长郭吉安，总经理王创路、副总经理马勇一行 7 人就加强双方沟通联系、拓宽合作领域等事宜进行了座谈交流。

1 月 13 日，中国钨业协会与中国特钢企业协会签署战略合作协议。中国钨业协会会长丁学全出席并主持签约仪式。

1 月 15 日，交通银行江苏省分行党委书记、行长林波与南钢党委书记、董事长黄一新共同见证南钢与交行江苏省分行签署战略合作协议。交通银行江苏省分行向南钢提供总额为 30 亿元等值人民币的意向性授信额度。双方将在结算业务、国际业务、投行业务、个人业务、电子银行等金融服务上加强全面合作。交行将大力支持南钢以及南钢重点项目，并提供现金管理、投资银行、信托、租赁、个人金融等“一揽子”金融产品和“一站式”金融服务。

1 月 17 日，南京新工集团党委书记、董事长、总经理王雪根，党委副书记、工会主席吴启宁一行调研南钢，重点围绕数智化转型及党建工作进行交流。

1 月 17 日，金鼎钢铁集团与北京能源国际控股有限公司就新能源发电项目签署战略合作协议并进行座谈。双方将在新能源领域展开多方面的深度合作，全面构建战略合作关系。

1 月 18 日，华泰证券执行委员会委员、董事会秘书张辉带队来访南钢，共同签署战略合作协议。

1 月 19 日，紫金投资集团党委书记、董事长李方毅一行来访南钢，就银企合作展开交流。

1 月 20 日，中国二冶集团有限公司党委书记、董事长徐永锋，副总经理李海，总经理助理兼市场总部部长张建强，冶金分公司党委书记、总经理杨宁，南钢项目经理范彩虹等一行访问南钢，就冶金行业高质量发展、参建南钢项目的进展等进行交流，南钢党委书记、董事长黄一新，联席总裁姚永宽，副总裁朱平，总裁助理兼制造部部长王润泽等陪同。

1 月 25 日，永洋特钢与邯郸职业技术学院签署校企合作协议。董事长杜庆申指出，河北永洋特钢集团目前处于快速发展阶段，对优秀人才的需求较大，希望双方充分挖掘合作潜力，搭建深度合作平台，在人才培养、员工培训等方面深化合作。

1 月 26 日，经中国特钢企业协会专家委员会专家评选出的“2021 中国特钢行业十大影响力事件”在中国冶金报刊登。

1 月 27 日上午，永钢集团与上海宝冶举行战略合作签约仪式。上海宝冶集团党委书记、董事长高武久，党委副书记、总经理陈刚，永卓控股董事局主席吴耀芳、总裁吴毅、董事张刘瑜、副总裁钱毅群等出席签约仪式。

2 月

2 月 11 日，淮北矿业集团党委副书记、总经理孙方，副总经理邵华一行来访南钢。南钢党委书记、董事长黄一新，总裁祝瑞荣，副总裁余长林，副总裁、总工程师楚觉非以及相关部门负责人与来宾进行座谈交流。

2 月 11 日，宝钢新日铁汽车板有限公司首席工程师鲍平一行到莱钢特钢事业部参观。

2 月 15 日，斯凯孚集团高级副总裁、中国及东北亚总裁唐裕荣一行到访南钢，就特钢产品联合研发、旋转设备运营、智能化及双碳领域合作等展开交流。

2 月 15 日，济钢集团国际工程技术有限公司党委书记、执行董事、总经理高忠升一行来访南钢，围绕今后共同推动绿色低碳产业的高质量发展洽谈合作。

2 月 17 日，南钢与中国成达、十四化建签署全球化战略合作协议。根据三方战略合作协议，将由南钢牵头，为印尼硅工业园项目提供资金、项目管理、投产运营等多方面的支持；成达公司与十四化建发挥在印尼所获得的各类资源优势和工程建设施工的经验优势，为项目寻找最佳合作方，并在项目规划、化工项目设计以及项目建设上提供支持。三方将主要围绕生产硅铁、工业硅、煤化工等方面开展工作，建立循环经济，不断完善公辅设施，吸引投资，最终打造为大型国际化工业园区。

2 月 18 日，日钢营口中板有限公司总经理王洪一行到方大特钢对标交流。方大特钢董事长徐志新介绍了集团炭素、钢铁、医药、商业、航空板块基本情况，并就钢铁板块产能规模、企业分布、利润效益等情况进行介绍。近年来，方大特钢不断加强安全生产、环保治理、品种研发，并积极推进智能制造，实现企业健康发展。

2 月 19 日，河北永洋特钢集团和中冶赛迪集团在邯郸市招商迎宾大酒店举行“重工科技装备制造”项目签约仪式。

2 月 19 日，海航航空党委副书记、航空股份总裁徐军一行到方大特钢参观交流。徐军一行参观了方大特钢智能指挥中心、优特钢生产线、企业文化展示厅、焦化湿地公园、钢铁文化园、焦化食堂等地，详细介绍企业历史沿革、生产工艺流程、产品结构、信息化自动化建设、生态森林旅游式工厂建设、员工福利等情况。

2 月 21~22 日，中科院金属研究所所长左良、副所长刘岗一行来西王集团调研深化合作，双方围绕合作推进的中科院重大项目和西王特钢下一步转型升级工作，进行了深入探讨交流。

2 月 21 日，上海外高桥造船有限公司总经理陈刚，副总经理张启鹏等一行来访南钢，就企业数智化转型、邮轮船板供货以及新材料等合作领域展开交流。南钢总裁祝瑞荣，副总裁谯明亮等出席。

2 月 21 日，特钢协会召开“绿色低息信贷团体标准工作会议”。中国科技产业化促进会、冶金工业规划研究院、中信特钢、东北特钢、天津钢管、长城特钢、中航国际租赁有限公司、中国光大银行、平安银行等单位参加本次会议。

2 月 23 日下午，中国特钢企业协会秘书长刘建军一行走访宝武特种冶金有限公司。双方就继续加强合作，促进特钢行业高质量发展达成共识。

2 月 24 日，特钢协会秘书长刘建军一行赴汉诺威米兰展览（上海）有限公司交流，就双方加强合作达成共识。

2 月 25 日，南钢党委书记、董事长黄一新带队到钢宝股份调研，听取钢宝股份的发展规划汇报。

2 月 25 日，特钢协会在上海召开“全国优特钢市场预警研讨会暨行业自律启动会”，本次会议由上海钢联电子商务股份有限公司承办。

3 月

3 月 1 日，方大炭素董事长党锡江一行深入南钢走访交流，就企业数字化转型，精细化管理等情况展开探讨。南钢总裁祝瑞荣，副总裁、总工程师楚觉非等参加交流。

3 月 2 日，中国电信南京分公司党委书记、总经理左明，党委委员、副总经理沈振勇等一行来访南钢，就智慧化转型参观交流。南钢党委书记、董事长黄一新等参加交流。

3 月 2 日下午，淮安市青商会秘书长胡新江携淮安文旅集团、淮安经开区经发集团、淮安开发控股集团、淮安建设银行、清江石化、江苏科环新材料有限公司等单位团委书记一行来淮钢参观交流。

3 月 3 日，南钢转型升级产业基金 2022 年度合伙人会议召开，基金合伙人以及基金管理团队代表参加会议。南钢转型升级产业基金是由南钢股份发起，南京市产业发展基金、扬子江创新创业投资基金、复星集团等共同参与，总规模 10 亿元。基金设立一年来已有 12 个项目通过基金投决会，7 个项目完成出资，项目覆盖智能制造、信息科技、能源环保和新材料领域。未来，基金投资将持续聚焦信息科技、智能智造（高端装备和汽车科技）、能源环保和新材料等赛道。

3 月 4 日，中圣集团董事长郭宏新，中圣装备总经理朱兵成，副总经理夏崇华、赵阳等来访南钢，就耐热材料等方面合作事宜展开交流。南钢党委书记、董事长黄一新，总裁祝瑞荣，副总裁兼首席投资官林国强等参加交流。

3 月 8 日，董事长李玉田代表济源钢铁向洛阳市第一高级中学捐款 400 万元，建设数理探索馆一座。这是济源钢铁继新乡一中、济源一中之后，为践行科教兴国战略，助力河南教育事业捐建的第三座数理探索馆。

3月9日，中铁物资集团总经理、中国铁建物资集采中心主任唐建勇，副总经理、物资集采中心副主任魏广铭、张泓等一行来访南钢，双方就全面深化业务合作展开交流。南钢党委书记、董事长黄一新，副总裁谯明亮等参加交流。

3月10日，特钢协会秘书长刘建军一行赴江阴走访兴澄特钢，协商筹办装备分会会员大会。

3月12日，特钢协会和冶金工业规划研究院携手启动中国特钢行业“十四五”规划滚动修改工作。

3月12日下午，中国特钢企业协会刘建军秘书长一行4人到泰尔集团参观学习，并与泰尔集团邰正彪董事长等领导进行了详细交流。

3月13日上午，中国特钢企业协会秘书长刘建军一行走访马钢股份有限公司。

3月18日，特钢协会秘书长刘建军参加“2022年无缝钢管市场预警研讨会暨钢管行业自律工作启动会”并作重要讲话。

3月25日，青海宝矿工程有限公司董事长韩德英一行8人来我公司交流座谈招标采购工作。西宁特钢股份公司总经理王青海、副总经理何小林，设备能源管理中心、运营改善管理中心、物资采购中心以及相关单位领导接待。

3月28日，济源钢铁与济源市天龙焦化有限公司签订战略合作，双方就焦炭、焦炉煤气供应以及焦炉煤气输送等合作事项达成一致。

3月29日，经过前期招投标和评标工作，特钢协会决定聘请上海际汀展览展示设计中心作为“2022中国国际特殊钢工业展览会”的展会服务商。

4月

4月19日、22日，南钢举办技术和质量领域阿米巴大讲堂、召开阿米巴经营模式专题会，总裁祝瑞荣，副总裁、总工程师楚觉非，党委副书记王芳，副总裁谯明亮等出席。

4月20日，中国金属学会副理事长兼秘书长王新江，中国炼焦行业协会会长兼党支部书记崔丕江，中国废钢铁应用协会副会长兼秘书长冯鹤林，中国废钢铁应用协会党支部书记李树斌，首钢总公司办公厅处长张俊卿到访中国特钢企业协会。

4月22日，江苏省上市公司协会第三届会员大会在南京召开。江苏证监局党委委员、副局长陈刚泰，江苏证监局公司监管处各主要负责人，南京地区部分理事出席现场会议，500余家会员单位通过视频方式参加会议。南钢股份当选副会长单位，董事长黄一新当选副会长。

5月

5月13日，江苏省盐业集团有限责任公司总经理、党委副书记王海青，副总经理濮兴生、伏运景等一行来访南钢，就企业数智化转型发展等情况交流座谈。南钢总裁祝瑞荣，江苏省工业经济联合会副会长陶魄等参加交流。

5月20日，广东立迪智能科技有限公司董事长熊世伟一行来访南钢，熊世伟一行参观了南钢智慧运营中心、JIT+C2M智能工厂。双方就目前国内外市场情况，在产业研发、科技创新、赛道选择、探索营造产业链生态等方面进行了深入探讨。

5月20日，太钢集团和中国铁建中原区域总部战略合作协议签约仪式举行，标志着双方合作开启了崭新篇章。

5月23日，中国重汽集团副总经理，中国重汽上市公司执行董事、总裁刘正涛来访南钢，双方就如何为产业链、供应链提供轻量化、低碳化的产品和服务等方面展开探讨，南钢总裁祝瑞荣、常务副总裁徐晓春等参加交流。

5 月 23 日，中原特钢董事长、党委书记陈鲁平一行到雄峰集团走访调研，双方围绕高端模具钢市场领域深度合作进行了磋商，并签署战略合作协议。

5 月 23~27 日，中原特钢董事长、党委书记陈鲁平，副总经理赵雨舟一行走访调研广东模具钢市场，深入了解公司模具钢产品市场使用情况，倾听用户对公司产品的意见和建议。

5 月 27 日上午，中国特钢企业协会十届一次会长联席会在线上顺利召开，就企业运营情况并围绕国家政策、行业自律、市场形势及发展方向等方面进行了充分交流和深入研讨。

5 月 27 日，永卓控股总裁、永钢集团总裁吴毅率队赴山钢集团永锋临港有限公司考察交流。

5 月 27 日，东南大学人文学院党委书记、校纪委委员李涛率队考察南钢，就文化工作进行交流。

5 月 28~30 日，淮钢特钢总经理钱洪建带领交流团队来到东特股份、抚顺特钢进行现场调研，围绕生产经营、指标对标、技术工艺及降本节支等工作进行业务交流。东特股份董事长蒋建平参加座谈会。

5 月 28 日，辽宁方大集团董事局方威主席率队到山西晋南钢铁集团考察交流。晋南钢铁集团董事长郑家平、总裁张天福、常务副总裁霍旭丰、党委副书记兼总裁办主任郑孝强等领导热情接待，并与方威主席一行座谈交流，详细介绍晋南钢铁集团技术研发、工艺装备、设备运行、数字化管理等方面的工作经验。

5 月 28 日，中国重汽集团工艺总监、副总工程师张殿平一行来访南钢，双方就制造业如何推进数字化转型和数据治理等方面展开深入探讨，南钢常务副总裁徐晓春等参加交流。

5 月 31 日，在江苏省委网信办和省民政厅的指导下，省区块链发展协会第一次会员代表大会在南京江北新区研创园召开，南钢党委书记、董事长黄一新当选协会监事会主席。省通信管理局党组书记、局长许继金，省委网信办副主任王万军，省民政厅二级巡视员赵晓东，南京江北新区党工委委员、管委会副主任陈潺嵋，以及 10 家发起成员单位和部分会员代表约 120 人以“线上+线下”形式参会。

5 月 31 日，南钢与中国科学技术大学召开线上“双碳”主题交流会。

5 月 31 日，永卓控股董事局主席吴耀芳，永卓控股总裁、永钢集团总裁吴毅一行赴中天钢铁集团（南通）有限公司交流。

6 月

6 月 6 日，金鼎钢铁集团与中国联通“5G+工业互联网”战略合作签约，金鼎钢铁集团成为河北省首家议定、签约“5G+工业互联网”的钢铁企业，旨在联合打造钢铁行业智能工厂示范工程。

6 月 7 日，由南钢，燕山大学，中铁山桥、宝桥和九桥等联合研发的“桥梁用大热输入高效易焊钢板与配套焊材开发及应用”通过中国钢结构协会组织的评审，达到“国际领先水平”。

6 月 8 日，新疆维吾尔自治区吐鲁番市副市长陈光耀率企业考察团来访南钢，南钢常务副总裁徐晓春等陪同。双方就加强沟通对接、推进务实合作等展开深入交流。

6 月 8 日，国网天津电力公司董事长、党委书记赵亮一行到荣程钢铁集团，围绕荣程钢铁集团重点项目建设电力配套，绿色发电、电力扶持政策等有关事宜座谈交流。

6 月 8 日，南钢总裁祝瑞荣，副总裁、总工程师楚觉非带领相关部门负责人调研江苏金宇智能检测系统有限公司，现场指导该企业的高质量发展。

6月9日，宁波舟山港股份有限公司党委书记、总经理宫黎明一行来访南钢，就当前经济形势与进一步加强多领域合作、实现共赢发展等展开交流。

6月9日，山东重工集团党委书记、董事长、潍柴集团董事长、中国重汽集团董事长谭旭光，潍柴动力党委书记、执行CEO张泉等领导来到潍坊特钢集团进行参观指导，谭书记在特钢集团领导的陪同下参观了潍坊特钢集团年产110万吨高速线材生产线、全自动棒材精整无损探伤生产线、多功能综合展厅、理化实验室、智能运行管控中心等地。

6月9日，新余钢铁集团有限公司党委书记、董事长刘建荣，副总经理肖忠东一行来访南钢，双方就企业数智化转型等展开广泛、深入、系统的探讨和交流，南钢党委书记、董事长黄一新，常务副总裁徐晓春，副总裁、总工程师楚觉非，党委副书记王芳等陪同。

6月10日，南瑞集团党委委员、国电南瑞科技股份有限公司总经理张贱明，首席专家汤煜明，副总工程师、工业事业部总经理阙连元等一行参访南钢，就电网升级改造情况展开专题交流。南钢常务副总裁徐晓春等参加座谈。

6月10日，中国科学院院士、中国科学技术大学校长、碳中和研究院院长包信和率队来访南钢，双方就加强产学研合作、科技创新成果转化、"碳中和"实现路径等展开探讨和交流。

6月10日，特钢协会成功举办了绿色信贷工作推进会，会议讨论了绿色信贷业务的工作流程，并就推动绿色信贷业务的开展成立专项工作小组。

6月13日，三一集团党委书记、董事、三一重工董事长向文波一行来访南钢，双方围绕新材料研制、材料轻量化及供应链建设等进一步深化合作进行交流。南钢总裁祝瑞荣、副总裁谯明亮等参加交流。

6月14日，山东山港融商务管理有限公司副总经理崔亮带领业务部、日照港、日照火车站的相关负责人来巨能特钢走访交流。

6月14日，山西省重点产业链链长制工作会议召开，为首批20家"链主"企业授牌，标志着山西省产业链链长制进入全面实施阶段。太钢集团凭借在不锈钢材料领域的突出优势，入选特钢材料"链主"企业。

6月15日，南钢、中冶赛迪共同专题研讨南钢铁区一体化智能管控平台的优化运营。南钢党委书记、董事长黄一新，常务副总裁徐晓春，党委副书记王芳，副总裁谯明亮、万华，中冶赛迪副总经理廖祥荣，双方团队成员参加。

6月16日，南京新型工业行业协会召开第二届一次会员大会，选举产生协会新一届领导班子，冯宝椿当选会长、张建成当选常务副会长兼秘书长，南钢党委书记、董事长黄一新当选协会副会长，并担任首任执行会长。南京市原副市长奚永明、新工集团首任董事长蒋兴宝出任名誉会长。

6月17日，江苏省广电有线信息网络股份有限公司党委副书记、总经理庄传伟，党委委员、副总经理陈松一行来访，大家围绕企业党建经验、广电5G在工业互联网领域的应用及探索、品牌传播业务生态建设等展开深入交流。

6月18日，第五届全国焊接行业协会（商会）会长（理事长）、秘书长工作会议，中国焊接协会专家技术工作委员会会议在龙腾特钢召开。国内焊接行业骨干企业领导、专家共计134人出席了本次会议。本次会议主题为"创新发展　转型升级　高端制造"。

6月19日，安徽省六安市副市长、霍

邱县委书记李煜就深化项目合作参访南钢。南钢将围绕六安地方特色，充分发挥资源优势，拓宽与六安在产品研发、新能源、新材料产业等领域的合作，促进产业链生态圈建设，赋能地方产业发展，为六安经济发展贡献南钢力量。

6月19日，太钢集团与山西交通控股集团举行战略合作签约仪式，未来太钢将与山西交控合作开发多种经济适用不锈钢、新材料及循环经济产品，共同推动山西省高速公路绿色低碳高质量发展。

6月20日，一汽解放总经理助理兼发动机事业部党委书记、总经理钱恒荣带队来访南钢，就汽车领域全面深化战略合作进行深入交流，共同分析和探讨汽车行业发展，进一步明确市场层面协同合作关系，谋划推进双方更深入、更广泛、更全面的良好合作。

6月20日，集团董事局总裁、沙钢东北特钢集团董事长龚盛，集团董事局常务副总裁陈少慧，沙钢东北特钢集团总经理蒋建平等领导，到淮钢特钢调研指导。沙钢东北特钢集团副董事长、淮钢特钢董事长季永新，淮钢特钢总经理钱洪建，第一副总经理李培松等领导陪同调研。

6月20日，内蒙古自治区鄂尔多斯市鄂托克旗人大常委会党组书记单立新，鄂托克旗委副书记、政府旗长、鄂托克经济开发区党工委书记、管委会主任王国泉等一行来访南钢，就加强企地合作等事宜展开座谈并签署战略合作框架协议。

6月21日，安阳永兴特钢副总经理杨武一行来到东北特钢股份现场调研，围绕生产经营、技改项目、技术工艺等工作进行业务交流。东北特钢股份总经理华德明，第一副总经理王会民，炼钢厂、第一轧钢厂等相关单位领导参加交流座谈会。

6月21日下午，中冶长天党委书记、董事长易曙光一行10人来访中天钢铁，受到集团领导董才平、梅高阳、周国全的热情接待，双方就中天绿色精品钢项目合作进展及后续合作事宜进行深入交流。

6月21日，江苏工人报社党委书记、社长、总编戴路等一行来到南钢，参观南钢智慧运营中心、宽厚板厂、影剧院、南钢食韵，对南钢产改情况进行实地调研。

6月22日，浦发银行南京分行行长葛宇飞一行来访南钢，就进一步推动银企深度合作展开座谈交流。

6月23日，中信泰富特钢集团董事长钱刚、总裁李国忠一行莅临荣程钢铁集团参观交流，荣程集团党委书记柴树满等陪同。

6月23日，南钢召开液体销售客户座谈会，深入了解客户诉求，驱动服务品质有效提升，携手共进，共享未来。十多家客户单位共计50余人参会。南钢现有集气液生产、压缩、贮存于一体的四套大型深冷制氧机组，主要保供南钢一线生产厂所需的氧、氮、氩及压缩空气，同时外销液氧、液氩、液氮等空分液态产品。

6月23日，中建钢构工程有限公司总经理夏林印一行来访南钢，南钢副总裁谯明亮等陪同交流。

6月23日，南钢总裁祝瑞荣、副总裁余长林等参访中钢天源，就金安矿业项目合作事宜与中钢天源总经理、党委副书记吴刚等展开深入交流。

6月24日，南京大学马克思主义学院副院长、教授陈建，干培中心主任石建军来访南钢，就人才培养、课题研究和党建共建等方面展开交流。

6月26日，国网天津电力公司副总工程师何平一行来到荣程钢铁集团，与荣程集团监事会监事长张增述、党委书记柴树满等围绕重点项目用电配套建设等服务交流。

6月26日，沙钢东北特钢集团总经理蒋建平、第一副总经理孙启、副总经理孙久红等领导一行到沙钢永兴特钢公司调研指导。永兴特钢公司党委书记、董事长李增伟，总经理高文平等领导陪同调研。

6 月 26～28 日，方大炭素总经理邱宗元、方大喜科墨党支部书记杨远继、方大高新总经理聂爽、莱河矿业总工程师孟繁华、合肥炭素副总经理胥红珍、成都炭素副总经理王永庆等一行 16 人，就“智改数转”和企业精细化管理等深入南钢交流。

7 月

7 月 1 日，阿塞拜疆巴库里海石油天然气展览会在阿塞拜疆首都巴库隆重举行，阿塞拜疆总统亲临现场参观，天津钢管作为中国唯一商户参加展会，吸引了现场众多客商的目光，纷纷前来参观洽谈。

7 月 1 日，南京高精齿轮集团有限公司总裁汪正兵一行来永钢考察交流。

7 月 4 日，苏美达船舶有限公司董事长兼新大洋造船有限公司董事长何隽，苏美达船舶有限公司总经理兼新大洋造船有限公司总经理徐斌等一行来访南钢，双方就未来合作发展展开深入交流。南钢总裁祝瑞荣、副总裁谯明亮等参加。

7 月 5 日，中天钢铁集团副总裁、南通公司总经理董力源率队赴山钢集团永锋临港有限公司、日照钢铁控股集团交流，学习行业优秀企业先进工作经验、管理举措、特色亮点，推动各项工作求实效、出效益、上水平。

7 月 6 日，中车南京浦镇车辆有限公司副总工程师王爱武一行来访南钢，双方就“智改数转”、工业互联网平台等情况展开交流。南钢副总裁谯明亮等参加交流。

7 月 7 日，南京工业大学党委副书记、副校长凌祥一行来访南钢，双方就节能环保、能源新技术等话题深入交流，凌祥向大家分享了最新研制的一种滚筒式高炉渣快冷干法粒化装置，该装置运用干法处理，过程高效安全，并且可以回收余热，达到节能环保的目的。同时还可以杜绝安全隐患，实现本质安全。双方还就低温废气余热高效利用，储能相变材料、移动储能技术等节能环保相关话题，以及未来合作展开了深入交流。

7 月 7 日，海康威视公司总裁胡扬忠、高级副总裁徐习明等一行来访南钢，双方就战略合作事宜进行交流和探讨，南钢党委书记、董事长黄一新，党委副书记王芳等参加座谈。

7 月 8 日，马钢集团党委常委、马钢股份副总经理任天宝一行 7 人莅临邢钢进行对标交流。公司董事长张皓若等公司高管层及炼铁厂、技术中心、生产部相关负责人热情接待了来访客人。

7 月 8 日，由中国特钢企业协会主办，凌源钢铁协办的优特钢市场预警研讨会暨特钢行业自律工作小组组长会议在辽宁省凌源市顺利召开。

7 月 9 日，2022 年（第十四届）苏州（常熟）国际精英创业周开幕前，院士范滇元、吕达仁、徐义刚、徐红星莅临龙腾特钢召开专题座谈会，常熟市领导万晓军、周晓、李汉中，龙腾特钢党委书记、董事长季丙元出席会议。

7 月 11 日，中信泰富特钢集团“数领特钢智启未来”智能制造现场推进会在铜陵特材举行。中国工程院院士、中国金属学会冶金人工智能分会主任刘玠院士通过现场直播连线参会。

7 月 14 日，贝卡尔特集团亚太区采购副总裁马啸一行来访沙钢东北特钢集团，进行商务洽谈和技术交流工作，并寻求双方的深入合作，同时宣布东北特钢股份供贝卡尔特的 LX82DA 帘线钢通过米其林轮胎供货资格。双方围绕企业经营发展状况、行业产业链和供应链发展状况等作了交流，并就未来扩大合作达成共识。

7月14日，西宁特钢党委书记、董事长张永利率队分别与工银金融资产投资有限公司、国新建信股权投资基金（成都）合伙企业（有限合伙）主要领导举行会晤。

7月18日，新余钢铁集团总经理管财堂、副总经理毕伟等一行就数字化转型发展等方面来访南钢。江苏金恒对南钢数智化转型发展情况作了介绍，江苏金宇智能对其特色产品和服务作了汇报。南钢与新钢就如何发挥业务驱动作用、借助数据积累推进具体数智化转型项目的落地，以及如何应对目前严峻的市场环境等进行充分交流。

7月18日，金箔控股集团行政总裁、党委副书记李莉一行来访南钢，双方就党建工作、企业文化及智能制造等课题深入交流探讨，江苏省企业家协会会长、省工经联副会长陶魄参加交流。

7月19日下午，中国特钢企业协会秘书长刘建军一行走访江油长城特殊钢有限公司。

7月21日，南钢与中国出口信用保险公司江苏分公司签署全面战略合作协议，并就推进双方全面合作进行深入交流。

7月21日，中国特钢企业协会秘书长刘建军一行到河南济源钢铁（集团）有限公司和河南中原特钢装备制造有限公司进行走访交流。

7月22日，宇通重工董事长兼总经理、宇通商用车董事长戴领梅带队来访南钢，双方就深化战略合作、拓宽合作领域等话题做了深入探讨，并达成战略合作。南钢常务副总裁徐晓春等出席签约仪式。

7月22~23日，荣程集团总裁、荣程钢铁集团董事长张君婷、荣程集团副总裁、荣程钢铁集团总裁张立华一行到访旭阳集团、昊华精煤、内蒙古建元集团围绕合作项目、战略方向座谈交流。参观建元集团煤矿1矿、煤矿2矿、焦化二总厂、中控，深入了解企业生产经营情况。

7月26日，卡特彼勒全球供应网络部高级代表王呈泉一行4人来访，授予西宁特钢股份公司“卡特彼勒1E1861认证钢材供应商”牌匾。

7月27日，中国国际工程咨询有限公司党委委员、副总经理沈浩一行来访南钢，就南京“两钢四化”重点企业转型升级展开调研，助力企业走向高端化、智能化、绿色化。

7月27日，永卓控股与永锋集团举行战略合作签约仪式。双方将充分发挥资源优势，在产品开发、项目建设、数字化转型、人才培养、供应链金融等方面开展合作，携手开创高质量发展的新局面。

7月28日，中国中材进出口有限公司董事长韩瑞明一行来西王特钢调研交流，西王集团副总裁、西王特钢董事长张健接待了中材公司客人。

7月28日，南钢、鑫智链、欧冶工业品三方签订平台战略采购框架协议，鑫采商城与欧贝商城平台同步对接上线。

7月28日，斯凯孚集团高级副总裁、中国及东北亚总裁唐裕荣，中国区副总裁金鑫，中国区首席技术官、中国区副总裁吴芳基等就绿色低碳及具体项目推进情况来访南钢。南钢党委书记、董事长黄一新，常务副总裁徐晓春等出席座谈。

7月28日，辽宁丰沃（丹东丰能）董事长徐东福、国开制造业基金王鹏翔一行来访东北特钢股份，就加强业务联系，共同研讨产品技术工艺突破，寻求进一步合作发展进行交流。

7月29日，青岛武船麦克德莫特海洋工程有限公司总经理李秋喆一行来访南钢，双方就进一步深化项目合作等展开交流。南钢总裁祝瑞荣参加座谈。

7月29日上午，雅视光学科技（深圳）有限公司董事局主席吴海英一行莅临天工国际，就大工钛材合作项目展开坦诚交流，并达成合作意向，为深度合作打下了基础。此前天工的 β 钛已经通过了雅视公司的检测，钛合金材料耐腐蚀、质量轻等优良的特性，完全贴合眼镜架“舒适便携”的产品需求。

7 月 29 日，沙钢东北特钢集团董事长龚盛、第一副总经理孙启一行来淮钢调研指导，分层次听取了淮钢公司降本工作推进情况及下步工作思路。销售、生产、技术、设备、财务等条线领导先后就下半年降本工作思路进行了汇报。在此基础上，淮钢总经理钱洪建就淮钢公司降本工作整体思路进行了详细汇报。

7 月 29 日，中天钢铁集团副总裁、南通公司总经理董力源一行赴纵横钢铁对标交流。

8 月

8 月 1 日，中铁上海工程局集团有限公司副总经理尹朝援一行来访南钢，探索多领域合作。南钢联席总裁姚永宽、副总裁朱平等陪同。

8 月 2 日，江西方大钢铁集团有限公司总经理，方大特钢科技股份有限公司董事长徐志新，九江萍钢钢铁有限公司董事长颜建新等一行来访南钢，就企业管理、“智改数转”等情况深入交流。

8 月 2 日，南钢总裁祝瑞荣一行前往苏美达签订框架合作协议。苏美达集团党委副书记、总经理赵维林，苏美达船舶党总支书记、董事长何隽等管理团队热情接待。

8 月 3~4 日，由中国特钢企业协会不锈钢分会、太钢集团、中国钢研科技集团有限公司联合主办的“第七届中国双相不锈钢大会”在太钢召开，特钢协会秘书长刘建军致辞。

8 月 3~6 日，中信泰富特钢集团召开精品线材和汽车用钢战略用户研讨会。

8 月 4 日，张家港市工业和信息化局局长周荣兴、副局长苏健，冶金园经济服务局副局长朱俊杰带领相关区镇及冶金重点企业来访南钢，就全面深化合作展开交流。南钢常务副总裁徐晓春等参加。

8 月 4 日，特钢协会秘书长刘建军、冶金装备分会秘书长王希民一行走访中国重型机械研究院股份公司，就特钢行业发展的热点、难点问题作了深度交流研讨，共同推动特钢行业生产装备技术升级与绿色革新达成共识。

8 月 4 日，清华大学机械力量第十期江苏支队到访中天钢铁，围绕“问道苏器”主题开展考察学习并座谈。

8 月 4 日，无锡宝露重工有限公司副总经理钱若蓉、总工程师沈才平来访东北特钢股份，进行技术交流和合作洽谈。双方围绕企业经营发展状况、产品技术工艺特点、风电行业发展前景和双方合作意愿等作了交流。

8 月 4 日，冶金工业信息标准研究院党委书记、院长张龙强带队来访南钢，双方就深化战略合作、拓宽合作领域等话题进行了深入探讨。南钢总裁祝瑞荣、常务副总裁徐晓春等参加座谈交流，会议由南钢副总裁谯明亮主持。祝瑞荣与张龙强代表双方签订战略合作协议。

8 月 4 日，中国矿产资源集团有限公司党组书记、董事长姚林，总经理郭斌，党组成员、副总经理高晓宇，总会计师王嘉君等前来南钢交流，南钢党委书记、董事长黄一新，总裁祝瑞荣，常务副总裁徐晓春，副总裁、总工程师楚觉非，党委副书记王芳等陪同。

8 月 5 日，2022 钢铁中国 · 第九届华东优特钢产业链高峰论坛在杭州举行，西王特钢作为协办单位应邀参加论坛。

8 月 9 日，天津钢管总经理丁华带队深入天淮公司生产现场调研指导工作，慰问奋战在高温一线的干部职工。

8 月 9 日，浪潮国际 HCM 事业部总经理隋同建，江苏区总经理郭佳、副总经理杨革平，HCM 事业部副总经理蔡燕等一行来访南钢。双方围绕南钢新产业 DHR 系统规划建设展开深入探讨。南钢副总裁兼首席投资官、新产业投资集团总裁邵仁志等参加座谈。

8 月 9 日，东风商用车有限公司总经理王玮，东风汽车财务有限公司总经理、党委书记徐光超等一行来访南钢，共同探讨汽车产业和汽车材料轻量化的发展，在互为客户关系的条件下，谋划推进双方更深入、更广泛、更全面的良好合作。南钢常务副总裁徐晓春、总会计师梅家秀等陪同。

8 月 10 日，中国矿产资源集团有限公司党组书记、董事长姚林，总经理、党组副书记郭斌一行到永卓控股访问交流。

8 月 10 日，南通江海电容器股份有限公司董事长陈卫东、南京腾明物资实业有限公司董事长于辉来访南钢，就超级电容机车等项目展开交流。南钢联席总裁姚永宽等出席。南通江海电容器股份有限公司高级顾问朱祥、总工程师杨恩东、技术部部长王浩清等参加。

8 月 11 日下午，中国矿产资源集团有限公司党组书记、董事长姚林，总经理、党组副书记郭斌一行到中天钢铁访问交流。

8 月 11 日，莱茵技术（上海）有限公司环境与可持续发展总经理桑坚忠一行来访南钢，就低碳环保展开交流。南钢副总裁朱平参加交流。

8 月 11 日，特钢协会秘书长刘建军一行走访中天钢铁集团、芜湖新兴铸管，分别与中天特钢总经理、新兴铸管董事长刘涛等领导座谈。

8 月 14 日，中国矿产资源集团有限公司党组书记、董事长姚林，总经理、党组副书记郭斌，党组成员、副总经理高晓宇，党组成员、总会计师王嘉君等一行到访中信泰富特钢集团。

8 月 17 日，中铁物资集团副总经理魏广铭一行来访南钢，双方就“智改数转”和深化合作展开交流，南钢副总裁、总工程师楚觉非参加座谈。

8 月 18 日，江苏德龙镍业有限公司常务副总经理吴文南、副总经理周国忠一行来访南钢，就企业高质量发展作经验交流。南钢常务副总裁徐晓春参加。

8 月 18 日，邮储银行江苏省分行党委书记、行长王辉一行来访南钢，双方围绕深化银企合作、促进共赢发展等话题进行深入交流与探讨。南钢党委书记、董事长黄一新，总会计师梅家秀等参加座谈。

8 月 19 日，宁夏回族自治区银川市委副书记、灵武市委书记刘国强，灵武市委副书记、政法委书记王喆，市委常委、副市长叶辉，副市长吴伟一行来南钢参观考察，双方围绕政企合作展开深入交流，并达成广泛共识。南钢副总裁兼首席投资官、新产业投资集团总裁邵仁志参加座谈。

8 月 19 日，中国特钢协会秘书长刘建军、冶金设备分会秘书长王希民等一行来访南钢，并见证南钢与青海晶和节能环保技术服务有限公司签署“油品管家”服务合作协议。晶和节能董事长朱春玲，南钢常务副总裁徐晓春参加签约仪式。

8 月 21 日上午，“上海大学-永洋特钢高品质型钢技术联合研发中心”揭牌仪式在永洋特钢举行。董瀚院长和杜庆申董事长共同为联合研发中心揭牌。

8 月 23 日，广东阳江海陵湾液化天然气有限公司常务副总经理宋思运、上海梯杰易气体工程技术有限公司总经理孙洪利、必维集团总监樊宝明一行来访南钢，与南钢副总裁谯明亮就未来项目合作展开交流。

8 月 24 日，全国政协参政议政人才库特聘专家杜鹰一行到贵钢调研“推进工业资源综合利用基地建设”情况。

8 月 25 日下午，卡特彼勒全球采购部亚太区钢材采购经理王呈泉、采购技术经理易继松一行来到淮钢公司，授予淮钢“卡特彼勒1E1861全球合格供应商”匾牌。

8月25日，达涅利中国销售副总裁Mr. Libanori Lorenzo、执行副总裁张野一行来访南钢，双方就深化产业链、生态链合作展开交流，南钢常务副总裁徐晓春参加座谈。达涅利致力于为南钢提供包括连铸机、精炼炉在内的系列维护服务方案。

8月25日下午，中天钢铁集团与中国民生银行签署战略合作协议。签约前，南通市委副书记、市长吴新明会见了中国民生银行党委委员、副行长石杰一行。

8月25日上午，淮钢公司与盈德气体公司深化战略合作签约仪式在淮钢展示厅会议室顺利举行。淮钢公司董事长、党委书记季永新，总经理钱洪建，第一副总经理李培松，常务副总经理韩党锋以及盈德气体集团首席执行官方世文、大型现场业务中心总经理方菁松等高层领导出席签约仪式。

8月26日上午，中天钢铁集团与辽宁方大集团全面深化合作交流会举行，双方就企业管理、数字化转型升级、财务成本核算、新品种技术开发等领域进行深入交流。

8月26~27日，由中国钢铁工业协会、中国智能制造系统解决方案供应商联盟钢铁行业分盟主办，南钢、冶金科技发展中心承办的2022年钢铁行业数字化解决方案交流会暨解决方案供需对接会在南钢召开。会议发布中国智能制造系统解决方案市场研究报告、钢铁行业智能制造标准体系建设研讨报告，以及智能轧钢车间、智能工厂、智慧服务等三大专题的钢铁行业智能制造解决方案目录等。

8月29日，山西焦煤集团煤焦销售有限公司党委书记、董事长薛军一行来访南钢，双方围绕深化交流合作，促进煤炭资源有机融合，实现优势互补、共同发展等方面展开深入探讨。南钢总裁祝瑞荣，副总裁、总工程师楚觉非等参加座谈。

8月30日，长三角碳中和产业创新投资联盟季度大会在首轮盟主单位南钢召开。会议发布“钢铁冶炼工序二氧化碳回收项目需求”“风电光伏新能源项目需求”等15条联盟2022年度“揭榜合作”需求—科研—应用项目清单，南钢、华能江苏、建行南京分行、亚派科技等签署“分布式光伏发电项目”“新能源发电项目和海外跨境直贷通”等3个合作项目协议。

9月

9月1日，德龙集团董事长丁立国、天津友发集团董事长李茂津一行莅临荣程集团参观，与荣程集团董事会主席张荣华座谈交流。

9月2日，淡水河谷铁矿石市场部亚太区董事总经理达特先生（Dauter Oliveira）、大客户战略总经理郭媛慧一行来访南钢，双方就如何加强合作以及拓展业务范围进行了深入交流。

9月2日，在北京2022年中国国际服务贸易交易会，常熟龙腾特种旗下的常熟市龙特耐磨球有限公司以线上线下相结合的方式，与巴西淡水河谷签约延长战略合作伙伴关系，这是双方首度亮相服贸会。

9月6日，印度尼西亚驻上海总领事戴宁携印度尼西亚驻上海总领馆公使衔参赞/经济处领事古巍然、印度尼西亚曼底利银行上海分行总经理江恩卓一行参访南钢，就深度合作展开友好、深入交谈。

9月6日上午，天工国际与南京师范大学中北学院校企合作交流暨设备捐赠仪式在中北学院举行。

9月7日，宝钢股份党委常委、纪委书记陈冬生，宝钢股份梅钢党委副书记、纪委书记褚俊威一行来访南钢，就智慧廉政、智慧风控等主题展开交流。

9月7日，江苏鸿程大数据技术与应用

研究院董事长、院长黄宜华一行来访南钢，双方就大数据技术进行深入交流。

9月7日，广州日锻董事长六浦满夫等一行5人来申源集团公司进行2022年度工程监察，详细审核了气阀钢相关的各子公司体系文件与现场实操的一致性，对申源各子公司配合体系要求的部门或分厂进行了高度肯定。

9月8日，卡特彼勒再次授予南钢1E1861全球合格供应商牌匾。卡特彼勒全球采购钢材部经理王呈泉、技术经理易继松、采购工程师童懿恺、质量工程师安雷等一行到南钢进行四季度1E系列产品审核。

9月8日，中国电动汽车百人会副理事长兼秘书长张永伟一行来访南钢，就新能源汽车等话题展开交流。南钢党委书记、董事长黄一新，副总裁兼首席投资官邵仁志参加座谈。

9月8日上午，为纪念天工与南师大一直以来的深厚情谊，南京师范大学将仙林校区独栋楼宇永久性命名为“天工楼”，并正式揭牌，以感谢天工对南师大人才培养和事业发展的鼎力支持。

9月13日，东方润安集团有限公司董事长蒋中敏率集团管理团队莅临龙腾特钢参观交流并召开座谈会，东方润安集团有限公司总裁曹玉兵、常熟市龙腾特种钢有限公司党委书记、董事长季丙元、副总经理徐利、吕纪永以及双方相关领导出席会议。

9月15日，浙江浙能六横液化天然气有限公司总经理王长彬、副总经理王洋等一行来访南钢，就深化合作展开交流。南钢副总裁谯明亮等参加座谈。

9月15日，奥钢联伯乐焊接（中国）有限公司总经理尼尔·史密斯、南钢副总裁谯明亮代表双方签署战略合作协议。本次战略协议的签署是南钢首次与国际焊材厂商深度合作，是“板-焊-线”联动平台的重要成果。双方将在新产品配套焊材研发、焊材盘条供应链建设、研发和检试验能力互补、产品捆绑销售等多个发力点齐头并进，共同研发新产品、开发新用户、创造新未来。

9月16日，青海省交控集团党委办公室主任李广录携相关部门人员来西宁特钢开展2022年党建工作中期评估检查。西宁特钢党委副书记史佐及党委工作部门相关负责领导陪同检查交流。

9月16日，世界钢铁协会副总干事、北京代表处首席代表钟绍良来访南钢，双方就绿色低碳发展展开交流。南钢联席总裁姚永宽参加交流。

9月18日，由中国模具工业协会模具材料专业委员会、天工国际有限公司联合主办的“一体化大型模具用材料及制造应用”技术与产业论坛将在丹阳市香逸大酒店举办，论坛旨在满足中国模具制造用大型模具材料需求，携手材料与模具产业拓展轻量化材料市场与模具应用的新时代。

9月19日，西王特钢与中铁十四局战略采购合作协议签约仪式在济南举行，标志着双方强强携手，进一步建立起战略采购合作关系，推动双方合作迈入新阶段。

9月20日，江苏常宝集团总裁韩巧林一行来访南钢，双方就强化战略合作展开交流。南钢常务副总裁徐晓春参加座谈。

9月21日，新余钢铁公司副总工程师、首席信息官、数智化部总经理兰志明等一行来访南钢，双方就推动项目合作、数智化转型升级等方面作了深入交流和探讨。南钢党委副书记王芳参加座谈。

9月21日，南京汽车锻造有限公司副总经理Diego一行来访南钢，双方就数智化建设展开交流。

9月22~23日，由中国特钢企业协会主办的中国特钢统计信息工作会议在湖南长沙顺利召开。

9月23日，南京市工业和信息化局牵头主办“稳增长、促供需、共发展”精品钢供应链对接会在南钢召开，南钢和 30 余家驻宁精品钢零部件供应链企业代表近 60 人参加。

9 月 27 日，一汽锻造（吉林）有限公司总经理兰宝存一行来访南钢，双方就未来合作等展开交流，就第三方疲劳实验方案、采购价格及定价模式、工艺技术以及进一步加强合作等方面展开深入探讨。南钢总裁祝瑞荣、常务副总裁徐晓春等参加交流。9 月 28 日南钢、力拓集团和中国国际金融股份有限公司达成协议，共同推进中国钢铁行业首单碳补偿铁矿石的交易。本次合作拓展了南钢与力拓长期稳固的多维度合作关系，同时与中金公司也建立了新型合作关系。

9 月 30 日上午，由中国农业银行淮安分行、中国建设银行淮安分行、上海浦发银行淮安分行、中国民生银行淮安分行 4 家金融机构组成的银团，与中天钢铁集团（淮安）新材料有限公司签署银团贷款协议。

10 月

10 月 10 日，中国农业银行江苏省分行党委委员、副行长，苏州分行党委书记、行长吴忠辉一行来永卓控股访问交流。

10 月 11 日，德清荣昌冷轧带钢有限公司总经理范荣德来访南钢，就加快冷轧带钢技术研发与合作等进行深入交流，南钢常务副总裁徐晓春参加座谈。

10 月 13 日，中冶华天工程技术有限公司党委委员、副总经理夏兴进一行来访南钢，双方就智慧能源以及合作项目深入交流，南钢副总裁朱平参加座谈。

10 月 19 日，长城特钢、攀国贸与宁波宁兴精密机械集团有限公司共同签订了高端模块开发推广战略合作协议。双方秉持“共创、共赢、共享”的合作理念，进一步深化战略合作，完善模具钢产业链，致力于打造国内最具影响力的模具钢应用技术创新服务团队，提升长城特钢模具钢产品竞争力。

10 月 19 日，中国废钢铁应用协会党支部书记李树斌一行莅临荣程钢铁集团调研废钢回收业务发展情况，围绕推动废钢产业绿色高质量发展座谈交流。

10 月 21 日，七冶建设集团党委书记、董事长潘海一行到首钢贵钢开展交流座谈。公司党委书记、董事长李金柱，党委副书记、总经理汪凌松接待到访客人。

10 月 23～25 日，东特股份聘请武汉安全环保研究院权威冶金安全专家，来公司开展冶金行业标准培训工作。中钢集团武汉安全环保研究院 3 位冶金行业安全专家分别针对《高温熔融金属吊运安全规程》《煤气排水器安全规程》《煤气储存、加压重点安全管控事项》《炼铁安全规程》进行授课，共计 330 余人参加培训。

10 月 24 日，小松（中国）生产调达本部副本部长外山、钢材部部长王建伟，杰富意副总经理渡边等一行来访南钢，双方就目前钢价走势、钢坯、生产、质量等方面进行了深入探讨，南钢总裁祝瑞荣、副总裁谯明亮等参加座谈。

10 月 24 日，东方电机有限公司召开 2022 年供应链大会，南阳汉冶特钢有限公司入选首批战略供应商行列。

10 月 29 日，在南京信息工程大学 2023 届毕业生推介会暨优质企业双选会上，南钢党委书记、董事长黄一新与南信大校长李北群代表双方签署校企战略合作协议。

10 月 31 日～11 月 3 日，中信泰富特钢集团联合天津钢管，携钢管、钢板等展品，亮相第 25 届中东阿布扎比石油展览会（ADIPEC）。

11 月

11 月 2 日，由中国船舶工业行业协会和中国钢铁工业协会共同主办的 2022 年船企–钢企合作协调对接会在江苏省南通市召开。会上，南钢与中远海运重工有限公司、招商局工业集团有限公司，宿迁南钢金鑫与扬州中远海运重工分别签署长期采购协议。

11月2~4日，ASTM美国标准组织于美国新奥尔良举办第一届ASTM轴承和传动钢技术研讨会，中信泰富特钢集团总裁助理许晓红等受邀参会，并在大会上作主题报告。

11月3日，山东蓬莱巨涛海洋工程重工有限公司副总经理梁海一行来访南钢，双方就未来合作展开交流。南钢总裁祝瑞荣、副总裁谯明亮参加座谈。

11月4日，博世（中国）投资有限公司采购总监赵坤、顾舒蔚，采购经理卢君为一行来到沙钢东北特钢集团进行洽谈交流，并寻求双方的深入合作。双方围绕企业经营发展基本情况，行业产业链和供应链发展状况及未来发展定位方向等进行了座谈交流。

11月7日，南京汽车锻造有限公司总经理孙楠章一行来访南钢，双方就数智化转型等展开交流，南钢常务副总裁徐晓春出席座谈。

11月8日，中信泰富特钢集团与中钢集团举行线上战略合作协议签约仪式。中信泰富特钢集团党委书记、董事长钱刚，中钢集团党委书记、董事长刘安栋分别作签约仪式致辞并代表合作双方进行签约。

11月8日，江苏省环保集团副总经理陆继根、总经理助理郭玉臣，江苏省环境工程技术有限公司董事长兼总经理涂勇，江苏省环境资源有限公司副总经理陈赛楠等一行来访南钢，双方就环保管理和数智化建设展开交流。

11月8日，天津市应急管理科学技术研究院、评审机构专家来到天津钢管，开展安全生产标准化复评工作。经天津市应急管理局统筹、安排，将对天津钢管分两批开展安全生产标准化复评工作，2022年度对炼铁、烧结、炼钢单元开展复评。

11月11日，三一集团高级副总裁周万春一行来访南钢，双方就未来合作展开交流，南钢常务副总裁徐晓春参加座谈。

11月12~13日，东特股份在国家应急管理部大连康复中心成功举办2022年度大连市冶金行业高级职称评审例会。来自东北特钢股份、鞍钢蒂森克虏伯公司等15个单位共计54名专业技术人员参评。

11月14日，瓦卢瑞克集团东北亚总裁罗义（D. R. Bertrand），瓦卢瑞克天大中东及亚太区采购总监韦广龙一行来访南钢，双方就深化合作展开深入交流。南钢常务副总裁徐晓春出席座谈。

11月14日，中国二十二冶集团有限公司党委书记、董事长袁斯浪一行来永钢访问交流。

11月14日，大连华锐重工集团常务副总裁郭冰峰一行来访南钢，双方就钢材产品、智能制造、节能环保以及加强合作等内容展开深入交流。南钢常务副总裁徐晓春等参加座谈。

11月17日，江阴兴澄特种钢铁有限公司和舍弗勒贸易（上海）有限公司在江阴共同签署“铁路轴承用先进材料研发及应用”合作备忘录，双方将加强在铁路用先进材料领域的研究及合作开发，共同提高轨道交通用轴承的服役寿命和安全性。

11月18日，招商局工业集团金陵船舶（威海）有限公司举办以“聚力威海 同心共赢”为主题的2022年度供应商大会。南钢作为唯一钢企参会并发言，同时也是唯一获颁2022年度优秀供应商的钢企，并与威海金陵续签战略合作框架协议。

11月19日，北京钢铁研究总院马党参主任一行来访东北特钢集团。东北特钢集团总经理、东北特钢股份董事长蒋建平，集团副总经理孙久红，东北特钢股份总工程师姚玉东等领导进行接待。双方围绕合作的《高品质热作模具钢工艺研究与开发》项目开展了技术交流。

11 月 19 日，青山集团董事局主席项光达、印尼青山园区总裁伍华弟等走访南钢印尼金瑞项目部，南钢副总裁朱平等陪同。项光达了解皮带通廊项目建设推进过程及节点任务，协调青山相关部门全力解决施工现场难题。

11 月 22 日，2022 中国工业软件发展大会在南京举办。南京市委常委、南京江北新区党工委书记杨学鹏，工信部信息技术发展司副司长王威伟，江苏省工信厅副厅长池宇，中国工业技术软件化产业联盟专委会委员、工信部电子第五研究所副所长王蕴辉等领导作大会致辞，南钢党委副书记王芳在主论坛作《软件赋能　数智南钢》的主题演讲。

11 月 23 日，2022 年中国冶金矿山企业协会双碳工作推进委员会成立大会暨冶金矿山“双碳工作”培训班在龙腾特钢隆重召开。

11 月 23 日，2022 中国（南京）国际软件产品和信息服务交易博览会在南京国际博览中心开幕，南钢携旗下智慧产业化平台——金恒科技、钢宝股份、鑫智链等共同参展。

11 月 24 日，湘钢总经理杨建华，常务副总经理喻维纲，副总经理刘吉文、刘建兵，总会计师张明等一行来访南钢。南钢总裁祝瑞荣，副总裁、总工程师楚觉非，副总裁兼首席投资官邵仁志，党委副书记王芳，副总裁万华，总会计师梅家秀等参加交流。

11 月 24 日，大冶特钢党委书记、总经理蒋乔与哈电股份副总裁，哈锅党委书记、董事长于龙一行会谈。大冶特钢将在订单生产、产品保供及新材料研发方面为哈锅提供更好的服务。

11 月 24 日，南钢召开 2022 年工程机械产业链高峰论坛暨客户座谈会，来自全国各地的客户代表和南钢相关负责人齐聚一堂，共叙合作友谊，共商发展大计。

11 月 25 日，永兴新能源与中南大学产学研合作暨捐赠签约仪式在宜丰县党校二楼会议室隆重举行。

11 月 25 日，南钢举行 2022 年度桥梁·钢构客户座谈会，与客户代表、行业专家深化合作、凝聚共识、形成合力，共建共享高质量钢铁生态圈。

11 月 28 日，中国二十二冶集团董事长袁斯浪，总经理助理兼市场部部长赵山虎，江苏公司总经理张盖等一行来访南钢，双方共话现代化产业体系建设，共推产业链的持续创新和走向高端化、绿色化、智慧化。

12 月

12 月 6 日，南钢举行 2022 年船舶海工客户座谈会，并发布高热输入焊接船用钢、船用不锈钢复合板、超低温用高锰钢等高端船舶海工用钢新产品，为海洋强国建设贡献力量。

12 月 6 日下午，中车集团天力公司总经理郑业方、副总工程师牛迎春到首钢贵钢进行交流座谈。首钢贵钢党委书记、董事长李金柱，党委副书记、总经理汪凌松热情接待。

12 月 7 日，南钢举行智慧采购一体化平台上线仪式，项目实施方、战略供应商和业务单位代表出席会议，南钢党委书记、董事长黄一新，党委副书记王芳到会讲话，副总裁、总工程师楚觉非主持会议。

12 月 7 日，2022 年中国核能高质量发展大会在深圳国际会展中心举办。天津钢管作为核电行业用管的重要供应方，应邀参加核博会。

12 月 7 日，南钢集团副总裁兼首席投资官林国强一行来永钢集团访问交流，永钢集团总裁吴毅、副总裁余加军等陪同座谈。

12 月 8 日，南钢召开 2022 年风电用钢客户座谈会，中铁大桥局、金风科技、西门子歌美飒、远景科技、南高齿、库柏纳特、杭州大通、飞沃科技等客户代表和南钢相关负责人相聚一堂，共话风电产业链供应链高质量发展。

12月9日，宝武特冶作为C919国产大飞机核心关键材料供应商，应邀参加C919全球首架机交付/接收仪式，见证C919全球首架飞机交付。

12月13日，钢银电商联席董事长兼总裁黄坚、副总裁葛超一行来访南钢，双方就转型发展、产业生态圈共建等展开交流。南钢常务副总裁徐晓春出席座谈。

12月13日，靖江特殊钢有限公司与上海海泰钢管（集团）有限公司签署战略合作框架协议，靖江特殊钢有限公司党委书记、总经理刘文学，上海海泰钢管（集团）有限公司总经理顾祥出席签约仪式并座谈。

12月14日，华为公司中国地区部副总裁白利民，华为江苏代表处副总经理付岩、无锡业务部总经理顾峰等华为团队一行到访中信泰富特钢集团，并与集团签订战略合作协议。

12月14~17日，海航航空总裁助理马志敏率90余名优秀中基层干部员工到方大特钢交流学习，并就方大集团“党建为魂”企业文化、精细化管理、对标赛马等方面进行充分交流。

12月23日上午，常州东方特钢有限公司与泰兴市聚峰压延科技有限公司共同成立的“特殊船用钢材料联合研发中心”签约揭牌仪式举行。

7.2.4 企业治理

1月

1月4日，永洋特钢召开2022年安全（消防）责任状签订大会。总经理杜晓方与各分厂、各部门分别签订2022年安全（消防）责任状。总经理杜晓方强调，安全（消防）责任状要根据国家政策要求不断改进，不断完善。各分厂、各部门一定要充分认识签订安全（消防）责任状的重要意义。责任状不是一张纸，是一份责任，必须有正确积极向上的态度，把压力转化为动力，推动工作开展，完成工作任务。

1月6日，中共首钢贵钢第一届委员会第四次全体（扩大）会在雄壮激昂的国歌声中开幕。公司党委书记、董事长张兴出席会议。公司党委副书记、总经理汪凌松主持会议。公司领导班子成员、各二级单位助理及以上管理人员参加会议。

1月12日，围绕集团钛产业发展规划，宝武特冶召开“钢-钛结合短流程钛材（板带）关键技术及系列产品开发”启动会，正式启动该项目。

1月18日，沙钢集团2021年度先进表彰大会在行政中心隆重召开，会议全面回顾总结2021年集团工作，客观分析2022年面临的形势，明确集团总体工作思路和重点工作，对过去一年里为企业生产经营和发展建设作出积极贡献的先进集体和个人进行表彰，激发广大职工干部的昂扬斗志，为确保2022年度任务目标顺利完成奠定坚实基础。

1月21日，贵钢召开2022年度科技大会暨科技成果表彰会。公司党委书记、董事长张兴出席会议。公司党委副书记、总经理汪凌松主持会议。

1月22日，荣程钢铁集团2021年总结表彰暨2022年工作部署会议以线上线下相结合的形式在天荣公司大礼堂召开。大会总结了荣程钢铁集团2021年度工作成绩，安排部署2022年度重点工作，表彰2021年度先进集体和个人。

1月24日，长城特钢公司召开2021年度先进表彰大会，表彰2021年度各项重点工作中表现出色的先进单位和先进个人，大力弘扬劳模精神、劳动精神和工匠精神，充分调动广大职工的积极性、主动性和创造性，扎实推进各项工作实现新突破、取得新成效，奋力书写建设国内一流特钢新篇章，以优异成绩迎接党的二十大胜利召开。

1 月 25 日，衡钢召开领导班子述职测评暨干部大会，湖南钢铁集团党委任命郑生斌同志为衡钢党委书记、执行董事（法定代表人）、总经理，左少怀同志任衡钢党委副书记（公司正职）。

1 月 29 日，包钢（集团）公司 2021 年度“双先”表彰会在会展中心召开，公司董事长、党委书记魏栓师为劳动模范颁奖，公司总经理、党委副书记孙国龙主持会议，公司董事、党委副书记孟繁英宣读表彰决定。在这场表彰先进，鼓舞人心的大会上，特钢分公司荣获先进单位。

东北特钢股份公司（大连基地）2021 年营业收入突破百亿大关，达到 100.42 亿元，效益水平为正，达到重整以来最好水平。2021 年新产品入库 23.96 万吨，新产品首试制 82 个。销售系统不断拓展销售渠道，重点品种接单同比大幅增量，为公司营业收入提升奠定基础，全年重点品种入库 67.48 万吨，同比 2020 年提升 45.26%。销售还依托技术人员走访市场和技术服务，加大高效益品种新用户开发，2021 年新开发用户 142 户，品种涵盖石油用钢、塑机用钢、钎具行业用钢等领域。

2 月

2 月 1 日，方大特钢铁路发运车皮 137 节，其中钢材 106 节、水渣 31 节，日装车发运量打破历史纪录。

2 月 1 日消息，2021 年方大特钢自发电量达 86241.54 万千瓦 · 时，较上一年上升 303.512 万千瓦 · 时，再次刷新该公司自发电量历史纪录。

2 月 7 日，宝武特冶公司特种冶金装备研究成果发布会圆满举行。最终锻造厂《加热炉低氮蓄热式燃烧技术的研究》和精密钢管事业部《无缝钢管超声波探伤装备技术的研究》通过直观生动的动图和先进的检测技术获得了本次发布会的优秀奖。

2 月 9 日，中原特钢召开九届一次职工代表暨 2022 年度工作会议。总结公司 2021 年工作，分析面临的发展形势，部署 2022 年总体要求、目标和任务。

2 月 9 日，西王特钢召开了总经理直管部门重点工作布置及精细化管理推进会。

2 月 10 日，弥寒冰化学分析技能大师工作室喜获攀钢技能大师工作室命名。长城特钢公司人力资源部、工会领导出席授牌仪式。

2 月 10 日，长城特钢公司副总经理杨五八主持召开了“炼钢厂超低排放改造第一阶段实施专题会议”，公司打造低碳绿色环保工厂迈出坚实步伐。公司超低排放改造，将按照“分区域、分点位、分阶段”的原则逐步实施。今年上半年将首先启动炼钢厂超低排放改造第一阶段实施的实施工作，至 2023 年底全面完成超低排放改造。

2 月 16 日，中原特钢召开 2022 年党风廉政建设和反腐败工作会议。会议以习近平新时代中国特色社会主义思想为指导，总结安排公司党风廉政建设和反腐败工作。

2 月 17 日，宝武特冶（马鞍山）高金科技有限公司注册成立。

2 月 24 日，河钢石钢党委召开 2022 年党风廉政建设和反腐败工作暨警示教育会议，贯彻集团各项部署和要求，落实集团党风廉政建设和反腐败工作会议精神，安排部署今年重点任务。公司领导班子成员出席会议。

2 月 24 日，河钢石钢党委召开 2022 年党风廉政建设和反腐败工作暨警示教育会议，贯彻集团各项部署和要求，落实集团党风廉政建设和反腐败工作会议精神，安排部署今年重点任务。公司领导班子成员出席会议。公司各二级单位党政一把手、纪委书记（纪检委员），废钢验质专班、销售中心、采购中心和信息物流中心等单位代表现场参加会议。

2月25日，中信泰富特钢集团正式发行总额为50亿元可转换公司债券。

2月份，东北特钢第二轧钢厂积极推进降本增效工作深入。一方面积极有效开展能源管控、生产保证、工艺改进等系列创效项目，一方面加强对备件材料的有效管控，实现步骤费用逐步下降。当月，大型材条线步骤费用比计划降低156元/吨，降成本762万元；模具钢条比计划降低126元/吨，降成本109万元，这两项共计降成本871万元，比公司下发目标值500万元高371万元。

东北特钢股份锻钢厂2月份生产量创新高，达到8748吨。

3月

3月3日，贵钢召开2022年党风廉政建设工作会议。总结回顾了2021年的党风廉政建设工作，对贵钢2022年党风廉政工作进行了安排部署。公司党委书记、董事长张兴作讲话，公司党委副书记、总经理汪凌松主持会议，公司领导及相关部门人员参加会议。

3月5日上午，第十三届全国人民代表大会第五次会议在北京人民大会堂隆重开幕。全国人大代表、天工国际董事局主席朱小坤参加盛会。

3月10日上午，奔牛人民医院举行磁共振开机仪式，中天钢铁集团的1000万元爱心捐赠正式落地开花，为奔牛卫生事业的发展再次添砖加瓦。

3月11日，龙腾特钢召开全体党员大会，进行新一届党委换届选举工作。会议通过了上届党委的工作报告，并选举出了新一届的党委书记、副书记和委员。梅李镇党委书记许晓波、党政办主任时刚、龙腾特钢党委书记季丙元、副书记丁君华、副总经理徐胜、徐利、吕纪永、上届党委委员及全体党员出席会议。

3月11日，方大特钢2022年实施35项科技攻关项目，科技攻关专项经费预算1100余万元，预期产生直接效益超3亿元。今年方大特钢将进行低碳炼铁技术研究、水处理工艺改进研究、煤气综合利用研究等低碳环保技术攻关，以及为满足用户技术要求及使用要求，实施高性能弹簧扁钢、空气悬架用弹簧扁钢的研究开发。还将实施5G+智慧工厂应用与研究，构建5G+智慧工厂应用平台。

3月15日，山钢股份莱芜分公司撤销设备检修部，原设备检修部“特钢银前检修作业区”（108人）及“特钢检修作业区”（212人）共计320人划转移交至特钢事业部。

3月28日，太钢矿业成为亚洲首家发布矿产品碳足迹数据的矿山企业。

3月，长城特钢单月特材销售收入破亿元大关。一季度特材销量及收入连续攀升，3月份更是创下了特材销量及收入的历史纪录。通过品种结构调整实现增利。2021年，新增11项资质，新增特材用户56家，为今年的特材销售创造了良好先机。

东北特钢公司锻钢厂一季度生产经营开局良好，多项指标创历史新高。生产量及入库量完成指标，步骤费用比指标降低236元/吨，钢材一次合格率比指标提高0.28%，钢材综合合格率比指标提高0.02%。

东北特钢股份在沙钢集团3月份及一季度劳动竞赛中取得一定成绩。东特股份炼钢厂110吨转炉综合得分在沙钢成员企业100~179吨转炉竞赛小组排名第一，东特股份第一轧钢厂棒材轧机、第二轧钢厂大型材车间综合得分在沙钢成员企业圆钢竞赛小组分别排名第一、第二。

一季度莱钢特钢事业部首次在小棒产线使用控冷水箱进行轴承钢生产轴承钢氧含量最低达3.7×10^{-6}，平均6.0×10^{-6}，取得重大突破。

4 月

4 月 2 日，包钢特钢党委常委会召开 2022 年第 13 次会议暨公司安全生产委员会工作会议。

4 月 8 日，近 30 辆满载着方大人拳拳爱心的物资运送车队，从甘肃省临夏州东乡族自治县方大乡村振兴项目工厂内驶出，奔赴上海抗疫一线。辽宁方大集团通过上海市慈善基金会，向上海市长宁区等 5 个区，以及 2 所医院、5 所高校捐赠价值 2000 万元的食品、饮料、防疫口罩等抗疫和生活保障物资，以实际行动驰援上海抗疫，助力打赢疫情防控阻击战。

4 月 12 日，中原特钢召开 2022 年安全工作会，再次学习习近平总书记关于安全生产的重要指示精神和李克强总理重要批示，传达学习集团公司第二次安全生产视频会精神，分析公司当前面临的安全生产形势，部署下步安全工作。

4 月 14 日，东北特钢股份召开 2022 年一季度安全工作总结暨二季度安全工作部署会。会议总结了东特股份 2022 年第一季度安全生产工作情况，部署了 2022 年第二季度安全生产工作。

4 月 15 日，人民日报客户端推出了《废水再循环，绿色促发展》的专题视频，对河钢石钢绿色节能工作进行报道；新华社客户端也对河钢石钢的绿色生产进行了公开报道。

4 月 22 日，沙钢东北特钢集团以视频会议形式召开 2022 年一季度科技创新活动总结表彰暨干部大会。会议公布了一季度群众性创新成果表彰决定，并对下一步全员创新工作进行部署。会上还宣布了沙钢董事局关于设立沙钢东北特钢集团的决定和有关领导干部任免决定。

4 月 23 日，济源钢铁第二炼钢厂组织召开了 2022 年第一季度金牌员工表彰及座谈会。厂部领导及各中层、金牌炉长、机长、作业长等 40 余人参加了会议。会上，厂部领导分别为金牌炉长、机长、作业长颁发袖标和奖金。金牌炉长代表张继伟、樊立林、金牌天车工代表黄彬结合自身岗位和本次荣誉的取得，分别作了发言。

4 月 28 日，首钢贵钢公司先进表彰大会召开，隆重表彰公司各领域涌现出来的劳动模范和先进工作者。公司党委书记、董事长张兴强调要弘扬劳模精神、劳动精神、工匠精神，为打牢贵钢高质量发展基础、推动高质量发展再创佳绩、再立新功。

4 月份，方大特钢炼铁喷煤攻关取得大突破，截至 4 月 24 日喷煤比 168 千克/吨铁，比 2021 年喷煤比均值提高 18.42 千克/吨铁，创公司高炉喷煤指标历史最高水平。相比 2021 年，因喷煤比提高减少当月外购焦采购量 4770 吨，为企业创造效益 617 万元。

5 月

5 月 4 日，河钢石钢团委召开优秀青年表彰暨座谈会，“河钢石钢十大杰出青年”“河钢石钢优秀青年”等一批先进集体和先进个人受到表彰。

5 月 6 日，西宁特钢召开生产经营运行分析会，总结分析 1~4 月份生产经营工作，安排部署下一步重点工作。集团公司党委副书记、总经理马玉成主持会议并讲话。集团公司、股份公司两级公司领导班子成员，各公司各单位主管领导参加会议。

5 月 12 日，沙钢东北特钢集团以视频会议形式召开 4 月份生产经营效益分析会。会议指出，根据沙钢董事局对沙钢东北特钢集团的职能定位，下一步集团要重点“搭建五个平台、形成四个合力、做好一个规划”。龚盛董事长作重要讲话，对集团四个特钢企业下一步要重点抓好的五项工作提出要求。蒋建平总经理主持会议。

5月19日，山西太钢不锈钢股份有限公司公布2021年A股限制性股票激励计划规定的授予条件已经成就，确定限制性股票的授予日为2022年5月19日，向281名激励对象授予3665万股限制性股票。

5月19日，南钢召开体育公园项目启动会。该项目秉承生态休闲、绿色健身、智慧生活设计的理念，总用地面积3.38万平方米，设置了丰富的功能业态，将进一步提升南钢员工和周边居民生活品质与幸福感。

5月20日，首钢贵钢召开精益六西格玛2021年表彰暨2022年项目启动会。公司领导、各单位倡导者、项目组长，获奖先进集体及个人代表参加会议。

5月24日，天钢公司顺利通过了超低排放审核。

5月27日，永钢在上交所成功发行2022年绿色科技创新公司债券（专项用于碳中和）。

5月29日，西宁特钢股份公司召开1~4月份质量工作总结及质量提升安排部署会议，总结分析今年以来质量工作取得的成绩，并结合市场需求、深化改革、自身不足深刻剖析存在的质量问题，制定下一步工作计划。

5月30日，太钢集团、太钢不锈发布碳达峰及降碳行动方案，明确了方案的指导思想、工作原则、行动计划、保障措施，成为推动太钢绿色低碳发展的具体行动计划。

5月30日，潍坊特钢集团全体党员大会在集团办公大楼四楼会议室召开。集团公司党委书记、董事长、总经理于光富出席会议并讲话，集团公司7个党支部全体党员、入党积极分子参加了本次会议。

5月31日，西宁特钢召开稳住经济大盘专题部署会，学习传达全省稳住经济大盘电视电话会议精神，安排部署下一步重点工作。

5月31日下午，龙腾特钢召开2022年6月份安全生产月活动启动会，公司副总经理吕纪永对安全月活动进行动员，要求各分厂（部门）围绕今年安全月主题“遵守安全生产法，当好第一责任人”结合公司安全月活动方案开展各类丰富多彩、不限形式的活动，并了解安全生产法、了解15条硬措施、了解钢八条等内容。各分公司、各分厂安全员及委外单位负责人等120余人到场参会。

6月

6月9日上午，河钢舞钢召开2022年科技大会，隆重表彰过去一年为公司科技事业作出突出贡献的科技工作者，弘扬知识崇高、人才宝贵、创造伟大的科技精神，激发广大科技工作者的创新创造热情。

6月13日，中原特钢党委书记、董事长陈鲁平在5月份经营分析会上强调，要扎实做好各项工作，以实际行动迎接党的二十大胜利召开。营业收入完成全年预算的49%，同比增长38.22%，利润完成全年预算的42.15%，同比增长84.44%。

6月14日，装载有大冶特钢509吨特种无缝钢管的22列车厢，搭乘中欧班列“长江号”从黄石首发德国汉堡，标志着黄石正式开启与欧洲经贸往来的陆路新通道。

6月15~16日，英国劳氏船级社验船师对凌钢生产装备、作业环境、人员资质、检化验能力等方面进行了制造能力评估，经现场实际考评，符合认证条件，标志着凌钢船级社工厂认可正式进入生产制造阶段。

6月16日上午，济源钢铁工会副主席梁长江前往第一轧钢厂，为2022年济源示范区“工人先锋号”获得者特大棒轧钢车间轧钢丙班授牌。

6月17日上午，天工国际召开海关AEO高级认证启动会议，副总经理王刚主持会议，公司财务部、人力资源部、信息中心、采购部、内审部、安全环保科、仓库、关务等部门负责人参加会议，丹阳海关综合业务科丁大伟副科长、吴濛主办莅临现场，行政总裁朱泽峰、总经理吴锁军、董事局主席朱小坤出席会议，并作重要讲话。

6 月 20 日，东北特钢股份主持制定的《汽车胀断连杆用非调质结构钢棒》行业标准，顺利通过全国钢标准化技术委员会的审定。

6 月 21 日，中信泰富特钢集团党委书记、董事长钱刚，中信泰富特钢集团总裁助理、人力资源部、组织部部长周开明出席青岛特钢干部大会。青岛特钢党委书记、总经理惠荣主持会议，青岛特钢总经理部全体领导出席大会，各单位中层领导参加会议。

6 月 21 日，河冶科技股份有限公司召开 2021 年度股东大会。

6 月 24 日，江苏省工业经济联合会在南钢召开江苏区块链产业生态服务平台方案研讨审查会，由南钢旗下鑫智链公司主创，金恒、钢宝、鑫洋等多家子公司参与的江苏区块链产业生态服务平台方案暨苏链 2.0 方案正式发布。

6 月 26 日，贵钢党委书记张兴、总经理助理杨接明到结对帮扶村贵阳市修文县谷堡镇索桥村开展红色美丽村庄建设进行调研。

6 月 27 日，南钢、中国移动 5G+无人机创新应用正式发布。江苏省工信厅二级巡视员常如平，工信厅消费品处副处长姜辉，中国信通院高级专家邹宇航，江苏移动副总经理谢生勃、南京分公司总经理唐泽荣等见证这一重要时刻，南钢党委书记、董事长黄一新，常务副总裁徐晓春，党委副书记王芳等出席活动。

6 月 28 日，东特股份开展安全、消防事故综合应急预案演练。通过演练进一步完善了公司应急救援体系，提高突发情况下应急处置能力，不断提高安全生产水平。沙钢东北特钢集团总经理、东特股份董事长蒋建平，东特股份第一副总经理王会民及公司领导班子成员，各单位负责人、主管安全领导、生产安全科副科长现场观摩了演练。

6 月 28 日，首钢贵钢召开 2022 年创先争优先进表彰大会，表彰公司各条战线涌现出来的先进集体和先进个人。公司党委书记、董事长张兴出席会议，公司党委副书记、总经理汪凌松主持会议。

今年上半年，方大特钢原燃料采购部门以“变干实”转作风，以“哈下腰”谋市场，不断巧打采购算盘，全力做好“挖钱降费”文章，实现原燃料采购降本 5600 余万元。在方大集团钢铁板块对标赛马中，原燃料吨钢采购价格（含合金）实现累计排名第一。其中，进口粉矿、膨润土、焦炭实现累计排名第一，进口块矿累计排名第二。

2022 年上半年，方大特钢铁水质量稳定向好，铁水硫含量达标率 93.12%，创该公司铁水硫含量内控率历史最好水平。

7 月

7 月 1 日下午，河钢舞钢公司为科技部送喜报、颁发创水平奖，充分肯定今年以来科技部在新产品研发、市场推广、工艺降本等项工作中的创新突破和取得的优异成绩。

7 月 2 日，方大特钢焦化厂通过对此前已完成节能改造的干熄焦余热发电循环水系统进行为期 5 个月的运行监控，实测改造后的新系统日均电耗与之前相比计算，每月可节约用电成本 4.57 万元。

7 月 8 日，永钢在江苏省内首家全面完成超低排放改造。

7 月 11 日，中共青岛特殊钢铁有限公司第一次党员代表大会胜利召开。

7 月 11 日，承德建龙开展了为期 11 天的大学生职前教育活动，职前教育采取培训、拓展训练、军训相结合的方式开展。7 月 22 日，举行了职前教育闭幕仪式，公司副总经理刘宝志出席闭幕仪式。

7月11日上午，青岛特钢在发电厂二楼会议室召开了庆祝建党101周年暨2022年半年工作会议，党委书记、总经理惠荣出席会议并作《2022年上半年党建工作总结及下半年党建工作安排》和《2022年上半年总经理工作报告》。

7月12日，为推进绿色、低碳的高质量发展，深层次挖掘能源系统节能潜力，降低全系统能源成本，南钢召开能源系统诊断启动会，并成立能源诊断工作小组。

7月12日，东北特钢集团以视频会议形式召开6月份及上半年生产经营效益分析会，进一步传达贯彻沙钢集团2022年半年度工作会议精神，并总结东北特钢集团上半年生产经营各项工作，对下半年任务进行部署。龚盛董事长强调要认清市场形势，全力抓好销售联动，科学合理做好生产组织优化，全方位深入抓好降本节支，要把成本指标落实到基层岗位上。

7月13日，包钢第三届“稀土钢杯”品牌故事大赛总决赛在包钢会展中心落下帷幕。包钢特钢分公司报送的作品《一分钟》荣获短视频比赛二等奖。

7月13日，淮钢公司清洁运输部分超低排放改造和评估监测进展情况在中国钢铁工业协会官网正式公示，标志着淮钢超低排放“取证”工作取得实质性进展。

7月14日，首钢贵钢召开上半年经营活动分析会，总结分析上半年经营生产情况，部署下半年重点工作。

7月15日上午，天津钢管召开2022年上半年总结表彰大会，总结表彰上半年重点工作，安排部署下半年目标任务。

7月15日，西王特钢上半年工作总结暨下半年工作计划大会召开。西王特钢董事长张健，西王特钢总经理张庆生和特钢经理班子成员，各厂车间主任和后勤部门主管以上干部及职工代表参加会议。

7月15日，方大特钢炼铁工序以平均日产铁水10129吨、平均日产烧结矿14760吨，以及高炉燃料比在提升煤比的同时较2021年下降2.12千克/吨的好成绩，在集团钢铁板块6月份铁工序运营赛马中位列第一。

7月17日，《天津日报》头版“绿色福祉人民享——天津打造绿色生态屏障书写高质量发展新篇章”专栏，以《天津荣程钢铁集团绿色业态　引领转型发展》为题，报道了荣程钢铁集团等工业园区和乡镇绿色低碳发展，助力天津绿色生态屏障建设。

7月18日下午，天工国际2022年上半年经济工作总结大会隆重召开。公司高管层、全体管理人员、技术人员、炼钢车间班组长以及生产保障人员等500多人参加了会议。行政总裁朱泽峰主持会议。对照2022年年初核定任务指标，大会通报了上半年各项经济指标的完成情况，明确了下半年的任务目标；总经理吴锁军全面总结了上半年的工作成绩和不足，并为下半年工作作了具体要求和部署。

7月19日，《河北日报》头版刊发了题为《这里，绿色是最亮的底色》的文章，介绍了河钢集团石钢公司以退城搬迁为契机实现转型升级，走上生态优先、绿色转型的高质量发展之路的成效，受到社会各界的广泛关注和好评。

7月20日，首钢贵钢召开2022年合规专题培训会，公司邀请贵州贵达律师事务所律师为干部职工讲解了“新时代国有企业合规经营与风险管理”，公司纪委书记潘昆仑主持会议。

7月23日上午，西宁特钢副总经理张伟，集团公司总经理助理、安全环保管理中心主任曹小军一行前往西宁西钢矿业公司就矿山安全生产工作进行检查指导。

7月23日上午，济源钢铁第一轧钢厂在厂大会议室召开上半年阿米巴总结分析会暨挖潜降本增效动员大会。

7 月 25 日，中原特钢党委书记、董事长陈鲁平主持召开党委理论学习中心组学习，深入学习贯彻习近平总书记关于实现“碳达峰碳中和”的重要论述，学习相关知识，开展专题研讨。

7 月 28 日，沙钢集团董事局下发《关于公布 6 月份及二季度集团劳动竞赛结果和奖励意见的通知》，公布了各成员企业 6 月份及二季度劳动竞赛结果和奖励意见。东特股份部分参赛条线产量、质量、成本等指标完成较好，在竞赛中取得一定成绩。其中，东特股份第二轧钢厂大型材车间综合得分在沙钢成员企业圆钢产线竞赛小组排名第一。

7 月 29 日，青岛特钢在发电厂二楼会议室召开 2022 年上半年安全工作总结暨三季度安委会扩大会议。

7 月 29 日，济源钢铁二炼钢组织召开了 2022 年第二季度金牌员工表彰及座谈会，本次获得奖励的所有金牌员工，结合自身工作实际，从工艺工序控制、设备运行、现场工作环境优化、安全等各方面，深入交流和探讨了实际工作中遇到的问题和困难。针对大家提出的问题，厂长刘宗辉一一记录并提出自己的想法和建议，与大家探讨。

7 月 30 日，龙腾特钢召开安全环保委员会 2022 年二季度扩大会议暨精益管理推进会，会议由副总经理吕纪永主持，董事长季丙元、副总经理徐胜、徐利、丁君华、吕纪永、黄耀良、财务总监周晓峰、各分公司领导、总公司职能部门相关人员及委外单位负责人共 330 余人出席会议。

7 月 30 日下午，东特股份组织召开降本节支、挖潜增效工作思路及项目梳理专题会，进一步理清降本增效工作思路。公司全体领导、各处室、生产厂一把手参加会议。会上，销售、生产、技术质量、设备条线及主体生产厂分别汇报了降本增效工作思路及梳理的降本增效项目，与会领导逐个条线、项目进行了点评。

8 月

8 月 1 日晚间，南钢股份发布了《关于拟收购柏中环境科技（上海）股份有限公司暨关联交易》的公告，南钢股份拟以现金方式购买南京南钢钢铁联合有限公司持有的柏中环境 1.99 亿股股份，占其总股本的 53.57%，交易金额为 21.75 亿元。

8 月 2 日，国资委下达“国资委专项”二期任务，宝武特冶代表中国宝武承担三项任务。宝武特冶根据任务要求编制新一轮“国资委专项”攻关任务书，确保里程碑节点任务明确，资源配套到位，保障任务高效推进、节点受控。

8 月 3 日上午，淮钢董事长、党委书记季永新赴炼钢厂调研指导降本节支工作，炼钢厂厂长车从荣及班子成员一同参加调研，车从荣详细汇报了炼钢降本节支工作开展情况。

8 月 3 日，衡钢举行 IPD 团队成立暨 IPD 经理聘任仪式，将市场营销、技术研发、生产、质量等工作融为一体，全力为客户提供满意的产品和服务。

8 月 5 日上午，东北特钢股份在公司二楼学术报告厅召开质量工作扩大会议，集团总经理、东特股份董事长蒋建平等公司班子成员出席会议，东特股份总工程师姚玉东主持会议，各职能处室负责人，总工办、技术中心、质检处、中心试验室各条线主管以上人员，炼铁厂、炼钢厂、一轧厂、二轧厂、锻钢厂、精密合金公司等生产单位领导及班组长以上人员参加会议。

8 月 5~6 日，沙钢东北特钢集团董事长龚盛，沙钢东北特钢集团第一副总经理孙启，副总经理孙久红等一行 5 人来到抚顺特钢调研指导降本增效工作。龚盛一行分层次听取了抚顺特钢关于降本增效工作推进情况及下一步工作思路的汇报，并对抚顺特钢降本增效工作提出新要求。抚顺特钢分别召开了领导班子会议和由各单位一把手参加的中层干部会议。抚顺特钢领导班子成员及各单位一把手分别就本条线、本单位已经开展的降本增效工作及下一步降本增效工作思路、具体措施等进行了详细汇报。

8月6日，西宁特钢党委副书记、总经理马玉成前往联点单位新材料公司精品小棒线作业区准备党支部围绕青海省第十四次党代会精神，为支部党员讲授了一堂精彩生动的专题党课。

8月9日，辽宁方大集团通过海南省三亚市红十字会和海口市红十字会，紧急捐赠价值500万元的抗疫物资驰援海南三亚和海口。

8月11日，首钢集团党委召开首钢贵钢干部大会，贵州省国资委党委副书记申勇、首钢党委副书记邱银富、首钢股份相关负责人、贵钢领导班子成员参加。李金柱同志晋级担任首钢贵阳特殊钢有限责任公司党委书记、董事长。

8月12日，沙钢东北特钢集团以视频会议形式召开7月份生产经营效益分析会。集团龚盛董事长参加会议并作重要讲话，要求面对严峻的形势，全员要增强危机意识，要全方位分析清楚、分析透彻影响企业经济效益的因素，找准工作的方向和重点，全力以赴抓好降本增效工作。

8月14日，《青海日报》头版以《党建催生“自救”实招》为题，刊发了西宁特钢深化改革以来，立足巩固国有企业“根”和“魂”优势，“加减乘除法”推动企业良性发展的做法和成效。

8月15日，中共河南中原特钢装备制造有限公司第六次代表大会召开。

8月19日上午，西宁特钢党委副书记、总经理马玉成前往西宁西钢矿业公司检查指导防洪防汛工作。

8月22日，淮钢公司投资4800万元建设的南北厂区雨污分流改造项目正式投入试运行。

8月22日，西王特钢召开以“聚力量、降成本、促突破”为主题的动员大会。

8月23日，沙钢集团捐赠100万元用于防疫物资采购，与其他苏州爱心民营企业、苏州市光彩事业促进会共同完成了目前拉萨市点对点捐赠最大的一笔防疫物资，用于驰援苏州对口帮扶的林周县抗击疫情。

8月23日，首钢集团领导张功焰、王世忠、王建伟到贵钢新区检查调研设备技改、内部管理及老区项目开发建设等情况。

8月25日，由首钢贵钢承办的“2022年首钢长材产品及技术发展研讨会”召开。

8月25日，大冶特钢65辆国六排放标准车辆投入厂内运输，是公司实现超低排放的重大举措。

8月26日晚间，方大特钢披露《2022年半年度报告》。上半年，公司钢铁产品产销量分别为209.11万吨、208.09万吨，分别同比增加1.42%、1.20%；实现营业收入133.06亿元，同比增长34.85%；归属于上市公司股东的净利润9.27亿元，同比下降37.25%。

8月26日，天工国际举行了公司“职工子女考取名校特别奖励金”发放仪式，4500吨快锻车间质检员江莉之子江理慧荣获公司特别奖励金。江理慧被复旦大学录取，成为公司第五位享受特别奖励金的天工优秀职工子女。总经理吴锁军、行政总裁朱泽峰出席仪式，并为江理慧发放了特别奖金，颁发了奖励证书。

8月31日，太钢召开2022年“质量月”启动会议，总结公司今年以来的质量工作，全面部署“质量月”及四季度持续实施质量改进活动，实现产品质量的显著提升和质量效益的显著改善，助力太钢度过钢铁行业“寒冬”。太钢集团党委书记盛更红，太钢集团总经理、党委副书记李华等公司领导班子成员参加会议。

9 月

9 月 2 日，宝武特冶召开《钢–钛结合短流程钛材（板带）关键技术及系列产品开发》总结研讨会。云钛公司凭借该项目获得“2022 全球技术转移大会创意展团奖”表彰。

9 月 6 日，东特股份召开 2022 年廉洁从业警示教育大会。沙钢东北特钢集团领导龚盛、蒋建平、孙启、朴文浩、孙久红，东特股份领导班子成员出席会议。集团副总经理、东特股份纪委书记、工会主席朴文浩主持会议。

9 月 6~7 日两天，天工国际分批分岗位在行政中心三楼报告厅开展了“天工工具贸易安全及供应链安全”“天工工具应急安全”专题培训。培训由公司安全环保科科长金建干主讲。天工工具的全体管理人员、一线员工共计 900 多人全部参加了培训。

9 月 8 日，青岛特钢工会、团委联合主办“迎中秋、共团圆、话成长、促发展”特钢中秋音乐会，与新入职大学生和往届大学生代表共度佳节，通过交流互动帮助引导新入职大学生快速融入青岛特钢。

9 月 9 日，辽宁方大集团向四川泸定捐赠 1000 万元现金，用于“9 · 5”泸定地震相关应急，救灾及灾后重建工作。

9 月 14 日，沙钢东北特钢集团以视频会议形式召开 8 月份生产经营效益分析会。集团龚盛董事长参加会议并作讲话，他指出，在当前严峻的市场形势下，沙钢东北特钢集团要以“降本增效”为总目标、总抓手，突出重点工作，统筹抓、系统抓，抓紧抓实，抓出实效。集团蒋建平总经理主持会议。

9 月 23~25 日，东北特钢股份职工职业技能比武大赛火热开赛，一批批“技能达人”和“能工巧匠”经过充分的练兵磨砺，通过了车间级、分厂级比赛的激烈角逐，最终崭露头角，来到公司级决赛现场，大家同台竞技、以武会友，以精湛的技艺向冠军荣誉发起冲锋。

9 月 26 日，西村 40 户新居及配套设施全部完工，交付村民。龙腾特钢资助 3000 多万元，每户村民出资 48 万元，聚沙西村整体翻建，统一规划设计房屋 45 栋，实际一次性建设 40 栋以及中心花园、美丽菜园、活动中心、河道改扩等配套基础设施。

9 月 28 日，中信泰富特钢集团隆重举行国旗揭旗仪式。这面五星红旗曾经在公司整体上市日期（2019 年 10 月 11 日）北京天安门广场上空飘扬，编号是 2019–0113。

9 月 28 日，天钢通过清洁生产环境友好型企业初评公示，以天津市总分第一名的成绩进入“水效领跑者”国家部委审核阶段。

方大特钢原料采购部门以精细化管控为抓手，加大对标力度，不断提高采购管控能力，1~9 月份，在保障原料采购质量的基础上，吨钢采购价格在方大集团钢铁板块对标赛马中累计第一，实现采购降本 7000 余万元。

9 月，永兴特种材料晋升国家级博士后科研工作站。

10 月

10 月 8 日，西王特钢召开 2022 年第三季度职工科技创新成果评审会。最终 16 项职工科技创新成果通过评审获得表彰。

10 月 12 日，东北特钢集团以视频会议形式召开 9 月份生产经营效益分析会。会议指出，在当前严峻的市场形势下，四个特钢公司之间要相互交流、借鉴和学习，全力做好产品结构调整，进一步加大降本节支工作力度，抓好产品质量，抓住市场机遇，增强企业创效能力。淮钢特钢、东特股份、抚顺特钢、安阳永兴分别汇报了 9 月份生产经营及 10 月份预算等情况，集团相关部门分别汇报了主管业务条线指标完成等情况。

10月12日，兴澄特钢党委组织召开党委理论学习中心组（扩大）学习研讨会，就习近平总书记关于完整准确全面贯彻新发展理念的重要论述，开展学习研讨。

10月12日上午，济源钢铁第一炼钢厂9月份质量总结会及三季度关键岗位劳动竞赛表彰会在厂二楼会议室召开，厂领导董文利、黎才庆、李智，各车间主任、协理员、车间及工艺科技术员，以及竞赛获奖人员等共计70余人参加了会议。

10月14日，方大特钢炼钢厂通过利用过程余热，实现部分转炉除尘系统产生的粗颗粒烘烤入炉使用。今年三季度烘烤量达617.76吨，入炉安全使用量做到0.59千克/吨钢，季度创效15万余元。

10月16日上午，龙腾特钢党委全体党员干部共同收看了中国共产党第二十次全国代表大会直播，认真聆听习近平同志代表第十九届中央委员会向大会所作的报告。

10月21日，邢钢顺利通过河北省2021年度温室气体排放核查，为下一步管理温室气体并找出减量机会，提升能源利用效率，持续做好碳减排工作奠定了基础。

10月23日上午，本钢板材特殊钢事业部举行揭牌仪式，板材公司党委书记、董事长霍刚，党委副书记、副总经理王世友应邀出席了仪式。

10月26日，龙腾特钢召开安全环保委员会2022年三季度扩大会议暨精益管理推进会，会议由副总经理吕纪永主持，董事长季丙元、副总经理徐胜、徐利、丁君华、吕纪永、黄耀良、财务总监周晓峰、各分公司领导、总公司职能部门相关人员及委外单位负责人共320余人出席会议。

10月28日晚，南钢股份披露《2022年三季度报告》。南钢股份前三季度实现营业收入526.45亿元，归母净利润20.77亿元；其中，第三季度实现归母净利润5.12亿元。

10月29日，方大特钢公布2022年第三季度报告，2022年前三季度实现营业总收入181.61亿元，同比增长13.6%；实现归属于上市公司股东的净利润10.86亿元。

10月份，天工国际土耳其公司与捷克公司再创单月钢材销售量历史新高，单月均突破千吨大关。其中土耳其公司已超额完成全年任务指标的18%，捷克公司完成全年任务指标也指日可待。

11月

11月2日，辽宁方大集团实业有限公司披露三季报显示，公司2022年前三季度实现营业收入1230.07亿元，同比增加25.48%，在公司钢铁和航空两大板块受行业基本面不利因素冲击的情况下，辽宁方大依然表现出较强的韧劲和一贯的稳健风格。

11月8日，宝银特种钢管有限公司收购瓦卢瑞克核电管材（广州）有限公司，将具备千吨级特殊管材生产能力，成为全球最大生产基地。

11月12日，东北特钢集团召开2022年总结评比动员会，集团领导龚盛、季永新、孙启、孙久红、孙立国、李增伟出席会议，集团一室五部、直属单位和子公司负责人，四个特钢公司领导班子，各处室、分厂负责人参加会议。

11月14日下午，淮钢公司召开10月份考核考评会议，并在会上就2022年度总结评比工作进行动员部署，号召广大干部职工总结经验、改进不足，坚定信念、迎难而上，积极应对各种挑战，促进公司稳健发展。

11月16日，长城特钢公司领导周伟与相关部门负责人深入走访含增生产区，调研综治防盗工作，并主持召开含增生产区综合治理专项工作会。

11月18日，省国资委党委向公司拨付20万元专项党费，全力支持西宁特钢当前疫情防控各项工作。

11 月 22 日，淮安市工信局组织中国信息通信研究院、江苏省企业信息化协会相关专家一行 5 人来淮钢开展数字化诊断工作。根据线下评估诊断和专家分析，结合智能制造能力成熟度模型的评估诊断，淮钢智能制造水平评估总得分为 3.67 分，总体智能制造成熟度为三级。

11 月 23 日，西宁特钢党委副书记、总经理马玉成等领导深入江仓公司焦化厂生产一线，现场指导检查疫情防控措施落实情况，实地查看驻厂职工生活住宿保障情况，勉励广大干部职工做好各项工作。

11 月 23 日，东北特钢股份召开销售系统专项总结会。会议全面梳理了销售系统 2022 年工作，并就近期市场走访情况进行分析总结，同时对下一阶段重点工作进行谋划和部署。

11 月 25 日，东方特钢安全智慧体验馆设备安装调试和安全文化展示全部完成，具备了参观接待、教育体验和验收条件，即可对公众开放。

11 月 26～27 日，沙钢东北特钢集团召开集团和四个特钢公司 2022 年度领导班子集体总结和个人总结会议。沙钢东北特钢集团重点围绕做优、做特、做强特钢板块，对 2022 年主要开展的重点工作进行全面回顾。淮钢特钢、东特股份、抚顺特钢、安阳永兴先后对 2022 年主要工作进行集体总结。集团主要领导分别对集团、淮钢特钢、东特股份、抚顺特钢、安阳永兴集体总结作了点评。

11 月 26 日上午，青岛特钢召开 2022 年干部大会。中信泰富特钢集团董事长钱刚，总裁李国忠，工会主席郑静洪，组织部部长周开明分别线上和现场出席大会。周开明宣读任命文件。新任青岛特钢党委书记、总经理孙广亿，党委委员、总工程师黄镇，总经理助理陈玉辉作表态发言。

11 月 28 日，沙钢东北特殊钢集团召开安全生产工作会议，会议通报了近期社会典型的安全事故及各特钢公司的安全生产情况，并布置下一步的安全生产工作。集团第一副总经理孙启主持会议并对安全生产工作提出具体要求。

11 月 29 日，宝武党委书记、董事长陈德荣对宝武特冶进行工作调研，并与其班子成员开展工作谈话。陈德荣在调研中指出，要聚焦产业发展，大力推进体制机制创新和科技创新，发挥专业优势，助力国家科技自立自强。

南钢 1～11 月实现营收 1711.52 亿元，利润 30.94 亿元，效益在行业排名第 11 位（钢产量排名 21 位），比上年进步 5 名。

11 月，长城特钢轧钢厂抓实各项工作举措，稳步推进放量生产。完成入库 15301 吨，完成当月目标值的 106.15%，其中，自炼钢入库 7218 吨，连铸坯入库 8049 吨，专项钢 305 吨，全面完成公司下达的生产任务目标。

11 月，方大特钢自发电量 8149.62 万千瓦·时，较去年同期提高 10.17%；外购电量 5296.81 万千瓦·时，较去年同期降低 10.07%。

11 月，淮钢动力厂多举措提高发电量。经过全体职工的不懈努力，11 月份动力厂实际完成发电量 7847.62 万千瓦·时，外供蒸汽 515 吨，折合发电量 7860.67 万千瓦·时，较计划发电量 7480 万千瓦·时超出 380.67 万千瓦·时，日均发电量 262.02 万千瓦·时。截至 11 月底，动力厂累计发电量 8.05 亿千瓦·时，较年度发电任务 7.3 亿千瓦·时，超出 7541.55 万千瓦·时。

11 月，贵钢轧钢事业部高线作业区最高日产量同比增长 62.24%，综合电耗同比降低 48.41%，吨钢天然气消耗同比降低 77%；中空钢作业区月产量同比增长 142%，综合电耗同比降低 25%，吨钢天然气消耗同比降低28%；多项指标突破历史纪录。

11月，玫德雅昌鹤壁工厂海外梨形夹连续模工艺开发成功，双班产能由产能4000件提升至4.5万件，实现鹤壁工厂连续模工艺零突破，成型速度提升至行业领先水平。

12月

12月1日，淮钢获得江苏电网有序用电需求响应奖励资金330万元，为公司降本增效工作再添佳绩。

12月8日上午，长城特钢公司工会、人力资源部对质量管理部的技能大师工作室进行了年度考核评审。为切实加强技能大师工作室建设，进一步发挥技能大师在技术创新引领和技能人才培养方面的作用，推动企业技术进步和改革创新，加快知识型、技能型、创新型职工队伍建设。

12月10日，南钢举行数字阿米巴系统二期项目上线仪式，各部门、各事业部、新产业投资集团等相关人员通过线上线下参会。

12月10日，东北特钢集团召开2023年度工作计划研讨会，集团领导龚盛、季永新、蒋建平、孙启、朴文浩、孙久红、孙立国、李增伟，四个特钢公司主要领导参加会议。会议以视频形式召开，集团龚盛董事长主持会议。会上，淮钢特钢、东特股份、抚顺特钢、安阳永兴主要领导分别围绕2023年工作思路作了交流，与会领导进行充分讨论。

12月12日，沙钢东北特钢集团召开11月份生产经营效益分析会。会议指出，要认真做好2023年效益目标的分解、细化、落实工作，面对当前严峻形势，要坚定信心，理清思路，提高站位思考问题，统筹、全面、重点抓工作，在激烈的竞争中经受住考验，在行业中站稳脚跟。淮钢特钢、东特股份、抚顺特钢、安阳永兴分别汇报了11月份生产经营和12月份预算等情况。集团相关部门分别汇报了主管业务条线指标完成等情况。

12月14日，西宁特钢召开干部大会宣布集团公司干部人员和机构调整意见。

12月14~15日，中国宝武党委常委、纪委书记、国家监委驻中国宝武监察专员孟庆旸就学习宣传贯彻党的二十大精神，全面深化国资国企改革、加强和改进新形势下国有企业党的建设等到太钢调研。

12月15日，首钢贵钢公司举行的工装工法大赛已圆满落下帷幕。此次比赛于11月底启动，共有26个作品参加评选，经过评审组12月8日的评审，最终有18个作品进入决赛。

12月15日，来自东北特钢炼铁厂、炼钢厂、第一轧钢厂、第二轧钢厂、锻钢厂和精密公司等主体生产单位的99名班组长齐聚一堂，交流管理经验，分享工作心得，共同聆听淮钢特钢优秀讲师精彩的班组管理经验分享。

12月15日，首钢集团党委组织部下发《关于首钢第一批品牌党支部复审合格和命名首钢第二批品牌党支部的通知》，贵钢公司轧钢事业部中空钢党支部被命名为首钢第二批品牌党支部。

12月16~17日，南钢召开2023年计划工作会议，总结2022年各项工作经验和不足，分析研判2023年生产经营形势与挑战，谋划工作思路。南钢党委书记、董事长黄一新，总裁祝瑞荣分别讲话，联席总裁姚永宽主持会议。

12月16日，衡钢召开机构调整和中层管理人员任命大会，将原管加工厂产线分别并入340厂、180厂，将原能源厂的人员和职责等整体并入设备工程部，成立设备工程部（能源中心）。

12月18日，CCTV1《朝闻天下》栏目播出“智能+制造 释放发展新动能”节目，由中天钢铁斥资超亿元打造的全国首批 5G 试点示范数字工厂——炼钢厂“5G+数字工厂”受到央视单条报道。

12 月 27 日，南钢召开 2022 年度安委会工作会议，听取各单位亮点做法，总结部署公司安全管理工作，各安委会成员和职工代表以线上+线下的形式有序参会。

12 月 27 日，青岛特钢召开 2022 年度总结表彰大会。中信泰富特钢集团董事长钱刚，中信泰富特钢集团总裁李国忠，中信泰富特钢集团常务副总裁王文金线上出席大会并作重要讲话。青岛特钢党委书记、总经理孙广亿作题为《努力开辟青岛特钢高质量发展新局面》的总经理年度工作报告，青岛特钢副总经理王海波宣读《关于 2022 年度八项“十佳”的表彰决定》。

12 月 27 日下午，天工国际 2022 年度科技创新工作总结表彰大会隆重召开。董事局主席朱小坤及公司主要领导出席大会，总经理吴锁军主持会议。副总经理、粉末冶金研究院院长廖俊 2022 年科技创新工作作了全面总结，并提出了下一年度科技创新工作的方向并重温了科技创新管理办法的文件；行政总裁朱泽峰宣读了表彰决定；大会对在 2022 年度科技创新工作中取得优异成绩的创新个人、团队颁发了证书和奖金。

12 月 28 日，靖江特钢在行政楼 316 报告厅隆重召开 2022 年度总结表彰大会暨二届二次职代会。中信泰富特钢集团总裁李国忠视频出席会议并作重要讲话，公司总经理部领导、中层干部和职工代表 110 余人参加会议。

12 月 28 日，荣程钢铁集团召开 2023 年廉洁暨保密工作会议，荣程钢铁集团中高层干部及融通物贸公司员工近百人线上参会。

12 月 30 日，天津钢管隆重召开 2023 年度工作会暨一届六次职工代表大会，贯彻党的二十大和中央经济工作会议精神，落实集团要求，总结过去，分析形势，明确任务，全面部署 2023 年度各项工作。

2022 年，长城特钢钛材厂工会立足于自主管理，鼓励一线职工立足于本工序及岗位，多思考如何才能更好地放量生产、提升质量、降低成本等问题，积极参与提合理化建议活动，在评审时注重“建议”质量、树立正确舆论导向，取得良好成效，截至 12 月 20 日，钛材厂工会全年收到 43 名职工提的合理化建议 99 条，采纳 37 条，创造和节约经济价值逾百万元。

方大特钢原料采购部门在复杂多变的市场环境中，通过持续推进采购管控、结构优化、市场预判等工作，2022 年实现原料采购降本 8000 余万元。

2022 年，方大特钢全年自发电量超 9 亿千瓦·时，同比增幅 4.45%，年自发电量、增幅均创新高。

2022 年，天淮公司成品管量同比增长 20.7%，热轧线吨钢天然气、电耗分别同比下降 5.9%、10.8%，热轧线工序成本同比下降 4.2%，利润指标创历史最好水平。

7.2.5　特色产品

1 月

1 月 8 日，衡钢收到核电客户寄来的感谢信，感谢衡钢为福建漳州核电站批量供应了 P280GH 核电用管。

1 月 11 日，河钢舞钢中标西安咸阳国际机场三期扩建工程，千余吨高端高层建筑用钢板将用于该工程核心建筑——东航站楼关键部位的建设。

1 月 11 日，南京高精传动设备制造集团有限公司对西王特钢生产的渗碳淬火齿轮钢 18CrNiMo7-6 产品的化学成分、气体含量、非金属夹杂物、金相组织、晶粒度、淬透性、力学性能、超声波探伤等十四项检测项目进行了检测验证，西王特钢顺利通过了首件验证，产品进入小批量采购阶段。

1月12日，高达385米的世界最高输电铁塔泰州凤城—无锡梅里500千伏输电钢管塔顺利封顶。建设该输电铁塔所用的钢板全部由河钢舞钢独家供货。

1月15日，由宝武特冶独家供应的G115关键材料，通过国家钢铁产品质量监督检验中心型式认定，将在大唐郓城630℃超超临界示范电站进行首次整台套工程应用。

1月18日，白鹤滩水电站9号机组转子吊装成功。至此，该水电站16台百万千瓦水轮发电机组转子全部吊装到位，全部机组投产进入倒计时。

1月18日，凌钢首批工程机械链轨节用35MnB-FY圆钢顺利交付，下游客户使用后反馈最终产品全部检验合格，标志着开发取得成功。

1月20日，西宁特钢股份公司顺利通过"铁路客车轴承用GCr15电渣重熔轴承钢""铁路客车轴承用GCr18Mo电渣重熔轴承钢"换证审核，"铁路货车轴承用渗碳轴承钢G20CrNi2MoA""铁路货车轴承用高碳铬轴承钢GCr15"产品认证年度监督审核。

1月20日，中原特钢成功试制完成首批压机活塞，共产出5支锻件。

1月25日，天钢成功开发ϕ13毫米大规格82B热轧盘条，并同步实现批量化生产。

1月30日，永钢自主研发的预应力钢丝及钢绞线用热轧盘条、非调质冷镦钢热轧盘条、钢筋混凝土用热轧带肋钢筋三款产品被认定为国家级"绿色设计产品"。

1月，抚顺特钢完成GH5605钴基合金0.5毫米板材首试制工作。通过提高板坯开坯质量，控制板材成品轧制变形量及固溶温度，最终成品检验全部合格，完成首试制。

1月，抚顺特钢完成GH4169超长板材首试制工作。通过控制坯料表面修磨、冷轧轧辊调整、调整酸碱洗坯料摆放等措施，成功交付，满足用户要求。

1月，浙江志达管业成功与福建永荣科技有限公司签订《年产30万吨己内酰胺》合同，总金额超2000万元。

2月

2月10日，太钢率先成功开发出用于蟠龙抽水蓄能电站项目超高性能顶级牌号50W230无取向硅钢，实现批量稳定生产。这标志着太钢超高牌号冷轧无取向硅钢产品再攀高峰，高品质硅钢研发进入世界领先行列。

2月11日，天津钢管首次轧制双金属复合无缝钢管产品一次成功，刷新国内该品种一次热轧支数纪录，为公司再添"硬核"产品。

2月12日，央视"新闻联播"栏目播出新闻《靠前发力　返岗复工按下"快进键"》，其中报道了太钢集团春节期间不锈钢产量创出新高厚度，0.018毫米的特殊合金材料研制成功。

2月14日，田湾核电站在收到河钢舞钢前期高质量交货的产品后，再次向河钢舞钢追加订货高端核电用钢板。其中订购的145毫米厚13MnNiMoR作为河钢舞钢的名牌产品被订购应用于该核电站关键部位高压加热器封头板制作。

2月17日，CCTV-13新闻频道《新闻直播间》栏目报道了太钢集团提供的120千米不锈钢管作为流体输送管保证产品尺寸精度供国家速滑馆实现"冰丝带"绿色制冰。

2月17日，太钢超纯铁素体不锈钢获国家级制造业单项冠军。

2月20日，金风科技GW165-4.0 165米大直径超高钢制柔塔样机成功吊装，该机组风电用钢由南钢独家供货。南钢助力金风科技再次刷新了国内钢制柔塔的新高度，成为亚洲第一高柔塔，引领中国风电行业钢制柔塔高度跨入新时代。

2月20日，中国船舶集团旗下广船国

际为地中海航运建造16000TEU系列集装箱船首制船正式开工，这是迄今为止华南地区建造的最大集装箱船。此艘集装箱船的止裂钢钢板由南钢独家提供。

2月22日，在河钢舞钢轧钢产线上，200余吨大厚度高等级水电钢板顺利轧制完毕。该批水电钢将应用于浙江缙云抽水蓄能电站座环和固定导叶等关键部位制作。

2月，抚顺特钢完成AISI 410SS调质材认证。该项目认证通过后，目前已实现批量稳定供货。

2月，抚顺特钢完成15CrMnMoVA高强钢六角材首试制工作，顺利打通了15CrMnMoVA钢冷拔材生产工艺。

2月，中原特钢采用大规格锻件台阶内孔特种锻造成型技术，成功试锻大规格台阶内孔锻件，实现了公司锻造技术又一突破。

3月

3月3日，太钢电路用不锈钢冷轧板实现量产。

3月4日，河钢舞钢高端超大单重容器板成功替代进口，将被用于裕龙岛炼化一体化项目核心装置——EO反应器筒体、封头和支撑板等配套设备的制造。

3月9日，安阳永兴公司成功开发ϕ350毫米大断面圆坯新品。

3月11日，河钢舞钢获得中铁工程装备集团盾构制造有限公司“2021年度优秀供应商”荣誉称号，且是本年度被该单位授予这一称号的唯一一家钢铁企业。

3月11日，河钢舞钢千余吨高端精品钢板如期发往客户，用于桂林国际会展中心核心部位的建设。

3月13日晚，北京2022年冬残奥会闭幕式在国家体育场举行。北京冬奥会和冬残奥会在奥运历史上首次实现全部场馆100%绿色电能供应。河钢舞钢向为北京冬奥会提供绿色用电保障项目——张北智慧风电项目提供了4800吨的“金杯优质产品”Q355NE钢板用于风电塔筒的制作。

3月14日，宝钢德盛热轧厂与云南钛业合作开展的钛板代加工首轮轧制取得圆满成功。钛板轧制这一新技术的突破，为宝钢德盛下一步扩大钛板生产规模、协同推进钢钛一体化提供了宝贵的技术经验，也为后续钛板加工品种扩展奠定了坚实基础。

3月14日，河钢舞钢近千余吨高端精品钢板如期发往客户，将用于重庆市城建档案馆新馆关键部位。

3月22日，英国BBC电台报道英国国家电网400千伏输电线路钢管杆工程首塔成功组立，此项目所使用的钢板均为南钢生产。

3月22日中午11点30分，中天钢铁首包直径5毫米深加工线材在三轧二线顺利完成轧制、落下集卷，这标志着中天钢铁已具备行业领先的“极限规格”深加工线材批量生产能力。

3月23日，河钢舞钢近千吨高端精品钢板如期交付客户，将用于上海虹桥国际机场T1航站楼升级改造项目的核心部位。

3月26日，永钢特钢公司电炉分厂2号圆坯连铸机浇铸ϕ1200毫米断面热试成功，连续浇铸四炉，刷新了永钢连铸圆坯的生产规格。

3月29日，太钢为大同高速飞车试验项目提供的首批新型低磁螺纹钢筋顺利完成合同交付，发往大同市阳高县。此批螺纹钢筋将作为钢筋铁骨，用在大同高速飞车试验项目正在修建的真空管道上，助力时速1000千米磁悬浮高速飞车试验线建设，为我国未来轨道交通的发展提供重要的材料支撑。

3月30日，山西省2022年省级重点工程项目名单，太钢集团五个项目列入省重点工程，分别为：太钢不锈高端冷轧取向硅钢二期常化酸洗线项目、太钢先进复合材料项目、太钢中厚板生产线智能化升级改造项目、太钢不锈信息化升级改造一期项目、太钢智慧生产管控中心项目。

3 月 31 日，随着一块块 9Ni 钢板剪切下线，河钢舞钢一季度成功生产 4000 余吨 9Ni 钢板，将用于 NTS 3150 方 LNG 液罐、瓦锡兰 5400 方燃料罐、8200 方加注船等项目关键设备制造。

3 月，抚顺特钢完成 B50A789F 锻造圆钢认证工作。该系列材料主要应用于汽轮机燃气轮机叶片材料，各项技术指标均达到标准要求且产品通过认证，并形成批量供货。

3 月，马钢特钢组织一组 8 炉高铁车轮钢 D2 试制，试制过程生产、设备运行稳定，各项工艺控制及过程质量均达到设计目标。

3 月，抚顺特钢完成高温合金 4701PA0 和 4780PC1 板材首试制工作，为自主燃气轮机的顺利生产提供了材料支撑。

3 月，马钢特钢生产液化天然气站用高强度厚壁管 X80（无缝钢管用）连铸圆坯 1839 吨，成功实现国内首次批量供货。

3 月，马钢特钢首次小批量生产含钨高合金钢 P92 用于超高临界高压锅炉管断面 ϕ600 毫米的连铸圆坯 315 吨，实现该品种在大规格连铸圆坯上的零突破。

4 月

4 月 1 日，河钢舞钢成功为印度拉森特博洛公司某大型石化设备供应大批量大厚度压力容器用加钒 Cr-Mo 钢板。这标志着河钢舞钢“单打冠军”产品——加钒 Cr-Mo 钢板首次迈出国门，走向世界。

4 月 2 日，永钢成功热试 ϕ1200 毫米超大规格圆坯，刷新了永钢连铸圆坯的生产规格。

4 月 4 日，山西日报头版头条《奋进新征程　建功新时代》专栏刊发了《碳纤维：山西新材料的闪亮名片》的文章，报道了太钢子公司山西钢科碳材料公司牢记嘱托，勇担使命，踔厉奋发开新局。

4 月 6 日，河钢舞钢首次承接总量达 1 万余吨的高级别桥梁钢板 Q500qE 合同，用于世界首座单跨超千米的三塔斜拉桥——巢（湖）马（鞍山）城际铁路的马鞍山长江公铁大桥关键部位建设。

4 月 11 日，中天钢铁成功突破超低碳、超低锰纯铁的生产技术瓶颈，完成 YT 系列（原料纯铁）纯铁试生产工作，并成为江苏首个具备此项生产能力的企业。

4 月 13 日，河钢舞钢独家中标中石化在镇海投资的某重点炼化项目热高压分离器钢铁材料供应权，其研发的 193 毫米、单重 46 吨加钒 Cr-Mo 钢板，不但在国内厚度最厚、单重最大，且替代进口，各项技术指标处于国际领先水平。

4 月 13 日，本钢丹东不锈钢公司 100 吨 0.2 毫米规格 SUS304 不锈钢成功下线。经检测，该产品表面质量及力学性能均满足用户使用要求，将用于制作建筑装饰。

4 月 14 日，莱钢特钢事业部小棒产线使用控冷水箱进行轴承钢生产，轴承钢氧含量最低达 3.7×10^{-6}，平均为 6.0×10^{-6}。

4 月 15 日，天津钢管新一代高性能特殊扣 TP-G4 产品在油田成功下井管串试压一次成功。

4 月 20 日，西王特钢特材厂生产的单体 65 吨特大型优质钢锭成功脱模下线，打破了西王特钢历史上最大风电法兰用钢锭的生产纪录。

4 月 24 日，根据中国特钢企业协会团体标准化工作委员会《关于下达 2022 年第二批团体标准制修订计划的通知》，河钢舞钢作为主要起草单位的团体标准《深海平台桩腿用齿条钢板》立项申报获得批准。

4 月 25 日，太钢产品成功应用于亚洲最大氢能源项目。太钢成为国内该类产品唯一供应商，产品应用于国内某亚洲最大氢能源项目。

4月25日，西王特钢技术中心“提升模铸钢锭内部质量”攻关项目按期完成。

4月26日，太钢成功开发出高品质特种钢专用纯铁，各项指标完全满足客户需求，质量达到国际领先水平。

4月26日，太钢TES18产品实现电梯行业批量供应，成功应用于多家知名电梯企业，累计供货量超万吨。

4月30日，河钢舞钢近800吨高端精品钢板如期发往客户，将被用于山东省某知名炼化一体化项目EO反应器的制造。

4月30日，天工国际伟建科技钛合金丝材车间直径9.5毫米大规格TC4钛合金丝材冷拉工艺喜获成功，开创了国内同行业冷拉钛合金丝材的最大规格记录，钛丝品质显著提升。

4月30日，舞钢一炼钢共冶炼10炉987吨CCS/EH690钢、两炉172吨WNM18钢，其中，高质量完成了9693.6吨S355NL订单生产任务，创出月产高品质钢锭生产新纪录。

4月，天工国际外贸钢材发货再创“天工奇迹”，发货达10018吨，创公司成立以来单月工模具钢出口发货新纪录。

4月，抚顺特钢完成18CrNiMo7-6模铸商品锭首试制工作。该品种试制成功后，后续可持续开发其他齿轮箱供应商，同时也可提高抚钢在风电领域的知名度，为开发风电领域其他用户打下坚实基础。

4月，抚顺特钢1项发明专利《一种高硫不锈钢416半连轧用锭直接成材的轧制方法》获得授权，使生产效率提高30%，成材率提高14%以上。

4月，中原特钢利用ϕ800毫米连铸坯锻造出台阶轴锻件。其较原模铸锭锻造材料利用率提高了11%，标志着公司连铸坯锻造产品覆盖范围和锻件产品结构调整优势再上一个新台阶。

5月

5月1日，山东巨能特钢有限公司成功开发汽车用非调质钢38MnVS5。

5月2日，辽宁红沿河核电站6号机组成功并网发电，标志着凌钢又一供应服务的国家新能源重点项目完美收官。

5月5日，宝钢德盛热轧厂1780毫米产线成功完成第三轮钛板试制生产。本轮试制共连续生产了24块钛板，其中五尺板宽6卷，四尺板宽18卷，厚度从8毫米到4毫米涉及多个规格，生产过程稳定顺畅，产品宽度、厚度精度指标良好，表检仪显示质量合格率100%，边部质量较前批次有明显改善，黑卷成材率达99%以上。

5月7日，邢台钢铁不锈钢公司技术、质量及检验人员参加了冶金工业规划研究院召开的模具钢团体标准审定会，参与制定了《模具钢产品质量分级和评价方法》团体标准。

5月10日，太钢高磁感取向硅钢项目全线贯通首批产品HIB命中率达100%。

5月10日，天津钢管中标某工程公司在中东的3万余吨项目订单。工程公司对天津钢管开展了供应商资质现场评审，经审核公司的供货资质得到确认，满足最终客户的项目供货需求。

5月10日，河钢舞钢中标两千余吨高端特种钢板，将用于国家重大基础设施项目——泸州榕山长江大桥关键部位建设。

5月11日，南钢获得上海外高桥集团有限公司第二条豪华邮轮整船钢板订单，有力加快了大型豪华邮轮国产化进程，进一步提升了南钢宽薄规格船板的知名度和市场竞争力。

5月12日，天津钢管成功开发国内外最高钢级TP-Q1150超高温超高压射孔枪管和TP-Q850S抗硫射孔枪管，作为中海油服独家供应商完成首次供货。

5月14日6时52分，从上海浦东机场第4跑道起飞，9时54分安全降落，这标志着中国即将交付首家用户的首架C919大飞机首次飞行试验圆满完成。制造大飞机的大厚度电渣钢20MnNiMo，是由河钢舞钢研制开发，并填补了国内空白。

5月15日，自天津港口出发，装载着热等静压设备的9辆拖车依次抵达天工国际厂区。这套全球领先的热等静压设备陆续到位，标志着天工国际粉末冶金二期项目即将进入主体设备安装阶段。

5月16日，华南地区建造的最大集装箱船——16000TEU集装箱船首制船正式在中国船舶集团旗下广船国际开工建造，南钢为该首制船提供了全部止裂钢，并独家提供千余吨超大线能量焊接用E40-EGW高强船板“南钢造”超大线能量焊接钢板，成为全国首个通过船级社认证并实际运用的产品，打破了该类钢板依赖进口的被动局面。

5月中旬，河钢舞钢一批120毫米厚的高端特厚高层建筑用钢板发往客户，将用于中法航空大学关键部位建设。

5月20日，方大特钢新材料研发和应用取得重大突破，运用纯净冶炼技术、特殊轧制工艺，研发生产出目前国内最高强度弹簧扁钢——2000兆帕高强度弹簧扁钢。

5月27日，随着温州瓯江北口大桥顺利通车，标志着连接粤闽浙三省的甬莞高速实现全线贯通。沙钢近7万吨优质钢筋用于桥墩主体和桥梁延伸线建设。

5月27日，镍基合金首次在太钢直弧型连铸上成功生产。

5月27日，玫德雅昌发往加拿大的槽钢首订单共3700支合计23吨，通过了视频验货，并按计划日期顺利在黄岛完成装箱。

5月30日，石钢成功开发100级及以上级别矿用链条钢，填补国内空白。

5月31日，由我国自主研制的大型灭火/水上救援水陆两栖飞机“鲲龙”AG600全状态新构型灭火机，在广东珠海首飞成功。该飞机起落架用主承重构件材料，由中信泰富特钢集团旗下大冶特殊钢有限公司研制。

5月31日，莱钢特钢事业部中棒生产线利用减定径机组设备一次试轧成功ϕ40毫米规格产品，将生产规格下延至ϕ40毫米，打造特钢产品比较优势。

5月，天工国际高速钢出口取得历史性突破，单月出口突破1000吨，达1005吨，开创了高速钢单月出口历史最佳成绩，

5月，第一张36毫米厚度规格的LNG（液化天然气）储罐用9Ni钢板顺利从兴澄特钢厚板分厂回火炉下线，检验合格后作为内壁第一带壁板使用，这标志着兴澄特钢9Ni钢板成功应用于全球首台最大LNG储罐。

5月，抚顺特钢完成UNS S41425棒材首试制工作。本次试制生产参考国外料成分，设计化学成分内控，最终检验结果全部合格。

5月，抚顺特钢完成低温液氢S31603-LH首试制工作。由抚顺特钢生产管坯，联合下游企业共同试制，铁素体、冲击吸收功等指标满足要求。

6月

6月5日上午10时44分，神舟十四号在酒泉卫星发射中心成功发射，从神舟五号到神舟十四号系列飞船都使用了长城特钢研发生产的航空航天材料，长征二号F火箭关键部位用高温合金由中信泰富特钢集团旗下大冶特殊钢有限公司提供。

6月10日，河钢舞钢成功中标一批160毫米厚3.5Ni钢。这是目前国内供货的最大厚度，超出国标最大厚度10毫米，填补国内空白，独家应用于国外某石油FPSO P79项目的气体压缩二级洗涤塔制作。

6月13日，国内首发液氢专用不锈钢

产品通过相关认证，太钢成为国内该类产品唯一供应商，与全球最大的氢气生产商和氢能基础设施领域的龙头企业签订批量订单，产品应用于国内某亚洲最大氢能源项目。

6 月 13 日，长城特钢承接的巴西石油海上平台项目用 AISI630 锻件产品通过 ABS 船检认可，总共交付了 51.45 吨锻件。

6 月 13 日，长城特钢首次成功试制 TA10 挤压管。

6 月 14 日，装载有大冶特钢 509 吨特种无缝钢管的 22 列车厢，经中欧班列“长江号”从黄石首发德国汉堡，黄石正式开启与欧洲经贸往来的陆路新通道。

6 月 19 日，天工国际生产的粉末高速钢满足汉江工具复杂刀具生产用材要求，替代进口，为复杂刀具用材国产化，提升与国外同品质材料的竞争力提供了保障，获得汉江工具高度认可。

6 月 19 日，衡钢特殊扣套管“服役”中国石油首口设计超 9000 米油井，该井设计井深 9186 米。

6 月 20 日，首都重点建设项目、亚洲最大的火车站——改扩建的北京丰台站正式启用。在该项目建设中，河钢舞钢千余吨高端特厚钢板、南阳汉冶特厚钢板被用于关键部位建设、凌钢累计供应钢材 10 万吨占项目需求总量的 50%以上。

6 月 21 日，天津钢管“结构无缝管用连铸管坯钢 40Cr”和“低合金高强度结构钢板 Q355B”两个产品被认定为“金杯优质产品”，充分展现了企业核心技术能力，树立了良好的品牌形象。

6 月 23 日，天津钢管接到中海油陵水 25-1 高温高压气田高钢级海洋用管线管订货合同。助力南海万亿方大气区建设，进一步彰显了公司装备、技术、产品、研发等方面的实力和品牌影响力。

6 月 23 日，衡钢套管成功下入四川盆地双鱼 001-H6 井，钻井深度达 9010 米，创造中国陆上最深气井纪录。

6 月 24 日，河钢舞钢研发的首批 6907 吨高端风电用钢板交付客户，独家用于美国首次批准建设商业规模的海上风电场——Vineyard Wind 项目的关键部位建设。

6 月 30 日，河钢集团舞钢公司成功研发 170 毫米厚高等级海工用 S355G10+N-Z35 钢板，并顺利取得 ABS 船级社、中国船舶第七二五研究所出具的焊接评定合格证书。该钢板用于海上浮式储油船制造。

6 月，凌钢开发的汽车半轴配套用 ϕ42 毫米规格 40CrA-LNTD 圆钢小批量交付客户，产品全部检验合格，标志着该钢种开发取得成功。

6 月，凌钢研发的耐磨球用 TS-B2 圆钢已向多家厂商供货达 800 余吨，下游客户反馈其生产的产品全部检验合格，标志着 TS-B2 圆钢实现批量生产。TS-B2 圆钢的开发成功，实现了高端产品“量”的稳步增长和“质”的稳定提升。

6 月，抚顺特钢完成 20MnCrS5 产品认证。该产品主要应用新能源汽车齿轮及齿轮轴零部件，标准对纯净度和晶粒度要求严格。各项指标均能满足，顺利通过认证并形成批量供货。

6 月，抚顺特钢完成奥氏体不锈钢 SH010 无缝钢管首试制。该产品耐蚀指标严格，为国内首次生产，产品通过认证并成功应用。

6 月，马钢特钢“LNG 站用大直径高强度 X80 级厚壁无缝钢管用连铸圆坯”“ϕ700 毫米深海采油树实心锻件用 F22 连铸圆坯”两项特钢产品通过国内首发产品认定。

7 月

7 月 4 日，河钢舞钢 4.3 万吨高端特种钢板中标国内最宽双边箱钢混组合梁斜拉桥——安罗高速黄河大桥，主要用于其关键部位建设。

7月6日，天津钢管参加中石化2022~2023年度油套管框架协议公开招投标，取得“非API油套管”“API成品套管”“热采套管”“API平端套管”4个标包第一名，其余5个标包均入围，具备供货资格的好成绩为全面完成公司经营生产、攻关项目等指标注入了强劲动力。

7月11日，宝武特冶钴基合金锻棒产品首次试制成功，主要应用于新一代航空发动机燃烧室、飞机火箭尾喷管、导向叶片等核心部件，成为国内第二家成功试制钴基变形高温合金单位。

7月11日，南钢与江南造船厂强强联手建造的24000TEU集装箱船“EVER APEX”正式交付，该船由中国船舶沪东中华自主设计，入级LR船级社。船舶总长399.99米，型宽61.5米，型深33.2米，是目前全球装箱量最大的集装箱船型。

7月11日，东方特钢再次成功入围中国化学工程战略采购合格供应商体系并签约2022年度不锈钢板战略采购协议。

7月13日，天津钢管技术中心、销售总公司根据客户使用需求，联合清华大学贝氏体钢研究及推广中心，成功将空冷贝氏体钢应用于热轧无缝钢管生产实践中，合作开发的QH450热轧空冷贝氏体耐磨管，在168机组和250机组分别轧制成功，开拓了贝氏体钢应用的新领域，使公司在耐磨管材研发生产上处于领先地位。

7月20日，滨州天然气终端工程开工，渤海湾首个千亿立方米大气田——渤中19-6凝析气田一期开发项目进入全面施工阶段。天津钢管为该项目生产的5000吨无缝海洋管线管如期交货。

7月21日，河钢舞钢3000吨高端桥梁钢发往西安等地。舞钢公司生产的Q345qD、Q370qE两个牌号的高端桥梁钢，将用于西安地铁10号线上泾河大桥关键部位。舞钢公司合计有1.2万吨高端桥梁钢用于公轨合建泾渭河特大桥关键部位。

7月22日，东方特钢“20万吨级船用球扁钢专用钢关键技术研发及产业化”项目，成功入选2022年常州市科技成果转化计划（科技成果转化培育）拟立项项目公示清单。

7月27日，西王特钢技术课题攻关传捷报，承担的国家级大型装备用特殊轴承新材料已完成装机，为实现产业化更进一步。

7月，浙江钢管首次为徐工全球最大吨位全地面起重机XCA2600提供大口径厚壁无缝钢管。

7月，浙江志达管业新增NK日本船级社管件认可证书，并成功与内蒙古大全新能源有限公司签订《年产10万吨高纯硅基材料和1000吨半导体硅基材料项目》合同。

7月，抚顺特钢完成风电用GCr18Mo电渣钢项目认证。该品种广泛应用于风电轴承领域，可持续开发其他牌号的风电用钢。

7月，抚顺特钢完成FV520B锻材首试制工作。通过优化冶炼、锻造及热处理工艺，已完成2批次供货，为开发鼓风机市场奠定基础。

8月

8月1日，克罗地亚佩列沙茨大桥及连接线项目通车仪式在科马尔纳举行，国务院总理李克强以视频方式出席通车仪式并发表致辞。在这座举世瞩目的大桥建设中，共计3.1万余吨的桩基钢管复合桩所用钢板全部由沙钢提供，南钢为该项目供应了1.75万吨桥梁钢，大桥主桥使用的6~60毫米标段桥梁结构钢板由兴澄特钢独家供应。

8月5日，河钢集团舞钢公司研发的船用超低温韧性钢9Ni钢顺利通过了日本船级社认证检验，获得进军日本市场的“通行证”，标志着公司在9Ni钢市场开发领域实现崭新突破。

8月9日，天津钢管成功研发TP-G4

(HT) 特殊扣新品，经过优化工艺和加工程序顺利完成批量生产，各项参数完全符合设计标准。

8 月 10 日，由中国和平利用军工技术协会主办的《高端装备铸造用高纯生铁》团体标准技术审查会在北京召开。《高端装备铸造用高纯生铁》团体标准由河北龙凤山铸业有限公司牵头编制。

8 月 10 日，山东寿光巨能特钢有限公司成功开发耐候螺栓用钢 35CrNiCu。

8 月 12 日，国家标准化管理委员会公告，由山西太钢不锈钢股份有限公司主持起草的国家标准《不锈钢精密箔材》正式发布。这一标准对不锈钢精密箔材做出了明确的定义（即厚度不大于 0.05 毫米的不锈钢冷轧钢带），并规定了不锈钢精密箔材的分类、尺寸、外形及允许偏差、技术要求、试验方法、检验规则、包装、标志和质量证明书等详细技术内容，其编号为 GB/T 41608—2022，将于 2023 年 2 月 1 日正式执行。

8 月 13 日，瓦房店轴承精密锻压有限责任公司、洛阳 LYC 轴承有限公司、成都天马轴承有限公司分别传来消息，建龙北满特钢铁路货车渗碳轴承钢 G20CrNi2MoA 顺利通过三家轴承制造龙头企业供应商资质认定审核，成为其合格供应商。

8 月 15 日，南钢印尼金瑞新能源科技有限责任公司完成了 AS 钢铁的 2 万吨焦炭订单的装船工作。该订单是南钢印尼金瑞在海外焦炭市场离岛销售的首单。

8 月 15 日，一批新规格、新长度钛管管材在 50 穿孔机试穿成功，打破了长城特钢钛管穿孔长度的历史纪录。

8 月 19 日，舞钢生产的一批高端石化用钢发往客户，将用于河南神马尼龙化工产业配套氢氨项目低温甲醇洗涤塔、汽化炉、变换炉、氨合成塔、水洗塔等关键部位制造。

8 月 19 日，由攀钢牵头负责的“高效汽轮机关键部件用钢高温性能稳定化控制技术与应用”项目，顺利通过四川省金属学会科技成果评价。专家组成员一致认为，该项目创新性强，达到了国际先进水平。完整的高效汽轮机关键部件用钢全流程优化制备技术，实现了高温性能的稳定控制，相关技术已应用于多个相近牌号钢种生产。

8 月 22 日，河钢集团舞钢公司千余吨高端高层建筑用钢板发往客户，将用于南浔地标性建筑——南浔大象酒店及会展中心项目关键部位建设。

8 月 23 日，宝武特冶市场开发取得进展，首次承接飞机模具用 4J36 板材合同，为“国资委二期攻关专项”的第一项任务完成奠定良好基础。

8 月 23~25 日，由中国钢结构协会钢管分会、上海钢管行业协会共同主办、多家行业组织协办的“2022 天津国际钢管工业展览会”在国家会展中心（天津）盛大召开，天津钢管作为中国能源工业钢管基地亮相展会。

8 月 25 日，太钢一批高质量不锈钢材料交付用户，用于打造上海世纪广场地标建筑——珍珠万花筒的不锈钢幕墙。该建筑将通过不锈钢特有的造型及质感，带给人们美的享受。

8 月 25~27 日，中原特钢亮相 2022 中国先进材料产业博览会。高镜面模具钢一经亮相就成为展会焦点。

8 月 27 日，海洋工程用超级不锈钢复合板研讨会在舞钢大酒店召开，热烈庆祝国内首发产品——海洋工程用超级不锈钢复合板轧制成功并卷制焊接成筒。

8 月，抚顺特钢完成航空轴承钢 R8Cr4Mo4V 首试制工作。棒材检测氧含量、晶粒度等各项指标均满足标准要求，国内独家生产。

8 月，东特股份轴承钢产品正式获得

日本 JQA 公司颁发的“轴承产品 JIS 证书”，为东特股份轴承钢出口日本市场奠定基础。

8月，马钢特钢 AISI 4145H 钻杆用钢助力塔里木盆地顺北油气田“深地工程”获得重大突破，目前井深最深达 9300 米，刷新亚洲最深纪录。

8月，中原特钢锻压公司首次完成超长件校直剥皮任务。

9月

9月6日，舞钢研发的 9Ni 钢板顺利通过韩国船级社工厂认证，获得进入韩国市场的“通行证”。至此，舞钢生产的 9Ni 钢已全部通过韩国船级社、日本船级社、CCS、ABS、DNV 等世界九大船级社工厂认证，产品竞争力跃上新高度。

9月13日，太钢集团与云天化股份有限公司签订纯铁连铸中板坯产品订单，完成了对磷酸铁锂电池行业的首批试供，这将有助于提升太钢纯铁产品在我国新能源电池行业的市场占有率。

9月13日，大冶特钢荣获卡特彼勒“2021 年度金牌供应商”称号，成为亚洲首家获此金牌殊荣的唯一特殊钢厂。

9月14日，邢钢高端压铸模具钢种自有牌号 XGYZ01 电渣锭试产成功。作为汽车制造大型模具一体压铸用高端用钢，不仅丰富了邢钢高技术含量、高附加值重熔钢产品阵线，也再次彰显了邢钢“精品特钢”优势和核心技术竞争力。

9月15日，河钢集团舞钢公司近千吨高强度特种钢板下线，将用于香港国际机场核心部位——第三跑道项目 C3408 客运航站楼，为推动粤港澳大湾区建设作贡献。

9月16日，中国航天科技集团来信对长城特钢在长征六号甲运载火箭研制过程中付出的努力和支持，表示衷心感谢和崇高敬意。多年来，长城特钢生产的多个牌号产品用于航空航天项目。

9月16日，ϕ80 毫米规格 45 号圆钢轧制圆满成功，天钢再一次打破优碳钢生产规格的限定，企业新产品开发能力和轧制水平迈上新台阶。

9月17日，中天钢铁南通浩洋港口有限公司综合成品库新能源“小黄车”投用，清洁环保，效率提升。此次投用的 12 辆“小黄车”，总投资 4560 万元，零排放、零污染、低噪声，充电 90 分钟，每辆载重百吨能跑 64 公里，节约柴油消耗约 96 升，减排二氧化碳约 250 千克。

9月18日，国内首套 16 兆瓦平台风电主轴轴承从河南洛轴下线，我国风电行业近 30 年关键零部件战略性技术难题迎刃而解。这种主轴轴承用钢材由中信泰富特钢集团旗下大冶特钢研制并生产。

9月20日，太钢成功中标尼泊尔塔纳湖水电站项目两台水轮发电机组转子制造全部使用太钢高等级磁轭钢。

9月22日，金恒科技测温取样及加覆盖剂机器人在南钢上线试运行，该机器人的应用将进一步提升钢企生产现场智能化水平，同时也扩充了金恒冶金工业机器人“战队”。

9月23日，第一张 36 毫米厚度规格的液化天然气储罐用 9Ni 钢板顺利从中信泰富特钢集团旗下兴澄特钢厚板分厂回火炉下线，检验合格后发往青岛 27 万立方米 LNG 储罐项目部，并顺利作为内壁第一带壁板使用，这标志着兴澄特钢 9Ni 钢板成功应用于全球首台最大 LNG 储罐。

9月23日，太钢中标国内某造币公司“出口南美币用不锈钢带”项目，首批成品顺利装船发往南美。

9月23日，河钢集团舞钢公司生产的一批高端高层建筑用钢板发往客户，将用于海口地标性建筑海口山能智慧产业大厦项目建设。

9 月 27 日，舞钢生产的一批高端高层建筑用钢板发往武汉精武路项目。

9 月 28 日，我国油气勘探“深地工程”取得重大突破，“深地一号”使用的超深层（深度超过 8000 米）深井加重钻杆、钻铤，是由马钢特钢 AISI 4145H 热轧圆钢制作而成。

9 月 29 日，太钢国内首发 MARK-Ⅲ型 LNG（液化天然气）运输船/罐薄膜型围护系统专用不锈钢产品，并通过了法国 GTT 认证，成为国内首家、全球第三家具备资质的供应商，解决我国 LNG 海运、储存基础材料关键战略性技术难题。

9 月，凌钢组织召开《优质碳素结构钢冷轧基料 65Mn-LZ 开发》《ϕ100mm ~ ϕ150mm 合金结构钢 40Mn2》省级新产品评价会，两项产品均顺利通过省级新产品鉴定。

9 月，抚顺特钢完成航空发动机轴承用 8Cr4Mo4V 钢国产化替代认证工作，成为国产化替代唯一供应商。

9 月，抚顺特钢完成南京隆坤项目 1.4418 汽车用不锈钢认证工作。产品用于制造汽车燃油喷射系统、高压共轨、传感器等汽车发动机关键部件。

10 月

10 月 8 日，衡钢完成首批储氢项目用套管交货，有利于公司下一阶段大力拓展新兴能源用管市场。

10 月 9 日 19 时 24 分，中央电视台新闻联播播出华电新疆木垒县风电项目首台 6.7 兆瓦风机吊装成功的消息。该项目是我国陆地上最大单机风电机组，舞钢公司此次为华电生产的 1.19 万吨高端风电钢，全部用于新疆华电木垒四十个井子 80 万千瓦风电项目建设。

10 月 11 日，中信泰富特钢集团旗下大冶特殊钢有限公司荣获上海锅炉厂有限公司“2021 年度优质供应商”荣誉称号。大冶特钢成为首家获此殊荣的生产大口径高压锅炉管的公司。

10 月 12 日，大冶特钢荣获 2020 ~ 2021 年度“中国航天科技集团突出贡献供应商”称号。

10 月 14 日，天津钢管在中石油 2022 ~ 2024 年度一般无缝钢管集中采购招标项目及炼化用钢管集中采购项目公开招标中取得了优异的成绩。公司共计投标 22 个标包，入围 21 个标包，入围中标率高达 95%，体现了公司的综合实力和品牌影响力，进一步巩固了公司在中石油非油井管市场的行业地位。

10 月 15 日，长城特钢成功批量生产超大截面 D2 棒材 55 吨，规格及其他技术指标均达到国内领先水平。

10 月 16 日 22 时 47 分，三组近四十支 TA2 钛管成功下线，经现场表面检查及尺寸外形检测确认，已经达到生产工艺及交货要求，标志着长城特钢已经具备批量生产热挤压钛管的能力。

10 月 20 日，中华人民共和国工业和信息化部发布 2022 年第 23 号公告，含舞钢公司牵头起草的一项行业分析检验标准《含铁尘泥　钾和钠含量的测定　火焰原子吸收光谱法》。

10 月 20 日，由舞钢主导制定的我国首个《抗湿硫化氢腐蚀钢板》行业标准成功发布。该项标准填补了我国抗湿硫化氢腐蚀钢板标准空白，解决了抗湿硫化氢腐蚀钢板采购难题，打通了从技术研发、产品设计、装备制造到产品营销全流程，对于国内抗湿硫化氢腐蚀钢板产业高质量发展具有深远意义。

10 月 21 日，莱钢特钢事业部大棒车间生产的 18CrNiMo7-6、20CrMnMo 等品种钢材实现南高齿供货，进一步拓宽了事业部高端客户市场。

10月21日，天津钢管TP-G4新型特殊扣套管在吐哈油田首次顺利下井，下深6400米，试压合格，固井质量合格，得到吐哈油田客户认可。

10月24日下午，白鹤滩水电站右岸地下厂房全线封顶。在该工程建设中，舞钢累计生产供应Q500、Q345C/B、SX780等数个新品种钢板4500吨，主要用于水轮机座环、发电机顶盖、控制环、压力钢管制造，大大加速了大型发电机组用钢国产化进程。

10月25日，承德建龙一批无缝钢管发往天津港，这批产品将出口至东南亚地区。截至10月底，共获得出口订单15977.63吨，其中石油套管13690吨（包括自主研发抗二氧化碳腐蚀石油套管JL-P110-3Cr等），管线管977.63吨，油缸管310吨。

10月25日，衡钢新研发的抗疲劳特殊扣HSFR完成抗疲劳测试，试验结果优异。

10月27日，建龙北满特钢成功开发出4个特殊钢线材产品，汽车发动机驱动轴用40Cr产品、卡车用紧固件新材料10B33和乘用车紧固件新材料SCM435-A、矿山机械链条用钢SAE8620出口线材新材料。

10月27日，长城特钢公司喜获高端叶片扁钢订单达200吨，超过去年全年交货量的50%以上，其中单一钢种达130吨，充分体现了公司叶片扁钢在行业的领先地位。

10月31日，中原特钢首套DN2400超大规格管模成功下线，各项指标均符合技术要求，标志着中原特钢大规格管模生产再次实现新突破。

10月，贵钢钎具公司重型钎销售同比增长21%，完成重型钎年销售计划的112.25%，创历史新高，超国内对标企业；液压机钎尾完成年销计划的116.25%；海外市场销售完成年计划的103.22%。钎具公司重型钎、液压机钎尾和海外市场销售提前两个月完成年度计划。

10月，凌钢定制开发的42CrMoA-HQD顺利交付，经反馈该产品全部检验合格，标志着凌钢汽车前轴用钢开发取得成功。

10月，浙江志达管业成功与中国天辰工程有限公司签订《中化学天辰泉港新材料有限公司60万吨环氧丙烷（HPPO）项目》合同。

10月，抚顺特钢完成厚壁管不锈钢国产替代开发认证工作。抚钢为国内唯一能够批量稳定生产12Cr13驱动杆的生产厂家。

10月，第一张36毫米厚度规格的LNG（液化天然气）储罐用9Ni钢板顺利从兴澄特钢厚板分厂回火炉下线，经检验合格，钢板产品发往青岛27万立方米LNG储罐项目部，作为内壁第一带壁板使用，这标志着兴澄特钢9Ni钢板成功应用于全球首台最大LNG储罐。

11月

11月1日，太钢双金属锯条用钢成功进入某德资企业替代进口产品。

11月2日，在中国船舶集团有限公司2022现代供应链建设（供应商）大会上，南钢获颁“2021年度金牌供应商”，副总裁谯明亮受邀出席大会并领奖。南钢蝉联中国船舶集团金牌供应商称号。

11月3日，舞钢成功研发高端特种钢板12Cr2Mo1VR，将用于中石化某重点炼化项目制造。该高端特种钢板将替代进口，创目前国内采用电渣锭成材及“锻—轧”成材的12Cr2Mo1VR钢板的厚度（193毫米）和单重（46吨）之最。

11月3日，邢钢自主研发的高端压铸模具钢XGYZ01首批产品正式交付客户使用，客户反馈信息评价效果良好。

11月3日，舞钢公司二轧钢厂展宽轧制的6毫米×2600毫米×10000毫米极限规格NVA36钢板首次试制获得成功，钢板板形及表面质量良好，完全满足标准要求。舞钢公司在钢板的厚度、精度控制方面迈上了一个新台阶，达到国内领先水平。

11 月 3 日，天津钢管取得中石化河南油田热采井用气密封套管首笔订单，完成了复杂井况的 350℃高温注采用气密封扣 TP-TW 套管首批供货合同。

11 月 3 日，中天钢铁成功轧制直径 4.5 毫米深加工线材。

11 月 4 日，太钢集团与山西交控集团合作开发的公路防撞护栏用经济型不锈钢材料成功通过（SB 级）实车足尺碰撞试验，这是国内不锈钢护栏全车型实车足尺碰撞试验的首次成功，标志着特钢产业链建圈强链结出硕果。

11 月 5 日，进口博览会在上海开幕。太钢集团随山西参展团参会，展出了手撕钢、笔尖钢、造币钢、新能源汽车用冷轧硅钢、不锈钢装饰板等一大批自主研发的“专精特新”产品，充分展示了太钢高质量发展新成果和企业品牌形象，引起展商关注，获得广泛好评。

11 月 10 日，永钢特钢大棒分厂首次轧制 ϕ360 毫米规格圆钢取得成功。大棒分厂大规格圆钢生产实现了新突破，最大轧制规格扩大至 ϕ360 毫米。

11 月 12 日 10 时 03 分，长征七号运载火箭在中国文昌航天发射场点火起飞，随后将天舟五号货运飞船成功送入预定轨道。此次发射中，太钢高等级冷、热轧不锈钢，高强度合金结构钢和高等级电磁纯铁等多种规格高端产品成功应用于运载火箭多个关键结构部位。

11 月 12 日，河北省金属学会组织业内专家对邢钢公司研发的《高性能紧固件用钢的研发及产业化应用》《汽车底盘异形件用大规格高淬透性高洁净度冷镦钢的研发及应用》两个项目进行了科技成果评价及验收。

11 月 14 日，大冶特钢荣获“博世亚太区优秀供应商奖”。

11 月 15~17 日，中国核能高质量发展大会暨深圳国际核能产业创新博览会在深圳国际会展中心举行，太钢集团作为特邀展商亮相首届深圳核博会。

11 月 16 日，中国石化勘探分公司部署在重庆綦江的新页 1 井试获日产页岩气 53 万立方米。全井采用天津钢管的特殊扣套管产品，彰显了公司在特殊扣产品设计、生产及质控等方面的实力。

11 月 16 日，《人民日报》副刊以接近整版的篇幅刊发《解码“百炼钢做成了绕指柔”（逐梦 · 十年奋进路）》，讲述了宝武太钢不锈钢精密带钢有限公司牢记习近平总书记殷殷嘱托，在科技创新上再接再厉、勇攀高峰，突破关键战略性技术难题、攻关“手撕钢”核心技术的故事。

11 月 20 日，上海浦东机场地下交通枢纽工程项目建筑钢材需求量共约 5.1 万吨，其中 HRB600 高强钢筋计划需求量约 2.2 万吨，占比达到 43%，凌钢集团成功中标。

11 月 21 日，2022 年卡塔尔世界杯迎来揭幕战。卡塔尔教育城体育场使用的 S355、S460 系列钢板由兴澄特钢独家供应，为国家“一带一路”建设和卡塔尔世界杯贡献了“特钢力量”。

11 月 22 日，中国冶金矿山企业协会和江苏省工信厅在龙腾特钢共同主持召开“LT 耐磨钢球与半自磨/球磨时空置换靶向降耗节能研究成果评价会”，中国工程院院士王运敏、中国冶金矿山企业协会总工程师雷平喜、江苏省工信厅技术创新处副处长黄海勇、龙腾特钢董事长季丙元、龙特耐磨球总裁徐胜及来自全国矿山行业的相关专家参加会议。

11 月 23 日，全球单机容量最大、叶轮直径最大、单位兆瓦质量最轻的 16 兆瓦海上风电机组，在福建三峡海上风电国际产业园下线。该机组主轴轴承材料由大冶特钢生产。

11 月 23 日上午，马钢特钢公司一批新工艺生产的400多吨石油钻铤钻杆用热轧圆钢产品发给客户。

11月25日，历时13年自主研发，被誉为“争气机”的首台国产F级50兆瓦重型燃气轮机，在四川德阳发运交付，进入工程应用阶段，我国在重型燃气轮机领域实现了零的突破。长城特钢生产的叶片钢成为该重型燃气轮机核心部件。

11月25日，2022年企业标准“领跑者”名单发布，荣程钢铁集团天荣公司企业标准Q/RC 074—2021《B3耐磨钢球用热轧圆钢》获此殊荣。

11月25日，大冶特钢荣获舍弗勒大中华区2022年供应商大会“可持续发展”最佳供应商奖项。

11月26日~12月2日，天津钢管研发的新一代钛合金特殊螺纹TP-G4（Ti）油管在中石化西南油气分公司元飞203H侧井顺利入井，12月12日油管管柱一次试压合格，标志着公司与中石化西南油气分公司在钛合金领域的合作得到进一步加深，本次共入井公司钛合金油管产品567支、5515.47米，螺纹现场拧接后逐支试气全部合格。

11月28日，中信泰富特钢集团旗下大冶特钢英文版文章 *From the cradle of Chinese Iron & Steel Industry to A Diversified Solution Provider for High Quality Bearing Steel*（《从中国钢铁工业摇篮发展成为高质量轴承钢的多元方案解决商》）首次刊载于国际顶尖轴承期刊 *Bearing News*（《世界轴承新闻》），展现了大冶特钢高品质轴承钢在国际轴承市场的品牌影响力。

11月28日，长城特钢公司持续获国内知名企业新能源电动车电池配套用扁钢订单，从2022年下半年起，累计获单钢种单规格订单超1000吨，充分体现了公司产品在国内新能源电动车电池配套专用材料的实力。

11月29日，采用河北龙凤山铸业有限公司高纯生铁，大连重工下属铸业公司研制的2套18兆瓦海上风电机组铸件顺利下线。

11月30日，太钢复合材料厂焙烧作业区高纯镁钙砂生产线成功开发出新产品MCa-55，并投入生产千余吨。MCa-55的顺利投用标志着复合材料厂高纯镁钙砂生产系统已经完全掌握生产MCa-40和MCa-55的能力。

11月30日，天钢棒材厂联合技术中心、销售部，成功轧制高压锅炉管用20GZA圆钢，目前已生产 ϕ50毫米、ϕ60毫米和 ϕ80毫米三种规格共计2000吨，成品表面质量良好，试验结果全部合格。

11月30日，永钢的“汽车用冷镦钢热轧盘条”荣获2022年第一批“江苏精品”认证。

11月，长城特钢自主生产出3支TA18钛合金挤压管，经检测，产品质量及相关指标均满足工艺要求，这是继该公司打通TA2生产工艺路径，实现TA2钛挤压管批量生产后，再次成功生产出钛合金挤压管。

11月，长城特钢公司塑料模具扁钢订单超3000吨，创历史最好水平，充分体现攀钢高端塑料模具钢在市场的引领作用。不断加强40Cr13H、NAK80、3Cr17NiMo等系列中高端塑料模具扁钢产品研发和创新，丰富了塑料模具钢的性能和用途。

11月，凌钢成功研发高压化肥设备管用钢Q345E-PS圆钢，客户使用反馈产品各项指标完全满足要求。

11月，抚顺特钢完成供114厂15-5PH国产替代进口认证工作。抚顺特钢供货的锻、轧棒材经用户复验合格，使用正常，已超过5批次，已开始按国产转化标准批量供货。

11月，抚顺特钢完成FS438汽车轻量化压铸项目认证工作，提升了公司产品在压铸行业的知名度。

12 月

12 月 3 日，随着主跨钢梁合龙段的最后一块桥面板精准吊装到位，渝湘高铁清水坪乌江大桥钢梁成功合龙。工程 1.5 万吨高性能桥梁钢由沙钢独家供货。

12 月 4 日，建龙北满特钢今年为富奥汽车零件部件股份有限公司紧固件分公司所提供的冷镦钢盘条已超过 5000 吨，创造了建龙北满特钢双高线投产以来，高端冷镦钢盘条产品单户年销量的新纪录。

12 月 7 日，中国海洋石油集团有限公司承建的恩平 15-1 油田群首期项目正式投入生产。舞钢研发的万余吨高端大厚度海工钢板用于该油田群的核心设施、亚洲最大海上石油生产平台——恩平 15-1 平台的关键部位制作，为国家大型装备国产化作贡献。

12 月 9 日，一架编号为 B-919A 的 C919 大型客机从上海浦东国际机场启航飞往上海虹桥机场，全球首架 C919 大型客机交付使用。舞钢研制开发的 2438 吨大厚度电渣钢板 20MnNiMo 为国产大飞机项目提供了坚强的钢铁支撑，用在了制造 C919 大飞机大型锻件的国宝级装备——世界最大的 8 万吨级模锻压机，并填补了国内空白。

12 月 11 日，香港将军澳跨湾大桥正式通车，兴澄特钢助力大桥建设，是该项目中唯一钢板供应商。

12 月 16 日，全球首批 70 吨级新型复合材料运煤专用敞车在太原下线，由太钢集团、中车太原公司和宁东公司合作研发的高强耐蚀不锈钢复合材料 TE4003C5 ®，以及使用该材料制造的运煤专用敞车成功实现首发。

12 月 16 日，由中国科学院金属研究所、西王特钢等单位联合研发的我国首套盾构机用超大直径主轴承研制成功，该主轴承加工用钢为西王特钢生产。

12 月 20 日，天工国际的 4 万支粉末 M3 锥钻备料已经流转到锥钻一二厂，开始正式进入首批次粉末锥钻量产。至此，粉末丝锥、粉末定柄钻、粉末锥钻将为天工粉末刀具转型升级打造鼎力之势，也向市场发出了强烈的信号。

12 月 20 日，我国首套盾构机用超大直径主轴承研制成功。建龙北满特钢为其提供的稀土轴承钢滚动体用钢，为解决我国国产高端装备关键基础部件的技术难题贡献了建龙力量。

12 月 21 日，我国超千亿立方米大型整装页岩气田綦江页岩气田探井百分百使用天津钢管产品。

12 月 22 日，载满永钢 HRB500E 材质 ϕ50 毫米规格螺纹钢的轮船从宏泰码头缓缓开出港口，驶向世界级跨海工程甬舟铁路项目现场。

12 月 27 日，河钢集团石钢公司定制生产的多款高端电机用钢成功下线，产品纯净度、表面质量、弯曲度、端淬等各项关键指标全部符合要求。该系列产品用于制作电机核心零部件。

12 月 28 日，央视《朝闻天下》栏目“新时代　新征程　新伟业”专栏以《特种钢创新不止步　助力制造强国建设》为题，聚焦中信泰富特钢集团创下的世界纪录——世界首创直径 1200 毫米连铸圆坯。

12 月 30 日，宝新精密试制成功 0.019 毫米×1000 毫米极薄不锈钢带，再次突破精密轧机设计厚度极限。

12 月 30 日，由建龙北满特钢主持制定的《“领跑者”标准评价要求　冷轧轧机轧辊用辊坯》团体标准正式发布。

12 月 30 日，“京唐”“京滨”两条城际铁路正式上线运营，凌钢作为主要供应厂家，累计供应钢材 10 万余吨。

12 月，抚顺特钢完成航天用 TC4 合金 ϕ300 毫米认证工作。对抚顺特钢扩大钛合金市场占有额度、拓展钛合金业务具有重要意义。

12月，抚顺特钢完成PAT868替代认证工作，逐步实现国产化材料XF868R替代进口。

12月，中原特钢顺利完成17米超长直管深加工，为开发市场奠定了基础。

12月，中原特钢芯棒轧辊公司顺利完成电池辊生产。

12月，中原特钢顺利完成一批3支大规格芯棒锻造任务，为生产此类产品提供了宝贵的生产经验。

第 8 章

特殊钢企业成果和奖励

8.1 国家部委奖项

1月5日，工业和信息化部网络安全管理局公布2021年度工业互联网企业网络安全分类分级管理优秀试点示范企业名单。此次优秀试点示范企业全国共25家，中天钢铁是钢铁行业全国唯一优秀试点企业。

1月11日，石钢以“绿色短流程特钢智能制造示范工厂”入选国家级智能制造试点示范工厂揭榜单位。

1月14日，工业和信息化部印发《工业和信息化部办公厅关于开展2021年工业互联网试点示范项目推荐工作的通知》（工信厅信管函〔2021〕249号），南钢“基于5G全连接的JIT+C2M智能工厂”等项目被核定为2021年工业互联网试点示范项目。

1月16日，太钢不锈超纯铁素体不锈钢被工业和信息化部列入第六批制造业单项冠军产品名单，为太钢首个国家级制造业单项冠军产品。

1月19日，铜陵特材荣登工业和信息化部、国家市场监督管理总局2021年重点用能行业能效“领跑者”企业名单，成为全国焦化行业能效领跑者。

1月21日，工业和信息化部节能与综合利用司正式发布2021年度国家级绿色工厂名单，河冶科技股份有限公司作为河北省入选单位榜上有名，成为2021年度662家国家级绿色工厂之一。

1月29日，工业和信息化部公布了2021年度绿色制造名单，沙钢管线钢产品成功入选国家级绿色设计产品。

1月30日，中央网信办等十六部门联合公布国家区块链创新应用试点名单，南钢是全国“区块链+制造”特色领域入选的15家企业之一，南钢是该领域全国钢铁行业唯一入选企业。

1月30日，工业和信息化部公布了2021年度绿色制造名单。永钢集团自主研发的预应力钢丝及钢绞线用热轧盘条、非调质冷镦钢热轧盘条、钢筋混凝土用热轧带肋钢筋等三款产品被认定为国家级“绿色设计产品”。

2月11日，工业和信息化部2021年度智能制造试点示范工厂揭榜单位公布。青岛特钢5号、6号高线以“高速优特钢线材智能工厂”获得此次示范工厂称号，山东省唯一上榜的钢铁企业。

2月26日，国家发展和改革委员会对国家企业技术中心考评打分，天钢国家企业技术中心评价结果位列天津市钢铁行业第一名。

4月15日，国家知识产权局公示第二十三届中国专利奖评审结果，江苏精工子公司南方轴承股份有限公司荣获中国专利优秀奖。

4月26日，国家知识产权局公示了第二十三届中国专利奖评审结果，其中由沙钢钢铁研究院申报的发明专利“一种埋弧焊丝及焊接方法”在诸多评选项目中脱颖而出，喜提第二十三届中国专利优秀奖。

4月28日，中华全国总工会召开2022年庆祝“五一”国际劳动节暨全国五一劳动奖和全国工人先锋号表彰大会，南京钢铁股份有限公司荣获“全国五一劳动奖状”。

5月1日，兴澄特钢副总经理、总工程师白云荣获“全国五一劳动奖章”。

5月3日，共青团中央、全国青联发布《关于颁授第26届中国青年五四奖章的决定》。天津荣程联合钢铁集团有限公司董事长、全国青联委员张君婷荣获“中国青年五四奖章”，淮钢公司团委荣获“全国五四红旗团委”。

6月6日，国家互联网信息办公室发布《关于发布第八批境内区块链信息服务备案编号的公告》，兴澄特钢提交的“钢资产流转的全过程数字化平台”位列其中，成为首个取得该备案的钢铁企业。

7 月 26 日，国家知识产权局发布了第 23 届中国专利奖授奖决定，南钢专利“ZL201710665747.2 一种提高低温韧性的厚壁大口径高钢级管线钢及其制造方法”荣获本届中国专利奖优秀奖。

8 月 16 日，工业和信息化部公示了 2022 年度拟入选的智能制造标准应用试点项目名单，共有 59 个项目入选，钢铁行业相关项目有 4 个，申报主体涉及唐山瑞丰、鞍山钢铁、济源钢铁、酒钢宏兴钢铁、首钢五家钢铁企业。

8 月 16 日，永钢“大数据驱动的钢铁企业产销质财创新应用”项目入选国家级试点示范。

8 月 30 日，2022 年工业和信息化部第四批专精特新“小巨人”企业已完成公示，河冶科技股份有限公司通过严格的审核，获得国家级专精特新“小巨人”认定。

9 月 20 日，国务院国有企业改革领导小组办公室公布了最新“科改示范企业”名单，山西太钢不锈钢精密带钢公司上榜。

9 月 23 日，大冶特钢成功入选 2022 年度“国家知识产权示范企业”名单。

10 月 31 日，工业和信息化部公示了 2022 年新一代信息技术与制造业融合发展试点示范名单。中信泰富特钢集团旗下江阴兴澄特种钢铁有限公司《数据驱动的特钢生产精益管控及客户服务能力》和大冶特殊钢有限公司《基于准时交付的特钢产品定制化生产与服务能力》成功入选两化融合管理体系贯标方向试点示范企业名单。

10 月 31 日，石钢以《数智化绿色短流程特钢领航企业》项目入选工业和信息化部首批 30 家“数字领航”企业。

11 月 4 日，工业和信息化部网站公示了 2022 年国家技术创新示范企业名单，中天钢铁荣登榜单。

11 月 7 日，工业和信息化部公示“2022 年新一代信息技术与制造业融合发展试点示范名单”，南钢位列全国首批“数字领航”企业之中，跻身“数实融合”国家队。

11 月 7 日，工业和信息化部、中国工业经济联合会发布了“第七批制造业单项冠军企业（产品）”名单，中天钢铁“深拉拔用高强度高碳钢线材”等 199 个产品获评国家级制造业单项冠军产品。

11 月 7 日，文化和旅游部公示了 53 个国家工业旅游示范基地名单，南钢工业文化旅游区榜上有名。

11 月 23 日，2022 世界智能制造大会在南京开幕。会上发布了“2022 年智能制造标杆企业”名单，承德建龙成为唯一一家入选的钢铁企业。

11 月 30 日，国家发展改革委网站公示了 2022 年（第 29 批）国家企业技术中心名单，南钢技术中心被认定为国家级企业技术中心。

12 月 2 日，工业和信息化部、国家发展改革委、财政部、国家市场监督管理总局 4 部委联合公示 2022 年度智能制造示范工厂揭榜单位和优秀场景名单，中天钢铁集团（南通）有限公司作为南通市唯一的智能制造示范工厂揭榜企业名列其中。

12 月 5 日，工业和信息化部发布 2022 年工业互联网平台创新领航应用案例入围名单，凌钢申报的《基于工业互联网的钢铁企业数字管控平台创新应用》项目榜上有名。

12 月 5 日，工业和信息化部公示了关于 2022 年度智能制造示范工厂揭榜单位和优秀场景名单，永钢集团“污染监测与管控”入选 2022 年度智能制造优秀场景。

12 月 14 日，工业和信息化部公示了 2022 年工业互联网平台创新领航应用案例入围名单，永钢集团“基于大数据的钢铁行业销研产供财互联网平台创新应用”成功入选。

12 月 20 日，全国两化融合管理标准化技术委员会发布《关于公布2022年度两化融合标准化工作先进集体、先进个人、标准应用先进单位名单的通知》，南钢被评为“2022年度两化融合标准应用先进单位”。

8.2 全国性协会奖项

2月24日，第二十届（2021年）冶金企业管理现代化创新成果发布，青岛特钢装备部通过“青岛特钢在线智能监测平台”项目，打造公司级设备状态在线智能监测平台，以“数字化+智能化”构筑全流程的设备智能运维管理，获得冶金企业管理现代化创新成果三等奖。

4月6日，中国钢铁工业协会公布了2021年度冶金产品实物质量品牌培育认定产品名单。中信泰富特钢集团旗下江阴兴澄特种钢铁有限公司1项产品获誉2021年度“金杯特优产品”，江阴兴澄特种钢铁有限公司5项产品、大冶特殊钢有限公司3项产品、青岛特殊钢铁有限公司1项产品、靖江特殊钢有限公司4项产品获誉2021年度“金杯优质产品”。

东北特钢多项产品上榜，其中1项产品荣获冶金产品实物质量“金杯特优产品”，8项产品荣获冶金产品实物质量“金杯优质产品”。荣获“金杯特优产品”1项为：《塑料模具钢热轧扁钢和方钢FS136》。荣获“金杯优质产品”8项为：《定膨胀封接铁镍钴合金4J29（冷轧带）》《含硫奥氏体不锈钢盘条303Cu》《冷镦用不锈钢盘条X12Cr13》《汽车曲轴用非调质钢热轧圆钢C38+N2BY》《高质量汽车齿轮及齿轮轴用热轧圆钢FAS3420RH》《冷作模具钢热轧扁钢D2》《汽轮机叶片用钢12Cr12Mo》《石油井管用耐蚀合金锻制圆钢TDJ028（N08028）》。

河钢舞钢低温容器用钢板（10~100毫米的09MnNiDR）及低合金结构钢热轧钢板（20~200毫米的Q355ND、Q355NE）两类产品凭借优秀的产品质量和市场信誉，通过2021年冶金产品实物质量品牌培育金杯优质产品的复评，河钢舞钢公司低温容器用钢板和低合金结构钢热轧钢板产品实物质量持续保持国内先进水平。

太钢10Cr17铁素体不锈钢冷轧钢板和钢带、06Cr19Ni10奥氏体不锈钢冷轧钢板和钢带、HP295焊接气瓶用钢带获得2021年度冶金产品实物质量品牌培育活动“金杯优质产品”荣誉，其中06Cr19Ni10奥氏体不锈钢冷轧钢板和钢带被冠名为“金杯特优产品”。

南钢低温压力容器用9%Ni钢板、超高强度结构用调质钢板、桥梁用结构钢板、易切削钢热轧圆钢、冷镦和冷挤压用钢热轧盘条、钢帘线用热轧盘条等6项产品审定冠名为“金杯优质产品”。南钢共有27类产品荣获中国钢铁工业协会“金杯优质产品”（原“金杯奖”）。建龙北满申报的GCr15高品质轴承钢热轧圆钢产品获评“冶金产品实物质量品牌培育金杯优质产品”。

衡钢P91、P92高锅管和X65QO海底管线管两项产品荣获“金杯优质产品”。

巨能特钢保证淬透性结构钢实物质量达到国内外同类产品先进实物质量指标，被认定为“金杯优质产品”。其具有高强度、硬度、耐磨性及良好的韧性。产品主要用于制造汽车轴套。至此，巨能特钢高碳铬轴承钢、船用锚链圆钢和保证淬透性结构钢三种产品被认定为“金杯优质产品”。

荣程钢铁集团预应力钢丝及钢绞线用热轧盘条被审定冠名为“金杯优质产品”，这是我国钢铁产品实物质量水平认定的最高奖项。

永钢集团桥梁缆索钢丝用热轧盘条、钢筋混凝土用热轧带肋钢筋（直条）荣获2021年“金杯优质产品”称号。

淮钢公司高铁弹条用高品质弹簧热轧圆钢、铁道车辆用LZ50车轴钢坯两个产品榜上有名，并于日前顺利通过公示，喜获“金杯优质产品”称号。

7 月 4 日，中国机械冶金建材职工技术协会命名了一批全国机械冶金建材行业“工会经济技术工作先进单位”和“岗位能手”，天津钢管制造有限公司炼铁厂分会，管加工厂电气作业区点检一班班长、工程师田振金，轧管事业部三轧管分厂 460 热轧高级工程师王君国分别获得命名。

7 月 6 日，中国钢铁工业协会、中国金属学会发布了 2022 年冶金科学技术奖推荐获奖项目公告，南钢牵头完成的《轨道交通核心部件用钢研发及产业化应用》项目获得推荐二等奖。

7 月 26~27 日，第五届全国设备管理与技术创新成果奖正式公布，凌源钢铁股份有限公司申报的《大棒材生产车间设备系统性改造》课题获得二等奖。

8 月 2 日，2022 年共有 111 个项目被授予中国钢铁工业学会、中国金属学会冶金科学技术奖。兴澄特钢承担的《超大规格高品质能源用钢板高效低耗制造技术创新及应用》项目，兴澄特钢、大冶特钢共同参与的《基础件用特殊钢长寿命机理、关键技术及产品开发》项目荣获一等奖。

8 月 2 日，河钢集团舞钢公司与北京科技大学合作开展的《高强韧钢中纳米相深氢陷阱的基础研究与工程应用》项目榜上有名，荣获 2022 年中国钢铁工业协会、中国金属学会冶金科学技术奖一等奖。

8 月 2 日，中天钢铁集团“基于非铝脱氧工艺高品质轴承钢关键冶金技术研发及产业化”成为企业首次获得的全国冶金科技进步一等奖项目，另外，“绿色高效大载荷轴承钢球用钢关键技术研发及产业化”项目获得三等奖。

8 月 4 日，兴澄特钢《钢轧智能制造方案》获评中国钢铁协会“2022 年钢铁行业智能制造优秀解决方案”。

8 月 31 日，金鼎钢铁集团党委书记、董事长王建军入选，荣膺“全国优秀企业家”称号。

8 月，天钢公司在中国工业合作协会组织的“2022 年度企业信用等级评价”评选中，获评“AAA 级信用企业”。

9 月 16 日，2022 年“全国企业家活动日暨中国企业家年会”在内蒙古自治区包头市举行。济源钢铁董事长李玉田与包钢董事长魏栓师、沙钢董事长沈彬、杭钢董事长张利明等钢铁界精英等 190 位杰出企业家一同获评“2021—2022 年度全国优秀企业家”。

9 月 21 日，西王特钢和高校院所联合申报的《高强韧钢中纳米相深氢陷阱的基础研究与工程应用》项目，荣获 2022 年中国钢铁工业协会、中国金属学会冶金科学技术一等奖。

10 月 25 日，中国钢铁工业协会发布了 2022 年冶金企业管理现代化创新成果获奖名单，东北特殊钢集团股份有限公司的《混合所有制企业股权管理的实践和创新》榜上有名，荣获创新成果三等奖。

11 月 4 日，太钢“国产石墨纤维工程化制备技术开发”参赛项目荣获“中国质量创新与质量改进成果发表交流活动”发表赛最高奖项示范级成果奖。

11 月 20 日，由中国钢铁工业协会、责任云研究院主办的“《钢铁行业社会责任蓝皮书（2022）》发布会”在北京召开。这是首次发布《钢铁行业社会责任蓝皮书》，南钢入选优秀案例。

12 月 5 日，中国工业经济联合会发布第七届“中国工业大奖”获奖名单，中信泰富特钢集团旗下江阴兴澄特种钢铁有限公司光荣上榜。

12 月 9 日，在中国钢铁工业协会主办钢铁行业能效标杆三年行动方案现场启动会上，南钢、河钢集团石钢公司等 21 家钢企被授予“双碳最佳实践能效标杆示范厂培育企业”标牌，南钢副总裁万华出席会议并作大会发言。

12月22日，中国质量协会颁发2022年“全国质量标杆”证书，天津荣程联合钢铁集团有限公司“三全一基绿色智能高可靠产品质量管控模式经验”首次获得全国质量标杆。

12月27日，中国工业经济联合会近日发布第七届“中国工业大奖”获奖名单，南钢光荣上榜。

12月28日，中国钢铁工业协会对2021年度营销统计信息工作先进单位及优秀营销统计信息员进行表扬。东北特殊钢集团股份有限公司被评为“2021年度营销统计信息工作先进单位”荣誉称号，东北特殊钢集团股份有限公司员工朱宁被评为“2021年度优秀营销统计信息员”荣誉称号。

8.3　省级机构奖项

1月10日，贵钢荣获贵州省企业联合会、贵州省企业家协会联合颁发“2021年贵州省优秀企业”荣誉。

1月12日，江西省文化和旅游厅、江西省工业和信息化厅联合公布，方大特钢被评为2021年江西省工业旅游示范基地。

1月14日，大冶特钢铌微金化中厚壁无缝钢管的生产技术研究及应用项目获得中信集团2021年度科学技术奖二等奖，总工程师周立新获评“中信集团2021年度科技领军人物”。

1月16日，第七届山东省循环经济2021年度盛典在济南举行，青岛特钢副总经理王海波荣获“山东省2021循环经济十大年度人物”的荣誉称号。

1月17日，山东省品牌建设促进会发布了《2021年度山东知名品牌认定公告》，全省共有558家企业的600个产品/服务获山东省知名品牌认定，西王特钢申报的“西王集团钎具用钢”顺利上榜。

1月18日，中原特钢被河南省人力资源和社会保障厅、河南省总工会等五家单位联合授予“全省劳动关系和谐企业”荣誉称号。

1月22日，中国共产党山东省委员会发布《中共山东省委　山东省人民政府关于表扬2021年全省食品产业高质量发展表现突出的集体和个人的通报》，西王集团董事长王棣名列表现突出的个人名单。

1月25日，江苏省财政厅、江苏省科学技术厅下发《2021年度江苏省碳达峰碳中和科技创新专项资金（第一批）的通知》，南钢《低碳节镍型超低温容器钢研发及产业化》项目上榜，并获得最高等级专项资金支持（2000万元），彰显了南钢“双碳”工作方面的先发优势。这是继发布“碳十条”之后，南钢“双碳”领域的又一里程碑。

2月10日，江苏省发改委公示了关于第二批江苏省先进制造业和现代服务业深度融合试点单位拟入选名单，南钢榜上有名。

2月11日，天津市市场监督管理委员会公布了《2021年天津市质量攻关优秀成果的通知》，经过严格筛选，荣程钢铁集团7个攻关项目获得天津市质量攻关奖，《提高高炉煤比》项目荣获天津市2021年质量攻关优秀成果二等奖；《降低球团煤粉消耗》《降低铁水S含量》《提升铁水Si稳定率》《降低烧结固体燃耗》《降低带钢用钢的全氧含量》《LNG工程用耐低温预应力钢绞线用盘条的质量提升》等项目均荣获三等奖。

3月1日，邢钢3名员工在河北省扶贫脱贫工作中受到表彰。

3月19日，江苏省发布关于2021年度科学技术奖授奖决定，南钢共有3个项目获奖，其中“大型工程装备用1000兆帕级以上超高强钢板研制开发及产业化应用”“基于扩缩流强化的流程工业严苛条件下废弃资源回收技术与应用”两个项目获一等奖。

3 月 21 日，青海省科技厅发布了青海省 2021 年度“科技型企业”名单。西宁特钢自信公司名列青海省 2021 年度“科技型企业”荣誉榜单。

3 月 26 日，共青团江苏省委和江苏省应急管理厅联合发文，表彰省内在企业安全生产中发挥生力军作用的青年职工集体。靖江特殊钢有限公司钢管事业部电气作业区荣获 2021 年度“江苏省青年安全生产示范岗”荣誉称号，该作业区也是靖江市 2021 年度唯一获此荣誉的基层集体。

3 月 29 日下午召开的河北省重点研发计划滚动支持项目年度评估会，河冶科技承担的“高品质特殊钢关键共性技术研发及应用示范”项目顺利通过第二年度评估验收。

4 月 2 日，青海省国资委党委授予西宁特钢炼钢分厂生产保障作业区党支部 2021 年度监管企业“国企先锋”党支部荣誉称号。

4 月 10 日，江苏省工业和信息化厅发布了 2022 年江苏省智能制造示范工厂名单，经公司申报、地方审核、专家评审、综合评价、专题会审、网上公示等程序，淮钢公司特钢棒材柔性制造智能工厂实力上榜。

4 月 14 日，江苏省人社厅发文公布全省首批特级技师名单，南钢张红军、孙秀华榜上有名。经省人社厅授权，南钢是南京市两家特级技师评聘试点企业之一，南钢建立健全特级技师聘任与管理机制，进一步加强高技能人才队伍建设，南钢高技能人才培养迈入新阶段。

4 月 16 日，天津市工业和信息化局公布第三批市级制造业单项冠军企业和第二批市级种子企业名单，天津钢管制造有限公司获天津市第三批市级制造业单项冠军企业。

4 月 28 日，2021 年度山西省科学技术奖授奖项目（企业）名录揭晓，太钢主持完成和参与的 7 个项目荣获山西省科学技术奖。一等奖有《笔头用易切削 400 系不锈钢关键技术研究与应用》《生化尾水强化处理技术及应用》，二等奖有《基于融合建模的热连轧过程控制技术创新及应用》《超平高性能不锈精密带钢工艺技术及产品开发》《超（超）临界火电机组用 9Cr 系耐热钢材料关键制备技术与产品开发》，三等奖有《热连轧高品质特殊钢关键技术开发及应用》《烧结过程余热回收技术的研究与应用》。

4 月 29 日，天津钢管炼钢厂一炼钢荣获“2022 年天津市工人先锋号”荣誉称号。

4 月 30 日，江苏省总工会发布《关于表彰 2022 年省五一劳动奖和省工人先锋号的决定》，淮钢炼钢厂一车间被授予“江苏省工人先锋号”荣誉称号。

5 月 9 日，四川省工会命名表彰了一批“五小”活动先进单位和“五小”活动优秀成果，长城特钢公司及公司三个项目获此殊荣。

5 月 11 日，经四川省人民政府同意，四川省经济和信息化厅公布了四川省制造业“贡嘎培优”100 家企业名单，攀钢集团江油长城特殊钢有限公司榜上有名。贡嘎培优旨在通过加大引导和支持力度，建立重点企业协调服务机制，努力打造一批资源消耗少、环境影响小、科技含量高、产出效益好、发展可持续的制造业优质企业。

5 月 11 日，天钢公司被授予数据管理能力成熟度贯标等级稳健级（三级）资质证书，是全国第三个获得此等级评定证书的钢铁企业。

5 月 13~15 日，中国合格评定国家认可委员会（CNAS）评审组对东特股份中心试验室 17025 质量管理体系进行复评+变更评审。中心试验室顺利通过现场审核工作，此次评审充分肯定了 17025 质量管理体系在东特股份中心试验室的有效运行。

5 月 23 日，江苏省市场监管局、省发展改革委下达了2022年江苏省战略性新兴产业和服务业标准化试点项目的通知。中信泰富特钢集团旗下两家企业，江阴兴澄特种钢铁有限公司和靖江特殊钢有限公司申报项目均成功入选。

5月31日，江苏省市场监管局、省发展改革委公布2022年江苏省战略性新兴产业和服务业标准化试点项目名单，靖江特殊钢有限公司的高端无缝管战略性新兴产业标准化试点项目入选，成为靖江市唯一入选省级标准化试点项目的企业。

6月1日，辽宁省工业和信息化厅发布2022年度辽宁省“专精特新”产品（技术）名单，沙钢东北特钢集团大连特殊钢制品有限公司W4柔性手锯条产品荣列其中。这是对大连特钢制品公司创新能力、研发能力的充分肯定，对提高公司在行业内的核心竞争力及影响力具有重要意义。

6月10日，河钢舞钢获得“2021年河南省制造业头雁企业”荣誉称号。

6月16日，兴澄特钢报送的“大型钢铁企业基于产销研财四位一体的业财融合管理”在2022年江苏省企业管理创新大会荣获一等奖。兴澄特钢副总经理、总会计师孙广亿作为成果主创人受邀进行大会主题分享。

6月17日，在河北省推进信息化和工业化融合发展新闻发布会上，依据评估标准评选出了河北省工业企业两化融合发展指数前100名的企业，作为河北省钢铁行业数字化转型重点企业的3家特钢企业之一，邢台钢铁有限责任公司再获殊荣。

6月17日，江西省文化和旅游厅发布公告，根据中华人民共和国国家标准《旅游景区质量等级的划分与评定》和《旅游景区质量等级管理办法》，经南昌市、青山湖区两级文广新旅局推荐，江西省文化和旅游厅按程序组织评定并公示，方大特钢工业旅游景区正式获批成为国家4A级旅游景区，是江西省首家、国内第三家成为国家4A级旅游景区的钢铁企业。

6月21日，天津市人社局发布《市人社局关于设立天津荣程联合钢铁集团有限公司等10家博士后创新实践基地的通知》，荣程钢铁集团成功获批设立天津市博士后创新实践基地。

6月24日，贵州省工业与知识经济联合会第五届第四次理事会暨2022年年会暨贵州省企业社会责任报告发布会。对2021年度贵州省企业社会责任报告发布会上发布报告的27家企业颁发证书，首钢贵钢获评“2021贵州省履行社会责任五星级企业”称号。

6月，河北省科技厅公布了2022年新建省级研发平台名单，河冶科技申报的“河北省高品质工模具材料重点实验室”获批建立。

6月，贵钢工会荣获贵州省总工会“美丽贵州”绿色劳动竞赛先进集体荣誉称号。

7月11日，2021年度浙江省科学技术奖励大会在省人民大会堂举行。东方特钢“高品质不锈钢绿色制造关键技术开发及应用”项目荣获浙江省技术进步奖三等奖。

7月16日，河南省生态环境厅发布“2021年度优秀绿色发展协会”和“绿色发展先进企业”获奖名单，河南济源钢铁（集团）有限公司获钢铁行业“绿色发展先进企业”荣誉，河南国泰型材科技有限公司获铸造行业“绿色发展先进企业”荣誉。

8月1日，河北省工业和信息化厅发布了《关于公布2022年河北省工业互联网创新发展重点培育项目名单（第二批）的通知》，金鼎钢铁集团工业互联网数智化平台二期项目位列其中。

8月4日，河北省质量协会公布了“河北企业质量管理40年功勋企业及功勋企业家、杰出推进者名单”，邢台钢铁有限责任公司荣获“功勋企业”荣誉称号。

8 月 14 日，在青海省第 44 次质量管理小组活动中，西宁特钢被授予“青海省质量管理小组活动优秀企业”，西宁特钢多项 QC 成果和个人获得奖项。

8 月 16 日，江苏省生态环境厅、江苏省工商业联合会公布了“2022 年度绿色发展领军企业”名单，南钢荣登榜首，宿迁南钢金鑫同时上榜，全省共 106 家企业入选，仅 7 家钢企榜上有名，南钢独占两席。

8 月 19 日，江苏省生态环境厅、江苏省工商业联合会公布了“2022 年度绿色发展领军企业”名单，常熟市龙腾特种钢有限公司荣誉上榜。

8 月 25 日，辽宁省科学技术厅公布了“2022 年入库科技型中小企业名录”，沙钢东北特钢集团大连特殊钢制品有限公司凭借在高新技术产品研发服务及自主知识产权方面取得的显著成果，成功跻身此次名单。

8 月 31 日，2022 年长三角数字化转型大会暨江苏省企业信息化协会年会在江苏南京召开，淮钢喜获“江苏智造”创新大赛三等奖。

9 月 6 日，由工业和信息化部、福建省人民政府、厦门市人民政府主办的“2022 金砖国家工业创新大赛”在厦门召开。中信泰富特钢集团旗下江阴兴澄特种钢铁有限公司“高品质特殊钢智能轧制过程控制系统创新应用”项目取得第五名的好成绩，荣获本次大赛智能制造赛道三等奖。

9 月 7 日，东方特钢智慧管控工业互联网平台成功入围 2022 年省级工业互联网平台创建名单。

9 月 12 日，金鼎钢铁集团作为邯郸市唯一一家企业荣获“2022 年度河北省节水标杆企业”称号。

9 月 24~25 日，在沈阳举办的 2022 年辽宁省创新方法大赛获奖结果公布，凌钢 6 个项目获奖。其中，《长寿命防脱落烧结机台车车轮》《汽车受矿槽除尘系统中除尘罩的研制与应用》获一等奖，《带钢轧线更换上支撑辊压下液压缸新型装置研制》《汽车半轴用钢 40MnBHH 产品开发》《支撑轮检修装置的研制及应用》《提高煤焦油脱水率工艺研究》获二等奖，《长寿命防脱落烧结机台车车轮》还入围国家级创新方法大赛。

9 月 26 日，江苏省科学技术厅公示新一轮创新型领军企业培育行动入库企业名单，永钢集团榜上有名。

10 月 7 日，河北省发展和改革委员会公布了《关于 2022 年河北省企业技术中心评价结果的通知》，永洋特钢技术中心顺利通过审核，永洋特钢排名 117，评价等级为“良好”。

10 月 11 日，江苏精品国际认证联盟向南钢颁发“江苏精品”认证证书，南钢集装箱船用止裂钢板获 2022 年度“江苏精品”认证品牌。

10 月 11 日，天钢公司荣获“2022 年度天津市质量管理小组活动先进企业”称号。

10 月 12 日，浙江省经济和信息化厅公布了 2021 年浙江省清洁生产审核验收合格企业名单，振石集团东方特钢有限公司通过验收。

10 月 31 日，2022 年中国创新方法大赛江苏赛区决赛圆满结束，淮钢参赛项目取得小组第七名，荣获中国创新方法大赛江苏赛区二等奖。

11 月 1 日，辽宁省金属学会公布了 2022 年辽宁省金属学会优秀科技论文评选结果。东北特钢股份推荐的 12 篇论文均榜上有名，分别获得一等奖 2 篇，二等奖 3 篇，三等奖 7 篇。经过专家认真筛选和评审，东北特钢股份推荐的论文《超大型 718HH 电渣钢白点形成原因及措施研究》《稀土元素在工模具钢生产中的应用》获得一等奖，《提高 RH 真空槽使用寿命》《改善 H13 系列热作模具扁钢退火组织工艺研究》《改善 X12Cr13 小方坯低倍质量》获得二等奖，《耐蚀塑料模具钢预硬化工艺及组织研究》《10B21 冷镦钢冶炼工艺优化实践》《优化连铸工艺改善 SWRH82A 铸坯中心碳偏析实践》《降低连铸增氮量的生产实践》《退火扩散时间对 X12Cr13 碳化物及组织的影响》《白点的检验方法及调质态白点微观形貌介绍》《55SiCr 螺旋弹簧失效分析》获得三等奖。

11 月 8 日，天津市生态环境局发布了《关于第一批低碳（近零碳排放）示范建设单位》名单公示，天津荣程联合钢铁集团有限公司入选。

11 月 12 日，在辽宁省第一届职业技能大赛起重（天车）组的比赛中，本钢板材特殊钢事业部职工吕银德取得了第五名的好成绩。

11 月 14 日，山西省人民政府表彰了获得第一届山西省标准化创新贡献奖标准项目和个人。太钢不锈牵头起草的两个标准项目 GB/T 33239—2016《轨道车辆用不锈钢钢板和钢带》和 GB/T 24511—2017《承压设备用不锈钢和耐热钢钢板及钢带》分别获得一等奖和二等奖，技术中心高级工程师武强获得个人奖。

11 月 19 日，江苏省工业和信息化厅主持召开 2022 年南钢新产品新技术鉴定会，南钢和相关高校、科研机构共同研发的 20 项新产品新技术全部通过鉴定。7 个新产品新技术处于“国际领先”，11 个新产品新技术处于“国际先进”，2 个新产品新技术处于“国内领先”。

11 月 22 日，江苏省工信厅公示了 2022 年度江苏省 5G 全连接工厂项目名单，永钢集团的“永钢 5G 全连接智慧工厂”成功入选。

11 月 23 日，江苏省工业和信息化厅公示了 2022 年度江苏省 5G 全连接工厂项目名单，中天钢铁炼钢厂（原第三炼钢厂）5G 混合专网全连接数字孪生工厂建设项目获评工厂级。

11 月 29 日，江苏省委网信办会同省发展改革委、省工业和信息化厅、省生态环境厅、省通信管理局联合组织发布 2022 江苏省数字化绿色化协同转型发展典型案例入选名单，南钢低碳智慧能源管理体系成功上榜公示名单。

11 月 30 日，江苏省质量发展委员会办公室联合省市场监管局等八部门发布 2022 年第一批“江苏精品”认证获证企业名单，永钢集团的“汽车用冷镦钢热轧盘条”荣获 2022 年第一批“江苏精品”认证。

12 月 14 日，江苏省冶金行业协会、江苏省金属学会公布了 2022 年度协会、学会科技成果奖获奖名单，淮钢“机械与交通装备用高品质特殊钢关键技术研发及产业化”项目荣获“科技成果二等奖”。

12 月 14 日，在 2022 年“南钢杯”江苏省钢铁行业质量管理小组 QC 成果发布会上，南钢“板型攻关 QC 小组”《提高 NAC 板型一次合格率》和“超越自我 QC 小组”《降低钢板丸料压入发生率》获得一等奖，“机械作业区 QC 小组”《缩短吐丝机故障时间》获得二等奖。

12 月 19 日，河南省企业联合会、河南省企业家协会通过官方网站发布了 2022 河南企业 100 强、2022 河南制造业企业 100 强、2022 河南服务业企业 100 强榜单。其中河南济源钢铁（集团）有限公司上榜。

12 月 20 日，贵州省企业联合会、贵州省企业家协会在贵阳发布 2022 贵州百强企业榜单及《企业发展报告》，首钢贵钢进入贵州企业 100 强。

12 月 20 日，中共江苏省委、江苏省人民政府发文表彰“江苏制造突出贡献奖”“优秀企业先进个人和先进单位”，共有 50 家企业被评为优秀企业。南京钢铁股份有限公司获评“江苏制造突出贡献奖”优秀企业。

12 月 20 日，河北省工业和信息化厅认定金鼎重工有限公司等 36 家企业为 2022 年河北省技术创新示范企业。

12 月 21 日，江苏省工业和信息化厅发布了 2022 年江苏省智能制造示范车间名单，永钢集团 1 号 1320 立方米高炉炼铁车间、棒材四车间成功上榜。

12 月 21 日，湖南省工信厅公布 2022 年度湖南省绿色制造体系示范单位名单，衡钢荣获省级“绿色工厂”称号。

12 月 28 日，山东省循环经济协会和山东省清洁生产协会联合下发《关于公布省级绿色低碳标杆的通知》，青岛特殊钢铁有限公司顺利通过评审，荣获首批“省级绿色低碳企业”称号。

12 月 28 日，天津市科学技术局公布 2022 年度天津市科学技术奖拟授名单，天津荣程联合钢铁集团有限公司组织完成的“大规格高强度预应力钢丝及钢绞线用热轧盘条研发”项目荣获天津市科学技术进步三等奖。

12 月 22 日，2022 年“江苏绿色港口”名单出炉，淮钢码头荣获“江苏省四星级绿色港口”称号。本次全省共评选出星级绿色港口 29 家，其中四星级 6 家、三星级 23 家；沿江港口 23 家、沿海港口 2 家、内河港口 4 家。淮钢码头是四星级绿色港口中唯一的内河港口。

12 月 23 日，“江苏制造突出贡献奖”优秀企业、第二批“苏州制造”品牌登峰企业名单发布，永钢集团双上榜。

12 月 30 日，江苏省工信厅发布了 2022 年江苏省智能制造示范车间名单，淮钢公司炼钢一车间实力上榜。

8.4 机构认定认证

1 月 5 日，建龙北满特钢技术中心认定再升级，顺利通过国家企业技术中心认定，也是黑龙江省新认定的两家国家企业技术中心其中之一。

1 月 19 日，济源钢铁国泰砼业分公司收到从北京世标体系认证中心发来“绿色建材产品认证证书”，成为河南省首家取得绿色建材产品认证证书的搅拌站。

1 月 20 日，经专家组现场评估，省市场监管局审核，确认邢台钢铁有限责任公司以 424 分的成绩，成为今年入选的 21 家河北省企业标准化示范单位之一，有效期至 2024 年 12 月。

1 月 20 日，北京国金衡信认证有限公司审核专家，针对邢钢能源管理体系进行了为期 4 天的监督及标准转换审核。最终认定邢钢审核范围内的能源管理体系符合认证标准要求，顺利获得 GB/T 23331—2020 标准的认证注册。

1 月 21 日，上海锅炉厂对东方特钢开展了供应商资格审核，审核围绕公司全流程体系过程管控能力、技术研发能力以及产品实物质量、产品和过程开发规则、过程分析和生产等情况进行评定。

1 月 26 日，济源钢铁精品钢材公司经过三年的研发规划，顺利通过 2021 年度国家高新技术企业认定。

1 月 28 日，经过天津钢管技术中心专利管理人员和科研人员共同努力，首次申请的两项国际（PCT）专利《提高深海用钢悬链立管的管端尺寸精度的方法》和《双层套管抗外压挤毁能力的获取方法》已被国际局正式受理，获得国际专利申请号，代表着天津钢管在专利申请和高端产品研发上取得又一次突破。

1 月，抚顺特钢 1 项发明专利《一种核电蒸发器用铁镍铬基耐蚀合金热轧棒材的制造方法》获得授权，实现了高性能核电蒸发器传热管堵头用 NS1103 合金棒材的工程化生产及供货。

1 月，浙江志达管业被认定为省级“专精特新”中小企业，并被新疆中泰化学股份有限公司评为“2021 年度优秀供应商”。

1月，永兴特种材料获评国家知识产权示范企业。

2月15日，兴澄特钢企业技术中心顺利通过国家发改委办公厅2021年国家企业技术中心评价，评价等级位列钢铁行业前列。

2月19日，东方特钢开发的“高品质不锈钢绿色制造关键技术开发及应用”科技成果顺利通过了专家组的鉴定，并取得了科技成果鉴定证书。

3月2日，中原特钢先后荣获“国家高新技术企业”和“河南省创新龙头企业”称号，这也是公司连续14年获得“国家高新技术企业”。

3月3日，扬州特材顺利通过工业和信息化部两化融合管理体系升级版（AAA级）贯标评定。

3月6日，南钢低温环境用高锰奥氏体钢（“高锰低温钢”）通过ABS等船级社认证。南钢是国内唯一通过船级社认证、国际上第二家通过认证的企业。

3月30日~4月1日，华夏认证中心审核组对天津钢管进行2021年度职业健康安全、环境、能源管理体系监督审核。审核组对炼铁厂、一轧管分厂、管加工厂等12个单位进行了远程审核，对公司“三体系”的符合性、适用性、有效性给予充分肯定，一致同意通过审核，推荐保持认证注册资格。

3月31日，在2021年兵器装备集团精益评估中，中原特钢精益管理工作被评为B-级，位列12家民品企业前列。《轧辊精益生产线改造》《提高模具扁钢交付率》两项目分获集团公司改善案例一等奖和三等奖。

4月10日，北京九鼎国联认证有限公司派出审核组对方大特钢IATF16949汽车质量管理体系开展初次认证现场审核。通过对方大特钢IATF16949汽车质量管理体系15个管理过程的现场审核，审核组专家确认方大特钢建立并实施运行的质量管理体系符合IATF16949—2016标准要求，通过IATF16949质量管理体系现场审核。

4月10日，全国高新技术企业认定管理工作领导小组办公室发布“关于对大连市第三批高新技术企业认定的公告”，大连特钢制品公司成功获批国家高新技术企业。这对提升公司品牌形象、促进科技转型、提高市场价值等方面具有重要意义。

4月11~15日，邢钢组织开展了为期5天的IATF 16949质量管理体系审核。

4月13日，西王特钢申请的“一种炭素材料中钛含量的检测方法”获得国家知识产权局认可，被授予发明专利证书。

4月18~27日，API美国石油学会对天津钢管进行了为期九天半的年度监督审核，公司顺利通过API年度监督审核，并获得继续推荐保持API注册资格的结论。

4月22日上午，中国船级社（简称“CCS”）举办了高锰奥氏体低温钢系列产品“云发证”活动，河钢集团舞钢公司高锰钢钢板喜获CCS工厂认可证书。这是我国钢铁企业首张高锰钢钢板工厂认可证书，河钢舞钢已完全自主掌握高锰钢钢板生产制造技术，获得了高锰钢钢板的广阔市场通行证。

4月29日，中核集团审核专家组对天津钢管进行供应商评价审核。天津钢管顺利通过审核，获得合格供应商资质，拥有为中核集团下属单位供货资格。

4月，东方特钢两项实用新型专利获国家知识产权局授权，分别是《一种可用于解决龙刨加工电梯导轨的自动对中装置》《一种用于托辊制作的半自动焊接装置》。

5月16日，国内钢铁行业首张SA8000企业社会责任管理体系认证证书花落南钢，并正式上传到了全国认证认可信息公共服务平台。

5月16日，泰州市发展和改革委员会公布2022年工程研究中心名单，由靖江特钢建设的“泰州市特种管材工程研究中心”顺利通过认定。

5 月 31 日，荣程钢铁集团顺利通过信息化和工业化（两化）融合管理体系现场审核。

5 月，浙江志达管业生产的船舶用有缝不锈钢长半径弯头（90°）取得浙江制造认证证书。

6 月 14 日，两化融合管理体系评估审核专家充分肯定淮钢两化融合管理体系运行情况，意味着淮钢公司顺利通过两化融合管理体系第二阶段评估审核。最终由工业和信息化部专家审核通过后发放证书。

6 月 13 日，荣程钢铁集团《一种大规格高强度预应力钢、制备工艺及其应用》《一种新型连铸二冷反冲洗装置》《烧结矿粒级测定装置》等 8 项技术创新成果获国家知识产权局授予专利证书。

6 月 22 日，中石化易派客商业信用中心对天津钢管开展了法人信用认证尽职调查。天津钢管制造有限公司获得“AA”评级，钢贸公司获得“A+”评级的良好成绩。

6 月 22 日，中国合格评定国家认可委员会（CNAS）专家组莅临荣程钢铁集团天荣公司理化检验中心开展突击飞行检查，对碳核查领域煤及焦炭进行专项监督评审。

6 月 24 日，中国船级社认证专家对首钢贵钢生产的船舶用钢关键件锻材产品进行认证，成功通过船级社认证审核，获得认可证书，首钢贵钢生产船舶用钢获得造船领域权威机构——中国船级社的认可。

6 月 28 日，玫德雅昌集团有限公司获评深圳市工业和信息化局发布的 2021 年深圳市专精特新中小企业认证。

6 月 29 日~7 月 1 日，国际知名第三方认证机构（SGS）对东方特钢进行 IATF16949 质量体系现场审核并获得通过。

6 月，马钢特钢供奥迪轿车悬架簧国产化项目用 54SiCrV6-H 弹簧钢，通过蒂森克虏伯德国总部盐雾试验认证，迈入环境试验和装车试验阶段。

7 月 11 日，兴澄特钢顺利通过航空质量管理体系（AS 9100D）年度审核。

8 月 8 日，河冶科技公司、河北龙凤山铸业有限公司、江苏申源集团分别被认定为国家级第四批专精特新“小巨人”企业。

8 月 12 日，北京国金衡信认证有限公司审核组对西王特钢质量、环境、能源、职业健康安全四体系和 LZ50 铁路车轴钢产品分别进行监督审核。

8 月 18 日，淮钢顺利获得国家信息化和工业化融合管理体系 AAA 级认证证书，成为淮安市首家。

8 月 18~19 日，北京国金衡信认证有限公司专家评审组对邢钢的两化融合管理体系的建设和运行情况进行了监督审核，邢台钢铁有限责任公司顺利通过评估审核组的两化融合管理体系第二次监督审核。

8 月 19~21 日，中国合格评定国家认可委员会评审专家组对淮钢理化检测中心远程复评审。

8 月 24 日，中国合格评定国家认可委员会（CNAS）三位审核专家，对邢钢实验室管理体系复评审及检测标准转换。

8 月 22~26 日，邢钢邀请第三方认证机构 BSI（英标标准协会）8 名专家审核，邢钢顺利获得 BSI 环安管理体系换证证书。

8 月 30 日，南钢鑫智链区块链综合服务平台通过工信部中国电子技术标准化研究院功能、性能和可靠性测试，并获得由工信部中国电子技术标准化研究院颁发的三大证书。

8 月 30 日，河南省发改委组织开展了第 26 批省企业技术中心建设工作。经鹤壁市评审、专家复核、公示等环节，认定玫德雅昌鹤壁工厂为河南省企业技术中心。

8 月 31 日，山东省特殊钢新材料技术创新中心经山东省科技厅批准，在西王特钢设立。

9月3日，江苏省工业和信息化厅组织有关专家组成考评组，对永钢承担的2021年江苏省工业和信息产业转型升级专项资金“特种合金棒材全流程智能化改造升级项目”开展了评估验收。

9月5日，承德建龙特殊钢有限公司无缝钢管产品获得欧盟（CE）证书，取得了9个标准25个钢级的生产许可，该证书是无缝管产品出口至欧盟各成员国的必要证书。

9月6~9日，通标标准技术服务有限公司（SGS）审核专家组对南京钢铁股份有限公司的“SA8000社会责任管理体系”进行了年度监督审核，南钢股份顺利通过审核。

9月23日，永钢通过工信部两化融合管理体系（AAA级）贯标认证。

9月25日，金鼎钢铁集团2022年度四体系审核末次会议顺利召开，为期三天的质量、环境、能源、职业健康安全管理体系监督审核工作圆满结束。

9月28日，天津荣程联合钢铁集团有限公司顺利通过生态环境部超低排放验收审核，并在中国钢铁工业协会网站公示。

9月，浙江志达管业被中国化学工程集团有限公司评为“优秀供应商”。

9月，马钢特钢轴承钢产品首次取得铁路用钢产品准入证，成为国内第二家采用“真空脱气+连铸”工艺生产铁路货车轴承用钢的钢厂。

9月，马钢特钢2100兆帕级弹簧钢成功通过辽阳蒂森克虏伯供一汽奥迪乘用车产品认证，并实现小批量供货，填补了马钢空白。

10月3日，山东省工业和信息化厅对认定的省级技术创新示范企业开展了复核评价。西王特钢顺利通过复核。

10月13日，承德建龙顺利通过国家知识产权优势企业认定，公司在知识产权创造、运用、管理和保护方面达到行业领先水平。

10月14日，中知（北京）认证有限公司审核组对邢台钢铁有限责任公司知识产权管理体系进行线上监督审核。

10月15日，建龙北满特钢成功获批国家博士后科研工作站，该公司在人才队伍和科研平台建设上有重大突破。

10月15日，永兴特种材料科技股份有限公司博士后科研工作站成功获批。

10月22日，常熟市龙腾特种钢有限公司“江苏省海洋装备用型钢工程研究中心”平台成功获批省级工程研究中心。

10月24日，天钢公司被认定为国家级环保绩效A级企业、成为天津唯一一家环保绩效A级的长流程钢铁企业。

10月27日，中启认证中心河北分中心对邢台钢铁测量管理体系开展年审，邢钢公司测量管理体系证书继续保持AAA级认证有效。

10月27~29日，TUV审核老师对江苏星火特钢集团ISO9001质量体系运行情况进行了监督审核。

10月28日，西王特钢申报的山东省特殊钢技术标准创新中心获批创建。

11月6日，方大特钢自主研发的“一种改进的机加切削刀具”被国家知识产权局授予专利权，并颁发实用新型专利证书。

11月10日，首钢贵钢公司成功再认证环境管理体系，取得新的环境体系认证证书。

11月10日，天工爱和特钢通过安全标准化二级评审工作，成为工贸行业安全标准化二级企业。

11月15日，河北省知识产权保护中心公布了2022年第九批通过专利预审备案的企业名单，邢台钢铁有限责任公司顺利通过备案。

11月21日，三星九千认证公司到天津

钢管开展钢贸、国贸质量管理体系第二次监督审核。审核组一致认为，天津钢管质量管理体系运行有效、符合 ISO 9001 标准条款要求，审核结果非常满意，给予审核通过、证书继续保持的结论。

11 月 21 日，淮钢公司顺利通过国检集团组织的“江苏精品”认证现场审核，意味着公司产品再次获得权威认可。

11 月 22～24 日，中天钢铁顺利通过两化融合管理体系升级版 AAA 级（最高级）年审工作，推荐保持评定证书。

12 月 1 日，BSCI 发布审核通过报告，东北特钢集团大连特殊钢制品有限公司顺利取得与 BSCI 会员企业合作通行证。大连制品公司社会责任体系水平达到欧洲国家规定的标准，为公司在当前激烈的市场竞争中赢得了机会，更为今后深入开发欧洲市场奠定了坚实基础。

12 月 1 日，江苏省工业和信息化厅发布《关于江苏省 2022 年专精特新中小企业名单的公示（第二批）》。靖江特钢获评“2022 年度江苏省专精特新中小企业”称号。

12 月 7 日，由国家发展改革委牵头开展认定的第 29 批国家企业技术中心名单公示完毕。承德建龙特殊钢有限公司成为入选该名单的 5 家钢铁企业之一。

12 月 8 日，中国物流与采购联合会物流企业综合评估委员会评审组对沙钢海力码头进行国家 AAAA 级物流企业现场评估，经过物流规模、财务负债、仓储运输、管理制度、人员构成、信息化建设等方面 21 项指标的现场审核，一致认为沙钢海力码头各项指标均符合 AAAA 级仓储型物流企业标准，通过现场评估。

12 月 8 日，中国电子信息行业联合会公布了数据管理能力成熟度（DCMM）等级证书的企业名单，金鼎钢铁集团荣获 DCMM-稳健级（3 级）认证，成为邯郸市首家通过稳健级认证的企业。

12 月 24 日，荣程钢铁集团天荣公司顺利通过高新技术企业认定，再次被认定为国家高新技术企业。

12 月 29 日，荣程钢铁集团天荣公司知识产权管理体系顺利通过认证，天荣公司知识产权管理工作迈入全面提升新阶段。

12 月，河冶科技公司被认定为河北省单项冠军企业（第四批）。

12 月 28 日，西班牙国际石油公司结合其加拿大 OCTG 项目，对天津钢管 OCTG 产品生产能力、质量管理体系运行情况等开展为期 5 天的全面审核，审核组对公司给予高度评价。

8.5　地方政府奖项

1 月 17 日，“企业服务日”系列活动——2021 西海岸“制造强区”突出贡献企业家颁奖仪式在金沙滩接待中心隆重举行，青岛特钢党委书记、总经理惠荣榜上有名。

2 月 8 日上午，湖州市社会治理创新大会举行，永兴材料荣获湖州市“金象企业”“纳税大户”两项荣誉。

2 月 12 日下午，丹阳市一年一度的“优秀纳税企业 2021 年新春座谈会”隆重召开。会议决定授予天工、大亚、沃德、鱼跃医疗等数十家企业“2021 年度丹阳市优秀纳税企业”称号。天工 2021 年纳税总额超过 3 亿元，被授予 2021 年度纳税特等奖。

2 月 23 日，“镇江市产业强市暨优化营商环境大会”召开，会议公布了全市 2021 年度制造业“金山奖”、科技创新“梦溪奖”、优化营商环境“甘露奖”等共 11 个奖项的获奖名单。天工国际再次荣膺镇江市制造业“金山奖”，这是天工第三次获此殊荣。天工国际行政总裁朱泽峰参加会议并代表公司领奖。

5 月 16 日，淮钢公司获淮安市财政局绿色制造培育工程奖补资金 100 万元。这是淮钢公司近年来坚持绿色发展、低碳发展的有力体现，也是市委市政府对淮钢公司节能降碳工作的支持与肯定。

5 月 18 日，齐齐哈尔市企业发展大会上，建龙北满特殊钢有限责任公司荣获“齐齐哈尔市经济发展突出贡献企业”称号。

5 月 20 日，淮钢收到市财政拨付的“省级智能制造示范车间”奖补资金 50 万元。这是淮钢近年来积极推进智能制造发展的最好证明，也是市委市政府对淮钢公司智能化工作的认可与支持。

5 月 20 日，靖江特殊钢有限公司 258 厂工具作业区被泰州市总工会授予“泰州市工人先锋号”荣誉称号。

5 月 26 日，济源示范区举行颁奖仪式，对评选出的首届济源“十大最美科技工作者”进行表彰。济源钢铁第二炼钢厂厂长刘宗辉受到表彰，示范区党工委书记、市委书记史秉锐为其颁奖。

5 月 27 日，寿光市总工会下发《关于表扬在寿光市五一劳动奖和工人先锋号创建工作中表现突出集体和个人的通报》，通报对寿光市五一劳动奖和工人先锋号创建工作中表现突出的 23 个集体、69 名个人及 25 个班组进行了通报表扬。巨能特钢炼铁 3 号高炉车间被授予“工人先锋号创建工作表现突出集体”荣誉称号。

7 月 1 日，南京智能制造装备产业促进会第一届理事会第二次全体会议召开，南钢获得 2021 年度产业领军示范奖和服务之星奖。

7 月 2 日，在西宁市 2021 年重点企业环境信用评价工作中，西宁特钢再次荣获西宁市企业环境信用的最高等级评价——“环保诚信企业（绿牌企业）”称号。

8 月 3 日，长城特钢轧钢厂挤压作业区挤压组 QC 项目《提高超高强度钢管材成材率》喜获绵阳市质量协会优秀 QC 成果奖。该种超高强度钢，经热处理后可获得较高的强度，较好的延性和韧性，常用于制造重要结构件，该钢管材是公司重点专项产品。

8 月 10 日，淮安市总工会与淮安市文化广电和旅游局联合发布了《关于命名淮安市职工疗养基地的通报》，淮钢公司下属单位淮安宾馆顺利入选首批淮安市职工疗养基地。

8 月 11 日，南昌市总工会公布 2022 年南昌市首批示范性劳模（工匠、职工）创新工作室名单，方大特钢鲍文戬劳模创新工作室等 6 家工作室被命名为南昌市示范性劳模创新工作室。

8 月 11 日，由南京市人民政府主办，南京江北新区管理委员会、南京市发展和改革委员会承办的“2022 年南京市独角兽瞪羚企业发布会”召开。江苏南钢鑫洋供应链有限公司，以供应链生态创新发展模式和高速发展态势，上榜“瞪羚企业”。

8 月 17 日，方大特钢荣获 2021 年度南昌市工业节能工作“先进企业”称号。2021 年方大特钢节能目标为 3.00 万吨标准煤，实际完成节能量为 7.20 万吨标准煤，完成率 239.92%，超额完成节能目标。

8 月，大连市市场监督管理局发布《关于批准 2022 年大连市标准化资助奖励项目的通告》，东北特钢股份主持制定的《奥氏体-铁素体型双相不锈钢盘条》《耐蚀合金焊带》《耐蚀合金棒材、盘条及丝材通用技术条件》《钢的非金属夹杂物的检验——发蓝断口法》四项国家标准，获得大连市标准化资助奖励，荣获奖励资金 80 万元。

9 月 29 日，东北特钢位列大连市企业 100 强榜单第 10 位，大连市制造业企业 100 强榜单第 7 位。东北特钢股份获得省级管理创新成果奖 1 项，获得市级管理创新成果奖 6 项。

10 月 7 日，邯郸市科技局发布了《关于公布 2022 年度市级研发平台认定结果的通知》，依托永洋特钢申报的“邯郸市特种精密型钢技术创新中心”获批为 2022 年度邯郸市市级技术创新中心。

11 月 6 日，方大特钢成功入选 2022 年度南昌市领航培育企业名单。

11 月 7 日，龙腾特钢轧钢分公司总工程师蒲红兵获评第二届“常熟工匠”荣誉称号。

11 月 23 日，镇江市科技局公布了“2022 年度镇江市工程技术研究中心”认定名单，天工国际全资子公司伟建工具以及易恒自动化等 5 家企业获批通过，伟建工具是唯一涉及新材料研发的获批企业。

11 月 23 日，在“2022 长三角（嘉兴）绿色低碳高质量发展论坛”，东方特钢荣获钢铁行业首家碳管理体系贯标示范单位。

11 月 29 日，济源市人民政府印发《关于表彰第十届济源市市长质量奖获奖单位的通报》，经过评审，济源钢铁荣获第十届济源市市长质量奖。

12 月 30 日，南京市旅游资源规划开发质量评定委员会发布《关于确定南钢文化旅游区为国家 3A 级旅游景区的公告》。

12 月 21 日，淮钢公司申报的设备和信息化技改项目获得淮安市工业强市发展专项引导资金 500 万元。这是淮钢近年来积极推进企业高质量发展的最好证明，也是市委市政府对淮钢技术改造、新建项目投入及智改数转工作的认可与支持。

8.6 媒体机构评选

1 月 8 日，2021 年度世界钢铁企业技术竞争力排名榜单发布，永钢位列全球第 33 位。

1 月 14 日，由新华日报社主办的 2022 年长三角数字经济发展大会在南京举办，会上正式发布了长三角企业数字化创新标杆案例榜单，天工国际的“天工粉末冶金工业互联网平台”入选标杆案例。

2 月 24～25 日，2022 年中国钢铁市场展望暨“我的钢铁”年会、特钢产业链大会在上海举办。会议由中国特钢企业协会秘书长刘建军主持，中信泰富、南京钢铁、巨能特钢、凌源特钢、中天钢铁、江苏沙钢、河南济源钢铁、杭州杭钢及芜湖新兴铸管等 9 家知名钢企荣获“2021 年度全国优特钢生产企业优质品牌”。

4 月 6 日，方大特钢 2022 年 2 月份生铁制造成本在全国 56 家同行业排名中位居第二，与今年 1 月份生铁制造成本全国第三相比再进一位，连续两月刷新该公司生铁制造成本全国排名最好纪录。

4 月 24 日，由证券时报社主办的第十三届中国上市公司投资者关系“天马奖”榜单正式揭晓，南钢股份荣获“最佳董事会奖”“最佳新媒体运营奖”。

4 月 30 日，作为钢铁行业的全球品牌，中信泰富特钢集团荣获 2022 年《AI 国际商业评论》颁发的“ESG300 优秀社会责任报告”，入选《2022 年 ESG300 社会责任研究案例库》。

5 月 10 日，第 6 个中国品牌日，中国冶金报社发布 2022 年度中国钢铁品牌榜。江苏沙钢集团有限公司荣获“2022 钢铁行业全球影响力品牌”荣誉称号，同时沙钢东北特钢集团的成员企业淮钢特钢股份有限公司、东北特殊钢集团股份有限公司、抚顺特殊钢股份有限公司也荣登榜单，均荣获“2022 中国优秀钢铁企业品牌”荣誉称号。

凭借技术实力、全球市场占有率、产品的不可替代性，天工国际荣登“钢铁行业全球影响力品牌”。

站在全球竞争的高度，南钢等 16 家企业被评选为“2022 钢铁行业全球影响力品牌”。

河钢石钢凭借过硬的产品品质、良好的品牌形象，荣膺“2022 中国卓越钢铁企业品牌”。

天津钢管制造有限公司荣获“2022中国卓越钢铁企业品牌”，天津钢管制造有限公司深层页岩气开发用高性能套管荣获“2022中国冶金行业最具竞争力产品”。

金鼎钢铁集团荣获“2022中国卓越钢铁企业品牌”荣誉称号。

5月23日，世界不锈钢协会（ISSF）在比利时首都布鲁塞尔宣布了“不锈钢工业奖”获奖名单。太钢集团荣获1个金奖、2个银奖、1个铜奖，是全球参评企业中获奖数量最多的。

6月2日，在推动共同富裕、强化科技创新、落实“双碳”愿景的背景下，AI国际商业评论作为独立第三方评价并发布了《2022年社会责任ESG300优秀案例库》。中信泰富特钢集团入选“优秀社会责任报告”。

“6·5”世界环境日到来之际，由中国冶金报社组织的2022“寻找最美绿色钢城”评选结果揭晓，90家钢企从众多候选企业中脱颖而出，获评“绿色发展标杆企业”和“绿色发展优秀企业”。方大特钢获评“绿色发展标杆企业”。淮钢公司获评“绿色发展优秀企业”。

6月10日，世界钢铁协会发布了2021年主要钢铁公司产量50强名单，共有27家中国钢铁企业上榜，中天钢铁以粗钢产量1276万吨位列榜单第35位，连续10年入围全球前50大钢企。

6月17日，由新华日报社主办的第二届江苏资本市场峰会暨上市公司高质量发展论坛在南京开幕，南钢股份等一批资本市场“江苏板块”中的“生力军”荣获ESG金茉莉奖。

6月24日，全球第二大指数公司富时罗素（FTSE Russell）发布最新ESG评级，南钢股份评分由1.6分提升到2.2分，进入富时罗素评级体系内中国钢铁企业前三，并位列纳入评级的中国692家上市公司前9%。

6月28日，贵州新闻联播头条播出“走出去”为贵钢带来新发展天地。

7月8日，2022年中国产业区块链大会在南京召开。南钢受邀参会并入选“2022中国产业区块链100强”榜单。

8月3日，美国《财富》杂志发布了2022年世界500强最新排行榜，沙钢以营业收入47072.2百万美元、利润2273.5百万美元的成绩连续第十四年入围世界500强榜单，位列第291位，较上年递进17位。

8月5日，2022钢铁中国·第九届华东优特钢产业链高峰论坛在浙江杭州举行，同时揭晓了华东地区优特钢行业主导品牌和优质供应商，巨能特钢等9家企业获评“2022年度华东地区优特钢行业主导品牌”。

9月5日，“2022中国品牌价值评价信息”发布。兴澄特钢位列冶金有色类榜单第4位，品牌强度877，品牌价值达176.98亿元，较2021年提升13.56亿元。

9月6日，中国企业联合会、中国企业家协会发布“2022中国企业500强”榜单，南京钢铁集团有限公司排名第141位，位列江苏第六，南京第一。在同期发布的“2022中国制造业企业500强”中，南钢位列第61位。

2022中国民营企业500强榜单出炉，常熟市龙腾特种钢有限公司再次荣登榜单，位列第312位，排名较2021年上升90位。

中天钢铁集团以1903.8174亿元位居139位，上升27位，连续18年荣列中国企业500强。

永钢集团凭借1205.6亿元的营收位列2022中国民营企业500强第70位，排名比去年提升5位，同时位列2022中国制造业民营企业500强第39位。

济源钢铁荣登榜单2022中国民营企业500强第448位，2022中国制造业民营企业500强第277位。

荣程集团以营业收入923.18亿元位列中国企业500强第256位，位列中国制造业企业500强第118位，位列中国民营企业

500 强第 91 位，位列中国民营企业制造业 500 强第 51 位。

9 月 15 日，“My steel 第三届耐火材料产业峰会”举行，会上方大特钢获评“2021—2022 年度全国耐材行业优质合作钢铁企业”称号。

11 月 7 日，第五届中国企业论坛在山东济南举行，会上发布了《中央企业上市公司 ESG 蓝皮书（2022）》及“央企 ESG · 先锋 50 指数”。太钢不锈成功入选 2022 年“央企 ESG · 先锋 50 指数”位列第 39 名，同时上榜“央企 ESG · 治理先锋 50 指数”位列第 17 位。

11 月 18 日，“新材道”发布：在工信部和行业协会（中钢协、中船协、中轴协等）的支持下，对国内共 12 家主要船舶及海工用钢生产企业进行质量能力分级评价，南钢获评企业级 A+、产线级 A+（均为最高等级），代表南钢在船舶及海工用钢板领域达到了国际一流水平。

11 月 18～20 日，由第十八届钢铁产业发展战略会议暨 2023 年钢铁产业链发展形势高峰论坛在安徽徽州举行。会上，方大特钢荣获“2022 年度 · 第十三届全国钢铁贸易与物流企业品牌供应商”“2022 年度 · 第八届中国大宗物资电子商务百家联盟企业”称号。

12 月 3 日，天钢公司选送的《优质低合金高强度钢板减量化轧制技术开发与实践》项目，最终获得全国大赛银奖。

12 月 7 日，天津钢管召开 2022 年度精益改善项目评比表彰会，共评选出一等奖 1 名，二等奖 2 名，三等奖 3 名。三轧管分厂《持续提升 460PQF 连轧管机组成材率》项目总分第一获一等奖。

12 月 9 日，新材指数（Steel Ranking）发布 2022 世界钢铁企业技术竞争力分级评价排名，共有 50 家企业入围，其中 33 家中国企业，17 家外国钢铁企业。依据分级体系，进入 A 级（含 A+、A 和 A−）企业共计 50 家。排名前三的分别是中国宝武、浦项制铁、日本制铁，南钢位列第十位。

12 月 20 日，冶金工业规划研究院发布《中国钢铁企业竞争力（暨发展质量）评级》称，在参与评估的全国 109 家钢铁企业中，中信泰富特钢集团、沙钢等 19 家企业属于A+级（极强），达到或接近世界一流水平。

12 月 20 日，中信泰富特钢集团、南钢等入选 2022 中国钢铁企业竞争力（暨发展质量）极强（A+）企业榜单，达到或接近世界一流水平。永钢获评“A”级竞争力特强。

12 月 20 日，南钢原料厂《缩短堆取料机电控系统故障时间》、高线厂《缩短飞剪设备故障时间》及第一炼钢厂《提高 3 号连铸机铸坯热装热送比率》三项 QC 成果斩获第 47 届国际质量管理会议（ICQCC）金奖。

12 月 20 日，2022 中国钢铁企业竞争力（暨发展质量）评级研究成果（MPI）重磅发布。沙钢继续保持竞争力极强钢企方阵，再次获评竞争力极强“A+”最高评级。

12 月 26 日，中国工业互联网研究院官网发布 2021 年度工业互联网赋能绿色低碳发展优秀案例集，永钢 5G 固废利用智能转底炉工厂项目成功入选。

12 月 26 日，新材道发布 2022 年中厚板品种能力分级排名，南钢中厚板品种能力综合排名跃居世界第 7 位。

12 月 29 日，南钢申报的 13 项管理创新成果获得全国、冶金行业、省市管理创新成果奖项，获全国管理创新一等奖 1 项；获行业管理创新一等奖 4 项、二等奖 1 项；获江苏省管理创新成果一等奖 2 项；获南京市创新成果一等奖 3 项、二等奖 2 项。

12 月 30 日，山东寿光巨能特钢有限公司荣获“2022 年度全国优特钢生产企业优质品牌”荣誉称号。

第 9 章

中国部分
特殊钢企业介绍

9.1 中信泰富特钢集团股份有限公司

9.1.1 企业概况

中信泰富特钢集团股份有限公司(000708.SZ)，是中国中信股份有限公司下属企业，是全球领先的专业化特殊钢材料制造企业集团，是我国特钢产业引领者、市场主导者和行业标准制定者，是中国钢铁工业协会和中国特钢企业协会轮值会长单位。

公司旗下拥有“九大核心生产基地”，包括：五大特钢制造基地——兴澄特钢、大冶特钢、青岛特钢、天津钢管、靖江特钢；两大原材料供应基地——铜陵特材、扬州特材；两大延伸加工基地——泰富悬架、浙江钢管。

公司具备年产2000万吨特殊钢生产能力，拥有特殊钢棒材、无缝钢管、特冶产品、特殊钢线材、板材产品、延伸产业六大产品板块。产品广泛应用于航空航天、汽车工业、工程机械、船舶海工、新能源等战略性产业，获得了国内外高端用户的青睐。

公司拥有国家技术中心、国家认可实验室、博士后科研工作站，科研力量雄厚，荣获国家科学技术进步奖一等奖1次、二等奖2次，获得第十四届全国质量奖、第七届中国工业大奖等多项权威表彰。

公司秉承“诚信、创新、融合、卓越”的理念，积极为客户创造价值，开展智能制造赋能与绿色低碳转型，近年来整体竞争实力、经营活力和行业影响力不断增强，经济效益和发展质量稳步提升。

中信泰富特钢改革发展的指导思想、方向、定位以及实践得到了社会、行业和国家的认可，重点发展的特钢生产技术、关键品种等已在国内起到引领作用，成长为中国特钢行业的一面旗帜，为行业与产业链协同共进做出了应有贡献，在创建世界一流特钢企业集团的道路上迈出了坚实步伐。

9.1.2 主要装备

中信泰富特钢集团拥有国内最大断面的合金钢方圆坯连铸机，世界先进的可实现控轧控冷、轧材尺寸高精确控制（KOCKS）的合金钢棒材生产线，国际先进的银亮材加工生产线，以及配套完善的中厚板、线材、无缝钢管、特冶锻造生产线等国内、国际领先生产设备。2022年，兴澄特钢完成特钢行业首个全流程“铁钢轧一体化”数字孪生工厂建设，并成功亮相2022年世界人工智能大会；大冶特钢460钢管集控及精益数字化平台上线投用，荣获工业和信息化部“2022年度智能制造试点示范行动”称号；青岛特钢优特钢高速线材获评工业和信息化部“智能工厂”；铜陵特材焦化数智中心全面投用，荣获省级智能工厂。

9.1.3 主要产品

中信泰富特钢集团可生产3000多个品种、5000多个规格，是目前全球品种规格最多的特殊钢材料制造企业之一，拥有合金钢棒材、特种中厚板材、特种无缝钢管、特冶锻造、合金钢线材、合金钢大圆坯“六大产品群”以及调质材、银亮材、汽车零部件等深加工系列产品，品种规格配套齐全并具有明显优势，可为用户提供一站式、一揽子的特殊钢材料解决方案。

9.1.4 生产经营情况

2022年，中信泰富特钢集团实现钢材销售1518万吨，同比增长4.43%，其中出口159万吨，同比增长20.83%，出口业务收入同比增长26.66%。营业收入983.45亿元，同比基本保持稳定。

9.1.5 科技进步及产品开发

2022年，中信泰富特钢集团获得授权专利354项，发明专利107项，并有6项授权的国际发明专利；参与18项国家/行业/团体标准修订和起草；全年开发新产品252万吨。兴澄特钢荣获“中国工业大奖”、“中国优秀专利奖”、中国创新方法大赛全国总决赛二等奖等，获评工业和信息化部“轴承钢产品质量控制和技术评价实验室”。兴澄特钢超大规格1000~1200毫米圆坯批量供货，国际领先；177.8毫米厚齿条钢板、180毫米厚临氢铬钼钢板填补国内空白；开发新型14.9级贝氏体高强度紧固件用钢替代日本进口。大冶特钢荣获“2022中国卓越钢铁企业品牌”和“国家知识产权示范企业”称号。大冶特钢国际民用航空用钢市场开发大幅增长，海工管开发连续取得多个项目订单，实现了跨越式发展；使用大冶特钢材料制造的国内首套16兆瓦平台风电主轴轴承成为中国风电主轴轴承之最，实现高功率风机关键部件国产化，解决了我国风电行业长期没有解决的关键战略性技术难题。青岛特钢成功开发ϕ5mm系列1960兆帕级桥梁缆索用热轧盘条，突破风冷工艺盘条强度极限，在线盐浴线实现批量化生产。靖江特钢自主研发特殊气密封螺纹扣型成功取得中石化重点储气库项目全部技术套管订单。浙江钢管高压锅炉管P92首次供货国内锅炉管和国内管件市场，核电用管、管线管和高强度油缸管均实现市场突破。

9.1.6 发展战略

中信泰富特钢集团以高质量发展为主题，深耕特钢主业，以“内生+外延”的发展路径，做大产业规模，做强细分市场，同时以资本和服务为纽带，整合上下游资源，构建“资本+制造+服务”的特钢产业链生态圈，创建全球最具竞争力的特钢企业集团。

中信泰富特钢集团股份有限公司

地址：江苏省江阴市长山大道1号

邮编：214429

电话：0510-80675555

传真：0510-86192800

网址：https：//www. citicsteel. com

江阴兴澄特种钢铁有限公司

地址：江苏省江阴市滨江东路297号

邮编：214429

电话：0510-80676169

传真：0510-86191400

网址：http：//xctg. citicsteel. com

大冶特殊钢有限公司

地址：湖北省黄石市黄石大道316号

邮编：435001

电话：0714-6297888

传真：0714-6297792

网址：https：//dytg. citicsteel. com

青岛特殊钢铁有限公司

地址：山东省青岛市黄岛区泊里镇集成路1886号

邮编：266409

电话：0532-58815030/58815085

传真：0532-58815178

网址：http：//qdtg. citicsteel. com

天津钢管制造有限公司

地址：天津市东丽区津塘公路396号

邮编：300301

电话：022-24802625

传真：022-24802603/24360649

网址：https：//www. tpco. com. cn

靖江特殊钢有限公司

地址：江苏省泰州市靖江经济开发区新港大道21号

邮编：214516

电话：0523-80709087

传真：0523-80709087

网址：http：//jjtg. citicsteel. com

铜陵泰富特种材料有限公司

地址：安徽省铜陵经济技术开发区（循环园）
邮编：244100
电话：0562-8822111
传真：0562-8825888
网址：http：//tltf. citicsteel. com

扬州泰富特种材料有限公司

地址：江苏省扬州市江都区经济开发区三江大道8号
邮编：225211
电话：0514-85766666
传真：0514-85336678
网址：http：//yztf. citicsteel. com

泰富特钢悬架（济南）有限公司

地址：山东省商河县玉皇庙镇政府驻地
邮编：251600
电话：0531-84751988
传真：0531-84751988

浙江泰富无缝钢管有限公司

地址：浙江省绍兴市上虞区小越街道工业区
邮编：312367
电话：0575-82711908
传真：0575-82696090
网址：https：//zjgg. citicsteel. com

9.2 宝武特种冶金有限公司

9.2.1 企业概况

宝武特种冶金有限公司（以下简称宝武特冶）聚焦特种冶金技术为核心的高性能金属与合金材料，为中国宝武钢铁集团有限公司旗下唯一特种冶金材料研发和制造单元，代表中国宝武践行特种冶金核心关键材料保供的使命，是中国特钢企业协会会长单位，高新技术企业。

宝武特冶源自上海第五钢铁厂、上海钢铁研究所、宝钢特钢有限公司，经过六十多年的改革与发展，已成为我国重要的高品质特殊钢及特种冶金材料生产基地，形成了高温合金、耐蚀合金、钛及钛合金、精密合金、特殊不锈钢、特种结构钢、工模具钢等产品族群，广泛应用于国防军工、能源电站、先进交通、工程机械、石油化工、环境保护等领域，成立以来，多项参与或负责的项目获得“国家科技进步奖”“国防科技进步奖”“冶金科学技术奖”等国家及省部级科技成果奖项。

9.2.2 基本状况

目前拥有包括感应、自耗、电渣等特种冶炼及40吨电弧炉冶炼，1300吨径锻和2000吨、4000吨、6000吨快锻、等温锻，钢管轧制、精密合金冷轧，检测中心与技术中心检测科研用等设备设施。

2022年，宝武特冶迭代升级公司新一轮战略规划，聚焦国防军工、航空航天、核电等行业需求，围绕“全面对标找差，创建世界一流”的管理主题，以三高两化、三降两增、分类营销、一合同一方案等为关键举措，扎实推进企业规模、效益和价值的增长，全年营业收入突破50亿元，其中使命类产品收入较上年上升36%。

坚守“钢铁报国”初心，牢记“钢铁强国”使命，围绕国家战略需求和新材料等新兴产业发展需求，宝武特冶重点聚焦国防军工、航空航天和核电新能源等国家战略导向的重点行业领域，加强产学研深度融合，着力破解特种冶金材料关键战略性技术问题，全年研发投入率5.2%。以季度里程碑节点任务为抓手，扎实推进国资委专项任务，全面完成国资委专项一期2项攻关任务，并获得国资委“突出贡献个人”和

"突出贡献团队"表彰。提前一个月完成二期攻关三项任务的 20 项重大里程碑节点，其中，完成飞机模具用精密合金板材批量合格交付，取得突破性进展。

承担国家重点攻关任务 3 项，另有 36 项国家、上海市及地方科技类项目运行中。其中，科学技术部重大科技专项和重点研发计划专项 5 项，国家国防科技工业局军品配套项目 21 项，工业和信息化部项目 4 项，上海市及地方科技类项目 6 项。承担集团公司十大攻关任务中的 6 项，各项任务均按节点开展工作，实现年度目标。公司参研的"基础件用特殊钢长寿命机理、关键技术及产品开发"项目获得 2022 年度冶金科学技术奖一等奖，宝武特冶技术中心被认定为 2022 年度宝山区企业技术中心，4 个高新成果转化项目获得上海市认定并取得证书。

9.2.3　主要装备

2022 年，宝武特冶成立宝武特冶（马鞍山）高金科技有限公司。6 月 27 日，宝武特冶特种冶金材料马鞍山基地项目举行开工仪式。项目计划分两期建设，其中一期投资 12 亿元，主要新建 50 吨电炉 1 座、50 吨合金熔融炉 1 座，以及相关炉外精炼设备、模铸产线等，预计可形成年产 14 万吨钢锭的生产规模。主要生产镍基合金、特种结构钢、特殊不锈钢、特级模具钢，广泛应用于国防军工、能源电站、先进交通、工程机械、石油化工、环境保护等行业，计划 2023 年 10 月建成。宝武特冶特种冶金板块将形成宝山基地和马鞍山基地双基运行模式，宝山基地坚定不移践行使命保供，围绕国家战略需求，着力突破特种冶金材料关键核心技术短板，保障关键核心材料的研发和保供任务；马鞍山基地加快项目建设，确保年末实现月达产，通过产品相对专业化，提升产销规模、生产效率，与集团内企业协同，建成国内具竞争力的模铸产品产业基地。

总部地址：上海市宝山区泰和路 679 号
邮政编码：200940
公司总机：021-26032000
公司官网：www. baowuteye. com
电子邮箱：baowuteye@ baowugroup. com

9.3　西宁特殊钢集团有限责任公司

9.3.1　企业概况

西宁特殊钢集团有限责任公司（简称西钢集团）于 1964 年建厂，1969 年正式投产，1996 年完成公司制改革，1997 年钢铁主体资产在上交所成功上市。西钢集团属"三线建设"企业，是青海省老牌国有企业，也是我国西部地区唯一独立的特钢企业。2000 年以来，通过优化产业布局，延伸产业链，形成了集钢铁制造、冶金焦化、地产开发等产业板块协同发展的多产业格局。截至 2022 年底，西钢集团总资产 194. 19 亿元，职工总数 4899 人。

公司历来受到党和国家、政府高度重视和关心，曾荣获全国五一劳动奖章、全国优秀诚信企业、青海省十大诚信企业等多个省部级以上荣誉称号，连续二十多年被青海省政府命名为"财政支柱企业"和"利税贡献大户企业"，为青海省经济发展做出了突出贡献。

9.3.2　基本状况

（1）生产能力。具有年产铁 160 万吨、钢 160 万吨、钢材 210 万吨、焦炭 75 万吨的生产能力。

（2）主要产品状况（钢种、品种）。主要开发生产汽车用钢、工程机械用钢、轴承用钢、石油机械用钢、煤炭机械用钢、风电用钢等。其中，主要品种有汽车发动机调质曲轴钢、非调质曲轴钢、非调连杆钢，汽车齿轮（轴）用钢、新能源汽车齿轮钢及汽车结构件用钢；工程机械调质液压活塞杆钢、非调质液压活塞杆、动臂轴钢，履带底盘链轨节钢、销轴钢；汽车轴承用钢；石油钻铤钢、钻头钢、抽油杆钢；煤矿机械设备用钢、高强度链条钢；风电机组结构钢、锚栓、螺栓钢；另外还有高强度钢拉杆钢、钎具用钢、铁路机车用钢、军工用钢等。

（3）主要设备状况。主要设备：1 座 450 立方米高炉、1 座 1080 立方米高炉，配套 1 台 132 平方米烧结机、1 台 180 平方米烧结机、1 台 65 吨转炉、2 台 LF 精炼炉、2 台真空脱气精炼炉、1 套五机五流方坯连铸机、1 套 18 架棒材连轧机及相关公辅设施的五位一体优特钢棒材生产线；有 2 台 110 吨康斯迪电弧炉、3 台 75 吨精炼炉、2 台 65 吨精炼炉、30 台电渣炉、2 套 3 机 3 流合金钢大方坯连铸机、1 套 ϕ750 毫米开坯机组、1 套 ϕ1250 毫米开坯机组、1 套 25 架精品小棒材连轧机组、1 套 8 架精品大棒材生产机组、3 台电液锤、1 台 20 兆牛快锻机、冷拔机组，后部热处理设施、精整设施、检验设施等构成的特殊钢棒材生产线 5 条；1 座 300 吨套筒石灰窑、1 座 500 吨套筒石灰窑、1 台年产能力 60 万吨的立磨设施、1 套 15000 立方米/小时制氧机、1 套 12000 立方米/小时制氧机、1 套 6000 立方米/小时制氧机等配套生产设施；有变电所、循环水泵站、空压站、燃气锅炉等公辅设施；有 4 台余热回收锅炉、2 套 TRT 发电机组、1 套余热蒸汽发电机组、1 套总排废水处理系统等余热余能回收利用设施。

9.3.3 2022 生产经营状况

2022 年公司面对市场形势低迷、行业整体亏损和疫情多重困难挑战交织叠加的严峻复杂态势，西钢集团公司有力有序有效积极应对，克服了重重困难，全年公司生产铁 99.36 万吨，钢 121.28 万吨，钢材 120.64 万吨，焦炭 46.22 万吨，销售钢材 121.36 万吨，全集团公司实现销售收入 79.53 亿元。

9.3.4 2022 科技进步及产品开发

2022 年《电渣钢锌元素取样制备及测定》《特殊钢中宏观非金属夹杂物试样余热自发蓝断口法》《钨铁中钨和硅的联合测定方法》《牙轮钻具用钢开发》《齿轮钢末端淬透性试样加工方法优化》等 5 项获得青海省科技成果；《一种桥梁用大规格钢拉杆用钢 35CrNiMo 及其生产方法》《一种航空用 30CrMnNi2A 高强钢及其生产方法》《一种含稀土元素高碳铬轴承钢及制备方法》等 3 项获得授权发明及实用新型专利；西宁特钢博士后科研工作站在研项目《高强韧第三代重型汽车发动机曲轴用非调钢》在第一届全国博士后创新创业大赛中取得优胜奖。

2022 年成功开发了比亚迪新能源汽车用 19CrNi5 齿轮钢、中国重汽 C38mod 非调质连杆钢、海天塑机 XG45MnSiV 非调质机筒用钢、卡特彼勒 1E0028 连接轴钢、巨力索具 35CrMnMo 高强钢拉杆钢、博世 22CrMoS3-5 齿轮钢、德西福格汽车纵臂右板 25MnV5 非调质钢、汽车前轴用贝氏体非调质钢 XGMnVS、宁波蜗牛（沃尔沃项目）非调质连杆用 46MnVS5 钢、长城汽车差速器壳用 45-C 钢、特斯拉新能源电机轴用 SCM440HQT 调质钢等 40 个产品；2022 年新产品实现销售 30000 余吨。

9.3.5 企业改组改制状况

公司自 2018 年实施改革发展以来，按照“突出主业、瘦身健体”的理念，加快产业结构调整，突出主业；坚决淘汰落后产线产能，“处僵治困”；处置低效无效资产、盘活企业资金，进一步精干主业、聚焦优势。

9.3.6 企业发展目标及技术改造状况

（1）发展目标。“十四五”期间，公司围绕钢铁制造、冶金焦化、房地产开发板块为主，其他产业为辅的综合发展道路，做强钢铁制造主业，积极开发冶金焦化、房地产等产业，形成一业为主、多业共赢的协同发展模式，实现矿山采选、冶金焦化板块绿色可持续稳定保供发展，钢铁制造板块逐步实现普特结合的新特钢发展之路，房地产开发板块形成示范性规模化发展之路，实现“做强矿山采选、冶金焦化板块”“做精钢铁制造板块”“做优房地产开发板块”“做实新兴产业”的战略目标。利用“十四五”的改革与发展将公司打造成为西部地区最大综合性特钢企业、国内一流知名企业，为青海省经济的可持续高质量发展提供重要支撑。

（2）技术改造。自2018年以来，重点完成了炼钢分厂3号consteel电炉工艺攻关、中间包流场优化试验、2号连铸轻压下、五孔水口试验、弥散式透气砖试验、24小时工艺复盘、2号连铸末端电磁搅拌改造、大规格材质量提升与稳定、高强度调质钢生产及工艺技术开发、HRB400E切分技术开发应用、轴晶区轧制技术开发等60多项工艺优化和质量提升工作。通过技术改造项目的实施，增强了产品质量稳定提升、品种结构调整的保障能力，为全公司提高生产运行效率、稳定产品质量奠定了良好基础。

地址：青海省西宁市柴达木西路52号
邮编：810005
电话：0971-5299531
传真：0971-5217506
网址：http：//www. xntg. com

9.4 太原钢铁（集团）有限公司

9.4.1 企业概况

太原钢铁（集团）有限公司（简称“太钢集团”）是中国宝武钢铁集团有限公司的控股子公司和不锈钢产业一体化运营的平台公司。太钢集团始建于1934年，前身是民国时期创立的西北实业公司所属西北炼钢厂。2020年12月23日，实现与中国宝武联合重组，控股股东变更为中国宝武；2021年1月1日，受托管理中国宝武旗下宝钢德盛不锈钢有限公司和宁波宝新不锈钢有限公司。太钢集团长期专注发展以不锈钢为主的特殊钢，拥有山西太钢不锈钢股份有限公司（太原基地）、宝钢德盛不锈钢有限公司（福州基地）、山东太钢鑫海不锈钢有限公司（临沂基地）、宁波宝新不锈钢有限公司（宁波基地）、天津太钢天管不锈钢有限公司（天津基地）5个钢铁生产基地。太钢集团的业务组合是钢铁制造、资源业务和先进材料。

太钢集团长期专注发展以不锈钢为主的特殊钢，建有先进不锈钢材料国家重点实验室、国家级理化实验室、山西省不锈钢工程技术研究中心、山西省铁道车辆用钢工程技术研究中心等创新平台，拥有800多项以不锈钢为主的具有自主知识产权的核心和专有技术，主持或参与完成我国超过70%的不锈钢板带类产品标准。目前形成了以不锈钢、冷轧硅钢、高强韧系列钢材为主的高效节能长寿型钢铁产品集群。不锈钢产品涵盖板带型线管全系列、超宽超厚超薄极限规格，笔尖钢、手撕钢、核电用钢、铁路用钢、双相不锈钢、新能源汽车用高牌号硅钢等高精尖产品享誉国内外。同时，积极发展矿产资源、新材料、国际贸易、工程技术、医疗健康、金融投资等相关多元业务，拥有以高性能碳纤维、镍基合金为代表的新材料产业集群、亚洲规模最大的现代化冶金露天矿山和山西省内一流的三级甲等综合性医院。

9.4.2 基本状况

2022年，太钢集团产精矿粉1493万吨，球团矿 423 万吨，焦炭 315 万吨，烧结矿 1131 万吨，生铁 1164 万吨，粗钢 1594 万吨（其中不锈钢 617 万吨），钢材 1546 万吨（其中不锈材 605 万吨）；实现营业收入 1334 亿元，利润总额 38.6 亿元，上缴税金 54.38 亿元。

太钢集团聚焦不锈钢全产业链建设，积极推进新一轮战略规划落地实施。在上游资源领域，稳步实施铁精矿粉“产能倍增”计划，推进铁矿山可持续发展项目和冶金辅料资源接续工程可研和建设，为钢铁主业发展壮大奠定坚实的基础资源保障。在中游钢铁制造领域，高效推进各基地提质增效、填平补齐项目，推动公司不锈钢整体生产能力迈上千万吨级水平。在下游应用领域，积极履行山西省特钢材料产业链链主企业职责，助力集团公司打造新型低碳冶金现代产业链链长，与链上企业合作推进建筑用不锈钢开发与应用推广，运煤专用敞车用高强耐蚀不锈钢复合材料、高速公路护栏用经济型不锈钢等产业链合作项目已结出硕果。

9.4.3 科技实力

太钢集团坚持创新驱动发展，持续加大科技创新投入，深化产学研用紧密融合的研发创新机制，积极协同、有效利用集团公司科技创新资源，推进新产品开发“一体化策划”及工艺技术的快速移植和转化，推动创新效率和产出持续提高，全年新产品开发量 133.15 万吨，累计专利申请量 400 项，发明专利占比 77.75%，均创历史最好水平。全力推进关键战略性与使命类产品及技术研发，4 项产品全球首发，9 项产品国内首发，7 项标志性技术开发完成年度计划。围绕国家重大战略需求，完成 1000 千米/小时磁悬浮高速飞车试验线、三代核电“华龙一号”、“玲珑一号”、浙江三澳核电站用低磁钢和不锈钢等核心项目保供，为我国重大项目发展提供了有力的先进材料支撑。

太钢集团全面加强管理体系和体系能力建设，不断完善“统一采购、统一销售、统一研发、统一制造管控、统一财务、统一数据标准”的具有不锈钢专业特色的“一总部多基地”管理模式与体系，全年四基地实现协同效益 13.5 亿元。持续深化改革，国企改革三年行动综合进度完成率 100%，实现高质量收官。不断改善内部运行机制，优化调整运行中心管控架构和职能，整合优化公司质量、物流、能源业务，试点推行产品事业部管理运行模式，发展活力动力增强；有序实施多元业务专业化整合，扎实推进人事效率提升和协力变革，钢铁主业人均产钢量较上年提高 13.12%。加快在全球范围内推进不锈钢全产业链布局和建设，海外开疆拓土重点项目取得重大阶段性进展。

地址：山西省太原市尖草坪街 2 号
邮编：030003
电话：0351-2134822
传真：0351-2134822
电子邮箱：tgqywhb@tisco.com.cn
网址：www.tisco.com.cn

9.5 沙钢东北特钢集团

9.5.1 企业概况

沙钢东北特钢集团（简称东北特钢集团），总部位于海滨城市大连，旗下有 1905 年建厂的大连特钢和 1937 年建厂的抚顺特钢两大生产基地，2017 年实施了混合所有制改革，沙钢集团实际控制人成为公司控股股东，公司专业生产高档次、高技术含量、高附加值特殊钢，拥有不锈钢、模具钢、高温合金、高强钢、精密合金、钛合金等十大主导系列产品。2022 年 4 月份，沙钢集团为做优、做特、做强特钢板块，在东北特钢的基础上，将同属于沙钢实际控制人控制的淮钢特钢公司、安阳永兴公司一并纳入特钢板块统一管理。

9.5.2 生产经营情况

大连基地（东特股份）2007 年实施了环保搬迁升级，建成了十余条特殊钢精品生产线，形成了较为完整的高炉、铁水预处理、特钢电炉、转炉、特冶、锻造、连轧、精整与深加工工艺流程，其生产的 DS136 塑料模具钢、轴承钢高档焊丝钢、不锈钢气阀钢、汽车曲轴用钢等多项产品获国家冶金产品实物质量“金杯奖”荣誉称号。公司在职员工 5000 余名，年特殊钢生产能力 280 万吨、钢材 305 万吨。

抚顺基地（抚顺特钢）被誉为“中国特殊钢的摇篮”。公司技术基础雄厚，特种冶炼能力世界一流，锻轧能力国内领先，拥有真空感应炉、真空自耗炉、保护气氛电渣炉等在内的多种特种冶炼装备近 100 台(套)；7000 吨、3500 吨、3150 吨、2000 吨快锻机，2200 吨、1800 吨和 1000 吨精锻机等众多引进锻造装备；包括 24 架棒材连轧机、WF5-40 方扁钢机组、高刚度短应力线连轧机等现代轧制工艺装备；后部精整、热处理设施配套完善。公司在职员工 7000 余人，具备年产钢 95 万吨，钢材 80 万吨的能力。

2022 年生产经营状况、科技进步及产品研发：

2022 年，钢铁市场低迷，叠加疫情反复、能源和大宗原材料价格大幅上升，企业生产规模释放不足，全年钢产量 231 万吨，其中大连基地 170 万吨，抚顺基地 61 万吨，均未达到产能的 70%，尽管狠抓了品种结构调整和降本增效取得一定成效，但效益终不及预期，尤其下半年效益下滑更为明显。

东北特钢集团拥有国家级技术中心，2022 年新增 5 项省级以上课题，在研课题 47 项；完成 13 项国家行业及团体标准制修订；主持/参与制修订的团体标准发布 5 项，国标发布 2 项；完成 18 项专利申报，新授权专利 24 项；完成产品认证项目 67 项。2022 年在创优创奖方面，由钢研总院牵头，东特股份、抚顺特钢均参与的《基础件用特殊钢长寿命机理、关键技术及产品开发》获一等奖，抚顺特钢《塑料模具钢热轧扁钢和方钢 FS136》荣获冶金产品实物质量“金杯特优产品”，《冷镦用不锈盘条 X12Cr13》《汽车曲轴用非调质钢热轧圆钢 C38+N2BY》等 8 个产品获“金杯优质产品”奖。

9.5.3 改组改制状况

自 2017 年实施混合所有制改革以来，东北特钢集团引入了沙钢集团的管理理念和管理模式，大力推进了经营机制改革创新，重设组织架构、明确职能定位、优化制度流程、推动技改升级，培育产品品牌，加强队伍建设，企业活力逐步释放，运营质量逐步提升。

9.5.4 企业发展目标和技术改造情况

沙钢东北特钢集团成立后，瞄定进入中国特钢第一方阵目标，坚持“特钢更特、优钢更优、优特结合”发展思路，着力整合资源、分工协作，拉长板，补短板。其中，东特股份走“精品+规模化”道路，实现品种规模化效益；抚顺特钢立足“特钢更特”，保持和扩大特种冶炼的装备、技术和产品优势，创建中国第一特冶品牌。

东特股份重整以来累计投资 50 亿元，先后完成了新建精炼炉、方坯连铸机、双高线、小棒材提质增效、高炉异地大修等一批补短板项目，围绕环保和循环利用先后完成了提升环保水平的钢渣热闷项目、钢渣棒磨线项目、水渣微粉项目，并启动了超低排放改造，其中炼钢电除尘改造项目已完成。

抚顺特钢重整以来，已规划投资超过 40 亿元，重点围绕特冶产品升级、冶炼工序流程再造、后部精整能力提升、超低排放改造等开始实施大规模技改，主要增加真空自耗炉、真空感应炉、恒熔速电渣炉等特殊冶炼设备，提高国防军工、航空航天等领域关键特殊钢材料的供给能力；同时推进超低排放改造和产线数字化、智能化升级。

地址：辽宁省大连市金州新区大连登沙河临港工业区河滨南路18号
邮编：116105
电话：0411-62693377
传真：0411-87256100
网址：http：//www.dtsteel.com

9.6 河钢集团舞钢公司

9.6.1 企业概况

河钢集团舞钢公司是我国宽厚钢板生产科研基地。拥有4100毫米+4100毫米和4200毫米+4300毫米两条技术先进的双机架宽厚钢板生产线，配套有国内宽厚板行业优势明显的钢锭模铸线及钢板热处理设施，具有雄厚的研发制造实力。具有年产钢500万吨、宽厚钢板360万吨、销售收入200亿元的综合实力。

舞钢原为国防军工项目。1971年2月，国务院主持召开舞钢建设专题会议，决定了舞钢工程的主要内容。1978年9月，我国自行设计、自行制造、自行安装的中国“轧机之王”4.2米宽厚板轧机热试轧一次成功，一举结束了中国不能生产特宽特厚钢板的历史。

五十年如一日，舞钢专注于宽厚板研发制造。所生产的16大系列、360多个牌号的宽厚板产品中，有260多个替代了进口或采用外国标准生产，80多个品种出口美国、德国、日本等发达国家和地区，树立起了强大的民族品牌形象，成为我国重要的宽厚钢板国产化替代进口基地。

舞钢先后主导制订了临氢设备用铬钼合金钢板国家标准、厚度方向性能钢板国家标准、建筑结构用钢板国家标准、核电站用碳素钢和低合金钢钢板国家标准等十个国家标准。先后获得国家科技进步奖一等奖、二等奖，获得省部级科技进步奖近百项。

舞钢产品广泛应用于国家载人航天工程、国家大飞机工程、国防军工项目、国家战略能源工程、三峡工程、北京2008奥运工程、港珠澳大桥、北京首都机场等300多个国家重大工程、重大技术装备项目，发挥了关键作用。

9.6.2 2022年经营情况

2022年，舞钢公司以习近平新时代中国特色社会主义思想和二十大精神为指导，深入贯彻集团年度工作会议精神，坚持又好又快发展主基调，深挖潜力增效益、调整结构保客户，加快了钢铁向材料、制造向服务转变的步伐。全年产铁167万吨，产钢438万吨，产钢板355万吨，营业收入203亿元。

舞钢公司以重点合同项目制管理为抓手，开发国内最大厚度177.8毫米厚风电安装船用齿条钢CCS/EH690达到国际领先水平；镍系低温钢9Ni钢通过NK和KR船级社工厂认证，产品已全部覆盖世界九大船级社，3.5Ni钢厚度生产范围已扩大到160毫米属国内同类产品最大厚度；开发供巢马桥项目用高级别桥梁钢Q500qE，综合技术水平国内领先；创新性开发生产的锻轧加钒钢、特厚模具钢、高性能欧标海上结构钢以及超大厚度钼合金容器钢板等一系列高技术要求产品也得到了市场和用户的高度认可，进一步彰显了公司在厚板行业的技术领先地位。

9.6.3 产品系列

（1）锅炉及压力容器用钢板；
（2）低合金高强度钢板；

(3) 调质高强度结构钢板；
(4) 耐腐蚀钢板；
(5) 桥梁用钢板；
(6) 建筑结构用钢板；
(7) 合金结构钢板；
(8) 模具钢板；
(9) 耐磨钢板；
(10) 碳素结构钢板；
(11) 海洋工程设备及造船用钢板；
(12) 高强度高韧性钢板；
(13) 油气输送管线用钢板；
(14) 复合钢板；
(15) 低焊接裂纹敏感性高强度钢板。

地址：河南省舞钢市湖滨大道西段
邮编：462500
网址：http：//www. wygt. cn/
销售电话：0375-8110433
客户服务中心：0375-8118699

9.7 攀钢集团江油长城特殊钢有限公司

9.7.1 企业概况

攀钢集团江油长城特殊钢有限公司（以下简称长城特钢）是国家三线建设的国防军工重点配套企业和重要特殊钢科研生产基地。公司始建于 1965 年，经过近六十年的建设发展，已具备年产特殊钢 70 万吨、钛材 3000 吨、销售收入 50 亿元的经营规模，形成了“特钢生产工艺优、专用设备配套全、科研开发实力强、产品技术含量高”的经营特色。

产品覆盖面广。长城特钢可为用户提供 12 大类、350 余个牌号、5000 余个规格的高级优质特殊钢、金属制品及包括热轧板、冷轧板、无缝管、锻件在内的钛产品。产品广泛用于国防军工、兵器工业、航空、航天、航海、电子、机械、石油化工、医药、核电等领域。军工产品、高温合金、高合金工模具钢、不锈圆钢、精密无缝钢管、核电管材、钛材等产品在国内占有重要地位，市场占有率位居行业前茅。

配套设施齐全。长城特钢拥有世界一流水平的精密无缝钢管生产线，国内先进水平的棒线材连轧生产线、锻钢生产线及钛材生产线。拥有国内先进水平的真空感应炉、真空自耗炉、电渣炉等特种冶炼设备和配套齐全的炉外精炼设备；拥有国内特钢行业先进的 3150 吨热挤压机、3150 吨快锻机、4500 吨快锻机、1800 吨精锻机等加工设备。

9.7.2 2022 年生产经营情况

2022 年，长城特钢克服供销剪刀差持续扩大、高温限电停产、疫情静态封控等困难，实现主营业务收入 42.8 亿元，同比增长 3%。

(1) 专项产品再上新台阶。专项产品全年实现销售收入 13.5 亿元，同比增长 34%，创历史最好水平。产品结构不断优化。高温合金、特种不锈、高强钢等高附加值产品销售收入分别增长 36%、12% 和 33%。

(2) 钛特结合取得新突破。全年销售钛特材 2013 吨，实现收入 1.73 亿元，同比双双翻番。

(3) 技术创新和科技进步。全年推进 23 个新产品攻关项目，开发关键核心产品 4 项、重点产品 7 项，供××10 系列涡轮盘用 GH4169 合金棒材工艺质量评审取得历史性突破。科研项目加速突进，强化精准立项，S03G、GH4202 等产品成功进入航天、海装、超低温等细分领域。争取国家重点项目 15 项，创历年新高，协调政府科研资金支持 1400 万元，获专利授权 19 项，申报科研成果 8 项，获省部级以上科技进步奖两项，集团公司科技进步奖一、二、三等奖各一项。

地址：四川省江油市江东路 195 号
邮编：621701
电话：0816-3651866
传真：0816-3650054
网址：https：//www. cssc. com. cn

9.8 江苏沙钢集团淮钢特钢股份有限公司

9.8.1 企业概况

江苏沙钢集团淮钢特钢股份有限公司始建于 1970 年，前身为清江钢铁厂，经历了淮阴市冶金工业公司、江苏淮钢集团有限公司等改制过程。2006 年 6 月，淮钢与江苏沙钢集团有限公司实现联合重组，成为沙钢集团的特钢板块。

公司现有总资产 150 亿元，职工约 5000 人。多年来，公司坚持协调发展、创新发展、绿色发展，先后荣获“国家级绿色工厂” “全国精神文明建设工作先进单位”“全国五一劳动奖状”“全国模范职工之家”“高新技术企业” “江苏省节能先进单位”“江苏省智能制造示范工厂” 等荣誉称号，企业循环经济建设获得全国管理创新二等奖。

企业现有生产线长短流程相结合、配套精整工序，装备水平先进，可生产直径 ϕ160~800 毫米的连铸圆坯，轧材产品规格覆盖 ϕ12~300 毫米圆棒以及 50 毫米×8 毫米~300 毫米×110 毫米扁钢，年产弹簧钢、齿轮钢、非调质钢、轴承钢、锚链钢、合金管坯钢、汽车用钢等优特钢 320 万吨，产品畅销国内外，多用于汽车、轨道交通、油气开采、工程机械、风力发电、海洋工程、机械制造等行业。

2022 年，淮钢干部职工上下一心，积极应对新冠疫情、市场需求疲软、钢材价格下跌、原材料价格反复振荡等国内外复杂形势，坚持抓牢经济生产与系统降本，动态调整生产经营策略，积极推动产品提档升级，加快推进技改项目建设，全力争取效益效率最大化，公司总体运行平稳，取得较好业绩。

9.8.2 安全环保持续深入

面对前所未有的安全环保压力，公司强化管理、细化管理、创新管理，以网格化管理为抓手，压实各级各岗责任，全面推行全员安全生产责任。通过狠抓严管，实现安全与环保稳定可控，为公司生产经营平稳运行奠定了坚实基础。与此同时，企业超低排放工作顺利进行，清洁运输、有组织排放先后通过公示，淮钢相继获评“国家级绿色工厂”“江苏省绿色港口”“江苏省水效领跑者入围单位”“钢铁绿色发展优秀企业”。

9.8.3 节能减排进展顺利

作为重点用能单位，公司不断优化用能结构，能源管理工作扎实有效。通过实施光伏发电项目、余热余压余能节能改造项目以及提高自发电比例等，积极提高能效、降低能源消耗，在保证安全、质量的前提下减少不可再生能源投入。2022 年，公司在已投运并网 12 兆瓦光伏的基础上，进一步加大绿色能源利用力度，利用一轧、二轧、烧结原料大棚、五轧等闲置厂房屋顶，新增光伏发电容量 42 兆瓦，公司光伏发电安装总容量达 54 兆瓦。目前，公司自发电比例正常保持在 72%左右，最高达 78. 7%。

9.8.4 降本节支成效突出

面对钢铁“寒冬”，公司上下牢固树立“居安思危、居危更思危”的思想，全员全过程全方位深入开展降本增效工作。在此过程中，公司抓源头采购降本、抓“三配”降本、抓“三优化”降本、抓节能降本、抓管理降本；同时，灵活调整生产组织模式，积极提升效率效益，深挖钢后经济生产潜力。通过各条线齐抓共管，公司 2022 年全年实现吨钢降本 249 元/吨，为企业应对市场风险起到了决定性作用。

9.8.5　结构调整稳步向前

面对严峻的市场形势，公司在深挖内部潜力、严格内部管理的同时，全力提档升级，努力拓展市场、扩大销售。在稳定提升现有产品质量的同时，公司成功开发 R3 系泊链钢、EA1N 与 EA4T 车轴钢等高端新品 31 个，并先后完成南高齿 SCM415 与 SCM420 智能机器人用齿轮钢认证等 25 项认证工作，还顺利启动上海淮沁 35MnCrB5 认证等 12 项认证工作。期间，淮钢成功获授“卡特彼勒 1E1861 全球合格供应商”。

9.8.6　技改项目全力推进

烧结机机头烟气脱硫脱硝、雨污分流改造等环保项目先后建成投运，产品延伸加工精品棒材项目于 2022 年 12 月 28 日按期建成投产，电炉绿色节能提质技改项目也顺利开工建设。此外，铁前 MES、集控中心等 12 项信息化智能化项目稳步实施，“智改数转”工作成绩斐然，公司先后荣获“江苏省智能制造示范工厂”“江苏省智能制造示范车间”“‘江苏智造’创新大赛三等奖”“国家两化融合管理体系 AAA 级评定”等一系列荣誉称号。

9.8.7　文化建设成果显著

围绕幸福企业建设，公司在企业经济效益明显下滑的情况下，持续深入开展绿色低碳工作，持续推进大环境整治，改善人才居住环境，改善员工办公条件，改善员工工作餐质量……多角度、全方位的“关爱”让淮钢幸福企业创建工作取得实质性进展，并顺利获评“江苏省首批幸福企业建设试点示范单位”。2022 年 4 月，淮钢炼钢厂一车间被授予“江苏省工人先锋号”；2022 年 5 月，淮钢团委获评“全国五四红旗团委”。在做好内部关怀的同时，淮钢还积极履行企业社会责任，除了常态化做好帮扶项目以外，还向地方慈善总会、红十字会捐款捐物近百万元。此外，秉承“人才兴企”战略，公司持续深入推进“三通道”建设，加强高层次、成熟型人才的引进、培养和激励，不断加强人才梯队建设，优化职工队伍结构，着力培养各类专业技术人才，不断提高企业核心竞争力。

放眼未来，淮钢将贯彻实施“十四五”规划，以国内一流特钢企业为发展目标，以市场需求为导向，进一步优化调整品种结构，加快推进转型发展、绿色发展、智能化发展，以增强公司的整体竞争力，努力将淮钢打造成为更美、更强、更有幸福感、更受人尊敬的一流特钢企业，为地方经济、行业经济高质量发展贡献淮钢力量。

地址：江苏省淮安市西安南路 188 号
邮编：223002
电话：0517-83036866

9.9　邢台钢铁有限责任公司

9.9.1　企业概况

邢台钢铁有限责任公司始建于 1958 年，位于河北省邢台市信都区，是集炼铁、烧结、焦化、炼钢、轧钢、发电、科研于一体的钢铁联合企业，国内外知名的优特钢线材专业化生产企业，国家高新技术企业、第一批绿色工厂、“全国质量奖”、“国家科技进步一等奖”获奖企业。

9.9.2　基本情况

邢钢具备年产铁、钢、材 200 多万吨能力，其中：高炉 4 座（3 座因环保原因停产）、烧结机 2 台（轮流生产）、焦炉 2 座

（1座因环保原因停产）、转炉4座、线材轧机5套。现有冷镦钢、纯铁、帘线钢、弹簧钢、轴承钢等线材18大类671个钢种3513种产品，40多个品种荣获国家冶金实物产品金杯奖，通过38家汽车主机厂和零部件厂家认证。

9.9.3 2022年生产经营情况

（1）生产组织。面临市场严峻形势，全力降本增效，共克时艰。一是替代外包，炼铁的大渣铁加工和铁场碎铁加工、炼钢的碳钢废钢加工和钢包及中包冷钢残渣处理等外协业务自营；二是开展修旧利废、自主施工；三是开展跑冒滴漏治理和捡废钢活动；四是加强能源管理，各工序峰平谷用电管控；五是通过精准辨识客户用途和工艺，优化合金成分、改进工艺流程等措施消除技术浪费。

（2）结构调整。围绕高端精品钢增量，及时调整策略，直供比达到29.70%。一是精品钢占比从19%提高到41%；二是持续推进认证，小鹏汽车用高端冷镦钢Q10B21-C等8个产品完成样件生产，佛吉亚供应商玉环三星批量试用邢钢材料；三是高端开发项目取得进展，梅州广汽进入批量使用阶段，内德史罗夫等进入样件试用阶段，XG407等高端模具钢进入轮毂压铸模具市场。

（3）节能减排。一是建设环保智能管控大厅，使环保管理更加智能化、可视化；二是实施烧结烟气循环、转炉一次除尘超净技术改造等环保超低提标项目，进一步提高环保水平。邢钢按照省、市和生态环境部门要求，在常年限产约50%的基础上多次停产，减少产量约50万吨。

全年完成铁109.32万吨、钢119.68万吨、材117.94万吨，实现营业收入59.75亿元，上缴税金1.91亿元。

9.9.4 2022年科技进步及产品开发

围绕高端市场和高端客户，全年开发（包括细分和定制）QML20Cr、ML08Al-Y等22个产品。

“汽车高强度动力螺栓用线材关键工艺技术开发及应用”项目获河北冶金科学技术一等奖，《汽车底盘异形件用大规格高淬透性高洁净度冷镦钢的研发及应用》《高性能紧固件用钢的研发及产业化应用》两个项目通过评价达到国际先进水平，河北省科技计划项目《河北省线材工程技术研究中心绩效后补助经费》和邢台市科技重大专项项目《高强度耐低温风电螺栓用盘条成果转化及产业化》两个项目顺利通过验收，完成河北省线材工程技术创新中心评估和河北省省级技术中心评价；获得国家专利10项（其中发明专利6项），牵头及参与制定2项行业标准。

9.9.5 企业改组改制情况

由于多种原因，邢钢经营出现困难。在省、市政府的协调帮助下，北京建龙重工集团（2021年2月10日~7月10日）、河北普阳钢铁有限公司（2021年7月11日~2022年4月27日）托管邢钢，2022年4月27日后简霖公司托管邢钢。

9.9.6 企业发展目标及技术改造

为落实省委、省政府《河北省钢铁行业去产能工作方案（2018—2020年）》（冀传〔2018〕1号）文件要求，邢钢实施转型升级搬迁改造，由邢台市主城区搬迁至威县城东工业区，建成以短流程为特色，以“开放、智慧、绿色、灵动、融合”为标志的世界一流特钢标杆企业。项目采用国际先进的“HIsmelt熔融还原+电炉”短流程工艺，污染物排放总量大幅降低，优于国家超低排放标准。铁、钢产能分别为165万吨/年、225万吨/年，总投资约132亿元，占地面积3271亩。项目投产后，80%产品应用于国内高端市场，进一步替代特殊钢材进口，年营业收入达到 130 亿元以上，税收 10 亿元以上。

邢钢转型升级搬迁改造项目手续具备办理完毕。2022 年 5 月 13 日项目水资源论证工作完成，6 月 6 日河北省发改委重新备案立项，7 月 22 日项目能评重新办理审批手续，7 月 28 日项目环评手续办理完成。计划 2023 年 5 月开工，2024 年投产。项目列入河北省 2022 年重点项目。

地址：河北省邢台市信都区钢铁南路 262 号
邮编：054027
电话：0319-2042022
传真：0319-2624517
http：//www. xtsteel. com
电子邮箱：web@ xtsteel. com

9. 10　山东寿光巨能特钢有限公司

9. 10. 1　企业概况

山东寿光巨能特钢有限公司是生产特殊钢棒材和石油套管为主要产品的大型企业。公司于 2003 年 10 月建成投产，主要生产轴承钢、优质碳素结构钢、合金结构钢、管坯钢、锚链钢、弹簧钢、碳素工具钢、汽车用钢、石油套管和管线管等系列产品，是山东省最大的特种钢生产基地，为中国钢铁工业协会、中国特钢企业协会、山东省钢铁行业协会、山东金属学会、潍坊市冶金行业协会会员单位。

公司自成立以来始终致力于特钢产品的研发和生产，通过省级企业技术中心和国家实验室认证，2022 年合金钢产量占比为 78. 20%，生产的轴承钢、优质碳素结构钢、高强度螺栓用钢、船用锚链圆钢、石油天然气工业油气井套管荣获“山东省名牌产品”称号；高碳铬轴承钢、船用锚链圆钢、保证淬透性结构钢、高品质轴承套圈用热轧圆钢和高强度紧固件用热轧钢棒五种产品被中国钢铁工业协会认定为“金杯优质产品”，其中轴承钢产销量多年来一直居国内前三位；船用锚链圆钢通过英国 LR、日本 NK、美国 ABS、挪威德国 DNVGL、法国 BV、韩国 KR 和中国 CCS 等多国船级社认证；系泊链钢通过英国 LR、日本 NK、美国 ABS、挪威德国 DNVGL、法国 BV、和中国 CCS 等多国船级社认证；无缝钢管产品通过美国石油协会（API）认证；汽车用钢 IATF 16949 质量管理体系通过英国标准协会（BSI）认证，2017~2022 年，连续六年荣获年度“中国汽车用钢优秀品牌”称号、“全国优特钢生产企业优秀品牌”。公司获得中石油物资一级供应商准入证，取得了中石化物资供应管理综合信息平台的准入资格，是中国石油装备（寿光）产业基地的重点企业。公司产品出口到日韩、中东、欧美等国家和地区，广泛应用于农机、石油、化工、铁路、矿山、汽车、船舶等机械加工制造行业。

公司贯彻绿色低碳发展理念，成功创建国家级绿色工厂，全面完成超低排放改造并在中钢协网站公示；聚焦品牌建设，先后获得全国钢铁工业先进集体、全国用户满意企业、山东省制造业高端品牌培育企业、山东省民营企业品牌价值 100 强单位、山东省履行社会责任示范企业、山东省 AAA 级优等信誉企业等多项荣誉称号；稳步提升行业竞争力，公司在 2022 年中国钢铁竞争力评级中，获评竞争力特强企业（A 级）。

9. 10. 2　基本状况

（1）生产能力状况。巨能特钢拥有年产生铁 195 万吨、连铸坯 260 万吨、钢材 215 万吨的生产能力。

（2）主要产品状况。公司主要生产优质碳素结构钢、合金结构钢、管坯钢、抽油杆用钢、锚链钢、弹簧钢、轴承钢、碳素工具钢、汽车用钢、石油套管和管线管等系列产品，优特钢产品共计 235 个牌号，100 个钢材规格、12 个连铸坯规格、19 个钢管外径规格，2022 年合金比达到 78.20%。

（3）主要设备状况。公司目前工艺流程：烧结—高炉—电炉（转炉）—LF 精炼炉—VD 真空脱气炉—连铸—热轧—精整，现有装备均符合国家产业政策及节能环保要求，工艺先进，适合高端特种钢产品多品种、小批量、高性能的需求特点。特别是目前已投产的高品质特钢精整生产线项目，核心设备由世界一流冶金设备制造商研究开发，应用意大利达涅利控冷控轧工艺和 DSD 减定径技术等最新冶金技术成果，属国内首家，其装备及工艺技术水平达到国际领先水平。公司现有烧结、炼铁、炼钢、轧钢和钢管设施装备具体如下：

烧结设备有：110 平方米、265 平方米烧结机组各一套。

炼铁设备有：450 立方米、1250 立方米高炉各一座。

炼钢设备有：70 吨超高功率电炉一座，80 吨、120 吨顶底复吹转炉各一座。

轧钢设备有：ϕ550 毫米、ϕ650 毫米和 ϕ1350 毫米半连轧生产线各一条，ϕ950 毫米全连轧机组生产线一条。

钢管设备有：ϕ273 毫米穿、轧管生产线一条。

9.10.3 2022 年生产经营状况

2022 年，钢铁行业受限产、疫情管控以及经济大环境低迷等因素综合影响，价格变动非常敏感，叠加煤焦、废钢价格高位、电价上调等因素影响生产成本同比大幅上涨，钢材价格的涨跌幅度均刷新了历史纪录，对公司的生产经营造成较大冲击。巨能特钢公司在抓好疫情防控的前提下，通过及时调整供销策略、加大市场开发力度、深挖内潜、提质增效等有效措施，保持了稳定的发展态势。2022 年，公司共计生产生铁 143.42 万吨、钢坯 146.44 万吨、钢材 118.30 万吨，实现产品销售收入 63.84 亿元、利税 2.04 亿元。

9.10.4 2022 年科技进步及产品开发

公司自成立之初致力于特钢产品的生产与研发，钢铁产品定位具有“专、精、特、高”特点，大力推行品牌发展战略，秉承“质量为本、客户至上”的经营理念，积极开展钢材品种定制化服务，满足不同高端客户的需求，从经营管理中的多个角度入手，不断加大研发投入，坚持技术、产品创新与强化质量管理相结合，不断提升企业质量管理水平，获得客户的一致好评。

深化产学研合作，加强科技成果转化。公司认真落实国家钢铁产业发展政策，充分发挥特种钢生产优势，以省级技术中心、国家实验室为依托，公司与钢铁研究总院和东北大学、中国沈阳金属材料研究所、辽宁科技大学等科研院所、重点高校及国际知名专家建立了长期的合作关系和工作机制，为钢铁研究总院“新工艺、新技术、新材料、新装备实验基地”，有效打造了以企业为主体，以市场为导向，产学研用相结合的开放型科技创新平台，全力提升企业核心竞争力及企业品牌经济规模和层次。近三年 R&D 投入强度均超过 3%，科技创新能力明显增强。2022 年取得国家知识产权局专利授权 15 项（含发明 1 项），受理 20 项（含发明 2 项）；参与起草了《碳素轴承钢》《贝氏体非调质钢》《汽车胀断连杆用非调质结构钢棒》《轴承钢产品质量分级和评价方法》《汽车横向防倾杆用热轧圆钢》等五项冶金国家、行业（团体）技术标准。

树立品牌形象，产品获行业认可。2022 年，公司生产的高品质轴承套圈用热轧圆钢 GCr15、高强度紧固件用热轧钢棒 4140 产品，先后被中国钢铁工业协会评定为金杯优质产品，荣获冶金产品实物质量品牌培育产品认定证书，在国内特种钢产品细分市场的优势地位得到进一步稳固。另外，汽车用钢荣获 2022 年度"全国优特钢生产企业优秀品牌"，对进一步提高产品市场竞争力起到一定促进作用。

产品研发成果显著，受到客户广泛好评。2022 年重点围绕国内汽车、风电、齿轮等机加工用钢行业领域，在广泛的市场调研基础上，集优势力量实施重点产品研发，公司先后成功开发 38MnVS5、42CrMoS4HH、20MnCrS5HH 等多项含硫钢以及齿轮钢获得下游用户质量认可。

9.10.5　企业发展目标及技术改造状况

公司始终坚持绿色、可持续发展，加强节能减排、资源利用方面的技术创新，积极改进生产工艺，提高各种资源、能源的综合利用率，使系统能效最大化，降低能源成本、提高综合效益。近年来，公司先后投资近 10 亿余元完成超低排放改造，建设大气污染治理、余热回收等节能环保设施，安装自动在线监测设备，做好国家"绿色工厂"保持工作；2022 年公司实施的环保类、安全类、成本类、质量类、节能类、生产效率类、设备类技术改造共计 61 项，总投资达 2326 万元。2022 年开展节能项目 15 项，共计节约用电 1676 万千瓦·时，节约蒸汽 825 吨，节水 12.57 万立方米，获得无功补偿奖励共计 143 万元。

下一步，为积极响应山东省委、省政府提出全面开展新旧动能转换重大工程的号召，以需求牵引和战略发展为导向，以《产业结构调整指导目录》《新材料发展指南》《山东省产业关键共性技术发展指南》为指引，积极落实国家《关于促进钢铁工业高质量发展的指导意见》文件精神，以满足山东省机械、石油、汽车等传统产业转型升级，高铁核电、节能环保、海洋装备、航空航天等战略性新兴产业发展为主攻方向，发展高品质特殊钢、高端装备用特种合金钢、核心基础零部件用钢等"特、精、高"关键品种，进一步增加高端供给，填补省内乃至国内高端产品空白，为山东省高端装备制造业高质量发展提供原材料保障，勇做山东高端特钢产业报国和制造强省使命的担当者。预计到 2025 年，公司生产的先进制造业用高性能轴承钢、高品质冷墩钢、高端齿轮钢、高性能合金弹簧钢、系泊链钢，以及高品质抽油杆用钢、高合金石化用管、超超临界用高压锅炉管等高端产品产量占比达 70%以上。另外通过积极开展环境绩效 A 级企业创建工作，进一步提升环境绩效水平，实现绿色低碳发展；组织开展节能减排、资源利用、智能化改造等技术创新工作，提高资源、能源的综合利用率，提高综合效益，打造成为国内一流的特种钢生产企业。

地址：山东省寿光市特钢路九号
邮编：262711
办公室电话：0536-5186022
办公室传真：0536-5186789
网址：http：//www. sgjntg. com
电子邮箱：jntgbgs@ 126. com

9.11　常州东方特钢有限公司

9.11.1　企业概况

常州东方特钢有限公司是一家从烧结、炼铁、炼钢到轧钢的长流程优特钢企业，隶属于东方润安集团有限公司（2022 中国企业 500 强第 397 位），位于江苏省常州市，处于长三角一体化核心圈，交通便利，产业链成熟。

公司定位于优特钢专业制造，专注服务于高端装备制造企业，坚持以技术创新、产品开发、智能制造、精益生产为抓手，以稳定的质量、更高的效率、更低的成本，为客户提供专业价值的卓越产品。现有员工 2628 人，具备铁 260 万吨、钢 330 万吨、商品坯材330万吨生产能力。

9.11.2 基本情况

公司现有300平方米烧结机1台，186平方米烧结机1台，550立方米高炉3座，100吨转炉2座，100吨LF炉4台、VD炉1台，六机六流连铸机2台，五机五流连铸机1台，精品棒材线2条，精品型材线1条。形成了特殊电梯导轨钢、优特钢精品棒材、高品质连铸圆管坯钢三大系列产品。其中，电梯导轨钢已全面应用于世界八大电梯品牌，产品质量和市场占有率稳居行业首位；优特钢精品棒材已稳居华东第一方阵，拳头产品广泛应用于汽车钢、齿轮钢、高压锅炉管用钢等领域；连铸圆管坯钢定位于小口径、差异化、特色化，主要应用于能源、汽车领域，是华东地区最大的小规格管坯钢生产基地。

9.11.3 2022年生产经营状况

2022年，常州东方特钢积极应对市场下行、疫情管控等影响，主动调整经营思路，产品结构调整取得巨大进步，降本增效成效显著，“品质、效率”双提升成绩斐然。全年铁产量253万吨、钢产量308万吨、材产量243万吨，商品坯材销量完成309万吨，实现小幅增长，实现吨钢毛利199元。

9.11.4 2022年科技进步及产品开发

2022年，公司与北科大等新建成3个联合研发平台。主持或参与制定了YB/T 157《电梯导轨用热轧型钢》、GB/T 28417《碳素轴承钢》等5项国家、行业标准；获得了“一种耐严寒输电塔用高强度螺栓用圆钢生产方法”等16项专利。

公司的“电梯导轨用热轧型钢”获得中国钢协金杯优质产品奖项，船用钢坯通过了中国、意大利、美国、英国、法国、日本、韩国、德国及挪威全球九大船级社的工厂与产品的认可。“Nb微合金化船用球扁专用钢关键技术研发及产业化”“第三代汽车轮毂单元用钢关键技术及产业化”等3个项目获得江苏省冶金科技进步奖。通过深化技术营销，客户满意度持续提高，品牌价值得到进一步提升，2022年公司被“我的钢铁”评定为“全国优特钢生产企业优质品牌”。

全年共开发26项新产品。高压锅炉管坯钢，通过“上锅、哈锅、东锅”等锅炉厂认证，并与多家终端用户形成稳定供货关系；汽车轮毂轴承用钢成功打入重庆高端市场，窄淬透性带易切削齿轮钢应用领域向汽车齿轮、新能源汽车齿圈市场拓展；汽车电机爪极钢通过法雷奥磁性能、发电机噪声、电机输出功率等验证，成功用于多个品牌汽车；小口径连铸圆相继开发油缸缸体用钢、管线管用钢、高等级油套管用钢等10余个牌号，产品因高性价比成为多家用户第一供应商，并纷纷增加轧圆合作。

9.11.5 企业技术改造状况

2022年重点围绕“绿色节能、智改数转”持续推进技改升级，相继完成了超低排放改造、中水回用、废钢智能验质、钢坯智能定重、安全智慧体验馆、棒材自动精整线等项目。

中水回用项目投运后将当地污水处理厂产生的中水全部回收，经深处理后用于公司的冷却补水，实现了企业、污水处理厂与社会的三方共赢，全年吨钢耗新水1.16吨(含城市回用中水为1.78吨)，获得省和国家环保部门推荐，已被多家行业及外省单位学习借鉴。

钢坯智能称重系统，运用在线大数据采集分析，通过对铸坯定位跟踪和在线辊道计量，建立了铸坯定重在线模型，钢坯生产计划由过去长度改为重量控制，精益生产更进一步。

废钢智能验质系统的建成，可以实现对不同料型的精准识别，废钢定级准确率达到90%，有效提高了采购管控能力。

安全智慧体验馆采用多媒体视频、实物展示、VR互动体验等多种形式，成为当地最先进的综合性安全智慧体验馆，受到应急部门肯定。

地址：江苏省常州市武进区湟里镇东方路5号
邮编：215155
电话：0519-68866192
网址：www.czdftg.com
电子信箱：zongheban@czdftg.com

9.12 河南济源钢铁（集团）有限公司

9.12.1 企业概况

河南济源钢铁（集团）有限公司（简称济源钢铁）始建于1958年，2001年产权改制，由地方国有企业改制为股份制民营企业，是河南省第二大钢铁联合企业、中国大型钢铁骨干企业、中国民营企业500强、中国制造业500强、世界钢铁企业100强，系中国钢铁工业协会和中国特钢协会理事单位。公司有员工7000余人，各类专业技术人员3000余人，资产总额200亿元，占地面积约215万平方米。公司地理条件优越，交通便利，厂区铁路专用线与国有铁路线相接。企业主线为长流程钢铁生产工艺，拥有国内一流、国际领先的技术装备。

炼铁系统形成了以1200立方米高炉为核心的生产模式。炼钢系统形成了以120吨转炉为主导，拥有国际上先进的炉壳全悬挂式固定结构、LF精炼系统、RH真空脱气、VD炉以及瑞士康卡斯特方圆坯连铸机，采用了全保护浇铸技术、气动挡渣技术、钢水液面自动控制系统等先进技术。轧钢系统拥有国际先进的棒材生产线一条、精品高速线材生产线三条、大棒卷生产线一条、高性能基础件用特殊钢棒材生产线一条。精品高速线材生产线关键设备引进德国KOCKS轧机、美国摩根七代8+4减定径轧机、达涅利加勒特卷取机、西门子吐丝机、ABB电控系统等，采用在线探伤、测径装置，及时监测轧制过程中轧件尺寸和表面质量的变化，随时调整，提高产品尺寸精度和性能的均匀性，尺寸精度可以达到±0.1毫米，形成了规模适中、布局合理、装备精良、工艺先进、节能环保、检测手段齐全的生产模式。

9.12.2 基本状况

企业具备铁、钢、材各400万吨的年生产能力，主导产品中优特钢类包括：优质碳素结构钢、合金结构钢、低合金高强度结构钢、冷镦钢、管坯钢、焊丝钢、齿轮钢、弹簧钢、轴承钢、易切削钢及水平连铸铸铁型材等；建筑用钢类包括螺纹钢、光圆钢筋、PC钢棒用钢、高速线材等。各种精品优质钢材，已广泛应用于国民经济生活的各个领域。冷镦钢系列产品生产的零部件、紧固件可满足从五金机具、家用电器、汽车、摩托车以及机械制造行业要求。齿轮钢在发动机、变速箱等领域广泛使用。硬线、30MnSi系列产品则主要用于生产高强度、低松弛预应力钢丝、钢绞线、钢丝绳、PC钢棒，满足铁路轨枕、高速公路、桥梁等工程建设需要。建筑用钢先后被黄河小浪底、长江三峡、西气东输、青藏铁路、华能沁北电厂、国家高铁、省级高速公路等国家大型重点工程指定为钢材供应商。产品已批量进入欧、美、日本、东南亚等国际市场。其中年产优特钢300万吨，优特钢总量在国内企业里面排名第三位。

为了满足新形势下机械工业用优特钢行业的需求，企业积极采用先进国际管理模式，进行管理体系认证，1998年企业获得

ISO 9001 国际质量管理体系认证，2011 年企业获得 GB/T 28001 职业健康安全管理体系和 ISO 14001 环境管理体系认证。企业检测中心已列入“国家认可实验室名录”，主导产品连续四次荣获国家质量检验检疫总局颁发的“国家产品质量免检”证书，曾获“冶金行业产品实物质量金杯奖”“全国守合同重信用企业”等荣誉称号。经过 60 多年的发展，企业已成为国内品种最多、规格最全的优特钢棒、线材专业供应商，凭借过硬的产品质量和高效的服务理念，在广大国内外用户中赢得了良好口碑。

济源钢铁的发展目标为，跻身国内优特钢行业前五位，成为国内一流、全球有影响力的优特钢精品基地。

9.12.3 2022 年生产经营状况

生产基本情况

名称	2022 年产量（万吨）	与 2021 年同比（%）
粗钢	403.8	3.3
生铁	401.1	5.5
钢材	394	1.8

经济效益情况

名称	2022 年（万元）	与 2021 年同比（%）
销售收入	2581876	-9
利润	79620	-56
税金	67000	-33.3

9.12.4 科技进步及产品开发

全年研发经费 7.2 亿元，同比增长 7%。优特钢产量 299 万吨，占比 75%，其中，中高端产量 237 万吨，占比 79%；新开发 74 个新牌号品种。目前，公司产品总计取得了 354 家国内外用户的官方认证，极大地巩固了我公司在优特钢领域的行业地位。2022 年申请专利 15 件，其中发明专利 3 件、实用新型专利 12 件，截至目前，已获得了 7 件实用新型专利授权。

9.12.5 企业发展目标及技术改造状况

在国内钢铁市场急骤萎缩的局面下，钢材就地深加工产业成为我公司生产经营的压舱石。“十三五”期间，作为公司战略布局，积极支持、服务、参与产品就地深加工取得了预期效果。2022 年，新增加的轴承钢球、弹簧钢丝、精品硬线三大门类，技术装备都处于国内领先水平，实现了当年投产、当年见效，成为我们开辟发展高端领域的新赛道，为企业转型升级不断注入发展新动能。

2022 年公司主要节能降碳工程：

（1）2 号烧结机超低排放升级改造工程。项目投资 5.5 亿元，主要内容：对现有的 2 号、3 号两台 120 平方米烧结机进行装备大型化升级改造，建设一台 300 平方米烧结机及辅助设施。采用烟气内循环技术，回收利用大烟道、环冷余热配套建设汽拖系统。实现年节约能耗 3.57 万吨标准煤。

（2）炼钢系统智能化钢包烘烤节能改造工程。项目投资 500 万元，主要内容：使用自动燃烧、富氧燃烧技术对现有炼钢系统的钢包烘烤器进行智能化改造，实现自动烤包、节约煤气的目的。2022 年共改造 16 台钢包烘烤器，目前该项目还在实施中，全部改造完成后，平均节约煤气 20%，实现年节约能耗 2.2 万吨标准煤。

（3）太阳能光伏发电工程。项目投资 2740 万元，主要内容：在济钢北院、轧钢成品库等厂房屋顶安装光伏发电装置，总装机容量 7.5 兆瓦。年发电 850 万千瓦·时，实现节能 1044 吨标准煤。

（4）数智化建设。通过 5G、人工智能、大数据及云计算等技术对企业产业链进行数智化转型的工作成果。信息化建设向纵深延伸，银企直联、财务共享系统投入运行；废钢智能化判级系统逐渐成熟；构建了公司第一条轧线集控中心；招聘培训考试系统、购销系统、电子合同系统及无人质保书系统改造完成；国泰物流网络货运平台等投入运行。以上显著成果使我公司入选工业和信息化部 2022 年度智能制造标准应用试点单位，同时获得河南省 2022 年度第一批次贯标试点企业（DCMM 数据管理能力成熟度评估）。

地址：河南省济源虎岭高新技术产业开发区

邮编：459000

电话：0391-6688888

传真：0391-6695008

销售电话：0391 - 6688193/6688169/6688172/6688176

网址：www. hnjg. com

9. 13　福建省三钢（集团）有限责任公司

9. 13. 1　企业概况

福建省三钢（集团）有限责任公司（以下简称三钢集团）是一家年产钢 1200 万吨和以钢铁业为主，集化工新材、金属制品、商贸流通、环保资源、建安维修、文旅康养为一体的跨行业、跨地区、跨所有制的大型企业集团，旗下拥有三明本部、泉州闽光、罗源闽光、漳州闽光 4 个钢铁生产基地，全资及控股子公司 18 家（其中福建三钢闽光股份有限公司为上市公司），紧密型企业 1 家。截至 2022 年底，三钢集团有职工 1. 75 万人，总资产 569. 24 亿元。

三钢集团主要产品有：高等级建筑材、中高等级金属制品材、中厚板材、中高等级机械制造用圆棒、优质合金热轧带钢、H 型钢、球墨铸管及氟化工系列产品。

三钢集团自 1988 年以来连年进入中国 500 强企业行列，在“2022 中国企业 500 强”中排名第 356 位，在“2022 中国制造业企业 500 强”中排名第 172 位。先后获得全国五一劳动奖状、全国文明单位、全国先进基层党组织、全国质量管理先进企业、第一批国家级知识产权优势企业、全国钢铁工业先进集体、首届福建省政府质量奖、国有重点企业管理标杆创建行动标杆企业等荣誉称号。

9. 13. 2　主要指标

2022 年，三钢集团克服新冠疫情、大宗原燃料价格高企、市场需求低迷，以及项目建设与生产交叉矛盾等不利影响，统筹协调“1+6”产业发展，推进绿色化、数字化转型，最大限度降低各种不利因素带来的冲击。全年完成工业总产值 523. 83 亿元，同比 2021 年减少 16. 63%；实现营业收入 525. 49 亿元，同比减少 18. 14%；利润-2. 84 亿元，同比减少 104. 23%；税金 11. 21 亿元，同比减少 13. 17%；完成固定资产投资 47. 19 亿元，同比增长 4. 45%。持续推进全流程降成本，全年合计降本增效 4. 02 亿元。

9. 13. 3　产业板块发展

（1）钢铁主业。三明本部焦化 3 号焦炉、Kocks 轧机、大盘卷、焊接无头轧制，泉州闽光 4 号、5 号烧结机，罗源闽光 H 型钢和 1 号烧结机投产。针对建材需求下滑趋势，及时调整产品结构，提升制品材产量，三明本部实现中板和制品材“双 200 万吨”目标，泉州闽光完成拉丝材开发，罗源闽光完成 H 型钢 13 个系列、19 个子规格品种开发。2022 年产钢 1102. 68 万吨，同比减少 3. 31%；生铁 936. 33 万吨，同比减少 3. 07%；钢材 1084. 79 万吨，同比减少 3. 80%；焦炭 218. 71 万吨，同比增长 4. 59%；入炉烧结矿 1179. 57 万吨，同比减少 3. 78%。

（2）化工新材板块。成功竞买获得清流县余朋大板萤石矿探矿权，全年生产无水氟化氢 2.8 万吨，与 2021 年持平。实现营业收入 2.65 亿元，同比增长 3.4%。

（3）金属制品板块。完成对台明铸管的增资控股，全年生产球墨铸管 8.37 万吨，同比增长 34.75%；实现营业收入 5.34 亿元，同比增长 13.33%。

（4）商贸流通板块。闽光云商供应链金融供应端平台、闽光云通智慧物流平台、产品交易 APP、物联网监管仓等投用，首个类虚拟工厂落地。电子交易平台销售三钢产品 1197 万吨、实现营收 476 亿元；开展供应链金融服务 1946 笔，实现云链收入 1312 万元；智慧物流平台入驻托运企业 67 家、承运企业 113 家、车辆 1045 辆、司机 1268 名，累计 139 万吨；拥有智慧仓库 54 个。全年实现营收 493.08 亿元，利润 5.2 亿元。获得 17 家金融机构综合授信总额（敞口）110.5 亿元，银行平均融资成本 2.0%。闽光云商入选物联网监管技术创新与应用试点单位、工业和信息化部第四批服务型制造示范平台，荣获福建省数字经济领域“独角兽”创新企业。

（5）资源环保板块。成立环资科技公司，环保资源公司、泉州环保资源公司、罗源项目部、龙海矿微粉公司生产成本有所下降。环资科技公司（含明光实业、龙海矿微粉）实现营业收入 20.15 亿元，同比减少 42.93%。

（6）建安维修板块。转型尝试取得突破，以气化烟道为突破口开拓对外业务，承接方大特钢气化烟道供货和检修业务，与福建和山东冶金设计院形成长期战略合作伙伴关系，中标中冶华天、厦门伍肆等公司相关项目。

（7）文旅康养板块。1958 工业记忆馆、安全教育体验馆投用，公司成功入列国家工业旅游示范基地，获授国家 AAAA 级旅游景区。拓展文旅业务，在市区布局门店 3 家，快餐配送服务延伸至三元区实验学校、三明八中、工行等机构，劳保用品延伸至南铝、马坑、潘洛等兄弟企业。加强集团食堂、酒店整合优化，罗源闽光及泉州闽光食堂、酒店管理逐步规范，闽光大酒店、万寿岩学院入住率始终保持高位。

9.13.4 数智转型

完成智能制造总体规划编制。一期一阶段闽光大数据中心、智慧管控平台、闽光云通智慧物流平台投用；一期二阶段项目方案论证、商务谈判、合同签订等完成，智控中心开工建设。智能工厂示范线建设和大数据治理、边缘系统应用、智能制造接口等工作逐步推进。第一批次智能制造填平补齐项目完成立项 31 项、实施 16 项。

9.13.5 技术创新

推进技术创新，全年立项重点技术攻关项目 38 项，完成攻关目标 30 项。获得全国冶金科技奖 2 项，省科技进步奖 1 项，省科技计划项目立项 1 项。完成两项科技成果鉴定，均达到国际先进水平。作为第一起草单位制定产品国家标准 1 个，参与制定国家标准 3 个、行业标准和团体标准各 1 个。推进创新平台建设，博士后工作站引入 3 名博士入站。持续改善提案管理，全年立项提案 1791 件、降本增效 1.25 亿元，验收改善成果 1534 项，实现年净效益 6420 万元。

9.13.6 精细管理

精细管理向子公司延伸，全年梳理山西闽光、闽光文旅、闽光云商、台明铸管、闽鹭矿业等子公司管理制度 197 个，发布实施 152 个，泉州闽光、罗源闽光、漳州闽光、龙海矿微粉等子公司实现岗位表单化考核全覆盖。管理创新持续推进，立项重点管理创新项目 11 项，获评全国冶金行业管理创新成果 2 项，其中一等成果 1 项。风险防控保障有力，规范制作商业合同模板，重大经营决策项目、日常合同等实现法务审核应审尽审，相关案件及矛盾纠纷均得到妥善解决。

地址：三明市三元区工业中路群工三路
邮编：365000
电话：0598-8205183
传真：0598-8205888
网址：http：//www. fjsg. com. cn
电子邮箱：fjsgbgs@ 163. com

9. 14　承德建龙特殊钢有限公司

9. 14. 1　企业概况

承德建龙特殊钢有限公司成立于 2001 年，承德建龙是国内把钒钛资源综合利用和特钢生产有机结合的唯一企业，是国家高新技术企业、国家知识产权优势企业、河北省科技领军企业、承德钒钛基地的核心骨干企业、承德市行业龙头民营企业。公司组建有国家企业技术中心、承德建龙河北院士工作站、河北省锻造用钢技术创新中心、河北省企业技术中心、河北省企业重点实验室、钒钛资源综合利用研究所和检测中心等科研创新平台。

公司质量方针：“坚持科技创新，打造特钢基地；实施品种战略，争创产品品牌；持续改进管理，提升顾客美誉。”

9. 14. 2　基本状况

公司具备 270 万吨/年钒钛特钢生产能力，年产五氧化二钒 8000 吨，承德建龙主导产品为高品质特殊钢和钒制品。特钢产品：电渣母材、圆坯锻打材、风电用钢、高压锅炉管用钢、气瓶钢用钢、管线管用钢及石油套管用钢、汽车及工程机械用钢、非调质用钢、齿轮钢、轴承钢、钎具钢、钢球用钢。无缝钢管：油套管、管线管、气瓶管、高压锅炉管、核电管、钻探管、车轴管，重点开发酸性和海上油气田用管、核电站用管、高温超临界及以上火电机组用管、气瓶用管等高端品种。钒产品：五氧化二钒、钒氮合金。产品广泛应用于铁路、风电、汽车、工程机械、锅炉、电力、石油钻探、石油运输、装备制造等领域，在全国各地均有销售，并远销东南亚、中东、欧美等地区。

9. 14. 3　2022 年生产经营状况

2022 年钢坯产量 247. 28 万吨，圆钢产量 95. 29 万吨，V_2O_5 产量 11979 吨、氮化钒 3474 吨，自发电量 4. 38 亿度。

生产方面：其中钢轧工序以提升转炉冶炼节奏为主线，积极开展劳动竞赛，持续优化生产组织，提升操作水平；转炉通过控制石灰消耗、提升一倒率；连铸通过推动长寿命中包及排产优化、C 类钢中间包浇余优化及尾坯模型优化等措施，钢铁料消耗较 2021 年降低 6. 9 千克/吨；通过碳化硅代替硅铁、优化含钒钢种合金化、镍生铁代替镍板等措施，年度创效 1706 万元。

智能制造项目推进：2022 年公司持续围绕数字化转型和产线智能化转型两个维度推进智能制造工作，在 2022 年世界智能制造大会上获评“2022 年智能制造标杆企业”，是 11 家获评企业中唯一的一家钢铁企业。258 钢管智能制造项目是世界首套热轧无缝钢管智能制造示范工厂。

9. 14. 4　2022 年产品开发及科技进步

2022 年公司坚持以“向品种要效益”“向市场要效益”的目标，依托于无缝钢管产线的全面达产和 4 号大圆坯连铸投产，积极调整产品结构，持续加大品种开发力度，强力推进战略、重点客户开发及二方、三方体系认证，品种、客户档次得到大幅提升；同时依托于国贸公司的建立，积极开拓国际市场，特钢品牌深得客户认可和赞誉。

（1）品种结构不断优化升级。

1）新品开发。2022 年，累计开发新品

110个，同比2021年增加22个，新产品销量10.5万吨，其中具有战略引领作用高端品种9个，如三一重工SY740钢、美国德纳DIN20MnCr5M钢、抗高寒抗腐蚀高压传送法兰用钢ASTM A694 F65和IRSF 520等均达到国内领先水平。

2）锻打材销量和品牌均取得重大突破。2022年，承德建龙锻造用圆坯销量实现52.7万吨，同比2021年增长66%，其中CrMo系销量增长36.9%，创历史新高。石油阀体用钢月均销量2721吨，同比2021年增长22.1%，其中出口国际市场8700吨，占国内出口总量的23%。通过美国GE、贝克休斯认证准入，自此承德建龙正式通过国际五大油服认证（斯伦贝谢、GE、卡麦龙、贝克休斯、FMC），实现了国内石油阀体用钢的行业引领。

3）快速推进钢管品种开发，不断提升盈利水平。全年钢管品种比实现56%，同时攻克两大技术瓶颈：

热轧态N80-1钢级石油套管开发成功，为国内首例：通过研究V+N+Cr复合微合金化，攻克热轧态N80-1钢级高强度与高韧性无法同时满足的行业瓶颈问题，累计接单18960吨，有效节省钢管制造成本50~100元/吨，增效802万元。

热轧态X60钢级无缝管线管获得成功，引领前沿：通过精准控制钢管轧制温度，实现热轧态X60钢级无缝管线管代替正火态的钢管性能，并形成了独有的专利技术，为高钢级管线管品种开发提供了有力的技术支撑。

4）新能源汽车用钢布局初见成效。2022年，新能源汽车中高端客户累计开发4个，销量达5756吨，产品用于博格华纳、上汽、比亚迪、小鹏、长安、华为、广汽等新能源汽车主机厂及总成厂，新能源汽车领域布局已初见成效。同时，公司与中国汽研、长安汽车、华纬科技、常州常宝共同合作开发的长安汽车E11型新能源汽车轻量化稳定杆，相比实心稳定杆减重26.88%，疲劳寿命达到270万次（标准要求50万次），技术指标达到行业先进水平，后续产品将推广使用至长安汽车其他车型。

5）超低硫高洁净度抗腐蚀油气管用钢市场开发连年取得突破。2022年共开发抗腐蚀、抗挤毁油气管用钢新品8个（Q235B-21、25CrMoNbV、25CrMo47V、Q140V钢级等），累计销量达3.1万吨，同比2021年实现增量20%（2.6万吨），并拓展应用至西南油田铁山坡项目等国内战略项目，成功进入国内高强钢生产第一梯队。

（2）二方、三方认证。

2022年通过32家行业高端二方认证，同比2021年（23家）无论认证数量，用户档次还是产品延伸方面，均有大幅度提升，如贝克休斯、GE（油服）、卡特彼勒、明阳智能、三一重工、长安汽车、潍柴雷沃、美国德纳、玉柴等细分行业龙头企业，以及针对无缝钢管投产推进的山东永安、郑煤机、沧州瑞泰、无锡江南、金盛车桥等行业知名客户认证。

无缝钢管三方认证连续取得突破：针对新投产的无缝管项目，积极推动并通过10个三方体系认证，包括8个无缝钢管体系及产品认证（如API 5L、API 5CT、APIQ1、欧盟PED、TSG特种设备、IATF 16949车桥管等）以及冶金产品认证和绿色产品认证。

科技创新方面：

荣获4项省部级科技进步二等奖；

申报专利122件（其中发明专利53件），授权专利87件（其中发明专利20件），参与行业标准制/修订6项，发表论文43篇。

9.14.5 企业发展目标及技术改造状况

2023年钢铁行业形势会更加严峻，我们要时刻充满危机意识。面对新时代、新变局、新挑战、新机遇，2023年承德建龙紧紧围绕集团“四个转型”战略部署和公司年度预算目标，以客户为中心，以创新为驱动，充分发挥钒钛资源优势，严守“安全、质量、环保”三大红线，坚定不移走“品种、质量、效益”型道路，实现“精品+规模”转型升级；创新管理体制机制，打造一流特钢人才队伍；持续深化高质量发展，构建可持续稳定的竞争优势，吨钢盈利能力达到国内先进水平，打造中国最具竞争力的钒钛特钢基地。

地址：河北省承德市兴隆县平安堡镇
邮编：067201
电话：0314-5316410
传真：0314-5316410
网址：www. ejianlong. com
电子信箱：caona@ ejianlong. com

9.15 凌源钢铁集团有限责任公司

9.15.1 企业概况

凌源钢铁集团有限责任公司，始建于1966年，是以钢铁为主业的大型国有控股企业（其中朝阳市国资委控股，股权90%，辽宁省财政厅参股10%），下辖凌钢股份（上市公司）等16个控、参股子公司，凌钢股份是凌钢集团的钢铁主体。

截至2022年末，凌钢具有600万吨年产钢能力，注册资本16.0亿元，资产总额266亿元，公司现有职工9929人。凌钢是中国制造企业500强，是首批通过工业和信息化部《钢铁行业规范条件》审核企业；通过了质量、环境及职业健康安全管理体系认证；是国家级两化融合管理体系试点企业和国家级绿色工厂；2022年12月，冶金工业规划研究院发布“2022年中国钢铁企业竞争力（暨发展质量）评级成果”，凌钢集团被评为钢铁企业竞争力暨发展质量A（特强）级；“菱圆”牌热轧带肋钢筋获得国家冶金产品实物质量金杯奖，是国家免检产品、上交所螺纹钢期货交割品牌；热轧中宽带钢获得国家冶金产品实物质量金杯奖，是辽宁省名牌产品。2022年8月3日，辽宁省政府发布《关于授予省长质量奖的决定》，凌源钢铁股份有限公司荣获金奖称号，是辽宁省朝阳市唯一荣获此荣誉的企业。

（1）生产能力状况。凌钢现有生铁年产能530万吨，粗钢年产能600万吨，钢材年产能701万吨。其中优特圆钢225万吨，中宽热带140万吨，优质线材60万吨，螺纹钢228万吨，焊接及无缝钢管48万吨。

（2）主要装备状况。

炼钢系统：35吨转炉3座，同步配套五流方坯铸机3套（2022年年末~2023年年初拟淘汰置换为120吨4号转炉1座，同步配套方坯连铸机1套及LF炉精炼实施，正在试产）；120吨1号转炉，同步配套双流板坯1套及LF炉精炼实施；120吨2号、3号转炉，同步配套大方坯连铸机1套、八机八流方坯连铸机2套；以及3套LF炉和1套RH炉精炼实施。

轧材系统：小型全连续轧机3套，产能263万吨；中型圆钢轧机1套，产能80万吨；大型圆钢轧机1套，产能110万吨；中宽热带轧机1套，产能140万吨；高速线材轧机1套，产量60万吨；焊接钢管轧机12套，产能42万吨；无缝钢管轧机2套，产能6万吨。

（3）主要产品状况。凌钢立足钢铁主业，致力于生产高附加值、高技术含量、高效益的优特圆钢、热轧带肋钢筋、热轧中宽带钢、钢管等钢铁精品，产品遍销全国各地，远销东南亚、美洲、非洲等全球40多个国家和地区。凌钢优特钢棒材产品要打造45钢、Cr系、CrMo系、Q355系列一流品牌；形成以非调质钢、高端齿轮钢、易切钢（控硫）等满足各类机械用钢需求的高附加值特钢棒材 10 万~20 万吨；通过采取设计优化、工艺调整等手段，形成产品质量稳定，可定制化生产和个性化延伸的优钢棒材 130 万~140 万吨；凌钢螺纹钢实物质量达到国际先进水平，是重点工程的首选，是绝对的一线品牌。同时凌钢螺纹钢向耐腐蚀、耐低温、耐火等功能性方向发展，逐步开发应用于核电、大型厂房、重大工程的高强度耐腐蚀抗震螺纹钢及应用于地基施工、边坡锚固等领域的精轧螺纹钢；凌钢正在努力把中宽带产线打造成国内品种钢特色生产线，以多品种、多规格、高性价比为优势，同时满足高尺寸精度、较优表面和板形质量、均匀带材性能，满足个性化柔性化产品规格、品种、数量和质量的需求；凌钢线材产品坚持“普优特相结合”的产品定位，实现建筑用材与线材制品用材的协调发展；凌钢钢管产品将向大外径、大壁厚、特殊材质方向发展，开发新基建市场，同时要向钢管生产链的深加工方向发展，实行双锁机制的销售模式。

9.15.2 2022 年生产经营状况

2022 年，凌钢全年累计产钢 510.11 万吨，生产商品钢材 505.97 万吨，其中优特钢材 189.7 万吨；完成工业总产值 206.6 亿元，实现营业收入 210.3 亿元，这一年来，新冠疫情延宕反复、自 6 月开始钢铁行业超预期下行、同时企业在 7 月开始安排 120 吨 1 号转炉和宽带机组大修改造，产量大幅降低；受上述多重内外部不利因素影响，企业利润也大幅减少，由盈转亏。

9.15.3 2022 年科技进步和产品开发状况

2022 年，凌钢借助“研产销用服考核”一体化工业大数据平台，持续深入推进科技进步和产品开发相关工作，取得显著成效；凌钢 45 号带钢成为摩托车链轮行业“冠军产品”，优质碳素结构钢热轧钢带 65Mn 产品被认定为“金杯优质产品”；凌钢汽车半轴配套用 ϕ42 毫米规格 40CrA-LNTD 圆钢、汽车前轴用钢 42CrMoA-HQD 开发取得成功；耐磨球用 TS-B2 圆钢已实现批量生产，TS-B2 圆钢的开发成功，实现了高端产品“量”的稳步增长和“质”的稳定提升，同时通过多层面、多维度、全方位、全视角的宣传和推介，促进市场开发，提升了品牌的价值；凌钢优质碳素结构钢冷轧基料 65Mn-LZ、ϕ100~150 毫米合金结构钢 40Mn2 两项产品均顺利通过省级新产品鉴定。

2022 年，凌钢坚持管理和科技双轮驱动，实现较大突破。荣获辽宁省企业管理创新奖二等奖 1 项，荣获中国冶金企业管理现代化创新奖二等奖 1 项、三等奖 1 项；2022 年共计申请专利 48 项，其中发明专利 3 项。

9.15.4 企业发展目标及技术改造状况

2023 年，凌钢将坚持稳中求进工作总基调，完整、准确、全面贯彻新发展理念，执行国家产业政策，探寻钢铁行业规律，加快融入新发展格局和国家发展战略，在朝阳市委市政府领导下，通过实施绿色低碳、智能制造、技术创新、强品牌、绝对的行业低成本、能源极致利用，优化工艺技术、装备、产品和市场，走“专精特新”路径，做管理创新和技术创新型企业，实现制造转型、市场转向、产品升级、技术重建高质量突围。

地址：辽宁省凌源市钢铁路 3 号
电话：0421-6762045
传真：0421-6830436
网址：http：//www.lgjt.com.cn

9.16 江苏申源集团有限公司

9.16.1 企业概况

江苏申源集团有限公司位于江苏省兴化

市戴南镇张郭经济开发区。公司组建于 2002 年 5 月，注册资金 27831 万元，原名“江苏申源特钢有限公司”，2018 年 5 月变更为“江苏申源集团有限公司”。公司是国家火炬计划兴化特种合金材料及制品产业内骨干企业、高新技术企业，是 GB/T 12773—2021《内燃机气阀用钢及合金棒材》标准等 24 项国标、行标和团标的主要起草单位，拥有授权专利 106 项，其中发明专利 15 项。

申源集团总占地面积近 800 亩，总建筑面积 20 万平方米，拥有总资产近 20 亿元，拥有员工总数 1300 余人，主要工艺设备 1580 多台（套）。其是集冶炼、锻造、热轧、热处理、冷拔、矫直、磨光、探伤及先进理化检测于一体的大型生产企业。

9.16.2　基本状况

集团公司主营产品为内燃机气阀钢、电热合金、高温耐蚀合金、特种不锈钢、特种焊接材料、双相不锈钢、易切削不锈钢、耐热不锈钢八大系列 150 多个钢种。现具有年产 20 万吨各种特殊钢能力，产品多用于汽车、石油化工、机械、锅炉、各类发动机气阀等制造行业。公司先后成为美国伊顿、福特公司、日本日锻、美国 TRW、德国大众、上海大众等公司的合格供方，并远销美国、意大利、韩国、印度及中东等国市场。产品的主要性能指标达到国际先进水平，整体技术水平处于国内领先地位，气阀钢销售连续多年居全国同行业首位，国内市场占有率超 60%，系全球第二、国内最大的内燃机气阀钢生产企业。

9.16.3　2022 年生产经营状况

申源集团 2022 年主要经济指标完成情况：

（1）完成产品产量 13.1 万吨。

（2）完成销量 13.1 万吨。

（3）实现销售收入 26.65 亿元。

（4）2022 年集团公司实现税收 2.34 亿元，列兴化市工业企业税收第 2 名。

9.16.4　2022 年科技进步与产品开发

2022 年，集团公司继续优化 6 个产品研究室和 1 个综合管理室及工序室，有效保障了新产品的开发。技术系统以产品工程师为串线，突显了专业性和及时响应的优势，技术人才的责任心和主观能动性显著增强。全年成功开发了 28 个新产品，完成品质提升、工艺优化项目 14 个，有力地保障了战略客户和战略产品的增长。

9.16.5　企业改组改制状况

为更贴近市场与客户，明确未来各单位工作核心和关键任务，释放公司内部潜力，年内公司进行了产品事业部管理改革，这是公司内部管理制度的一次重大调整，调整的核心目的是解决生产与市场的脱节问题，实现生产端与市场端和客户端的无缝衔接，形成生产制造对市场需求的快速反应，促进营销环节的责权利统一。目前，已经初步调整优化了现有职能部门职责，特别是对技术、质量、销售职能进行了界定。根据公司产品现状和运营初步成立了六个事业部：气阀钢事业部、特种不锈事业部、电热合金事业部、工模具钢事业部、国际事业部、特种焊接材料事业部（申源合金）。

同时，公司上市工作有序推进，在中介机构的辅导下，我们按上市的要求，对公司治理尤其是财务管理和历史遗留问题展开全面的规范整改工作。规范完善了公司员工股权激励方案，成立了鼎源合伙和昌源合伙两个持股平台，现有适格员工 83 人；成功引进外部投资者，有 7 名自然人投资者和两家基金公司投资参股，公司注册资本从 20000 万元增至 27831 万元。新增投资的注入，为公司推动项目建设、缓解资金紧张、解决历史问题提供了有力保障，也为公司的可持续发展提供了坚强保障。

9.16.6 企业发展目标及技术改造状况

公司坚持以开拓创新求发展，以深化改革为动力，以引领产业振兴为己任，以优化产品结构为重点，以替代进口为方向，努力推动公司做强做优，力争达到产品精品化、生产绿色化、市场国际化、管理信息化，实现“百亿申源”的宏伟目标。

国家“十四五”规划建议中强调创新、绿色与协调发展理念，将推动生产方式向柔性、智能及精细制造转变。在此背景下，公司于2022年6月18日启动了高线项目，项目总投资6.36亿元，项目投产后年产20万吨气阀钢、特种不锈钢及合金材料线材，并具备镍基合金等超级合金的生产能力。该项目的启动，有利于提升本地区不锈钢产业地位，实现关键材料的进口替代，满足我国多行业特种材料需求，对公司有着重要的转型升级意义，也是未来几年公司工作任务的重中之重。

地址：江苏省泰州市兴化市戴南镇张郭东兴南路
邮编：225721
电话：0523-83438888
公司网址：http：//www.steeljs.com/

第 10 章 主要特殊钢企业统计

10.1 主要特殊钢企业二级组成

（1）中信泰富特钢集团有限公司二级组成见表 10-1。

表 10-1 中信泰富特钢集团有限公司二级组成

二级单位名称	投产年月	年末全部从业人员	产品名称	计量单位	年产量（工作量）	主要设备名称及数量
江阴兴澄特种钢铁有限公司	1993 年 12 月	8461	生铁 粗钢 钢材	万吨	628 680 525	高炉 3200 立方米×1、1280 立方米×2 转炉 120 吨×2，RH 120 吨×2、LF 120 吨×3，*R*12×1、*R*16.5×1、*R*17×1 转炉 150 吨×2，LF 150 吨×2、RH 160 吨×2，*R*11×1、*R*12×1、*R*6.5×1 电炉 100 吨×1，VD 100 吨×2、LF 100 吨×2，CCM-R12×1 高线轧机 2 台（套），连轧机 3 台（套），3500、4300 轧机各 1 套
大冶特殊钢有限公司	2004 年 10 月	6728	焦炭 生铁 粗钢 钢材	万吨	127 356 388 334	两座 7 米顶装 2×60 孔焦炉；高炉 1780 立方米×1、1280 立方米×1 转炉 120 吨×2、LF 120 吨×4、RH 120 吨×2，连铸机 3 台 电炉 70 吨交流、直流各 1 座，LF 60 吨×3、VD 60 吨×1、RH 80 吨×1，连铸机 3 台 20 吨电炉 1 座，LF 炉/VD 炉各 2 座，1 吨、3 吨、10 吨、20 吨感应炉各 1 座，35 吨 AOD 炉 1 座，3 吨、6 吨真空感应炉各 1 座，12 吨真空感应炉 3 座，真空自耗炉 4 座，电渣炉 37 座 1350 开坯机 1 套，750 轧机组 1 套，650 轧机组 1 套，500 半连轧机组 1 套，新中棒生产线 1 套，380~720 扁棒线轧机 1 套，热处理、银亮、冷拉生产线 3 条，170、108、219、460 无缝钢管产线各 1 条

续表 10-1

二级单位名称	投产年月	年末全部从业人员	产品名称	计量单位	年产量（工作量）	主要设备名称及数量
青岛特殊钢铁有限公司	2017 年 5 月	5139	焦炭 生铁 粗钢 钢材	万吨	149 465 435 355	焦炉 2 座，烧结机 2 台，高炉 3 座 转炉 4 座，连铸机 6 台 高速线材轧机 6 套，小型型钢轧机 2 套
靖江特殊钢有限公司	2018 年 6 月	1003	钢材	万吨	60	连轧机 1 套，钢管热轧线 1 条，热处理线 2 条
铜陵泰富特种材料有限公司	2009 年 10 月	1069	焦炭	万吨	265	7 米焦炉 JNX3-70-1 ×2，7 米焦炉 JNX3-90-1 ×2
扬州泰富特种材料有限公司	2013 年 5 月	520	球团	万吨	714	5.2 米×57 米链箅机，ϕ6.4 米×43 米回转窑

（2）太原钢铁（集团）有限公司二级组成见表 10-2。

表 10-2 太原钢铁（集团）有限公司二级组成

二级单位名称	投产年月	年末全部从业人员	产品名称	计量单位	年产量（工作量）	主要设备名称及数量
太原钢铁（集团）有限公司	1934 年 8 月	25423				
太钢集团总部	1934 年 8 月	4527	铁精矿	万吨	356.8	采矿、选矿设备
山西太钢不锈钢股份有限公司	1998 年 6 月	15377	钢材（不含商品坯）	万吨	909.65	焦炉、高炉、转炉、电炉、轧机设备
太钢集团临汾钢铁有限公司	1958 年 12 月	449	物业、机加工、不动产租赁等			轧机设备
太钢集团代县矿业有限公司	1977 年 4 月	1889	球团矿	万吨	146.92	采矿、选矿设备
太钢集团岚县矿业有限公司	2013 年 12 月	1335	铁精矿、球团矿	万吨	988.79	采矿、选矿设备
太原钢铁（集团）国际经济贸易有限公司	1986 年 6 月	27	原材料、设备进口			
太原钢铁（集团）不锈钢工业园有限公司	2004 年 10 月	69	不锈钢制品的生产与销售			
山西太钢工程技术有限公司	2001 年 11 月	245	工程设计			
宝武环科山西资源循环利用有限公司	2001 年 6 月	536	粉煤灰砖、加气砼砌块			强力混合机
太原钢铁（集团）电气有限公司	2003 年 5 月	266	变压器产品、非晶带材			变压器干燥炉、变压器剪切机等
山西钢科碳材料有限公司	2012 年 9 月	535	碳纤维及其制品			牵伸机、炭化炉

续表 10-2

二级单位名称	投产年月	年末全部从业人员	产品名称	计量单位	年产量（工作量）	主要设备名称及数量
山西太钢鑫磊资源有限公司	2011 年 8 月	168	冶金白灰	万吨	82.3	回转窑
山西太钢万邦炉料有限公司	2011 年 3 月	332	铬铁及其他合金材料的技术研发、生产和销售	万吨	28.67	球磨机、滚筒造球机、铬粉矿小球钢带焙烧炉
山西禄纬堡太钢耐火材料有限公司	2006 年	323	耐火材料制品	万吨	10.79	破碎机、球磨机
山西宝地产城发展有限公司	1998 年 12 月	184	房产租赁、提供劳务			
山西世茂商务中心有限公司	1994 年 10 月	21	宾馆经营、写字楼出租			
山西太钢保险代理有限公司	2003 年 11 月	3	代理收取保险费			
太钢集团财务有限公司	2013 年 1 月	35	结算、融资、资信、理财和咨询等金融服务			
山西太钢投资有限公司	1998 年 7 月	16	投资及咨询管理			

（3）沙钢东北特钢集团二级组成见表 10-3。

表 10-3 沙钢东北特钢集团二级组成

二级单位名称	投产年月	年末全部从业人员	产品名称	计量单位	年产量（工作量）	主要设备名称及数量
沙钢东北特钢集团		19548	焦炭 生铁 钢 钢材 钢丝	万吨	80.86 628.78 779.59 541.89 0.70	
（一）淮钢特钢股份有限公司		4316	焦炭 生铁 钢坯 钢材	万吨	80.86 301.70 348.19 278.31	
焦化厂	2007 年 5 月	227	焦炭	万吨	80.86	焦炉 2 座

续表 10-3

二级单位名称	投产年月	年末全部从业人员	产品名称	计量单位	年产量（工作量）	主要设备名称及数量
烧结厂	2004 年 2 月	368	烧结矿	万吨	432. 88	烧结机 2 台
炼铁厂	2003 年 12 月	385	生铁	万吨	301. 7	高炉 4 座
炼钢厂	1995 年 12 月	1070	钢坯	万吨	348. 19	电炉 1 座，转炉 2 座
轧钢厂	1999 年 10 月	938	钢材	万吨	278. 31	轧线 4 条
其他单位及部门		1328				
（二）东北特殊钢集团股份有限公司		5019	铁 钢 钢材 钢丝	万吨	212. 60 146. 05 169. 59 134. 85 0. 70	
炼铁厂	2021 年 4 月	423	烧结 铁	万吨	212. 60 146. 05	烧结机 1 台，高炉 1 座
炼钢厂	2009 年 10 月	908	钢	万吨	169. 44	转炉 1 座，电炉 3 座，连铸机 5 台
第一轧钢厂	2009 年 12 月	917	钢材 钢丝	万吨	79. 12 0. 70	轧机 4 套，拉丝机 38 套
第二轧钢厂	2011 年 2 月	679	钢材	万吨	48. 28	轧机 2 套
锻钢厂	2011 年 9 月	216	钢材	万吨	7. 35	锻机 5 台
精密公司	2011 年	133	钢 钢材	万吨	0. 15 0. 10	感应炉 4 座，热轧机 2 套，冷轧机 4 套
其他单位及部门		1743				
（三）抚顺特殊钢股份有限公司		7183	钢 钢材	万吨	61. 39 45. 34	
第一炼钢厂	1992 年	516	钢	万吨	40. 3	1 座 50 吨电炉，1 座 60 吨电炉，1 台大方坯连铸机
第二炼钢厂	1974 年	391	钢锭	万吨	18. 14	2 座 30 吨电炉，1 座非真空感应炉
第三炼钢厂	1964 年	994	钢锭	万吨	2. 95	9 座感应炉，15 座自耗炉，42 座电渣炉

续表 10-3

二级单位名称	投产年月	年末全部从业人员	产品名称	计量单位	年产量（工作量）	主要设备名称及数量
第一轧钢厂	2018 年	803	钢材	万吨	12.69	3 座轧机
锻造厂	2001 年	869	钢材	万吨	10.29	6 座锻机
连轧厂	1996 年	492	钢材	万吨	20.9	1 座轧机
实林公司	1937 年	475	钢材	万吨	1.2	轧钢：3 台轧机，冷拔：3 台冷拔机
板材	1962 年	188	钢材	万吨	0.26	4 座轧机
其他单位及部门		2455				
（四）安阳永兴特钢有限公司		2270	铁 钢 材	万吨	181.03 200.43 83.39	
炼铁厂	2003 年 6 月	625	铁水	万吨	181.03	450 立方米高炉×2，580 立方米高炉×2，180 平方米烧结机×1，132 平方米烧结机×1
炼钢厂	2010 年 3 月	325	钢坯	万吨	200.43	120 吨转炉×2，150 吨精炼炉×2，8 机 8 流连铸机×2，6 机 6 流连铸机×1
轧钢厂	2010 年 3 月	186	螺纹钢 圆钢	万吨	83.39	棒材生产线×2
动力厂	2003 年 6 月	170	电 氧气	万千瓦·时 万立方米	29697 24503	15 兆瓦发电机×2，3000 瓦发电机×3 14000 立方米/小时制氧机×2，6000 立方米/小时制氧机×1
辅材厂	2010 年 9 月	85	矿渣粉 石灰	万吨	69.55 23.26	矿渣粉生产线×1，套筒窑×2
机修厂	2010 年 3 月	68				
储运队	2003 年 6 月	261				
其他单位及部门		550				

（4）西宁特殊钢集团有限责任公司二级组成见表 10-4。

表 10-4 西宁特殊钢集团有限责任公司二级组成

二级单位名称	投产年月	年末全部从业人员	产品名称	计量单位	年产量（工作量）	主要设备名称及数量
西宁特殊钢股份有限公司	1969 年 10 月	2141	粗钢生产	万吨	160	Consteel 电炉 2 台，LF 炉 5 台，70 吨 VD 炉 4 台，连铸机 2 台等
西钢新材料公司	2018 年 9 月	834	钢材生产	万吨	200	棒材生产线
青海江仓能源公司	2005 年 11 月	427	冶金焦炭	万吨	75	TJL4350D 焦炉 2 座
西钢置业公司	2011 年 7 月	44	房屋	套	550	
青海矿冶科技有限公司	2018 年 9 月	834	生铁、铁水	万吨	160	1080 立方米高炉 1 台，450 立方米高炉 1 台
西宁西钢福利有限公司	2003 年 12 月	79	钢芯铝加工、劳保用品供应、印刷、打字复印、标牌制作等			
西宁西钢矿业开发有限公司	2011 年 12 月	33	石灰石生产加工	万吨	50	2 条破碎线、1 条粉料加工线
青海西钢自动化信息技术有限公司	2019 年 11 月	122	自动化信息化系统设计集成、软件开发、编程调试、设备成套、安装施工、运行维护、技术服务及仪器仪表检定校准、工业油品化验等于一体的综合型自动化信息技术企业			
青海西钢再生资源综合利用开发有限公司	2018 年 9 月	250	生石灰 钢渣 矿渣微粉	万吨	28 30 60	套筒窑 2 座，矿渣微粉生产线，抓钢机 3 台，1250 吨龙门剪 2 台，400 吨液压打包机 1 台

（5）舞阳钢铁有限责任公司二级组成见表10-5。

表10-5 舞阳钢铁有限责任公司二级组成

二级单位名称	投产年月	年末全部从业人员	产品名称	计量单位	年产量（工作量）	主要设备名称及数量
一炼钢厂		813	粗钢	万吨	101.6	90吨电炉2座，1.9米连铸机1套
二炼钢厂		787	粗钢	万吨	217.9	100吨电炉1座，100吨转炉1座，2.5米连铸机2套
一轧钢厂		988	钢板	万吨	125.5	4200毫米厚板轧机1套
二轧钢厂		804	钢板	万吨	135.8	4100毫米厚板轧机1套
能源中心		540	氧气	万立方米	氧气28621	4500立方米/小时、10000立方米/小时、20000立方米/小时制氧机各1台
检修厂		535				
原料部		195				
科技部		110				
自动化部		225				
质量管理部		401				
炼铁厂		714	铁水	万吨	134.50	1260立方米高炉1座
机关部室合计		572				
运输部		948		万吨	运量872	铁道机车9台，载重汽车39辆
生活服务部		382				
舞钢技校		14				
离退部		10				
保卫部		329				

（6）天津钢管制造有限公司二级组成见表10-6。

表10-6 天津钢管制造有限公司二级组成

二级单位名称	投产年月	年末全部从业人员	产品名称	计量单位	年产量（工作量）	主要设备名称及数量
炼铁厂	2005年1月	375	铁水	万吨	67.16	105平方米烧结机1台，1000立方米高炉1座
炼钢厂	一炼钢：1992年6月 二炼钢：2005年2月	729	连铸管坯	万吨	180.17	150吨电炉、90吨电炉各1座，配套精炼钢包炉、连铸机等
轧管事业部	ϕ250MPM连轧管机组：1996年 ϕ168PQF连轧管机组：2003年 ϕ460PQF连轧管机组：2007年 ϕ258PQF连轧管机组：2008年 ϕ720旋扩管机组：2008年	1651	热轧无缝钢管	万吨	218.66	ϕ168、ϕ250、ϕ258、ϕ460热轧管生产线及ϕ720旋扩管生产线各1条
管加工事业部	首条加工线于1993年投产，最后一条加工线2013年投产	1406	无缝钢管	万吨	152.53	热处理线8条，油/套管加工线11条，光管加工线5条等
江苏天淮钢管有限公司	2012年5月	532	无缝钢管	万吨	47.32	ϕ508毫米PQF轧管机组1套，热处理线和光管加工线各1条
天津天管元通管材制品有限公司	2008年1月	314	无缝钢管	万吨	29.29	热处理线2条，油/套管加工线3条，光管加工线1条

（7）石家庄钢铁有限责任公司二级组成见表10-7。

表10-7 石家庄钢铁有限责任公司二级组成

二级单位名称	投产年月	年末全部从业人员	产品名称	计量单位	年产量（工作量）	主要设备名称及数量
炼钢厂	2020年11月	660	电炉钢	万吨	136	2×130吨直流电弧炉
轧钢厂中棒线	2020年8月	143	热轧棒材	万吨	48	17架全连轧
轧钢厂小棒线	2020年11月	117	热轧棒材	万吨	42	22架 全连轧
大棒线	2020年11月	130	热轧棒材	万吨	22	8架 全连轧
高线	2021年4月	126	热轧线材	万吨	9	16架 全连轧

（8）攀钢集团江油长城特殊钢有限公司二级组成见表 10-8。

表 10-8 攀钢集团江油长城特殊钢有限公司二级组成

二级单位名称	投产年月	年末全部从业人员	产品名称	计量单位	年产量（工作量）	主要设备名称及数量
攀钢集团江油长城特殊钢有限公司	1965 年 9 月	2866	粗钢 钢材	万吨	26.45 38.29	
炼钢厂	1965 年 9 月	585	粗钢	万吨	26.45	3 座 40 吨电炉，5 座真空感应炉，2 座非真空感应炉，9 座自耗炉，30 座电渣炉，1 台连铸机
锻轧厂	1965 年 9 月	503	钢材	万吨	22.7	2000 吨快锻，18 兆牛精锻机，CKV45/50 兆牛快锻机，31.5/35 兆牛快锻机组，3/4 吨锤，棒线材轧机，普通中型型钢轧机，普通小型型钢轧机
轧钢厂	1965 年 9 月	545	钢材	万吨	15.47	825 初轧机组，热轧窄钢带轧机，3150 挤压机，45 兆牛挤压机
钛材厂	2009 年 3 月	133	钛材	万吨	0.3	真空自耗炉（3 吨）6 座，45 兆牛挤压机

（9）建龙北满特殊钢有限责任公司二级组成见表 10-9。

表 10-9 建龙北满特殊钢有限责任公司二级组成

二级单位名称	投产年月	年末全部从业人员	产品名称	计量单位	年产量（工作量）	主要设备名称及数量
炼铁厂		507	烧结矿、生铁	吨	2363834、1620209	1 号高炉、2 号高炉、1 号烧结机、265 烧结机各 1 座
一炼钢厂		617	钢、商品坯	吨	1844531、503703	转炉、方坯连铸机、圆坯连铸机、混铁炉、电弧炉各 1 套
轧钢厂		810	钢材	吨	1192403	
特冶锻造厂		351	钢、电渣钢、锻材（件）	吨	32722、25867、40792	电炉 1 台，电渣炉 12 台，快锻机 16~25/30 兆牛、411 水压机、412 水压机、16 兆牛精锻机各 1 套
能源中心		308				

续表 10-9

二级单位名称	投产年月	年末全部从业人员	产品名称	计量单位	年产量（工作量）	主要设备名称及数量
生产部		304				
安全保卫部		120				
销售总公司		66				
国贸公司		12				
采购部		82				
研发部		30				
质量部		188				
工程装备部		175				
财企部		54				
人事行政部		76				

（10）大冶特钢有限公司二级组成见表 10-10。

表 10-10 大冶特钢有限公司二级组成

二级单位名称	投产年月	年末全部从业人员	产品名称	计量单位	年产量（工作量）	主要设备名称及数量
铁前事业部		876	焦炭、生铁	万吨	90、375	
焦化厂	2022 年	317	焦炭	万吨	150	2 座 7 米顶装，2×60 孔焦炉
炼铁厂	2011 年	559	烧结矿、生铁	万吨	610、375	
1 号高炉与 1 号烧结	2020 年	276	烧结矿、生铁	万吨	350、206	265 平方米带式烧结机 1 台，1780 立方米高炉 1 座
2 号高炉与 2 号烧结		283	烧结矿、生铁	万吨	260、169	220 平方米带式烧结机 1 台，1280 立方米高炉 1 座，铸铁机 3 台
炼钢事业部	2011 年 5 月投产	783	连铸坯、钢锭	万吨	420	

续表 10-10

二级单位名称	投产年月	年末全部从业人员	产品名称	计量单位	年产量（工作量）	主要设备名称及数量
转炉厂	1985 年 5 月投产	391	连铸坯	万吨	290	转炉 2 座，LF 精炼炉 4 座，真空炉 2 座，连铸机 3 台
电炉厂	新 50 吨电炉筹建中	381	钢锭、连铸坯	万吨	130	电炉及精炼炉 7 座，连铸机 3 台
50 吨电炉项目部		11				
棒材事业部	2021 年 1 月	1249	棒材	万吨	258	1350 开坯机
大棒厂	2015 年 10 月	303	轧坯、棒材	万吨	85、50	1350 开坯机 1 套，750 机组：1H 轧机、3H 轧机、5H 轧机、2V 轧机、4V 轧机、6V 轧机
中棒厂	1997 年	332	棒材	万吨	18、90	500 半连轧，新中棒线
小棒厂	2021 年 3 月	401	棒材	万吨	40、10	
扁棒厂		213	棒材	万吨	50	新扁棒线
钢管事业部		882	管材	万吨	84	
170 钢管厂	1993 年建成；热处理机组 2008 年	447	无缝钢管	万吨	25、6、1	170、108 无缝钢管生产线各 1 条，旋压钢管生产线 1 条
219 钢管厂	2014 年 1 月	189	无缝钢管	万吨	22	219 无缝钢管生产线 1 条
460 钢管厂	2009 年 11 月	246	无缝钢管	万吨	30	460 无缝钢管生产线 1 条
锻造事业部		976	钢锭、锻材	万吨	6、16	
特冶厂	始建于 1946 年 8 月	569	钢锭、电渣锭	万吨	6、13.57	电炉区：电炉 7 座，AOD 炉 1 座；电渣区：真空炉 9 座，电渣炉 37 座
锻造厂	1953 年 1 月投产	407	锻材	万吨	16	快锻机 6 台
动力事业部		419				
动力厂	1971 年 1 月投产	206	水、压缩空气、煤气、蒸汽			
制氧厂	2003 年 2 月投产	51	氧气、氮气　氩气			2 万立方米制氧机，液氧、液氮贮槽，氧气、氮气球罐

续表 10-10

二级单位名称	投产年月	年末全部从业人员	产品名称	计量单位	年产量（工作量）	主要设备名称及数量
热电厂	2015年1月投产	162	电			25兆瓦发电机，15兆瓦发电机，80兆瓦发电机
物流部	2011年11月	317	物流管理			铁路，码头
中信特钢研究院大冶特钢分院	2014年1月成立	339	技术、质量、品种、体系、产品认证			
智能及信息化部	2006年3月成立	185	网络平台、五大信息中心			

（11）江阴兴澄特种钢铁有限公司二级组成见表10-11。

表10-11　江阴兴澄特种钢铁有限公司二级组成

二级单位名称	投产年月	年末全部从业人员	产品名称	计量单位	年产量（工作量）	主要设备名称及数量
棒材事业部一分厂	1997年11月	601	棒材	吨	1119155	电炉100吨×1，VD 100吨×2、LF 100吨×2，CCM-R12×1，连轧1台（套）
棒材事业部二分厂	2005年9月	1072	棒材	吨	1050878	转炉120吨×2，RH 120吨×2、LF 120吨×3，*R*12×1、*R*16.5×1、*R*17×1，连轧2台（套）
特板事业部	2009年7月	1444	特厚板、厚钢板、中板	吨	2396258	转炉150吨×2，LF 150吨×2、RH 160吨×2，*R*11×1、*R*12×1、*R*6.5×1，3500、4300轧机各1套
炼铁事业部	2002年9月	685	生铁	吨	6282110	高炉3200×1、1280×2
动力事业部	1987年8月	524	电力	万千瓦时	109641	发电机组50兆瓦×2、40兆瓦×1，余热发电12兆瓦×2，TRT发电3兆瓦×2、5兆瓦×1、25兆瓦×1、18兆瓦×1
线材事业部	2013年6月	1127	线材、棒材	吨	685488	高线轧机2台（套）
其他单位及部门	—	3008	—	—		本单位无实质性的二级单位

（12）青岛特殊钢铁有限公司二级组成见表 10-12。

表 10-12 青岛特殊钢铁有限公司二级组成

二级单位名称	投产年月	年末全部从业人员	产品名称	计量单位	年产量（工作量）	主要设备名称及数量
焦化厂	2015 年 6 月	300	焦炭	吨	1493469	焦炉 2 座
炼铁厂烧结工序	2015 年 5 月	260	烧结铁矿	吨	6652450	烧结机 3 台
炼铁厂炼铁工序	2015 年 11 月	363	生铁	吨	4648867	高炉 3 座
炼钢厂	2015 年 11 月	1246	钢坯	吨	4350213	转炉 4 座，连铸机 6 台
高线厂	2015 年 4 月	758	线材	吨	2588985	高速线材轧机 6 套
型材厂	2015 年 4 月	440	棒材	吨	955094	小型型钢轧机 2 套
其他		1772				

（13）河冶科技股份有限公司二级组成见表 10-13。

表 10-13 河冶科技股份有限公司二级组成

二级单位名称	投产年月	年末全部从业人员	产品名称	计量单位	年产量（工作量）	主要设备名称及数量
炼钢分厂	1974 年 7 月 21 日	143	铸锭、电渣锭	吨	29335	
锻钢分厂	1988 年 6 月 21 日	93	锻丕、锻材	吨	27182	
连轧分厂	2012 年 6 月	132	轧材、异型材	吨	22603	
成品分厂	2011 年 2 月	90	轧材、锻材、钢丝	吨	24870	
锻件加工厂	2006 年 5 月 21 日	30	锻件	吨	688	
喷射事业部	2014 年 1 月 24 日	17	喷射锭、电极棒	吨	1847	

（14）首钢贵阳特殊钢有限责任公司二级组成见表10-14。

表10-14 首钢贵阳特殊钢有限责任公司二级组成

二级单位名称	投产年月	年末全部从业人员	计量单位	年产量（工作量）	主要设备名称及数量
贵阳东方现代钢材市场股份有限公司			万元	4902.06	单主梁门式起重机13台（MDG 20吨-25米 A6），双梁厢式起重机2台（MG32-22），叉车3台（CPCD70）
贵阳东方鑫盛钢材物流有限责任公司		68	万元	12453.48	单主梁门式起重机2台（MDG 20吨-25米 A6），单主梁门式起重机1台（MDG 20-S25-H11 A6），叉车4台（CPCD70），双梁桥式起重机5台（QD 16吨-25.5米 A6）
贵阳金吉运输有限公司		1	万元	198.41	电动单梁起重机1台（LD10-S15-H9A5），电动单梁起重机1台（LD10-15.58米 A3）
贵阳钢厂职工医院		170	万元	9061.67	腹腔镜1套（368D），B超机1台（SA-600-2），放射成像系统1套（CR-30），全自动生化分析仪3台
贵阳金麟物业管理有限公司		1	万元	124.71	
贵阳阳明花鸟市场有限公司		7	万元	1616.93	
贵阳首钢贵钢物业管理有限公司		178	万元	3221.65	
贵州贵钢设备工程公司有限责任公司		204	万元	2877.46	
贵州贵钢钎具制造有限责任公司		213	万元	35865.39	

（15）江苏永钢集团有限公司二级组成见表10-15。

表10-15 江苏永钢集团有限公司二级组成

二级单位名称	投产年月	年末全部从业人员	产品名称	计量单位	年产量（工作量）	主要设备名称及数量
公司办公室		15				
人力资源部		39				
财务管理部		26				
安全环保管理部		32				

续表 10-15

二级单位名称	投产年月	年末全部从业人员	产品名称	计量单位	年产量（工作量）	主要设备名称及数量
资产管理部		9				
采购中心		73				
营销中心		128				
运营服务部		13				
项目建设部		51				
规划发展部		12				
制造部		81				
设备部		153				
产品研发中心		256				
能源部		35				
运输部		795				
动力厂		549				
炼铁厂		1942	铁水	吨	8336235	500 立方米高炉×1，600 立方米高炉×2，700 立方米高炉×1，1080 立方米高炉×3，1320 立方米高炉×1
炼钢厂		1694	粗钢	吨	7990101	50 吨转炉×3，60 吨转炉×2，120 吨转炉×2
轧钢厂		1404	钢材	吨	8550637	钢坯连轧机×6，高速线材轧机×5
特钢公司 其中：电炉、大棒分厂		616	粗钢	吨	859416	100 吨电炉×1，连铸机×2
			钢材	吨	368820	达涅利 R18M 大圆坯连轧机

（16）本钢板材股份有限公司特殊钢事业部二级组成见表 10-16。

表 10-16　本钢板材股份有限公司特殊钢事业部二级组成

二级单位名称	投产年月	年末全部从业人员	产品名称	计量单位	年产量（工作量）	主要设备名称及数量
炼钢作业区	1988 年	201				

续表 10-16

二级单位名称	投产年月	年末全部从业人员	产品名称	计量单位	年产量（工作量）	主要设备名称及数量
铸钢作业区	2005 年	136	电炉钢锭、电炉钢坯	吨		50 吨电弧炉 2 台，50 吨精炼炉 2 台，连铸机 1 套
轧钢作业区	2019 年	405	钢材（坯）	吨		1150 毫米/850 毫米轧钢机组 1 套
精整作业区	2015 年	350				
动力作业区		89				
吊车作业区	2009 年	97				
机关		115				

（17）方大特钢科技股份有限公司二级组成见表 10-17。

表 10-17 方大特钢科技股份有限公司二级组成

二级单位名称	投产年月	年末全部从业人员	产品名称	计量单位	年产量（工作量）	主要设备名称及数量
焦化厂		506	焦炭	吨	853674	
炼铁厂		1030	生铁	吨	3609738. 97	245 平方米、130 平方米、10 平方米竖炉，510 立方米、1050 立方米×2
炼钢厂		777	粗钢	吨	4217688. 779	65 吨×2、80 吨转炉，65 吨、90 吨 LF 精炼炉，*R*9 米五机五流连铸机 4 套
轧钢厂		1050	钢材	吨	4254828. 285	
动力厂		420	自发电	万千瓦时	90079. 0032	
物流储运中心		466				
自动化部		140				
检测中心		209				
建安公司		229				
营销单位		114				
机关部门		518				

（18）中天钢铁集团有限公司二级组成见表 10-18。

表 10-18 中天钢铁集团有限公司二级组成

二级单位名称	投产年月	年末全部从业人员	产品名称	计量单位	年产量（工作量）	主要设备名称及数量
南通焦化厂			焦炭	万吨	140	
南通球团			球团	万吨	146	
第一烧结厂			烧结矿	万吨	109	
第二烧结厂			烧结矿	万吨	950	
南通烧结厂			烧结矿	万吨	553	
第一炼铁厂			生铁	万吨	147	
第二炼铁厂			生铁	万吨	496	
第三炼铁厂			生铁	万吨	107	
南通炼铁厂			生铁	万吨	366	
钢轧一分厂			钢	万吨	59	
			线材（含盘螺）	万吨	14	
			螺纹钢	万吨	42	
钢轧二分厂			钢	万吨	187	
			螺纹钢	万吨	212	
钢轧三分厂			钢	万吨	43	
			窄钢带	万吨	60	
第三炼钢厂			钢	万吨	522	
第三轧钢厂			线材（含盘螺）	万吨	178	
第八轧钢厂			线材（含盘螺）	万吨	120	
第六轧钢厂			螺纹钢	万吨	93	
			棒材	万吨	53	
			棒材	万吨	61	

续表 10-18

二级单位名称	投产年月	年末全部从业人员	产品名称	计量单位	年产量（工作量）	主要设备名称及数量
南通炼钢厂			钢	万吨	412	
南通轧钢厂			棒材	万吨	349	
			线材（含盘螺）	万吨	15	
热电厂			发电、蒸汽	万千瓦时、百万千焦	152659	

（19）山钢股份有限公司莱芜分公司特钢事业部二级组成见表 10-19。

表 10-19　山钢股份有限公司莱芜分公司特钢事业部二级组成

二级单位名称	投产年月	年末全部从业人员	产品名称	计量单位	年产量（工作量）	主要设备名称及数量
机关		205				
50 吨电炉车间	1994 年 6 月	219	电炉钢 连铸坯	万吨	37. 72	1 座 50 吨超高功率电弧炉，1 座 LF 钢包精炼炉，1 座双工位 VD 真空精炼炉，*R*11 米三机三流大方坯合金钢连铸机 1 台
100 吨电炉车间	2013 年 8 月	87	电炉钢	万吨	81. 85	1 座 100 吨超高功率电弧炉，2 座 LF 钢包精炼炉，1 座双工位 VD 真空精炼炉
100 吨连铸车间	2013 年 8 月	77	连铸坯	万吨	81. 85	*R*16. 5 米五机五流大圆坯合金钢连铸机 1 台
100 吨运行车间	2013 年 8 月	166				
大棒车间	2013 年 10 月	102	钢材	万吨	52. 94	ϕ1350×1/ϕ950×4/ϕ800×2/轧机
中棒车间	2019 年 7 月	124	钢材	万吨	73. 37	ϕ1000×3/ϕ900×3/ϕ780×5/ϕ600×6 轧机
小棒车间	1987 年 12 月	127	钢材	万吨	29. 3	ϕ550×1/ϕ450×6/ϕ350×6 轧机
银前转炉车间	2005 年 5 月	315	转炉钢 连铸坯	万吨	234. 26	2 座 120 吨顶底复吹转炉，2 座 90 吨 LF 钢包精炼炉，1 座双工位 VD 真空精炼炉，1 台 *R*8 米六机六流方坯连铸机，1 台 *R*12 米六机六流合金钢方坯连铸机

续表 10-19

二级单位名称	投产年月	年末全部从业人员	产品名称	计量单位	年产量（工作量）	主要设备名称及数量
铁前运行车间	2005 年 5 月	183				
生产准备车间	2019 年 10 月	86				
储运车间	2012 年 8 月	55				
质量检查站	2012 年 8 月	112				
转炉项目部		14				
合计		1872				

（20）承德建龙特殊钢有限公司二级组成见表 10-20。

表 10-20　承德建龙特殊钢有限公司二级组成

二级单位名称	投产年月	年末全部从业人员	产品名称	计量单位	年产量（工作量）	主要设备名称及数量
炼铁厂	2001 年 1 月	1033	生铁	万吨	247. 94	1350 立方米高炉 1 座，1200 立方米高炉 1 座
钢轧厂	2004 年 1 月	1219	方坯 圆坯	万吨	247. 28	120 吨炼钢转炉 1 座，100 吨炼钢转炉 1 座，五机五流方坯连铸机 1 座，五机五流大圆坯连铸机 1 座，方圆坯连铸机 1 座
			圆钢	万吨	60. 83	棒材连轧机 1 套
无缝钢管厂	2022 年 1 月	293	无缝管	万吨	34. 46	

（21）山东寿光巨能特钢有限公司二级组成见表 10-21。

表 10-21　山东寿光巨能特钢有限公司二级组成

二级单位名称	投产年月	年末全部从业人员	产品名称	计量单位	年产量（工作量）	主要设备名称及数量
烧结厂	2003 年 12 月、2011 年 4 月	420	烧结矿	吨	2360074	110 平方米烧结机 1 座，265 平方米烧结机 1 座

续表 10-21

二级单位名称	投产年月	年末全部从业人员	产品名称	计量单位	年产量（工作量）	主要设备名称及数量
炼铁厂	2005年4月、2011年4月	445	生铁	吨	1434235	450立方米高炉1座，1250立方米高炉1座
炼钢厂	2003年12月、2005年4月、2011年2月	863	连铸坯	吨	1464359	70吨电炉1座，80吨转炉1座，120吨转炉1座
轧钢厂	2003年12月、2013年12月	864	棒材	吨	1183038	ϕ550半连轧生产机组1套，ϕ650半连轧生产机组1套，ϕ950全连轧1套，ϕ1350半连轧1套
钢管厂	2009年6月	366	无缝钢管	吨	215917	ϕ273穿管机1套

（22）江苏天工工具新材料股份有限公司二级组成见表10-22。

表10-22 江苏天工工具新材料股份有限公司二级组成

二级单位名称	投产年月	年末全部从业人员	产品名称	计量单位	年产量（工作量）	主要设备名称及数量
锻造厂	1993年	121	钢坯、棒材	吨	38275	5吨、10吨液压锤，1250吨快锻，2000吨快锻，500吨精锻，750吨精锻，1300吨快锻
冶炼厂	1993年	233	钢锭	吨	91875	中频炉，电渣重熔机，15吨中频炉，精炼炉×2，VD炉×1
轧钢厂	1992年	159	钢坯、直条、盘圆	吨	57137	300、350、400、650轧钢生产线、棒线材轧机
异型厂		33	钢坯	吨	17232	矫直机×3，起重机，压直机，300/350型材轧机
钢丝厂	1993年	6	钢丝	吨	16427	温/冷拉拔机，联合拉拔机，磨床，真空退火炉×4
爱和特钢厂	2005年	843	工模具钢	吨	316614	25吨、30吨×3电弧炉，30吨精炼炉×3，30吨VD炉×2，850、910轧制生产线，两平两立机组，1300吨精锻机，15吨中频炉，40吨中频炉×2

（23）永兴特种材料科技股份有限公司二级组成见表10-23。

表10-23　永兴特种材料科技股份有限公司二级组成

二级单位名称	投产年月	年末全部从业人员	产品名称	计量单位	年产量（工作量）	主要设备名称及数量
炼钢一厂	2000年9月	121	钢锭	吨		电弧炉1台，AOD炉1台，LF炉1台，模铸设备10套，VD炉1台，连铸机1套
炼钢二厂	2010年5月	122	连铸坯	吨		超高功率电弧炉1台，顶底复吹AOD炉1台，钢包精炼炉1台，连铸机1套
锻压车间	2015年4月	37	锻材	吨		35兆牛快锻机组1套，加热炉群1套，法兰精锻机
精炼车间	2015年	33	电渣产品	吨		5吨电渣炉2台，6吨真空感应1台，6吨真空自耗炉1台
轧钢厂	2017年	107	棒线材	吨		步进加热炉1座，750两辊可逆1台，全连轧14架，4机架Kocks机组，摩根高线精轧机及减定径机，在线固溶炉1座，棒材冷床，大盘卷集卷装置2套，固溶炉（13工位环形炉），辊底退火炉（10工位）
酸洗精整车间	2016年	97	棒线材	吨		1号隧道式酸洗线，2号隧道式酸洗线，废水处理线，SCR脱硝装置，棒材矫直机，线材抛丸机，不锈钢混酸再生
银亮棒车间	2022年	45	银亮棒	吨		30台无心磨床及配套台架，2套涡流探伤，3台开卷矫直机，1台超声波探伤，2台无心车床，60矫直机2台，倒角机1台，抛光机1台，皂化液集中处理装置1套

（24）南阳汉冶特钢有限公司二级组成见表10-24。

表10-24　南阳汉冶特钢有限公司二级组成

二级单位名称	投产年月	年末全部从业人员	产品名称	计量单位	年产量（工作量）	主要设备名称及数量
轧钢厂	2005年	1010	钢板	吨	2940234	3800轧机1台（套），3500粗轧机1台（套），3500精轧机1台（套）

续表 10-24

二级单位名称	投产年月	年末全部从业人员	产品名称	计量单位	年产量（工作量）	主要设备名称及数量
炼钢厂	2003 年	1025	粗钢	吨	2717894	转炉 3 座，连铸机 3 台，LF 精炼炉 3 台，双工位真空 VD 炉 3 台
老炼铁厂	2003 年	1055	生铁	吨	2335490	高炉 3 座，烧结机 1 台
新炼铁厂	2008 年					
职能部门		1020				采购部、矿石部、安环监察部、综合办、销售部门、钢研所等部门

（25）天津钢铁集团有限公司二级组成见表 10-25。

表 10-25 天津钢铁集团有限公司二级组成

二级单位名称	投产年月	年末全部从业人员	产品名称	计量单位	年产量（工作量）	主要设备名称及数量
烧结厂	2004 年 2 月	510	烧结	吨	8150494	1 座 180 平方米烧结机，1 座 265 平方米烧结机，1 座 360 平方米烧结机
炼铁厂	2004 年 3 月	589	生铁	吨	5030733	1 座 2000 立方米高炉、1 座 3200 立方米高炉
炼钢厂	2004 年 3 月	1118	粗钢	吨	5480991	120 吨转炉 3 座
中厚板	2006 年 6 月	590	中厚板	吨	2468477	3500 毫米双机架轧机 1 套
棒材厂	2006 年 3 月	491	棒材（钢筋）	吨	2324089	意大利达涅利
高线厂	1995 年 6 月	407	盘条	吨	388423	美国摩根公司
动力厂		598				
综合加工厂		289				

（26）邢台钢铁有限责任公司二级组成见表 10-26。

表 10-26 邢台钢铁有限责任公司二级组成

二级单位名称	投产年月	年末全部从业人员	产品名称	计量单位	年产量（工作量）	主要设备名称及数量
焦化厂	1972 年 1 月 1 日	266	焦炭	吨	366166	65 孔×2 焦炉
炼铁厂	1970 年 9 月 1 日	577	烧结矿/生铁	吨	1538127/1093213	198×1、180×1 烧结机，420×1、450×1、1050×1 高炉
炼钢厂	1995 年 8 月 1 日	776	钢坯	吨	1196775	顶底复吹转炉 3 座，LF 钢包精炼炉 5 座，精炼炉 2 座，连铸机 5 座
线材厂	1966 年 1 月 1 日	639	盘条	吨	1179447	全连续高速线材轧机 5 套
动力厂	1973 年 11 月 1 日	350	自发电	万千瓦时	26164	15 兆瓦×3 纯凝式汽轮机，40 兆瓦×1 高温超高压单缸再热凝汽式汽轮机
储运中心	1971 年 12 月 1 日	428	铁路运输量	吨	1643914	GK1E31 型内燃机车 8 台，NS0201 内燃吊车 1 台
邢台新翔金属材料科技股份有限公司	2005 年 5 月 26 日	23	精制线材	吨	53770	拉丝机 17 台，STC 退火炉 4 座，连续退火炉 2 座，酸洗线 1 条，包装机 5 台
北京新光凯乐公司	2005 年 9 月 6 日	14	汽车冷成型件	万件	10070	8 台冷镦机：FM250、FM500、NH620、CF350、NH515、FM630、NH628、CBP255
北京邢钢焊网科技发展有限责任公司	2002 年 11 月 1 日	10	钢筋焊接网 冷轧钢筋制品 热缩绝缘钢筋	吨	13936 6216 1763	3 台焊网机：MG210 型号 1 台，MG320 型号 1 台，G/8 型号 1 台； 3 台冷轧机：LGH3S-EHE 型号冷轧机 3 台； 5 条矫直剪切机：R43B 型号 2 条，RBK51B 型号 1 条，GT6-12 型号 2 条； 热缩用箱式加热炉 9 台，热轧钢筋折弯机 47 台
部室小计		526				
其他		871				
公司合计		4480				

（27）凌源钢铁集团有限责任公司二级组成见表10-27。

表10-27 凌源钢铁集团有限责任公司二级组成

二级单位名称	投产年月	年末全部从业人员	产品名称	计量单位	年产量（工作量）	主要设备名称及数量
凌源钢铁股份有限公司	1994年4月12日	7149				
其中：第一炼铁厂	1970年2月1日	828	生铁	万吨	302.17	高炉4座
			烧结矿	万吨	446	烧结机2台
第二炼铁厂	2013年5月1日	425	生铁	万吨	179.43	高炉1座
			烧结矿	万吨	234.96	烧结机1台
			球团矿	万吨	199.15	链箅机回转窑1座
第一炼钢厂	1989年10月1日	812	连铸坯	万吨	247.69	转炉4座，连铸机5台
优特钢事业部	1989年10月1日	1514	连铸坯	万吨	262.42	转炉2座，连铸机3台
	2012年12月20日		棒材	万吨	63.77	中型轧机1套
	2012年12月20日		棒材	万吨	33.1	半连续式棒材轧机1套
	2012年12月20日		棒材、钢筋	万吨	89.11	全连续式棒材轧机1套
	2010年8月12日		线材	万吨	54.78	单线全连续线材轧机1套
第一轧钢厂	1969年1月12日	487	棒材、钢筋	万吨	77.15	全连续式棒材轧机1套
			钢筋	万吨	114.66	全连续式棒材轧机1套
第二轧钢厂	1996年9月12日	381	中宽热带	万吨	67.82	热轧中宽带钢轧机1组
原料厂	2001年6月1日	328	冶金石灰	万吨	35.63	麦尔兹窑2座
氧气厂	1971年5月1日	213	氧气	万立方米	49097	制氧机5台
数字化部		179				
科技质量部		329				
凌钢钢铁国际贸易有限公司		352				
凌钢股份北票钢管有限公司	2009年8月28日	119	钢管	万吨	5.57	焊管机组11套
凌钢股份北票保国铁矿有限公司	1972年7月1日	681	铁精矿	万吨	51.93	

续表 10-27

二级单位名称	投产年月	年末全部从业人员	产品名称	计量单位	年产量（工作量）	主要设备名称及数量
股份机关		501				
设计咨询公司	2002 年 7 月 1 日	50				
凌源滨河会务中心	1973 年 1 月 1 日	8				
焦化厂	1970 年 8 月 1 日	313	焦炭	万吨	60	122 孔焦炉 1 座
动力厂（热电公司）		850	电力	万千瓦时	144408.362	
			煤气	万立方米	715329.748	
运输公司		320	铁路运量	万吨	1798	
检修中心	2000 年 8 月 1 日	720				
集团机关		100				
合计		9510				

（28）衡阳华菱钢管有限公司二级组成见表 10-28。

表 10-28 衡阳华菱钢管有限公司二级组成

二级单位名称	投产年月	年末全部从业人员	产品名称	计量单位	年产量（工作量）	主要设备名称及数量
炼铁厂	2009 年 4 月 30 日	301	生铁	吨	1283457	180 烧结机 1 台，1080 高炉 1 座
炼钢厂	1991 年 7 月 28 日	556	连铸坯	吨	1886275	45 吨电炉 2 座，90 吨电炉 1 座，弧形连铸机 3 套
特种钢管厂 219 机组	1987 年 1 月 30 日	140	热轧无缝钢管	吨	113338	环形环炉 1 座，二辊穿孔机 1 套，轧管机 1 套，12 机架张减机 1 套，六辊矫直机 1 台
特种钢管厂 720 机组	2009 年 7 月 3 日	152	热轧无缝钢管	吨	169379	环形炉 1 座，卧式曼式穿孔机 1 套，皮尔格轧管机 1 套，Assel 三辊斜轧管机 1 套，三辊 5 机架定径机 1 套，六辊矫直机 1 台

续表 10-28

二级单位名称	投产年月	年末全部从业人员	产品名称	计量单位	年产量（工作量）	主要设备名称及数量
89 厂	1997 年 8 月 29 日	228	热轧无缝钢管	吨	267311	环形炉 1 座，二辊锥形穿孔机 1 套，6 机架限动连轧机 1 套，三辊张力减径机 1 套，六辊矫直机 5 台，淬、回火加热炉各 3 座，水淬装置 2 套，探伤机 8 套，水压试验机 3 台
340 厂	2005 年 4 月 29 日	279	热轧无缝钢管	吨	778660	环形炉 1 座，二辊锥形穿孔机 1 套，限动芯棒连轧机 1 套，12 机架定径机 1 套，六辊矫直机 1 台
180 厂	2011 年 12 月 30 日	251	热轧无缝钢管	吨	603472	环形加热炉 1 座，锥形穿孔机 1 套，180PQF 轧机 1 套，张减机 1 套，矫直机 2 台
其他		1171				

（29）宝武特种冶金有限公司二级组成见表 10-29。

表 10-29　宝武特种冶金有限公司二级组成

二级单位名称	投产年月	年末全部从业人员	产品名称	计量单位	年产量（工作量）	主要设备名称及数量
东莞宝钢特殊钢加工配送有限公司	2002 年 12 月	26	模具钢	吨	29251	洗、磨、锯床
宝武特冶钛金科技有限公司	2021 年 5 月	118	钛合金冶炼及压延加工	吨	862. 111	有色金属冶炼及压延加工

（30）江苏沙钢集团淮钢特钢股份有限公司二级组成见表 10-30。

表 10-30　江苏沙钢集团淮钢特钢股份有限公司二级组成

二级单位名称	投产年月	年末全部从业人员	产品名称	计量单位	年产量（工作量）	主要设备名称及数量
淮钢		4316	焦炭 烧结矿 生铁 钢坯 钢材	万吨	80. 86 432. 88 301. 70 348. 19 278. 31	

续表 10-30

二级单位名称	投产年月	年末全部从业人员	产品名称	计量单位	年产量（工作量）	主要设备名称及数量
焦化厂	2007 年 5 月	227	焦炭	万吨	80.86	焦炉 2 座
烧结厂	2004 年 2 月/2005 年 5 月	368	烧结矿	万吨	432.88	烧结机 2 台
炼铁厂	2003 年 12 月/2005 年 6 月	385	生铁	万吨	301.7	高炉 4 座
炼钢厂	1995 年 12 月/2003 年 12 月/2005 年 6 月	1070	钢坯	万吨	348.19	电炉 1 座，转炉 2 座
轧钢厂	1999 年 10 月/2002 年 3 月/2005 年 12 月/2007 年 12 月	938	钢材	万吨	278.31	轧线 4 条
其他单位及部门		1328				

10.2 主要特殊钢企业专业产品主要生产能力

（1）宝武特种冶金有限公司专业产品主要生产能力见表 10-31。

表 10-31 宝武特种冶金有限公司专业产品主要生产能力

产品名称	计量单位	年初生产能力	本年新增能力	其中				本年减少能力	年末生产能力
				基建新增	更新改造新增	并购新增	其他新增		
粗钢	万吨/年	58							58
电炉钢	万吨/年	57.5							57.5
钢材生产能力	万吨/年	15.1							15.1
冷轧（拔）钢材	万吨/年	0.7							0.7
冷轧窄钢带	万吨/年	0.2							0.2
冷轧（拔）无缝钢管	万吨/年	0.5							0.5
锻、挤、旋压钢材	万吨/年	14.4							14.4
锻压钢材	万吨/年	12.1							12.1
挤压钢材	万吨/年	2.3							2.3

（2）中信泰富特钢集团有限公司专业产品主要生产能力见表10-32。

表10-32 中信泰富特钢集团有限公司专业产品主要生产能力

产品名称	计量单位	年初生产能力	本年新增能力	其中				本年减少能力	年末生产能力
				基建新增	更新改造新增	并购新增	其他新增		
人造块矿									
烧结铁矿	万吨/年	2065.8							2065.8
球团铁矿	万吨/年	600							600
炼铁产品									
生铁	万吨/年	1370							1370
粗钢	万吨/年	1543.5							1543.5
转炉钢	万吨/年	1257.5							1257.5
电炉钢	万吨/年	286							286
连铸坯	万吨/年	1572.5							1572.5
方坯	万吨/年	210							210
矩形坯	万吨/年	802.5							802.5
板坯	万吨/年	200							200
圆坯	万吨/年	360							360
钢材生产能力	万吨/年	1618							1618
热轧钢材	万吨/年	1601							1601
热轧棒材	万吨/年	793							793
线材（盘条）	万吨/年	375							375
其中：高速线材	万吨/年	375							375
特厚板	万吨/年	80							80
厚板	万吨/年	110							110
热轧中板	万吨/年	100							100
热轧无缝钢管	万吨/年	143							143

续表 10-32

产品名称	计量单位	年初生产能力	本年新增能力	其中				本年减少能力	年末生产能力
				基建新增	更新改造新增	并购新增	其他新增		
锻、挤、旋压钢材	万吨/年	17							17
锻压钢材	万吨/年	16							16
旋压钢材	万吨/年	1							1
焦炭	万吨/年	510	150	150				90	570
机焦	万吨/年	510	150	150				90	570

（3）太原钢铁（集团）有限公司专业产品主要生产能力见表 10-33。

表 10-33 太原钢铁（集团）有限公司专业产品主要生产能力

产品名称	计量单位	年初生产能力	本年新增能力	其中				本年减少能力	年末生产能力
				基建新增	更新改造新增	并购新增	其他新增		
黑色金属矿采选									
铁矿石开采能力	万吨/年	18300	50				50		18350
铁矿石选矿处理原矿能力	万吨/年	4156	114				114		4270
烧结铁矿	万吨/年	898							898
球团铁矿	万吨/年	452.6	200	200					652.6
炼铁产品									
生铁	万吨/年	847.5							847.5
粗钢	万吨/年	1294							1294
转炉钢	万吨/年	944							944
电炉钢	万吨/年	350							350
连铸坯	万吨/年	1215							1215
方坯	万吨/年	90							90
板坯	万吨/年	1075							1075

续表 10-33

产品名称	计量单位	年初生产能力	本年新增能力	其中				本年减少能力	年末生产能力
				基建新增	更新改造新增	并购新增	其他新增		
圆坯	万吨/年	50							50
钢材生产能力	万吨/年	1450							1450
热轧钢材	万吨/年	988							988
热轧棒材	万吨/年	100							100
线材（盘条）	万吨/年	20							20
其中：高速线材	万吨/年	20							20
特厚板	万吨/年	21							21
厚板	万吨/年	65							65
热轧中板	万吨/年	82							82
热轧薄板	万吨/年								
热轧中厚宽钢带	万吨/年	700							700
冷轧（拔）钢材	万吨/年	447.5							447.5
冷轧薄板	万吨/年	3							3
冷轧薄宽钢带	万吨/年	300							300
冷轧窄钢带	万吨/年	2.2							2.2
冷轧电工钢板（带）	万吨/年	137							137
冷轧（拔）无缝钢管	万吨/年	5							5
焊接钢管	万吨/年	0.3							0.3
锻、挤、旋压钢材	万吨/年	12.5							12.5
锻压钢材	万吨/年	12.5							12.5
其他加工工艺钢材	万吨/年	2							2
焦炭	万吨/年	330							330
机焦	万吨/年	330							330

（4）西宁特殊钢集团有限责任公司专业产品主要生产能力见表 10-34。

表 10-34 西宁特殊钢集团有限责任公司专业产品主要生产能力

产品名称	计量单位	年初生产能力	本年新增能力	其中				本年减少能力	年末生产能力
				基建新增	更新改造新增	并购新增	其他新增		
烧结铁矿	万吨/年	286							286
球团铁矿	万吨/年	55							55
炼铁产品									
生铁	万吨/年	160							160
粗钢	万吨/年	160							160
转炉钢	万吨/年	80							80
电炉钢	万吨/年	80							80
连铸坯	万吨/年	153							153
方坯	万吨/年	153							153
钢材生产能力	万吨/年	200							200
热轧钢材	万吨/年	195							195
热轧棒材	万吨/年	105							105
热轧钢筋	万吨/年	90							90
冷轧（拔）钢材	万吨/年	0.5							0.5
冷轧（拔）棒材	万吨/年	0.5							0.5
锻、挤、旋压钢材	万吨/年	4.5							4.5
锻压钢材	万吨/年	4.5							4.5
焦炭	万吨/年	75							75
机焦	万吨/年	75							75

（5）舞阳钢铁有限责任公司专业产品主要生产能力见表 10-35。

表 10-35　舞阳钢铁有限责任公司专业产品主要生产能力

产品名称	计量单位	年初生产能力	本年新增能力	其中				本年减少能力	年末生产能力
				基建新增	更新改造新增	并购新增	其他新增		
炼铁产品									
生铁	万吨/年	116							116
粗钢	万吨/年	438							438
转炉钢	万吨/年	140							140
电炉钢	万吨/年	298							298
连铸坯	万吨/年	235							235
钢材生产能力	万吨/年	290							290
热轧钢材	万吨/年	290							290
特厚板	万吨/年	130							130
厚板	万吨/年	110							110
热轧中板	万吨/年	50							50

（6）天津钢管制造有限公司专业产品主要生产能力见表 10-36。

表 10-36　天津钢管制造有限公司专业产品主要生产能力

产品名称	计量单位	年初生产能力	本年新增能力	其中				本年减少能力	年末生产能力
				基建新增	更新改造新增	并购新增	其他新增		
生铁	万吨	96							96
粗钢	万吨	220							220
无缝钢管	万吨	350							350

（7）石家庄钢铁有限责任公司专业产品主要生产能力见表 10-37。

表 10-37 石家庄钢铁有限责任公司专业产品主要生产能力

产品名称	计量单位	年初生产能力	本年新增能力	其中				本年减少能力	年末生产能力
				基建新增	更新改造新增	并购新增	其他新增		
粗钢	万吨/年	200							200
电炉钢	万吨/年	200							200
连铸坯	万吨/年	200							200
矩形坯	万吨/年	200							200
钢材生产能力	万吨/年	192							192
热轧钢材	万吨/年	192							192
热轧棒材	万吨/年	167							167
热轧线材	万吨/年	25							25

（8）攀钢集团江油长城特殊钢有限公司专业产品主要生产能力见表 10-38。

表 10-38 攀钢集团江油长城特殊钢有限公司专业产品主要生产能力

产品名称	计量单位	年初生产能力	本年新增能力	其中				本年减少能力	年末生产能力
				基建新增	更新改造新增	并购新增	其他新增		
粗钢	万吨/年	44.6							44.6
转炉钢	万吨/年								
电炉钢	万吨/年	43.5							43.5
连铸坯	万吨/年	20							20
方坯	万吨/年	20							20
钢材生产能力	万吨/年	85.22							85.22
热轧钢材	万吨/年	68.57							68.57
热轧棒材	万吨/年	56.27							56.27
线材（盘条）	万吨/年	6							6
特厚板	万吨/年	1.65							1.65

续表 10-38

产品名称	计量单位	年初生产能力	本年新增能力	其中				本年减少能力	年末生产能力
				基建新增	更新改造新增	并购新增	其他新增		
厚板	万吨/年	1.65							1.65
热轧中板	万吨/年	3							3
冷轧（拔）钢材	万吨/年	2.85							2.85
冷轧（拔）棒材	万吨/年	1.5							1.5
冷轧薄板	万吨/年	0.75							0.75
冷轧（拔）无缝钢管	万吨/年	0.6							0.6
锻、挤、旋压钢材	万吨/年	13.8							13.8
锻压钢材	万吨/年	12.8							12.8
挤压钢材	万吨/年	1							1

（9）建龙北满特殊钢有限责任公司专业产品主要生产能力见表10-39。

表 10-39 建龙北满特殊钢有限责任公司专业产品主要生产能力

产品名称	计量单位	年初生产能力	本年新增能力	其中				本年减少能力	年末生产能力
				基建新增	更新改造新增	并购新增	其他新增		
烧结铁矿	万吨/年	350							350
生铁	万吨/年	110							110
粗钢	万吨/年	210							210
转炉钢	万吨/年	100							100
电炉钢	万吨/年	110							110
连铸坯	万吨/年	203							203
方坯	万吨/年	153							153
圆坯	万吨/年	50							50
钢材生产能力	万吨/年	198.6							198.6
热轧钢材	万吨/年	181.5							181.5

续表 10-39

产品名称	计量单位	年初生产能力	本年新增能力	其中				本年减少能力	年末生产能力
				基建新增	更新改造新增	并购新增	其他新增		
热轧棒材	万吨/年	71.5							71.5
线材（盘条）	万吨/年	100							100
其中：高速线材	万吨/年	100							100
热轧无缝钢管	万吨/年	10							10
冷轧（拔）钢材	万吨/年	3.6							3.6
冷轧（拔）棒材	万吨/年	3.6							3.6
锻、挤、旋压钢材	万吨/年	13.5							13.5
锻压钢材	万吨/年	13.5							13.5

（10）大冶特殊钢有限公司专业产品主要生产能力见表 10-40。

表 10-40 大冶特殊钢有限公司专业产品主要生产能力

产品名称	计量单位	年初生产能力	本年新增能力	其中				本年减少能力	年末生产能力
				基建新增	更新改造新增	并购新增	其他新增		
人造块矿									
烧结铁矿	万吨/年	610							610
球团铁矿	万吨/年								
炼铁产品									
生铁	万吨/年	375							375
直接还原铁	万吨/年								
粗钢	万吨/年	426							426
转炉钢	万吨/年	290							290
电炉钢	万吨/年	136							136
连铸坯	万吨/年	455							455
方坯	万吨/年	60							60
矩形坯	万吨/年	195							195

续表 10-40

产品名称	计量单位	年初生产能力	本年新增能力	其中				本年减少能力	年末生产能力
				基建新增	更新改造新增	并购新增	其他新增		
板坯	万吨/年								
圆坯	万吨/年	200							200
钢材生产能力	万吨/年	358							358
热轧钢材	万吨/年	341							341
热轧棒材	万吨/年	258							258
热轧无缝钢管	万吨/年	83							83
其他热轧钢材	万吨/年								
锻、挤、旋压钢材	万吨/年	17							17
锻压钢材	万吨/年	16							16
挤压钢材	万吨/年								
旋压钢材	万吨/年	1							1
焦炭	万吨/年	90	150	150				90	150
机焦	万吨/年	90	150	150				90	150

（11）江阴兴澄特种钢铁有限公司专业产品主要生产能力见表 10-41。

表 10-41 江阴兴澄特种钢铁有限公司专业产品主要生产能力

产品名称	计量单位	年初生产能力	本年新增能力	其中				本年减少能力	年末生产能力
				基建新增	更新改造新增	并购新增	其他新增		
人造块矿									
烧结铁矿	万吨/年	751							751
球团铁矿	万吨/年	0							0
炼铁产品									
生铁	万吨/年	560							560
粗钢	万吨/年	690							690

续表 10-41

产品名称	计量单位	年初生产能力	本年新增能力	其中				本年减少能力	年末生产能力
				基建新增	更新改造新增	并购新增	其他新增		
转炉钢	万吨/年	540							540
电炉钢	万吨/年	150							150
连铸坯	万吨/年	690							690
方坯	万吨/年	150							150
矩形坯	万吨/年	180							180
板坯	万吨/年	200							200
圆坯	万吨/年	160							160
钢材生产能力	万吨/年	680							680
热轧钢材	万吨/年	680							680
热轧棒材	万吨/年	335							335
热轧钢筋	万吨/年								
线材（盘条）	万吨/年	55							55
其中：高速线材	万吨/年	55							55
特厚板	万吨/年	80							80
厚板	万吨/年	110							110
热轧中板	万吨/年	100							100

（12）本钢板材股份有限公司特殊钢事业部专业产品主要生产能力见表 10-42。

表 10-42 本钢板材股份有限公司特殊钢事业部专业产品主要生产能力

产品名称	计量单位	年初生产能力	本年新增能力	其中				本年减少能力	年末生产能力
				基建新增	更新改造新增	并购新增	其他新增		
炼钢产品									
电炉钢	万吨	50							50
连铸坯	万吨	48							48
钢压延加工产品									
钢材	万吨	110							110

（13）青岛特殊钢铁有限公司专业产品主要生产能力见表10-43。

表10-43 青岛特殊钢铁有限公司专业产品主要生产能力

产品名称	计量单位	年初生产能力	本年新增能力	其中				本年减少能力	年末生产能力
				基建新增	更新改造新增	并购新增	其他新增		
烧结铁矿	万吨/年	704.8							704.8
生铁	万吨/年	435							435
粗钢	万吨/年	427.5							427.5
转炉钢	万吨/年	427.5							427.5
连铸坯	万吨/年	427.5							427.5
矩形坯	万吨/年	427.5							427.5
钢材生产能力	万吨/年	450							450
热轧钢材	万吨/年	450							450
热轧棒材	万吨/年	130							130
线材（盘条）	万吨/年	320							320
其中：高速线材	万吨/年	320							320
焦炭	万吨/年	170							170
机焦	万吨/年	170							170

（14）首钢贵阳特殊钢有限责任公司产品主要生产能力见表10-44。

表10-44 首钢贵阳特殊钢有限责任公司产品主要生产能力

产品名称	计量单位	年初生产能力	本年新增能力	其中				本年减少能力	年末生产能力
				基建新增	更新改造新增	并购新增	其他新增		
粗钢	万吨	50							50
钢材	万吨	76							76

（15）沙钢东北特钢集团产品主要生产能力见表10-45。

表10-45 沙钢东北特钢集团产品主要生产能力

产品名称	计量单位	年初生产能力	本年新增能力	其中				本年减少能力	年末生产能力
				基建新增	更新改造新增	并购新增	其他新增		
人造块矿									
烧结铁矿	万吨/年	930.6	155	155				144	941.6
球团铁矿	万吨/年	80							80
炼铁产品									
生铁	万吨/年	675.00							675.00
粗钢	万吨/年	935.35							935.35
转炉钢	万吨/年	615							615
电炉钢	万吨/年	320.35							320.35
连铸坯	万吨/年	1035							1035
方坯	万吨/年	700							700
矩形坯	万吨/年	75							75
板坯	万吨/年	8							8
圆坯	万吨/年	252							252
钢材生产能力	万吨/年	888.07	3	3					891.07
热轧钢材	万吨/年	852.32							852.32
热轧棒材	万吨/年	552							552
热轧钢筋	万吨/年	150							150
线材（盘条）	万吨/年	150							150
其中：高速线材	万吨/年	150							150
热轧窄钢带	万吨/年	0.32							0.32
冷轧（拔）钢材	万吨/年	5.2							5.2
冷轧（拔）棒材	万吨/年	5							5

续表 10-45

产品名称	计量单位	年初生产能力	本年新增能力	其中				本年减少能力	年末生产能力
				基建新增	更新改造新增	并购新增	其他新增		
冷轧窄钢带	万吨/年	0.2							0.2
锻、挤、旋压钢材	万吨/年	30.55	3	3					33.55
锻压钢材	万吨/年	30.55	3	3					33.55
钢丝及其制品合计	吨/年	18000							18000
钢丝	吨/年	18000							18000
焦炭	万吨/年	80							80
机焦	万吨/年	80							80

注：含淮钢特钢生产能力。

（16）江苏沙钢集团淮钢特钢股份有限公司产品主要生产能力见表 10-46。

表 10-46 江苏沙钢集团淮钢特钢股份有限公司产品主要生产能力

产品名称	计量单位	年初生产能力	本年新增能力	其中				本年减少能力	年末生产能力
				基建新增	更新改造新增	并购新增	其他新增		
人造块矿									
烧结铁矿	万吨/年	416.6							416.6
炼铁产品									
生铁	万吨/年	300							300
粗钢	万吨/年	300							300
转炉钢	万吨/年	220							220
电炉钢	万吨/年	80							80
连铸坯	万吨/年	300							300
方坯	万吨/年	210							210
圆坯	万吨/年	90							90
钢材生产能力	万吨/年	300							300

续表 10-46

产品名称	计量单位	年初生产能力	本年新增能力	其中				本年减少能力	年末生产能力
				基建新增	更新改造新增	并购新增	其他新增		
热轧钢材	万吨/年	300							300
热轧棒材	万吨/年	300							300
焦炭	万吨/年	80							80
机焦	万吨/年	80							80

（17）江苏永钢集团有限公司产品主要生产能力见表 10-47。

表 10-47 江苏永钢集团有限公司产品主要生产能力

产品名称	计量单位	年初生产能力	本年新增能力	其中				本年减少能力	年末生产能力
				基建新增	更新改造新增	并购新增	其他新增		
人造块矿									
烧结铁矿	万吨/年	1200							1200
球团铁矿	万吨/年	240							240
炼铁产品									
生铁	万吨/年	800	120.29	120.29				165	755.29
粗钢	万吨/年	900							900
转炉钢	万吨/年	800							800
电炉钢	万吨/年	100							100
连铸坯	万吨/年	940							940
方坯	万吨/年	800							800
圆坯	万吨/年	140							140
钢材生产能力	万吨/年	1010							920
热轧钢材	万吨/年	1010							920
热轧棒材	万吨/年	620							620
线材（盘条）	万吨/年	390						90	300

(18) 马钢特钢有限公司产品主要生产能力见表10-48。

表10-48 马钢特钢有限公司产品主要生产能力

产品名称	计量单位	年初生产能力	本年新增能力	其中				本年减少能力	年末生产能力
				基建新增	更新改造新增	并购新增	其他新增		
炼钢									
110吨电炉	万吨	110							96.7
LF精炼	万吨	110							96.7
圆坯连铸机	万吨	80							85.8
110吨VD精炼	万吨	110							
RH炉	万吨	110							96.7
方坯连铸机	万吨	80							10.9
轧钢									
初轧开坯设备									
二辊可逆式开坯机	万吨	78							29.9
短应力线770精轧机	万吨	78							29.9
高速线材轧机	万吨								
粗中轧机组	万吨	50							45
预精轧机组	万吨	50							45
精轧机组	万吨	50							45
减定径机	万吨	50							45
优棒线轧机	万吨	40							4

（19）中天钢铁集团有限公司产品主要生产能力见表10-49。

表10-49　中天钢铁集团有限公司产品主要生产能力

产品名称	计量单位	年初生产能力	本年新增能力	其中				本年减少能力	年末生产能力
				基建新增	更新改造新增	并购新增	其他新增		
焦炭	万吨/年	0	255	255					255
烧结铁矿	万吨/年	1570	1270	1270				580	2260
球团铁矿	万吨/年	90	300	300				90	300
生铁	万吨/年	1100	401	401				430	1071
粗钢	万吨/年	1110	390	390				490	1010
转炉钢	万吨/年	990	390	390				370	1010
电炉钢	万吨/年	120						120	0
钢材生产能力	万吨/年	1180	950	950				250	1880
热轧钢材	万吨/年	1180	950	950				250	1880
热轧棒材	万吨/年	400							400
热轧钢筋	万吨/年	280	860	860				170	970
线材（盘条）	万吨/年	430	90	90				80	440
热轧窄钢带	万吨/年	70							70

（20）河冶科技股份有限公司产品主要生产能力见表10-50。

表10-50　河冶科技股份有限公司产品主要生产能力

产品名称	计量单位	年初生产能力	本年新增能力	其中				本年减少能力	年末生产能力
				基建新增	更新改造新增	并购新增	其他新增		
粗钢	万吨/年	4.8							4.8
电炉钢	万吨/年	4.8							4.8
钢材生产能力	万吨/年	3.8							3.8
热轧钢材	万吨/年	2.95							2.95

续表 10-50

产品名称	计量单位	年初生产能力	本年新增能力	其中				本年减少能力	年末生产能力
				基建新增	更新改造新增	并购新增	其他新增		
热轧棒材	万吨/年	2.4							2.4
线材（盘条）	万吨/年	0.45							0.45
热轧窄钢带	万吨/年	0.1							0.1
冷轧（拔）钢材	万吨/年	0.35							0.35
冷轧窄钢带	万吨/年	0.1							0.1
其他冷轧（拔）钢材	万吨/年	0.25							0.25
锻、挤、旋压钢材	万吨/年	0.5							0.5
锻压钢材	万吨/年	0.5							0.5

（21）山钢股份莱芜分公司特钢事业部产品主要生产能力见表 10-51。

表 10-51 山钢股份莱芜分公司特钢事业部产品主要生产能力

产品名称	计量单位	年初生产能力	本年新增能力	其中				本年减少能力	年末生产能力
				基建新增	更新改造新增	并购新增	其他新增		
粗钢	万吨/年	390							390
电炉钢	万吨/年	150							150
转炉钢	万吨/年	240							240
连铸坯	万吨/年	390							390
方（矩形）坯	万吨/年	290							290
圆坯连铸机	万吨/年	100							100
钢材轧制能力	万吨/年	184.5							184.5
热轧棒材	万吨/年	184.5							184.5

（22）承德建龙特殊钢有限公司产品主要生产能力见表 10-52。

表 10-52 承德建龙特殊钢有限公司产品主要生产能力

产品名称	计量单位	年初生产能力	本年新增能力	其中				本年减少能力	年末生产能力
				基建新增	更新改造新增	并购新增	其他新增		
生铁	万吨	248.68						-1	247.94
粗钢	万吨	247.32						-0.04	247.28
钢材	万吨	72.10	23.19						95.29

（23）山东寿光巨能特钢有限公司产品主要生产能力见表 10-53。

表 10-53 山东寿光巨能特钢有限公司产品主要生产能力

产品名称	计量单位	年初生产能力	本年新增能力	其中				本年减少能力	年末生产能力
				基建新增	更新改造新增	并购新增	其他新增		
烧结矿	万吨/年	470							470
生铁	万吨/年	195							195
粗钢	万吨/年	260							260
转炉钢	万吨/年	200							200
电炉钢	万吨/年	60							60
连铸坯	万吨/年	260							260
钢材	万吨/年	215							215
热轧棒材	万吨/年	190							190
热轧无缝钢管	万吨/年	25							25

（24）江苏天工工具新材料股份有限公司产品主要生产能力见表 10-54。

表 10-54 江苏天工工具新材料股份有限公司产品主要生产能力

产品名称	计量单位	年初生产能力	本年新增能力	其中				本年减少能力	年末生产能力
				基建新增	更新改造新增	并购新增	其他新增		
粗钢	万吨/年	25.6	8.0					2	31.6
中频炉	万吨/年	12	8.0					2	18
电炉钢	万吨/年	13.6							13.6
钢材	万吨/年	20.7						1.8	18.9
线材（盘条）	万吨/年	4						0.3	3.7
棒材	万吨/年	11						0.5	10.5
板材	万吨/年	5.7						1	4.7

（25）南京钢铁集团有限公司产品主要生产能力见表 10-55。

表 10-55 南京钢铁集团有限公司产品主要生产能力

产品名称	计量单位	年初生产能力	本年新增能力	其中				本年减少能力	年末生产能力
				基建新增	更新改造新增	并购新增	其他新增		
黑色金属矿采选									
铁矿石开采能力	万吨/年	300						28	272
铁矿石选矿处理原矿能力	万吨/年	300						28	272
人造块矿									
烧结铁矿	万吨/年	1226							1226
球团铁矿	万吨/年	176							176
炼铁产品									
生铁	万吨/年	900							900

续表 10-55

产品名称	计量单位	年初生产能力	本年新增能力	其中				本年减少能力	年末生产能力
				基建新增	更新改造新增	并购新增	其他新增		
粗钢	万吨/年	1000							1000
转炉钢	万吨/年	880							880
电炉钢	万吨/年	120							120
连铸坯	万吨/年	1080							1080
方坯	万吨/年	450							450
矩形坯	万吨/年	100							100
板坯	万吨/年	530							530
钢材生产能力	万吨/年	1010							1010
热轧钢材	万吨/年	1010							1010
热轧大型型钢	万吨/年	30							30
热轧中小型型钢	万吨/年	10							10
热轧棒材	万吨/年	215							215
热轧钢筋	万吨/年	110							110
线材（盘条）	万吨/年	65							65
其中：高速线材	万吨/年	65							65
特厚板	万吨/年	0							0
厚板	万吨/年	320							320
热轧中板	万吨/年	200							200
热轧窄钢带	万吨/年	60							60
焦炭	万吨/年	170							170
机焦	万吨/年	170							170

（26）永兴特种材料科技股份有限公司产品主要生产能力见表10-56。

表10-56 永兴特种材料科技股份有限公司产品主要生产能力

产品名称	计量单位	年初生产能力	本年新增能力	其中				本年减少能力	年末生产能力
				基建新增	更新改造新增	并购新增	其他新增		
棒材（含锻材）	万吨	23							23
线材	万吨	10							10

（27）南阳汉冶特钢有限公司产品主要生产能力见表10-57。

表10-57 南阳汉冶特钢有限公司产品主要生产能力

产品名称	计量单位	年初生产能力	本年新增能力	其中				本年减少能力	年末生产能力
				基建新增	更新改造新增	并购新增	其他新增		
生铁	万吨	226							226
粗钢	万吨	300							300
钢板	万吨	400							400

（28）河南中原特钢装备制造有限公司产品主要生产能力见表10-58。

表10-58 河南中原特钢装备制造有限公司产品主要生产能力

产品名称	计量单位	年初生产能力	本年新增能力	其中				本年减少能力	年末生产能力
				基建新增	更新改造新增	并购新增	其他新增		
炼钢	万吨	30							30
连铸	万吨	20							20
锻造	万吨	15							15

（29）邢台钢铁有限责任公司产品主要生产能力见表 10-59。

表 10-59 邢台钢铁有限责任公司产品主要生产能力

产品名称	计量单位	年初生产能力	本年新增能力	其中				本年减少能力	年末生产能力
				基建新增	更新改造新增	并购新增	其他新增		
人造块矿									
烧结铁矿	万吨/年	357							357
炼铁产品									
生铁	万吨/年	216							216
粗钢	万吨/年	236							236
转炉钢	万吨/年	236							236
连铸坯	万吨/年	280							280
方坯	万吨/年	230							230
圆坯	万吨/年	50							50
钢材生产能力	万吨/年	295							295
热轧钢材	万吨/年	295							295
线材（盘条）	万吨/年	295							295
其中：高速线材	万吨/年	295							295
焦炭	万吨/年	55							55
机焦	万吨/年	55							55

（30）河南济源钢铁（集团）有限公司产品主要生产能力见表 10-60。

表 10-60 河南济源钢铁（集团）有限公司产品主要生产能力

产品名称	计量单位	年初生产能力	本年新增能力	其中				本年减少能力	年末生产能力
				基建新增	更新改造新增	并购新增	其他新增		
黑色金属矿采选									
铁矿石开采能力	万吨/年	120							120

续表 10-60

产品名称	计量单位	年初生产能力	本年新增能力	其中				本年减少能力	年末生产能力
				基建新增	更新改造新增	并购新增	其他新增		
铁矿石选矿处理原矿能力	万吨/年	100							100
人造块矿									
烧结铁矿	万吨/年	710	410	410				300	820
球团铁矿	万吨/年	70							70
炼铁产品									
生铁	万吨/年	400	140	140				140	400
粗钢	万吨/年	400							400
转炉钢	万吨/年	400							400
电炉钢	万吨/年								0
连铸坯	万吨/年	520	80						600
方坯	万吨/年	400	80						480
圆坯	万吨/年	120							120
钢材生产能力	万吨/年	450							450
热轧钢材	万吨/年	450							450
热轧棒材	万吨/年	180							180
热轧钢筋	万吨/年	90							90
线材（盘条）	万吨/年	180							180
其中：高速线材	万吨/年	180							180

（31）凌源钢铁集团有限责任公司产品主要生产能力见表 10-61。

表 10-61 凌源钢铁集团有限责任公司产品主要生产能力

产品名称	计量单位	年初生产能力	本年新增能力	其中				本年减少能力	年末生产能力
				基建新增	更新改造新增	并购新增	其他新增		
黑色金属矿采选									

续表 10-61

产品名称	计量单位	年初生产能力	本年新增能力	其中				本年减少能力	年末生产能力
				基建新增	更新改造新增	并购新增	其他新增		
铁矿石开采能力	万吨/年	415							415
铁矿石选矿处理原矿能力	万吨/年	410							410
人造块矿	万吨/年	1024.8							1024.8
烧结铁矿	万吨/年	824.8							824.8
球团铁矿	万吨/年	200							200
炼铁产品									
生铁	万吨/年	530							530
粗钢	万吨/年	600							600
转炉钢	万吨/年	600							600
连铸坯	万吨/年	885							885
方坯	万吨/年	765							765
板坯	万吨/年	120							120
钢材生产能力	万吨/年	701							701
热轧钢材	万吨/年	659							659
热轧棒材	万吨/年	203							203
热轧钢筋	万吨/年	250							250
线材（盘条）	万吨/年	60							60
其中：高速线材	万吨/年	60							60
热轧中厚宽钢带	万吨/年	140							140
热轧无缝钢管	万吨/年	6							6
冷轧（拔）钢材	万吨/年	42							42
焊接钢管	万吨/年	42							42
焦炭	万吨/年	65							65
机焦	万吨/年	65							65

（32）方大特钢科技股份有限公司产品主要生产能力见表10-62。

表10-62 方大特钢科技股份有限公司产品主要生产能力

产品名称	计量单位	年初生产能力	本年新增能力	其中				本年减少能力	年末生产能力
				基建新增	更新改造新增	并购新增	其他新增		
人造块矿									
烧结铁矿	万吨/年	430							430
球团铁矿	万吨/年	90							90
炼铁产品									
生铁	万吨/年	315							315
粗钢	万吨/年	360							360
转炉钢	万吨/年	360							360
连铸坯	万吨/年	360							360
方坯	万吨/年	360							360
钢材生产能力	万吨/年	360							360
热轧钢材	万吨/年	360							360
热轧棒材	万吨/年	140							140
热轧钢筋	万吨/年	150							150
线材（盘条）	万吨/年	70							70
其中：高速线材	万吨/年	70							70
焦炭	万吨/年	86							86
机焦	万吨/年	86							86

（33）芜湖新兴铸管有限责任公司产品主要生产能力见表 10-63。

表 10-63 芜湖新兴铸管有限责任公司产品主要生产能力

产品名称	计量单位	年初生产能力	本年新增能力	其中				本年减少能力	年末生产能力
				基建新增	更新改造新增	并购新增	其他新增		
人造块矿		628							628
烧结铁矿	万吨/年	628							628
炼铁产品									
生铁	万吨/年	275							275
粗钢	万吨/年	310							310
转炉钢	万吨/年	310							310
连铸坯	万吨/年	300							300
方坯	万吨/年	252							252
圆坯	万吨/年	48							48
钢材生产能力	万吨/年	300							300
热轧钢材	万吨/年	300							300
热轧棒材	万吨/年	80							80
热轧钢筋	万吨/年	100							100
线材（盘条）	万吨/年	120							120
其中：高速线材	万吨/年	120							120
焦炭	万吨/年	120							120
机焦	万吨/年	120							120

（34）天津钢铁集团有限公司产品主要生产能力见表 10-64。

表 10-64 天津钢铁集团有限公司产品主要生产能力

产品名称	计量单位	年初生产能力	本年新增能力	其中				本年减少能力	年末生产能力
				基建新增	更新改造新增	并购新增	其他新增		
球团	万吨/年	240							240

续表 10-64

产品名称	计量单位	年初生产能力	本年新增能力	其中				本年减少能力	年末生产能力
				基建新增	更新改造新增	并购新增	其他新增		
烧结	万吨/年	816							816
生铁	万吨/年	437							437
粗钢	万吨/年	405							405
转炉钢	万吨/年	405							405
钢材	万吨/年	550							550
棒材	万吨/年	90							90
钢筋	万吨/年	90							90
中厚板	万吨/年	220							220
高线	万吨/年	150							150

（35）天津新天钢联合特钢有限公司产品主要生产能力见表 10-65。

表 10-65　天津新天钢联合特钢有限公司产品主要生产能力

产品名称	计量单位	年初生产能力	本年新增能力	其中				本年减少能力	年末生产能力
				基建新增	更新改造新增	并购新增	其他新增		
烧结矿	万吨	488	259.5		259.5				747.5
球团矿	万吨	100							100
生铁	万吨	427							427
粗钢	万吨	420							420
热轧带钢一、二线	万吨	150							150

（36）衡阳华菱钢管有限公司产品主要生产能力见表10-66。

表10-66 衡阳华菱钢管有限公司产品主要生产能力

产品名称	计量单位	年初生产能力	本年新增能力	其中				本年减少能力	年末生产能力
				基建新增	更新改造新增	并购新增	其他新增		
烧结铁矿	万吨/年	180							180
生铁	万吨/年	83							83
粗钢	万吨/年	130							130
电炉钢	万吨/年	130							130
连铸坯	万吨/年	150							150
管坯	万吨/年	150							150
热轧钢材	万吨/年	177	20		20				197
热轧无缝钢管	万吨/年	177	20		20				197

10.3 主要特殊钢企业专业产品主要生产设备

（1）宝武特种冶金有限公司专业产品主要生产设备见表10-67。

表10-67 宝武特种冶金有限公司专业产品主要生产设备

设备名称及类型	设备数量			设备能力			设备出厂时间	设备投产时间	设备末次更新改造时间	设备制造国家、公司
	计量单位	安装数量	其中：使用数量	计量单位	安装设备能力	其中：使用设备能力				
冻钢设备										
电弧炉	座	40	40	万吨/年	146	146				
交流电弧炉	座	2	2	万吨/年	28	91				
其中：13号炉30吨	座	1	1	万吨/年	13	13			2007年11月	国产
15号炉30吨	座	1	1	万吨/年	15	15		2007年12月		国产

续表 10-67

设备名称及类型	设备数量			设备能力			设备出厂时间	设备投产时间	设备末次更新改造时间	设备制造国家、公司
	计量单位	安装数量	其中：使用数量	计量单位	安装设备能力	其中：使用设备能力				
真空感应炉	座	4	4	万吨/年	0.66	0.66				
其中：VIM-4.5/6（26号/27号）	座	2	2	万吨/年	0.15	0.15		1996年		英国
1吨真空感应炉（28号）	座	1	1	万吨/年	0.01	0.01		1982年		英国
12吨真空感应炉（22号）	座	1	1	万吨/年	0.50	0.50		2004年		德国
非真空感应炉	座	1	1	万吨/年	0.11	0.11				国产
其中：立式1吨（25号）	座	1	1	万吨/年	0.11	0.11		1980年		
真空自耗炉	座	9	9	万吨/年	1.82	1.82				
其中：L700P5（43号）	座	1	1	万吨/年	0.10	0.10		1956年	2003年	
VAR（47号）	座	1	1	万吨/年	0.20	0.20		2003年		
RVAR（48号）	座	1	1	万吨/年	0.30	0.30		2003年		
RVAR（45号）	座	1	1	万吨/年	0.30	0.30		2007年		
RVAR（46号）	座	1	1	万吨/年	0.25	0.25		2007年		德国 ALD
RVAR（44号）	座	1	1	万吨/年	0.20	0.20		2007年		美国 CONSARC
RVAR（41号、49号）	座	2	2	万吨/年	0.30	0.30		2010年		德国 ALD
RVAR（01号）	座	1	1	万吨/年	0.17	0.17		2021年		德国 ALD
电渣重熔炉	座	19	19	万吨/年	5.25	4.58				
其中：2吨（33号，37号）	座	2	2	万吨/年	1.50	1.50		2000年		五钢
0.5吨（31号）	座	1	1	万吨/年	0.30	0.30		2000年		五钢
2吨（34号、35号）	座	2	2	万吨/年	1.00	1.00		2000年		五钢
3吨（38号、39号）	座	2	2	万吨/年	0.20	0.20		2000年		西安
20吨（40号）	座	1	1	万吨/年	0.30	0.30		2002年		美国

续表 10-67

设备名称及类型	设备数量			设备能力			设备出厂时间	设备投产时间	设备末次更新改造时间	设备制造国家、公司
	计量单位	安装数量	其中：使用数量	计量单位	安装设备能力	其中：使用设备能力				
4 吨（91~94 号）	座	4	4	万吨/年	0.25	0.25		2004 年		五钢
5 吨（30 号）	座	1	1	万吨/年	0.20	0.200		2000 年		德国
20 吨（97 号、98 号）	座	2	2	万吨/年	0.50	0.335		2008 年		国产
20 吨（95 号、96 号）	座	2	2	万吨/年	0.50	0.34		2008 年		国产
7 吨（90 号、99 号）	座	2	2	万吨/年	0.50	0.16		2010 年		美国
电子束冷床炉（EB）	座	1	1	万吨/年	0.30	0.30	2011 年 1 月	2011 年 5 月		美国 Retech
等离子冷床炉（PAM）	座	1	1	万吨/年	0	0	2011 年 3 月	2011 年 9 月		美国 Retech
二次冶金设备	座	10	10	万吨/年	61	61				
钢包炉（LF）	座	5	5	万吨/年	10	10				
其中：LFV-40（60 号）	座	1	1	万吨/年	10	10		2012 年 11 月		国产
真空氧气脱碳装置（VOD、VAD、VHD）	座	1	1	万吨/年	35	35				
其中：VD/VOD-60（62 号）	座	1	1	万吨/年	35	35		2003 年 11 月		国产
氩氧精炼炉（AOD）	座	4	4	万吨/年	16	16				
其中：AOD-40（73 号）	座	1	1	万吨/年	8	8		2007 年 1 月		国产
AOD-40（74 号）	座	1	1	万吨/年	8	8		2011 年 6 月		国产
炼钢辅助设备		3	3							
钢加工设备										
钢压延加工设备										
钢管轧机	台	30	30		0.40	0.40				
钢管穿孔/挤压设备	台	2	1							
	台	1	1	万吨/年	2	1	2009 年 3 月	2009 年 11 月		德国西马克

续表 10-67

设备名称及类型	设备数量			设备能力			设备出厂时间	设备投产时间	设备末次更新改造时间	设备制造国家、公司
	计量单位	安装数量	其中：使用数量	计量单位	安装设备能力	其中：使用设备能力				
冷轧钢管轧机	台	17	17							
其中：LD60	台	2	2				1980 年 4 月	1980 年 8 月		中国彭浦机械厂
KPW-50VMR	台	1	1				1986 年 3 月	1988 年 6 月		德国德马克
SKW-75VMR	台	1	1				1995 年 3 月	1996 年 5 月		德国德马克
LG110H 钢管冷轧机	台	3	3				2007 年 5 月	2007 年 7 月		温州永得利机械设备制造有限公司
冷拔钢管机	台	11	11		0. 15	0. 15				
其中：10 吨单链	台	1	1				1964 年 5 月	1964 年 12 月		中国自制
8 吨单链	台	2	2				1965 年 3 月	1965 年 11 月		中国自制
特种轧机	台	9	9		5	5				
其他压延设备	台	4	4	万吨/年	13	13				
精锻机（注明规格）	台	1	1	万吨/年	3	3				
其中：1300 吨精锻机	台	1	1	万吨/年	3	3	1905 年 6 月	2004 年 10 月		德国
快锻机（注明规格）	台	3	3	万吨/年	10	10				
其中：2000 吨快锻机	台	1	1	万吨/年	2	2	1905 年 6 月	1905 年 6 月		德国
4000 吨快锻机	台	1	1	万吨/年	3	3	1905 年 6 月	2003 年 12 月		德国
6000 吨快锻机	台	1	1	万吨/年	5	5	2008 年	1905 年 7 月		德国
油压机	台	8	8		2	2				
其中：500 吨	台	1	1				20 世纪 80 年代初（钢研所搬来）			中国
800 吨	台	1	1					2002 年 7 月		中国

续表 10-67

设备名称及类型	设备数量			设备能力			设备出厂时间	设备投产时间	设备末次更新改造时间	设备制造国家、公司
	计量单位	安装数量	其中：使用数量	计量单位	安装设备能力	其中：使用设备能力				
3000 吨	台	1	1					1996 年 4 月		中国
8000 吨	台	1	1					2003 年 4 月		中国
2000 吨	台	1	1					2006 年 4 月		中国
6300 吨	台	1	1					2008 年 11 月		中国
6000 吨	台	2	2					2009 年 3 月		中国

（2）中信泰富特钢集团有限公司专业产品主要生产设备见表 10-68。

表 10-68　中信泰富特钢集团有限公司专业产品主要生产设备

设备名称及类型	设备数量			设备能力			设备出厂时间	设备投产时间	设备末次更新改造时间	设备制造国家、公司
	计量单位	安装数量	其中：使用数量	计量单位	安装设备能力	其中：使用设备能力				
江阴兴澄特种钢铁有限公司										
人造块矿设备										
烧结机										
铁矿烧结机	台	2	2	万吨/年	751	751				
大烧结	台	1	1	万吨/年	340	340	2008 年 7 月	2009 年 9 月		中国鞍钢机械总厂
1 号烧结机	台	1	1	万吨/年	411	411	2018 年 12 月	2019 年 4 月		中国鞍钢重型机械有限责任公司
炼铁及铸铁设备										
高炉	座	3	3	万吨/年	560	560				
1 号高炉	座	1	1	万吨/年	128	128	2002 年 9 月	2002 年 9 月	2015 年 12 月	中国冶金设备总公司

续表 10-68

设备名称及类型	设备数量			设备能力			设备出厂时间	设备投产时间	设备末次更新改造时间	设备制造国家、公司
	计量单位	安装数量	其中：使用数量	计量单位	安装设备能力	其中：使用设备能力				
2 号高炉	座	1	1	万吨/年	142	142	2019 年 10 月	2020 年 4 月		中国中鼎锐拓
3 号高炉	座	1	1	万吨/年	290	290	2008 年 7 月	2009 年 9 月		中国马钢修建
铸铁机	台	2	2	万吨/年	70	70				
1 号、2 号铸铁机	台	2	2	万吨/年	70	70	2004 年 5 月	2004 年 5 月	2009 年 11 月	山观冶金机械厂
炼钢设备										
铁水预处理设备	座	4	4	万吨/年	428	428				
1 号铁水预处理设备	座	1	1	万吨/年	70	70	2005 年 3 月	2005 年 9 月	2005 年 9 月	日本钻石公司
2 号铁水预处理设备	座	1	1	万吨/年	70	70	2008 年 3 月	2008 年 11 月	2008 年 11 月	中钢设备公司
特板炼钢 1 号 KR	座	1	1	万吨/年	144	144	2009 年 1 月	2009 年 7 月		中钢设备公司
特板炼钢 2 号 KR	座	1	1	万吨/年	144	144	2009 年 2 月	2009 年 8 月		中钢设备公司
转炉										
顶底复合吹转炉	座	4	4	万吨/年	488	488				
二炼转炉	座	1	1	万吨/年	100	100	2005 年 3 月	2005 年 9 月	2005 年 9 月	中冶京诚工程技术有限公司
二炼转炉	座	1	1	万吨/年	100	100	2008 年 7 月	2009 年 2 月	2009 年 2 月	中冶京诚工程技术有限公司
特板炼钢 1 号转炉	座	1	1	万吨/年	144	144	2009 年 1 月	2009 年 7 月		中冶京诚工程技术有限公司
特板炼钢 2 号转炉	座	1	1	万吨/年	144	144	2009 年 2 月	2009 年 8 月		中冶京诚工程技术有限公司
电炉	座			万吨/年						
直流电弧炉	座	3	3	万吨/年	160	160				
一炼单壳电炉	座	1	1	万吨/年	100	100	1996 年 6 月	1997 年 11 月		德国德马格
三炼双壳 1 号电炉	座	1	1	万吨/年	30	30	1986 年 5 月	1987 年 10 月	2003 年 11 月	长春电炉厂
三炼双壳 3 号电炉	座	1	1	万吨/年	30	30	1992 年 3 月	1993 年 11 月	1996 年 6 月	长春电炉厂

续表 10-68

设备名称及类型	设备数量			设备能力			设备出厂时间	设备投产时间	设备末次更新改造时间	设备制造国家、公司
	计量单位	安装数量	其中：使用数量	计量单位	安装设备能力	其中：使用设备能力				
二次冶金设备										
钢包炉	座	10	10	万吨/年	878	878				
一炼 1 号 LF 炉	座	1	1	万吨/年	100	100	1996 年 6 月	1997 年 11 月		德国德马格
一炼 2 号 LF 炉	座	1	1	万吨/年	100	100	2005 年 6 月	2005 年 9 月		中国二重
二炼 1 号 LF 炉	座	1	1	万吨/年	100	100	2005 年 3 月	2005 年 9 月		中国二重
二炼 2 号 LF 炉	座	1	1	万吨/年	100	100	2006 年 9 月	2007 年 3 月		中国二重
三炼 1 号 LF 炉	座	1	1	万吨/年	30	30	1996 年 4 月	2003 年 6 月		东雄重型电炉公司
特板炼钢 1 号 LF 炉	座	1	1	万吨/年	144	144	2009 年 1 月	2009 年 7 月		长春市兴海电炉有限公司
特板炼钢 2 号 LF 炉	座	1	1	万吨/年	144	144	2009 年 2 月	2009 年 8 月		长春市兴海电炉有限公司
三炼 3 号 LF 炉	座	1	1	万吨/年	30	30	2002 年 12 月	2007 年 9 月		西安华兴
二炼 3 号 LF 炉	座	1	1	万吨/年	100	100	2010 年 1 月	2010 年 4 月		中国二重
三炼 2 号 LF 炉	座	1	1	万吨/年	30	30		1993 年 5 月	2005 年 10 月	中国无锡四方
真空循环脱气装置	座	4	4	万吨/年	468	468				
二炼 1 号 RH 炉	座	1	1	万吨/年	90	90	2005 年 5 月	2006 年 5 月	2006 年 5 月	德国 SMS
特板炼钢 1 号 RH 炉	座	1	1	万吨/年	144	144	2009 年 1 月	2009 年 7 月		西门子奥钢联
特板炼钢 2 号 RH 炉	座	1	1	万吨/年	144	144	2009 年 2 月	2009 年 8 月		西门子奥钢联
二炼 2 号 RH 炉	座	1	1	万吨/年	90	90	2007 年 11 月	2008 年 4 月		中冶京诚
真空脱气装置	座	3	3	万吨/年	160	160				
一炼 VD 炉	座	1	1	万吨/年	100	100	1996 年 6 月	1997 年 11 月		德国德马格
三炼 1 号 VD 炉	座	1	1	万吨/年	30	30	1999 年 9 月	1999 年 10 月		无锡四方
三炼 2 号 VD 炉	座	1	1	万吨/年	30	30	2005 年 4 月	2005 年 5 月		西安西重所

续表 10-68

设备名称及类型	设备数量			设备能力			设备出厂时间	设备投产时间	设备末次更新改造时间	设备制造国家、公司
	计量单位	安装数量	其中：使用数量	计量单位	安装设备能力	其中：使用设备能力				
钢包吹氩装置	座	3	3	万吨/年	300	300				
一炼 1 号 LF/钢包吹氩 CLP600/602	座	1	1	万吨/年	100	100				意大利
一炼 2 号 LF/钢包吹氩 5853S	座	1	1	万吨/年	100	100				美国
一炼一盖两罐 VD 吹氩 10A	座	1	1	万吨/年	100	100				美国
连铸机										
方坯连铸机	台	9	9	万吨/年	842	842				
一炼 RH12 连铸机	台	1	1	万吨/年	100	100	1996 年 6 月	1997 年 11 月		德国德马格
二炼 R12 连铸机	台	1	1	万吨/年	100	100	2004 年 5 月	2005 年 6 月		武汉 461 厂
二炼 16.5 连铸机	台	1	1	万吨/年	100	100	2006 年 5 月	2007 年 3 月		瑞士康卡斯特
二炼 R17 连铸机	台	1	1	万吨/年	50	50	2009 年 2 月	2009 年 5 月	2011 年 11 月	中冶京诚
三炼 1 号 R8 连铸机	台	1	1	万吨/年	35	35	2003 年 3 月	2004 年 3 月		武汉船用机械厂
三炼 3 号 R8 连铸机	台	1	1	万吨/年	35	35	1994 年 5 月	1994 年 9 月		沪东造船厂
特板炼钢 R11 连铸机	台	1	1	万吨/年	153	153	2008 年 2 月	2008 年 5 月		中京工程技术有限公司
特板炼钢 R6.5 连铸机	台	1	1	万吨/年	149	149	2008 年 2 月	2008 年 5 月		达涅利公司
特板炼钢 R12 连铸机	台	1	1	万吨/年	120	120	2013 年 2 月	2013 年 4 月		中京工程技术有限公司
炼钢辅助设备										
制氧机	台	4	4	万立方米/年	62160	62160				
6000 立方米/时制氧机	台	1	1	万立方米/年	5040	5040	1996 年 10 月	1997 年 7 月		哈尔滨制氧机厂
10000 立方米/时制氧机	台	1	1	万立方米/年	8400	8400	2001 年 8 月	2002 年 5 月		四川空分设备有限公司

续表 10-68

设备名称及类型	设备数量			设备能力			设备出厂时间	设备投产时间	设备末次更新改造时间	设备制造国家、公司
	计量单位	安装数量	其中：使用数量	计量单位	安装设备能力	其中：使用设备能力				
20000 立方米/时制氧机	台	1	1	万立方米/年	16800	16800	2004 年 5 月	2005 年 6 月		四川空分设备有限公司
38000 立方米/时制氧机	台	1	1	万立方米/年	31920	31920	2008 年 10 月	2009 年 12 月		四川空分设备有限公司
钢加工设备										
钢压延加工设备										
大型型钢轧机	套	2	2	万吨/年	165	165				
一轧	套	1	1	万吨/年	85	85	1997 年 4 月	1998 年 5 月	2006 年 3 月	武汉船用机械厂、南高齿
二轧大棒	套	1	1	万吨/年	80	80	2007 年 5 月	2007 年 10 月		成都莱克冶金机械设备有限公司
小型型钢轧机	套	3	3	万吨/年	190	155				
二轧小棒	套	1	1	万吨/年	120	120	1997 年 4 月	1998 年 5 月		武汉船用机械厂、南高齿
三轧一线	套	1	1	万吨/年	35		1985 年 5 月	1989 年 8 月	2005 年 5 月	意大利
三轧二线	套	1	1	万吨/年	35	35	1994 年 5 月	1994 年 8 月	2001 年 11 月	大连重工
线材轧机										
高速线材轧机	套	2	2	万吨/年	75	75				
杨市高线	套	1	1	万吨/年	25	25	2007 年 6 月	2007 年 6 月		西安航鑫机电设备制造公司
合金材料	套	1	1	万吨/年	50	50	2013 年 1 月	2013 年 6 月		常熟达涅利
宽厚板轧机	套	1	1	万吨/年	170	170				
宽厚板	套	1	1	万吨/年	170	170	2010 年 11 月	2010 年 11 月		中信重机、意大利达涅利
中厚板轧机	套	1	1	万吨/年	120	120				
中板	套	1	1	万吨/年	120	120	2010 年 2 月	2010 年 4 月		中信重工

续表 10-68

设备名称及类型	设备数量			设备能力			设备出厂时间	设备投产时间	设备末次更新改造时间	设备制造国家、公司
	计量单位	安装数量	其中：使用数量	计量单位	安装设备能力	其中：使用设备能力				
大冶特钢有限公司										
机械化焦炉	座	2	2	万吨/年	150	150				
新焦化1号焦炉	座	1	1	万吨/年	75	75	2021年1月	2022年5月		中国一冶
新焦化2号焦炉	座	1	1	万吨/年	75	75	2021年1月	2022年6月		中国一冶
煤气净化处理系统	套	13	10	立方米/时	264500	264500				
煤气鼓风风机	套	2	2	立方米/时	90000	90000	2021年9月	2022年5月		西安陕鼓通风设备有限公司
横管初冷器	套	5	3	立方米/时	32500	32500	2022年4月	2022年5月		山东博宇锅炉有限公司
电捕焦油器	套	3	2	立方米/时	52000	52000	2021年6月	2022年5月		湖北开泽环保科技有限公司
脱硫塔	套	3	3	立方米/时	90000	90000	2022年4月	2022年5月		中华二建
氨回收设备	套	2	2	吨/年	19500	19500				
硫铵饱和器	套	2	2	吨/年	19500	19500	2022年4月	2022年5月		湖北圣迪
苯回收设备	套	4	4	吨/年	18300	18300				
新焦化终冷塔	套	2	2	吨/年	6100	6100	2022年4月	2022年5月		山东博宇
新焦化洗苯塔	套	1	1	吨/年	6100	6100	2022年4月	2022年5月		江西裕仁信
新焦化脱苯塔	套	1	1	吨/年	6100	6100	2022年4月	2022年5月		江西裕仁信
焦油加工设备	套	2	2	吨/年	71566	71566				
焦油离心机	套	2	2	吨/年	71566	71566	2022年3月	2022年5月		苏州优耐特
硫铵加工设备	套	3	3	吨/年	17408	17408				
硫铵离心机	套	2	2	吨/年	8326	8326	2021年10月	2022年5月		湘潭离心机
流化床	套	1	1	吨/年	9082	9082	2021年12月	2022年5月		靖江市江和干燥机械

续表 10-68

设备名称及类型	设备数量			设备能力			设备出厂时间	设备投产时间	设备末次更新改造时间	设备制造国家、公司
	计量单位	安装数量	其中：使用数量	计量单位	安装设备能力	其中：使用设备能力				
人造块矿设备					610	610				
烧结机										
铁矿烧结机	台	2	2	万吨/年	610	610				
265 平方米带式烧结机	台	1	1	万吨/年	350	350	2010 年 2 月	2011 年 5 月	2022 年 11 月	辽宁省鞍山重型机械厂
220 平方米带式烧结机	台	1	1	万吨/年	260	260	2019 年 8 月	2020 年 8 月	2022 年 5 月	五冶集团上海有限公司
炼铁及铸铁设备					375	375				
高炉	座	2	2	万吨/年	375	375				
1780 立方米高炉	座	1	1	万吨/年	206	206	2010 年 4 月	2011 年 8 月	2022 年 11 月	中国十七冶
1280 立方米高炉	座	1	1	万吨/年	169	169	2019 年 4 月	2020 年 4 月	2022 年 7 月	五冶集团上海有限公司
铸铁机	台	3	3	万吨/年	195	175				
1 号铸铁机	台	1	1	万吨/年	70	60	2001 年 1 月	2002 年 1 月	2022 年 11 月	江阴冶金有限公司
2 号铸铁机	台	1	1	万吨/年	70	60	2004 年 1 月	2005 年 7 月	2022 年 11 月	江阴冶金有限公司
3 号铸铁机	台	1	1	万吨/年	55	55	2010 年 1 月	2011 年 1 月	2022 年 11 月	江阴冶金有限公司
炼钢设备					436	426				
转炉										
顶吹转炉	座	2	2	万吨/年	290	290				
转炉厂 1 号转炉	座	1	1	万吨/年	145	145	2011 年 8 月	2012 年 5 月	2022 年 7 月	太原重工股份有限公司
转炉厂 2 号转炉	座	1	1	万吨/年	145	145	2010 年 4 月	2011 年 5 月	2022 年 11 月	太原重工股份有限公司及大连华锐股份有限公司
电炉	座	3	3	万吨/年	146	136				
交流电弧炉	座	2	2	万吨/年	76	76				

续表 10-68

设备名称及类型	设备数量			设备能力			设备出厂时间	设备投产时间	设备末次更新改造时间	设备制造国家、公司
	计量单位	安装数量	其中：使用数量	计量单位	安装设备能力	其中：使用设备能力				
特冶厂 5 号电炉 EBT	座	1	1	万吨/年	6	6	2001 年 12 月	2002 年 3 月	2022 年 8 月	自制设备
电炉厂 7 号电炉 AC EAF	座	1	1	万吨/年	70	70	1984 年 1 月	1985 年 5 月	2022 年 8 月	西安电炉研究所
直流电弧炉	座	1	1	万吨/年	70	60				
电炉厂 8 号电炉 DC EAF	座	1	1	万吨/年	70	60	1998 年 2 月	1999 年 6 月	2022 年 12 月	瑞典 ABB 制造公司
感应炉	座	9	9	万吨/年	3.52	3.52				
51 号感应炉 特冶厂 1 吨感应炉	座	1	1	万吨/年	0.02	0.02	2015 年 12 月	2016 年 10 月	2022 年 12 月	襄阳大展机电设备厂
52 号感应炉 特冶厂中频感应炉	座	1	1	万吨/年	2	2	2004 年 12 月	2005 年 2 月	2022 年 12 月	上海应达公司
53 号感应炉 特冶厂 3 吨感应炉	座	1	1	万吨/年	0.06	0.06	2015 年 12 月	2016 年 10 月	2022 年 12 月	苏州振吴电炉厂
54 号感应炉 特冶厂 20 吨感应炉	座	1	1	万吨/年	0.4	0.4	2018 年 2 月	2018 年 12 月	2022 年 12 月	苏州振吴电炉厂
56 号真空感应炉	座	1	1	万吨/年	0.25	0.25	2010 年 11 月	2010 年 11 月	2022 年 12 月	美国 CONSARC
57 号真空感应炉	座	1	1	万吨/年	0.25	0.25	2020 年 5 月	2020 年 5 月	2022 年 12 月	美国 CONSARC
58 号真空感应炉	座	1	1	万吨/年	0.04	0.04	2021 年 5 月	2021 年 5 月	2022 年 12 月	苏州振吴电炉厂
59 号真空感应炉	座	1	1	万吨/年	0.25	0.25	2022 年 10 月	2022 年 10 月		上海应达公司
60 号真空感应炉	座	1	1	万吨/年	0.25	0.25	2022 年 6 月	2022 年 6 月		上海应达公司
真空自耗炉	座	4	4	万吨/年	1	0.9				
41 号真空自耗炉	座	1	1	万吨/年	0.25	0.25	2009 年 1 月	2010 年 12 月	2022 年 10 月	奥地利 INTECO
42 号真空自耗炉	座	1	1	万吨/年	0.25	0.25	2019 年 1 月	2020 年 5 月	2022 年 8 月	美国 CONSARC
43 号真空自耗炉	座	1	1	万吨/年	0.25	0.25	2020 年 1 月	2021 年 5 月	2022 年 10 月	美国 CONSARC
44 号真空自耗炉	座	1	1	万吨/年	0.15	0.15	2020 年 1 月	2021 年 5 月	2022 年 12 月	美国 CONSARC
电渣重熔炉	座	37	37	万吨/年	13.568	13.568				

续表 10-68

设备名称及类型	设备数量			设备能力			设备出厂时间	设备投产时间	设备末次更新改造时间	设备制造国家、公司
	计量单位	安装数量	其中：使用数量	计量单位	安装设备能力	其中：使用设备能力				
11 号、14 号、19 号电渣炉	座	3	3	万吨/年	0.612	0.612	1968 年/1964 年/1991 年		2022 年 9 月	自制设备
12 号、13 号、15 号、16 号、17 号、20 号、21 号电渣炉	座	7	7	万吨/年	2.1	2.1	1988 年/1988 年/1971 年/1971 年/1971 年/2004 年/2004 年		2022 年 11 月	自制设备
18 号、22 号电渣炉	座	2	2	万吨/年	0.72	0.72	1967 年/2005 年		2022 年 11 月	自制设备
23 号气体保护电渣炉	座	1	1	万吨/年	0.5964	0.6	2008 年 1 月	2008 年 5 月	2022 年 11 月	奥地利 INTECO 公司沈阳中大乌冶金技术工程有限公司
24 号、25 号电渣炉	座	2	2	万吨/年	0.72	0.7	2008 年 12 月	2009 年 12 月	2022 年 10 月	西安广大电炉厂
26 号、27 号、28 号、29 号气体保护电渣炉	座	4	4	万吨/年	1.44	1.44	2011 年 7 月	2011 年 7 月	2022 年 12 月	上海应达公司
32 号、34 号、35 号、38 号、39 号、73 号、74 号气体保护电渣炉	座	7	7	万吨/年	2.52	2.52	2018 年/2020 年/2020 年/2021 年/2021 年/2022 年/2022 年		2022 年 10 月	辽宁重型机械厂（苏州振吴电炉厂 32 号电渣炉）
10 号、31 号、36 号、37 号气体保护电渣炉	座	4	4	万吨/年	1.6	1.6	2017 年/2019 年/2020 年/2020 年		2022 年 12 月	辽宁重型机械厂（苏州振吴电炉厂 31 号电渣炉）

续表 10-68

设备名称及类型	设备数量			设备能力			设备出厂时间	设备投产时间	设备末次更新改造时间	设备制造国家、公司
	计量单位	安装数量	其中：使用数量	计量单位	安装设备能力	其中：使用设备能力				
30号气体保护电渣炉	座	1	1	万吨/年	0.6	0.60	2018年5月	2018年12月	2022年12月	奥地利INTECO公司
33号气体保护电渣炉	座	1	1	万吨/年	0.43	0.43	2021年2月	2021年2月	2022年12月	上海应达
72号气体保护电渣炉	座	1	1	万吨/年	0.43	0.43	2022年12月	2022年12月		奥地利INTECO
70号气体保护电渣炉	座	1	1	万吨/年	0.9	0.9	2021年12月	2021年12月	2022年11月	潍坊亚东
71号气体保护电渣炉	座	1	1	万吨/年	0.3	0.3	2022年11月	2022年11月		奥地利INTECO
75号、76号电渣炉（恒熔速炉）	座	2	2	万吨/年	0.6	0.6	2022年9月	2022年9月		东北大学
二次冶金设备					1008.8	1008.8				
钢包炉	座	10	10	万吨/年	616.8	616.8				
特冶厂1号LF炉	座	1	1	万吨/年	6	6	2012年1月	2013年7月	2022年11月	自制设备
特冶厂2号LF炉	座	1	1	万吨/年	6	6	1997年1月	1998年10月	2022年10月	自制设备
特冶厂AOD炉	座	1	1	万吨/年	4.8	4.8	2011年2月	2012年5月	2022年11月	上海绿地建设设计研究院
电炉厂1号LF炉	座	1	1	万吨/年	40	40	1984年1月	1985年11月	2022年11月	西安电炉研究所
电炉厂2号LF炉	座	1	1	万吨/年	40	40	1993年2月	1994年12月	2022年8月	达涅利DANIELI公司
电炉厂3号LF炉	座	1	1	万吨/年	40	40	2006年2月	2007年5月	2022年9月	鞍山热能院
转炉厂双工位1号LF炉	座	1	1	万吨/年	120	120	2010年4月	2011年5月	2022年10月	中钢集团鞍山热能研究院
转炉厂双工位2号LF炉	座	1	1	万吨/年	120	120	2010年4月	2011年5月	2022年8月	中钢集团鞍山热能研究院
转炉厂双工位3号LF炉	座	1	1	万吨/年	120	120	2017年5月	2018年11月	2022年9月	中钢集团鞍山热能研究院
转炉厂双工位4号LF炉	座	1	1	万吨/年	120	120	2012年8月	2013年8月	2022年10月	中钢集团鞍山热能研究院
真空循环脱气装置	座	3	3	万吨/年	332	332				
电炉厂RH-80真空脱气炉	座	1	1	万吨/年	92	92	2002年5月	2003年8月	2022年12月	日本大同（中冶京诚）

续表 10-68

设备名称及类型	设备数量			设备能力			设备出厂时间	设备投产时间	设备末次更新改造时间	设备制造国家、公司
	计量单位	安装数量	其中：使用数量	计量单位	安装设备能力	其中：使用设备能力				
转炉厂三车五位 1 号 RH 真空炉	座	1	1	万吨/年	120	120	2010 年 4 月	2011 年 5 月 16 日	2022 年 9 月	中冶京诚工程技术有限公司
转炉厂三车五位 2 号 RH 真空炉	座	1	1	万吨/年	120	120	2013 年 7 月	2014 年 10 月 20 日	2022 年 10 月	中冶京诚工程技术有限公司
真空脱气装置	座	1	1	万吨/年	60	60				
电炉厂 VD 炉	座	1	1	万吨/年	60	60	1993 年 8 月	1994 年 12 月	2022 年 11 月	达涅利 DANIELI 公司
连铸机	台	6	6	万吨/年	455	455				
方坯连铸机	台	6	6	万吨/年	255	255				
电炉厂 1 号连铸机	台	1	1	万吨/年	25	25	1987 年 2 月	1988 年 10 月	2022 年 11 月	克虏伯公司
电炉厂 2 号连铸机	台	1	1	万吨/年	25	25	2000 年 2 月	2001 年 3 月	2022 年 11 月	武汉大西洋公司
电炉厂 3 号连铸机	台	1	1	万吨/年	40	40	2008 年 9 月	2009 年 2 月 18 日	2022 年 12 月	中冶京诚工程技术有限公司
转炉厂 1 号连铸机	台	1	1	万吨/年	55	55	2010 年 4 月	2011 年 5 月 16 日	2022 年 8 月	中信泰富工程技术有限公司
转炉厂 2 号连铸机	台	1	1	万吨/年	55	55	2010 年 4 月	2011 年 11 月	2022 年 10 月	中信泰富工程技术有限公司
转炉厂 3 号连铸机	台	1	1	万吨/年	55	55	2016 年 3 月	2017 年 9 月 29 日	2022 年 9 月	中冶京诚工程技术有限公司
圆坯连铸机				万吨/年	200	200				
电炉厂 1 号连铸机	台			万吨/年	25	25	1987 年 2 月	1988 年 10 月	2022 年 10 月	克虏伯公司
电炉厂 2 号连铸机	台			万吨/年	20	20	2000 年 2 月	2001 年 3 月	2022 年 11 月	武汉大西洋公司
电炉厂 3 号连铸机	台			万吨/年	20	20	2008 年 9 月	2009 年 2 月 18 日	2022 年 12 月	中冶京诚工程技术有限公司

续表 10-68

设备名称及类型	设备数量			设备能力			设备出厂时间	设备投产时间	设备末次更新改造时间	设备制造国家、公司
	计量单位	安装数量	其中：使用数量	计量单位	安装设备能力	其中：使用设备能力				
转炉厂 1 号连铸机	台			万吨/年	45	45	2010 年 4 月	2011 年 5 月 16 日	2022 年 8 月	中信泰富工程技术有限公司
转炉厂 2 号连铸机	台			万吨/年	45	45	2010 年 4 月	2011 年 11 月	2022 年 9 月	中信泰富工程技术有限公司
转炉厂 3 号连铸机	台			万吨/年	45	45	2016 年 3 月	2017 年 9 月 29 日	2022 年 9 月	中冶京诚工程技术有限公司
炼钢辅助设备										
制氧机	台	3	2	万立方米/年	43800	35040				
新 20000 制氧机	台	1	1	万立方米/年	17520	17520	2019 年 1 月	2020 年 9 月	2022 年 11 月	杭氧集团透平机械有限公司
20000 制氧机	台	1	1	万立方米/年	17520	17520	2010 年 5 月	2011 年 8 月	2022 年 10 月	杭州制氧厂
10000 制氧机	台	1	0	万立方米/年	8760		2003 年 11 月	2003 年 11 月		杭州杭氧集团（2020 年停用）
钢加工设备										
钢压延加工设备										
初轧开坯设备										
初轧机	套	1	1	万吨/年	85	85				
大棒 1350 轧机	套	1	1	万吨/年	85	85	2021 年 1 月	2021 年 10 月	2022 年 11 月	中冶赛迪
附：钢坯连轧机	套	5	5	万吨/年	248	248				
大棒 750 轧机	套	1	1	万吨/年	50	50	2004 年 1 月	2005 年 10 月	2022 年 9 月	苏州冶金机械厂
新中棒线轧机	套	1	1	万吨/年	90	90	2014 年 1 月	2015 年 8 月	2022 年 10 月	常熟达涅利冶金设备有限公司

续表 10-68

设备名称及类型	设备数量			设备能力			设备出厂时间	设备投产时间	设备末次更新改造时间	设备制造国家、公司
	计量单位	安装数量	其中：使用数量	计量单位	安装设备能力	其中：使用设备能力				
中棒 500 半连轧机	套	1	1	万吨/年	18	18	2001 年 2 月	2002 年 9 月	2022 年 11 月	北钢院及中冶京诚
小棒 650 连轧机	套	1	1	万吨/年	40	40	1997 年/2002 年/2003 年	1997 年/2002 年/2003 年	2022 年 12 月	POMINI 及苏州冶金公司
新扁棒线轧机	套	1	1	万吨/年	50	50	2020 年 2 月	2021 年 2 月	2022 年 11 月	常熟达涅利冶金设备有限公司
钢管轧机										
热轧无缝钢管轧机	台	4	4	万吨/年	84	84				
170 机组	台	1	1	万吨/年	25	25	1990 年 1 月	1992 年 2 月	2022 年 9 月	
108 机组	台	1	1	万吨/年	6	6	1985 年 1 月	1987 年 4 月	2022 年 10 月	
460 机组	台	1	1	万吨/年	30	30	2007 年 1 月	2009 年 3 月	2022 年 10 月	
219 机组	台	1	1	万吨/年	22	22	2007 年 1 月	2009 年 12 月	2022 年 11 月	
旋压钢管机	台	1	1	万吨/年	1	1	1966 年 2 月	1968 年 1 月	2022 年 12 月	自制设备
拉拔机	台	1	1	万吨/年	1.2	1.2	2019 年 8 月	2020 年 8 月	2022 年 11 月	江阴圆方
其他压延设备										
锻锤	台	6	6	台	16.2	16.2				
8 兆牛快锻（开坯）	台	1	1	万吨/年	0.96	0.96	1992 年 10 月	1994 年 11 月	2022 年 9 月	兰石重工
30 兆牛快锻（开坯）	台	1	1	万吨/年	0.42	0.42	2006 年 11 月	2007 年 6 月	2022 年 10 月	德国杜伊斯堡
16 兆牛精锻机	台	1	1	万吨/年	5.4	5.4	2010 年 2 月	2011 年 12 月	2022 年 9 月	德国 MEER
20 兆牛快锻	台	1	1	万吨/年	2.52	2.52	2009 年 10 月	2010 年 9 月	2022 年 11 月	兰石重工
45 兆牛快锻	台	1	1	万吨/年	4.68	4.68	2010 年 2 月	2011 年 5 月	2022 年 10 月	兰石重工
60 兆牛快锻	台	1	1	万吨/年	3.6	3.6	2019 年 2 月	2020 年 11 月	2022 年 12 月	德国 SMS
钢加工辅助设备										

续表 10-68

设备名称及类型	设备数量			设备能力			设备出厂时间	设备投产时间	设备末次更新改造时间	设备制造国家、公司
	计量单位	安装数量	其中：使用数量	计量单位	安装设备能力	其中：使用设备能力				
钢材热处理设备	套	43	43	万吨/年	10	10				
3号辊底式真空连续退火炉	套	1	1	万吨/年	1.44	1.44	2008年2月	2010年9月	2022年10月	浙江金舟
4号辊底式连续退火炉	套	1	1	万吨/年	1.44	1.44	2008年3月	2010年8月	2022年10月	浙江金舟
20吨保护气氛退火炉	套	1	1	万吨/年	7.12	7.12	2016年12月	2017年1月	2022年10月	浙江金舟
1号银亮线剥皮机	套	1	1	万吨/年	1.2	1.2	2005年2月	2006年1月	2022年10月	美国汉川
2号银亮线剥皮机	套	1	1	万吨/年	1.2	1.2	2003年2月	2004年1月	2022年11月	美国汉川
3号银亮线剥皮机	套	1	1	万吨/年	1.2	1.2	2017年2月	2018年5月	2022年12月	德国凯瑟琳
银亮线1号精矫抛光机	套	1	1	万吨/年	1.2	1.2	2005年1月	2006年3月	2022年10月	美国汉川
银亮线2号精矫抛光机	套	1	1	万吨/年	1.2	1.2	2003年1月	2004年6月	2022年10月	美国汉川
银亮磨光线	套	7	7	万吨/年	1.2	1.2	2007年1月	2008年4月	2022年7月	无锡南元机床厂
调质大线	套	1	1	万吨/年	2.2	2.2	2011年1月	2012年5月	2022年10月	西安博大
调质小线	套	1	1	万吨/年	1	1	2011年1月	2012年6月	2022年10月	西安博大
超声自动探伤机	套	2	2	万吨/年	3	3	2012年1月	2013年6月	2022年10月	钢研纳克
涡流超声自动探伤线	套	1	1	万吨/年	2	2	2015年1月	2016年8月	2022年9月	钢研纳克
两辊、九辊、十一辊矫直机	套	5	5	万吨/年	4	4	1987年/2013年	1987年/2013年	2022年8月	西重所
1号砂带磨	套	1	1	万吨/年	1.2	1.2	2006年1月	2006年10月	2022年10月	美国汉川
2号砂带磨	套	1	1	万吨/年	1.2	1.2	2004年1月	2004年11月	2022年10月	美国汉川
3号砂带磨	套	1	1	万吨/年	1.2	1.2	2017年12月	2018年9月	2022年10月	美国汉川
无心磨床1	套	1	1	万吨/年	5	5	1986年5月	1987年1月	2022年10月	浙江海宁机床厂
无心磨床2	套	1	1	万吨/年	1.5	1.5	2011年10月	2012年10月	2022年10月	江阴东辰

续表 10-68

设备名称及类型	设备数量			设备能力			设备出厂时间	设备投产时间	设备末次更新改造时间	设备制造国家、公司
	计量单位	安装数量	其中：使用数量	计量单位	安装设备能力	其中：使用设备能力				
钢管热处理设备 1 号辊底式退火炉	套	1	1	万吨/年	4.5	4.5	1992 年 1 月	1992 年 8 月	2022 年 8 月	杨冶
钢管热处理 2 号辊底式退火炉	套	1	1	万吨/年	4.5	4.5	1992 年 1 月	1992 年 7 月	2022 年 10 月	杨冶
钢管热处理设备 3 号辊底式退火炉	套	1	1	万吨/年	5	5	2012 年 1 月	2012 年 10 月	2022 年 10 月	天津洛伊
钢管热处理设备 170 淬火机	套	1	1	万吨/年	7	7	2008 年 1 月	2008 年 8 月	2022 年 9 月	西重所
钢管热处理设备 325 淬火机	套	1	1	万吨/年	5	5	2011 年 10 月	2012 年 6 月	2022 年 6 月	中冶京诚
钢管热处理设备 460 淬火机	套	1	1	万吨/年	8	8	2011 年 1 月	2011 年 8 月	2022 年 10 月	中冶京诚
钢管热处理设备 325 步进式回火炉	套	1	1	万吨/年	5	5	2011 年 1 月	2012 年 10 月	2022 年 9 月	天津洛伊
钢管热处理设备 460 步进式回火炉	套	1	1	万吨/年	5	5	2015 年 1 月	2016 年 7 月	2022 年 6 月	北京凤凰
钢管热处理设备 508 正火炉	套	1	1	万吨/年	7.2	7.2	2017 年 1 月	2018 年 8 月	2022 年 10 月	北京凤凰
钢管热处理设备燃气台车炉	套	1	1	万吨/年	2	2	2010 年 1 月	2011 年 5 月	2022 年 10 月	黄冈市华窑中洲窑炉有限公司
钢管热处理设备电阻台车炉	套	1	1	万吨/年	1.5	1.5	2010 年 1 月	2011 年 5 月	2022 年 10 月	丹阳市江南工业炉有限公司
双真空 1 号退火炉	套	1	1	万吨/年	20	20	2022 年	2022 年 6 月		邢台轧辊铸诚工程技术有限公司
双真空 2 号退火炉	套	1	1	万吨/年	20	20	2022 年	2022 年 5 月		邢台轧辊铸诚工程技术有限公司
青岛特殊钢铁有限公司										
人造块矿设备										
烧结机	台	3	3	万吨/年	704.8	704.8				
铁矿烧结机	台	3	3	万吨/年	704.8	704.8	2014 年 10 月	2015 年 11 月		马钢重型机械设备制造公司
1 号烧结机	台	1	1	万吨/年	231.9	231.9	2014 年 10 月	2015 年 11 月		马钢重型机械设备制造公司
2 号烧结机	台	1	1	万吨/年	231.9	231.9	2014 年 10 月	2015 年 11 月		马钢重型机械设备制造公司
3 号烧结机	台	1	1	万吨/年	241	241	2020 年 12 月			鞍钢重型机械有限责任公司
炼铁及铸铁设备										

续表 10-68

设备名称及类型	设备数量			设备能力			设备出厂时间	设备投产时间	设备末次更新改造时间	设备制造国家、公司
	计量单位	安装数量	其中：使用数量	计量单位	安装设备能力	其中：使用设备能力				
高炉	座	3	3	万吨/年	417	417				
1号高炉	座	1	1	万吨/年	161	161	2014年12月	2015年11月		中冶赛迪工程技术股份有限公司
2号高炉	座	1	1	万吨/年	161	161	2014年12月	2016年10月		中冶赛迪工程技术股份有限公司
3号高炉	座	1	1	万吨/年	95	95	2020年12月			中冶京诚工程技术有限公司
炼钢设备										
转炉	座	4	4	万吨/年	427.36	427.36				
顶底复合吹转炉	座	4	4	万吨/年	427.36	427.36				
1号转炉	座	1	1	万吨/年	106.84	106.84	2014年12月	2015年11月		太原重工股份有限公司
2号转炉	座	1	1	万吨/年	106.84	106.84	2014年12月	2015年11月		太原重工股份有限公司
3号转炉	座	1	1	万吨/年	106.84	106.84	2014年12月	2015年11月		太原重工股份有限公司
4号转炉	座	1	1	万吨/年	106.84	106.84				中冶京诚工程技术有限公司
连铸机	台	6	6	万吨/年	615.51	615.51				
方坯连铸机	台	5	5	万吨/年	515.51	515.51				
1号连铸机	台	1	1	万吨/年	104.17	104.17	2014年10月	2015年11月		中国重型机械研究所有限公司
2号连铸机	台	1	1	万吨/年	104.17	104.17	2014年10月	2015年11月		中国重型机械研究院有限公司
3号连铸机	台	1	1	万吨/年	104.17	104.17		2015年11月		中国重型机械研究院有限公司
5号连铸机	台	1	1	万吨/年	100	100	2014年10月	2015年11月		中冶南方连铸技术工程有限公司
6号连铸机	台	1	1	万吨/年	103	103				中冶京诚工程技术有限公司
其他连铸机										

续表 10-68

设备名称及类型	设备数量			设备能力			设备出厂时间	设备投产时间	设备末次更新改造时间	设备制造国家、公司
	计量单位	安装数量	其中：使用数量	计量单位	安装设备能力	其中：使用设备能力				
方圆连铸机	台	1	1	万吨/年	100	100	2018 年 9 月			中冶京诚工程技术有限公司
钢加工设备										
钢压延加工设备										
小型型钢轧机	套	2	2	万吨/年	130	130				
扁钢小型型钢轧机	套	1	1	万吨/年	60	60	2015 年 1 月	2015 年 4 月		大连华锐重工集团有限公司减速机厂
圆钢小型型钢轧机	套	1	1	万吨/年	70	70	2015 年 6 月	2015 年 12 月		西马克梅尔工程（中国）有限公司
线材轧机	套	6	6	万吨/年	330	330				
高速线材轧机			6	万吨/年	330	330				
第一高速线材厂	套	1	1	万吨/年	70	70	2014 年 10 月	2015 年 7 月		美国摩根工程公司
第二高速线材厂	套	1	1	万吨/年	50	50	2014 年 9 月	2015 年 3 月		意大利达涅利冶金设备公司
第三高速线材厂	套	1	1	万吨/年	50	50	2014 年 9 月	2015 年 10 月		意大利达涅利冶金设备公司
第四高速线材厂	套	1	1	万吨/年	60	60	2009 年 10 月	2011 年 5 月	2016 年 5 月	美国摩根工程公司
第五高速线材厂	套	1	1	万吨/年	50	50				意大利达涅利冶金设备公司
第六高速线材厂	套	1	1	万吨/年	50	50				意大利达涅利冶金设备公司
洗煤、炼焦、煤气及煤化工产品生产设备										
机械化焦炉	座	2	2	万吨/年	160	160				
1 号焦炉	座	1	1	万吨/年	80	80	2015 年 3 月	2015 年 6 月		太原重工股份有限公司
2 号焦炉	座	1	1	万吨/年	80	80	2015 年 3 月	2016 年 3 月		太原重工股份有限公司

（3）太原钢铁（集团）有限公司专业产品主要生产设备见表10-69。

表10-69 太原钢铁（集团）有限公司专业产品主要生产设备

设备名称及类型	设备数量			设备能力			设备投产时间	设备末次更新改造时间	设备制造国家、公司
	计量单位	安装数量	其中：使用数量	计量单位	安装设备能力	其中：使用设备能力			
黑色金属矿、非金属矿采选及煅烧专业设备									
采矿设备									
潜孔钻机	台	4	4	米/年	190000	170000			
ROCL6潜孔钻机	台	2	2	米/年	156000	136000	2006年7月		瑞典阿特拉斯科普柯岩石钻机公司
CS165D潜孔钻机	台	1	1	米/年	16000	16000	2008年12月		湖南有色重型机器有限责任公司
SWDE165潜孔钻机	台	1	1	米/年	18000	18000	2016年11月		山河智能装备股份有限公司
牙轮钻机	台	11	11	米/年	552000	552000			
KY250D	台	4	4	米/年	160000	160000	2005~2010年		中国江西采矿机械厂
KY310A	台	7	7	米/年	392000	392000	2006年2月		中国江西南昌凯
电铲	台	10	9	万吨/年	4700	4080			
WK-4B	台	1	1	万吨/年	200	200	2015年		中国太原重型机器厂
WK-10B	台	9	8	万吨/年	4500	3880	2006年4月		中国太原重型机器厂
柴油铲	台	7	1	万吨/年	504	72			
小松挖机PC450-7	台	7	1	万吨/年	504	72	2008年12月		小松（常州）工程机械有限公司
液压铲	台	8	8	万吨/年	2214	2214			
PC400-6	台	2	2	万吨/年	456	456	2006年7月		日本小松（常州）工程机械有限公司
PC360-7	台	1	1	万吨/年	180	180	2005年12月		日本小松（常州）工程机械有限公司
345CLFS	台	1	1	万吨/年	150	150	2007年		卡特彼勒
液压挖掘机2立方米	台	1	1	万吨/年	228	228	2011年12月		常州小松
EX1200-6LD液压挖掘机	台	1	1	万吨/年	400	400	2011年8月		日立建机

续表 10-69

设备名称及类型	设备数量			设备能力			设备投产时间	设备末次更新改造时间	设备制造国家、公司
	计量单位	安装数量	其中：使用数量	计量单位	安装设备能力	其中：使用设备能力			
PC1250-7	台	2	2	万吨/年	800	800	2005 年 12 月		日本小松
载重汽车	辆	38	34	载重/吨	3245	3155			
TR60 运矿大车	辆	5	5	载重/吨	275	275	2011 年 10 月		中国包头北方重汽
别拉斯 75131	辆	18	18	载重/吨	2340	2340	2007 年 10 月		白俄罗斯汽车制造厂
斯太尔、豪泺运矿车	辆	7	7	载重/吨	360	360	2003~2012 年		济南重汽
特雷克斯 TR50	辆	6	4	载重/吨	270	180	2011 年 12 月		内蒙古包头重型汽车股份公司
皮带运输机	台	37	37	万吨/年	22544	22544			
胶带运输机	台	5	5	万吨/年	13500	13500	2012 年 3 月		北方重工
DT Ⅱ B1400×102 皮带机	台	1	1	万吨/年	605	605	2006 年 9 月		山西三岛输送机械有限公司
DT Ⅱ B1000×380、222 皮带机	台	11	11	万吨/年	6655	6655	2006~2013 年		山西三岛输送机械有限公司
DT Ⅱ B800 皮带机	台	4	4	万吨/年	480	480	2006 年 9 月		山西三岛输送机械有限公司
DT Ⅱ B650×7. 25 皮带机	台	1	1	万吨/年	25	26	2006 年 9 月		山西三岛输送机械有限公司
管式胶带运输机	台	1	1	万吨/年	173	173	2006 年 8 月		（德国科赫输送技术公司设计） 中国交通建设集团公司承建
DT Ⅱ B1000×96/105 皮带机	台	10	10	万吨/年	345	345	2013 年 3 月		杭州博宇机械有限公司
SF1 胶带机	台	1	1	万吨/年	350	350	2022 年 12 月		上海科大重工集团有限公司
CP1 胶带机	台	1	1	万吨/年	350	350	2022 年 12 月		上海科大重工集团有限公司
SL1/MK1 胶带机	台	2	2	万吨/年	60	60	2022 年 12 月		上海科大重工集团有限公司
推土机	台	15	14	立方米/班	50364	38164			
T320	台	5	3	立方米/班	500	300	2001~2006 年		山东山推工程机械股份有限公司
T410	台	4	4	立方米/班	1224	1224	2008~2009 年		上海彭浦机器厂

续表 10-69

设备名称及类型	设备数量			设备能力			设备投产时间	设备末次更新改造时间	设备制造国家、公司
	计量单位	安装数量	其中：使用数量	计量单位	安装设备能力	其中：使用设备能力			
TL210 轮式推土机	台	2	1	立方米/班	24000	12000	2003~2008 年		郑州工程机械公司
PD220Y-2 履带式推土机	台	2	2	立方米/班	440	440	2006 年 7 月		上海澎浦机器厂
TL210B 轮式推土机	台	2	2	立方米/班	24000	24000	2006~2008 年		郑州宇通
装载机	台	1	1	万吨/年	8	8			
LW820G 轮式装载机	台	1	1	万吨/年	8	8	2008 年 11 月		徐州工程机械科技股份有限公司
选矿、洗矿设备									
破碎机									
粗破碎机	台	7	7	万吨/年	3930	3930			
PX-1200/180	台	1	1	万吨/年	110	110	1970 年		中国沈阳重型机械厂
PE-900×1200	台	1	1	万吨/年	110	110	2006 年 12 月		中国上海建设路桥机械设备有限公司
颚式破碎机 CT60×80	台	2	2	万吨/年	110	110	2012 年 12 月		上海杰弗朗
颚式颚破机 C200	台	2	2	万吨/年	900	900	2014 年		芬兰美卓
半固定破碎机	台	1	1	万吨/年	2700	2700	2012 年 3 月		蒂森克虏伯散料技术设备有限公司
中破碎机	台	7	7	万吨/年	2288	1809			
中碎圆锥破碎机 H8800	台	2	2	万吨/年	650	650	2003 年 9 月		瑞典山特维克公司
中破碎机 HP500	台	2	2	万吨/年	750	600	2003~2006 年		美卓矿山机械厂
MMD850 齿辊破碎机	台	1	1	万吨/年	605	349	2006 年 9 月		英国 MMD 矿物筛分破碎有限公司
MMD500 齿辊破碎机	台	2	2	万吨/年	283	210	2006 年 9 月		英国 MMD 矿物筛分破碎（亚洲）有限公司
细破碎机	台	14	14	万吨/年	2298	2198			
细碎圆锥破碎机 H8800	台	2	2	万吨/年	400	400	2006 年 12 月		瑞典山特维克公司
细碎短头圆锥破碎机 HP500	台	7	7	万吨/年	350	250	2001~2012 年		美卓矿山机械厂

续表 10-69

设备名称及类型	设备数量			设备能力			设备投产时间	设备末次更新改造时间	设备制造国家、公司
	计量单位	安装数量	其中：使用数量	计量单位	安装设备能力	其中：使用设备能力			
诺德伯格 GP200S 圆锥破碎机	台	1	1	万吨/年	300	300	2008 年		中国沈阳重型机械厂
KB63-90 破碎机	台	1	1	万吨/年	600	600	2012 年 7 月		德国蒂森克虏伯散料技术设备贸易（北京）有限公司
破碎机（1~3 号）	台	3	3	万吨/年	648	648	2013 年 3 月		北京英迈特矿山机械有限公司
磨矿机									
一次球磨机	台	13	11	万吨/年	1180	990			
湿式格子型 QG3600×4500	台	2	2	万吨/年	240	240	2001 年 12 月		中国沈阳重型机械厂
YZ 系列 3600×6000	台	2	2	万吨/年	160	160	2007 年 1 月		中国中信重工公司
MQY-3200/4500	台	7	6	万吨/年	560	480	1976 年		中国沈阳重型机械厂
QS-3200×3500	台	2	1	万吨/年	220	110	1991 年		衡阳有色冶金机械厂
二次球磨机	台	6	6	万吨/年	270	270			
YZ 系列 3600×6000	台	2	2	万吨/年	150	150	2006 年 6 月		中国河南中信重型公司
溢流型 MQY3600×4500	台	4	4	万吨/年	120	120	2001 年 12 月		中国沈阳重型机械厂
三次球磨机	台	18	17	万吨/年	2863.2	2800.2			
YZ 系列 3600×4500	台	2	2	万吨/年	120	120	2007 年 1 月		中国沈阳重型机械厂
溢流型 MQY3200×4500	台	4	4	万吨/年	100	100	1993~2001 年		中国沈阳重型机械厂
球磨机 $\phi 5.03\times 6.4$	台	1	0	万吨/年	36	0	2008 年 12		中信重工机械股份有限公司
球磨机 $\phi 4.27\times 6.1$	台	2	2	万吨/年	20.2	20.2	2008 年 12 月		中信重工机械股份有限公司
$\phi 10.37$ 米×5.49 米球磨机	台	3	3	万吨/年	926	920	2012 年 8 月		芬兰美卓矿机（天津）国际贸易有限公司
$\phi 7.32$ 米×12.5 米球磨机	台	3	3	万吨/年	926	920	2012 年 5 月		中国中信重工机械股份有限公司
$\phi 7.32$ 米×11.28 米球磨机	台	3	3	万吨/年	735	720	2012 年 8 月		中国中信重工机械股份有限公司

续表 10-69

设备名称及类型	设备数量			设备能力			设备投产时间	设备末次更新改造时间	设备制造国家、公司
	计量单位	安装数量	其中：使用数量	计量单位	安装设备能力	其中：使用设备能力			
分级机	台	4	4	万吨/年	315	315			
螺旋分级机	台	4	4	万吨/年	315	315	2001 年 12 月		中国沈阳重型机械厂
振动筛	台	14	11	万吨/年	2876	2870			
YKR1848 单层振动筛	台	1	1	万吨/年	406	406	2006 年 9 月		南昌矿山机械有限公司
DHG24/70/82. 3/Ⅱ振动筛	台	1	1	万吨/年	406	406	2006 年 9 月		英国 MMD 矿物筛分破碎（亚洲）有限公司
DHG21/60/71. 5/Ⅱ振动筛	台	1	1	万吨/年	311	311	2006 年 9 月		英国 MMD 矿物筛分破碎（亚洲）有限公司
2YKR2460（15°）振动筛	台	1	1	万吨/年	110	110	2007 年 12 月		南昌矿山机械有限公司
Low-Head 双层水平直线振动筛	台	6	3	万吨/年	926	920	2012 年 8 月		芬兰美卓矿机（天津）国际贸易有限公司
1~3 号振动筛	台	3	3	万吨/年	406	406	2013 年 3 月		上海杰弗朗
TTHC7201 振动筛	台	1	1	万吨/年	311	311	2013 年 4 月		中矿华源工程设备（北京）有限公司
磁选机	台	230	230	万吨/年	3690	3690			
永磁圆筒磁选机 CTB718	台	16	16	万吨/年	400	400	1994 年 8 月		中国安徽天源科技股份有限公司
浓缩磁选机 CTB1024	台	32	32	万吨/年	75	75	1994~2001 年		中国安徽天源科技股份有限公司
永磁磁选机 CTB1230	台	36	36	万吨/年	900	900	1994 年 8 月		安徽天源科技股份有限公司机械厂
谐和波磁选柱 YZ 系列	台	6	6	万吨/年	144	144	2013 年 4 月		沈阳华大
全自动淘洗机（YZ 系列）	台	6	6	万吨/年	180	180	2013 年 4 月		石家庄金垦
LGS-2000 立式感应湿式强磁选机	台	60	60	万吨/年	100	100	2012 年 8 月		中国沈阳隆基电磁科技有限公司
弱磁机	台	53	53	万吨/年	85	85	2012 年 8 月		中钢集团安徽天源科技股份有限公司
磁选机 CTB1540	台	20	20	万吨/年	1720	1720	2020 年 11 月		沈阳隆基
磁选机 NCT1540	台	1	1	万吨/年	86	86	2020 年 11 月		沈阳隆基
浮选机	台	57	57	万吨/年	1500	1300			

续表 10-69

设备名称及类型	设备数量			设备能力			设备投产时间	设备末次更新改造时间	设备制造国家、公司
	计量单位	安装数量	其中：使用数量	计量单位	安装设备能力	其中：使用设备能力			
160 立方米威姆科自吸式浮选机	台	30	30	万吨/年	750	650	2012 年 10 月		美国艾法史密斯矿业设备（北京）有限公司
160 立方米道尔充气式浮选机	台	27	27	万吨/年	750	650	2012 年 10 月		美国艾法史密斯矿业设备（北京）有限公司
重型板式给矿机	台	11	11	万吨/年	2896	2896			
BWJ2400×12000	台	2	2	万吨/年	580	580	2008 年		平湖市恒力机械制造有限公司
BWJ2000×10000 重型板式喂料机	台	1	1	万吨/年	560	560	2006 年 9 月/2013 年 3 月		浙江平湖恒力机械制造有限公司
BWJ1600×6000 中型板式喂料机	台	1	1	万吨/年	346	346	2006 年 9 月/2013 年 3 月		平湖市恒力机械制造有限公司
臂式斗轮堆取料机	台	4	4	万吨/年	560	560	2012 年 9 月		中国中联重科股份有限公司
ZB2000×10000 喂机	台	2	2	万吨/年	500	500	2013 年 3 月		唐山胜达机械设备有限公司
ZB1600×6000 喂机	台	1	1	万吨/年	350	350	2013 年 3 月		唐山胜达机械设备有限公司
浓缩机	台	5	5	万吨/年	630	630			
尾矿深型浓缩机 NT-53	台	4	4	万吨/年	120	120	1994 年 8 月		中国辽宁选矿机械厂
尾矿深型浓缩机 AUTOKump	台	1	1	万吨/年	510	510	2007 年 1 月		美国奥托昆普公司
过滤机	台	25	25	万吨/年	1881	1881			
VPA2050-50 压滤机	台	4	4	万吨/年	54	54	2000 年 5 月		美国艾姆科公司
压滤机	台	9	9	万吨/年	1170	1170	2011 年 7 月		Metso 矿业（瑞典）公司
TRE-1050 千瓦离心空压机	台	3	3	万吨/年	180	180	2012 年 12 月		IHI 寿力压缩技术（苏州）有限公司
TS32S-450HHWC 螺杆空压机	台	9	9	万吨/年	477	477	2012 年 12 月		
辅助原料矿煅烧设备									
回转窑	座	6	6	万吨/年	191.7	191.7			

续表 10-69

设备名称及类型	设备数量			设备能力			设备投产时间	设备末次更新改造时间	设备制造国家、公司
	计量单位	安装数量	其中：使用数量	计量单位	安装设备能力	其中：使用设备能力			
东山回转窑	座	3	3	万吨/年	105.9	105.9	2006年8月		美国美卓矿机技术公司/洛阳矿山机械研究院
大关焙烧回转窑	座	1	1	万吨/年	19.8	19.8	2012年12月	2014年5月	洛阳矿山机械工程设计研究院有限责任公司
鑫磊回转窑	座	2	2	万吨/年	66	66	2013年4月		洛阳中重成套工程设计院有限责任公司
人造块矿设备									
烧结机									
铁矿烧结机	台	2	2	万吨/年	898	898			
铁矿烧结机5号	台	1	1	万吨/年	449	449	2006年10月		中国沈重
铁矿烧结机6号	台	1	1	万吨/年	449	449	2010年5月		中国沈重
球团设备									
铁矿球团回转窑	座	3	3	万吨/年	781	776			
铁矿球团回转窑	座	1	1	万吨/年	200	200	2004年12月		中国矿山机械成套设备制造厂
球团回转窑	座	1	1	万吨/年	265	260	2012年12月		中信重工机械股份有限公司
二期回转窑	座	1	1	万吨/年	316	316	2022年12月		
炼铁及铸铁设备									
高炉	座	3	3	万吨/年	847.5	847.5			
3号高炉	座	1	1	万吨/年	153.5	153.5	1960年1月	2007年4月	自制
5号高炉	座	1	1	万吨/年	347	347	2006年1月	2020年10月	国产
6号高炉	座	1	1	万吨/年	347	347	2013年11月		国产
炼钢设备									
铁水预处理设备	座	8	8	万吨/年	880	880			
三脱铁水预处理（二钢）	座	2	2	万吨/年	100	100	2002年10月		日本川崎

续表 10-69

设备名称及类型	设备数量			设备能力			设备投产时间	设备末次更新改造时间	设备制造国家、公司
	计量单位	安装数量	其中：使用数量	计量单位	安装设备能力	其中：使用设备能力			
脱硫铁水预处理	座	3	3	万吨/年	240	240	2006 年 1 月/2014 年 6 月		乌克兰戴思马克
二钢北铁水预处理	座	1	1	万吨/年	180	180	2006 年 8 月		乌克兰戴思马克
KR 脱硫站（二钢）	座	2	2	万吨/年	360	360	2011 年 9 月		中冶南方
转炉									
顶底复合吹转炉	座	6	6	万吨/年	944	944			
K-OBM 转炉（二钢南）	座	1	1	万吨/年	99	99	1990 年		奥地利 VAI
LD 转炉（二钢南）	座	2	2	万吨/年	245	245	1970 年 4 月/2013 年 10 月		奥地利 VAI
二钢北转炉	座	2	2	万吨/年	400	400	2006 年 8 月		奥地利 VAI
二钢北转炉	座	1	1	万吨/年	200	200	2012 年 7 月		奥地利 VAI
电炉									
交流电弧炉	座	4	4	万吨/年	350	350			
80 吨电炉	座	1	1	万吨/年	30	30	2000 年 1 月		奥地利
160 吨电炉（二钢北）	座	2	2	万吨/年	260	260	2006 年 9 月		奥地利
90 吨电炉（一钢不锈）	座	1	1	万吨/年	60	60	2007 年 10 月		日本新日铁
二次冶金设备									
钢包炉	座	6	6	万吨/年	790	790			
50 吨 LF 精炼炉（一钢碳）	座	1	1	万吨/年	80	80	2015 年 2 月		西马克
1 号 LF 精炼炉（二钢南）	座	1	1	万吨/年	50	50	2002 年 5 月	2007 年 5 月	奥地利 VAI
2 号 LF 精炼炉（二钢南）	座	1	1	万吨/年	60	60	2007 年 5 月		奥地利 VAI

续表 10-69

设备名称及类型	设备数量			设备能力			设备投产时间	设备末次更新改造时间	设备制造国家、公司
	计量单位	安装数量	其中：使用数量	计量单位	安装设备能力	其中：使用设备能力			
LF 精炼炉（二钢北）	座	3	3	万吨/年	600	300	2011 年 10 月		奥地利 VAI
真空循环脱气装置	座	4	4	万吨/年	340	340			
RH 炉（二钢南）	座	2	2	万吨/年	80	80	1997 年 9 月～2014 年 3 月		德国卖索
1 号、2 号 RH 炉（二钢北）	座	2	2	万吨/年	260	260	2007 年 4 月/2011 年 7 月		奥地利
真空氧气脱碳装置	座	2	2	万吨/年	90	90			
VOD 精炼炉（二钢南）	座	1	1	万吨/年	60	60	2002 年 10 月		意大利达涅利
VOD 精炼炉（二钢北）	座	1	1	万吨/年	30	30	2012 年 12 月		奥地利 VAI
氩氧精炼炉	座	3	3	万吨/年	300	300			
AOD 炉（二钢北）	座	3	3	万吨/年	300	300	2006 年 9 月/2013 年 6 月		奥地利
其他精炼炉	座	5	5	万吨/年	85.2	85.2			
中频炉（二钢南）	座	1	1	万吨/年	10	10	2013 年 6 月		德国 ABP
中频炉（二钢北）	座	3	3	万吨/年	75	75	2013 年 11 月		德国 ABP
6 吨真空感应炉（型材镍基合金）	座	1	1	万吨/年	0.2	0.2	2017 年 1 月		苏州振湖电炉有限公司
连铸机									
方坯连铸机	台	1	1	万吨/年	30	30			
方坯连铸机（一钢）	台	1	1	万吨/年	30	30	2014 年		上海新中
方板坯连铸机	台	1	1	万吨/年	60	60			
3 号连铸机	台	1	1	万吨/年	60	60	2003 年 3 月	2007 年 5 月	意大利达涅利

续表 10-69

设备名称及类型	设备数量			设备能力			设备投产时间	设备末次更新改造时间	设备制造国家、公司
	计量单位	安装数量	其中：使用数量	计量单位	安装设备能力	其中：使用设备能力			
板坯连铸机									
普通板坯连铸机	台	9	9	万吨/年	1142	1142			
1号、2号、4号连铸机	台	3	3	万吨/年	300	300	1995年12月/1998年6月/2002年10月	2005年12月	奥地利
0号、1号、2号、3号连铸机	台	4	4	万吨/年	500	500	2006年9月		奥地利
斜出坯式连铸机	台	1	1	万吨/年	42	42	1985年	2004年	西安重型机械研究所
4号连铸机	台	1	1	万吨/年	300	300	2012年2月		奥地利
圆坯连铸机	台	1	1	万吨/年	50	50			
ϕ390、ϕ550、ϕ690、ϕ800三流圆坯连铸机	台	1	1	万吨/年	50	50	2015年3月		西马克
钢加工设备									
钢压延加工设备									
初轧开坯设备									
初轧机	套	1	1	万吨/年	100	100			
初轧机	套	1	1	万吨/年	100	100	1958年	2004年	苏联
线材轧机									
高速线材轧机	套	1	1	万吨/年	20	20			
650轧机	套	1	1	万吨/年	20	20	1981年		中国
中厚板轧机	套	3	3	万吨/年	156	156			
3300轧机	套	2	2	万吨/年	120	120			

续表 10-69

设备名称及类型	设备数量			设备能力			设备投产时间	设备末次更新改造时间	设备制造国家、公司
	计量单位	安装数量	其中：使用数量	计量单位	安装设备能力	其中：使用设备能力			
2300 中厚板轧机	套	1	1	万吨/年	36	36	1966 年 8 月		苏联
热轧宽钢带轧机	套	2	2	万吨/年	700	700			
1549 轧机	套	1	1	万吨/年	300	300	1994 年 8 月	2002 年 10 月	日本
2250 轧机	套	1	1	万吨/年	400	400	2006 年 6 月		中国二重
冷轧宽钢带轧机									
单机架冷轧宽钢带轧机	套	23	23	万吨/年	639	639			
2300 四辊可逆式冷轧机	套	1	1	万吨/年	3	3	1971 年 8 月		中国上海重型机器厂
二十辊轧机	套	1	1	万吨/年	15	15	1997 年 6 月		法国 DMS 公司
二十辊轧机	套	1	1	万吨/年	20	20	2007 年 4 月		法国 DMS 公司
0 号轧机	套	1	1	万吨/年	5	5	1970 年 4 月		德国斯洛曼
1 号轧机	套	1	1	万吨/年	7	7	1996 年 9 月		法国 DMS 公司
2~3 号轧机	套	2	2	万吨/年	20	20	2002 年 10 月		法国 DMS 公司
4~8 号轧机	套	5	5	万吨/年	250	250	2005 年 9 月		德国 SMS 公司
9 号轧机	套	1	1	万吨/年	20	20	2006 年 11 月	2007 年 4 月	德国 SUNDWIG
10 号轧机	套	1	1	万吨/年	30	30	2007 年 6 月		德国 SUNDWIG
11 号轧机	套	1	1	万吨/年	20	20	2009 年 4 月		法国 DMS
12 号轧机	套	1	1	万吨/年	13	13	2012 年 3 月		法国 DMS
森吉米尔二十辊轧机	套	4	4	万吨/年	36	36	2012 年		法国 DMS
酸连轧机组（冷硅）	套	1	1	万吨/年	100	100		2014 年 6 月	日本
400 线五机架连续式	套	1	1	万吨/年	50	50	2014 年 7 月		法国 DMS
300 线五机架连续式	套	1	1	万吨/年	50	50	2014 年 8 月		法国 DMS

续表 10-69

设备名称及类型	设备数量			设备能力			设备投产时间	设备末次更新改造时间	设备制造国家、公司
	计量单位	安装数量	其中：使用数量	计量单位	安装设备能力	其中：使用设备能力			
冷轧窄钢带轧机	套	2	2	万吨/年	2.2	2.2			
1 号、2 号轧机（精带）	套	2	2	万吨/年	2.2	2.2	2009 年 11 月		德国松德维克
钢加工辅助设备									
平整机	台	5	5	万吨/年	242.05	242.05			
2250 毫米轧线平整机组	台	1	1	万吨/年	100.75	100.75	2006 年 6 月		意大利米诺
2 号平整机组	台	1	1	万吨/年	28	28	2002 年		德国松德维克
3 号平整机组	台	1	1	万吨/年	35	35	2007 年 1 月		德国松德维克
1 号平整机组	台	1	1	万吨/年	3.3	3.3	1965 年		德国施罗曼
平整机组（1549 毫米轧线）	台	1	1	万吨/年	75	75	2012 年		意大利米诺设计（常宝菱制造）
钢带（板卷）退火炉	座	95	95	万吨/年	801.84	798.84			
锻压 1~4 号	座	4	4	万吨/年	20	20	1953 年		
锻压 5~7 号	座	3	3	万吨/年	20	20	1963 年		
快锻 1~3 号	座	3	3	万吨/年	120	120	1994 年 8 月		中国二十冶机械安装工程公司
均热退火炉	座	1	1	万吨/年	160	160	1994 年		太钢修建公司
精整 1 号、2 号退火炉	座	2	2	万吨/年	40	40	1964 年		
精整 3 号、4 号退火炉	座	2	2	万吨/年	80	80	1964 年		
径锻 1 号退火炉	座	1	1	万吨/年	50	50	2010 年 10 月		中国联合
径锻 2~4 号退火炉	座	4	4	万吨/年	180	180	2010 年 10 月		中国联合
全氢煤气罩式退火炉	座	41	41	万吨/年	54	54	2005 年		奥地利
全氢煤气罩式退火炉	座	18	18	万吨/年	29	29	2007 年		奥地利
罩式退火炉（线材厂）	座	1	1	万吨/年	0.84	0.84	2009 年 6 月		中国

续表 10-69

设备名称及类型	设备数量			设备能力			设备投产时间	设备末次更新改造时间	设备制造国家、公司
	计量单位	安装数量	其中：使用数量	计量单位	安装设备能力	其中：使用设备能力			
电加热罩式炉（热轧厂）	座	2	2	万吨/年	2	2	2000 年 12 月		中国
新常化线（热轧）	座	1	1	万吨/年	8	5	2006 年 7 月		太钢建设公司
电加热罩式炉（冷硅厂）	座	10	10	万吨/年	3	3	2006 年 7 月		中国
1 号连续退火、涂层处理（冷硅厂）	座	1	1	万吨/年	15	15	1997 年 9 月	2005 年 12 月	法国
2 号连续退火、涂层处理（冷硅厂）	座	1	1	万吨/年	20	20	2007 年 1 月		中冶南方
钢带（板卷）酸洗机组	套	17	17	万吨/年	428.2	428.2			
中厚板连续酸洗线	套	1	1	万吨/年	17	17			
连续酸洗线（热轧厂）	套	1	1	万吨/年	10	10			
常化酸洗机组	套	1	1	万吨/年	15	15	2007 年		
推拉式酸洗机组	套	1	1	万吨/年	22	22	1967 年		德国
1 号、2 号光亮线	套	2	2	万吨/年	2.4	2.4	2010 年 6 月		奥地利 Ebner
0 号热线酸洗机组	套	1	1	万吨/年	4.8	4.8	1967 年		德国施罗曼
1 号热线酸洗机组	套	1	1	万吨/年	80	80	2004 年 12 月		法国 DMS
2 号热线酸洗机组	套	1	1	万吨/年	115	115	2006 年 12 月		法国 DMS
4 号热线酸洗机组	套	1	1	万吨/年	38	38	2013 年 7 月		中国太钢工程技术公司
混线酸洗机组	套	1	1	万吨/年	15	15	1998 年 12 月		法国 DMS
1~3 号冷线酸洗机组	套	3	3	万吨/年	85	85	2006 年 2 月		法国 DMS
窄幅光亮线酸洗机组	套	1	1	万吨/年	4	4	1967 年 11 月	2004 年	法国 DMS
宽幅光亮线酸洗机组	套	1	1	万吨/年	15	15	2012 年 9 月		法国 DMS
0 号冷线酸洗机组	套	1	1	万吨/年	5	5	1967 年		德国施罗曼
钢带（板卷）横切机组	套	5	5	万吨/年	135	135			

续表 10-69

设备名称及类型	设备数量			设备能力			设备投产时间	设备末次更新改造时间	设备制造国家、公司
	计量单位	安装数量	其中：使用数量	计量单位	安装设备能力	其中：使用设备能力			
横切线（2250 毫米）	套	1	1	万吨/年	62	62	2007 年 1 月		西班牙 FAGOR
1 号、2 号横切机组	套	2	2	万吨/年	4	4	1967~1991 年		德国施罗曼
3 号横切机组	套	1	1	万吨/年	49	49	2007 年 1 月		西班牙 FAGOR
4 号横切线	套	1	1	万吨/年	20	20	2007 年 12 月		西班牙 FAGOR
钢带（板卷）纵切机组	套	14	14	万吨/年	150. 8	150. 8			
1 号、3~7 号纵切机组	套	6	6	万吨/年	89	89	2007 年		德国
2 号纵切机组	套	1	1	万吨/年	1	1	1984 年		德国松德维克
1~4 号纵切（精带）	套	4	4	万吨/年	5. 8	5. 8	2010 年 1 月		德国 B+S
拉矫线	套	1	1	万吨/年	20	20	2006 年 3 月		德国松德维克
8~9 号纵切机组	套	2	2	万吨/年	35	35	2012 年		德国 GEOGR
钢材热处理设备	套	13	11	万吨/年	1048. 9	1048. 1			
中厚板热处理生产线	套	1	1	万吨/年	28	28			
2 号加热炉	套	1	1	万吨/年	23	23	2002 年 3 月		北京神雾公司
0~3 号步进式加热炉	套	4	4	万吨/年	770	770			中国北京凤凰炉
1~4 号步进式加热炉	套	4	4	万吨/年	227	227	2006 年		中国重庆赛迪
1 号、2 号、3 号段连续加热炉（热轧）	套	3	1	万吨/年	0. 9	0. 1	2005 年 12 月		中国北京凤凰炉
洗煤、炼焦、煤气及煤化工产品生产设备									
机械化焦炉	座	3	3	万吨/年	330	330			
7 号、8 号焦炉	座	2	2	万吨/年	220	220	2007 年 11 月		国产
9 号焦炉	座	1	1	万吨/年	110	110	2013 年 10 月		国产

（4）西宁特殊钢股份有限公司专业产品主要生产设备见表10-70。

表10-70 西宁特殊钢股份有限公司专业产品主要生产设备

设备名称及类型	设备数量			设备能力			设备出厂时间	设备投产时间	设备末次更新改造时间	设备制造国家、公司
	计量单位	安装数量	其中：使用数量	计量单位	安装设备能力	其中：使用设备能力				
人造块矿设备										
烧结机										
铁矿烧结机										
1号烧结	台	1	1	万吨/年	136	136	2005年1月	2005年1月		中冶东方工程技术有限公司
2号烧结	台	1	1	万吨/年	150	150	2011年11月	2011年11月		中冶东方工程技术有限公司
炼铁及铸铁设备										
高炉										
2号高炉	台	1	1	万吨/年	60	60	2005年1月	2005年1月	2010年5月	中冶东方工程技术有限公司
3号高炉	台	1	1	万吨/年	100	100	2011年11月	2011年11月	无	中冶东方工程技术有限公司
炼钢设备										
转炉	座			万吨/年						
顶吹转炉	座	1	1	万吨/年	80	80				
转炉	座	1	1	万吨/年	80	80				
电炉										
交流电弧炉	座	2	2	万吨/年	140	140				
电弧炉	座	1	1	万吨/年	70	70				
电弧炉	座	1	1	万吨/年	70	70				
电渣重熔炉	座	30	30	万吨/年	10	10				
重熔炉	座	30	30	万吨/年	10	10				
连铸机										

续表 10-70

设备名称及类型	设备数量			设备能力			设备出厂时间	设备投产时间	设备末次更新改造时间	设备制造国家、公司
	计量单位	安装数量	其中：使用数量	计量单位	安装设备能力	其中：使用设备能力				
方坯连铸机	台	3	3	万吨/年	140	140				
连铸机	台	2	2	万吨/年	60	60	1997 年	1997 年		
连铸机	台	1	1	万吨/年	80	80	2013 年	2013 年		
炼钢辅助设备										
制氧机	台	3	3	万立方米/年	87000	87000				
15000 立方米/时	台	1	1	万立方米/年	15000	15000				中国杭氧
12000 立方米/时	台	1	1	万立方米/年	12000	12000				中国杭氧
6000 立方米/时	台	1	1	万立方米/年	60000	60000				美国
钢加工设备										
钢压延加工设备										
初轧开坯设备										
开坯机	套	2	2	万吨/年	130	130				
750 轧机	套	1	1	万吨/年	80	80	2002 年	2002 年		
1050 DB 轧机	套	1	1	万吨/年	50	50	2015 年	2015 年		
小型型钢轧机	套	3	3	万吨/年	194.5	194.5				
小棒	套	1	1	万吨/年	45.5	45.5	2013 年 3 月	2013 年 9 月		
连续无扭棒材轧机组 18 架	套	1	1	万吨/年	79	79	2006 年	2006 年		

续表 10-70

设备名称及类型	设备数量			设备能力			设备出厂时间	设备投产时间	设备末次更新改造时间	设备制造国家、公司
	计量单位	安装数量	其中：使用数量	计量单位	安装设备能力	其中：使用设备能力				
大棒	套	1	1	万吨/年	70	70	2014 年	2014 年		
加热炉	座	2	2	万吨/年	0	0				
连续式加热炉	座	1	1	万吨/年	0	0	2015 年	2015 年		
斯坦因加热炉	座	1	1	万吨/年	0	0	2013 年	2013 年		
特种轧机										
冷拉钢材轧机	台	2	2	万吨/年	0.5	0.5				
冷拔机	台	1	1	万吨/年	0.3	0.3	1997 年	1997 年		
冷拔机	台	1	1	万吨/年	0.2	0.2	1997 年	1997 年		
其他压延设备										
锻锤	台	1	1	万吨/年	5	5				
快锻机	台	1	1	万吨/年	5	5				沈阳重机
洗煤、炼焦、煤气及煤化工产品生产设备										
机械化洗煤机	套	1	1	(处理)万吨/年	90	70				
洗煤机	套	1	1	(处理)万吨/年	90	70				
简易洗煤机	套			(处理)万吨/年						
机械化焦炉	座	2	2	万吨/年	70	70				
焦炉	座	2	2	万吨/年	70	70			2002 年	
煤气净化处理系统	套	2	1	立方米/时	43000	43000				

续表 10-70

设备名称及类型	设备数量			设备能力			设备出厂时间	设备投产时间	设备末次更新改造时间	设备制造国家、公司
	计量单位	安装数量	其中：使用数量	计量单位	安装设备能力	其中：使用设备能力				
煤气净化	套	2	1	立方米/时	43000	43000	2004 年	2005 年		扬州庆松化工设备有限公司
氨回收设备	套	2	1	吨/年	43000	43000				
氨气回收	套	2	1	吨/年	43000	43000	2006 年	2007 年		济南冶金设备制造有限公司
苯回收设备	套	1	1	吨/年	80	80				
笨回收	套	1	1	吨/年	80	80	2006 年	2007 年		中国化学工程第十三建设公司

（5）河北钢铁集团舞阳钢铁有限责任公司专业产品主要生产设备见表 10-71。

表 10-71 河北钢铁集团舞阳钢铁有限责任公司专业产品主要生产设备

设备名称及类型	设备数量			设备能力			设备出厂时间	设备投产时间	设备末次更新改造时间	设备制造国家、公司
	计量单位	安装数量	其中：使用数量	计量单位	安装设备能力	其中：使用设备能力				
高炉 1260 立方米	座	1	1	万吨	100	100		2014 年 3 月		第一冶金制造公司
转炉 120 吨	座	1	1	万吨	130	100		2012 年 9 月		中信重工
1 号电炉 90 吨	座	1	1	万吨	100	100		2005 年 1 月		西安电炉变压厂
2 号电炉 90 吨	座	1	1	万吨	100	100		1991 年 12 月		奥钢联
3 号电炉	座	1	1	万吨	100	100		2007 年 2 月		西安电炉变压厂
1 号板坯连铸机	套	1	1	万吨	40	40		1992 年 11 月		西安重型研究所
2 号板坯连铸机	套	1	1	万吨	100	100		2007 年 2 月		西安重型研究所
3 号板坯连铸机	套	1	1	万吨	100	100		2008 年 11 月		西安重型研究所
宽厚板轧机	套	1	1	万吨	130	130		1978 年 9 月		二重
宽厚板轧机	套	1	1	万吨	160	160		2007 年 5 月		奥钢联

（6）天津钢管制造有限公司专业产品主要生产设备见表10-72。

表10-72 天津钢管制造有限公司专业产品主要生产设备

设备名称及类型	设备数量			设备能力			设备出厂时间	设备投产时间	设备末次更新改造时间	设备制造国家、公司
	计量单位	安装数量	其中：使用数量	计量单位	安装设备能力	其中：使用设备能力				
铁矿烧结机	台	1	1	万吨/年	105	105	2004年6月	2004年12月		沈阳冶金机械厂
高炉	座	1	1	万吨/年	96	96	2004年	2005年		
交流电弧炉	座	1	1	万吨/年	120	120	1991年	1992年	2010年10月	意大利德兴公司
交流电弧炉	座	1	1	万吨/年	100	100	2004年	2005年		意大利德兴公司
圆坯连铸机	台	1	1	万吨/年	120	120	1991年	1992年	2002年	德国西马克公司
圆坯连铸机	台	1	1	万吨/年	100	100	2004年	2005年		赛瑞机器制造公司
圆坯连铸机	台	1	1	万吨/年	100	100	2008年	2009年		赛瑞机器制造公司
ϕ250毫米MPM连轧机组	台	1	1	万吨/年	90	90	1992年	1993年	2004年	意大利INNSE公司
ϕ258毫米PQF轧管机组	台	1	1	万吨/年	50	50	2007年	2008年		德国SMS MEER公司
ϕ168毫米PQF轧管机组	台	1	1	万吨/年	60	60	2002年	2003年		德国SMS MEER公司
ϕ219毫米ASSEL轧管机组	台	1	1	万吨/年	27	0	2004年	2005年		德国ASSEL
ϕ460毫米PQF轧管机组	台	1	1	万吨/年	70	70	2006年	2007年		德国SMS MEER公司
ϕ508毫米PQF轧管机组	台	1	1	万吨/年	50	50	2011年4月	2012年5月		德国SMS MEER公司
ϕ720毫米旋扩机轧管机组	台	1	1	万吨/年	8	8	2008年	2009年		太原通泽公司

（7）石家庄钢铁有限责任公司专业产品主要生产设备见表 10-73。

表 10-73 石家庄钢铁有限责任公司专业产品主要生产设备

设备名称及类型	设备数量			设备能力			设备出厂时间	设备投产时间	设备末次更新改造时间	设备制造国家、公司
	计量单位	安装数量	其中：使用数量	计量单位	安装设备能力	其中：使用设备能力				
炼钢设备	座	2	2		200	200				
电弧炉	座	2	2		200	200				
直流电弧炉	座	2	2		200	200				
1 号电炉，公称容量 130 吨	座	1	1	万吨/年	100	100	2020 年 5 月	2020 年 11 月		意大利西马克公司
2 号电炉，公称容量 130 吨	座	1	1	万吨/年	100	100	2020 年 10 月	2021 年 4 月		意大利西马克公司
连铸机	套（台）	4	4		200	200				
电炉连铸机	套（台）	4	4		200	200				
1 号连铸机，连铸类型：R10 米、六机六流	套（台）	1	1	万吨/年	57	57	2020 年 5 月	2020 年 11 月		中国重工设计院
2 号连铸机，连铸类型：R12 米、五机五流	套（台）	1	1	万吨/年	62	62	2020 年 5 月	2020 年 11 月		中国重工设计院
3 号连铸机，连铸类型：R16.5 米、三机三流	套（台）	1	1	万吨/年	51	51	2020 年 10 月	2021 年 4 月		中冶京诚
立式连铸机，三机三流	套（台）	1	1	万吨/年	30	30	2021 年 6 月	2021 年 12 月		西马克康卡斯特公司
轧钢设备	套（台）	4	4		192	192				

续表 10-73

设备名称及类型	设备数量			设备能力			设备出厂时间	设备投产时间	设备末次更新改造时间	设备制造国家、公司
	计量单位	安装数量	其中：使用数量	计量单位	安装设备能力	其中：使用设备能力				
中棒线，17 架全连轧	套（台）	1	1	万吨/年	70	70	2020 年 5 月	2020 年 8 月		广东恒华重工
小棒线，22 架全连轧	套（台）	1	1	万吨/年	55	55	2020 年 5 月	2020 年 11 月		广东恒华重工
大棒线，8 架全连轧	套（台）	1	1	万吨/年	42	42	2020 年 1 月	2020 年 11 月		中冶赛迪
高线，16 架全连轧	套（台）	1	1	万吨/年	25	25	2020 年 10 月	2021 年 4 月		中冶赛迪

（8）攀钢集团江油长城特殊钢有限公司专业产品主要生产设备见表 10-74。

表 10-74 攀钢集团江油长城特殊钢有限公司专业产品主要生产设备

设备名称及类型	设备数量			设备能力			设备出厂时间	设备投产时间	设备末次更新改造时间	设备制造国家、公司
	计量单位	安装数量	其中：使用数量	计量单位	安装设备能力	其中：使用设备能力				
炼钢设备										
电炉										
101 车间 40 吨超高功率电弧炉	座	1	1	万吨/年	18	18	1993 年	1994 年	2004 年 7 月	无锡四方公司
401 车间 1 号超高功率电弧炉	座	1	1	万吨/年	19.2	19.2	2015 年	2015 年 11 月	2021 年 12 月	长春电炉成套设备有限责任公司
401 车间 5 号超高功率电弧炉	座	1	1	万吨/年	19.2	19.2	2014 年	2014 年 7 月		长春电炉成套设备有限责任公司
真空感应炉										

续表 10-74

设备名称及类型	设备数量			设备能力			设备出厂时间	设备投产时间	设备末次更新改造时间	设备制造国家、公司
	计量单位	安装数量	其中：使用数量	计量单位	安装设备能力	其中：使用设备能力				
特冶车间 6 吨真空感应炉（M3/M4）	座	1	1	万吨/年	0.30	0.30	2006 年 1 月	2006 年 1 月		美国 CONSAR
特冶车间 FV-132 真空感应炉（3000P）	座	1	1	万吨/年	0.057	0.057	1972 年 1 月	1972 年 1 月	1991 年 1 月	英国 WISHAW
真空感应炉（M5）	座	1	1	万吨/年	0.44	0.44	2018 年 10 月	2019 年 10 月		应达工业（上海）有限公司（美国康萨克）
真空感应炉（M6）	座	1	1	万吨/年	0.05	0.05	2020 年 10 月	2022 年 1 月		鑫蓝海
真空感应炉（M7）	座	1	1	万吨/年	0.22	0.22	2021 年	2022 年 6 月		鑫蓝海
非真空感应炉										
特冶车间 5 吨非真空感应炉（H1/H2）	座	1	1	万吨/年	0.60	0.60	1967 年	1967 年		日本东京
合金熔融炉（H3）	座	1	1	万吨/年	3.63	3.63	2022 年 3 月	2022 年 7 月		鞍钢集团工程技术有限公司
真空自耗炉	座	2	2	万吨/年	0.29	0.29				
特冶车间 L700-P7 真空自耗炉 R1（7 吨）	座	1	1			0.14	2006 年 4 月	2006 年 4 月		日本大同
特冶车间真空自耗炉 R2（3 吨钛、6 吨钢）	座	1	1			0.1	2009 年	2012 年		德国 ALD
真空自耗炉（R3）	座	1	1	万吨/年	0.22	0.22	2019 年 8 月	2019 年 11 月		应达工业（上海）有限公司（美国康萨克）
真空自耗炉（R4）	座	1	1	万吨/年	0.22	0.22	2021 年 1 月	2021 年 3 月		苏州爱立德（ALD）
真空自耗炉（R5）	座	1	1	万吨/年	0.15	0.15	2020 年 9 月	2020 年 11 月		苏州爱立德（ALD）
真空自耗炉（R6）	座	1	1	万吨/年	0.21	0.21	2021 年 5 月	2021 年 7 月		苏州爱立德（ALD）
真空自耗炉（R7）	座	1	1	万吨/年	0.21	0.21	2021 年 5 月	2021 年 7 月		苏州爱立德（ALD）
真空自耗炉（R8）	座	1	1	万吨/年	0.13	0.13	2021 年 7 月	2021 年 11 月		苏州爱立德（ALD）

续表 10-74

设备名称及类型	设备数量			设备能力			设备出厂时间	设备投产时间	设备末次更新改造时间	设备制造国家、公司
	计量单位	安装数量	其中：使用数量	计量单位	安装设备能力	其中：使用设备能力				
真空自耗炉（R9）	座	1	1	万吨/年	0.13	0.13	2021 年 7 月	2021 年 11 月		苏州爱立德（ALD）
真空自耗炉（3 吨）	座	1	1	万吨/年	0.10	0.09	2008 年 12 月	2009 年 3 月	2013 年 10 月	宝鸡宝钛装备科技有限公司
真空自耗炉（3 吨）	座	1	1	万吨/年	0.10	0.09	2008 年 12 月	2009 年 3 月	2013 年 10 月	宝鸡宝钛装备科技有限公司
真空自耗炉（10 吨）	座	1	1	万吨/年	0.22	0.20	2011 年 7 月	2011 年 1 月	2013 年 12 月	宝鸡宝钛装备科技有限公司
真空自耗炉（10 吨）	座	1	1	万吨/年	0.22		2022 年 8 月	2022 年 11 月		宝鸡宝钛装备科技有限公司
真空自耗炉（6 吨）	座	1	1	万吨/年	0.13		2022 年 10 月	2023 年 1 月		德国 ALD 真空技术有限公司
真空自耗炉（10 吨）	座	1	1	万吨/年	0.22	0.21	2008 年 12 月	2009 年 4 月		德国 ALD 真空技术有限公司
电渣重熔炉										
特冶车间 A1 电渣炉（1 吨）	座	1	1	万吨/年	0.13	0.13	1978 年 1 月	1978 年 1 月		长钢机修厂
特冶车间 A2 电渣炉（1 吨）	座	1	1	万吨/年	0.13	0.13	1978 年 1 月	1978 年 1 月		长钢机修厂
特冶车间 A3 电渣炉（2.5 吨）	座	1	1	万吨/年	0.18	0.18	1978 年 1 月	1978 年 1 月		长春电炉厂
特冶车间 A4 电渣炉（5 吨）	座	1	1	万吨/年	0.30	0.30	1999 年 4 月	1999 年 4 月		长城钢厂机修厂
特冶车间 A5 电渣炉（3 吨）	座	1	1	万吨/年	0.18	0.18	2020 年	2020 年		鑫蓝海自动化科技有限公司
特冶车间 A6 电渣炉（3 吨）	座	1	1	万吨/年	0.18	0.18	2020 年	2020 年		鑫蓝海自动化科技有限公司
特冶车间 A7 电渣炉（3 吨）	座	1	1	万吨/年	0.25	0.25	2012 年	2012 年 7 月		潍坊亚东冶金设备有限责任公司
特冶车间 A8 电渣炉（3 吨）	座	1	1	万吨/年	0	0	2012 年	2012 年 7 月		潍坊亚东冶金设备有限责任公司
特冶车间 A9 电渣炉（1 吨）	座	1	1	万吨/年	0	0	2012 年	2012 年 7 月		沈阳华盛
特冶车间 A10 电渣炉（1 吨）	座	1	1	万吨/年	0	0	2012 年	2012 年 7 月		沈阳华盛
特冶车间 A11 电渣炉（2.5 吨）	座	1	1	万吨/年	0	0	2007 年	2007 年 1 月		西安中新冶金设备公司
特冶车间 A12 电渣炉（2.5 吨）	座	1	1	万吨/年	0	0	2008 年	2008 年	2012 年 8 月	冶金公司
特冶车间 A13 电渣炉（3 吨）	座	1	1	万吨/年	0	0	2011 年	2011 年 11 月	2018 年 2 月	辽宁重工

续表 10-74

设备名称及类型	设备数量			设备能力			设备出厂时间	设备投产时间	设备末次更新改造时间	设备制造国家、公司
	计量单位	安装数量	其中：使用数量	计量单位	安装设备能力	其中：使用设备能力				
特冶车间 A14 电渣炉（7 吨）	座	1	1	万吨/年	0	0	2012 年	2012 年 9 月		德国　ALD
特冶车间 A15 电渣炉（25 吨）	座	1	1	万吨/年	1	1	2011 年	2013 年 9 月		沈阳华盛冶金技术与设备制造有限公司
特冶车间 A16 电渣炉（7 吨）	座	1	1	万吨/年	0	0	2020 年	2020 年	2020 年	鑫蓝海自动化科技有限公司
特冶车间 A17 电渣炉（3 吨）	座	1	1	万吨/年	0. 2	0. 2	2020 年	2020 年		鑫蓝海自动化科技有限公司
特冶车间 A18 电渣炉（3 吨）	座	1	1	万吨/年	0. 18	0. 18	2020 年	2020 年		鑫蓝海自动化科技有限公司
特冶车间 A19 电渣炉（3 吨）	座	1	1	万吨/年	0. 18	0. 18	2021 年	2021 年		鑫蓝海自动化科技有限公司
特冶车间 A20 电渣炉（3 吨）	座	1	1	万吨/年	0. 18	0. 18	2021 年	2021 年		鑫蓝海自动化科技有限公司
特冶车间 A21 电渣炉（3 吨）	座	1	1	万吨/年	0. 18	0. 18	2021 年	2021 年		鑫蓝海自动化科技有限公司
特冶车间 A22 电渣炉（3 吨）	座	1	1	万吨/年	0. 18	0. 18	2021 年	2021 年		鑫蓝海自动化科技有限公司
特冶车间 A23 电渣炉（3 吨）	座	1	1	万吨/年	0. 18	0. 18	2021 年	2021 年		鑫蓝海自动化科技有限公司
特冶车间 A24 电渣炉（3 吨）	座	1	1	万吨/年	0. 18	0. 18	2021 年	2021 年		鑫蓝海自动化科技有限公司
特冶车间 A25 电渣炉（7 吨）	座	1	1	万吨/年	0. 3	0. 3	2021 年	2021 年 10 月		辽宁重工
特冶车间 A26 电渣炉（7 吨）	座	1	1	万吨/年	0. 3	0. 3	2021 年	2021 年 9 月		辽宁重工
特冶车间 A27 电渣炉（7 吨）	座	1	1	万吨/年	0. 3	0. 3	2021 年	2021 年 8 月		辽宁重工
特冶车间 A28 电渣炉（18 吨）	座	1	1	万吨/年	0. 39	0. 39	2021 年	2022 年 2 月		ALD（爱力德欣安真空设备有限公司）
特冶车间 A29 电渣炉（12 吨）	座	1	1	万吨/年	0. 36	0. 36	2021 年	2022 年 3 月		ALD（爱力德欣安真空设备有限公司）
特冶车间 A30 电渣炉（5 吨）	座	1	1	万吨/年	0. 23	0. 23	2021 年	2022 年 1 月		Consarc 应达工业（上海）有限公司

续表 10-74

设备名称及类型	设备数量			设备能力			设备出厂时间	设备投产时间	设备末次更新改造时间	设备制造国家、公司
	计量单位	安装数量	其中：使用数量	计量单位	安装设备能力	其中：使用设备能力				
特冶车间 A28 电渣炉（18 吨）	座	1	1	万吨/年	0.39	0.39	2021 年	2022 年 2 月		ALD（爱力德欣安真空设备有限公司）
特冶车间 A29 电渣炉（12 吨）	座	1	1	万吨/年	0.36	0.36	2021 年	2022 年 3 月		ALD（爱力德欣安真空设备有限公司）
特冶车间 A30 电渣炉（5 吨）	座	1	1	万吨/年	0.23	0.23	2021 年	2022 年 1 月		Consarc 应达工业（上海）有限公司
钢包炉（LF）										
101 车间 LF 加热炉	座	1	1	万吨/年	9	9	2004 年	2004 年		西安中新冶金设备公司
401 车间 1 号 DCLF 加热炉	座	1	1	万吨/年	6	6	1992 年 1 月	1992 年 6 月		中国/长特四厂
401 车间 2 号 ACLF 加热炉	座	1	1	万吨/年	6	6	2002 年 12 月	2003 年 1 月		中国/西安中兴电炉设备有限公司
401 车间 3 号 ACLF 加热炉	座	1	1	万吨/年	6	6	1995 年 5 月	1995 年 7 月		中国/长城特钢
401 车间 4 号 ACLF 加热炉	座	1	1	万吨/年	6	6	2018 年 1 月	2018 年 3 月		西安骅衢
真空脱气装置（VD）										
101 车间 VD 精炼炉	座	1	1	万吨/年	6	6	2004 年	2004 年	2000 年 2 月	西安向阳设备公司
401 车间 VD 精炼炉	座	1	1	万吨/年	6	6	1996 年 3 月	1996 年 9 月	2008 年 1 月	中国/西安电炉研究所
真空氧气脱碳装置										
401 车间 VOD 钢包精炼炉	座	1	1	万吨/年	6	6	1989 年 8 月	1990 年 3 月	2007 年 1 月	中国/长特公司机电厂
氩氧精炼炉										
101 车间 AOD 炉	座	1	1	万吨/年	28.47	28.47	2013 年	2013 年		鞍钢集团信息产业有限公司
连铸机										
方坯连铸机										

续表 10-74

设备名称及类型	设备数量			设备能力			设备出厂时间	设备投产时间	设备末次更新改造时间	设备制造国家、公司
	计量单位	安装数量	其中：使用数量	计量单位	安装设备能力	其中：使用设备能力				
R9/17.5 合金钢小方坯连铸机组	套	1	1	万吨/年	20	20	1989 年	1989 年	2014 年 5 月	西德克虏伯公司
钢压延加工设备										
初轧及开坯机										
825 初轧机	套	1	1	万吨/年	25.00	25.00	1959 年	1981 年 1 月		一重
钢材加工设备										
大型型钢轧机										
825 精轧机	套	1	1	万吨/年	15	15	1959 年	1981 年		一重
普通中型型钢轧机										
550 粗轧机/三重悬挂式 EX3-8 型	架	4	4	万吨/年	6.80	6.80	1966 年 1 月	1971 年		日本 KOBE
普通小型型钢轧机										
小规格轧材生产线（军工小圆）	套	1	1	万吨/年	0.47	0.47	2019 年 6 月	2019 年 8 月		四川鸿舰重型机械制造有限责任公司
高速线材轧机										
棒线材连轧机	套	1	1	万吨/年	45	45				
2 架 750 轧机组	架	2	2	万吨/年	39.00	39.00	2008 年 12 月	2009 年 6 月		中冶陕压重工设备有限公司
4 架 650 轧机组	架	4	4	万吨/年	39	39	2008 年 12 月	2009 年 6 月		中冶陕压重工设备有限公司
6 架 535 轧机组	架	6	6	万吨/年	39	39	2008 年 12 月	2009 年 6 月		赛迪重工
6 架 385 轧机组	架	6	6	万吨/年	39	39	2008 年 12 月	2009 年 6 月		赛迪重工
5 架减定径机组	架	5	5	万吨/年	39	39	2008 年 12 月	2009 年 6 月		赛迪重工
8 架 BGV 线材精轧机组	架	8	8	万吨/年	6	6	1996 年	1996 年	2022 年 7 月	赛迪重工
4 架 TMB 线材精轧机组	架	4	4	万吨/年	6	6	1996 年	1996 年	2009 年 12 月	DANIELI

续表 10-74

设备名称及类型	设备数量			设备能力			设备出厂时间	设备投产时间	设备末次更新改造时间	设备制造国家、公司
	计量单位	安装数量	其中：使用数量	计量单位	安装设备能力	其中：使用设备能力				
大盘卷机组	套	1	1	万吨/年	3	3	2018 年	2018 年		DANIELI
热轧薄板轧机										
304 车间二辊周期式	套	1	1	万吨/年	1. 5	1. 5	1969 年	1971 年		太原重机厂
304 车间三辊劳特式	套	1	1	万吨/年	1	1	1969 年	1971 年		太原重机厂
冷轧薄板轧机										
304 车间四辊可逆式	套	1	1	万吨/年	1	1	1975 年	1975 年		上海重型机器厂
304 车间四辊可逆式	套	1	1	万吨/年	1	1	1975 年	1975 年		上海重型机器厂
热轧窄钢带轧机										
404 车间立辊轧机	套	1	1		6	6	1968 年	1968 年		上海重型机器厂
404 车间二辊轧机	套	1	1				1968 年	1968 年	2019 年 11 月	上海重型机器厂
404 车间四辊轧机	套	1	1	万吨/年			1968 年	1968 年		上海重型机器厂
热轧无缝管机										
76 热穿孔机组	套	1	1	万吨/年	0. 8	0. 6	1986 年 5 月	1987 年 12 月		二重
50 热轧无缝钢管轧机	台	1	1	万吨/年	0. 8	0. 6	2019 年 6 月	2019 年 11 月		太原通泽重工
冷轧钢管机										
皮尔格冷轧管机机组	套	1	1	万吨/年	0. 01	0. 01	1998 年 12 月	1998 年 12 月		德国曼内斯曼
皮尔格冷轧管机机组	套	1	1	万吨/年	0. 3	0. 3	1998 年 12 月	1998 年 12 月		德国曼内斯曼
冷轧管机	套	1	1	万吨/年	0. 1	0. 1	2007 年	2007 年		二重
冷轧管机	套	2	2	万吨/年	0. 25	0. 25	2007 年	2007 年		上海攀枝花机械厂
冷轧管机	套	1	1	万吨/年	0. 1	0. 1	2010 年	2010 年		上海攀枝花机械厂
冷轧管机	套	2	2	万吨/年	0. 04	0. 04	2011 年	2011 年		上海攀枝花机械厂

续表 10-74

设备名称及类型	设备数量			设备能力			设备出厂时间	设备投产时间	设备末次更新改造时间	设备制造国家、公司
	计量单位	安装数量	其中：使用数量	计量单位	安装设备能力	其中：使用设备能力				
冷轧管机	套	1	1	万吨/年	0.3	0.3	1994 年	1994 年		上海攀枝花机械厂
冷轧管机	套	1	1	万吨/年	0.5	0.43		1998 年		俄罗斯电钢城重机厂
冷轧钢管轧机	台	1	1	万吨/年	0.06	0.036	2019 年 1 月	2019 年 1 月		上海攀枝花机械厂
冷轧钢管轧机	台	1	1	万吨/年	0.06	0.036	2019 年 1 月	2019 年 1 月		上海攀枝花机械厂
冷轧钢管轧机	台	1	1	万吨/年	0.06	0.036	2019 年 1 月	2019 年 1 月		上海攀枝花机械厂
冷轧钢管轧机	台	1	1	万吨/年	0.036	0.012	2019 年 1 月	2019 年 1 月		上海攀枝花机械厂
冷轧钢管轧机	台	1	1	万吨/年	0.036	0.012	2019 年 1 月	2019 年 1 月		上海攀枝花机械厂
冷轧管机	台	1	1	万吨/年	0.0016	0.001	2022 年	2022 年		中国重型机械研究院股份公司成都分院
冷轧管机	台	1	1	万吨/年	0.45	0.45	2022 年	2022 年		中国重型机械研究院股份公司
冷轧管机	台	1	1	万吨/年	1.14	1.14	2022 年	2022 年		中国重型机械研究院股份公司
冷轧管机	台	1	1	万吨/年	0.156	0.156	2022 年	2022 年		江苏凯重钢管机械有限公司
三辊轧机	台	1	1	万吨/年	0.013	0.013	2021 年	2022 年		常州市兴通机械制造有限公司
三辊轧机	台	1	1	万吨/年	0.005	0.005	2021 年	2022 年		常州市兴通机械制造有限公司
三辊轧机	台	1	1	万吨/年	0.002	0.002	2021 年	2022 年		常州市兴通机械制造有限公司
高速轧机	台	2	2	万吨/年	0.476	0.476	2022 年	2022 年		中国重型机械研究院股份公司成都分院
高速轧机	台	1	1	万吨/年	0.037	0.037	2022 年	2022 年		中国重型机械研究院股份公司成都分院
冷拉钢材机										
C-11 连拔机	套	1	1	万吨/年	0.5	0.3	1969 年 1 月	1970 年 1 月	1993 年 1 月	日本

续表 10-74

设备名称及类型	设备数量			设备能力			设备出厂时间	设备投产时间	设备末次更新改造时间	设备制造国家、公司
	计量单位	安装数量	其中：使用数量	计量单位	安装设备能力	其中：使用设备能力				
C-12 连拔机	套	1	1	万吨/年	0.3	0.2	1969 年 1 月	1970 年 1 月	1993 年 1 月	日本
单链式拉拔机	套	1	1	万吨/年	0.4	0.3	1971 年 1 月	1972 年 1 月	1996 年 12 月	洛阳矿山机械厂
S80 剥皮机组	套	1	1	万吨/年	2	1.35	1998 年 5 月	1999 年 1 月	2003 年 6 月	德国
锻锤										
18 兆牛精锻机组（含 2 号无轨装出料机、7~11 号加热炉）	套	1	1	万吨/年	5.5	5.5	2011 年 9 月	2012 年 6 月		奥地利 GFM 公司
31.5/35 兆牛快锻机组（含有轨操作车、无轨装出料机，41~46 号加热炉）	套	1	1	万吨/年	2.2	2.2	2022 年 4 月	2022 年 9 月		德国 Siempelkamp
2000 吨快锻机组	套	1	1	万吨/年	2	2	1980 年	1982 年 4 月	2004 年 11 月	日本长崎机工株式会社
CKV45/50 兆牛快锻机组（含有轨操作机、1 号无轨装出料机、2~6 号加热炉）	套	1	1	万吨/年	3.5	3.5	2010 年 11 月	2011 年 11 月		捷克 ZDAS 公司
1 吨锤	台	1	1	万吨/年	0.6	0.6	2004 年 7 月	2004 年 8 月	2017 年 2 月	德阳二重基础件研究所
3 吨锤	台	1	1	万吨/年	0.6	0.6	2000 年	2000 年		德阳二重基础件研究所
4 吨锤	台	1	1	万吨/年	1.2	1.2	2001 年	2001 年		德阳二重基础件研究所
45 兆牛压机	台	1	1	万吨/年	1	0.53	2009 年	2009 年		兰州兰石重工新技术有限公司
挤压机										
3150 挤压机	台	1	1	万吨/年	1	1	1975 年 10 月	1975 年 10 月	2008 年 11 月	西德
45 兆牛挤压机	台	1	1	万吨/年	1	1.5	2019 年 5 月	2020 年 12 月		达涅利

（9）建龙北满特殊钢有限责任公司专业产品主要生产设备见表10-75。

表10-75 建龙北满特殊钢有限责任公司专业产品主要生产设备

设备名称及类型	设备数量			设备能力			设备出厂时间	设备投产时间	设备末次更新改造时间	设备制造国家、公司
	计量单位	安装数量	其中：使用数量	计量单位	安装设备能力	其中：使用设备能力				
人造块矿设备										
烧结机										
铁矿烧结机	台	2	2	万吨/年	350	345				
1号烧结机	台	1	1	万吨/年	80	80	2009年			山东莱芜煤矿机械有限公司
265烧结机	台	1	1	万吨/年	270	265	2019年	2019年		中国唐山重型装备集团有限责任公司
炼铁及铸铁设备										
高炉	座	2	2	万吨/年	110	110				
1号高炉	座	1	1	万吨/年	55	55	2009年	2011年9月		二十冶
2号高炉	座	1	1	万吨/年	55	55	2013年	2013年8月		中冶天工、二十二冶、三冶
铸铁机	台	1	1	万吨/年	117	117	2009年	2011年9月		三河长城实业有限公司
混铁炉	座	1	0	万吨/年	100	0	2010年	2010年		焦作长远机械制造有限公司
顶底复合吹转炉	座	1	1	万吨/年	100	100	2010年	2010年		中国一重
顶底复合吹转炉	座	1	1	万吨/年	100	100	2010年	2010年		中国一重
电炉	座	3	2	万吨/年	110	95				
交流电弧炉	座	3	2	万吨/年	110	95				
一炼钢1号电炉	座	1	1	万吨/年	80	80	2001年	2002年		烟台、大连重工、CONCAST
二炼钢8号电炉	座	1	1	万吨/年	15	15	1957年	1957年	1993年	自制
二炼钢电炉	座	1	0	万吨/年	15	0	1988年	1988年	2006年	自制
电渣重熔炉	座	12	12	万吨/年	4.46	4.46				

续表 10-75

设备名称及类型	设备数量			设备能力			设备出厂时间	设备投产时间	设备末次更新改造时间	设备制造国家、公司
	计量单位	安装数量	其中：使用数量	计量单位	安装设备能力	其中：使用设备能力				
二炼钢0号电渣炉	座	1	1	万吨/年	0.15	0.15	1988年	1988年		自制
二炼钢12号电渣炉	座	1	1	万吨/年	0.42	0.42	1966年	1966年		自制
二炼钢13号电渣炉	座	1	1	万吨/年	0.26	0.26	1979年	1979年		自制
二炼钢14号电渣炉	座	1	1	万吨/年	0.33	0.33	1980年	1980年	2006年	西德
二炼钢15号电渣炉	座	1	1	万吨/年	0.48	0.48	1989年	1989年		自制
二炼钢18号电渣炉	座	1	1	万吨/年	0.24	0.24	2000年	2000年		自制
二炼钢2号电渣炉	座	1	1	万吨/年	0.42	0.42	2006年	2006年		自制
二炼钢3号、4号电渣炉	座	2	2	万吨/年	0.84	0.84	2006年	2006年		自制
二炼钢5号、7号电渣炉	座	2	2	万吨/年	0.84	0.84	2007年	2007年		自制
二炼钢9号电渣炉	座	1	1	万吨/年	0.48	0.48	2013年	2013年		自制
二次冶金设备										
钢包炉	座	6	4	万吨/年	205.5	169				
一炼LF炉	座	1	1	万吨/年	50	50	2001年	2005年		西安重型机械研究所
二炼钢2号LF炉	座	1	1	万吨/年	9.5	9.5	1956年	1956年	1999年	苏联
二炼钢3号LF炉	座	1	1	万吨/年	9.5	9.5	2006年	2006年	2014年	机电修、北京
二炼钢LF炉	座	1	0	万吨/年	30	0	1989年	1989年	2000年	西安
一炼RH真空循环脱气精炼炉	座	1	1	万吨/年	100	100	2013年	2014年		中国重型机械研究院股份公司
二炼钢1号LF炉	座	1	0	万吨/年	6.5	0	1990年	1990年		机电修、北京
真空脱气装置	座	3	2	万吨/年	72.76	72.76				
一炼VD炉	座	1	1	万吨/年	50	50	2001年	2002年		西安重型机械研究所
二炼钢2号VD	座	1	1	万吨/年	11.38	11.38	2006年	2006年		杭州西湖真空设备厂

续表 10-75

设备名称及类型	设备数量			设备能力			设备出厂时间	设备投产时间	设备末次更新改造时间	设备制造国家、公司
	计量单位	安装数量	其中：使用数量	计量单位	安装设备能力	其中：使用设备能力				
二炼钢 1 号 VD	座	1	0	万吨/年	11.38	11.38	1984 年	1985 年	2001 年	西安重型机械研究院
氩氧精炼炉	座	1	1	万吨/年	1.28	1.28				
二炼钢 AOD 炉	座	1	1	万吨/年	1.28	1.28	2004 年 12 月		2011 年	中国烟台冶金设备厂
连铸机	台	2	2	万吨/年	100	100				
方坯连铸机	台	1	1	万吨/年	50	50				
一炼方坯连铸机	台	1	1	万吨/年	50	50	2001 年	2002 年		瑞士 CONCAST
一炼方坯连铸机	台	1	1	万吨/年	103	103	2018 年	2018 年		中冶连铸
圆坯连铸机	台	1	1	万吨/年	50	50	2011 年	2011 年		中冶京诚
钢压延加工设备										
初轧开坯设备										
初轧机	套	1	1	万吨/年	40	40				
轧钢 825 轧机	套	1	1	万吨/年	40	40	1957 年	1957 年	1990 年	苏联
均热炉	坑	18	11	万吨/年	45	25				
轧钢均热炉	坑	18	11	万吨/年	45	25	1983 年、1988 年、1993 年	1983 年、1988 年、1993 年	1998~2002 年	自制
钢坯连轧机	套	2	2	万吨/年	71.5	71.5				
轧钢棒材连轧机	套	1	1	万吨/年	47.5	47.5	2001 年	2002 年		意大利
轧钢厂连轧机	套	1	1	万吨/年	24	24			2011 年	中冶赛迪重工、陕西压延设备厂
钢管轧机										
热轧无缝钢管轧机（机组）	台	1	0	万吨/年	10	0				

续表 10-75

设备名称及类型	设备数量			设备能力			设备出厂时间	设备投产时间	设备末次更新改造时间	设备制造国家、公司
	计量单位	安装数量	其中：使用数量	计量单位	安装设备能力	其中：使用设备能力				
ϕ140 无缝管轧机	台	1	0	万吨/年	10	0	1996 年	1996 年		中国一重
特种轧机										
冷拉钢材轧机	台	7	3	万吨/年	3. 6	0. 95				
轧钢厂冷拔机	台	7	3	万吨/年	3. 6	0. 95				
轧钢厂 50 吨冷拔机	台	1	1	万吨/年	1. 10	0. 3	1956 年	1956 年	1993 年	苏联
轧钢厂 20 吨冷拔机	台	1	1	万吨/年	0. 4	0. 35	1982 年	1982 年		自制
轧钢厂 20 吨冷拔机	台	4	0	万吨/年	1. 6	0	1990 年	1990 年		自制
轧钢厂 15 吨冷拔机	台	1	1	万吨/年	0. 5	0. 3	1956 年	1956 年	2004 年	苏联
其他压延设备										
水压机	台	4	3	万吨/年	13. 5	10. 5				
锻造水压机	台	2	1	万吨/年	6	3	1957~2007 年	1957~2007 年		苏联、自制
锻造 411 水压机	台	1	1	万吨/年	3	3	1957 年	1957 年		苏联
锻造 412 水压机	台	1	0	万吨/年	3	0	2007 年	2007 年		自制
16 兆牛精锻机	台	1	1	万吨/年	4. 5	4. 5	2013 年	2013 年		奥地利 GFM 公司
3000 吨快锻机	台	1	1	万吨/年	3	3	1993 年	1993 年		西德
特殊钢线材厂（三段步进式双蓄热加热炉）	座	2	2	万吨/年	100	100	2019 年	2019 年		上海嘉德环境能源科技有限公司
7860 短应力轧机列	套	2	2	万吨/年	50	50	2020 年	2020 年		广东恒华投资有限公司
6850 短应力轧机列	套	2	2	万吨/年	50	50	2021 年	2021 年		山西太矿煤机
4532 短应力轧机列	套	2	2	万吨/年	50	50	2022 年	2022 年		山西太矿煤机
4532 短应力轧机列	套	2	2	万吨/年	50	50	2023 年	2023 年		山西太矿煤机

续表 10-75

设备名称及类型	设备数量			设备能力			设备出厂时间	设备投产时间	设备末次更新改造时间	设备制造国家、公司
	计量单位	安装数量	其中：使用数量	计量单位	安装设备能力	其中：使用设备能力				
280 悬臂轧机列	套	1	1	万吨/年	50	50	2024 年	2024 年		SMS 西马克公司
10 架顶交 45°精轧机组	套	1	1	万吨/年	50	50	2025 年	2025 年		SMS 西马克公司
2 架顶交 45°预精轧机组	套	1	1	万吨/年	50	50	2026 年	2026 年		美国摩根公司
8 架顶交 45°精轧机组	套	1	1	万吨/年	50	50	2027 年	2027 年		美国摩根公司
2 架顶交 45°减径轧机组	套	1	1	万吨/年	50	50	2028 年	2028 年		美国摩根公司
2 架顶交 45°定径轧机组	套	1	1	万吨/年	50	50	2029 年	2029 年		美国摩根公司
钢加工辅助设备										
钢材热处理设备	套	1	1	万吨/年	14	14				
轧钢冷拔退火炉	套	1	1	万吨/年	14	14	1956~2008 年	1956~2008 年		苏联、自制、北京钢铁院

（10）本钢板材股份有限公司特殊钢事业部专业产品主要生产设备见表 10-76。

表 10-76　本钢板材股份有限公司特殊钢事业部专业产品主要生产设备

设备名称及类型	设备数量			设备能力			设备出厂时间	设备投产时间	设备末次更新改造时间	设备制造国家、公司
	计量单位	安装数量	其中：使用数量	计量单位	安装设备能力	其中：使用设备能力				
A 炉　50 吨交流电弧炉　30000 千伏安	座	1	1	万吨/年	25	25	2004 年 6 月	2004 年 7 月	2008 年 8 月	西安
C 炉　50 吨交流电弧炉　25000 千伏安	座	1	1	万吨/年	25	25	1999 年 1 月	1999 年 10 月	2009 年 3 月	长春
7 号 精炼炉 LF-50 吨　9000 千伏安	座	1	1	万吨/年	25	25	2004 年 6 月	2004 年 7 月	2008 年 8 月	西安
8 号 精炼炉 LF-50 吨　7000 千伏安	座	1	1	万吨/年	25	25	1999 年 1 月	1999 年 10 月	2009 年 3 月	长春
VD 真空精炼炉	座	1	1	万吨/年	50	50	2008 年 4 月	2010 年 12 月		北京科技大学

续表 10-76

设备名称及类型	设备数量			设备能力			设备出厂时间	设备投产时间	设备末次更新改造时间	设备制造国家、公司
	计量单位	安装数量	其中：使用数量	计量单位	安装设备能力	其中：使用设备能力				
方坯连铸机柔性引锭杆全弧形连铸机	台(套)	1	1	万吨/年	48	48	2006年6月	2006年9月	2014年11月	武汉大西洋冶金
端进端出空气单预热蓄热步进梁式1号加热炉	座	1	1	吨/小时	120	120	2007年12月	2007年12月		北京神雾公司
端进端出空气单预热蓄热步进梁式2号加热炉	座	1	1	吨/小时	120	120	2007年6月	2007年6月		北京神雾公司
初轧线										
ϕ1150轧机	台(套)	1	1	万吨/年	80	80	2019年4月	2019年6月		达涅利
ϕ850轧机	台(套)	3	3	万吨/年	80	80	2019年4月	2019年6月		达涅利
大棒轧线										
480连轧机组	台(套)	6	6	万吨/年	102.7	102.7	2007年1月	2007年5月	2019年4月	意大利Pomini公司、沈重
576连轧机组	台(套)	3	3	万吨/年	95.6	95.6	2007年1月	2007年5月		意大利Pomini公司、沈重
小棒轧线										
576轧机组	台(套)	2	2	万吨/年	30.7	30.7	2007年5月	2007年12月	2009年1月	意大利Pomini公司、沈重
558轧机组	台(套)	4	4	万吨/年	24	24	2007年5月	2007年12月	2009年1月	意大利Pomini公司、沈重

续表 10-76

设备名称及类型	设备数量			设备能力			设备出厂时间	设备投产时间	设备末次更新改造时间	设备制造国家、公司
	计量单位	安装数量	其中：使用数量	计量单位	安装设备能力	其中：使用设备能力				
548 轧机组	台（套）	4	4	万吨/年	18	18	2007 年 5 月	2007 年 12 月	2009 年 1 月	意大利 Pomini 公司、沈重
检定径										
370 轧机组	台（套）	3	3	万吨/年	22	22	2007 年 5 月	2007 年 12 月		意大利 Pomini 公司

（11）首钢贵阳特殊钢有限责任公司专业产品主要生产设备见表 10-77。

表 10-77 首钢贵阳特殊钢有限责任公司专业产品主要生产设备

设备名称及类型	设备数量			设备能力			设备出厂时间	设备投产时间	设备末次更新改造时间	设备制造国家、公司
	计量单位	安装数量	其中：使用数量	计量单位	安装设备能力	其中：使用设备能力				
60 吨电弧炉	座	1	1	万吨	32	32		2014 年 7 月	2021 年 3 月	特洛恩
连铸机	座	1	1	万吨	30	30		2014 年 7 月	2021 年 3 月	康卡斯特
高刚度短应力轧机	套	2	2	万吨	50	30	2013 年 2 月	2014 年 5 月		秦皇岛首钢长白机械有限公司
悬臂式轧机	套	1	1	万吨	50	30	2013 年 3 月	2014 年 5 月		哈尔滨哈飞工业制造有限公司
650 开坯机	套	1	1	万吨	19	20	2016 年 4 月	2019 年 7 月		大连重工
交流电弧炉	座	1	1	万吨	40	40	2000 年 6 月	2000 年 6 月		意大利特诺恩
液压扩孔机	台	4	4	万吨	2	2	1995 年 1 月	1995 年 1 月		自制
锻锤	套	1	1	万吨	1	0	2014 年 8 月	2014 年 12 月		贵阳万里有限公司
加热炉	台	2	2	万吨	1	1	2014 年 10 月	2014 年 12 月		江苏腾天工业炉有限公司

（12）马钢特钢有限公司专业产品主要生产设备见表10-78。

表10-78 马钢特钢有限公司专业产品主要生产设备

设备名称及类型	设备数量			设备能力			设备出厂时间	设备投产时间	设备末次更新改造时间	设备制造国家、公司
	计量单位	安装数量	其中：使用数量	计量单位	安装设备能力	其中：使用设备能力				
炼钢设备										
电炉	座	1	1	万吨/年	110		2011年5月	2011年10月	2011年10月	意大利 SMS Concast
LF	座	2	2	万吨/年	2×110		2011年5月	2011年10月	2011年10月	中国西安重型机械研究所有限公司
RH	座	1	1	万吨/年	110		2011年6月	2011年11月	2011年11月	德国 SMS Mevac
VD炉	套	1	1	万吨/年	20		2011年6月	2011年11月	2018年8月	中国西安中天冶金设备有限公司
连铸设备										
圆坯连铸	套	1	1	万吨/年	80		2011年3月	2011年11月	2016年3月	意大利 Danieli
方坯连铸	套	1	1	万吨/年	55		2019年6月	2020年4月	2020年4月	意大利 Danieli
轧钢设备										
初轧开坯设备	套	1	1	万吨/年						
二辊可逆式开坯机	架	1	1	万吨/年	78		2011年8月	2011年11月	2011年11月	马钢重机
连轧机	套	1	1	万吨/年	78		2011年8月	2011年11月	2011年11月	马钢重机
高速线材轧机	套			万吨/年						
粗中轧机组	组	12	12	万吨/年	50		1987年1月	1987年5月	2015年12月	太重煤机
预精轧机组	组	6	6	万吨/年	50		2022年11月	2022年11月	2022年12月	鹏诚科技、赛迪装备

续表 10-78

设备名称及类型	设备数量			设备能力			设备出厂时间	设备投产时间	设备末次更新改造时间	设备制造国家、公司
	计量单位	安装数量	其中：使用数量	计量单位	安装设备能力	其中：使用设备能力				
精轧机组	组	8	8	万吨/年	50		2003 年 3 月	2003 年 3 月	2022 年 9 月	德国西马克、鹏诚科技
减定径机	组	4	4	万吨/年	50		2003 年 3 月	2003 年 3 月	2022 年 12 月	美国摩根
优棒轧机	套	1	1	万吨/年						
800 轧机组	架	5	5	万吨/年	40		2018 年 6 月	2018 年 9 月	2018 年 9 月	马钢重机
650 轧机组	架	3	3	万吨/年	40		2018 年 6 月	2018 年 9 月	2018 年 9 月	太重煤机
550 轧机组	架	4	4	万吨/年	40		2018 年 6 月	2018 年 9 月	2018 年 9 月	太重煤机
450 轧机组	架	6	6	万吨/年	40		2018 年 6 月	2018 年 9 月	2018 年 9 月	太重煤机
350 轧机组	架	2	2	万吨/年	40		2018 年 6 月	2018 年 9 月	2018 年 9 月	太重煤机
两辊预应力轧机组	架	2	2	万吨/年	40		2018 年 6 月	2018 年 9 月	2018 年 9 月	中冶华天
精轧机组	架	4	4	万吨/年	40		2018 年 6 月	2018 年 9 月	2018 年 9 月	KOCKS

（13）东北特殊钢集团股份有限公司专业产品主要生产设备见表 10-79。

表 10-79　东北特殊钢集团股份有限公司专业产品主要生产设备

设备名称及类型	设备数量			设备能力			设备出厂时间	设备投产时间	设备末次更新改造时间	设备制造国家、公司
	计量单位	安装数量	其中：使用数量	计量单位	安装设备能力	其中：使用设备能力				
淮钢特钢股份有限公司										
人造块矿设备										

续表 10-79

设备名称及类型	设备数量			设备能力			设备出厂时间	设备投产时间	设备末次更新改造时间	设备制造国家、公司
	计量单位	安装数量	其中：使用数量	计量单位	安装设备能力	其中：使用设备能力				
铁矿烧结机	台	2	2	万吨/年	416.6	416.6				
带式烧结机	台	1	1	万吨/年	203.6		2003 年 6 月	2004 年 2 月	2019 年 6 月	中国首钢机电成套设备分公司
带式烧结机	台	1	1	万吨/年	213	213	2004 年 12 月	2005 年 5 月	2019 年 6 月	中国首钢机电成套设备分公司
炼铁及铸铁设备										
高炉	座	4	4	万吨/年	300	300				
高炉	座	2	2	万吨/年	140	140	2003 年 5 月	2003 年 12 月		中国五冶
高炉	座	2	2	万吨/年	160	160	2004 年 7 月	2005 年 6 月		中国五冶
铸铁机	台	1	1	万吨/年	60	60				
铸铁机	台	1	1	万吨/年	60	60	2003 年 10 月	2004 年 2 月		中国首钢燕郊机械厂
炼钢设备										
转炉										
顶吹转炉	座	2	2	万吨/年	220	220				
80 吨转炉	座	1	1	万吨/年	110	110	2003 年 1 月	2003 年 12 月		中国首钢机电总公司
80 吨转炉	座	1	1	万吨/年	110	110	2004 年 12 月	2005 年 6 月		中国首钢机电总公司
电炉										
交流电弧炉	座	1	1	万吨/年	80	80				
70 吨电炉	座	1	1	万吨/年	80	80	1994 年 12 月	1995 年 12 月		意大利达涅利公司
连铸机										
方坯连铸机	台	3	3	万吨/年	210	210				
电炉方坯连铸机	台	1	1	万吨/年	80	80				意大利达涅利公司
转炉方坯连铸机	台	1	1	万吨/年	90	90				中国首钢机电总公司

续表 10-79

设备名称及类型	设备数量			设备能力			设备出厂时间	设备投产时间	设备末次更新改造时间	设备制造国家、公司
	计量单位	安装数量	其中：使用数量	计量单位	安装设备能力	其中：使用设备能力				
转炉方坯连铸机	台	1	1	万吨/年	40	40				中国首钢机电总公司
圆坯连铸机	台	1	1	万吨/年	90	90				
转炉圆坯连铸机	台	1	1	万吨/年	90	90				中国首钢机电总公司
钢加工设备										
钢压延加工设备										
大型型钢轧机	套	2	2	万吨/年	160	160				
连轧机组	套	1	1	万吨/年	80	80	2005 年 1 月	2005 年 12 月		中国首钢机电总公司
开坯机+连轧机组	套	1	1	万吨/年	80	80	2007 年 9 月	2007 年 12 月		意大利达涅公司
小型型钢轧机	套	2	2	万吨/年	140	140				
连轧机组	套	1	1	万吨/年	70	70	1998 年 8 月	1999 年 1 月		意大利达涅利公司
连轧机组	套	1	1	万吨/年	70	70	2001 年 5 月	2002 年 3 月		中国首钢机电总公司
东北特殊钢集团股份有限公司										
人造块矿设备										
铁矿烧结机	台	1	1	万吨/年	155	155				
大连特钢炼铁厂烧结机	台	1	1	万吨/年	155	155	2021 年 10 月	2022 年 3 月		唐山重型机械厂
炼铁及铸铁设备										
高炉	座	1	1	万吨/年	115	115				
大连特钢炼铁厂高炉	座	1	1	万吨/年	115	115	2019 年 9 月	2021 年 4 月		上海二十冶
铸铁机	台	1	1	万吨/年	52	52				
大连特钢炼铁厂铸铁机	台	1	1	万吨/年	52	52	2011 年 6 月	2013 年 12 月		三河实业
炼钢设备										

续表 10-79

设备名称及类型	设备数量			设备能力			设备出厂时间	设备投产时间	设备末次更新改造时间	设备制造国家、公司
	计量单位	安装数量	其中：使用数量	计量单位	安装设备能力	其中：使用设备能力				
混铁炉	座	1	0	万吨/年	100	0				
900 吨混铁炉	座	1	0	万吨/年	100	0	2010 年 12 月	2013 年 12 月		鞍钢重型机械
转炉	座			万吨/年						
顶底复合吹转炉	座	1	1	万吨/年	135	135				
顶底复合吹转炉	座	1	1	万吨/年	135	135	2010 年 12 月	2011 年 7 月		中冶京诚
电炉	座			万吨/年						
交流电弧炉	座	3	2	万吨/年	145	68.4				
110 吨电弧炉	座	1	1	万吨/年	80	27.9	2010 年 5 月	2011 年 5 月		奥钢联、西安电炉有限公司
交流电弧炉	座	1	1	万吨/年	35	25.7	2008 年 1 月	2009 年 10 月		意大利达涅利、长春电炉厂
交流电弧炉	座	1	0	万吨/年	30	14.8	2004 年 7 月	2010 年 9 月		长春电炉有限公司
真空感应炉	座	3	3	万吨/年	0.33	0.16				
2.5 吨真空感应炉（旧）	座	1	1	万吨/年	0.15	0.14	1979 年	1993 年 3 月		英国康萨克公司
2.5 吨真空感应炉（新）	座	1	1	万吨/年	0.15	0.01	2011 年	2012 年 12 月		美国应达公司
VIM-250M 真空感应炉	座	1	1	万吨/年	0.03	0.01	2016 年 5 月	2016 年 7 月	2016 年 7 月	中国沈阳中北真空技术有限公司
非真空感应炉	座	3	3	万吨/年	37.3	14.47				
合金熔炼炉	座	2	2	万吨/年	37	14.37	2012 年 5 月	2013 年 5 月		上海新研工业设备有限公司
1 吨+2 吨非真空感应炉	座	1	1	万吨/年	0.3	0.1	2011 年 2 月	2011 年 8 月		中国苏州振吴公司
连铸机	台			万吨/年						
方坯连铸机	台	4	4	万吨/年	255	179.7				
3 号大方坯连铸机	台	1	1	万吨/年	75	52.4	2010 年 7 月	2011 年 6 月		康卡斯特、中国一重
1 号方坯连铸机	台	1	1	万吨/年	30	24.7		2009 年 1 月		达涅利、中冶连铸

续表 10-79

设备名称及类型	设备数量			设备能力			设备出厂时间	设备投产时间	设备末次更新改造时间	设备制造国家、公司
	计量单位	安装数量	其中：使用数量	计量单位	安装设备能力	其中：使用设备能力				
2 号方坯连铸机	台	1	1	万吨/年	30	28.2	2009 年 4 月	2010 年 9 月	2012 年 7 月	达涅利、中冶连铸
5 号六机六流小方坯	台	1	1	万吨/年	120	74.4	2018 年 5 月	2018 年 6 月		中冶连铸
圆坯连铸机	台	1	1	万吨/年	50	37.2				
4 号二机二流大圆坯连铸机	台	1	1	万吨/年	50	37.2	2011 年 6 月	2012 年 5 月	2015 年 12 月	康卡斯特、中国一重
钢加工设备										
钢压延加工设备										
初轧开坯设备										
初轧机	套	1	1	万吨/年	25	7.2				
750 初轧机	套	1	1	万吨/年	25	7.2		2013 年 11 月		大连钢厂
大型型钢轧机	套	1	1	万吨/年	65	58.4				
1050 大型型钢轧机	套	1	1	万吨/年	65	58.4	2008 年 7 月	2011 年 2 月		奥钢联、中国一重
中型型钢轧机	套	2	2	万吨/年	50	40.86				
模具钢轧机	套	1	1	万吨/年	20	10.86	2010 年 1 月	2011 年 7 月		中国一重
棒材轧机	套	1	1	万吨/年	30	30	1995 年 2 月	1997 年 1 月	2012 年 7 月	德国西马克
线材轧机										
高速线材轧机	套	3	3	万吨/年	150	77.8				
高速线材轧机	套	1	1	万吨/年	30	26.5		2009 年 1 月		轧机：意大利达涅利 精轧机：美国摩根
双高线轧机 1 号线	套	1	1	万吨/年	60	23.3	2018 年	2019 年 8 月		轧机：中冶赛迪 精轧机：美国摩根
双高线轧机 2 号线	套	1	1	万吨/年	60	28	2018 年	2019 年 9 月		轧机：中冶赛迪 精轧机：美国摩根

续表 10-79

设备名称及类型	设备数量			设备能力			设备出厂时间	设备投产时间	设备末次更新改造时间	设备制造国家、公司
	计量单位	安装数量	其中：使用数量	计量单位	安装设备能力	其中：使用设备能力				
热轧窄钢带轧机	套	2	2	万吨/年	0.32	0.08				
500 四辊热轧机	套	1	1	万吨/年	0.1	0.07		1970 年 8 月	2011 年 9 月	中国大连钢厂
600 四辊热轧机	套	1	1	万吨/年	0.22	0.01	2011 年 6 月	2011 年 12 月		中国中冶陕压
冷轧窄钢带轧机	套	4	4	万吨/年	0.38	0.21				
600 冷轧机	套	1	1	万吨/年	0.1	0.01	2011 年 9 月	2013 年 3 月		中国一重集团
650 冷轧机	套	1	1	万吨/年	0.2	0.12	1961 年 5 月	1966 年 1 月	2015 年 6 月	中国上海成富
350 冷轧机	套	1	1	万吨/年	0.02	0.02		1970 年 1 月	2011 年 9 月	中国大连钢厂
20 辊冷轧机	套	1	1	万吨/年	0.06	0.06		1988 年 1 月	2003 年 5 月	美国 WF 公司
其他压延设备										
锻锤	台	7	7	万吨/年	15.9	9.37				
16 兆牛精锻机	台	1	1	万吨/年	5	5	2009 年 6 月	2011 年 9 月		德国 SMS-Meer
2 吨电液锤	台	1	1	万吨/年	0.15	0.15	1991 年	1991 年 1 月	2004 年 1 月	中国西安重机所
4 吨电液锤	台	1	1	万吨/年	0.2	0.16	2012 年 1 月	2012 年 9 月	2016 年 1 月	中国安阳锻压
630 模锻机	台	1	1	万吨/年	0.315	0.17	2018 年 12 月	2019 年 9 月		青岛平安
1600 模锻机	台	1	1	万吨/年	0.235	0.14	2018 年 12 月	2019 年 9 月		青岛平安
35 兆牛快锻机	台	1	1	万吨/年	3.5	2.9	2009 年 8 月	2011 年 11 月		德国辛北康普
80 兆牛快锻机	台	1	1	万吨/年	6.5	0.85	2009 年 9 月	2012 年 6 月		德国 SMS-Meer
钢丝及其制品生产设备										
拉丝机	套	38	38	吨/年	49493	14060				
4/700 直线式拉丝机	套	1	1	吨/年	4809	1391	2011 年 3 月	2011 年 7 月		无锡市常欣机电科技有限公司
3/700 直线式拉丝机	套	1	1	吨/年	2413	720.2	2011 年 3 月	2011 年 7 月		无锡市常欣机电科技有限公司

续表 10-79

设备名称及类型	设备数量			设备能力			设备出厂时间	设备投产时间	设备末次更新改造时间	设备制造国家、公司
	计量单位	安装数量	其中：使用数量	计量单位	安装设备能力	其中：使用设备能力				
5/650 直线式拉丝机	套	1	1	吨/年	2488	720.2	2011 年 3 月	2011 年 7 月		无锡市常欣机电科技有限公司
5/560 直线式拉丝机	套	1	1	吨/年	2488	720.2	2011 年 3 月	2011 年 7 月		无锡市常欣机电科技有限公司
5/450 直线式拉丝机	套	1	1	吨/年	930	263.15	2011 年 3 月	2011 年 7 月		无锡市常欣机电科技有限公司
5/400 直线式拉丝机	套	1	1	吨/年	930	263.15	2011 年 3 月	2011 年 7 月		无锡市常欣机电科技有限公司
5/350 直线式拉丝机	套	2	2	吨/年	134	40.165	2011 年 3 月	2011 年 7 月		无锡市常欣机电科技有限公司
17/300 水箱式拉丝机	套	2	2	吨/年	26	6.925	2011 年 3 月	2011 年 7 月		江阴市华方机电科技有限公司
LZ3/700+LDD1/650 组合式拉丝机	套	1	1	吨/年	3847	1108	2011 年 3 月	2012 年 8 月		贵州航天南海科技有限责任公司
LZ4/600+LDD1/450 组合式拉丝机	套	1	1	吨/年	411	118	2011 年 3 月	2011 年 9 月		贵州航天南海科技有限责任公司
LZ 2/400 直线式拉丝机	套	4	4	吨/年	390	110.8	2011 年 3 月	2011 年 8 月		江阴市华方机电科技有限公司
LZ4/600+5/450 直进式连续拉丝机	套	1	1	吨/年	2262	637.1	2011 年 3 月	2011 年 1 月		江阴市三联机械制造有限公司
LZ5/450+5/400 直线式连续拉丝机	套	1	1	吨/年	2262	637.1	2011 年 3 月	2011 年 1 月		江阴市三联机械制造有限公司
LZ4/400+1/350 直线式连续拉丝机	套	1	1	吨/年	758	221.6	2011 年 3 月	2011 年 1 月		江阴市三联机械制造有限公司
17/300 水箱式拉丝机	套	3	3	吨/年	18	5.54	2011 年 3 月	2011 年 7 月		江阴市华方机电科技有限公司
15/300 水箱式拉丝机	套	3	3	吨/年	18	5.54	2011 年 3 月	2011 年 7 月		江阴市华方机电科技有限公司
联合拉拔机 LLJZ-10-Ⅱ	套	1	1	吨/年	2154	609.4	2003 年 3 月	2011 年 3 月	2011 年 3 月	上海新亚机械设备有限公司
倒立式拉丝机 GVY-1000TW 型	套	1	1	吨/年	5132	1440.4	2003 年 3 月	2011 年 3 月	2011 年 3 月	中国台湾安全发机械公司

续表 10-79

设备名称及类型	设备数量			设备能力			设备出厂时间	设备投产时间	设备末次更新改造时间	设备制造国家、公司
	计量单位	安装数量	其中：使用数量	计量单位	安装设备能力	其中：使用设备能力				
倒立式拉丝机 LDD-1/900	套	1	1	吨/年	3078	858.7	2003 年 3 月	2011 年 3 月	2011 年 3 月	西安恒通拉丝机厂
组合式拉丝机 LZ1/700+LD1/600	套	2	2	吨/年	2255	637.1	2003 年 3 月	2011 年 3 月	2011 年 3 月	贵州航天南海科技有限责任公司
倒立式拉丝机 LDD1/600	套	1	1	吨/年	2495	692.5	2003 年 3 月	2011 年 3 月	2011 年 3 月	贵州航天南海科技有限责任公司
组合式拉丝机 LZ2/700+LD1/850	套	1	1	吨/年	2164	609.4	2003 年 3 月	2011 年 3 月	2011 年 3 月	江阴江霄机械厂
密排层绕收线机 SG1120	套	4	4	吨/年	1200	332.4	2018 年 1 月	2018 年 11 月		江阴市祥乐机械制造有限公司
LZ3/700+LDD1/650 组合式拉丝机	套	1	1	吨/年	4809	1343.45	2011 年 7 月	2013 年 6 月		贵州航天南海科技有限公司
LZ4/600+LDD1/450 组合式拉丝机	套	1	1	吨/年	2022 年	567.85	2011 年 7 月	2013 年 6 月		贵州航天南海科技有限公司
抚顺特殊钢股份有限公司										
炼钢设备										
电炉	座			万吨/年						
交流电弧炉	座	4	4	万吨/年	95	95				
1 号电炉（50 吨）	座	1	1	万吨/年	30	30	1991 年	1992 年		德国
2 号电炉（60 吨）	座	1	1	万吨/年	35	35	2000 年	2001 年		德国
10 号电炉	座	1	1	万吨/年	15	15	1965 年	1965 年		德国
12 号电炉	座	1	1	万吨/年	15	15	1965 年	1965 年		长春电炉厂
真空感应炉	座	7	7	万吨/年	2.40	2.28				
16 号真空感应炉	座	1	1	万吨/年	0.096	0.07	1974 年	1974 年		沈阳真空研究所
17 号真空感应炉	座	1	1	万吨/年	0.28	0.28	1979 年	1980 年		德国
18 号真空感应炉	座	1	1	万吨/年	0.015	0.014	1963 年	1963 年		沈阳真空研究院

续表 10-79

设备名称及类型	设备数量			设备能力			设备出厂时间	设备投产时间	设备末次更新改造时间	设备制造国家、公司
	计量单位	安装数量	其中：使用数量	计量单位	安装设备能力	其中：使用设备能力				
23 号真空感应炉	座	1	1	万吨/年	0.46	0.46	2005 年	2006 年		德国
41 号真空感应炉	座	1	1	万吨/年	0.3	0.3	2010 年 6 月	2012 年 8 月		德国 ALD
43 号真空感应炉	座	1	1	万吨/年	0.45	0.45	2013 年 1 月	2015 年 4 月		美国 Consarc
42 号真空感应炉	座	1	1	万吨/年	0.8	0.71	2015 年 8 月	2016 年 9 月		德国 ALD 公司
非真空感应炉	座	3	3	万吨/年	13.31	13.31				
14 号非真空感应炉	座	1	1	万吨/年	0.12	0.12	2002 年	2002 年		浙江大学
15 号非真空感应炉	座	1	1	万吨/年	0.19	0.19	1999 年	1999 年		阜新市晶体管厂
11 号非真空感应炉	座	1	1	万吨/年	13	13	2009 年	2010 年		浙江振吴
连铸机	台			万吨/年						
方坯连铸机	台	1	1	万吨/年	40	40				
连铸机	台	1	1	万吨/年	40	40	2001 年	2001 年		意大利
钢压延加工设备										
初轧开坯设备										
初轧机	套	1	1	万吨/年	22	13.6				
850 轧机	套	1	1	万吨/年	22	13.6	1989 年	1989 年		沈阳重型机械厂
中型型钢轧机	套	3	3	万吨/年	51.4	48.4				
棒材连轧机	套	1	1	万吨/年	33	30	1995 年	1995 年		意大利
WF5-4	套	1	1	万吨/年	7	7	1996 年	1996 年		奥地利
750 轧机	套	1	1	万吨/年	11.4	11.4	2013 年 8 月	2014 年 10 月		意大利达涅利
其他压延设备										
锻锤	台	6	6	万吨/年	20	16.2				

续表 10-79

设备名称及类型	设备数量			设备能力			设备出厂时间	设备投产时间	设备末次更新改造时间	设备制造国家、公司
	计量单位	安装数量	其中：使用数量	计量单位	安装设备能力	其中：使用设备能力				
1000 吨精锻机	台	1	1	万吨/年	2.4	2.06	1982 年	1982 年		奥地利
1800 吨精锻机	台	1	1	万吨/年	6.6	5.12	2011 年 1 月	2012 年 4 月		奥地利 CMF
2000 吨快锻机	台	1	1	万吨/年	2	1.92	1983 年	1983 年		西德
3500 吨快锻机	台	1	1	万吨/年	3	3	2004 年	2004 年		西德
3150 吨快锻机	台	1	1	万吨/年	3	2.9	2010 年 12 月	2012 年 1 月		德国辛北尔康普公司
7000 吨快锻机	台	1	1	万吨/年	3	1.2	2021 年 6 月	2022 年 6 月		德国辛北尔康普公司
安阳永兴特钢有限公司										
人造块矿设备										
烧结机	台	2	2	万吨/年	370	370				
1 号烧结机	台	1	1	万吨/年	170	170	2002 年 7 月	2003 年 6 月		
2 号烧结机	台	1	1	万吨/年	200	200	2009 年 11 月	2010 年 3 月		
球团	座	1	1	万吨/年	80	80				
球团	座	1	1	万吨/年	80	80	2007 年 3 月	2007 年 3 月		
炼铁及铸铁设备										
高炉	座	4	4	万吨/年	260	260				
1 号高炉	座	1	1	万吨/年	50	50	2002 年 10 月	2003 年 6 月		
2 号高炉	座	1	1	万吨/年	50	50	2002 年 10 月	2003 年 6 月		
新区高炉	座	2	2	万吨/年	160	160	2009 年 10 月	2010 年 3 月		
炼钢设备										
转炉	座	2	2	万吨/年	260	260				
1 号顶底复合吹转炉	座	1	1	万吨/年	130	130	2008 年 6 月	2010 年 3 月		中国北京首钢机电有限公司

续表 10-79

设备名称及类型	设备数量			设备能力			设备出厂时间	设备投产时间	设备末次更新改造时间	设备制造国家、公司
	计量单位	安装数量	其中：使用数量	计量单位	安装设备能力	其中：使用设备能力				
2 号顶底复合吹转炉	座	1	1	万吨/年	130	130	2012 年 1 月	2012 年 4 月		中国北京首钢机电有限公司
精炼炉	座	2	2	万吨/年	260	260				
1 号精炼炉	座	1	1	万吨/年	130	130	2008 年 8 月	2010 年 3 月		中国西安华兴电炉有限公司
2 号精炼炉	座	1	1	万吨/年	130	130	2012 年 3 月	2012 年 4 月		中国无锡东雄电炉有限公司
连铸机	台	1	1	万吨/年	390	390				
1 号圆坯连铸机	台	1	1	万吨/年	120	120	2011 年 10 月	2011 年 11 月		中国上海新中冶金设备厂
2 号方坯连铸机	台	1	1	万吨/年	150	150	2010 年 3 月	2010 年 4 月		瑞士康卡斯特
3 号方圆坯连铸机	台	1	1	万吨/年	120	120	2012 年 4 月	2012 年 6 月		中国上海新中冶金设备厂
钢压延加工设备										
小型型钢轧机	套	2	2	万吨/年	200	200				
小型型钢轧机	套	2	2	万吨/年	200	200	2009 年 10 月	2010 年 3 月		中国江阴博纬
辊底炉	套	3	3	万吨/年	6	3.3		2011 年 1 月		杭州金舟
50 吨台车热处理炉	套	2	2	万吨/年	3	2		2012 年 6 月		中国联合工程公司
在线固溶炉	套	1	1	万吨/年	13	1.9		2010 年 5 月		瑞典 UTAB
环形固溶炉	套	1		万吨/年	3			2010 年 6 月		德国 LOI
热移位式辊底炉	套	1	1	万吨/年	2.6	1.8	2013 年 8 月	2013 年 11 月		杭州金舟电炉有限公司
热移位式辊底炉	套	1	1	万吨/年	2.6	1.8	2013 年 5 月	2013 年 9 月		杭州金舟电炉有限公司
电加热辊底式连续退火炉	套	1	1	万吨/年	1.75	1.1		1989 年 9 月	2011 年 9 月	德国纳赛尔公司
电加热辊底式连续退火炉	套	1	1	万吨/年	1.75	1.1		2003 年 1 月	2011 年 2 月	德国 LOI 公司
电加热罩式退火炉	套	1	1	万吨/年	0.85	0.18		1989 年 9 月	2012 年 1 月	奥地利 ABNER 公司
电加热罩式退火炉	套	1	1	万吨/年	0.85	0.4014		2004 年 3 月	2011 年 6 月	德国 LOI 公司

续表 10-79

设备名称及类型	设备数量			设备能力			设备出厂时间	设备投产时间	设备末次更新改造时间	设备制造国家、公司
	计量单位	安装数量	其中：使用数量	计量单位	安装设备能力	其中：使用设备能力				
盘圆连续炉	套	2	2	万吨/年	8.4	4.4	2019 年 3 月	2019 年 11 月		无锡拓邦
钢坯磁探修磨机组	套	12	12	万吨/年	64	27.71				
200 九头磨圆钢	套	1	1	万吨/年	11	2.5	2010 年 1 月	2011 年 6 月		江阴东辰机械
360 圆钢修磨机	套	1	1	万吨/年	12	5	2010 年 1 月	2011 年 6 月		江阴东辰机械
扁坯修磨机	套	2	2	万吨/年	8	5.8	2011 年 3 月	2011 年 8 月		江阴东辰机械
九头磨圆钢修磨	套	1	1	万吨/年	5	0.98	2011 年 2 月	2011 年 2 月		江阴东辰机械
300~700 圆钢修磨	套	1	1	万吨/年	6	1.03	2011 年 3 月	2011 年 4 月		江阴东辰机械
钢坯修磨机组	套	4	4	万吨/年	7	7		2009 年 1 月		江阴东辰
扁坯修磨机	套	1	1	万吨/年	4	2.9	2013 年 4 月	2013 年 11 月		江阴东辰机械制造有限公司
360 圆钢修磨机	套	1	1	万吨/年	11	2.5	2010 年 10 月	2011 年 6 月		江阴东辰机械
钢丝及其制品生产设备										
拉丝机	套	38	38	吨/年	49493	10147				
4/700 直线式拉丝机	套	1	1	吨/年	4809	1000	2011 年 3 月	2011 年 7 月		中国无锡市常欣机电科技有限公司
3/700 直线式拉丝机	套	1	1	吨/年	2413	520	2011 年 3 月	2011 年 7 月		中国无锡市常欣机电科技有限公司
5/650 直线式拉丝机	套	1	1	吨/年	2488	520	2011 年 3 月	2011 年 7 月		中国无锡市常欣机电科技有限公司
5/560 直线式拉丝机	套	1	1	吨/年	2488	520	2011 年 3 月	2011 年 7 月		中国无锡市常欣机电科技有限公司
5/450 直线式拉丝机	套	1	1	吨/年	930	190	2011 年 3 月	2011 年 7 月		中国无锡市常欣机电科技有限公司
5/400 直线式拉丝机	套	1	1	吨/年	930	190	2011 年 3 月	2011 年 7 月		中国无锡市常欣机电科技有限公司
5/350 直线式拉丝机	套	2	2	吨/年	134	29	2011 年 3 月	2011 年 7 月		中国无锡市常欣机电科技有限公司
17/300 水箱式拉丝机	套	2	2	吨/年	26	5	2011 年 3 月	2011 年 7 月		中国江阴市华方机电科技有限公司
LZ3/700+LDD1/650 组合式拉丝机	套	1	1	吨/年	3847	800	2011 年 3 月	2012 年 8 月		中国贵州航天南海科技有限责任公司

续表 10-79

设备名称及类型	设备数量			设备能力			设备出厂时间	设备投产时间	设备末次更新改造时间	设备制造国家、公司
	计量单位	安装数量	其中：使用数量	计量单位	安装设备能力	其中：使用设备能力				
LZ4/600+LDD1/450 组合式拉丝机	套	1	1	吨/年	411	85	2011 年 3 月	2011 年 9 月		中国贵州航天南海科技有限责任公司
LZ 2/400 直线式拉丝机	套	4	4	吨/年	390	80	2011 年 3 月	2011 年 8 月		中国江阴市华方机电科技有限公司
LZ4/600+5/450 直进式连续拉丝机	套	1	1	吨/年	2262	460	2011 年 3 月	2011 年 1 月		中国江阴市三联机械制造有限公司
LZ5/450+5/400 直线式连续拉丝机	套	1	1	吨/年	2262	460	2011 年 3 月	2011 年 1 月		中国江阴市三联机械制造有限公司
LZ4/400+1/350 直线式连续拉丝机	套	1	1	吨/年	758	160	2011 年 3 月	2011 年 1 月		中国江阴市三联机械制造有限公司
17/300 水箱式拉丝机	套	3	3	吨/年	18	4	2011 年 3 月	2011 年 7 月		中国江阴市华方机电科技有限公司
15/300 水箱式拉丝机	套	3	3	吨/年	18	4	2011 年 3 月	2011 年 7 月		中国江阴市华方机电科技有限公司
联合拉拔机 LLJZ-10-Ⅱ	套	1	1	吨/年	2154	440	2003 年 3 月	2011 年 3 月	2011 年 3 月	中国上海新亚机械设备有限公司
倒立式拉丝机 GVY-1000TW 型	套	1	1	吨/年	5132	1040	2003 年 3 月	2011 年 3 月	2011 年 3 月	中国台湾安全发机械公司
倒立式拉丝机 LDD-1/900	套	1	1	吨/年	3078	620	2003 年 3 月	2011 年 3 月	2011 年 3 月	中国西安恒通拉丝机厂
组合式拉丝机 LZ1/700+LD1/600	套	2	2	吨/年	2255	460	2003 年 3 月	2011 年 3 月	2011 年 3 月	中国贵州航天南海科技有限责任公司
倒立式拉丝机 LDD1/600	套	1	1	吨/年	2495	500	2003 年 3 月	2011 年 3 月	2011 年 3 月	中国贵州航天南海科技有限责任公司
组合式拉丝机 LZ2/700+LD1/850	套	1	1	吨/年	2164	440	2003 年 3 月	2011 年 3 月	2011 年 3 月	中国江阴江青机械厂
密排层绕收线机 SG1120	套	4	4	吨/年	1200	240	2018 年 1 月	2018 年 11 月		江阴市祥乐机械制造有限公司
LZ3/700+LDD1/650 组合式拉丝机	套	1	1	吨/年	4809	970	2011 年 7 月	2013 年 6 月		中国贵州航天南海科技有限公司
LZ4/600+LDD1/450 组合式拉丝机	套	1	1	吨/年	2022 年	410	2011 年 7 月	2013 年 6 月		中国贵州航天南海科技有限公司
热处理机组（炉）	组	13	13	吨/年	39195	18581				
马弗式铅淬火连续炉	组	1	1	吨/年	5409	1000	2011 年 3 月	2011 年 7 月		中国鞍山蓝光能源工程有限公司

续表 10-79

设备名称及类型	设备数量			设备能力			设备出厂时间	设备投产时间	设备末次更新改造时间	设备制造国家、公司
	计量单位	安装数量	其中：使用数量	计量单位	安装设备能力	其中：使用设备能力				
油淬火-回火连续炉及精整作业线	组	1	1	吨/年	3300	1000	2011 年 3 月	2011 年 8 月		中国江阴泓昇有限公司
氨分解气体保护连续退火炉	组	1	1	吨/年	3108	150	2011 年 3 月	2011 年 11 月		中国江阴市三联机械制造有限公司
Ⅰ型强对流气体保护井式退火炉	组	1	1	吨/年	4000	2800	2011 年 3 月	2011 年 8 月		中国苏州市东升电炉有限公司
Ⅱ型强对流气体保护井式退火炉	组	1	1	吨/年	3000	2200	2011 年 3 月	2011 年 8 月		中国苏州市东升电炉有限公司
Ⅲ型强对流气体保护井式退火炉	组	2	2	吨/年	2000	2000	2011 年 3 月	2011 年 8 月		中国苏州市东升电炉有限公司
罩式退火炉	组	1	1	吨/年	10000	8000	2003 年 3 月	2003 年		中国北京东升电炉厂
Ⅰ型氨分解气体保护固溶处理炉	组	1	1	吨/年	1671	120	2011 年	2011 年		中国江阴市三联机械制造有限公司
Ⅱ型氨分解气体保护固溶处理炉	组	1	1	吨/年	1671	60	2011 年	2011 年 11 月		中国江阴市三联机械制造有限公司
Ⅲ型氨分解气体保护固溶处理炉	组	1	1	吨/年	778	50	2011 年 3 月	2011 年 11 月		中国江阴市三联机械制造有限公司
Ⅳ型氨分解气体保护固溶处理炉	组	1	1	吨/年	233	1	2011 年 3 月	2011 年 11 月		中国江阴市三联机械制造有限公司
井式固熔炉	组	1	1	吨/年	4025	1200	2011 年 3 月	2011 年 11 月		中国辽宁向导科技发展有限公司

（14）江苏永钢集团有限公司专业产品主要生产设备见表 10-80。

表 10-80　江苏永钢集团有限公司专业产品主要生产设备

设备名称及类型	设备数量			设备能力			设备出厂时间	设备投产时间	设备末次更新改造时间	设备制造国家、公司
	计量单位	安装数量	其中：使用数量	计量单位	安装设备能力	其中：使用设备能力				
炼铁设备										
高炉	座		1	万吨/年	55	55	2003 年 1 月	2003 年 7 月		中冶京诚
高炉	座		2	万吨/年	140	140	2005 年 12 月	2006 年 6 月		中冶京诚

续表 10-80

设备名称及类型	设备数量			设备能力			设备出厂时间	设备投产时间	设备末次更新改造时间	设备制造国家、公司
	计量单位	安装数量	其中：使用数量	计量单位	安装设备能力	其中：使用设备能力				
高炉	座		1	万吨/年	80	80	2005 年 12 月	2007 年 2 月		中冶京诚
高炉	座		2	万吨/年	240	240	2010 年 1 月	2011 年 8 月		十三冶
高炉	座		1	万吨/年	120	120	2012 年 9 月	2013 年 11 月		十七冶
高炉	座		1	万吨/年	120. 29	120. 29	2021 年 1 月	2022 年 2 月		中冶京诚
炼钢设备			8		900	900				
转炉	座		7	万吨/年	800	800				
顶吹转炉	座		3	万吨/年	270	270	2003 年 1 月	2003 年 7 月	2009 年 1 月	山东冶金机械
顶吹转炉	座		2	万吨/年	180	180	2005 年 10 月	2006 年 4 月	2019 年 11 月	山东冶金机械、中冶京诚
顶底复吹转炉	座		2	万吨/年	350	350	2010 年 3 月	2011 年 7 月	2019 年 11 月	山东冶金机械
交流电弧炉	座		1	万吨/年	100	100				
交流电弧炉	座		1	万吨/年	100	100	2011 年 3 月	2013 年 5 月	2013 年 5 月	Concast
精炼炉	座									
LF 炉	座		3	万吨/年	180	180				
LF 炉	座		2	万吨/年	200	200				
LF 炉	座		2	万吨/年	240	240				
VD 炉	座		1	万吨/年	60	60				
VD 炉	座		1	万吨/年	100	100				
VD 炉	座		1	万吨/年	120	120				
钢加工设备										
钢压延加工设备										
钢坯连轧机	套		6	万吨/年	540	540				

续表 10-80

设备名称及类型	设备数量			设备能力			设备出厂时间	设备投产时间	设备末次更新改造时间	设备制造国家、公司
	计量单位	安装数量	其中：使用数量	计量单位	安装设备能力	其中：使用设备能力				
钢坯连轧机	套		2	万吨/年	140	140	2004 年 3 月	2004 年 8 月		南京高精齿轮
钢坯连轧机	套		1	万吨/年	130	130	2010 年 2 月	2011 年 5 月		南京高精工程设备
钢坯连轧机	套		2	万吨/年	220	220	2011 年 9 月	2011 年 12 月		南京高精工程设备
钢坯连轧机	套		1	万吨/年	50	50	2018 年 10 月	2019 年 3 月		达涅利
往复式开坯机	套		1	万吨/年	80	80	2013 年 1 月	2013 年 9 月		达涅利
高速线材轧机	套		5	万吨/年	300	300				
线材轧机	套		2	万吨/年	90	90	2006 年 7 月	2007 年 3 月		西航集团机电石化设备有限公司
线材轧机	套		1	万吨/年	70	70	2009 年 4 月	2009 年 7 月	2021 年	哈飞工业、达涅利、摩根公司
线材轧机	套		2	万吨/年	140	140	2012 年 10 月	2012 年 12 月		摩根公司

（15）中天钢铁集团有限公司专业产品主要生产设备见表 10-81。

表 10-81 中天钢铁集团有限公司专业产品主要生产设备

设备名称及类型	设备数量			设备能力			设备出厂时间	设备投产时间	设备末次更新改造时间	设备制造国家、公司
	计量单位	安装数量	其中：使用数量	计量单位	安装设备能力	其中：使用设备能力				
烧结机 180 平方米	台	4	4	万吨/年	800	800		2005 年 3 月	2012 年 11 月	
烧结机 90 平方米	台	2	2	万吨/年	180	180		2004 年 1 月	停产	
烧结机 550 平方米	座	1	1	万吨/年	590	590		2004 年 1 月		
球团竖炉 8 平方米	座	2		万吨/年	90	90		2004 年 1 月	停产	
1 号高炉 550 立方米	座	1	1	万吨/年	75	75		2004 年 1 月	停产	

续表 10-81

设备名称及类型	设备数量			设备能力			设备出厂时间	设备投产时间	设备末次更新改造时间	设备制造国家、公司
	计量单位	安装数量	其中：使用数量	计量单位	安装设备能力	其中：使用设备能力				
2 号高炉 510 立方米	座	1	1	万吨/年	65	65		2004 年 1 月		
3 号高炉 510 立方米	座	1	1	万吨/年	65	65		2006 年 8 月		
新 8 号高炉 550 立方米	座	1	1	万吨/年	75	75		2007 年 11 月	停产	
5 号高炉 850 立方米	座	1	1	万吨/年	100	100		2008 年 11 月	停产	
6 号高炉 660 立方米	座	1	1	万吨/年	80	80		2008 年 12 月	停产	
7 号高炉 850 立方米	座	1	1	万吨/年	100	100		2009 年 3 月	停产	
8 号高炉 1580 立方米	座	1	1	万吨/年	180	180		2009 年 12 月		
9 号高炉 1580 立方米	座	1	1	万吨/年	180	180		2011 年 9 月		
10 号高炉 1580 立方米	座	1	1	万吨/年	180	180		2011 年 11 月		
转炉 45 公称吨	座	2	2	万吨/年	180	180		2004 年 10 月	停产	
转炉 65 公称吨	座	1	1	万吨/年	160	160		2007 年 11 月		
转炉 80 公称吨	座	2	2	万吨/年	190	190		2008 年 12 月	停产	
转炉 120 公称吨	座	3	3	万吨/年	460	460		2009 年 12 月		
电炉 90 公称吨	座	1	1	万吨/年	120	120		2002 年 9 月	停产	
大型型钢轧机	套	4	4	万吨/年	400	400		2009 年 10 月		
中型型钢轧机	套	3	3	万吨/年	280	280		2004 年 7 月		
高速线材轧机	套	6	6	万吨/年	430	430		1999 年 5 月		
热轧窄钢带轧机	套	1	1	万吨/年	70	70		2008 年 12 月		
烧结机 330 平方米	座	3	3	万吨/年	1270	1270		2022 年		
1 号高炉 2400 立方米	座	1	1	万吨/年	196	295		2022 年		
3 号高炉 2300 立方米	座	1	1	万吨/年	205	295		2022 年		

续表 10-81

设备名称及类型	设备数量			设备能力			设备出厂时间	设备投产时间	设备末次更新改造时间	设备制造国家、公司
	计量单位	安装数量	其中：使用数量	计量单位	安装设备能力	其中：使用设备能力				
190 吨转炉	座	2	2	万吨/年	390	390		2022 年		
大型轧机	套	4	4	万吨/年	720	720		2022 年		
高速棒材轧机	套	1	1	万吨/年	140	140		2022 年		
高速线材轧机	套	1	1	万吨/年	90	90		2022 年		
带式焙烧机球团 432 平方米	座	1	1	万吨/年	300	300		2022 年		
7 米顶装焦炉	座	3	3	万吨/年	255	255		2022 年		

（16）山钢股份莱芜分公司特钢事业部专业产品主要生产设备见表 10-82。

表 10-82 山钢股份莱芜分公司特钢事业部专业产品主要生产设备

设备名称及类型	设备数量			设备能力			设备出厂时间	设备投产时间	设备末次更新改造时间	设备制造国家、公司
	计量单位	安装数量	其中：使用数量	计量单位	安装设备能力	其中：使用设备能力				
炼钢设备										
转炉										
5 号顶底复合吹转炉	座	1	1	万吨/年	120	112	2005 年 4 月	2005 年 5 月	2008 年 11 月	莱钢机械厂
6 号顶底复合吹转炉	座	1	1	万吨/年	120	120	2007 年 9 月	2008 年 3 月		太原重工
银前 LF 精炼炉	座	1	1	万吨/年	120	根据生产而定	2005 年 12 月	2005 年 12 月		长春电炉有限责任公司
银前 LF 精炼炉	座	1	1	万吨/年	120	根据生产而定	2008 年 12 月	2008 年 12 月		长春电炉有限责任公司

续表 10-82

设备名称及类型	设备数量			设备能力			设备出厂时间	设备投产时间	设备末次更新改造时间	设备制造国家、公司
	计量单位	安装数量	其中：使用数量	计量单位	安装设备能力	其中：使用设备能力				
银前 VD 精炼炉	座	1	1	万吨/年	84	根据生产而定	2013 年 12 月	2013 年 12 月		西安向阳精炼工程有限公司
电弧炉（50 吨）				万吨/年	50	50				
交流电弧炉	座	1	1				1994 年 1 月	1994 年 6 月	2006 年 12 月	德国
钢包炉（LF）	座	1	1				1994 年 1 月	1994 年 6 月	2006 年 12 月	德国
真空脱气装置（VD）	座	1	1				2000 年 1 月	2000 年 12 月	2005 年 5 月	长春电炉厂
电弧炉（100 吨）				万吨/年	100	100				
交流电弧炉	座	1	1				2011 年 6 月	2013 年 8 月		德国
钢包炉（LF）	座	2	2				2011 年 6 月	2013 年 8 月		长春电炉厂
真空脱气装置（VD）	座	2	2				2011 年 6 月	2013 年 8 月		西安迈特瑞
连铸机										
5 号小方坯连铸机	台	1	1	万吨/年	120	112	2005 年 4 月	2005 年 12 月		武汉大西洋
6 号合金钢连铸机	台	1	1	万吨/年	120	120	2008 年 1 月	2008 年 8 月		中冶连铸
方坯连铸机	套	1	1	万吨/年	50	50	2002 年 6 月	2002 年 12 月	2003 年 12 月	自制
圆坯连铸机	套	1	1	万吨/年	100	100	2011 年 6 月	2013 年 8 月		意大利 DANIELI
钢加工设备										
普通小型型钢轧机				万吨/年	34.5	34.5				
ϕ550×1	架	1	1				1986 年 2 月	1987 年 12 月	2003 年 12 月	包头机械厂
ϕ450×6	架	6	6				2002 年 8 月	2003 年 12 月		邯郸峰峰机械总厂
ϕ350×6	架	6	6				2002 年 7 月	2003 年 12 月		包头机械厂
普通中型型钢轧机				万吨/年	80	80				

续表 10-82

设备名称及类型	设备数量			设备能力			设备出厂时间	设备投产时间	设备末次更新改造时间	设备制造国家、公司
	计量单位	安装数量	其中：使用数量	计量单位	安装设备能力	其中：使用设备能力				
$\phi1000\times3$	架	3	3				2018 年 10 月	2020 年 1 月		中冶京诚
$\phi900\times3$	架	3	3				2018 年 10 月	2020 年 1 月		中冶京诚
$\phi780\times5$	架	5	5				2018 年 10 月	2020 年 1 月		中冶京诚
$\phi600\times6$	架	6	6				2018 年 10 月	2020 年 1 月		中冶京诚
大型型钢轧机				万吨/年	70	70				
$\phi1350\times1$	架	1	1				2013 年 5 月	2013 年 10 月		中国一重
$\phi950\times4$	架	4	4				2013 年 5 月	2013 年 10 月		中国一重
$\phi800\times2$	架	2	2				2013 年 5 月	2013 年 10 月		中国一重

（17）河冶科技股份有限公司专业产品主要生产设备见表 10-83。

表 10-83　河冶科技股份有限公司专业产品主要生产设备

设备名称及类型	设备数量			设备能力			设备出厂时间	设备投产时间	设备末次更新改造时间	设备制造国家、公司
	计量单位	安装数量	其中：使用数量	计量单位	安装设备能力	其中：使用设备能力				
炼钢设备										
真空感应炉	座	4	4	万吨/年	5.1	5.1				
中频感应炉	座	3	3	万吨/年	1.5	1.5	2004 年	2004 年		
中频感应炉	座	1	1	万吨/年	3.6	3.6	2009 年 8 月	2011 年 4 月		上海英达
电渣重熔炉	座	17	17	万吨/年	2	2				
电渣重熔炉	座	17	17	万吨/年	2	2	2008 年	2008 年	2016 年	

续表 10-83

设备名称及类型	设备数量			设备能力			设备出厂时间	设备投产时间	设备末次更新改造时间	设备制造国家、公司
	计量单位	安装数量	其中：使用数量	计量单位	安装设备能力	其中：使用设备能力				
LF 炉	座	1	1	万吨/年	4	4	2010 年	2010 年		无锡东雄
VD 炉	座	1	1	万吨/年	4	4	2010 年	2010 年		无锡东雄
钢加工设备										
钢压延加工设备										
小型型钢轧机	套	1	1	万吨/年	2	2				
250 连轧机	套	1	1	万吨/年	2	2				
线材轧机										
普通线材轧机	套	1	1	万吨/年	4	4				
连轧机	套	1	1	万吨/年	4	4	2009 年			
其他压延设备										
锻锤	台	2	2	台	6	6				
SX55	台	1	1	万吨/年	1	1				
快锻机	台	1	1	万吨/年	5	5				

（18）承德建龙特殊钢有限公司专业产品主要生产设备见表 10-84。

表 10-84 承德建龙特殊钢有限公司专业产品主要生产设备

设备名称及类型	设备数量			设备能力			设备出厂时间	设备投产时间	设备末次更新改造时间	设备制造国家、公司
	计量单位	安装数量	其中：使用数量	计量单位	安装设备能力	其中：使用设备能力				
215 平方米烧结机	台	1	1	台	—	—	2020 年 4 月	2021 年 1 月		唐山重型装备集团有限责任公司

续表 10-84

设备名称及类型	设备数量			设备能力			设备出厂时间	设备投产时间	设备末次更新改造时间	设备制造国家、公司
	计量单位	安装数量	其中：使用数量	计量单位	安装设备能力	其中：使用设备能力				
265 平方米烧结机	台	1	1	台	—	—	2008 年 3 月	2009 年 5 月		沈阳重型机器有限责任公司
10 平方米竖炉	台	2	2	吨/小时	生产能力 65	—	2010 年 8 月	2011 年 2 月		中国第三冶金建设公司
1200 立方米高炉	台	1	1	台	—	—	2020 年 4 月	2021 年 1 月		中国二十二冶集团有限公司
1350 立方米高炉	台	1	1	台	—	—	2010 年 3 月	2011 年 1 月		中冶京唐建设有限公司
120 吨炼钢转炉	台	1	1	吨	公称容量 120	—	2010 年 3 月	2011 年 1 月	2018 年 10 月	北京首钢机电有限公司机械厂
100 吨炼钢转炉	台	1	1	吨	公称容量 100	—	2019 年 10 月	2020 年 12 月		北京首钢机电有限公司机械厂
五机五流方坯连铸机	台	1	1	万吨/年	80	—	2003 年 4 月	2004 年 1 月	2018 年 11 月	中冶京诚技术工程有限公司
五机五流大圆坯连铸机	台	1	1	万吨/年	100	—	2010 年 3 月	2011 年 1 月		达涅利冶金设备有限公司
方圆坯连铸机	台	1	1	万吨/年	100	—	2020 年 12 月	2020 年 12 月		达涅利冶金设备有限公司
连轧棒材生产线一条	套	1	1	万吨/年	80	—	2005 年 3 月	2006 年 1 月	2019 年 9 月	凤凰炉/中冶京诚/Kocks 公司

（19）山东寿光巨能特钢有限公司专业产品主要生产设备见表 10-85。

表 10-85　山东寿光巨能特钢有限公司专业产品主要生产设备

设备名称及类型	设备数量			设备能力			设备出厂时间	设备投产时间	设备末次更新改造时间	设备制造国家、公司
	计量单位	安装数量	其中：使用数量	计量单位	安装设备能力	其中：使用设备能力				
110 平方米烧结机	台	1	1	万吨	180	180	2003 年 9 月	2003 年 12 月		山东冶金机械厂

续表 10-85

设备名称及类型	设备数量			设备能力			设备出厂时间	设备投产时间	设备末次更新改造时间	设备制造国家、公司
	计量单位	安装数量	其中：使用数量	计量单位	安装设备能力	其中：使用设备能力				
265 平方米烧结机	台	1	1	万吨	290	290	2011 年 1 月	2011 年 4 月		鞍钢重型机械有限责任公司
450 立方米高炉	座	1	1	万吨	65	65	2005 年 1 月	2005 年 4 月		二十冶
1250 立方米高炉	套	1	1	万吨	130	130	2011 年 4 月	2011 年 4 月		二十二冶
70 吨电炉	座	1	1	万吨	60	60	2003 年 9 月	2003 年 12 月		意大利
80 吨转炉	座	1	1	万吨	80	80	2005 年 3 月	2005 年 4 月		鞍钢重型机械
120 吨转炉	座	1	1	万吨	120	120	2010 年 5 月	2011 年 2 月		鞍钢重型机械
ϕ550 半连轧机组	套	1	1	万吨	40	40	2003 年 9 月	2003 年 12 月		山东冶金机械厂
ϕ650 半连轧机组	套	1	1	万吨	50	50	2005 年 3 月	2005 年 8 月		石家庄市动力机械厂
ϕ950 全连轧机组	套	1	1	万吨	40	40	2019 年 1 月	2019 年 10 月		达涅利、中冶赛迪
ϕ1350 半连轧机组	套	1	1	万吨	60	60	2013 年 5 月	2013 年 12 月		达涅利、中冶赛迪
ϕ273 穿管机	套	1	1	万吨	25	25	2008 年 1 月	2009 年 6 月		济南重工

（20）江苏天工工具新材料股份有限公司专业产品主要生产设备见表 10-86。

表 10-86　江苏天工工具新材料股份有限公司专业产品主要生产设备

设备名称及类型	设备数量			设备能力			设备出厂时间	设备投产时间	设备末次更新改造时间	设备制造国家、公司
	计量单位	安装数量	其中：使用数量	计量单位	安装设备能力	其中：使用设备能力				
精炼炉	台	6	6	万吨/年	69	68				
VD 炉	台	4	4	万吨/年	42	41				
保护气氛电渣炉	台	1	1	万吨/年	3	2				

续表 10-86

设备名称及类型	设备数量			设备能力			设备出厂时间	设备投产时间	设备末次更新改造时间	设备制造国家、公司
	计量单位	安装数量	其中：使用数量	计量单位	安装设备能力	其中：使用设备能力				
850 轧机	套	1	1	万吨/年	15	13				
910 轧机	套	1	1	万吨/年	15	5.2				
4500 吨快锻	套	1	1	万吨/年	6	5				
2000 吨快锻	套	1	1	万吨/年	4	3				
1300 吨精锻	套	1	1	万吨/年	4	3				
750 吨精锻	套	1	1	万吨/年	3	2.5				
500 吨精锻	套	1	1	万吨/年	2	1.5				
棒线材轧机	套	1	1	万吨/年	5	4.6				
喷射成型	台	1	1	万吨/年	3000	2000				
雾化制粉设备	台	1	1	万吨/年	1000	300				
垂直浇铸设备	台	1	1	万吨/年	2000	1000				
热等静压设备	台	2	2	万吨/年	5000	5000				
15 吨中频炉	台	2	2	万吨/年	9	8				

（21）南京钢铁集团有限公司专业产品主要生产设备见表 10-87。

表 10-87　南京钢铁集团有限公司专业产品主要生产设备

设备名称及类型	设备数量			设备能力			设备出厂时间	设备投产时间	设备末次更新改造时间	设备制造国家、公司
	计量单位	安装数量	其中：使用数量	计量单位	安装设备能力	其中：使用设备能力				
人造块矿设备										
烧结机	台	5	5	万吨/年	1226	1226				

续表 10-87

设备名称及类型	设备数量			设备能力			设备出厂时间	设备投产时间	设备末次更新改造时间	设备制造国家、公司
	计量单位	安装数量	其中：使用数量	计量单位	安装设备能力	其中：使用设备能力				
铁矿烧结机	台	5	5	万吨/年	1226	1226				
180 烧结机	台	2	2	万吨/年	440	440	2004 年 5 月/2010 年 12 月	2004 年 6 月/2010 年 12 月		长沙冶金设计院
360 烧结机	台	1	1	万吨/年	356	356	2006 年 5 月	2006 年 6 月		长沙冶金设计院
220 烧结机	台	2	2	万吨/年	430	430	2013 年	2013 年		长沙冶金设计院
球团设备		1	1		176	176				
铁矿带式球团机	座	1	1	万吨/年	176	176				
带式焙烧机	座	1	1	万吨/年	176	176	2022 年 6 月	2022 年 12 月		中钢国际
炼铁及铸铁设备										
高炉	座	5	5	万吨/年	900	900				
2000 立方米高炉	座	1	1	万吨/年	177.5	177.5	2004 年 5 月	2004 年 6 月		中冶赛迪
2550 立方米高炉	座	1	1	万吨/年	225	225	2006 年 8 月	2006 年 9 月		中冶赛迪
2000 立方米高炉	座	1	1	万吨/年	177.5	177.5	2010 年 12 月	2010 年 12 月		中冶南方
1800 立方米高炉	座	2	2	万吨/年	320	320	2013 年	2013 年		中冶南方
炼钢设备										
炼钢设备		7	7		1000	1000				
转炉	座	6	6	万吨/年	880	880				
顶底复合吹转炉	座	6	6	万吨/年	880	880				
150 吨转炉	座	1	1	万吨/年	177	177	2004 年 6 月	2004 年 6 月	无	中冶京诚
150 吨转炉	座	1	1	万吨/年	177	177	2005 年	2005 年 8 月		中冶京诚
150 吨转炉	座	1	1	万吨/年	176	176	2010 年 2 月	2010 年 10 月		中冶京诚

续表 10-87

设备名称及类型	设备数量			设备能力			设备出厂时间	设备投产时间	设备末次更新改造时间	设备制造国家、公司
	计量单位	安装数量	其中：使用数量	计量单位	安装设备能力	其中：使用设备能力				
120 吨转炉	座	3	3	万吨/年	350	350	2013 年	2013 年		太原重工
100 吨电炉	座	1	1	万吨/年	120	120	1995 年 11 月	1996 年 1 月	2000 年 4 月	意大利达涅利
连铸机	台	8	8	万吨/年	1000	1000				
方坯连铸机	台	5	5	万吨/年	470	470				
R12000 方矩坯连铸机	台	1	1	万吨/年	116	116	2013 年	2013 年		中冶连铸
R10000 方坯连铸机	台	1	1	万吨/年	117	117	2013 年	2013 年		上海亚新
R10000 方矩坯连铸机	台	1	1	万吨/年	117	117	2013 年	2013 年		上海亚新
R8000 方矩坯连铸机	台	1	1	万吨/年	60	60	1999 年 8 月	2000 年 4 月	2006 年 6 月	意大利达涅利
R12000 矩坯连铸机	台	1	1	万吨/年	60	60	2008 年 1 月	2008 年 8 月		澳钢联
板坯连铸机		3	3		530	530				
普通板坯连铸机	台	3	3	万吨/年	530	530				
1 号板坯连铸机	台	1	1	万吨/年	160	160	2004 年 6 月	2004 年 6 月		VAI（英国）
2 号板坯连铸机	台	1	1	万吨/年	180	180	2006 年 7 月	2006 年 7 月		VAI（英国）
3 号板坯连铸机	台	1	1	万吨/年	190	190	2010 年 6 月	2010 年 10 月		VAI（英国）
炼钢辅助设备										
制氧机	台	4	4	万立方米/年	78840	78840				
1 号 2 万立方米制氧机	台	1	1	万立方米/年	17520	17520	2003 年 2 月	2003 年 8 月	2019 年 4 月	中国杭氧
2 号 2 万立方米制氧机	台	1	1	万立方米/年	17520	17520	2005 年 4 月	2005 年 9 月	2018 年 9 月	中国杭氧

续表 10-87

设备名称及类型	设备数量			设备能力			设备出厂时间	设备投产时间	设备末次更新改造时间	设备制造国家、公司
	计量单位	安装数量	其中：使用数量	计量单位	安装设备能力	其中：使用设备能力				
3 号 2 万立方米制氧机	台	1	1	万立方米/年	17520	17520	2007 年 9 月	2008 年 2 月		中国杭氧
1 号 3 万立方米制氧机	台	1	1	万立方米/年	26280	26280	2010 年 10 月	2010 年 12 月		中国杭氧
钢加工设备										
钢压延加工设备										
大型型钢轧机	套	1	1	万吨/年	20	20		2009 年 6 月		赛迪重工
中型型钢轧机	套	3	3	万吨/年	170	170				
中型型钢轧机	套	1	1	万吨/年	80	80	2008 年 5 月	2008 年 6 月		中冶赛迪
中型型钢轧机	套	1	1	万吨/年	10	10	1993 年	2003 年 12 月	2009 年 6 月	吉林梨树
中型型钢轧机	套	1	1	万吨/年	80	80	2013 年	2013 年		常熟达涅利
小型型钢轧机	套	2	2	万吨/年	175	175				
全连轧生产线	套	1	1	万吨/年	90	90	2001 年 1 月	2001 年 5 月		苏州冶金机械厂
全连轧小型轧机	套	1	1	万吨/年	85	85	1981 年 5 月	1981 年 9 月	2005 年 1 月	苏州/大连冶金
高速线材轧机	套	1	1	万吨/年	65	65	1992 年 11 月	1992 年 11 月	2010 年 1 月	意大利达涅利、美国摩根
宽厚板轧机	套	2	2	万吨/年	320	320				
四辊可逆式宽厚板轧机	套	1	1	万吨/年	140	140	2013 年	2013 年		一重
宽厚板（卷）轧机	套	1	1	万吨/年	180	180	2004 年 9 月	2004 年 9 月		VAL（英国）
中板轧机	套	1	1	万吨/年	200	200				
2800 四辊轧机		1	1				2006 年 5 月	2007 年 1 月		中国一重
2500 四辊轧机		1	1				1994 年 9 月	1994 年 9 月	2007 年 12 月	中国一重

续表 10-87

设备名称及类型	设备数量			设备能力			设备出厂时间	设备投产时间	设备末次更新改造时间	设备制造国家、公司
	计量单位	安装数量	其中：使用数量	计量单位	安装设备能力	其中：使用设备能力				
热轧窄钢带轧机	套	1	1	万吨/年	60	60	2022年6月	2022年7月		
洗煤、炼焦、煤气及煤化工产品生产设备										
机械化焦炉	座	3	3	万吨/年	170	170				
JN60-6 型焦炉	座	2	2	万吨/年	110	110	2004年6月	2004年6月/2004年12月		五冶建造
JN60-6 型	座	1	1	万吨/年	60	60	2006年6月	2006年6月		一冶建造

（22）永兴特种不锈钢股份有限公司专业产品主要生产设备见表 10-88。

表 10-88 永兴特种不锈钢股份有限公司专业产品主要生产设备

设备名称及类型	设备数量			设备能力			设备出厂时间	设备投产时间	设备末次更新改造时间	设备制造国家、公司
	计量单位	安装数量	其中：使用数量	计量单位	安装设备能力	其中：使用设备能力				
超高功率电弧炉（50吨）	台	1	1	万吨	25	23	2009年	2010年	2010年	长春电炉厂
电弧炉（30吨）	台	1	1	万吨	10	10	2013年	2013年	2013年	西安广大
顶底复吹 AOD 炉（50吨）	台	1	1	万吨	25	23	2009年	2010年	2010年	美国 Prax air
AOD 炉（30吨）	台	1	1	万吨	10	10	2019年	2020年	2020年	上海又成
钢包精炼炉（50吨）	台	1	1	万吨	25	23	2009年	2010年	2010年	长春电炉厂
钢包精炼炉（30吨）	台	1	1	万吨	10	10	2019年	2020年	2020年	长春电炉厂
连铸机（R10米两机两流）	台	1	1	万吨	24	15	2009年	2010年	2010年	上海重矿连铸
模铸设备（0.6~5吨）	套	10	10	万吨	8	6	2001年	2002年	2009年	益昌铸造、上海耀秦

续表 10-88

设备名称及类型	设备数量			设备能力			设备出厂时间	设备投产时间	设备末次更新改造时间	设备制造国家、公司
	计量单位	安装数量	其中：使用数量	计量单位	安装设备能力	其中：使用设备能力				
固溶炉（13 工位环形炉）	套	1	1	万吨	6	5	2021 年	2021 年	2022 年	北京凤凰炉
35 兆牛锻压机组	套	1	1	万吨	5	5	2015 年	2015 年	2015 年	兰石重工
保护气氛电渣炉（5 吨）	套	2	1	吨	5	5	2015 年	2015 年	2015 年	美国应达工业
真空感应炉（6 吨）	套	1	1	吨	6	6	2015 年	2015 年	2015 年	美国应达工业
真空自耗炉（6 吨）	套	1	1	吨	6	6	2015 年	2015 年	2015 年	美国应达工业
棒线卷复合轧线（25 万吨）	套	1	1	万吨	25	25	2016 年	2017 年	2018 年	普锐特
在线固溶炉（60 吨/小时）	套	1	1	万吨	12	12	2016 年	2017 年	2017 年	瑞典 Linde
2 号酸洗线（8 万吨）	套	1	1	万吨	8	8	2015 年	2015 年	2015 年	江苏兴隆、同济科蓝
新 1 号酸洗线（8 万吨）	套	1	1	万吨	8	5	2021 年	2022 年	2022 年	江苏兴隆、同济科蓝
连铸机（R11 米一机一流）	台	1	1	万吨	5	5	2020 年	2020 年	2020 年	上海迈亦
VD 炉（30 吨）	台	1	1	万吨	10	10	2020 年	2020 年	2020 年	杭真
辊底退火炉（10 工位）	套	1	1	万吨	1. 3	0. 6	2021 年	2022 年	2022 年	北京凤凰炉
九辊矫直机（ϕ50~130）	套	1	1	万吨	15	13	2019 年	2019 年	2019 年	安徽浩中机械
不锈钢混酸再生（2. 6 立方米/小时）	套	1	1	立方	18000	16000	2021 年	2022 年	2022 年	中冶南方
无心磨床（MT1080B）	台	15	15	吨	100	90	2022 年	2022 年	2022 年	贵州险峰
无心磨床（HFC-1808 系列）	台	15	15	吨	100	90	2020 年	2021 年	2021 年	台湾兴富祥
无心车床（60CA）	台	1	1	吨	500	200	2020 年	2021 年	2021 年	烟台科杰数控机械
矫直压光机（JY60Z）	台	2	2	吨	500	200	2020 年	2021 年	2021 年	烟台科杰数控机械

（23）南阳汉冶特钢有限公司专业产品主要生产设备见表10-89。

表10-89 南阳汉冶特钢有限公司专业产品主要生产设备

设备名称及类型	设备数量			设备能力			设备出厂时间	设备投产时间	设备末次更新改造时间	设备制造国家、公司
	计量单位	安装数量	其中：使用数量	计量单位	安装设备能力	其中：使用设备能力				
烧结机	台	1	1	平方米	265	265				
高炉	座	2	2	立方米	450	450				
高炉	座	1	1	立方米	1530	1530				
转炉	座	3	3	吨	100	100				
LF 精炼炉	座	3	3	吨	100	100				
双工位真空 VD 炉	座	3	3	吨	100	100				
连铸机	台	1	1	毫米	400×2700	400×2700				
连铸机	台	2	2	毫米	250×1700	250×1700				
3800 轧机	套	1	1	毫米	2100～3800	2100～3800				
3500 粗轧机	套	1	1	毫米	2100～3200	2100～3200				
3500 精轧机	套	1	1	毫米	2100～3400	2100～3400				

（24）邢台钢铁有限责任公司专业产品主要生产设备见表10-90。

表10-90 邢台钢铁有限责任公司专业产品主要生产设备

设备名称及类型	设备数量			设备能力			设备出厂时间	设备投产时间	设备末次更新改造时间	设备制造国家、公司
	计量单位	安装数量	其中：使用数量	计量单位	安装设备能力	其中：使用设备能力				
人造块矿设备										
烧结机	台	2	1	万吨/年	357	357				

续表 10-90

设备名称及类型	设备数量			设备能力			设备出厂时间	设备投产时间	设备末次更新改造时间	设备制造国家、公司
	计量单位	安装数量	其中：使用数量	计量单位	安装设备能力	其中：使用设备能力				
铁矿烧结机	台	2	1	万吨/年	357	357				
1 号烧结机	台	1	0	万吨/年	170	170	2003 年 3 月	2003 年 10 月		沈阳冶金机械厂
2 号烧结机	台	1	1	万吨/年	187	187	2006 年 9 月	2007 年 5 月		沈阳冶金机械厂
炼铁及铸铁设备										
高炉	座	3	1	万吨/年	191	89				
1 号高炉	座	1	0	万吨/年	50	0	2001 年 6 月	2001 年 6 月	2008 年 10 月	河北省安装公司
5 号高炉	座	1	0	万吨/年	52	0	2003 年 10 月	2003 年 10 月	2013 年 1 月	河北省安装公司
6 号高炉	座	1	1	万吨/年	89	89	2011 年 11 月	2011 年 11 月		华北冶金建设公司
炼钢设备										
铁水预处理设备	座	2	2	万吨/年	90	90				
脱硫设备	座	1	1	万吨/年	45	45	2008 年 8 月	2008 年 11 月		首钢国际
脱磷设备	座	1	1	万吨/年	45	45	2011 年 3 月	2011 年 6 月		首钢国际
混铁炉	座	3	3	万吨/年	315	315				
1 号混铁炉	座	1	1	万吨/年	105	105	1994 年 8 月	1995 年 8 月		天津重型机械厂
2 号混铁炉	座	1	1	万吨/年	105	105	2002 年 6 月	2002 年 9 月		邯钢
3 号混铁炉	座	1	1	万吨/年	105	105	2012 年 2 月	2012 年 5 月		首钢设备结构厂
转炉										
顶底复合吹转炉	座	4	4	万吨/年	236	236				
2 号转炉	座	1	1	万吨/年	70	70	2002 年 8 月	2002 年 11 月		奥钢联
3 号转炉	座	1	1	万吨/年	70	70	1994 年 8 月	1995 年 8 月		首钢设备结构厂
4 号转炉	座	1	1	万吨/年	96	96	2005 年 6 月	2005 年 12 月		首钢机械厂

续表 10-90

设备名称及类型	设备数量			设备能力			设备出厂时间	设备投产时间	设备末次更新改造时间	设备制造国家、公司
	计量单位	安装数量	其中：使用数量	计量单位	安装设备能力	其中：使用设备能力				
二次冶金设备										
钢包精炼炉	座	5	5	万吨/年	290	290				
1号钢包精炼炉	座	1	1	万吨/年	50	50	2002年9月	2002年12月		奥钢联
2号钢包精炼炉	座	1	1	万吨/年	50	50	2004年8月	2004年11月		奥钢联
3号钢包精炼炉	座	1	1	万吨/年	80	80	2007年5月	2007年8月		西安桃园
4号钢包精炼炉	座	1	1	万吨/年	60	60	2010年3月	2010年8月		西门子、奥钢联
5号钢包精炼炉	座	1	1	万吨/年	50	50	2011年2月	2011年5月		西安桃园
氩氧精炼炉	座	1	1	万吨/年	80	80	2011年3月	2011年6月		西门子、奥钢联
RH精炼炉	座	1	1	万吨/年	80	80	2007年6月	2007年9月		宝钢工程
连铸机										
方坯连铸机	台	4	4	万吨/年	230	230				
3号方坯连铸机	台	1	1	万吨/年	50	50	2004年3月	2004年6月		西门子、奥钢联
4号方坯连铸机	台	1	1	万吨/年	50	50	2002年9月	2002年12月		西门子、奥钢联
5号方坯连铸机	台	1	1	万吨/年	80	80	2007年5月	2007年8月		西重所
7号方坯连铸机	台	1	1	万吨/年	50	50	2011年2月	2011年5月		西重所
圆坯连铸机	台	1	1	万吨/年	50	50				
6号方、圆坯机	台	1	1	万吨/年	50	50	2010年3月	2010年8月		西门子、奥钢联
钢加工设备										
钢压延加工设备										
初轧开坯设备										
开坯机		2	2		150	150				

续表 10-90

设备名称及类型	设备数量			设备能力			设备出厂时间	设备投产时间	设备末次更新改造时间	设备制造国家、公司
	计量单位	安装数量	其中：使用数量	计量单位	安装设备能力	其中：使用设备能力				
1 号开坯机	套	1	1	万吨/年	80	80	2007 年 8 月	2007 年 8 月		上海重型机械厂
2 号开坯机	套	1	1	万吨/年	70	70	2011 年 5 月	2011 年 5 月		中冶赛迪
线材轧机										
高速线材轧机		5	5		295	295				
线材一车间	套	1	1	万吨/年	41	41	1999 年 9 月	1999 年 9 月		南高齿、西航
线材二车间	套	1	1	万吨/年	41	41	2001 年 5 月	2001 年 11 月		南高齿、西航
线材三车间	套	1	1	万吨/年	71	71	2003 年 11 月	2004 年 1 月		南高齿、西航
线材四车间	套	1	1	万吨/年	71	71	2004 年 5 月	2004 年 11 月		南高齿、西航
线材五车间	套	1	1	万吨/年	71	71	2008 年 5 月	2008 年 8 月		南高齿、西航、西门子
加热炉		7	7		748.3	748.3				
1 号开坯加热炉	座	1	1	万吨/年	140.2	140.2	2007 年 8 月	2007 年 8 月		上海嘉德
2 号开坯加热炉	座	1	1	万吨/年	140.2	140.2	2011 年 5 月	2011 年 5 月		上海嘉德
一车间加热炉	座	1	1	万吨/年	100	100	2011 年 1 月	2011 年 1 月		北京凤凰
二车间加热炉	座	1	1	万吨/年	87.6	87.6	2001 年 5 月	2001 年 11 月		北京凤凰
三车间加热炉	座	1	1	万吨/年	87.6	87.6	2003 年 11 月	2004 年 1 月		北京凤凰
四车间加热炉	座	1	1	万吨/年	87.6	87.6	2004 年 5 月	2004 年 11 月		上海嘉德
五车间加热炉	座	1	1	万吨/年	105.1	105.1	2008 年 8 月	2008 年 8 月		上海嘉德
洗煤、炼焦、煤气及煤化工产品生产设备										
机械化焦炉	座	2	1	万吨/年	95	55				二十二冶
1 号焦炉	座	1	0	万吨/年	40	0	2004 年 3 月	2004 年 3 月		二十二冶
2 号焦炉	座	1	1	万吨/年	55	55	2000 年 12 月	2000 年 12 月		二十二冶

(25) 河南济源钢铁（集团）有限公司专业产品主要生产设备见表 10-91。

表 10-91 河南济源钢铁（集团）有限公司专业产品主要生产设备

设备名称及类型	设备数量			设备能力			设备出厂时间	设备投产时间	设备末次更新改造时间	设备制造国家、公司
	计量单位	安装数量	其中：使用数量	计量单位	安装设备能力	其中：使用设备能力				
人造块矿设备										
铁矿烧结机	台	2	2	万吨/年	820	820				
1 号烧结机	台	1	1	万吨/年	410	410	2018 年 1 月	2019 年 4 月	2022 年 11 月	中冶北方（大连）工程技术有限公司
2 号烧结机	台	1	1	万吨/年	410	410	2022 年 4 月	2022 年 10 月		中冶北方（大连）工程技术有限公司
球团设备	座	1	1	万吨/年	70	70				
链箅机回转窑	座	1	1	万吨/年	70	70	2006 年 5 月	2007 年 3 月	2020 年 11 月	中信重型机械公司
炼铁及铸铁设备	座	4	4	万吨/年	400	400				
1 号高炉	座	1	1	万吨/年	130	130	2021 年 2 月	2021 年 8 月		中国华冶
2 号高炉	座	1	1	万吨/年	130	130	2011 年 9 月	2012 年 3 月	2021 年 9 月	中国二十冶
3 号高炉	座	1	1	万吨/年	70	70	2007 年 9 月	2008 年 3 月	2019 年 1 月	中国华冶
4 号高炉	座	1	1	万吨/年	70	70	2006 年 10 月	2007 年 5 月	2018 年 12 月	中国九冶
炼钢设备										
转炉	座	4	4	万吨/年	400	400				
1 号转炉	座	1	1	万吨/年	120	120	2012 年 2 月	2012 年 2 月		中国京冶建设工程承包公司
2 号转炉	座	1	1	万吨/年	120	120	2012 年 3 月	2012 年 3 月		中国京冶建设工程承包公司
3 号转炉	座	1	1	万吨/年	80	80	2003 年 9 月	2004 年 2 月	2022 年 12 月	中冶京诚
4 号转炉	座	1	1	万吨/年	80	80	2006 年 7 月	2006 年 12 月	2022 年 12 月	中冶京诚
精炼炉	座	9	9	万吨/年	940	940				

续表 10-91

设备名称及类型	设备数量			设备能力			设备出厂时间	设备投产时间	设备末次更新改造时间	设备制造国家、公司
	计量单位	安装数量	其中：使用数量	计量单位	安装设备能力	其中：使用设备能力				
1 号 LF	座	1	1	万吨/年	120	120	2012 年 3 月	2012 年 3 月		中国重型机械研究院
2 号 LF	座	1	1	万吨/年	120	120	2012 年 2 月	2012 年 2 月		中国重型机械研究院
3 号 LF	座	1	1	万吨/年	80	80	2004 年 4 月	2004 年 6 月	2022 年 12 月	西安桃园
4 号 LF	座	1	1	万吨/年	80	80	2007 年 5 月	2007 年 7 月	2022 年 12 月	西安桃园
5 号 LF	座	1	1	万吨/年	120	120	2013 年 10 月	2013 年 10 月		中国重型机械研究院
6 号 LF	座	1	1	万吨/年	120	120	2018 年 9 月	2018 年 9 月		中国重型机械研究院
1 号 RH	座	1	1	万吨/年	120	120	2019 年 9 月	2019 年 9 月		中国重型机械研究院
2 号 RH	座	1	1	万吨/年	120	120	2013 年 1	2013 年 1 月		中国重型机械研究院
1 号 VD	座	1	1	万吨/年	60	60	2010 年 6 月	2010 年 10 月	2022 年 12 月	西安西重所
连铸机	台	6	6	万吨/年	600	600				
1 号连铸机	台	1	1	万吨/年	120	120	2012 年 3 月	2012 年 3 月		上海重矿连铸技术工程有限公司
2 号连铸机	台	1	1	万吨/年	120	120	2012 年 2 月	2012 年 2 月		上海重矿连铸技术工程有限公司
3 号连铸机	台	1	1	万吨/年	80	80	2003 年 9 月	2004 年 2 月	2022 年 12 月	上海重矿
4 号连铸机	台	1	1	万吨/年	80	80	2006 年 7 月	2006 年 12 月	2022 年 12 月	上海重矿
5 号连铸机	台	1	1	万吨/年	120	120	2013 年 5 月	2013 年 5 月		康卡斯特
6 号连铸机	台	1	1	万吨/年	80	80	2022 年 11 月	2021 年 11 月		中冶京诚
钢加工设备	套	7	7	万吨/年	450	450				
一轧高线	套	1	1	万吨/年	60	60	2011 年	2011 年 5 月	2022 年 2 月	美国摩根
一轧棒卷	套	1	1	万吨/年	60	60	2008 年	2009 年 3 月	2022 年 1 月	上海嘉德、南京高精齿轮集团有限公司、德国 KOCKS、意大利达涅利

续表 10-91

设备名称及类型	设备数量			设备能力			设备出厂时间	设备投产时间	设备末次更新改造时间	设备制造国家、公司
	计量单位	安装数量	其中：使用数量	计量单位	安装设备能力	其中：使用设备能力				
一轧特大棒	套	1	1	万吨/年	70	70	2013年	2013年7月	2022年6月	上海嘉德、意大利达涅利
二轧高线	套	1	1	万吨/年	60	60		2002年12月	2022年12月	哈飞、南京高精齿轮有限公司、摩根
二轧螺纹钢	套	1	1	万吨/年	90	90		1998年12月	2004年6月	南京高精齿轮有限公司、洛矿
二轧小棒材	套	1	1	万吨/年	50	50		2020年8月		杭钢利旧
洛阳国泰高线	套	1	1	万吨/年	60	60	2003年6月	2004年12月	2018年5月	哈尔滨飞机制造公司

（26）河南中原特钢装备制造有限公司专业产品主要生产设备见表10-92。

表 10-92 河南中原特钢装备制造有限公司专业产品主要生产设备

设备名称及类型	设备数量			设备能力			设备出厂时间	设备投产时间	设备末次更新改造时间	设备制造国家、公司
	计量单位	安装数量	其中：使用数量	计量单位	安装设备能力	其中：使用设备能力				
炼钢设备										
电炉	台			万吨/年	51.2	51.2				
交流电弧炉	台			万吨/年	51.2	51.2				
EBT-40吨电炉	台	1	1	万吨/年	10	10	1975年12月	1980年11月		五机部制
EBT-40吨电炉	台	1	1	万吨/年	10	10	2006年5月	2007年3月		陕西三秦工业电炉有限公司
60吨电弧炉	台	1	1	万吨/年	30	30	2014年11月	2015年3月		特诺恩工业和西电鹏远
中频无芯感应熔炼炉	台	1	1	万吨/年	1.2	1.2	2014年6月	2015年7月		应达工业（上海）有限公司
电渣重熔炉	台	8	8	万吨/年	2.46	2.46				

续表 10-92

设备名称及类型	设备数量			设备能力			设备出厂时间	设备投产时间	设备末次更新改造时间	设备制造国家、公司
	计量单位	安装数量	其中：使用数量	计量单位	安装设备能力	其中：使用设备能力				
8 吨电渣炉	台	1	1	万吨/年	0.2	0.2	1984 年 3 月	1993 年 7 月	2008 年 12 月	西安西炉特种电炉公司改造
3012-0 电渣炉	台	1	1	万吨/年	0.25	0.25	2001 年 3 月	2001 年 7 月		西安鹏远重型电炉制造有限公司
60508 电渣炉	台	2	2	万吨/年	0.36	0.36	2006 年 6 月	2006 年 12 月		西安鹏远重型电炉制造有限公司
JY-0701 电渣炉	台	1	1	万吨/年	0.2	0.2	2008 年 4 月	2008 年 1 月		沈阳东大工程研究所
0714 电渣炉	台	2	2	万吨/年	0.4	0.4	2008 年 1 月	2008 年 12 月		西安西炉特种电炉公司
20 吨电渣炉 0808-8	台	1	1	万吨/年	0.5	0.5	2008 年 12 月	2009 年 11 月		西安西炉特种电炉公司
15 吨电渣炉	台	1	1	万吨/年	0.3	0.3	2011 年 11 月	2013 年 1 月		沈阳东大兴科冶金技术有限公司
12 吨电渣炉	台	1	1	万吨/年	0.25	0.25	2021 年 1 月	2022 年 6 月		辽宁辽重机械制造有限公司
二次冶金设备	台			万吨/年						
钢包炉（LF）										
LF-40 精炼炉	台	1	1	万吨/年	7	7	1975 年 9 月	1979 年 11 月		瑞典 ASEA 公司
LF-40 精炼炉	台	1	1	万吨/年	7	7	2008 年 1 月	2008 年 12 月		中钢集团鞍山热能研究院
LF 炉	台	2	2	万吨/年	30	30	2014 年 11 月	2015 年 3 月		特诺恩工业和西电鹏远
真空氧气脱碳装置（VOD、VAD、VHD）										
40 吨精炼炉-VOD	台	1	1	万吨/年	10	10	2006 年 11 月	2007 年 2 月		西安鹏远重型电炉制造有限公司
60 吨 VOD 炉	台	1	1	万吨/年	30	30	2014 年 11 月	2015 年 3 月		特诺恩工业和西电鹏远
AOD 炉及配套设备	台	1	1	万吨/年	10	10	2014 年 1 月	2015 年 7 月		上海又成钢铁设备科技有限公司
浇铸设备										
连铸机	台	1	1	万吨/年	30	30	2014 年 12 月	2015 年 6 月		西门子（中国）有限公司
钢加工设备	台									
钢压延加工设备					15	15				

续表 10-92

设备名称及类型	设备数量			设备能力			设备出厂时间	设备投产时间	设备末次更新改造时间	设备制造国家、公司
	计量单位	安装数量	其中：使用数量	计量单位	安装设备能力	其中：使用设备能力				
锻锤					8	8				
精锻机	吨/台	1	1	万吨/年	3	3	1980年6月	1984年8月		奥地利GFM公司
精锻机		1	1	万吨/年	5	5	2010年11月	2011年1月		奥地利GFM公司
油压机					7	7				
油压机	吨/台	1	1	万吨/年	2	2	1994年3月	1994年8月		北京重型机械厂德国番克公司
油压机	吨/台	1	1	万吨/年	0	0	2006年3月	2006年12月		兰州兰石技术开发公司
油压机	吨/台	1	1	万吨/年	3	3	2008年1月	2009年6月		德国MEER公司
快锻液压机	台	1	1	万吨/年	2	2	2013年1月	2014年12月		兰州兰石重工

（27）方大特钢科技股份有限公司专业产品主要生产设备见表10-93。

表 10-93 方大特钢科技股份有限公司专业产品主要生产设备

设备名称及类型	设备数量			设备能力			设备出厂时间	设备投产时间	设备末次更新改造时间	设备制造国家、公司
	计量单位	安装数量	其中：使用数量	计量单位	安装设备能力	其中：使用设备能力				
人造块矿设备										
烧结机	台	2	2	万吨/年	430	430				
铁矿烧结机	台	2	2	万吨/年	430	430				
245平方米烧结机	台	1	1	万吨/年	270	270	2011年8月	2011年8月		
130平方米烧结机	台	1	1	万吨/年	160	160	2004年5月	2004年5月		
球团设备	座	2	2	万吨/年	90	90				

续表 10-93

设备名称及类型	设备数量			设备能力			设备出厂时间	设备投产时间	设备末次更新改造时间	设备制造国家、公司
	计量单位	安装数量	其中：使用数量	计量单位	安装设备能力	其中：使用设备能力				
铁矿球团竖炉	座	2	2	万吨/年	90	90				
10 平方米球团竖炉×2	座	2	2	万吨/年	90	90	2002 年 3 月	2002 年 3 月		
炼铁及铸铁设备										
高炉	座	3	3	万吨/年	315	315				
1 号高炉	座	1	1	万吨/年	125	125	2006 年 10 月	2006 年 10 月		
2 号高炉	座	1	1	万吨/年	125	125	2011 年 12 月	2011 年 12 月		
3 号高炉	座	1	1	万吨/年	65	65	2004 年 2 月	2004 年 2 月		
炼钢设备										
转炉	座	3	3	万吨/年	360	360				
顶吹转炉	座	3	3	万吨/年	360	360				
1 号顶吹转炉	座	1	1	万吨/年	120	120	2004 年 7 月	2004 年 7 月	2008 年 8 月	
2 号顶吹转炉	座	1	1	万吨/年	120	120	2004 年 4 月	2004 年 4 月	2008 年 12 月	
3 号顶吹转炉	座	1	1	万吨/年	120	120	2006 年	2007 年	2008 年 9 月	
二次冶金设备										
钢包炉	座	3	3	万吨/年	245	245				
转炉 1 号 LF 炉	座	1	1	万吨/年	65	65	2005 年	2005 年		
转炉 2 号 LF 炉	座	1	1	万吨/年	90	90	2008 年	2008 年		
转炉 3 号 LF 炉	座	1	1	万吨/年	90	90	2012 年	2012 年		
真空脱气装置	座	1	1	万吨/年	90	90				
VD 炉	座	1	1	万吨/年	90	90	2012 年	2012 年		
连铸机	台	4	4	万吨/年	360	360				

续表 10-93

设备名称及类型	设备数量			设备能力			设备出厂时间	设备投产时间	设备末次更新改造时间	设备制造国家、公司
	计量单位	安装数量	其中：使用数量	计量单位	安装设备能力	其中：使用设备能力				
方坯连铸机	台	4	4	万吨/年	360	360				
0号方坯连铸机	台	1	1	万吨/年	80	80	2010年	2010年		
1号方坯连铸机	台	1	1	万吨/年	100	100	2007年	2007年		
2号方坯连铸机	台	1	1	万吨/年	100	100	2004年	2004年		
3号方坯连铸机	台	1	1	万吨/年	80	80	2004年	2004年		
炼钢辅助设备										
制氧机	台	5	5	万立方米/年	30500	30500				
10000立方米制氧机	台	1	1	万立方米/年	10000	10000	2002年	2002年		
4500立方米制氧机	台	1	1	万立方米/年	4500	4500	2004年	2004年		
16000制氧机	台	1	1	万立方米/年	16000	16000	2007年	2007年		
钢加工设备										
钢压延加工设备	套	4	4	万吨/年	360	360				
中型型钢轧机	套	2	2	万吨/年	170	170				
弹扁线中型型钢轧机	套	1	1	万吨/年	75	75	1970年	1970年	2008年	
优特钢线中型型钢轧机	套	1	1	万吨/年	95	95	2011年	2011年		
小型型钢轧机	套	1	1	万吨/年	120	120				
棒材线小型型钢轧机	套	1	1	万吨/年	120	120	2001年	2001年		

续表 10-93

设备名称及类型	设备数量			设备能力			设备出厂时间	设备投产时间	设备末次更新改造时间	设备制造国家、公司
	计量单位	安装数量	其中：使用数量	计量单位	安装设备能力	其中：使用设备能力				
线材轧机										
高速线材轧机	套	1	1	万吨/年	70	70				
高线高速线材轧机	套	1	1	万吨/年	70	70	2008年5月	2008年10月		
洗煤、炼焦、煤气及煤化工产品生产设备										
机械化焦炉										
1号炉顶装型	座	1	1	万吨/年	46	46	1985年	1990年	2005年	
2号炉捣固型	座	1	1	万吨/年	40	40	2006年	2006年		

（28）芜湖新兴铸管有限公司专业产品主要生产设备见表 10-94。

表 10-94 芜湖新兴铸管有限公司专业产品主要生产设备

设备名称及类型	设备数量			设备能力			设备出厂时间	设备投产时间	设备末次更新改造时间	设备制造国家、公司
	计量单位	安装数量	其中：使用数量	计量单位	安装设备能力	其中：使用设备能力				
265平方米铁矿烧结机	台	2	2	万吨/年	628	628		2015年9月		
1280立方米炼铁高炉	座	2	2	万吨/年	275	275		2015年9月		
顶吹转炉（公称容量120吨）	座	2	2	万吨/年	310	310		2015年10月		
连铸机	台	4	4	万吨/年	300	300		2015年11月		
小型型钢轧机	套	5	5	万吨/年	300	300		2015年11月		
机械化58孔焦炉	座	2	2	万吨/年	120	120		2015年9月		

（29）凌源钢铁集团有限责任公司专业产品主要生产设备见表10-95。

表10-95 凌源钢铁集团有限责任公司专业产品主要生产设备

设备名称及类型	设备数量			设备能力			设备出厂时间	设备投产时间	设备末次更新改造时间	设备制造国家、公司
	计量单位	安装数量	其中：使用数量	计量单位	安装设备能力	其中：使用设备能力				
黑色金属矿、非金属矿采选及煅烧专业设备										
采矿设备										
中深孔钻机	台			米/年						
掘进钻机	台	1	1	米/年	144000	144000				
凿岩机	台			米/年						
凿岩钻机	台	2	2	米/年	96000	96000				
电机车	台			自重/吨						
10吨电机车	台	6	6	自重/吨	60	40				
铲运机	台			万吨/年						
铲运机	台	9	6	万吨/年	117	78				
提升机	台			千瓦						
提升机	台	1	1	千瓦	1750	1750				
选矿、洗矿设备										
破碎机										
粗破碎机	台			万吨/年						
0.9米×1.2米破碎机	台	1	1	万吨/年	120	120				
磨矿机										
一次球磨机	台			万吨/年						
3.2×4.5球磨机	台	2	2	万吨/年	100	100				
2.7×3.6球磨机	台	1	1	万吨/年	50	50				

续表 10-95

设备名称及类型	设备数量			设备能力			设备出厂时间	设备投产时间	设备末次更新改造时间	设备制造国家、公司
	计量单位	安装数量	其中：使用数量	计量单位	安装设备能力	其中：使用设备能力				
4.0×6.7 球磨机	台	1	1	万吨/年	245	245				
无介质球磨机	台			万吨/年						
5.5×1.8 无介质球磨机	台	2	2	万吨/年	150	150				
8.0×2.8 无介质球磨机	台	1	1	万吨/年	245	245				
磁选机	台	69	69	万吨/年						
CBT1024	台	27	27	万吨/年	1626	1626				
CBT1030	台	22	22	万吨/年	1582	1582				
CBT1021	台	2	2	万吨/年	126	126				
XCBT1030	台	18	18	万吨/年	1135	1135				
辅助原料矿煅烧设备										
麦尔兹窑	座	2	2	万吨/年	38	38				
1 号麦窑	座	1	1	万吨/年	19	19				
2 号麦窑	座	1	1	万吨/年	19	19				
人造块矿设备										
烧结机	台			万吨/年						
铁矿烧结机	台	3	3	万吨/年	824.8	824.8				
烧结机	台	1	1	万吨/年	316.8	316.8	2020 年 4 月	2021 年 1 月		
烧结机	台	1	1	万吨/年	300	300	2008 年 2 月	2008 年 12 月	2015 年 12 月	河北安装公司
烧结机	台	1	1	万吨/年	208	208	2011 年 3 月	2011 年 10 月		中冶北方工程公司
球团设备										
铁矿球团回转窑	座	1	1	万吨/年	200	200				

续表 10-95

设备名称及类型	设备数量			设备能力			设备出厂时间	设备投产时间	设备末次更新改造时间	设备制造国家、公司
	计量单位	安装数量	其中：使用数量	计量单位	安装设备能力	其中：使用设备能力				
链箅机回转窑	座	1	1	万吨/年	200	200	2012年7月	2012年9月		
炼铁及铸铁设备										
高炉	座	5	5	万吨/年	530	530				
高炉	座	2	2	万吨/年	130	130	1999年11月	2001年1月	2015年3月	
高炉	座	2	2	万吨/年	210	210				
高炉	座	1	1	万吨/年	190	190	2012年8月	2012年10月		
铸铁机	台	1	1	万吨/年	25	25				
铸铁机	台	1	1	万吨/年	25	25				
炼钢设备										
转炉	座	6	6	万吨/年	600	600				
顶吹转炉	座	3	3	万吨/年	240	240				
1~3号转炉	座	3	3	万吨/年	240	240				
顶底复合吹转炉	座	3	3	万吨/年	360	360				
4号转炉	座	1	1	万吨/年	120	120				
5~6号转炉	座	2	2	万吨/年	240	240	2012年7月	2012年9月		
连铸机	台	8	8	万吨/年	885	885				
方坯连铸机	台	7	7	万吨/年	765	765				
1号连铸机	台	1	1	万吨/年	90	90	1990年5月	1990年9月	2007年6月	衡阳机械总厂
2号连铸机	台	1	1	万吨/年	75	75	2002年2月	2002年2月	2007年5月	冶金技术工程公司
3号连铸机	台	1	1	万吨/年	80	80	2008年6月	2008年9月		中冶连铸
4号连铸机	台	1	1	万吨/年	120	120	2010年5月	2010年5月		

续表 10-95

设备名称及类型	设备数量			设备能力			设备出厂时间	设备投产时间	设备末次更新改造时间	设备制造国家、公司
	计量单位	安装数量	其中：使用数量	计量单位	安装设备能力	其中：使用设备能力				
5 号连铸机	台	1	1	万吨/年	120	120	2012 年 9 月	2012 年 9 月		
6 号连铸机	台	1	1	万吨/年	140	140	2012 年 7 月	2012 年 9 月		
7 号连铸机	台	1	1	万吨/年	140	140	2015 年 10 月	2015 年 10 月		
板坯连铸机										
普通板坯连铸机	台	1	1	万吨/年	120	120				
1 号板坯连铸机	台	1	1	万吨/年	120	120	2008 年 8 月	2008 年 12 月		
钢加工设备										
钢压延加工设备		20	20		701	701				
大型型钢轧机	套	1	1	万吨/年	110	110				
大型轧机	套	1	1	万吨/年	110	110				
中型型钢轧机	套	1	1	万吨/年	80	80				
中型轧机	套	1	1	万吨/年	80	80	1990 年 1 月	1990 年 1 月	2011 年 8 月	南京高精品工程公司
小型型钢轧机	套	3	3	万吨/年	263	263				
1 号机组	套	1	1	万吨/年	78	78	2001 年 4 月	2001 年 6 月	2014 年 11 月	鞍山制造公司
2 号机组	套	1	1	万吨/年	105	105	2008 年 8 月	2008 年 9 月		南京齿轮公司
3 号机组	套	1	1	万吨/年	80	80				
线材轧机		1	1		60	60				
高速线材轧机	套	1	1	万吨/年	60	60				
线材轧机	套	1	1	万吨/年	60	60				

续表 10-95

设备名称及类型	设备数量			设备能力			设备出厂时间	设备投产时间	设备末次更新改造时间	设备制造国家、公司
	计量单位	安装数量	其中：使用数量	计量单位	安装设备能力	其中：使用设备能力				
热轧中宽钢带轧机	套	1	1	万吨/年	140	140				
热轧中宽钢带轧机	套	1	1	万吨/年	140	140		1996年9月	2008年1月	德国克虏伯
钢管轧机		2	2		6	6				
热轧无缝钢管轧机（机组）	台	2	2	万吨/年	6	6				
80毫米无缝机组	台	1	1	万吨/年	3	3				
114毫米无缝机组	台	1	1	万吨/年	3	3				
焊接加工设备		11	11		42	42				
电焊钢管轧机	套	6	6	万吨/年	27	27				
直缝电焊管机	套	6	6	万吨/年	27	27				
219毫米轧机	套	1	1	万吨/年	5	5	2001年1月	2001年11月	2007年2月	南京轻工机械厂
114毫米轧机	套	1	1	万吨/年	4	4	1990年8月	1990年8月	1998年12月	北京冶金机械厂
76毫米轧机	套	1	1	万吨/年	4	4	1989年12月	1990年2月	1999年12月	北京冶金机械厂
50毫米轧机	套	1	1	万吨/年	0.5	0.5	2001年1月	2001年12月		石家庄机电公司
114毫米重型机组	套	1	1	万吨/年	5	5	2010年3月	2010年7月		
325毫米机组	套	1	1	万吨/年	8.5	8.5	2010年3月	2010年7月		
螺旋缝电焊管机	套	5	5	万吨/年	15	15				
630毫米机组	套	1	1	万吨/年	1.5	1.5	2010年3月	2010年7月		
1420毫米机组	套	1	1	万吨/年	1.5	1.5	2010年3月	2010年7月		
426毫米机组	套	3	3	万吨/年	12	12	2013年12月	2013年12月	2014年5月	
洗煤、炼焦、煤气及煤化工产品生产设备										
机械化焦炉	座	1	1	万吨/年	65	65				
焦炉	座	1	1	万吨/年	65	65	1994年8月	1994年12月		第三冶金建设公司

（30）湖南华菱衡阳钢管有限公司专业产品主要生产设备见表 10-96。

表 10-96 湖南华菱衡阳钢管有限公司专业产品主要生产设备

设备名称及类型	设备数量			设备能力			设备出厂时间	设备投产时间	设备末次更新改造时间	设备制造国家、公司
	计量单位	安装数量	其中：使用数量	计量单位	安装设备能力	其中：使用设备能力				
人造块矿设备										
烧结机	台	1	1	万吨/年	180	180				
铁矿烧结机	台	1	1	万吨/年	180	180				
铁矿烧结机	台	1	1	万吨/年	180	180	2009 年 1 月	2009 年 4 月		中冶长天
炼铁及铸铁设备										
高炉	座	1	1	万吨/年	83	83				
高炉	座	1	1	万吨/年	83	83	2009 年 1 月	2009 年 4 月		中鼎泰克
铸铁机	台	2	2	万吨/年	56	56				
1 号铸铁机	台	1	1	万吨/年	28	28	2009 年 1 月	2009 年 4 月		洛阳
2 号铸铁机	台	1	1	万吨/年	28	28	2009 年 8 月	2009 年 12 月		宝鸡
炼钢设备										
电炉	座	3	3	万吨/年	130	130				
交流电弧炉	座	3	3	万吨/年	130	130				
1 号电炉	座	1	1	万吨/年	25	25	1990 年 1 月	1991 年 12 月		西安电炉厂
2 号电炉	座	1	1	万吨/年	25	25	1993 年 8 月	1994 年 12 月		西安电炉厂
90 吨电炉	座	1	1	万吨/年	80	80	2005 年 1 月	2005 年 12 月		意大利达涅利公司
二次冶金设备										
钢包炉	座	4	4	万吨/年	130	130				

续表 10-96

设备名称及类型	设备数量			设备能力			设备出厂时间	设备投产时间	设备末次更新改造时间	设备制造国家、公司
	计量单位	安装数量	其中：使用数量	计量单位	安装设备能力	其中：使用设备能力				
小管坯钢包炉	座	3	3	万吨/年	50	50	1993年8月	1994年12月	2012年11月	西安鹏远、中冶南方
大管坯钢包炉	座	1	1	万吨/年	80	80	2005年1月	2005年12月		无锡扬名
真空脱气装置	座	3	3	万吨/年	160	160				
小管坯真空脱气装置	座	1	1	万吨/年	45	45	2007年	2008年		杭州西湖真空泵厂
小管坯真空脱气装置	座	1	1	万吨/年	45	45	2017年	2018年		兑通
大管坯真空脱气装置	座	1	1	万吨/年	70	70	2020年2月	2020年7月		兑通
连铸机										
圆坯连铸机	台	3	3	万吨/年	150	150				
小管坯连铸机	台	1	1	万吨/年	50	50	1990年1月	1990年12月	2012年12月	中冶连铸
大管坯连铸机	台	1	1	万吨/年	80	80	2005年1月	2005年12月		意大利达涅利公司
大圆坯连铸机	台	1	1	万吨/年	20	20	2010年2月	2010年10月		中冶京诚
钢加工设备										
钢压延加工设备										
钢管轧机	台	6	6	万吨/年	197	197				
热轧无缝钢管轧机	台	6	6	万吨/年	197	197				
219 机组	台	1	1	万吨/年	18	18	2007年5月	2008年4月		太重
89 机组	台	1	1	万吨/年	24	24	1995年6月	1997年1月	2019年7月	德国、中冶赛迪
340 机组	台	1	1	万吨/年	70	70	2004年8月	2005年2月		德国
720 机组	台	1	1	万吨/年	15	15	2009年1月	2009年7月		德国
720 机组	台	1	1	万吨/年	20	20	2021年11月	2021年12月		中冶赛迪
180 机组	台	1	1	万吨/年	50	50	2011年1月	2011年12月		德国、太重

（31）天津钢铁集团有限公司专业产品主要生产设备见表 10-97。

表 10-97 天津钢铁集团有限公司专业产品主要生产设备

设备名称及类型	设备数量			设备能力			设备出厂时间	设备投产时间	设备末次更新改造时间	设备制造国家、公司
	计量单位	安装数量	其中：使用数量	计量单位	安装设备能力	其中：使用设备能力				
球团回转窑	座	1	1	万吨/年	240	240		2011 年 4 月		华冶（建设施工）
烧结机	台	1	1	万吨/年	180	180				华冶（建设施工）
烧结机	台	1	1	万吨/年	294	294		2004 年 2 月		唐冶（建设施工）
烧结机	台	1	1	万吨/年	342	342		2006 年 5 月		唐冶（建设施工）
高炉	座	1	1	万吨/年	170	170		2004 年 3 月		二十冶（施工建设）
高炉	座	1	1	万吨/年	267	267		2006 年 5 月		二十冶（施工建设）
转炉	座	3	3	万吨/年	405	405		2004 年 3 月		首钢机械、大连重工
棒材轧机	套	2	2	万吨/年	180	180		2006 年 3 月		意大利达涅利
高速线材轧机	套	1	1	万吨/年	70	70		1995 年 6 月		美国摩根公司
高速线材轧机	套	1	1	万吨/年	80	80		2009 年 6 月		美国摩根公司
中厚板轧机	套	1	1	万吨/年	220	220		2006 年 6 月		中国第一重型机械（集团）有限公司

（32）天津新天钢联合特钢有限公司专业产品主要生产设备见表 10-98。

表 10-98 天津新天钢联合特钢有限公司专业产品主要生产设备

设备名称及类型	设备数量			设备能力			设备出厂时间	设备投产时间	设备末次更新改造时间	设备制造国家、公司
	计量单位	安装数量	其中：使用数量	计量单位	安装设备能力	其中：使用设备能力				
120 吨转炉	座	3	3	万吨	420	420		2011 年 4 月		

续表 10-98

设备名称及类型	设备数量			设备能力			设备出厂时间	设备投产时间	设备末次更新改造时间	设备制造国家、公司
	计量单位	安装数量	其中：使用数量	计量单位	安装设备能力	其中：使用设备能力				
120 吨 LF 炉	座	3	3	万吨	360	360		2011 年 6 月		
120 吨 VD 炉	座	1	1	万吨	80	80		2011 年 6 月		
1080 立方米高炉	座	3	3	万吨	312	312		2011 年 6 月		
1×500 立方米高炉	座	1	1	万吨	120	120		2009 年 12 月	炼铁厂 6 号 500 立方米高炉于 2020 年 10 月 31 日 21：08 分停拆炉，5 号 500 立方米高炉于 2022 年 1 月 8 日 19：56 分停拆炉。目前产能未退，新建 1250 立方米高炉 2022 年投产	
10 平方米竖炉	座	2	2	万吨	90	90		2011 年 9 月		
230 平方米烧结机	套	2	2	万吨	488	488		2011 年 4 月		
550 三辊轧机	套	1	1	万吨	30	30		2009 年 7 月		
850 两辊可逆轧机	套	1	1	万吨	70	70		2012 年 5 月		
2 立 9 平轧机	套	1	1	万吨	100	100		2012 年 11 月		
3 立 9 平轧机	套	1	1	万吨	50	50		2012 年 3 月		

10.4 主要特殊钢企业主要领导班子成员

（1）宝武特种冶金有限公司主要领导班子成员见表 10-99。

表 10-99　宝武特种冶金有限公司主要领导班子成员

姓名	性别	年龄	职务	分工主管工作
章青云	男	53	党委书记、董事长	负责公司党务工作。履行党建、安全、环保、军工配套、保密第一责任人职责。负责战略规划、组织绩效、审计、外事工作

续表 10-99

姓名	性别	年龄	职务	分工主管工作
陈步权	男	55	总经理、党委副书记	全面负责公司经营管理工作。负责原材料采购、市场营销、进出口业务、海关事务工作。负责科技创新、质量管理、军品配套、档案工作
徐克勤	男	51	党委副书记、纪委书记、工会主席	负责组织、人力资源、纪委、信访、维稳、工会、共青团、保密、行政事务、企业文化（公共关系、品牌）等工作。协助分管党务工作、外事工作
刘剑恒	男	58	副总经理、党委委员	负责设备与计量、资材备件采购、技改及工程建设工作。负责新基地项目建设工作，分管马鞍山基地项目指挥部
李永东	男	49	副总经理	负责钛产业相关工作推进、钛业对口子公司业务协同策划及推进
施　威	男	54	副总经理	负责生产制造、技术、物流运输、产品认证及综合体系、安全、环保、保卫、消防及防汛防台、能源等工作。负责生产工作。协管质量管理工作

（2）中信泰富特钢集团有限公司主要领导班子成员见表 10-100。

表 10-100　中信泰富特钢集团有限公司主要领导班子成员

姓名	性别	年龄	职务	分工主管工作
钱　刚	男	56	党委书记、董事长	主持集团全面工作
李国忠	男	55	党委副书记、总裁	主持集团日常经营管理工作
郑静洪	男	54	党委副书记、工会主席	党务、工会、人事、学院
王文金	男	59	常务副总裁	销售
谢文新	男	55	副总裁	生产、安全、环保
程时军	男	57	总审计师	审计
丁民东	男	58	纪委书记	纪检
倪幼美	女	56	总会计师	财务
王海勇	男	47	董事会秘书	董办、法务部、投管部

（3）太原钢铁（集团）有限公司主要领导班子成员见表10-101。

表 10-101 太原钢铁（集团）有限公司主要领导班子成员

姓名	性别	年龄	职务	分工主管工作
盛更红	男	58	党委书记、董事长	企业法定代表人，全面负责公司工作，贯彻落实党委、董事会决议决定，承担党的建设第一责任人责任
李　华	男	50	党委副书记、总经理	全面负责公司经营管理工作，贯彻落实党委、董事会决议决定，落实党的建设“一岗双责”责任
汪　震	男	49	党委副书记、纪委书记	协助党委负责公司党的建设、思想政治建设、党风廉政建设、反腐败和党委巡察工作。全面负责纪委工作，履行监督执纪问责职责
曹志福	男	45	党委常委、副总经理	协助总经理负责公司国内矿山的战略规划、生产经营及能环、安全、保卫、消防、交通工作
尚佳君	男	48	党委常委、太钢不锈总经理	协助总经理负责钢铁板块战略规划、生产经营及能环、安全、保卫、消防、交通工作
刘鹏飞	男	52	党委常委、副总经理	协助总经理负责公司财务、改革、金融、资本运营、法律事务、证券、不动产、土地矿权、风险控制工作，负责“一总部多基地”经营中心的体系建设与推进。协助党委书记、总经理管理审计工作
高　峰	男	46	党委常委、副总经理	协助总经理负责公司钢铁板块营销、采购、镍矿镍铁工作

（4）西宁特殊钢股份有限公司主要领导班子成员见表10-102。

表 10-102 西宁特殊钢股份有限公司主要领导班子成员

姓名	性别	年龄	职务	分工主管工作
张永利	男	58	党委书记、董事长	主持集团公司党委、董事会全面工作
马玉成	男	54	党委副书记、总经理	主持集团公司生产经营管理工作，负责组织实施董事会决议，执行、落实和检查集团公司党委会议做出的相关决议和部署；统筹做好各公司经营运行及生产组织和安全环保等工作
史　佐	男	52	党委副书记	协助党委书记负责党委日常工作，组织制定党委年度工作计划，协助党委书记抓好党建、思想政治、意识形态和党风廉政建设等工作；负责集团公司团青工作；负责集团公司人才工作；负责集团公司企业文化建设工作；负责集团公司统战、保密、信访接待及安保工作。分管党委办公室党建工作、组织部、宣传部

续表 10-102

姓名	性别	年龄	职务	分工主管工作
宋永进	男	52	纪委书记	主持集团公司纪检监察工作。抓好党风廉政建设，贯彻执行党风廉政建设责任制，及时查处党员违纪行为和监察对象滥用公权力行为及治安案件，受理党员的控告和申诉；监督、检查、指导各公司纪委工作，履行监察督导职责；负责集团公司党委巡察工作。分管党委巡察办公室、纪委监督检查室
陈立新	男	57	副总经理	参与集团公司重大项目的可行性研究，参与制定集团公司发展规划、生产经营方针、策略和业绩考核办法，负责集团公司各项战略部署的组织实施工作；负责集团公司地产开发工作。分管置业公司、资源综合利用公司
尹良求	男	56	副总经理	参与集团公司重大项目的可行性研究，参与制定集团公司发展规划、生产经营方针、策略和业绩考核办法，负责集团公司各项战略部署的组织实施工作；负责集团公司采购、销售工作；分管物资采购中心
夏振宇	男	56	副总经理	参与集团公司重大项目的可行性研究，参与制定集团公司发展规划、生产经营方针、策略和业绩考核办法，负责集团公司各项战略部署的组织实施工作；主持工会全面工作。组织开展民主管理和民主监督，维护职工的合法权益，关心职工生活，组织开展文化活动，活跃职工文化生活。分管工会工作部
张　伟	男	49	副总经理、总调度长	参与集团公司重大项目的可行性研究，参与制定集团公司发展规划、生产经营方针、策略和业绩考核办法，负责集团公司各项战略部署的组织实施工作；负责统筹协调全集团公司生产运行工作；负责安全环保工作，组织编制安全、环保工作规划、计划及事故应急预案，协调、监督各公司安全环保工作；分管生产指挥中心、安全环保管理中心、江仓能源公司
钟新宇	男	50	副总经理	参与集团公司重大项目的可行性研究，参与制定集团公司发展规划、生产经营方针、策略和业绩考核办法，负责集团公司各项战略部署的组织实施工作；负责集团公司财务管理工作；组织建立和健全集团公司的经济核算办法及财务管理制度，监督、指导各公司财务、资产、资金管理工作；负责集团公司资本运作，统筹制定集团公司融资计划并组织实施，指导各子公司融资计划制定工作，并监督执行；协助董事长做好集团公司董事会工作；协助董事长做好内部审计工作；分管财务管理中心、董秘（法务）部
张伯影	男	52	总经理助理	参与集团公司重大项目的可行性研究，参与制定集团公司发展规划、生产经营方针、策略和业绩考核办法，负责集团公司各项战略部署的组织实施工作；主持股份公司董事会工作；主持矿冶科技公司全面工作；分管上市公司、矿冶公司

续表 10-102

姓名	性别	年龄	职务	分工主管工作
于 斌	男	53	总经理助理、设备能源总工程师	参与集团公司重大项目的可行性研究，参与制定集团公司发展规划、生产经营方针、策略和业绩考核办法，负责集团公司各项战略部署的组织实施工作；负责全公司设备能源管理工作；负责集团公司信息化管理及“两化融合”工作；负责集团公司矿山管理工作；分管设备能源管理中心、建安公司、自信公司、都兰公司、西宁西钢矿业公司
苗红生	男	50	总工程师	参与集团公司重大项目的可行性研究，参与制定集团公司发展规划、生产经营方针、策略和业绩考核办法，负责集团公司各项战略部署的组织实施工作；协助总经理全面负责集团公司技术质量管理工作；负责集团公司技术工艺优化工作；负责集团产品结构调整工作；负责公司专业技术人才队伍建设和考核工作；分管科技开发有限公司
周 泳	男	51	总经济师	参与集团公司重大项目的可行性研究，参与制定集团公司发展规划、生产经营方针、策略和业绩考核办法，负责集团公司各项战略部署的组织实施工作；负责集团公司规划管理工作；负责集团公司运营改善和经营运行分析及管理改善提升工作；负责集团公司国企改革工作；组织起草发展规划、年度计划、经营业绩考核办法并组织实施；分管运营改善管理中心
曹小军	男	49	总经理助理	参与集团公司重大项目的可行性研究，参与制定集团公司发展规划、生产经营方针、策略和业绩考核办法，负责集团公司各项战略部署的组织实施工作；协助集团分管领导具体负责安全环保工作；具体负责安全环保管理中心
熊 俊	女	48	董事会秘书、总法律顾问	参与集团公司重大项目的可行性研究，参与制定集团公司发展规划、生产经营方针、策略和业绩考核办法，负责集团公司各项战略部署的组织实施工作；协助董事长及分管领导具体负责集团公司对外投资、对内投资收益的管理，防范和控制投资、经营风险；协助集团分管领导做好集团公司资本运作；具体负责组织集团公司董事会日常事务；具体负责处理集团公司和控股子公司的法律事务和各类经济合同管理与法律咨询以及员工法制教育等工作；具体负责集团公司内部审计工作；具体负责董秘法务部、审计部
吴海峰	男	46	副总经济师	参与集团公司重大项目的可行性研究，参与制定集团公司发展规划、生产经营方针、策略和业绩考核办法，负责集团公司各项战略部署的组织实施工作；协助党委书记做好公司党委日常工作的落实和监督；负责做好公司内部各项决策信息传递、改革目标任务推进落实及其他日常事务工作；负责集团公司党委办公室日常事务管理工作；负责集团公司人力资源管理工作；分管人力资源管理中心，具体负责党委办公室

（5）河北钢铁集团舞阳钢铁有限责任公司主要领导班子成员见表10-103。

表10-103 河北钢铁集团舞阳钢铁有限责任公司主要领导班子成员

姓名	性别	年龄	职务	分工主管工作
李建朝	男	59	党委书记、董事长	
齐章国	男	52	党委书记、常务副总经理	
赵国昌	男	54	总经理、党委副书记、副董事长	
高　振	男	53	副总经理	
殷国军	男	52	副总经理	
胡　军	男	51	党委副书记、工会主席、职工董事	
王保卫	男	48	总会计师、董事	
张华军	男	55	党委常委、纪委书记、监事会主席	
龙　杰	男	53	副总经理	
刘建磊	男	48	副总经理	
杨增国	男	55	副总经理	

（6）石家庄钢铁有限责任公司主要领导班子成员见表10-104。

表10-104 石家庄钢铁有限责任公司主要领导班子成员

姓名	性别	年龄	职务	分工主管工作
黄永建	男	52	党委书记、董事长	负责公司党委、董事会全面工作
张海宁	男	52	党委副书记、副董事长、总经理	负责公司经理班子全面工作
范宝恕	男	58	石钢京诚公司党委书记、董事长	负责石钢京诚公司党委、董事会全面工作
于凯军	男	54	副总经理	负责公司安全、生产、工序成本、物流、能源、订单交付、对标及对标考核等方面工作
董大西	男	54	副总经理	负责公司营销、市场开发、以产线为独立市场单元的产品高端化高效益组织协调、销售支撑保障团组织领导、协调支撑上海新材料研发中心、废钢优化指导及废钢政策跑办、临西事业发展及临西事业部管理等方面工作；协助董事长做好公司发展规划及相关协调工作

续表 10-104

姓名	性别	年龄	职务	分工主管工作
孙晓明	男	48	副总经理	负责公司技术质量、现场 6S、目视化、产品研发、采购等方面工作；协调向上海新材料研发中心在产品、技术、质量等方面的炮火呼叫
赵　晔	男	41	总会计师	负责公司财务管理、经营（当前要特别重视盈利分析和盈利指导）、资金运作、资本运营、对外投资等方面工作；协助主管领导做好废钢采购工作
贾建勇	男	50	副总经理	负责公司设备及备件管理、环保、项目建设和厂容厂貌、绿化及矿区城市综合服务协调保障、非钢产业发展及运营、武装保卫、消防、交通、老区土地开发、闲置资产利旧等方面工作；协助主管领导做好天然气采购等工作
高士峰	男	48	党委常委、纪委书记	负责纪检监察（特别关注废钢验质、实现入炉废钢高性价比合规性、科学性采购相关工作）、审计、招投标、团委、外事等方面工作；关注宣传工作
郭旭东	男	49	副总经理、石钢京诚公司总经理	负责石钢京诚公司生产经营全面工作
彭绍峰	男	48	党委副书记、工会主席	负责党建日常工作、组织人事、工会、国企改革、宣传、统战、信访稳定、疫情防控、生活后勤、与政府有关部门协调发展规划、法律事务等方面工作
李俊慧	男	42	副总经理	协助贾建勇副总经理做好设备及备件管理、项目建设等工作，负责公司计量、信息化、智能制造、线材高端化高质量等工作

（7）攀钢集团江油长城特殊钢有限公司主要领导班子成员见表 10-105。

表 10-105　攀钢集团江油长城特殊钢有限公司主要领导班子成员

姓名	性别	年龄	职务	分工主管工作
李　强	男	49	党委副书记、董事、总经理	负责贯彻落实党委、董事会决议决定，落实党的建设第一责任。主持公司党委、行政全面工作
周　伟	男	50	党委副书记、职工董事、纪委书记、工会主席	负责在分管工作范围内贯彻落实党委、董事会决议决定，落实党的建设直接责任
杨五八	男	54	党委委员、副总经理	负责在分管工作范围内贯彻落实党委、董事会决议决定，落实党的建设“一岗双责”责任。分管装备部
赵　斌	男	49	党委委员、副总经理	负责在分管工作范围内贯彻落实党委、董事会决议决定，落实党的建设“一岗双责”责任。分管科技部（专项办）

续表 10-105

姓名	性别	年龄	职务	分工主管工作
陈　炜	男	50	党委委员、董事会秘书、副总经理	负责在分管工作范围内贯彻落实党委、董事会决议决定，落实党的建设“一岗双责”责任。公司质保体系管理者代表。分管质量管理部、董事会办公室
郭　宏	男	44	副总经理	负责在分管工作范围内贯彻落实党委、董事会决议决定，落实党的建设“一岗双责”责任。分管制造部、安全环保部
曹玉飞	男	52	副总经理、财务负责人	负责在分管工作范围内贯彻落实党委、董事会决议决定，落实党的建设“一岗双责”责任。分管财务部

（8）建龙北满特殊钢有限责任公司主要领导班子成员见表 10-106。

表 10-106　建龙北满特殊钢有限责任公司主要领导班子成员

姓名	性别	年龄	职务	分工主管工作
巩　飞	男	54	总经理	全面工作、经营系统
王伟先	男	53	党委书记	人事行政
陈　列	男	54	副总经理	技术研发、质量
丁德良	男	39	副总经理	财务
何　平	男	50	总经理助理	生产

（9）大冶特殊钢有限公司主要领导班子成员见表 10-107。

表 10-107　大冶特殊钢有限公司主要领导班子成员

姓名	性别	年龄	职务	分工主管工作
蒋　乔	男	51	党委书记、总经理	全面负责。重点抓干部管理、人才引进和培养、队伍建设、企业管理等工作。分管总经理办公室、人力资源部（组织人事）、运营改进部
高助忠	男	51	党委副书记、工会主席	负责公司党务、企业文化建设、员工培训教育、法律事务以及公司工会、后勤等系统工作。同时负责公司工程项目及技改、信息化、智能制造、装备运行及检修、能源环保、动力公辅设施等设备系统的管理工作。分管党委工作部、大冶特钢学院、法律事务部、后勤部、工会、团委以及装备部、智能及信息化部、能源环保部、动力事业部

续表 10-107

姓名	性别	年龄	职务	分工主管工作
童　忆	男	53	副总经理	负责公司的安全、生产、保卫、物流，以及物资的供应和采购等系统工作。同时抓好生产系统长期协作劳务单位的管理工作。分管生产指挥中心、安全管理部、保卫部、物流部、供应部、采购中心大冶特钢工作站
周立新	男	54	总工程师、党委委员	负责公司工艺技术、产品质量、品种研发、体系、产品认证及公司发展规划工作。分管研究分院、发展规划部
陈国安	男	58	纪委书记、党委委员	负责公司纪委工作。分管纪委办公室
陶士君	男	49	总会计师、党委委员	负责公司财务、物资管理、招投标等工作。分管财务部、物资管理部、招标部
郭怀魁	男	56	总审计师、党委委员	负责公司审计工作。分管审计部，协助总经理管理铁前事业部
李永灯	男	54	总经理助理、党委委员	协助总经理主抓钢管事业部及汽车零部件公司的相关工作。分管钢管事业部、汽车零部件公司
黄　剑	男	57	总经理助理、党委委员	协助总经理负责公司特冶锻材生产经营及技术研发等工作。分管军工锻材销售公司、锻造事业部
陈章明	男	46	总经理助理	协助总经理负责公司的内外贸销售及协调工作。分管营销管理部、棒管锻销售公司、国贸公司
程卫国	男	51	总经理助理、党委委员	负责协助高助忠做好工程项目及技改、信息化、智能制造等管理工作。协管装备部（技改）、智能及信息化部
张继宏	男	47	总经理助理	协助童忆做好公司的安全、生产、保卫和物流等系统工作，同时抓好生产系统长期协作劳务单位的管理工作。主要负责生产组织、计划编排等工作。分管棒材事业部，协管生产指挥中心、安全管理部、保卫部、物流部
段殿勇	男	60	总经理助理	专项负责90万吨焦化项目拆迁处置、环保创A、华电能源合作等工作
邹文喜	男	47	总经理助理	协助童忆做好炼钢事业部的相关工作。分管炼钢事业部
汪有源	男	49	总经理助理	协助高助忠做好装备运行及检修、能源环保、动力公辅设施等管理工作。协管能源环保部、动力事业部、装备部（运行）

（10）江阴兴澄特种钢铁有限公司主要领导班子成员见表 10-108。

表 10-108 江阴兴澄特种钢铁有限公司主要领导班子成员

姓名	性别	年龄	职务	分工主管工作
罗元东	男	50	总经理、党委书记	全面负责
孙步新	男	57	副总经理	特板板块生产销售
承　江	男	55	党委副书记、工会主席	党群、企业管理、人事
王　勇	男	54	纪委书记	纪委
王永建	男	53	副总经理	设备、能源、环保、工程技改
纪玉忠	男	52	副总经理	棒线材板块生产销售、物流
白　云	男	47	副总经理、总工程师	研发、质量
张宏星	男	55	副总经理	炼铁板块
姚海龙	男	45	副总经理	棒材、线材板块销售
郭士宏	男	49	总会计师	财务、物管

（11）青岛特殊钢铁有限公司主要领导班子成员见表 10-109。

表 10-109 青岛特殊钢铁有限公司主要领导班子成员

姓名	性别	年龄	职务	分工主管工作
孙广亿	男	52	党委书记、总经理	对青岛特钢的各项工作全面负责，全面履行董事会和集团下达的各项任务目标
赵春风	男	57	常务副总经理	协助总经理全面负责公司各项日常管理工作，协助总经理管理公司办公室，负责公司的内外贸销售和物流运输
郭长波	男	60	首席专家	负责与政府部门接洽等工作，协调东厂区土地事宜，协助总经理审核把关安全、环保等工作
邓　新	男	47	党委副书记、纪委书记、总审计师	协助党委书记抓好企业党建、人事组织、干部培养、人才队伍建设、企业管理、制度建设，负责公司的审计、纪检、对外联络、群团、宣传、后勤服务及青钢小镇项目等工作，监督检查董事会下达的目标任务完成情况，协助党委书记管理党委组织部、党委办公室
王海波	男	49	副总经理	负责公司的设备管理、工程技改、环保、能源、规划发展、信息化等工作

续表 10-109

姓名	性别	年龄	职务	分工主管工作
陈绪耀	男	51	总会计师	负责公司的财务、物资管理、内部成本核算、内部降本及对标、融资、贷款结构调整、对外账务的清理、风险管控、招标管理、对外统计、保密等工作
黄　镇	男	50	总工程师	
陈玉辉	男	45	总经理助理	
林永兴	男	52	总经理助理	负责公司的生产、安全、保卫等工作
于　波	男	54	总经理助理、工会主席兼公司办公室、党委办公室主任	协助党委书记、党委副书记抓好企业党建工作；协助总经理处理公司日常事务；协助常务副总管理公司办公室；协助党委副书记做好公司对外联络、群团、宣传、后勤等工作，协助管理党委办公室、群团、宣传、后勤服务部、青钢小镇项目部
胡乃志	男	56	总经理助理	负责公司物资采购工作，同时协助生产总助抓好轧钢系统生产经营工作，主要负责轧钢系统的生产工艺提升、产品质量提升、品种结构调整、技改项目等工作
王亚华	男	49	总经理助理	协助常务副总管理销售公司、营销管理部日常工作

（12）鞍钢集团本钢板材股份有限公司特殊钢事业部主要领导班子成员见表 10-110。

表 10-110　鞍钢集团本钢板材股份有限公司特殊钢事业部主要领导班子成员

姓名	性别	年龄	职务	分工主管工作
张吉胜	男	55	党委书记	党委、工会全面工作
黄　健	男	50	总经理	行政全面工作
王继臣	男	54	副经理	技术工作及生产管理和运行工作
代　鑫	男	52	副经理	设备管理工作
邱金辉	男	53	党委副书记	人资、工会、党建
周忠岐	男	38	副经理	销售工作

（13）首钢贵阳特殊钢有限责任公司主要领导班子成员见表10-111。

表10-111 首钢贵阳特殊钢有限责任公司主要领导班子成员

姓名	性别	年龄	职务	分工主管工作
李金柱	男	51	党委书记、董事长	主持公司党委、董事会全面工作，保证、监督党和国家方针政策和省委省政府、省国资委、集团公司决策部署在贵钢的贯彻执行，落实全面从严治党第一责任人责任；负责对企业改革发展稳定的全局性重大问题组织研究论证决策，组织全面深化改革政策的制定；分管公司办（党委办公室、董事会办公室）、审计风控部（审计）、深化改革领导小组办公室、全面从严治党领导小组办公室党委审计工作领导小组办公室
汪凌松	男	57	党委副书记、董事、总经理	主持行政全面工作，贯彻落实公司党委和董事会的决定、公司年度计划和投资方案，对企业改革发展稳定的全局性重大问题组织研究论证，提出意见建议；负责公司经营、固定资产投资管理、资本运作、技改及工程建设工作；分管公司办（经理办公室）、经营财务部；在分管范围内落实全面从严治党“一岗双责”
郭晓光	男	57	党委副书记、副董事长	参加公司党委和董事会对重大问题的决策；协助党委书记抓好党的建设工作，协助董事长抓好董事会建设工作；负责党组织建设、宣传思想、企业文化、人力资源、干部（含离休）管理、信访维稳、机要保密、统战、治安保卫以及助力乡村振兴等工作；负责全面深化改革政策的推进和实施；分管党群工作部、人力资源部、武装保卫部、党委巡察工作领导小组办公室、党建工作领导小组办公室、保密委员会办公室反恐涉军工作领导小组办公室、信访维稳工作领导小组办公室网络信息和安全领导小组办公室；在分管范围内落实全面从严治党“一岗双责”
潘昆仑	男	52	党委委员、纪委书记、工会主席	参加公司党委和董事会对重大问题的决策；负责党风廉政建设和纪律检查工作，落实全面从严治党监督责任，负责内部风险防范与控制、合规运行及对法律机构的管理负责法律事务、风控体系建设、职工生活服务工作；协助董事长抓好审计工作；分管纪委、工会、审计风控部（风控），监督工作联席会办公室、反腐倡廉建设领导小组办公室。在分管范围内落实全面从严治党“一岗双责”
范　军	男	54	副总经理	负责钢业板块生产和日常管理工作；负责安全环保、生产组织、信息化建设，对标一流管理提升等工作；分管制造部、安委会办公室；联系轧钢事业部、针具制造公司；在分管范围内落实全面从严治党“一岗双责”

续表 10-111

姓名	性别	年龄	职务	分工主管工作
佘　凯	男	55	安全总监	负责设备运行维护管理、消防、能源管理、资源综合利用厂容绿化等工作；协助副总经理范军同志抓好安全生产、环境保护管理工作对职责和授权范围内的事项承担直接责任；分管安全环保部、设备工程部；联系设备工程公司；在分管范围内落实全面从严治党“一岗双责”
杨接明	男	50	总经理助理	协助总经理抓好钢业经营管理工作；负责营销、工艺技术、科研开发、品种质量等工作；分管营销部、制造部（技术中心）；联系炼钢事业部；在分管范围内落实全面从严治党“一岗双责”
王衍冬	男	41	总经理助理兼任贵阳东方鑫盛钢材物流有限公司党总支书记、经理、贵阳东方现代钢材市场股份有限公司经理	协助总经理抓好固定资产投资管理；负责非钢经营管理、资产管理、对外投资关系管理，土地、房产管理，全资、控参股公司管理，非钢市场化改革等工作；分管资产管理部；联系老区项目开发公司；贵阳首钢贵钢物业管理公司（阳明花鸟市场、金麟物业公司、幼儿园）、东方鑫盛公司（东方现代钢材市场、金吉运输公司）、职工医院、贵阳诚欣实业有限公司及其他参股企业；在分管范围内落实全面从严治党“一岗双责”

（14）沙钢东北特钢集团主要领导班子成员见表 10-112。

表 10-112　沙钢东北特钢集团主要领导班子成员

姓名	性别	年龄	职务	分工主管工作
龚　盛	男	64	集团董事长兼任抚顺特殊钢股份有限公司董事长	负责集团重大事项的决策与管控，重点负责企业战略规划、改革发展、绩效考核、干部管理、财务、资金、税务等工作。主管集团办公室、党群组织部、纪审法务部、财务管理部，负责抚顺特殊钢股份有限公司董事会工作
季永新	男	56	集团副董事长兼任淮钢特钢股份有限公司董事长、党委书记	支持、配合董事长负责集团重大事项的决策与管控，重点负责淮钢特钢股份有限公司董事会、党委的全面工作
蒋建平	男	56	集团总经理兼任东北特殊钢集团股份有限公司董事长、党委书记	负责集团生产经营活动，重点负责东北特殊钢集团股份有限公司董事会、党委的全面工作
孙　启	男	58	集团第一副总经理（总经理级）	全面配合总经理工作，负责主持生产经营常务工作，重点负责销售、采购、国际贸易等工作。主管生产经营部、采购管理中心、国际贸易公司，配合分管集团办公室
董学东	男	62	集团总工程师	负责集团科技、研发、质量、技改、智能化等工作。主管特钢研究院，配合分管生产经营部、集团办公室

续表 10-112

姓名	性别	年龄	职务	分工主管工作
朴文浩	男	51	集团副总经理兼任东北特殊钢集团股份有限公司纪委书记、工会主席	负责集团宣传、职工培训、法务等工作，负责东北特殊钢集团股份有限公司非钢投资管理、纪委、工会等工作。主管投资管理部，配合分管纪审法务部、党群组织部
孙久红	男	56	集团副总经理	负责集团生产、安全、设备、能源、环保等工作，配合总工程师工作，配合分管生产经营部
孙立国	男	49	集团副总经理兼任抚顺特殊钢股份有限公司总经理、党委副书记	负责抚顺特殊钢股份有限公司生产经营全面工作
李增伟	男	50	集团副总经理兼任安阳永兴特钢有限公司董事长、党委书记	负责安阳永兴特钢有限公司董事会、党委全面工作

（15）江苏沙钢集团淮钢特钢股份有限公司主要领导班子成员见表 10-113。

表 10-113 江苏沙钢集团淮钢特钢股份有限公司主要领导班子成员

姓名	性别	年龄	职务	分工主管工作
季永新	男	55	董事长、党委书记	全面负责董事会工作，负责召集和主持公司董事会及股东会议，组织讨论和审议决定公司的投资、发展战略中的重大事项
钱洪建	男	55	副董事长、总经理、党委副书记	全面主持公司的行政管理工作；执行董事会的各项决议、决定，并具体组织实施
李培松	男	55	副董事长、第一副总经理、党委副书记	配合做好董事会工作；主管公司设备能源环保、智能化、项目技改工作
韩党锋	男	43	副总经理、总经济师	分管公司经贸工作，主管公司物资供应、招标工作
陈建龙	男	57	纪委书记、工会主席	主管公司党务群团、纪检审计、后勤保卫工作
郑力宁	女	55	总工程师	主管技术质量条线，负责产品研发、产品认证和质量管理工作，配合产品市场开拓工作
丁　松	男	52	副总经理、安全总监	主管公司生产、安全管理工作
张兆斌	男	58	总会计师	主管公司财务工作
袁文军	男	55	总经理助理、销售处处长	主管公司销售工作

(16) 江苏永钢集团有限公司主要领导班子成员见表10-114。

表10-114 江苏永钢集团有限公司主要领导班子成员

姓名	性别	年龄	职务	分工主管工作
吴耀芳	男	63	董事局主席	战略管理
吴　毅	男	36	总　裁	全面负责永钢集团经营管理工作，分管公司办公室、采购中心和营销中心
吴　睿	女	34	副总裁	主管人力资源部
钱毅群	女	44	副总裁	主管财务管理部
程　勇	男	58	副总裁	主抓钢后管理工作，分管制造部、安全部、炼钢厂、轧钢厂和特钢公司
曹树卫	男	47	副总裁	主抓工程与项目管理工作，兼项目建设部部长、企业管理部部长，分管设备环保部和能源部
胡俊辉	男	52	副总裁	主抓战略与产品管理工作，兼规划发展部部长，分管技术中心
陈富斌	男	57	总裁助理	主管资产管理工作
眭志松	男	42	总裁助理	主管炼铁厂

(17) 天津钢管制造有限公司主要领导班子成员见表10-115。

表10-115 天津钢管制造有限公司主要领导班子成员

姓名	性别	年龄	职务	分工主管工作
张铭杰	男	59	党委书记、董事长	全面负责公司的党建工作，负责风控、审计工作
丁　华	男	55	总经理	全面负责公司的生产经营管理工作。负责公司的行政、人力资源、风险管控和发展规划管理
温德松	男	52	党委副书记、常务副总经理、安全总监	协助总经理抓好全面工作，负责抓好安全、环保、保卫和能源管理工作
霍　建	男	53	党委副书记、纪委书记、工会主席	负责党群日常工作，负责工会和纪委全面工作
韩阿祥	男	50	副总经理兼销售总公司总经理	负责国内外营销工作，协调管理天淮公司
郑贵英	男	59	副总经理	负责生产计划、调度、生产物流管理工作
陈培钰	男	57	副总经理	负责设备维管、工程技改项目工作

续表 10-115

姓名	性别	年龄	职务	分工主管工作
刘金海	男	58	总工程师兼技术中心主任	负责科研技术和质量管理工作
彭　强	男	47	财务总监	负责财务工作和物资管理工作
刘　媛	女	43	财务副总监	协助抓好财务管理、风险管控和审计工作
袁方成	男	57	总经理助理	负责轧管事业部、管加工事业部生产工作
黄洪明	男	57	总经理助理	负责炼铁厂生产工作
缪新德	男	58	总经理助理	负责炼钢厂生产工作
魏　南	男	57	总经理助理兼培训学院院长	负责企业管理、考核管理、信息技术和招标管理工作，协助抓好人力资源和干部管理工作
刘尔静	女	58	总经理助理	协助抓好公司日常生产运营调度、生产计划和生产物流工作
夏三峰	男	50	总经理助理兼采购中心经理	负责采购管理工作

（18）中天钢铁集团有限公司主要领导班子成员见表 10-116。

表 10-116　中天钢铁集团有限公司主要领导班子成员

姓名	性别	年龄	职务	分工主管工作
董才平	男	61	董事局主席、总裁、党委书记	主持集团全面工作，分管集团办公室（督查科职能）、审计部、数智创新部、项目管理部、中天钢铁集团（上海）有限公司、常州皓鸣信息科技有限公司
高一平	男	65	董事局副主席、副总裁、党委副书记、纪委书记	分管保卫部、监察部、江苏中天钢铁女子排球俱乐部，协助集团外事工作，负责中天黄金大农场政府对接工作
刘　伟	男	61	执行董事、常务副总裁	分管财务部、资金部、投资部，协管审计部
梅高阳	男	58	执行董事、副总裁	分管企业管理部、常州中天新材料股份有限公司、中天浦发（海盐）线材制造有限公司、常州中天炉料有限公司；负责中天黄金大农场项目、中天钢铁高级技工学校项目的规划工作
周国全	男	61	执行董事、副总裁、中天钢铁淮安项目筹建指挥部总指挥（兼）	分管集团办公室（市场科职能）、常州录安洲码头有限公司、盛利维尔（常州）金属材料有限公司、镇江耐丝新型材料有限公司、中天钢铁物流园项目、中天经开区双子楼项目，主管中天钢铁集团（淮安）新材料有限公司，协管资金部、投资部

续表 10-116

姓名	性别	年龄	职务	分工主管工作
周永平	男	64	执行董事、副总裁	分管常州中天物业管理有限公司
赵金涛	男	62	执行董事、副总裁	分管人力资源部、后勤服务部、常州中钢农业生态园有限公司、中天钢铁高级技工学校项目
李　军	男	61	执行董事、副总裁、党委副书记、工会主席	分管集团办公室（法务科职能）、党群工作部、常州中天实验学校、常州大酒店
王建伟	男	61	副总裁、中天钢铁集团（南通）有限公司副总经理（兼）	协助中天钢铁集团（南通）有限公司相关工作
董力源	男	36	副总裁、中天钢铁集团（南通）有限公司总经理（兼）	主管中天钢铁集团（南通）有限公司
许九华	女	54	副总裁	分管集团办公室，协助集团外事工作
王　郢	男	45	总裁助理、常州中天特钢有限公司总经理、中天钢铁有限公司总经理（兼）	主管常州中天特钢有限公司，负责特钢深加工基地项目招引与规划建设工作
陈军召	男	55	总裁助理	分管企业管理部
魏　巍	男	41	总裁助理、数智创新部部长（兼）、常州皓鸣信息科技有限公司总经理（兼）	主管数智创新部、常州皓鸣信息科技有限公司

（19）山钢股份莱芜分公司特钢事业部主要领导班子成员见表 10-117。

表 10-117　山钢股份莱芜分公司特钢事业部主要领导班子成员

姓名	性别	年龄	职务	分工主管工作
袁本明	男	54	特钢事业部党委副书记/总经理	主持行政全面工作。负责事业部生产经营、企业管理、企业发展战略、市场营销、风险控制、行政监察、审计、人力资源、绩效考核和行政综合方面等工作
王可昊	男	55	特钢事业部党委书记/副总经理	主持党委全面工作。负责党的建设、意识形态、党风廉政建设、干部和人才队伍建设、保密工作、档案管理、社会治安综合治理、企业文化建设、计划生育、企地关系协调、武装保卫、爱国卫生、环境建设等相关工作

续表 10-117

姓名	性别	年龄	职务	分工主管工作
刘茂文	男	54	特钢事业部副总经理	负责事业部技术质量管理、能源管理、环境保护、成本管理、精益管理等工作
李柱军	男	55	特钢事业部纪委书记/工会主席	负责纪委、工会工作
淘务纯	男	48	特钢事业部副总经理	负责工程项目建设、技改技措等工作
孙永喜	男	49	特钢事业部副总经理	负责事业部安全管理、生产管理、设备管理等工作

（20）河冶科技股份有限公司主要领导班子成员见表 10-118。

表 10-118 河冶科技股份有限公司主要领导班子成员

姓名	性别	年龄	职务	分工主管工作
米永旺	男	53	总经理/党委副书记	负责公司全面工作
梁敬斌	男	56	常务副总经理	负责技术、采购和委外加工工作
侯致平	男	51	副总经理	负责营销工作
侯国栋	男	42	副总经理	负责生产、安全工作
陈彦锦	男	38	副总经理	负责设备、能源、环保工作
朱宗达	男	37	财务负责人	负责公司财务工作
何奇伟	男	38	董事会秘书	负责董事会日常工作

（21）承德建龙特殊钢有限公司主要领导班子成员见表 10-119。

表 10-119 承德建龙特殊钢有限公司主要领导班子成员

姓名	性别	年龄	职务	分工主管工作
王雪原	男	47	总经理	全面管理
刘宝志	男	54	副总经理	主管生产、设备、工程、能源、安全、环保、保卫工作
冷永磊	男	47	副总经理	主管技术
杨钢成	女	55	副总经理	主管财企工作
杨　东	男	50	总经理助理	主管销售处

（22）山东寿光巨能特钢有限公司主要领导班子成员见表10-120。

表10-120 山东寿光巨能特钢有限公司主要领导班子成员

姓名	性别	年龄	职务	分工主管工作
张明荣	男	57	董事长	主持特钢公司全面工作；联系抓办公室、人力资源部等部门工作
刘发友	男	52	总经理	协助董事长抓公司全面工作；主管公司企业管理、审计监督、原燃料采购等工作，联系抓企划部、审计部、原料部等部门工作
于克臣	男	59	副总经理	主管公司销售工作；联系抓销售公司、仓储部等部门工作
张洪波	男	54	副总经理	主管公司物资供应及基建工作，联系抓供应部、基建部等部门工作
朱卫东	男	56	副总经理	主管公司安全、生产、技术、质检、质量等工作；主持生产部全面工作；联系抓各生产厂、技术部、质检部等部门工作
韩彦勇	男	53	总会计师	主管公司财务管理、治安保卫、物业管理、法律事务及企业外联等工作；协助公司分管领导抓好招投标管理等工作；联系抓财务部、物业管理部、审计部等部门工作

（23）江苏天工工具新材料股份有限公司主要领导班子成员见表10-121。

表10-121 江苏天工工具新材料股份有限公司主要领导班子成员

姓名	性别	年龄	职务	分工主管工作
朱小坤	男	66	董事长	主持全面工作，负责实施公司重大决策
吴锁军	男	49	总经理	对公司总体经济指标的部署和执行，对上市公司生产、经营、销售、管理和利润负总责，直管安环部、采购部、制造管理部（计划科、成本），并对材料事业部产品外调负总责
廖　俊	男	57	总工程师	对工模具钢、工具及钛合金产品技术攻关、新品研发、产品质量负总责，协助人力资源部做好人才招聘，任粉末冶金项目和3D增材制造项目管理负责人，计量室、工具技术科、工具质检科主持全面工作
蒋荣军	男	53	副总经理	主持天工钛业全面工作，对天工股份生产、经营、运营管理、利润负总责
严荣华	男	53	副总经理	主管投资管理部、原辅材料库、成品库，直管党群办公室、团委，协管决策监督部、分管法务部、备料车间和包装厂，对集团下辖湖南安化厂、花桥华东天工、句容宝华项目进行监督管控、直管设备科、基建科、动力科、主持职工代表大会全面工作，完善工会、妇幼保健、员工救助基金会工作，协助抓好安全环保和现场管理

续表 10-121

姓名	性别	年龄	职务	分工主管工作
朱泽峰	男	41	副总经理	直管各贸易部、国内外合作公司，对刀具事业部产品外调负总责
王　刚	男	39	副总经理	直管财务部、内审部、证券投资部、信息中心，统管财务部全面工作，对公司资本运作、对外投资以及股东、潜在投资负总责
蒋光清	男	57	副总经理	对工具工作部产能、销售、利润指标的完成负总责
吴迎霞	女	45	总经理助理	主管财务管理工作，对所有现金收支管理负总责，全权负责理财服务、政企沟通和银企关系疏通工作
徐辉霞	女	49	总经理助理	对高速工具钢、模具钢生产负总责，全面主持技术部工作
鲁荣年	男	47	总经理助理	对公司产品的国外销售与市场的拓展负总责
王雪峰	男	44	总经理助理	对国内模具钢、高速工具钢销售市场拓展负总责

（24）南京钢铁集团有限公司主要领导班子成员见表 10-122。

表 10-122　南京钢铁集团有限公司主要领导班子成员

姓名	性别	年龄	职务	分工主管工作
黄一新	男	57	党委书记、董事长	董事会，行政全面工作，党务、纪委全面工作
祝瑞荣	男	55	总裁、副董事长	经营层全面工作
杨思明	男	69	监事会主席	监事会全面工作
姚永宽	男	55	联席总裁	日常生产经营管理工作
徐晓春	男	52	常务副总裁	生产制造、物流对内生产、特钢事业部日常管理工作
余长林	男	59	副总裁	物流、对外投资
朱　平	男	55	副总裁	安全、环保、能源管理
林国强	男	56	副总裁	国贸公司、香港公司、印尼项目日常管理工作
徐　林	男	58	副总裁	证券投资业务管理
楚觉非	男	57	副总裁、总工程师	采购中心、总师室日常管理工作
邵仁志	男	54	副总裁	新产业投资集团日常管理工作

续表 10-122

姓名	性别	年龄	职务	分工主管工作
陈春林	男	54	副总裁、总会计师	财务管理、资金管理
王　芳	女	47	党委副书记、纪委书记	治安保卫、人民武装、党群
梅家秀	男	50	总会计师（股份）	财务管理、资金管理
姚　媛	女	39	副总裁	人力资源
谯明亮	男	46	副总裁	板材事业部、研究院、科技质量部日常管理工作
万　华	男	52	副总裁	炼铁事业部、公辅事业部日常管理工作
黄旭才	男	53	副总裁、工会主席	工会工作

（25）永兴特种不锈钢股份有限公司主要领导班子成员见表 10-123。

表 10-123　永兴特种不锈钢股份有限公司主要领导班子成员

姓名	性别	年龄	职务	分工主管工作
高兴江	男	60	党委书记、董事长、总经理	主持公司全面工作和党委工作
邱建荣	男	58	副董事长	全面管理生产经营工作
杨　辉	男	60	总工程师	分管公司技术中心和项目部工作
姚国华	男	46	副总	公司销售部、生产安全部、供应部等
徐　凤	女	43	董秘、副总	分管董事会办公室、法务部和证券部工作
沈惠玉	女	49	监事、党委副书记	分管总务部和党群行政办公室工作
张　骅	男	41	财务总监	分管公司财务部工作

（26）南阳汉冶特钢有限公司主要领导班子成员见表 10-124。

表 10-124　南阳汉冶特钢有限公司主要领导班子成员

姓名	性别	年龄	职务	分工主管工作
许少普	男	44	南阳汉冶特钢有限公司总经理	主管南阳汉冶特钢有限公司全面工作
孙书峰	男	49	南阳汉冶特钢有限公司副总经理	分管南阳汉冶特钢有限公司采购、销售、生产计划工作

续表 10-124

姓名	性别	年龄	职务	分工主管工作
陆岳障	男	76	南阳汉冶特钢有限公司总工程师	负责南阳汉冶特钢有限公司技术总指导工作
贾文党	男	52	财务总监	负责公司会计核算、经营成果核算及分析工作、一级指标核算工作、公司的资金预算、资金管控和调度工作、公司的风险管控工作、所有管控单位的财产物资的监管工作等工作
冯晓光	男	39	南阳汉冶特钢有限公司财务处长	主要负责南阳汉冶特钢有限公司全面会计核算和厂部核算工作

（27）邢台钢铁有限责任公司主要领导班子成员见表 10-125。

表 10-125　邢台钢铁有限责任公司主要领导班子成员

姓名	性别	年龄	职务	分工主管工作
张皓若	女	59	董事长	负责批准总经理对处级人员的提名、年度人力资源招聘计划、审批预算外 500 万元以上的资金支付、组织机构调整、审批月度和年度运营计划
王春雨	男	60	党委书记	负责党委全面工作
刘宏伟	男	54	总经理	负责行政全面工作、人事管理、绩效考核、法律事务等工作
李士才	男	51	董事、副总经理	负责生产工作
朱晓蓉	女	49	董事、总会计师	负责公司财务管理工作
战玉亮	男	50	董事、副总经理	负责销售管理、物资采购工作
张保庭	男	52	董事、财务主任	负责财务部工作
胡黎宁	男	53	总工程师	负责技术、质量、计量、员工培训及体系管理工作
赵　宇	男	32	董事	
刘书斋	男	42	董事	
王　真	女	48	董事	
李艳红	女	42	董事	
白彩荣	女	48	董事	
赵东生	男	54	董事、公司注册法人	

（28）河南济源钢铁（集团）有限公司主要领导班子成员见表10-126。

表10-126 河南济源钢铁（集团）有限公司主要领导班子成员

姓名	性别	年龄	职务	分工主管工作
李玉田	男	74	董事长、党委书记	主持党政全面工作
王方军	男	59	常务副总经理、党委副书记	主持经理层工作
梁　超	男	56	党委副书记、专职董事	分管洛阳区域房地产开发、公司上市和兼并重组工作
李全国	男	64	纪委书记兼人力资源部（组织部）部长	协管审计处、代理集团公司监事会主席
刘建新	男	71	高级顾问	协助总经理和总工程师工作、分管部分技术营销工作和部分售后服务
王　维	男	55	副总经理兼总工程师	分管科技管理处、质量管理处、洛阳国泰钢铁公司，负责部分产品结构调整项目前期工作
杜玉柱	男	57	副总经理兼销售公司经理	分管产品销售
李亚民	男	47	副总经理兼房地产公司经理	分管原燃料供应处，协管进出口部，协助王方军处理公司涉外业务
赵红军	男	56	副总经理兼工程部部长	分管基建和技改项目、武装保卫处以及公司水、电、气（汽）供应的涉外工作
王俊锋	男	57	总经理助理兼公司办公室主任	分管设备材料处、工会
万长杰	男	59	总经理助理	协助销售副总工作，侧重市场开发和用户服务，分管计量取样处
周集才	男	58	总经理助理	分管非钢系统生产经营和钢材深加工
白瑞娟	女	47	总经理助理兼科技管理处处长	协助总工程师工作，代表公司开展中高端市场开发和客户技术营销工作

（29）河南中原特钢装备制造有限公司主要领导班子成员见表10-127。

表10-127 河南中原特钢装备制造有限公司主要领导班子成员

姓名	性别	年龄	职务	分工主管工作
陈鲁平	女	59	党委书记、董事长	负责并主持党委工作，发挥党委领导作用，依照规定组织讨论和决定公司重大事项，负责并主持董事会全面工作，组织制定公司发展战略，优化和提升公司治理和公司管控体系，指导推进营销工作和军品业务
马　强	男	54	总经理、党委副书记	在公司党委和董事会的领导下，管理生产经营、组织实施董事会决议，履行党建工作重要责任；指导推进精益管理工作

续表 10-127

姓名	性别	年龄	职务	分工主管工作
程海军	男	54	副总经理	分管军品业务、设备管理、动力能源工作；协助党委书记推进棚改工作
王怡群	男	52	副总经理	分管科研管理、产品研发、工艺质量管理工作
袁　伟	男	49	副总经理	分管生产管理、安全环保工作
齐纬镕	女	54	纪委书记	分管纪委工作，协助党委书记落实党委日常工作
罗志平	男	48	总会计师	分管公司财务、物资采购工作
赵雨舟	男	38	副总经理	分管市场营销工作、国际贸易工作，协助党委书记、董事长推进资本运作工作

（30）芜湖新兴铸管有限公司主要领导班子成员见表 10-128。

表 10-128　芜湖新兴铸管有限公司主要领导班子成员

姓名	性别	年龄	职务	分工主管工作
朱利斌	男	50	党委副书记、总经理	负责公司生产经营管理全面工作
张永杰	男	54	党委副书记、工会主席	负责公司党群工作体系、人力、工会、后勤、法务、保卫、现场等相关工作
江洪流	男	59	总会计师	负责公司资产、财务、税务、审计、经营分析等相关工作
任士同	男	58	纪委书记	负责公司纪检体系工作
高畅游	男	44	副总经理	负责工程基建、能源、环保、设备等相关工作
焦魁明	男	55	总经理助理	负责公司生产、质量、检化验、计量管理工作，协助开展生产经营等管理工作

（31）凌源钢铁集团有限责任公司主要领导班子成员见表 10-129。

表 10-129　凌源钢铁集团有限责任公司主要领导班子成员

姓名	性别	年龄	职务	分工主管工作
文　广	男	50	董事长	主持集团公司董事会工作
冯亚军	男	52	党委副书记、董事、总经理	主持公司党委工作；负责集团公司全面生产经营及安全管理方面工作，协助党委书记开展党委工作
华春波	男	47	副书记、工会主席	协助党委书记开展党委工作，负责工会工作

续表 10-129

姓名	性别	年龄	职务	分工主管工作
何志国	男	49	党委常委、董事、总会计师、副总经理	负责集团公司财务、法律事务、资本运营和集团范围内资金调配统筹工作
杨宗成	男	59	党委常委、副总经理	负责集团公司矿山方面工作
张国栋	男	57	党委常委、纪委书记	负责集团公司纪检、审计监察方面工作
蒋海涛	男	56	副总经理	负责集团公司发展规划、固定资产投资管理、生产工艺技术管理和新产品开发方面工作，协助总经理结合企业发展需要和市场趋势组织开展新产品（优特钢、普钢）研发工作、制订企业产品中长期发展规划，分管发展规划部、优特钢

（32）衡阳华菱钢管有限公司主要领导班子成员见表 10-130。

表 10-130　衡阳华菱钢管有限公司主要领导班子成员

姓名	性别	年龄	职务	分工主管工作
郑生斌	男	49	党委书记、执行董事、总经理、法定代表人	党政全面工作、战略规划、审计
左少怀	男	58	党委副书记（正职）	党委日常工作、企业文化、培训、工农关系协调、保密、保卫、综治
何　航	男	47	常务副总经理	营销、技术、供方管理
蒋　俊	男	46	纪委书记	纪委日常工作、内控、法律事务
雷幼桐	男	54	副总经理、工会主席	集团实业、股权投资、工会、后勤
宋光鑫	男	40	副总经理	采购、能源、环保
李正德	男	48	总会计师、财务总监	财务管理、信息化
刘明华	男	49	副总经理	投资、工程建设、设备
朱薛辉	男	39	总经理助理	绩效管理、生产、质量、安全、物流

（33）天津钢铁集团有限公司主要领导班子成员见表 10-131。

表 10-131 天津钢铁集团有限公司主要领导班子成员

姓名	性别	年龄	职务	分工主管工作
王京彬	男	42	总经理	全面负责公司各项工作，分管企管人事工作
邢文起	男	55	副总经理	负责公司党委全面工作，主管公司能源、环保、党群综合、保卫工作
李兴才	男	51	副总经理	主管公司生产、安全、技术、质量工作
侯德琼	女	50	副总经理	主管公司财务、融资工作，协管数字智能工作
耿力伟	男	42	副总经理	主管公司销售工作
李君亮	男	42	副总经理	主管公司供应、物资和铁路运输工作
董　军	男	52	总经理助理	主管配煤、配矿工作

（34）天津新天钢联合特钢有限公司主要领导班子成员见表 10-132。

表 10-132 天津新天钢联合特钢有限公司主要领导班子成员

姓名	性别	年龄	职务	分工主管工作
聂荣恩	男	47	党委书记、总经理	全面工作
任玉明	男	52	副总经理	生产、安全、设备、技术
王国军	男	50	副总经理	财务、数字信息化
吴俊国	男	58	副总经理	动力、能源环保
魏晓阳	男	40	总经理助理	企管、保卫
杨国奇	男	41	总经理助理	供应、销售、备件
张璞锜	男	39	党委副书记、工会主席	党群

第 11 章
中国特钢企业协会

11.1 中国特钢企业协会简介

中国特钢企业协会，英文名称：Special Steel Enterprises Association of China，缩写：SSEA，是由全国特钢生产企业、科研院所、大专院校、流通企业及与特钢行业相关的个人自愿结成的全国性、行业性社会团体，是非营利性社会组织，是中国唯一合法的全国性特殊钢企业协会。业务主管单位/党建工作机构为国务院国资委党委。下设机构有：办公室、财务部、统计部、宣传展览办公室、统计委员会、专家委员会、冶金装备分会、财金分会。

11.1.1 中国特钢企业协会的特点

（1）自发性。1985 年由 15 家国家重点特钢企业厂长在冶金工作会议期间自发倡议组织，并联名向原冶金部党组汇报批准后成立的。

（2）民间性。本协会成立以来，没有占用行政、事业编制资源，没有国家财政拨款，工作人员和经费全部来自会员单位以及咨询服务。

（3）门槛性。自愿加入协会的企业，必须通过自身努力达到对特钢企业协会成员所要求的最低标准。

11.1.2 中国特钢企业协会的宗旨

（1）本协会以党的路线、方针、政策为指导，坚持依靠会员办协会的工作方针，代表会员利益，维护会员的合法权益。努力为会员服务、为行业服务，向政府反映诉求，依法依规开展活动，努力发挥在政府和会员之间的桥梁、纽带作用。

（2）加强本协会自身建设，利用协会成员的专业优势，努力把本协会建设成国内有威信的行业组织。

（3）本协会以致力于中国特钢行业的健康发展为目标，积极促进中国特殊钢的高质量发展，为建设现代化钢铁强国作出重要支撑而努力奋斗。

（4）本协会遵守宪法、法律法规和国家政策，践行社会主义核心价值观，弘扬爱国主义精神，遵守社会道德风尚，自觉加强诚信自律建设。

（5）本协会坚持中国共产党的全面领导，根据中国共产党章程的规定，设立中国共产党的组织，开展党的活动，为党组织的活动提供必要条件。

11.1.3 中国特钢企业协会的基本任务

（1）根据国家有关政策法规，结合本行业特点，制定行业或细分领域的行规行约，建立自律机制，规范企业行为，做好行业内部争议的协调工作。

（2）贯彻国家钢铁产业发展政策，促进行业结构调整、淘汰落后，在推进新技术研发与推广应用、坚持绿色发展理念、促进节能环保水平提升、维护市场秩序、促进公平竞争、提高行业运行质量等方面，发挥行业组织的作用，维护行业整体利益和会员合法权益。

（3）开展行业调查研究，参与拟定本行业发展规划、产业政策法规等工作，为政府加强宏观调控和管理提出咨询建议，向政府反映企业诉求、争取政策支持。

（4）制定 SSEA 特钢协团体标准品牌，充分发挥标准化对特钢行业创新发展的引领作用，对特钢行业规范发展、绿色低碳发展的促进作用，通过标准引领，促进我国特钢行业高质量发展。

（5）受政府部门委托参与行业内的重大投资、改造、开发项目的先进性、经济性和可行性前期论证。

（6）组织有关业务培训，提高职工的专业和技术素质。

（7）组织国内、国际的行业技术协作和技术交流，推荐行业的新产品、名牌产品、组织行业技术成果的鉴定和推广应用；组织相关行业展览会。

（8）做好行业统计信息、价格信息、生产经营信息等企业信息工作，布置、收集、整理、分析全行业信息资料，并及时反馈给会员单位。

（9）做好本协会自身建设和管理工作，接受会员和社会的委托，在符合国家规定的业务范围内提供专项服务。

11.1.4　会员入会的程序

（1）提交入会申请书。

（2）提交有关证明材料，包括：

1）填报《会员单位基本信息表》；

2）填报《会员单位基本情况表》。

（3）由本协会理事会讨论通过。

（4）由本协会理事会颁发会员证，并予以公告。

11.1.5　会员享有的权利

（1）选举权、被选举权和表决权。

（2）对本协会工作的知情权、建议权和监督权。

（3）参加本协会活动并获得本协会服务的优先权。

（4）获取本协会提供的信息资料的优先权。

（5）有优先、优惠接收其他会员有偿转让技术成果的权利。

（6）退会自由。

11.1.6　会员履行的义务

（1）遵守本协会的章程和各项规定。

（2）执行本协会的决议。

（3）按规定缴纳会费。

（4）维护本协会的合法权益。

（5）积极参加本协会组织的一切活动。

（6）保守秘密，不得进行有损于行业整体利益的活动。

（7）向本协会反映情况，提供有关资料。

11.1.7　第十届会长联席会领导成员

十届二次轮值会长：

章青云（宝武特种冶金有限公司党委书记、董事长）

会长：

钱　刚（中信泰富特钢集团有限公司党委书记、董事长）

张伯影（西宁特殊钢股份有限公司党委副书记、总经理）

盛更红（太原钢铁（集团）有限公司党委书记、董事长）

孙　启（东北特殊钢集团股份有限公司总经理）

执行会长（驻会）：王文金

副会长：

李建朝（河钢集团舞钢公司书记、董事长）

丁　华（天津钢管制造有限公司总经理）

阮小江（建龙钢铁控股有限公司副总裁）

黄永建（河钢集团石家庄钢铁有限责任公司党委书记、董事长）

李　强（攀钢集团江油长城特殊钢有限公司党委副书记、总经理）

秘书处：

秘书长：刘建军　副秘书长：肖邦国

11.1.8　中国特钢企业协会成员名单

会长单位：

（1）中信泰富特钢集团有限公司

（2）宝武特种冶金有限公司

（3）西宁特殊钢集团有限责任公司

（4）太原钢铁（集团）有限公司

（5）东北特殊钢集团股份有限公司

副会长单位：

（6）舞阳钢铁有限责任公司
（7）天津钢管制造有限公司
（8）攀钢集团江油长城特殊钢有限公司
（9）建龙北满特殊钢有限责任公司
（10）石家庄钢铁有限责任公司
常务理事单位：
（11）大冶特殊钢有限公司
（12）江阴兴澄特种钢铁有限公司
（13）河南中原特钢装备制造有限公司
（14）首钢贵阳特殊钢有限责任公司
（15）本钢板材股份有限公司
（16）江苏沙钢集团有限公司
（17）山东钢铁股份有限公司莱芜分公司
（18）南京钢铁集团有限公司
（19）河冶科技股份有限公司
（20）郑州永通特钢有限公司
（21）中天钢铁集团有限公司
（22）江苏沙钢集团淮钢特钢股份有限公司
（23）西王金属科技有限公司
（24）邢台钢铁有限责任公司
（25）江苏永钢集团有限公司
（26）天津荣程联合钢铁集团有限公司
（27）山东寿光巨能特钢有限公司
（28）常州东方特钢有限公司
（29）缙云县高合金工模具材料行业协会
（30）江西新旭特殊材料有限公司
（31）河南济源钢铁（集团）有限公司
（32）建龙钢铁控股有限公司
（33）永兴特种材料科技股份有限公司
理事单位：
（34）南阳汉冶特钢有限公司
（35）中国钢研科技集团公司钢铁研究总院
（36）江苏天工工具有限公司
（37）方大特钢科技股份有限公司
（38）芜湖新兴铸管有限责任公司
（39）宝武杰富意特殊钢有限公司
（40）福建省三钢（集团）有限责任公司
（41）承德建龙特殊钢有限公司
（42）马鞍山钢铁股份有限公司
（43）河北永洋特钢集团有限公司
（44）上海明进工贸有限公司
（45）山东天保贸易有限公司
（46）河北龙凤山铸业有限公司
（47）上海大学材料科学与工程学院
（48）湖北时力模具材料有限公司
（49）湖北方圆特模具材料有限公司
（50）湖北富烽新材料科技有限公司
（51）新余威奥锻造有限公司
（52）冶金工业规划研究院
（53）河北新武安钢铁集团鑫汇冶金有限公司
（54）泰尔重工股份有限公司
（55）中国重型机械研究院股份公司
（56）山西太钢不锈钢股份有限公司
（57）宝钢德盛不锈钢有限公司
（58）甘肃酒钢集团宏兴钢铁股份有限公司
（59）鞍钢联众（广州）不锈钢有限公司
（60）青山控股集团有限公司
（61）广西北港新材料有限公司
（62）山东泰山钢铁集团有限公司
（63）振石集团东方特钢有限公司
（64）湖州永兴物资再生利用有限公司
（65）无锡市不锈钢电子交易中心有限公司
（66）浙江久立特材科技股份有限公司
（67）五矿贸易有限责任公司
（68）大明国际控股有限公司
（69）物产中大元通不锈钢有限公司
（70）江苏德龙镍业有限公司
（71）宏旺控股集团有限公司
（72）福建甬金金属科技有限公司

（73）浦项（张家港）不锈钢股份有限公司
（74）江苏明璐不锈钢有限公司
（75）中信金属股份有限公司
（76）中兴能源装备有限公司
（77）江苏武进不锈股份有限公司
（78）江苏星火特钢有限公司
（79）浙江中达新材料股份有限公司
（80）江苏求精集团
（81）华迪钢业集团有限公司
（82）国际镍协会北京办事处
（83）江苏信用行科技股份有限公司
（84）兴化市不锈钢行业协会
（85）江苏兴海特钢有限公司
（86）内蒙古上泰实业有限公司
（87）连云港华乐合金集团有限公司
（88）温州市不锈钢行业协会
（89）松阳不锈钢行业协会
（90）中钢不锈钢管业科技山西有限公司
（91）上上德盛集团股份有限公司
（92）浙江永上特材有限公司
（93）四川罡宸不锈钢有限责任公司
（94）青山钢管有限公司

会员单位：

（95）久立集团股份有限公司
（96）丹阳市曙光新材料科技有限公司
（97）陕西延长石油材料有限责任公司
（98）上海钢联电子商务有限公司
（99）伊莱特（济宁）高端装备科技有限公司
（100）青岛特殊钢铁有限公司
（101）江苏精工特种材料有限公司
（102）凌源钢铁股份有限公司
（103）山东鲁丽钢铁有限公司
（104）潍坊特钢集团有限公司
（105）江苏省福达特种钢有限公司
（106）威尔斯新材料（太仓）有限公司
（107）唐山首唐宝生功能材料有限公司
（108）临沂三德特钢有限公司
（109）浙江精瑞工模具有限公司
（110）浙江正达模具有限公司
（111）浙江晋椿精密工业股份有限公司
（112）湖南华菱湘潭钢铁有限公司
（113）湖北川冶科技有限公司
（114）湖北日盛科技有限公司
（115）浙江友谊新材料有限公司
（116）浙江格丰工贸有限公司
（117）大连鑫大科技发展有限公司
（118）福建恒而达新材料股份有限公司
（119）樟树市兴隆高新材料有限公司
（120）江苏龙泰合金科技有限公司
（121）黄石市铁汉特钢有限责任公司
（122）济源市丰源机械制造有限公司
（123）上海钢之家电子商务股份有限公司
（124）丽水华宏钢铁制品有限公司
（125）湖南力方轧辊有限公司
（126）上海焊接器材有限公司
（127）江苏长强钢铁有限公司
（128）宣化钢铁集团有限责任公司
（129）四川远方高新装备零部件股份有限公司
（130）靖江特殊钢有限公司
（131）江油市长祥特殊钢制造有限公司
（132）四川特钢产业技术创新联盟
（133）兰州兰石集团有限公司铸锻分公司
（134）张家港广大特材股份有限公司
（135）冶金建筑研究总院有限公司
（136）艾尔德新技术开发（山西）有限公司
（137）杭州四达电炉成套设备有限公司
（138）佛山市金冶机械设备有限公司
（139）艾亦特工业炉（太仓）有限公司
（140）应达工业（上海）有限公司

(141) 扬州东方砂轮有限公司
(142) 江苏云融能源有限公司
(143) 河北和和能源科技有限公司
(144) 河北凯骞轴承制造有限公司
(145) 大连银鹤机床刀具有限公司
(146) 南通安派电气科技有限公司
(147) 德华材料检测有限公司
(148) 欧莱得科技发展（北京）有限公司
(149) 江阴天澄机械装备有限公司
(150) 青海晶和节能环保技术服务有限公司
(151) 河北振兴砂轮制造有限责任公司
(152) 济南鑫光试验机制造有限公司
(153) 中冶南方（武汉）热工有限公司
(154) 大连天竺科技发展有限公司
(155) 大连安派电器科技有限公司
(156) 景林包装机械（常州）有限公司
(157) 成都博智云创科技有限公司
(158) 中冶赛迪装备有限公司
(159) 天津阿瑞斯工业炉有限公司
(160) 合智熔炼装备（上海）有限公司
(161) 上海仓信电子科技有限公司
(162) 黄山安卡研磨新材料有限公司
(163) 西安荣光精整冶金设备有限公司
(164) 北京盛荷西环保科技有限公司
(165) 江阴圆方机械制造有限公司
(166) 浩中机械（蚌埠）有限公司
(167) 北京合维克科技发展有限公司
(168) 恒源工业炉（靖江）有限公司
(169) 唐山开元自动焊接装备有限公司
(170) 江阴华润制钢有限公司
(171) 南京金鑫传动设备有限公司
(172) 金鼎钢铁集团有限公司
(173) 常熟市龙腾特种钢有限公司
(174) 北京能泰高科环保技术有限公司
(175) 北京新钢不锈科技发展有限公司
(176) 北京新轧科技股份公司
(177) 浙江丰业集团有限公司
(178) 宜兴北海封头有限公司
(179) 诺励斯镍业贸易（上海）有限公司
(180) 则武（上海）贸易有限公司
(181) 诺凡赛尔（上海）保护膜有限公司
(182) 广州永大不锈钢有限公司
(183) 温州市经协钢管制造有限公司
(184) 合瑞迈材料科技（江苏）有限公司
(185) 宝银特种钢管有限公司
(186) 山东鑫海科技股份有限公司
(187) 烟台华新不锈钢有限公司
(188) 浙江长峰新材料有限公司
(189) 美国克莱迈克斯钼业中国公司上海代表处
(190) 江苏申源集团有限公司
(191) 海门市森达装饰材料有限公司
(192) 湖南泰嘉新材料科技股份有限公司
(193) 山东金润德新材料科技股份有限公司
(194) 梧州市鑫峰特钢有限公司
(195) 广西梧州市金海不锈钢有限公司
(196) 安平县银屏翊丝网制品有限公司
(197) 梧州市永达特钢有限公司
(198) 上海水晶宫钢管厂有限公司
(199) 埃赫曼（上海）贸易有限公司
(200) 浙江苏泊尔股份有限公司
(201) 江苏亚盛新材料科技有限公司
(202) 福建福欣特殊钢有限公司
(203) 上海钢联资讯科技有限公司
(204) 湖北力帝机床股份有限公司
(205) 冶金工业信息标准研究院
(206) 邯郸新兴特种管材有限公司
(207) 烟台东方不锈钢工业有限公司

（208）湖州盛特隆金属制品有限公司

（209）纬荻埃牡（上海）特种合金贸易有限公司

（210）安吉县鹏大钢管有限公司

（211）宁波奇亿金属有限公司

（212）中国国际贸易促进委员会冶金行业分会

（213）广东恒合信管业科技有限公司

（214）玖德雅昌集团有限公司

（215）北京龙汇鑫科技有限公司

（216）江苏维卡金属合金材料有限公司

（217）上海浦东共业制刷有限公司

（218）大津格瑞新金属材料有限责任公司

（219）青山万佳（山东）金属科技有限公司

（220）苏州钢特威钢管有限公司

（221）浙江志达管业有限公司

（222）无锡申康机械设备有限公司

（223）山东省不锈钢行业协会

（224）江门市日盈不锈钢材料厂有限公司

（225）山东华烨不锈钢制品集团有限公司

（226）中航上大高温合金材料有限公司

（227）上海实达精密不锈钢有限公司

（228）江苏飞鹤管业有限公司

（229）兴化市戴南新源环保有限公司

（230）宁波东鼎特种管业有限公司

（231）天津冶金集团天材科技发展有限公司

（232）广东麦多智能装备有限公司

（233）河北宏发机械有限公司

（234）安徽富凯特材有限公司

（235）江苏金珊瑚科技有限公司

（236）浙江吉森金属科技有限公司

（237）恳盈环保科技（上海）有限公司

（238）太原中金天威不锈钢管股份有限公司

（239）山东舜博金属制品有限公司

（240）江阴市南方不锈钢管有限公司

（241）湖北玉立砂带集团股份有限公司

（242）上海弘途金属材料有限公司

（243）哈尔滨威尔焊接有限责任公司

（244）江苏希尔兴不锈钢有限公司

（245）舞钢神州重工金属复合材料有限公司

（246）宝裕发展有限公司

（247）苏州双金实业有限公司

（248）太原市恒山机电设备有限公司

（249）广东世创金属科技股份有限公司

（250）江苏新宏大集团有限公司

（251）佛山市澜石炜联不锈钢有限公司

（252）锦州华能焊管有限公司

（253）斯堪纳克上海环境技术有限公司

（254）江苏联谊不锈钢制造有限公司

（255）广东省化州市海利集团有限公司

（256）福建吴航不锈钢有限公司

11.2 中国特钢企业协会工作完成情况

2022年是中国特钢企业协会（以下简称特钢协会）换届后的第一年，也是考验特钢协会新的负责人的一年，在民政部、国资委以及特钢协会会长的要求下，特钢协会秘书处在加强自身建设方面做了大量工作。回想这一年的路程，协会走得非常艰辛，全体工作人员付出了很多，但更多的是收获。

11.2.1 2022年协会秘书处完成的相关重点工作

11.2.1.1 抓好党建促协会发展

2022年中国特钢企业协会在钢协党委领导下，按照国资委党委和钢协党委统一工作部署，深入学习习近平新时代中国特色社会主义思想，认真学习贯彻二十大会议精神，抓落实巡视整改要求，在党建指导员的指导下积极参与开展协会党支部建设，努力提升协会党建工作水平，将党建工作和业务工作紧密结合起来。

特钢协会党支部通过线上和线下、集中和自学相结合方式，制定支部组织活动计划并严格执行，全年共计召开支部会议 22 次、党课学习 4 次、党日活动 1 次、组织生活会 1 次、发支部简报 15 期。这一年，特钢协会党支部建立了支部园地和活动室，还开展了重温入党誓词、慰问协会老同志以及困难党员、员工等活动。

通过这一年积极、认真地开展党建工作，建立特钢协会治理体系，目前整体精神面貌已经有了崭新的变化，为 2022 年取得的工作成绩打下了坚实基础。

11.2.1.2 加强协会基础管理建设工作，严格规范运作

这一年我们认真学习民政部、国资委关于行业协会规范活动行为的相关管理规定，通过请进来、走出去的方法，积极与兄弟协会对标学习，狠抓协会基础管理工作。

(1) 完善制度，规范行为。根据民政部、国资委的要求，结合协会自身的特点，由办公室主任唐子龙负责，带领酒成渝等同志，各部门配合，梳理全协会工作流程，制定流程制度，通过大半年时间的不懈工作，共制定完善了 24 个协会相关的管理制度。目前协会的各项制度已经覆盖协会的所有工作，全面落实国资委、民政部对社团的管理要求，为协会今后规范运作起到了强有力的支撑作用。

(2) 堵漏洞，防风险。财务工作是协会的主要核心岗位之一，我们提出了加强以财务管理为核心的协会治理体制。聘请专业会计周海春、朱玉环两位同志来协会工作，并与办公室的同志一起针对民政部提出的离任审计整改要求，邀请了民政部民非财务专家有针对性地提出整改建议等，制定规范操作的流程，开展财务工作的流程再造，目前对所有的费用开支实行两级管理。办公室对所有费用支出的合理性负责，财务对支出的合法性负责，实践中取得了显著效果。通过整改，在 2022 年底的补充离任审计报告中，关于财务方面的问题大幅度减少。同时为了进一步堵漏洞、防风险，包括配合创建 3A 协会，目前已将财务软件升级，实现财务科目规范分类。

(3) 建立适应协会发展的人员结构。针对协会人员年纪较大的薄弱环节，积极调整协会工作思路，建立适应协会发展的人员结构。在协会主要成员的支持下，通过招贤纳士，目前已经建立起一支既有在协会工作多年的老同志，也有从主要特钢企业进行干部交流引进熟悉特钢业务，并在企业承担中坚力量的年轻同志。目前的协会队伍是一支富有朝气、积极努力、敢于创新的队伍。企业选派人员占协会在册人员比例达 63%。目前协会秘书处人员平均年龄 45 岁。

(4) 压实工作责任，充分调动各部门人员工作的积极性。协会秘书处现有内设部门 4 个，每个部门的职责界定清晰，压实责任，有分工、有配合。

目前，协会秘书处在册人员有 8 名，虽然人手少，但工作任务不减。不但保持正常的日常工作完成以外还有大量的工作，在平凡的岗位上也涌现出许多感人的事迹。除了前面说到的办公室和财务部以外，其他的部门也都做了大量的工作。

宣传展览部在宋健主任带领下，与皮红平同志一起，克服《中国特殊钢市场指南》、微信公众号、网站等维护信息量大、密度高、任务繁重等困难，自己拍摄、自己编辑，工作质量从形式和内容上都得到了全面的提升。还牵头开展《中国特殊钢工业年鉴》的改版编制工作。强化了特钢协会的宣传工作。

统计部主任赵艳除了做好日常工作，还肩负特钢协会统计委员会副会长职务，承担

着按时完成特钢协会成员繁杂的有关产量、财务指标等报表的收集、统计、整理、分析工作。同时还配合完成了《中国特殊钢工业年鉴》改版后计财经济指标的汇总、编辑工作以及特钢价格指数的编制工作，为特钢协会成员单位及时了解行业运行情况付出了辛勤的劳动。

作为社会团体组织，老同志的作用必不可少。我们特钢协会顾问于叩同志和统计顾问张建玲同志，经验丰富，兢兢业业，不计报酬，乐于奉献，为协会发展都作出了很大贡献。于叩同志具有较好的社会资源，积极为协会发展献计献策；张建玲同志在特钢统计工作方面知识全面，在研究制定体现特钢高质量发展的特钢统计指标中起到关键性作用。

11.2.1.3　坚持服务宗旨，提高协会凝聚力

2022 年，特钢协会秘书处牢记服务会员宗旨并开展了一系列卓有成效的工作，受到广泛好评。积极收集会员信息，听取意见，走访会长会员单位 24 次；参加工信部、发改委相关特钢行业调研和会议 7 次；完成海关总署税收征管局（广州）协助调研的商请函 2 次；完成国家市场监督管理总局提出协助审查意见函 3 次；召开优特钢市场预警会 3 次、出口会 4 次，装备分会、专家委员会、统计委员会等各种专业会议 10 多次；收到各类感谢信 5 次等。同时与钢铁协会、特钢行业上下游协会等保持广泛友好关系。

11.2.2　2023 年特钢协会秘书处主要工作思路

2023 年是全面建设社会主义现代化国家的开局起步年，是实施“十四五”规划的承上启下年。协会秘书处将继续贯彻新发展理念，进一步全面学习贯彻党的二十大精神，学习习近平新时代中国特色社会主义思想。我们不仅要在党建工作中做出好成绩，而且在党建工作的指引促进下，进一步逐步排除尚留存的风险点，用制度保障协会的发展，用规范的行为来约束自己，逐步解决协会发展中的薄弱环节。

（1）深入学习、贯彻、落实党的二十大精神，继续做好“两学一做”专题学习活动。全面从严治党，努力把特钢行业的事情办好，促进特钢行业高质量发展。

（2）继续做好与发改委、工信部和中国钢铁工业协会等单位的协调工作，反映行业的诉求，把握好产业政策。发挥纽带和桥梁作用，为政府制订产业政策提供依据，为企业经营决策提供服务。积极配合政府部门的政策在特钢行业的贯彻落实，同时，协会希望企业能够与协会保持联系，有什么问题及时反映，我们将提供及时热心的服务。

（3）2023 年特钢行业面临的形势依然严峻，把“调结构、稳市场”作为首要任务，协助企业做好应对复杂形势的各项措施，努力促进特钢行业平稳运行，继续认真组织好优特钢、出口小组的市场预警活动，做好运行监测分析，协调解决运行过程中的困难，针对行业的突出问题，积极反映。同时加强与下游行业信息交流，及时传递重要市场信息。

（4）继续与钢铁协会和海关总署税收征管局做好税则细分协调工作，定期进行交流活动，争取列出国家需要的高技术含量、高品质的特钢税号。提高中国特钢企业在世界特钢产业舞台上的话语权，提高中国特钢产业的地位，扩大我们的产品在国际上的份额，根据民政部规定的协会业务范围，创新活动形式和内容，包括积极开展国际合作与交流等活动。

（5）按照民政部、国资委对行业协会的要求，做好每年召开会长联席会议和会员大会的各项筹备工作，做好秘书处日常工作。按相关制度和规定的要求，全面开展工作并积极完成。

希望各会员单位珍惜、爱护我们这个行业组织，衷心感谢会员单位对我们秘书处工作的理解、帮助和支持，真诚欢迎大家对我们的工作提出批评和建议。

新的一年，秘书处的工作任务是：党建为引领，双创为目标：（1）力争创建先进党支部；（2）达到申请3A协会的标准。

11.3 特钢协会标准化工作

为贯彻落实中共中央、国务院《国家标准化发展纲要》精神，按照国家优化标准供给结构、大力发展团体标准的要求，特钢行业积极开展团体标准工作，采用市场自主制定、自主选用的方式，充分发挥团体标准制定发布速度快、适合创新领域、技术指标高与国标、行标的特点，制定发布了一系列团体标准，获得了行业和社会的广泛好评和高度认可，以标准化支撑和引领特钢行业的高质量发展。

11.3.1 特钢行业团体标准工作情况

11.3.1.1 特钢团标影响持续扩大

特钢行业采用多种方式组织团体标准化活动，保证团标工作有序开展，持续扩大团标影响力。2022年以来，组织行业单位和专家召开团体标准线上讨论会、审定会20余次。注重团体标准的推广和应用，2022年度有3个系列共8项团体标准入选工信部百项团体标准应用示范项目，自工信部开展团体标准应用示范工作以来，连续6年累计共有24项特钢行业团体标准入选，形成了“填空白、重应用、促推广”的团体标准发展模式。

11.3.1.2 加快促进重点产品质量分级

按照中共中央、国务院《质量强国建设纲要》“建立质量分级标准规则，实施产品和服务质量分级，引导优质优价，促进精准监管”的精神，以及国家有关政策文件要求，特钢行业积极开展钢材产品的质量分级工作。制定发布了模具钢、轴承钢、齿轮钢三个重点钢材产品的质量分级和评价方法标准。轴承钢、齿轮钢、模具钢的产品质量分级获得了产业链上下游的高度关注，在质量分级和评价标准的引导下，相关产品的质量分级评价和认证工作正加快推进，不同应用领域采用不同质量等级产品、不同质量等级产品具有不同市场价格的分位逐步形成，有力促进了产品的质量提升，助力企业更好地获得质量效益。

11.3.1.3 先进团标引领产品发展方向

2022年中国特钢企业协会制定和发布标准数量和质量持续提升，逐渐形成了以特钢产品为主，节能、节水、环保、资源综合利用、原辅料、下游制品、冶金设备全覆盖的团标发展格局，更好地满足了特钢行业对标准的实际需要，在提升性能技术指标、填补标准空白、促进新产品新技术推广应用等方面发挥了巨大作用。2022年编制发布一批光电、风电、氢能源储运等清洁能源行业用钢标准，突出了团体标准专用领域的先进性和适用性，在“双碳”背景下，对清洁能源行业的发展起到了基础的支撑作用；同年发布的双辊铸轧薄钢板和钢带的两项绿色设计产品评价技术规范，综合评价了该类产品在全生命周期中对环境的影响，填补了该类产品没有统一评价标准的空白。

11.3.1.4 绿色团标支撑绿色低碳发展

在特钢行业绿色低碳发展的背景下，特钢行业积极发挥标准的引领作用，以标准支撑特钢行业绿色低碳工艺、技术、装备的发展。2022年制定发布了HIsmelt熔融还原工艺技术系列标准，支撑了新工艺新技术的规范化、产业化发展。《钢铁企业固废不出厂管理指南》团体标准对企业的固废处置和循环利用给出了科学规范的指导，有利于特钢企业进一步提升资源利用效率。《高炉风口喷吹富氢气体技术要求》团体标准对富氢冶炼工艺进行了有益探索，为未来氢冶金的发展奠定了良好基础。《碳信贷评价要求》系列标准对特钢企业碳信贷的申请和评价进行了规定，为中国人民银行推出的碳减排支持工具政策落地提供技术支撑。环保第三方运维服务系列标准为运维服务的评价提供了依据，对于促进特钢行业环保运维服务水平提升具有重要意义。

11.3.1.5　依据团标科学开展评价认证

中国特钢企业协会积极推动团体标准实施应用工作，制定了一系列质量分级及“领跑者”评价标准。特钢行业以团体标准为评价基准开展企业领跑者评价，2022 年度共评出 24 项企业标准领跑者。同时结合特钢行业质量提升、品牌建设和绿色低碳发展的迫切需要，中国特钢企业协会已经发布《钢铁企业智能制造能力成熟度评价规范》《钢铁企业环境、社会和治理（ESG）　第 2 部分　评价要求》等标准，正在制定质量分级和评价方法、中国钢铁产品放心品牌、绿色设计产品评价规范、低碳产品评价方法与要求等系列标准。特钢行业以团体标准为认证依据，开展第三方产品认证工作，通过认证手段，推动标准实施，使标准能够更好地服务于市场和上下游企业。通过以团体标准为基础的评价认证工作，进一步强化了团体标准的实施应用，有效地扩大了团体标准的影响力。

11.3.1.6　调研企业需求服务行业发展

结合特钢行业标准化工作实际，特钢行业积极开展行业调研和交流活动，及时了解行业标准化需求。在疫情防控的背景下，灵活采取线上交流、座谈调研、实地走访等方式，加强与广大特钢企业的联系对接。了解企业发展现状、遇到的问题、建议诉求等，及时为企业提供必要的服务，收获了广泛好评。走访调研了中石油、中石化、中海油、中交建、中铁建、比亚迪、方圆认证等单位，建立了共同推行标准化及相关工作的机制，扩大了团体标准的影响力，为今后工作的开展奠定了良好基础。

11.3.2　特钢行业主要团体标准

《不锈钢冶炼用工业废渣制烧结矿产品》规定了不锈钢冶炼用工业废渣制烧结矿产品的技术要求、试验方法、检验规则、包装、标志、运输、贮存和质量证明书等。对我国不锈钢冶炼和电镀行业每年产生大量的不锈钢酸洗污泥、除尘灰和含铬含镍电镀污泥等重金属废物的无害化处理和资源化利用进行了规范，对推广先进资源综合利用技术产品意义重大。

《轿车轮毂用碳素轴承钢》对制造轿车轮毂轴承单元用直径为 40～80 毫米的热轧圆钢进行了规定，通过对专用轴承钢产品提出较低的氧含量，较低的钛、钙含量，较高的洁净度，较高的力学性能等要求，提高了轴承的寿命并降低重量和成本，降低了摩擦和噪声，满足了汽车行业对轿车轮毂轴承应用越来越高的要求。

《单轨交通轨道用耐候钢板》是为了适应轨道交通发展趋势，瞄准单轨交通新领域新产品的标准化需要，组织制定的单轨交通轨道道岔、轨道梁用的单轧耐候钢板团体标准。该团体标准对钢板的厚度偏差、不平度进行加严，新增了焊接裂纹敏感指数、碳当量指标，增加了耐候性能要求，提升了力学性能指标，提升了下游加工制造的成材率，为降低后期使用的维护费用提供了重要支撑，对于推广单轨交通系统，促进我国城市轨道交通事业发展具有积极作用。

《喷射成形高速工具钢》团体标准填补了喷射成形高速工具钢产品的国家标准、行业标准空白，是新开发产品的标准。标准对产品的质量要求比传统产品大幅提高，给出的牌号表示方法在符合喷射成形制造工艺牌号惯例的基础上，填补了喷射成形高速工具钢的空白，对于喷射成形高速工具钢的规范生产和推广应用形成了重要支撑。

《柔性显示屏用超薄不锈钢精密带钢》是新开发产品“手撕钢”团体标准，规定了该产品相关技术指标要求，填补了超薄不锈钢精密带钢标准领域空白。本标准对柔性显示屏用超薄不锈钢精密带钢的生产和质量管控具有重要的支撑作用。标准中对下游电子行业客户的关注指标进行优化并加严，能够为柔性显示屏领域提供高质量原材料，有助于上下游行业的协同发展。

《高强紧固件用非调质双相冷镦钢盘条》团体标准对冷作强化免热处理高强紧固件用钢进行了规范和升级，从而有针对性地满足电子、机械及农机等使用领域不同类型(六角头、牙条等)、不同强度等级紧固件用钢的需要。目前铁素体+马氏体双相路线的冷作强化非调质钢产品的原材料在国内无成熟的产品、规范或标准，给设计单位、使用单位等在钢铁产品选材上造成很大困扰。本标准的制定发布为国内企业开发此类产品提供指导，促进了国内企业产品附加值提升和产品结构升级。

《低 Cr 耐 CO_2 腐蚀套管和油管用无缝钢管》是为了适应我国油气开采新要求制定的团体标准。该标准填补了现行国家标准和 API 标准中抗二氧化碳腐蚀用无缝油管和套管领域的标准空白，对油套管内部组织、晶粒度等提出更高的具体要求，为保障油套管产品的性能和使用安全提供了有力支撑。

机械柔性水磨法钢材表面氧化铁皮处理技术系列标准包括《MEC 表面处理设备技术要求　不锈钢盘条》《MEC 表面处理设备技术要求　热轧钢板及钢带》《MEC 处理钢材表面质量等级》《MEC 用水洗材料》4 项，对新开发的无酸表面处理 MEC 技术进行了规范。系列标准的制定填补了 MEC 技术领域的标准空白，促进了先进绿色制造技术的推广应用和产业化发展，有利于指导钢材产品表面氧化铁皮处理和推动相关处理技术的绿色升级发展。

热轧超薄带系列标准包括《热轧薄钢带基本技术要求》《碳素结构钢热轧薄钢带》《低合金结构钢热轧薄钢带》《耐候结构钢热轧薄钢带》《电气柜用热轧薄钢板及钢带》《制门用热轧薄钢板及钢带》《热镀锌薄钢板及钢带》7 项。该系列标准对采用无头轧制新技术生产的公称厚度 0.6~2.0 毫米、公称宽度 900 毫米以上的热轧宽钢带进行规定，填补了新技术新产品的标准空白。从基本技术要求，碳素结构钢、低合金结构钢、耐候钢等钢种，以及制门、电气柜、镀锌等专用领域三个层面建立新产品标准体系，与传统产品标准体系相衔接，促进了新技术新产品的推广应用，支撑了热轧薄钢板和钢带产品及相关应用领域的高质量发展。

双金属复合管系列标准包括《双金属复合管　第 1 部分：衬里复合无缝钢管》《双金属复合管　第 2 部分：堆焊复合无缝钢管》《双金属复合管　第 3 部分：复合板卷制焊接钢管》3 项。本系列标准对衬里冶金复合管、堆焊冶金复合管、复合板卷制焊管进行了规定，规范和提升了相关复合钢管的生产应用水平，支撑先进复合钢管产品在油气开采领域的广泛应用，对于促进复合管产品的国产替代、推动钢铁行业和石油天然气行业的高质量发展具有重要意义。

管线输送系统用抗 H_2S 腐蚀管系列标准包括《管线输送系统用抗 H_2S 腐蚀无缝钢管》《油套管用抗 H_2S 腐蚀无缝钢管》《高强度钻杆用无缝钢管》3 项。该系列标准对油气开采用特种钢管产品进行了规范，最大程度协调统一了目前国内各生产厂使用的企业标准或技术协议，为石油天然气行业管控钢管质量、提升采购效率提供了有力支撑。

《建筑结构用耐火钢板》和《建筑用耐候钢板》两项团体标准结合下游行业对建筑结构用耐火钢板、耐候钢板的特殊需要，对技术参数进行了优化设计和补充，填补了新材料、新牌号的标准空白，使钢材原料生产企业更好满足下游建筑行业对基础材料产品的升级需要，对下游行业的基础材料采购、加工和制造具有科学指导意义。

特钢行业主要团体标准见表 11-1。

表 11-1　特钢行业主要团体标准

标准编号	标准名称	标准编号	标准名称
T/SSEA 0008—2017	不锈钢冶炼用工业废渣制烧结矿产品	T/SSEA 0031—2019	低合金结构钢热轧薄钢带
T/SSEA 0016—2018	轿车轮毂用碳素轴承钢	T/SSEA 0032—2019	耐候结构钢热轧薄钢带
T/SSEA 0020—2019	单轨交通轨道用耐候钢板	T/SSEA 0055—2020	电气柜用热轧薄钢板及钢带
T/SSEA 0034—2019	喷射成形高速工具钢	T/SSEA 0056—2020	制门用热轧薄钢板及钢带
T/SSEA 0039—2019	柔性显示屏用超薄不锈钢精密带钢	T/SSEA 0057—2020	热镀锌薄钢板及钢带
T/SSEA 0082—2020	高强紧固件用非调质双相冷镦钢盘条	T/SSEA 0118. 1—2021	双金属复合管　第 1 部分：衬里复合无缝钢管
T/SSEA 0105—2021	低 Cr 耐 CO_2 腐蚀套管和油管用无缝钢管	T/SSEA 0118. 2—2021	双金属复合管　第 2 部分：堆焊复合无缝钢管
T/SSEA 0073—2020	MEC 表面处理设备技术要求　不锈钢盘条	T/SSEA 0118. 3—2021	双金属复合钢管　第 3 部分：复合板卷制焊接钢管
T/SSEA 0075—2020	MEC 表面处理设备技术要求　热轧钢板及钢带	T/SSEA 0148—2021	管线输送系统用抗 H_2S 腐蚀无缝钢管
T/SSEA 0113—2021	MEC 处理钢材表面质量等级	T/SSEA 0149—2021	油套管用抗 H_2S 腐蚀无缝钢管
T/SSEA 0114—2021	MEC 用水洗材料	T/SSEA 0106—2021	高强度钻杆用无缝钢管
T/SSEA 0029—2019	热轧薄钢带基本技术要求	T/SSEA 0085—2020	建筑结构用耐火钢板
T/SSEA 0030—2019	碳素结构钢热轧薄钢带	T/SSEA 0157—2021	建筑用耐候钢板

11. 3. 3　特钢行业团体标准下一步工作计划

11. 3. 3. 1　强化团体标准预研引领

以特钢行业的高质量发展为方向，从基础研究和市场需求入手，深挖行业内的团体标准发展需要和企业团体标准的切实需求，开展团体标准研制工作。以特钢行业的绿色低碳高质量发展为方向，初步聚焦专用产品和细分领域产品、新能源行业用钢、绿色设计产品、低碳产品评价等方向，进行标准研制，提升高质量标准供给水平。研究部署特钢行业节能降碳技术、工艺、装备、服务、管理等方面标准，全面开展标准化规范提升工作，以改造升级、对标达标为抓手，促进行业节能降碳技术、工艺、装备的推广应用，共同推动引领特钢行业的绿色低碳和高质量发展。

11. 3. 3. 2　加快认证依据标准研制

特钢行业已经形成“技术+标准+认证”咨询服务模式。标准是认证科学性、权威性、规范性和有效性的根本依据和技术基础，没有科学的标准，认证有效性就难以保证。针对已立项的质量分级、放心品牌、绿色产品、低碳产品等认证依据标准，加快团体标准的编制工作，并保障标准的科学性、合理性和适用性。针对特钢行业高质量发展的新形势，探索特钢行业绿色供应链、项目碳减排量、绿色金融、良好行为规范等方向，分析潜在的特钢行业标准化和认证需求与方向，进行标准研制，强化重点领域标准化研制与认证的协同发展。

11.3.3.3 丰富完善标准相关服务

坚持服务行业、服务企业的宗旨，不断丰富完善团体标准工作举措，深化联合上下游协会共同研制发布团体标准的工作模式，促进团体标准获得更广泛领域的应用和认可，探索与主要下游用户的标准合作，推动团体标准在重点下游客户的招标采购中成为重要依据，探索依据团体标准进行认证及对认证结果的采信机制。加强全标准领域的业务交流，强化特钢行业团体标准与国家标准、行业标准以及其他有影响力的团体标准的互动，推动特钢行业团体标准与其他有影响的团体标准相互引用。探索标准国际化发展方向，推动有条件的特钢行业团体标准申请转化为具有国际影响力的标准，深化与 ASTM 等国外先进标准化组织的交流合作。

11.3.3.4 加强团体标准实施应用

特钢行业将依托相关标准化工作机构和平台，着力提升标准影响力，加快推进团体标准的实施应用。加大团体标准的宣贯力度，提高特钢行业、上下游行业和社会对特钢行业团体标准的认知度与认可度，继续争取工业和信息化部的百项团体标准应用示范项目。紧密围绕新技术、新产业、新业态、新模式，主动对接重大工程、产业政策、贸易流通等方面，统筹考虑团体标准的推广应用模式，广泛吸纳生产、经营、管理、建设、消费、检测、认证等相关方参与，探索建立标准制定、检验、检测、认证一体化工作机制，推动团体标准在招投标、合同履约等市场活动中实施应用，全力打造特钢行业团体标准品牌。

附 录

附录 A　2022 年世界粗钢产量和中国主要钢铁产品产量

附表 A-1　2022 年世界粗钢产量　（万吨）

国家或地区	本月	上月	去年同月	本月同比增减（%）	本年累计	去年同期累计	累计同比增减（%）
奥地利	57.0	55.7	65.0	-12.4	751.2	788.4	-4.7
比利时	56.0 e	54.1	58.7	-4.6	694.0	690.9	0.4
保加利亚	5.0 e	5.0 e	3.6	40.4	53.0	54.8	-3.2
克罗地亚	1.5 e	1.3	1.7	-13.8	16.5	18.5	-10.9
捷克	27.8	31.7	34.0	-18.1	428.9	481.7	-11.0
芬兰	21.9	26.5	35.9	-38.9	353.8	434.0	-18.5
法国	75.2	82.4	99.9	-24.8	1211.9	1394.7	-13.1
德国	269.3	276.7	315.4	-14.6	3684.9	4024.1	-8.4
希腊	15.5 e	15.1	10.9	42.2	159.0	149.8	6.1
匈牙利	5.0 e	2.7	8.9	-43.7	91.0	110.0	-17.3
意大利	126.5	185.4	149.8	-15.5	2159.6	2442.6	-11.6
卢森堡	8.1	15.3	11.2	-27.7	187.5	207.3	-9.6
荷兰	42.9	48.4	48.7	-11.9	614.3	662.0	-7.2
波兰	58.0 e	56.5 e	68.8	-15.7	773.0	845.4	-8.6
斯洛文尼亚	3.6	4.5	3.4	5.1	60.1	66.2	-9.2
西班牙	68.6	85.5	85.8	-20.1	1145.6	1418.5	-19.2
瑞典	32.6	34.4	40.4	-19.5	440.4	467.8	-5.9
欧盟其他国家	48.9 e	62.0 e	65.9 e	-25.8	844.2	1019.1	-17.2
欧盟（27）合计	**923.3**	**1043.2**	**1108.0**	**-16.7**	**13669.0**	**15275.9**	**-10.5**
波黑	7.0 e	7.0 e	6.0	16.7	89.0	77.5	14.9
马其顿	2.9	0.0	3.5	-17.7	24.8	31.5	-21.4
挪威	5.2	6.8	5.3	-1.1	70.4	62.2	13.1
塞尔维亚	10.0	13.0	13.5	-25.8	167.2	166.7	0.3
土耳其	265.9	238.4	332.5	-20.0	3513.4	4036.0	-12.9
英国	48.4	40.9	59.1	-18.1	609.3	722.2	-15.6
欧洲其他国家合计	**339.5**	**306.1**	**420.0**	**-19.2**	**4474.1**	**5096.2**	**-12.2**
白俄罗斯	16.5 e	16.0 e	15.4	7.4	208.0	248.1	-16.2
哈萨克斯坦	28.5	31.5	38.7	-26.4	413.9	449.9	-8.0

续附表 A-1

国家或地区	本月	上月	去年同月	本月同比增减（%）	本年累计	去年同期累计	累计同比增减（%）
摩尔多瓦	4.5 e	4.5 e	4.2	6.8	56.0	57.0	-1.8
俄罗斯	550.0 e	568.7	619.8	-11.3	7150.0	7702.0	-7.2
乌克兰	10.6	31.3	174.3	-93.9	626.3	2136.6	-70.7
乌兹别克斯坦	5.0 e	5.0 e	7.0	-28.6	70.0	88.5	-20.9
俄罗斯和其他独联体国家（4）、乌克兰合计	**615.1**	**657.0**	**859.5**	**-28.4**	**8524.3**	**10682.1**	**-20.2**
加拿大	86.0 e	83.2	113.3	-24.1	1196.0	1297.6	-7.8
古巴	1.5 e	1.5 e	2.2	-31.6	19.5	23.1	-15.5
萨尔瓦多	0.5 e	0.5 e	0.9	-41.4	8.5	10.3	-17.3
危地马拉	2.0 e	2.0 e	2.6	-23.4	26.5	30.7	-13.7
墨西哥	141.5	149.0	150.0	-5.7	1815.7	1845.4	-1.6
美国	651.0	619.8 r	710.3	-8.3	8071.5	8579.1	-5.9
北美合计	**882.5**	**856.0**	**979.3**	**-9.9**	**11137.7**	**11786.2**	**-5.5**
阿根廷	44.0	45.9	42.8	2.6	509.4	487.5	4.5
巴西	250.5	262.2	264.4	-5.2	3397.2	3607.1	-5.8
智利	10.0 e	10.0 e	10.3	-3.0	114.0	131.8	-13.5
哥伦比亚	11.0 e	10.5 e	9.9	11.2	132.0	133.8	-1.4
厄瓜多尔	4.0 e	4.0 e	5.0	-20.2	54.0	61.2	-11.7
巴拉圭	0.3 e	0.3 e	0.3	-5.1	2.5	2.6	-5.6
秘鲁	9.0 e	8.5 e	8.9	1.3	111.0	123.4	-10.1
乌拉圭	0.4 e	0.4 e	0.5	-26.3	5.0	6.3	-20.3
委内瑞拉	0.2 e	0.2 e	0.3	-25.9	2.5	2.9	-15.0
南美合计	**329.4**	**342.0**	**342.4**	**-3.8**	**4327.5**	**4556.6**	**-5.0**
埃及	76.8	87.7	87.2	-11.8	981.9	1029.4	-4.6
利比亚	8.0	7.3	7.6	5.0	68.8	65.2	5.5
南非	27.2 e	34.9 e	28.2	-3.4	440.3	502.0	-12.3
非洲合计	**112.0**	**129.9**	**122.9**	**-8.9**	**1490.9**	**1596.5**	**-6.6**
伊朗	265.0	286.8	256.5	3.3	3059.3	2832.0	8.0
卡塔尔	9.8	9.5	8.2	19.1	108.2	100.2	8.0
沙特	70.7	76.7	79.1	-10.6	907.4	873.5	3.9
阿联酋	27.5 e	26.6	27.9	-1.3	321.0	299.7	7.1
中东合计	**373.0**	**399.7**	**371.7**	**0.4**	**4395.9**	**4105.4**	**7.1**
中国内地	7789.0	7454.0	8635.3	-9.8	101300.0	103472.9	-2.1
印度	1056.9	1042.5	1048.8	0.8	12472.0	11820.1	5.5
日本	689.9	717.5	793.5	-13.1	8923.5	9633.6	-7.4

续附表 A-1

国家或地区	本月	上月	去年同月	本月同比增减（%）	本年累计	去年同期累计	累计同比增减（%）
韩国	524.9	481.0	593.5	−11.6	6586.5	7041.8	−6.5
巴基斯坦	45.5 e	44.2	56.0	−18.8	603.0	561.1	7.5
中国台湾	170.0 e	164.0 e	202.5	−16.1	2087.0	2323.3	−10.2
泰国	40.8	42.7	35.4	15.2	531.6	547.3	−2.9
越南	127.0 e	123.3	143.0	−11.2	2000.0	2301.9	−13.1
亚洲合计	**10444.0**	**10069.2**	**11508.1**	**−9.2**	**134503.7**	**137702.1**	**−2.3**
澳大利亚	46.4	47.4	47.4	−2.0	566.7	578.0	−1.9
新西兰	41	2.2	5.2	−20.2	57.0	64.6	−11.7
大洋洲合计	**50.6**	**49.6**	**52.6**	**−3.8**	**623.7**	**642.5**	**−2.9**
64 国/地区合计	**14069.5**	**13852.7**	**15764.5**	**−10.8**	**183146.7**	**191443.5**	**−4.3**
除中国内地外 64 国/地区合计	**6280.5**	**6398.7**	**7129.2**	**−11.9**	**81846.7**	**87970.6**	**−7.0**

注：表中 64 个国家或地区的粗钢产量在 2021 年约占世界总产量的 98%。e—估计值，r—调整值。此表数据来自钢铁协会。

附表 A-2　2022 年中国主要钢铁产品产量　（万吨）

品种	单位	本月	上月	去年同月	本月同比增减（%）	本年累计	去年同期累计	累计同比增减（%）	本月日产水平	累计日产水平
粗钢	全国	7789.00	7454.00	8635.25	−9.80	101300.00	103472.93	−2.10	251.26	277.53
	重点统计钢铁企业	6410.24	6283.42	6982.68	−8.20	81545.68	83269.22	−2.07	206.78	223.41
	其他	1378.76	1170.58	1652.58	−16.57	19754.32	20203.71	−2.22	44.48	54.12
生铁	全国	6900.00	6799.00	7232.70	−4.60	86383.00	87079.64	−0.80	222.58	236.67
	重点统计钢铁企业	5859.35	5770.73	5988.71	−2.16	72883.11	72864.50	0.03	189.01	199.68
	其他	1040.65	1028.27	1243.99	−16.35	13499.89	14215.13	−5.03	33.57	36.99
钢材	全国	11193.00	10919.00	11491.79	−2.60	134034.00	135114.92	−0.80	361.06	367.22
	重点统计钢铁企业	6548.64	6344.35	6623.19	−1.13	80241.76	80647.35	−0.50	211.25	219.84
	其他	4644.36	4574.65	4868.60	−4.61	53792.24	54467.57	−1.24	149.82	147.38
焦炭	全国	3900.00	3739.00	3631.28	7.40	47344.00	46736.43	1.30	125.81	129.71
	重点统计钢铁企业	897.53	830.52	942.02	472	11080.47	11126.92	−0.42	28.95	30.36
	其他	3002.47	2908.48	2689.27	11.65	36263.53	35609.51	1.84	96.85	99.35

续附表 A-2

品种	单位	本月	上月	去年同月	本月同比增减（%）	本年累计	去年同期累计	累计同比增减（%）	本月日产水平	累计日产水平
铁矿石	全国	7861. 25	7953. 62	8051. 83	−2. 37	96787. 31	97785. 77	−1. 02	253. 59	265. 17
	重点统计钢铁企业	2687. 17	2651. 15	2444. 55	9. 92	32086. 62	30888. 05	3. 88	86. 68	87. 91
	其他	5174. 08	5302. 47	5607. 28	−7. 73	64700. 70	66897. 72	−3. 28	176. 75	187. 92
铁合金	全国	299. 44	295. 44	308. 12	−2. 82	3410. 13	3530. 06	−3. 40	9. 66	9. 34
折合粗钢表观消费量	全国	7309. 59	7486. 35	8330. 07	−12. 25	95925. 56	99364. 96	−3. 46	235. 79	262. 81

注：其他企业产量数据为国家统计局全国产量数减去重点统计企业产量数的计算数据。

附表 A-3　2021 年、2022 年中国特钢价格指数（SSPI）

品种	综合价格指数		特殊质量钢		轴承钢		交通用钢		能源用钢		工模钢		优钢	
月份	2021 年	2022 年	2021 年	2022 年	2021 年	2022 年	2021 年	2022 年	2021 年	2022 年	2021 年	2022 年	2021 年	2022 年
1 月	137. 9	149. 0	135. 8	147. 6	140. 0	153. 2	132. 5	143. 4	144. 2	155. 7	110. 4	122. 4	147. 9	155. 6
2 月	141. 8	150. 4	139. 9	148. 6	146. 1	153. 7	135. 2	144. 3	148. 4	158. 1	115. 5	122. 9	150. 8	159. 4
3 月	144. 2	151. 7	141. 5	150. 1	146. 8	156. 1	136. 9	145. 7	152. 7	158. 2	112. 6	122. 9	157. 4	159. 9
4 月	146. 8	153. 1	143. 9	151. 4	150. 7	157. 7	138. 7	147. 3	154. 2	158. 8	114. 5	121. 2	161. 0	161. 5
5 月	152. 3	152. 4	148. 0	151. 5	156. 1	158. 4	142. 7	147. 0	156. 7	159. 4	115. 5	121. 7	172. 9	156. 3
6 月	152. 7	148. 2	150. 1	148. 1	159. 7	152. 6	144. 3	143. 7	156. 8	159. 9	118. 1	121. 9	165. 3	148. 6
7 月	153. 5	141. 6	152. 1	142. 9	164. 9	145. 3	144. 4	138. 8	158. 2	156. 7	119. 2	120. 8	160. 6	135. 5
8 月	153. 4	136. 2	151. 5	137. 3	162. 4	136. 5	144. 6	134. 7	158. 7	152. 7	120. 1	118. 2	162. 9	130. 5
9 月	154. 5	133. 0	151. 8	133. 9	159. 8	132. 0	145. 8	131. 5	161. 4	150. 0	123. 8	116. 4	167. 4	129. 2
10 月	156. 9	132. 5	153. 5	133. 1	161. 4	131. 1	148. 1	131. 0	161. 8	148. 4	123. 1	116. 3	173. 6	129. 6
11 月	152. 7	132. 3	151. 8	133. 4	159. 4	132. 2	146. 3	131. 0	160. 9	148. 1	122. 2	117. 2	157. 4	127. 4
12 月	149. 3	133. 1	148. 2	133. 7	152. 9	131. 4	143. 7	131. 9	159. 0	148. 5	124. 1	116. 7	154. 5	130. 3

附录 B 特殊钢下游用户行业运行情况和需求

B1 汽车行业

B1.1 汽车行业运行情况

（1）汽车产量同比增长，月度产量波动较大。

2022 年，汽车制造业增加值同比增长 6.3%，增幅高于制造业平均增幅 3.3 个百分点，高于工业平均增幅 2.7 个百分点。2022 年，我国汽车产量为 2702 万辆，同比增长 3.5%，增速与 2021 年基本持平，近年来汽车产量及增长情况见附图 B-1。

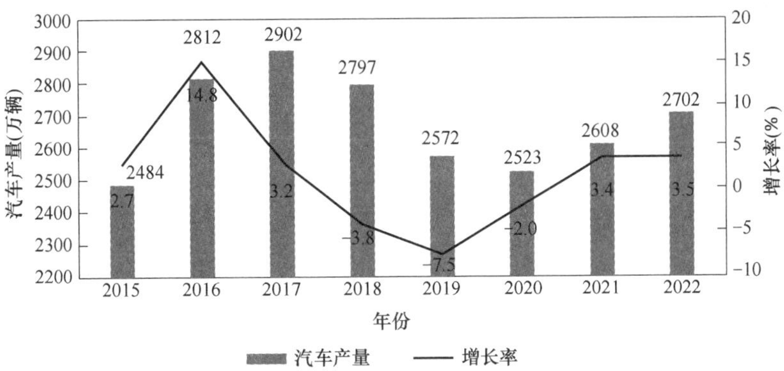

附图 B-1 2015~2021 年汽车产量及增长情况

（2）乘用车产量增长，商用车产量继续下降。

从汽车产量结构方面来看，2022 年，乘用车产量为 2384 万辆，同比增长 11.2%。近年来，乘用车市场呈现“传统燃油车高端化、新能源车全面化”的发展特征。2022 年，市场虽受到芯片短缺和疫情散发频发等因素的影响，但得益于购置税优惠和新能源市场快速发展，国内乘用车市场呈现“U 型反转，涨幅明显”的特点。从各月形势来看，乘用车市场 4 月、5 月受疫情影响产量大幅下降，在购置税减半等促消费政策拉动下，自 6 月份以来保持较快增长。从细分车型来看，轿车和 SUV 产量实现较快增长，MPV 和交叉型乘用车产量下降；豪华乘用车市场好于乘用车整体水平，占乘用车销售总量的 16.5%，比重提高 0.7 个百分点。

2022 年，商用车产量为 319 万辆，同比下降 31.9%。商用车受前期环保和超载治理政策下的需求透支影响，叠加疫情使商业物流受限和油价高位等因素，商用车整体需求下降，但海外市场表现亮眼，全年商用车累计出口 58 万辆，同比增长 44.9%，其中新能源商用车出口 3 万辆，同比增长 1.3 倍，中国商用车品牌海外影响力不断提升。具体来看，1 月开局良好；3 月开始，疫情导致各地复工复产和基建投资启动延缓，商用车产销出现大幅下滑；6~9 月，由于倾销库存车和轻卡“购车潮”，商用车整体产销有所提升；9 月后，商用车产销继续下降。分车型情况看，货车产量下降 33.4%，客车下降 19.9%。乘用车和商用车各车型产量及增长情况见附表 B-1。

附表 B-1　2022 年 12 月汽车分车型生产表

项目	12 月产量（万辆）	环比（%）	同比（%）	1~12 月累计产量（万辆）	累计同比（%）
汽车产量	238	-0.3	-18.2	2702	3.4
乘用车	213	-1.4	-16.1	2384	11.2
轿车	101	2.7	-15.1	1119	12.5
MPV	9	8.3	-29.3	95	-11.3
SUV	100	-6.8	-14.8	1138	13.5
交叉型	3	46.7	-38.0	32	-20.3
商用车	26	9.8	-32.1	319	-31.9
客车	5	19.6	-8.0	41	-19.9
货车	21	7.9	-35.7	278	-33.4

（3）汽车产量增速高于销量，库存明显上升。

2022 年，汽车销量为 2686 万辆，同比增长 2.1%，增速低于产量 1.3 个百分点。从月度销量数据看，变化趋势与产量基本一致。

从库存情况来看，2017 年汽车厂商库存达到最高位，随后开始明显回落，2022 年末，汽车厂商库存 104.5 万辆，同比增长 23.7%，虽明显上升，但厂商库存总体处于合理水平。近年来汽车厂商库存情况见附图 B-2。

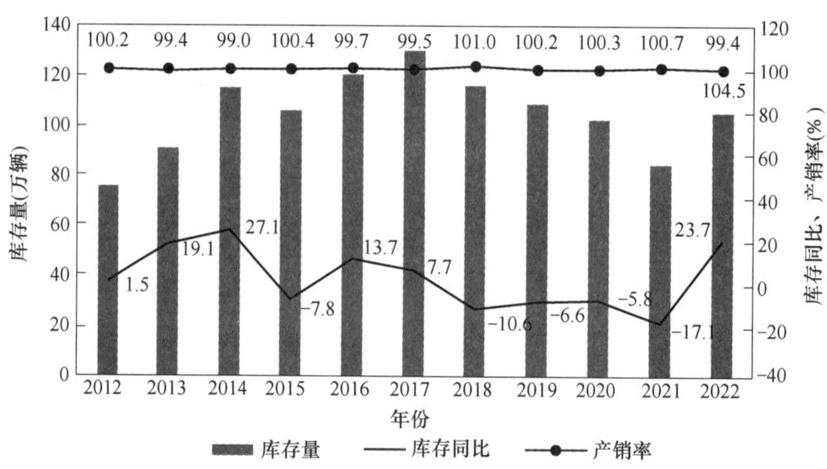

附图 B-2　近年来汽车厂商库存情况

（4）新能源汽车产销继续大幅增长。

我国新能源汽车近年来高速发展，连续 8 年位居全球第一。在政策和市场的双重作用下，2022 年，新能源汽车继续保持强势增长，产销分别完成 706 万辆和 689 万辆，同比分别增长 96.9%和 93.4%，市场渗透率达到 25.6%，高于上年 12.1 个百分点。伴随新能源汽车的高速增长，销售渗透率提高至 25.6%。纯电动汽车销量 537 万辆，同比增长 81.6%；插电式混动汽车销量 152 万辆，同比增长 1.5 倍，插电式混合动力车增速高于纯电动车。近年来新能源汽车销量情况及增长率见附图 B-3。

（5）汽车出口同比大幅增长。

2022 年，海外供给不足，中国车企出口竞争力大幅增强，出口突破 300 万辆，达到 311.1 万辆，同比增长 54.4%，有效拉动行业整体增长。分车型看，乘用车出口 253 万辆，同比增长 56.7%；商用车出口 58 万辆，同比增长 44.9%；新能源汽车出口 68 万辆，同比增长 1.2 倍。近两年中国汽车出口实现了跨越式突破。近年来汽车出口量及增长情况见附图 B-4。

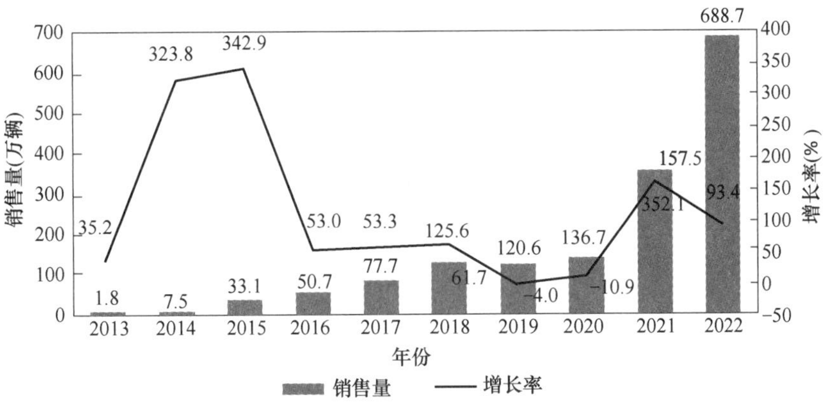

附图 B-3　我国新能源汽车销售量及增长情况

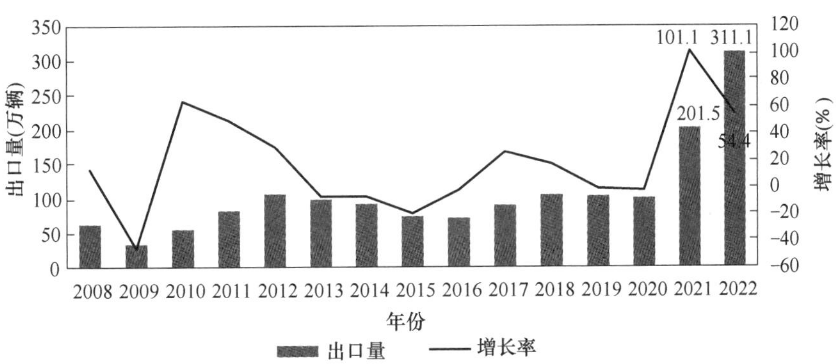

附图 B-4　近年来汽车出口量及增长情况

（6）市场集中度小幅下降。

2022 年，汽车销量排名前十位的企业集团销量合计为 2315 万辆，同比增长 2.3%，占汽车销售总量的 86.2%，高于 2021 年 0.2 个百分点。在汽车销量排名前十位企业中，与 2021 年相比，比亚迪在新能源市场持续走强，销量增速最为明显。广汽、奇瑞呈两位数快速增长，长安、吉利呈个位数增长，其他企业则呈不同程度下降。2022 年，新能源汽车销量排名前十位的企业集团销量合计为 568 万辆，同比增长 1.1 倍，占新能源汽车销售总量的 82.4%，高于 2021 年 5.9 个百分点。在新能源销量排名前十位企业中，比亚迪累计销量超过 180 万辆，各企业销量同比均有不同程度增长。2022 年我国汽车行业市场集中度情况见附表 B-2。

附表 B-2　2022 年我国汽车行业市场集中度情况

2022 年市场集中度	企业名称	12 月销量（万辆）	环比（%）	同比（%）	2022 年销量（万辆）	同比（%）	市场份额（%）
前三家 42.1%	上汽	52.5	8.9	-19.3	519.2	-3.2	19.3
	一汽	27.6	17.0	-25.3	320.4	-8.5	11.9
	东风	25.0	30.2	-18.7	291.9	-10.9	10.9
前五家 59.9%	广汽	20.6	7.9	-11.8	243.5	13.6	9.1
	长安	25.6	38.4	43.7	234.6	2.0	8.7
前十家 86.2%	比亚迪	23.5	2.1	136.1	186.9	150.9	7.0
	北汽	12.7	12.6	-16.5	145.3	-15.7	5.4
	吉利	14.6	0.7	-8.0	143.3	7.9	5.3
	奇瑞	10.5	5.1	-5.8	123.0	28.2	4.6
	长城	7.7	-11.6	-52.3	106.8	-16.7	4.0

（7）中国品牌乘用车市场份额明显提升。

受海外疫情对其汽车产业链的影响和我国汽车市场结构调整，中国品牌车企紧抓新能源、智能网联转型机遇，推动汽车电动化、智能化升级和产品结构优化，得到广大消费者青睐，企业国际化的发展更不断提升品牌影响力。近年来，中国品牌乘用车竞争力和市场占有率逐步提升。2022 年中国品牌乘用车销量 1177 万辆，同比增长 22.8%，远高于乘用车销量平均增速，市场份额达到 49.9%，比 2021 年上升 5.4 个百分点，近年来各系乘用车市场份额变化情况见附图 B-5。

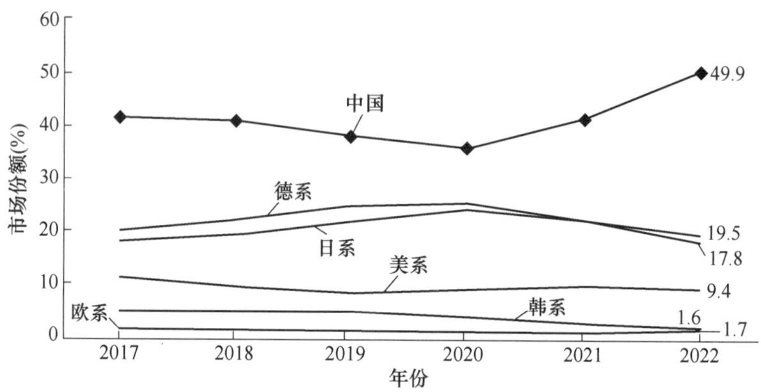

附图 B-5　各系别乘用车市场份额对比

（8）芯片短缺、电池原料价格高位等影响行业发展。

供应链方面的稳定性仍是汽车行业稳增长的关键，预计全球半导体短缺及结构性短缺仍将持续，汽车行业和许多其他行业的芯片危机将持续数年。2022 年全球车规级芯片供应依然紧张，且“缺芯”呈现出新的特点，即由 2021 年的全类型短缺转变为目前的结构性短缺，主要集中在英飞凌、恩智浦、意法半导体等主流品牌，包括控制类、功率器件类、电源类等芯片，企业缺口依然较大。此外，国产芯片替代存在大投入、负回报等问题，致使主机厂替代积极性低。当前国际形势更趋严峻复杂，美国拜登政府签署《芯片和科学法案》，限制中国芯片产业发展，阻碍中国汽车产业智能化进程。

此外，高速发展的新能源汽车对上游动力电池原材料带来极大的需求，上游资源开发不及新能源汽车发展速度，动力电池等大宗原材料价格持续高位运行，供应链稳定面临挑战。

B1.2 2022年汽车行业用钢情况

汽车行业是我国重点用钢行业之一，我国每年用于汽车行业的钢材占钢材总消费量的6%左右。薄板、中板、带钢、型钢、优质棒材、钢管、特殊合金钢等品种均被应用于汽车制造，汽车用钢中板材占总量的70%左右。随着新能源汽车发展迅速，产销量和市场占有率大幅提升，对高强、超高强汽车用钢及高牌号汽车电机用电工钢需求呈现增长趋势。

汽车板系列产品与我国其他钢铁产品相比集中度较高，但与上游原料行业和下游汽车生产企业相比，集中度仍然较低，导致市场出现大幅波动时，汽车板生产企业相对被动。随着钢厂装备水平和产品质量的提升，汽车板生产企业增多，产品同质化竞争激烈，汽车用钢的单耗下降趋势，供需平衡和产品升级及差异化定位问题值得汽车板生产企业重视。

2022年汽车生产结构上，乘用车比重上升，新能源比重上升，商用车比重下降，汽车用钢单耗系数较2021年将继续下降。根据汽车及零部件产量和结构测算，全年我国汽车行业用钢同比下降约4%。

B1.3 2023年我国汽车行业发展趋势

B1.3.1 2023年汽车行业发展趋势

2023年，汽车行业将有望延续稳中有进的发展趋势，全球汽车芯片短缺情况有望好转，前期疫情等因素受抑制的需求将有一定释放，我国国民经济运行总体保持稳定，预计促进国内需求政策仍将有一定支持。同时，国际形势复杂多变，疫情形势尚未明朗，车用芯片和电池产业链等问题也将给2023年我国汽车行业发展带来一定不确定因素。分车型看，乘用车方面，在更新换代需求、新能源车市场和出口市场支撑下，乘用车产销有望实现持平或小幅增长；商用车方面，基础设施建设投资增长，物流和商业活动逐步恢复，商用车产销量有望触底回升。

B1.3.2 2023年汽车用钢需求预测

2023年汽车产销量预计有望继续保持增长，总销量将达到2780万辆，同比增长约3%，其中乘用车约2430万辆，同比增长约2%；商用车约350万辆，同比增长10%左右；新能源汽车产销有望突破900万辆，同比增长约50%，出口有望继续保持快速增长，增速约20%。汽车行业钢材消费与汽车生产趋势大体保持一致，结合汽车产量规模和结构变化，预计2023年汽车行业钢材消费量同比增长约3%。

B2 机械行业

B2.1 机械行业运行情况

（1）增加值增速继续回落。

国家统计局数据显示，2022年全国规模以上工业增加值同比增长3.6%。涉及机械工业方面，专用设备增长3.6%，汽车增长6.3%，电气机械增长11.9%，仪器仪表增长4.6%，通用设备同比下降1.2%，如附图B-6所示。

（2）多数产品产量同比下降。

2022年，国家统计局公布的机械工业30种代表性产品中，17种产品产量同比下降，占比56.7%；13种产品产量同比增长，占比43.3%。机械工业主要产品生产呈现以下特点：一是消费激励政策、出口增长，促进汽车销售向好；二是能源项目投资发挥带动作用，电工产品生产形势良好；三是原材料行业设备更新带动相关生产装备产量增长；四是基建对工程机械投资类产品市场发挥带动效用；五是农业机械产品生产分化，大马力拖拉机向好。部分机械产品产量累计增速如附图 B-7 所示。

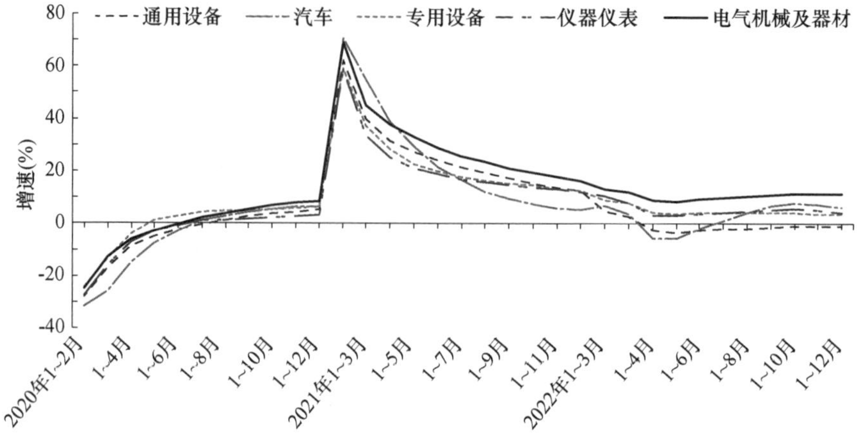

附图 B-6　机械工业分行业增加值增速比较

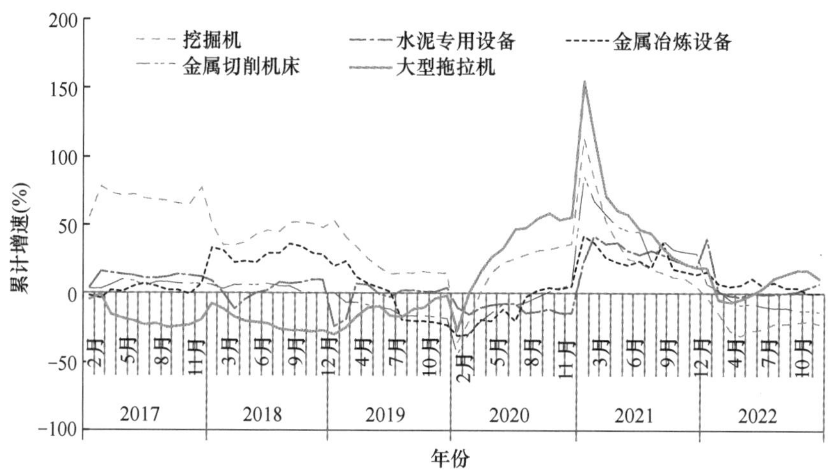

附图 B-7　部分机械产品产量累计增速

（3）投资继续恢复但不及预期。

2022 年，制造业投资同比增长 9.1%，增速比全国固定资产投资高 4.0 个百分点，其中机械工业主要涉及的子行业累计固定资产投资同比全部实现增长，通用设备、专用设备、汽车、电气机械和仪器仪表分别增长 14.8%、12.1%、12.6%、42.6%和 37.8%。

（4）外贸出口保持较快增长，但压力增大。

2022 年机械工业累计进出口总额 10555.9 亿美元，同比增长 1.6%。其中，进口 3239.2 亿美元，同比下降 10.6%；出口 7316.7 亿美元，同比增长 8.2%；累计贸易顺差 4077.5 亿美元，同比增长 29.7%。机电及外贸出口累计增幅如附图 B-8 所示。

（5）订单不足压力延续。

近几个月机械工业需求端回暖慢于生产端复苏，制造企业订货不足压力持续。国家统计局数据显示，与机械产品市场需求关系密切的全国设备工器具投资 2022 年同比增长 3.5%，低于同期全国固定资产投资增速 1.6 个百分点。机械工业重点联系企业数据显示：2022 年以来累计订货同比持续处于负增长状态，4 月、5 月降幅均超过 13.0%，6 月以来降幅逐月有所收窄，11 月末仍同比下降 1.8%。

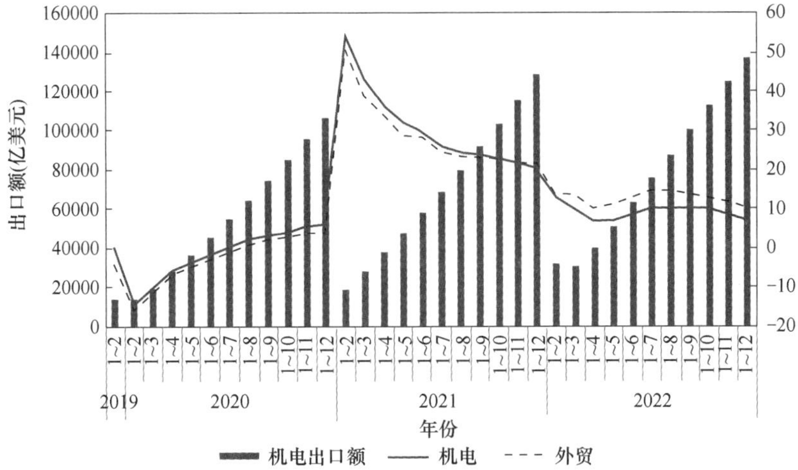

附图 B-8　机电及外贸出口累计增幅

（6）成本压力延续上升走势。

2022 年以来机械工业使用的主要原材料产品价格走势分化，钢材价格逐步回稳，有色金属价格高位震荡。部分关键原材料，如低压电气行业用磁性材料、储能行业用锂原料价格仍延续上涨走势，碳酸锂 10 月份平均价格超过 55 万元/吨。机械企业原材料、零配件采购成本压力持续高位。据调查显示，61%的企业三季度原材料、零配件采购价格上涨，而成品价格实现上涨的仅 26.0%；62%的企业经营的压力来源于原材料上涨，用工成本呈现持续单边上涨的趋势。

B2.2　机械行业用钢情况

机械工业作为仅次于建筑行业的第二用钢大户，其钢材消费量占全部钢材消费总量的 20%左右，机械行业用钢量较大的子行业主要有电工电器、石化通用设备、机械基础件、重型矿山设备、工程机械、农用机械等。消费的钢材几乎涉及所有品种和规格，随着重大技术装备的大型化，具有耐高温、高压及抗辐射、耐腐蚀等特殊性能的钢材需求增加。2022 年机械行业用钢同比增长约 2%。

B3　铁路行业

2022 年，全国铁路建设顺利推进，一大批铁路项目开工建设，但总体建设进度有所放缓，全年铁路固定资产投资完成 7109 亿元，同比下降 5.1%，投产新线 4100 公里，其中高铁 2082 公里。

B3.1　铁路投资与建设情况

（1）铁路固定资产投资及投产新线小幅下降。

2022 年，全国铁路固定资产投资完成 7109 亿元，同比下降 5.1%。2022 年以来，铁路投资持续低位运行，铁路固定资产投资已经连续 9 个月呈减少态势。2022 年全国铁路投产新线 4100 公里，其中高铁 2082 公里，超额完成任务。如附图 B-9 所示，截至 2022 年底，全国铁路营业里程 15.5 万公里，同比增长 3.3%，其中高铁 4.2 万公里，同比增长 5%。高铁里程稳居世界第一。全国铁路固定资产投资由机车车辆投资（装备投资）和基本建设投资组成，机车车辆投资是用作购买和维护机车车辆的费用，基本建设投资用作建设铁路新线。以基建投资在固定资产投资中的历年占比看，固定资产投资中的85%~90%为基建投资。近年来铁路投资情况如附图 B-10 所示。

附图 B-9　中国铁路运营里程

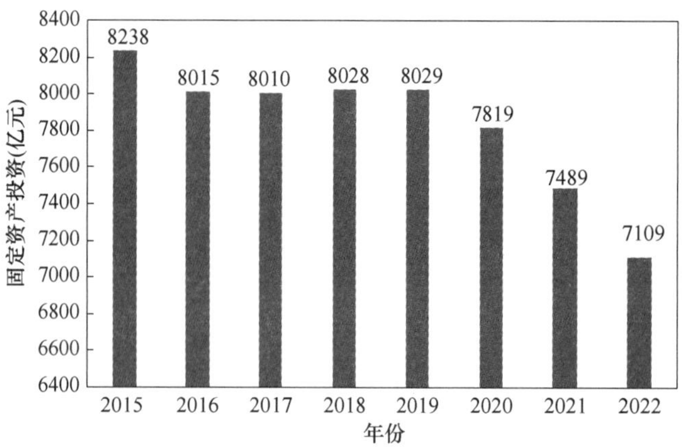

附图 B-10　2015~2022 年铁路固定资产投资完成情况

（2）重点项目有序推进。

川藏铁路攻坚态势进一步发展巩固，《中华人民共和国国民经济和社会发展第十四个五年规划和 2035 年远景目标纲要》确定的 102 项重大工程中的铁路项目顺利推进；京雄商高铁雄安新区至商丘段、天津至潍坊高速铁路、瑞金至梅州铁路等 26 个项目开工建设，和田至若羌铁路、合杭高铁湖杭段、银川至兰州高铁中卫至兰州段等 29 个铁路项目建成投产。

（3）铁路旅客运输大幅减少，货运同比增长。

2022 年国家铁路旅客发送量 16.7 亿人，同比减少 35.9%，主要受疫情影响；货物总发送量 49.8 亿吨，同比增加 4.4%，铁公、铁水联运稳步推进，运输保障能力进一步增强。2022 年 12 月铁路运营情况见附表 B-3。

附表 B-3　2022 年 12 月铁路运营情况

指标	计算单位	本月	比上年同期增长（%）	当年累计	比上年同期增长（%）
一、铁路运输					
1. 旅客发送量	万人	9913	-39.9	167296	-35.9
2. 旅客周转量	亿人公里	400.31	-26.6	6577.53	-31.3
3. 货运总发送量	万吨	42395	-1.2	498424	4.4
4. 货运总周转量	亿吨公里	3136.58	1.4	35945.69	8.1
二、铁路固定资产投资累计完成额	亿元	—	—	7109	-5.1

B3.2　铁道用钢情况

2022 年国家铁路建设整体趋势放缓，四季度以来加快了投资建设步伐，重点项目有力推进，尽管投资和新建里程数仍同比下降，但过往几年开工建设的铁路项目逐渐进入铺轨阶段，因此，预计全年我国铁道用材消耗量约 400 万吨，同比增长约 8%。

B4　船舶行业

2022 年，国际航运市场处于上升周期，船舶行业延续温和回升态势，气体船、汽车船和集装箱船需求较为旺盛。我国船舶行业经济运行总体平稳向好，国际市场份额连续多年保持领先，造船三大指标一升两降，造船完工量小幅下降，新承接订单量高位回落，手持订单量持续回升。

B4.1　船舶行业运行情况

（1）我国三大造船指标一升两降，市场份额长居世界首位。

2022 年，我国造船三大指标一升两降，其中造船完工量 3786 万载重吨，同比下降 4.6%，新承接订单量 4552 万载重吨，同比下降 32.1%，手持订单量 10557 万载重吨，同比增长 10.2%。近年来造船主要指标情况如附图 B-11～附图 B-13 所示。

中国市场份额连续 13 年位居世界首位。我国骨干船企保持较强国际竞争力，分别有 6 家企业进入世界造船完工量、新接订单量和手持订单量的前 10 强。2022 年，我国造船完工量、新接订单量、手持订单量分别占世界市场份额的 47.3%、55.2% 和 49.0%，比重较上年同期均有所提升，详见附表 B-4。

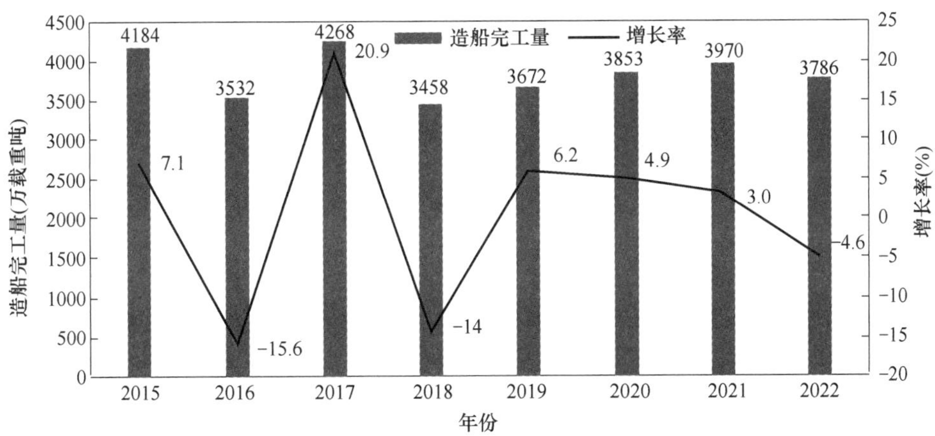

附图 B-11　2015～2022 年造船完工量情况

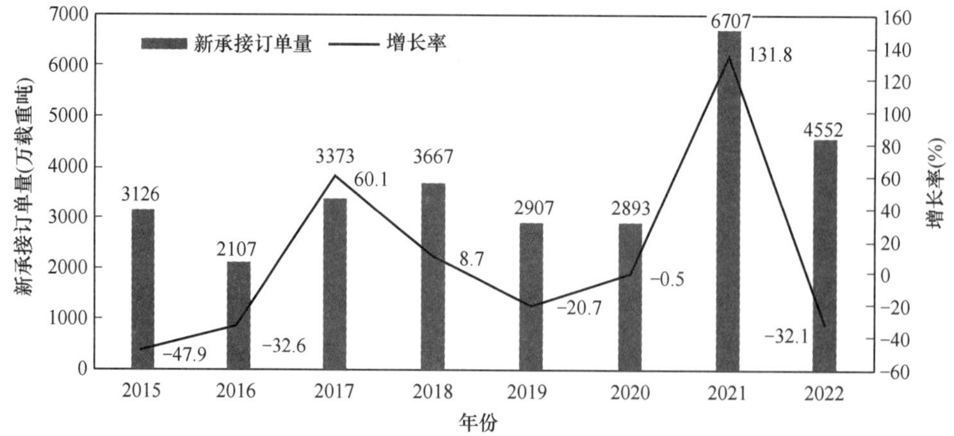

附图 B-12　2015～2022 年新承接订单情况

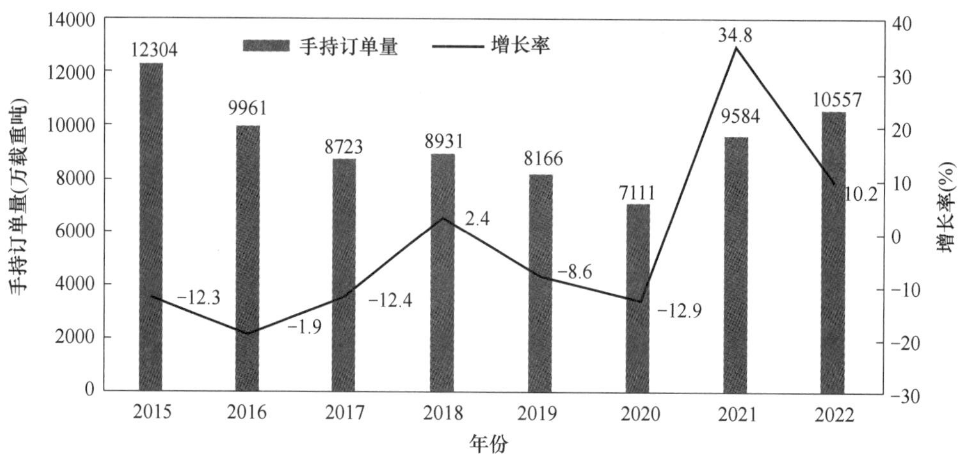

附图 B-13　2015～2022 年手持订单情况

附表 B-4　2022 年世界主要造船国家三大指标

指标		世界	中国	韩国	日本
造船完工量	数量（万载重吨）	8011	3786	2400	1572
	占比（%）	100.0	47.3	30.0	19.6
新承接订单量	数量（万载重吨）	8241	4552	2395	912
	占比（%）	100.0	55.2	29.1	11.1
手持订单量	数量（万载重吨）	21565	10557	6817	3061
	占比（%）	100.0	49.0	31.6	14.2

注：此表世界数据来源于克拉克松研究公司，并根据中国的统计数据进行了修正。

我国船舶出口金额 238.5 亿美元，同比增长 7.9%。出口船舶产品中，散货船、油船和集装箱船仍占主导地位，出口金额合计 123.8 亿美元，占出口总金额的 51.9%。我国船舶产品出口到 191 个国家和地区，向亚洲、欧洲、拉丁美洲出口船舶金额分别为

122.8亿美元、40.5亿美元和20.6亿美元。

（2）船舶工业主要经营指标同比增长，海工装备去库存效果明显。

2022年，全国规模以上船舶工业企业1093家，实现主营业务收入同比增长8.0%。2022年，国际油价高位波动，布伦特国际原油现货价格一度攀升至139美元/桶，创金融危机以来新高，带动全球海洋油气装备市场需求扩大，国内海洋工程装备企业抓住机遇，“去库存”取得积极成效，其中，中国船舶集团交付了2座自升式钻井平台和6艘海洋工程辅助船；招商局工业集团交付了2座钻井平台、3座多功能服务平台和1艘其他装备；中远海运重工有限公司交付了2艘海洋工程辅助船；烟台中集来福士海洋工程公司1艘半潜式钻井平台和1艘自升式钻井平台获得租约。

（3）高端装备取得新突破，新承接订单结构优化。

2022年，我国船企持续加大研发力度，在高技术船舶与海洋工程装备领域取得新的突破。24000TEU集装箱船、17.4万立方米大型LNG等高端船型实现批量交船，10万吨级智慧渔业大型养殖工船、第四代自升式风电安装船、圆筒型FPSO（浮式生产储卸油装置）等海洋工程装备实现交付。30万吨级LNG双燃料动力超大型油船（VLCC）、20.9万吨纽卡斯尔型LNG双燃料动力散货船、4.99万吨甲醇双燃料动力化学品/成品油船等绿色动力船舶完工交付。全年新接订单中绿色动力船舶占比达到49.1%，创历史最高水平。

2022年，在全球18种主要船型中我国共有12种船型新接订单位列世界第一，其中，新接散货船、集装箱船、汽车运输船和原油船新接订单分别占全球总量的74.3%、56.8%、88.7%和66.1%。特别是在大型LNG船领域取得重大突破，全年新接大型LNG船订单国际市场份额首次超过30%。全年新接船舶订单结构优化提升，修载比（修正总吨/载重吨）达到0.468，为历史最好水平。

（4）船舶行业结构调整步伐加快。

金融危机以来，全球船舶工业结构调整步伐加快，船企间淘汰落后、兼并重组等行为频繁发生，一批产品有品牌、技术有实力的企业在大浪淘沙中脱颖而出，行业产业集中度不断提高，同时也改变了原有环渤海湾、长三角和珠三角三大造船基地的传统格局，长三角地区目前三大造船指标均占到我国造船产量的70%，远远领先于其他地区。

2022年，我国造船完工量前10家企业集中度为64.9%，新接订单量前10家企业集中度为63.6%，手持订单量前10家企业集中度为65.8%，继续保持较高水平。

（5）国产配套产品应用加速，产业链安全水平提升。

2022年，国产船用主机、船用锅炉、船用起重机、船用燃气供应系统（FGSS）等配套设备装船率持续提高，大连华锐第1000支船用曲轴下线交付，全球首台带智能控制废气再循环系统的双燃料主机完工交付。船用高端钢材研制能力不断提高，大型集装箱船用止裂板全部实现国产替代，化学品船用双相不锈钢国产化率由不足50%提高至90%以上，国产高锰钢罐项目顺利开工，国产薄膜型LNG船罐专用不锈钢通过专利公司认证，国产LNG船波纹板全位置自动焊接装备研制成功，产业链、供应链安全水平明显提升。

B4.2 2022年船舶行业用钢情况

第一，集装箱船用止裂板需求增加。近两年以来，全球集装箱船市场持续火爆，我国船企批量承接各类集装箱船订单3730万载重吨，特别是在超大型集装箱船领域取得较大突破，共承接了110艘15000TEU及以上超大型集装箱船订单。部分骨干船企生产已经安排至 2025 年。集装箱船订单的大幅增长将显著带动船用高强度止裂板的需求，根据不同船型的综合测算，预计新增高强度止裂板需求 150 万吨。

第二，双燃料船顺应环保趋势快速发展，带动 9 镍钢需求增加。2021 年以来，我国船舶企业在各类型绿色燃料船舶上均获得了批量订单，新接订单和手持订单中绿色燃料船舶按载重吨计占比在全部订单中已经分别达到了 49.1%和 27.6%。双燃料动力船舶以 LNG 燃料为驱动，配备不同标准的 LNG 燃料罐，通过双燃料动力，可以比单一燃油动力有效减低 22%的二氧化碳排放、93%的颗粒物排放、82%的氮氧化合物排放以及 98%的硫化物排放。目前，各类型船舶 LNG 燃料罐主要以 9Ni 钢为主，将带动相应钢材的需求。此外，以高锰钢为原材料的 LNG 燃料罐正在中国、韩国等主要造船国中加紧推进产业化。

第三，新型海工需求增加。从近两年市场需求来看，以海洋牧场为主体的深远海养殖装备、以绿色环保升级换代为主的海洋油气开发以及以陆地和海上风电为主体的新能源产业快速发展，这些新兴市场的爆发式增长，都给船舶及海工产业带来了新的视野和新的用钢需求。特别是风电产业，海上风电塔筒及导管架用钢和深远海养殖装备用钢需求将有一定增长空间。

第四，LNG 船需求大幅增加，殷瓦钢和不锈钢波纹板需求增加。俄乌冲突发生后，随着欧洲宣布对俄罗斯能源实施制裁，欧洲逐步摆脱对俄罗斯管道气的强依赖。未来欧洲势必会寻求增加对美国、中东等国家的 LNG 进口，而俄罗斯也将增强向中国、印度等亚洲国家的 LNG 海运出口力度。运距增加导致 LNG 吨海里运力需求上升，对世界 LNG 船造船市场产生利好。2022 年，全球大型 LNG 船已成交约 150 条，创历史新高，大型 LNG 船的旺盛需求预期将持续较长时间。我国 4 家船舶企业已承接 38 艘大型 LNG 船订单。17.4 万立方米大型 LNG 船单船使用殷瓦钢约 500 吨；单船使用不锈钢波纹板（成品板）约 400 吨，如果考虑到切割和加工用量约为 500 吨。未来 5～10 年，国内每年大约承接 20 艘大型薄膜型 LNG 运输船。

第五，船舶行业智能化发展对造船用钢材料提出新要求。船舶行业升级智能化生产线，对船用钢材提出更加严格的质量稳定性和标准化要求，包括钢材表面光洁度、钢板的尺寸规格、钢材的配送方式等。钢铁企业应密切关注船厂在智能制造流水线升级改造后，对造船用钢的新要求。

钢铁工业和船舶工业的合作由来已久，我国造船用船板无论从产品产量和质量上都基本上满足了国内船企快速发展的需求，并且钢铁企业在高技术、高附加值船舶产品用钢领域不断探索，与船舶企业在高端品种领域开展联合攻关，实现了多型产品的突破和产业化应用，为我国成为造船大国打下坚实基础。

2022 年，根据我国造船量、结构、修船和其他海洋工程情况，我国船舶行业用钢约 1610 万吨，同比增长约 2%。

B5 电力行业（电工钢）

2022 年，电力行业积极落实“双碳”目标新要求，有效应对极端天气影响，全力以赴保供电、保民生，为疫情防控和经济社会发展提供了坚强电力保障。全社会用电量、新增发电装机容量呈现增长趋势，电源和电网投资保持增长。

2023 年，我国经济运行有望总体回升，拉动电力消费需求增速比 2022 年有所提高。在新能源发电快速发展带动下，预计 2023 年新投产的总发电装机以及非化石能源发电装机规模将再创新高。

B5.1　2022 年我国电力行业运行情况

（1）电源工程及电网工程投资同比增长。

2022 年，全国主要发电企业电源工程建设投资完成 7208 亿元，同比增长 22.8%。其中，核电 677 亿元，同比增长 25.7%。电网工程建设投资完成 5012 亿元，同比增长 2.0%。水电、核电、风电等清洁能源完成投资占电源完成投资的 86%以上。

（2）全社会用电量增加。

2022 年，全国全社会用电量 8.64 万亿千瓦时，同比增长 3.6%。一、二、三、四季度，全社会用电量同比分别增长 5.0%、0.8%、6.0%和 2.5%，受疫情等因素影响，第二、四季度电力消费增速回落。

分产业看，一是第一产业用电量 1146 亿千瓦时，同比增长 10.4%。其中，农业、渔业、畜牧业用电量同比分别增长 6.3%、12.6%、16.3%。二是第二产业用电量 5.7 万亿千瓦时，同比增长 1.2%，各季度增速分别为 3.0%、-0.2%、2.2% 和 -0.1%，2022 年制造业用电量同比增长 0.9%，四大高载能行业全年用电量同比增长 0.3%。三是第三产业用电量 1.49 万亿千瓦时，同比增长 4.4%，各季度电量同比增速分别为 6.2%、0%、7.7%和 3.1%。

（3）装机容量保持增长，发电量增加。

2022 年，全国新增发电装机容量 2.0 亿千瓦，其中新增非化石能源发电装机容量 1.6 亿千瓦，新投产的总发电装机规模以及非化石能源发电装机规模均创历史新高。截至 2022 年底，全国全口径发电装机容量 25.6 亿千瓦，其中非化石能源发电装机容量 12.7 亿千瓦，同比增长 13.8%，占总装机比重上升至 49.6%，同比提高 2.6 个百分点，电力延续绿色低碳转型趋势。分类型看，水电 4.1 亿千瓦，其中抽水蓄能 4579 万千瓦，核电 5553 万千瓦；并网风电 3.65 亿千瓦，其中陆上风电 3.35 亿千瓦，海上风电 3046 万千瓦；并网太阳能发电 3.9 亿千瓦；火电 13.3 亿千瓦，其中煤电占总发电装机容量的比重为 43.8%。

2022 年，全国规模以上工业企业发电量 8.39 万亿千瓦时，同比增长 2.2%，其中规模以上工业企业火电、水电、核电发电量同比分别增长 0.9%、1.0%和 2.5%。全口径并网风电、太阳能发电量同比分别增长 16.3%和 30.8%。全口径非化石能源发电量同比增长 8.7%，占总发电量比重为 36.2%，同比提高 1.7 个百分点。全口径煤电发电量同比增长 0.7%，占全口径总发电量的比重为 58.4%，同比降低 1.7 个百分点，煤电仍是当前我国电力供应的最主要电源。在来水明显偏枯的第三季度，全口径煤电发电量同比增长 9.2%，较好地弥补了水电出力的下降，充分发挥了煤电兜底保供作用。规模以上工业发电量月度走势如附图 B-14 所示。

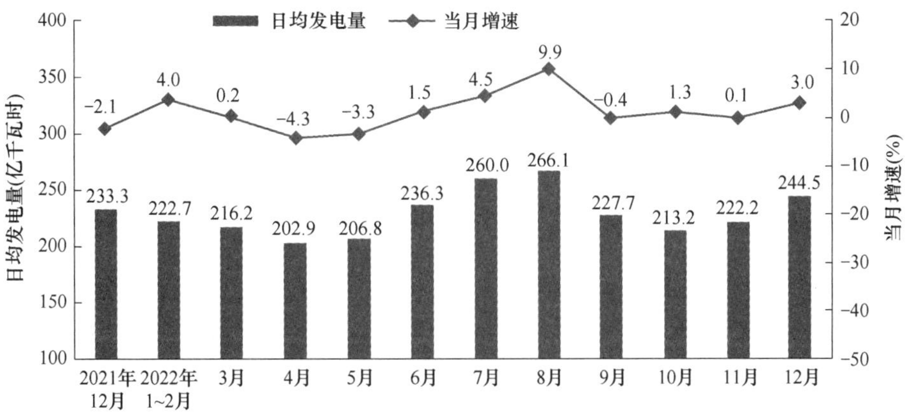

附图 B-14　规模以上工业发电量月度走势

（4）发电设备利用小时同比降低。

2022 年，全国 6000 千瓦及以上电厂发电设备利用小时 3687 小时，同比降低 125 小时。发电设备利用小时情况如附图 B-15 所示。

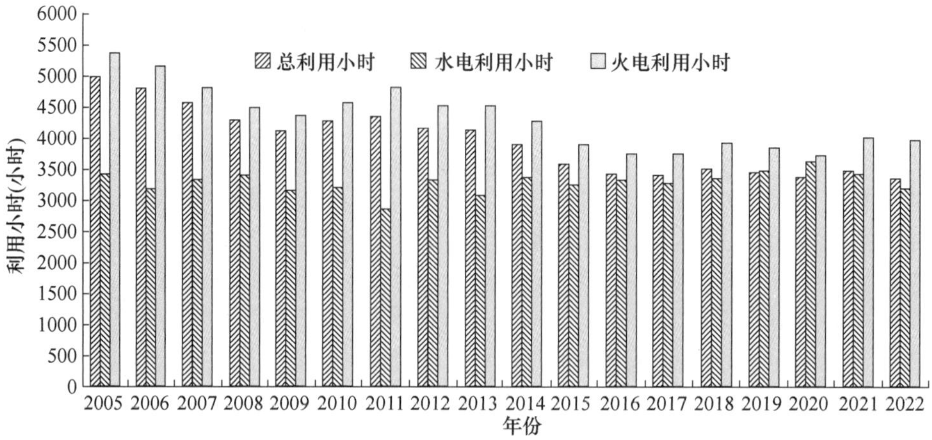

附图 B-15　发电设备利用小时情况

分类型看，水电 3412 小时，为 2014 年以来年度最低，同比降低 194 小时。核电 7616 小时，同比降低 186 小时。并网风电 2221 小时，同比降低 9 小时。并网太阳能发电 1337 小时，同比提高 56 小时。火电 4379 小时，同比降低 65 小时；其中煤电 4594 小时，同比降低 8 小时；气电 2429 小时，同比降低 258 小时。风电装机较多省份风电装机容量和设备利用小时情况如附图 B-16 所示。

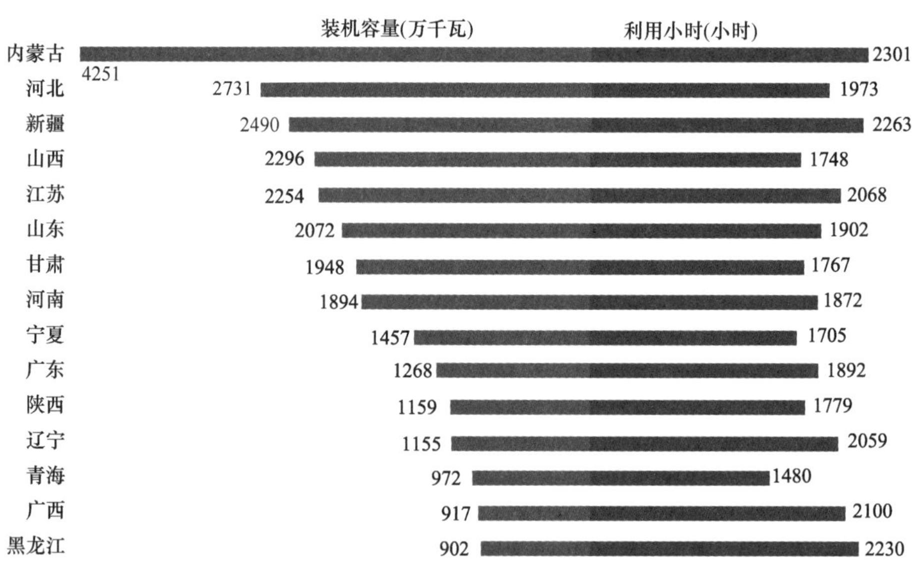

附图 B-16　风电装机较多省份风电装机容量和设备利用小时

（5）全国跨区送电量同比增长。

2022 年，全国新增 220 千伏及以上输电线路长度 38967 千米，同比增加 6814 千米；全国新增 220 千伏及以上变电设备容量（交流）25839 万千伏安，同比增加 1541 万千伏安。2022 年全国完成跨区输送电量 7654

亿千瓦时，同比增长6.3%，其中8月高温天气导致华东、华中等地区电力供应紧张，电网加大了跨区电力支援力度，当月全国跨区输送电量同比增长17.3%。2022年全国完成跨省输送电量1.77万亿千瓦时，同比增长4.3%；其中12月部分省份电力供应偏紧，当月全国跨省输送电量同比增长19.6%。

（6）全国电力供需总体紧平衡。

2022年全国电力供需总体紧平衡，部分地区用电高峰时段电力供需偏紧。2月，全国多次出现大范围雨雪天气过程，少数省份在部分用电高峰时段电力供需平衡偏紧。7~8月，我国出现了近几十年来持续时间最长、影响范围最广的极端高温少雨天气，叠加经济恢复增长，拉动用电负荷快速增长。全国有21个省级电网用电负荷创新高，华东、华中区域电力保供形势严峻，浙江、江苏、安徽、四川、重庆、湖北等地区电力供需形势紧张。

B5.2 2022年电工钢消费情况

受家电行业影响，部分家电厂采购量急剧减少，企业多保持稳定生产为主，2022年我国电工钢消费量持续减少，总消费量约1240万吨，同比减少9%。

B5.3 2023年我国电力行业发展预测

2023年我国经济运行有望总体回升，拉动电力消费需求增速比2022年有所提高。正常气候情况下，预计2023年全国全社会用电量9.15万亿千瓦时，比2022年增长6%左右。在新能源发电快速发展带动下，2023年新投产的总发电装机以及非化石能源发电装机规模将再创新高。预计2023年全国新增发电装机规模有望达到2.5亿千瓦左右，其中新增非化石能源发电装机1.8亿千瓦。2023年底全国发电装机容量28.1亿千瓦左右，其中非化石能源发电装机合计14.8亿千瓦，占总装机比重上升至52.5%左右。水电4.2亿千瓦、并网风电4.3亿千瓦、并网太阳能发电4.9亿千瓦、核电5846万千瓦、生物质发电4500万千瓦左右，太阳能发电及风电装机规模均将在2023年首次超过水电装机规模。

2023年电力行业投资建设预计将保持稳定增长，预计电工钢需求量将达到1220万吨，同比减少2%。

附录 C　宝武特冶高质量发展专题报道

2018 年 10 月 1 日，宝武特冶调整聚焦，怀揣着传承和发展特种冶金材料的梦想，开启了新的征程。这五年来，面对复杂多变的市场环境和改革发展任务，在中国宝武的坚强领导下，公司全体员工爬坡过坎、攻坚克难，展现了奋发有为的精神面貌，取得了来之不易的经营业绩、使命保供业绩和改革发展成果。五年的变化是实质性的，改革是深层次的，发展是开创性的，宝武特冶坚守特种冶金关键核心材料报国的初心使命，着眼特种冶金材料发展，聚焦关键战略性核心材料的研发和保供，旗帜鲜明“担使命”“讲传承”“谋发展”“创业绩”，围绕国家武器装备和重大工程配套提供了各类核心关键材料。作为中国宝武旗下特种冶金材料研发和制造企业，代表中国宝武践行特种冶金核心关键材料保供的使命，坚定承接好国家赋予宝武的使命任务，进一步增强使命感、荣誉感、责任感，释放更大价值，成为宝武践行钢铁报国、服务国家战略的重要力量，成为宝武战略落地不可或缺的依靠力量，体现强国重企的责任担当。公司上下以定力和实干走稳了方向、走实了战略，一步一个脚印，一年一个台阶，不断取得新成绩、新进展、新变化；以改革和创新解难题、破瓶颈，不断展现特冶形象；以责任和担当应对大事、直面大考，不断贡献特冶力量。五年的生动实践，初心使命更加笃行，发展能力明显增强。

附图 C-1　宝武特冶厂区

五年来，学思践悟凝聚力量，逐步解决了公司持续稳定发展的思想统一问题。毫不动摇坚持党的领导，加强党的建设，统揽改革创新、使命保供、经营管理等各项工作全局，切实把国有企业党组织政治优势转化为企业发展优势。以习近平新时代中国特色社

附图 C-2 宝武特冶办公区

会主义思想为指引，全面贯彻党的十九大、二十大精神，坚持以党的政治建设为统领，深刻领悟“两个确立”的决定性意义，增强“四个意识”、坚定“四个自信”、做到“两个维护”，为企业稳定持续发展引领政治方向。2019 年召开宝武特冶第一次党代会，为公司党的建设和改革发展明方向、定目标；践行加强党的领导与完善公司治理相统一，充分发挥党委领导作用；优化完善党建工作责任制考核评价办法，全面推行党组织书记抓基层党建工作，层层压实党建工作责任；开展“奋进新征程、建功新时代”“两个关爱、一个关注”等主题实践活动，充分发挥基层党组织和党员在急难险重任务中的战斗堡垒作用和主动担当的先锋模范作用，为公司经营发展提供了坚强政治保证和组织保障。

扎实开展三次主题教育，在“政治体检”中刀刃向内，在“政治洗礼”中重温初心。在“不忘初心、牢记使命”主题教育中，宝武特冶上下认清形势、找准问题、统一思想、坚定信心，积极践行“四个旗帜鲜明”：旗帜鲜明“担使命”，代表中国宝武践行钢铁报国初心和钢铁强国使命，勇于承担攻克国家军工、航空航天、核电领域关键战略性核心材料任务和难题，夯实我们的立身之本和发展之基；旗帜鲜明“讲传承”，传承上钢五厂、上海钢研所、宝钢特钢“艰苦奋斗、争创一流”的精神，全面对标找差，争创世界一流；旗帜鲜明“谋发展”，着力搭建企业与员工共同成长的发展平台，与协作单位共同发展的平台，“严苛求、重契约、强绩效”，让员工成为企业干事创业的核心力量；旗帜鲜明“创业绩”，将公司打造成为使命与效益的共同载体，促进使命担当与企业效益的有机统一。巩固拓展党史学习教育成果，在公司重大发展行动上，推进“三个转变”：促进思想上由“被动”向“主动”转变、行动上由“稳存量”

向“拓增量”转变、技术创新上由“跟随”向“引领”转变，抓牢“三份清单”，勇担特种冶金关键核心材料研发保供的使命。在学习贯彻习近平新时代中国特色社会主义思想主题教育过程中，将主题教育成果与影响公司长期稳定发展的重大问题进行“三个结合”：与公司战略迭代升级相结合、与加快科技创新相结合、与深化体制机制改革相结合，推动公司高质量发展。三次主题教育的思想凝聚，更加认清了宝武特冶做好高质量发展这篇文章必须解决的突出问题、必须跨越的重大关口，引领公司行稳致远。

附图 C-3　核电蒸汽发生器用 690 合金 U 形管生产现场

附图 C-4　宝武工程科学家马天军

附图 C-5　全国技术能手、上海工匠杨磊

五年来，经营能力、使命保供能力稳步提升，为公司持续稳定发展打下了良好的基础。五年来，中国宝武不断加大对宝武特冶发展的支撑力度，在稳定战略定位、科技创新、装备保障和体制机制等方面全力支持。在中国宝武、兄弟单位的大力支持下，通过一项一项地梳理、一项一项地推进，逐步解决了公司独立运营的体系问题和持续稳定发展的问题。安全管理、环保管理体系逐步完善，着力解决了“一地两业”初期一系列的基础管理体系能力薄弱的问题。公司体系能力逐步完善，技术中心回归，产销研联动一体，以技术工艺改进提质增效的能力在逐步形成；分厂整合成厂，成立事业部，进一步提升了公司应对市场、解决现场问题的能力。投资建设体系逐步形成，推进双基建设，马鞍山新基地工程项目用时 14 个月，创下了项目建设速度的新纪录；宝山基地填平补齐项目现已进入工程实施阶段，前期项目已基本收尾。公司从单一主体厂稳步向多基地、多公司推进，“一总部、多基地”管理体系和能力逐步形成，董事会建设和子公司管理逐步成型，混改激发活力取得“点”的突破。公司营收效益连年上台阶，总营收和使命类产品营收分别以 10 亿元/年、2 亿元/年递增，不断创新高。2021 年镍（铁）基合金规模达到 1.4 万吨，成为国内首家破万吨企业。五年来，扎实推进资产填平补齐，存量资产效率提升，经营业绩和使命保供业绩保持快速增长，激发高质量发展活力。五年的实践，一定程度上解决了使命保供和企业效益之间的矛盾，坚定了下一步发展的信心。

五年来，科技引领创新驱动，逐步擦亮了公司这张生存发展的名片，公司科技属性进一步显现。宝武特冶以满足国家重大工程和重点项目需求为目标，通过与应用领域相关单位建立战略合作关系实施产业链创新，通过与科研院所及用户建立联合实验室实施产学研创新，有效汇聚各领域优势创新资源和要素，构建“政产学研用”的创新体系，打造开放创新格局。组建以院士为核心的专

附图 C-6　非真空感应炉浇铸现场

家智库，对关键核心技术和产品创新发展方案进行规划研讨和决策咨询，形成了宝武特冶高温合金产业发展规划。实施推进"一产品一方案"工作，根据产品特性设立高温合金、耐蚀合金、精密合金、高强钢和特不锈五大战略产品发展团队，分别从五大类产品全面审视"行业全景图""研发全周期"和"生产全流程"，分析市场需求、行业发展和竞争态势，明确发展方向，策划形成产品发展规划，对标国内外一流水平设定技术经济指标和质量指标，制订产品研发认证计划和产品竞争力提升计划。积极承担国家、地方等科技项目，围绕国家战略新兴领域配套新材料"先"期研发试制、"先"期装机评价、"先"期配套应用，为实现从"跟随"到"引领"打下技术和产业基础。

以关键核心技术攻关为牵引，着力提升

附图 C-7　保护气氛电渣炉

自主创新能力，加快培育具有自主知识产权的核心技术和战略产品，助力国家在航天、航空、舰船、核电等领域实现关键核心技术自主可控发挥了重要作用。在国家重大工程、战略新兴产业等领域的配套核心材料研发取得突破性成果。突破大型运载火箭发动机配套材料制造关键核心技术，为长征五号B型火箭和长征八号的首飞、空间站建设、火星探测、探月工程和北斗等国家重大工程的成功实施提供了材料保障；掌握航空发动机高温合金三联冶炼核心技术，实现航空发动机高温合金材料“进口替代”，助力我国新一代主力航空发动机研发保障；掌握舰船×××装置核心设备关键材料制造技术，有力保障了大船×××装置地面模式堆的顺利实施；突破难变形高温合金冶炼和锻造工艺难题，掌握燃气轮机大规格难变形高温合金制备技术，为新一代舰用动力系统提供材料保障；掌握高温气冷堆用625合金全流程制造工艺技术，实现全球首个商用高温气冷堆核电站配套耐蚀合金材料应用。近年来参与或负责的项目共获国家及省部级科技成果奖项12项，分别荣获国家科技进步奖一等奖、国防科技进步奖一等奖、冶金科学技术奖一等奖、国资委专项任务一期攻关突出贡献团队和个人等荣誉。公司也陆续成为了高新技术企业、区级工程技术中心、市级企业技术中心、上海市专精特新称号、国家级专精特新“小巨人”称号等，连续两年进入上海市新兴企业百强名录。

五年来，使命保供持续发力，使命保供能力和影响力逐步增长，已成为国家军工、航天、核电等关键核心特种冶金材料的重要供应商。在承担使命保供方面宝武特冶代表中国宝武发挥了不可替代的独特作用。围绕使命保供需求，结合装备现状，从产能保障、工艺保障、效率提升等维度，形成22个装备填平补齐项目；围绕国家核心关键技术突破和军民融合发展需求，设立核心关键技术研发和军民融合等9大科研项目；围绕技术人才队伍建设，留住核心人才，加大知识、技术、管理、资本要素参与分配的力度，

附图 C-8　40 兆牛快锻机

给予激励政策支持。宝武特冶代表中国宝武承担的国资委专项攻关任务，经过多年努力，全面完成阶段性任务。在任务期内为航空发动机、战略战术导弹、长征系列火箭、舰用重型燃机、军工、民用核电重大工程等配套交付高温合金、耐蚀合金、精密合金、钛合金、高合金钢等核心材料，全面完成了国家重点型号、重大工程配套核心材料的保供任务，获得了国资委的高度认可。较公司成立之初，使命类产品合同完成率提高逾30个百分点，高温合金规模提升了3.7倍，钛及钛合金规模提升了2.5倍，并且多次完成用户紧急求援任务，保障了国家重大项目顺利实施，获得用户肯定。

五年来，改革发展激发活力，改革是企业发展的金钥匙，搭建员工与企业强捆绑的发展平台是国内优秀企业实践验证过的良好途径，通过体制机制创新，让员工成为企业使命担当的中坚力量。完善公司治理体制机制，2021年6月11日宝武特冶召开第一届董事会第一次会议，完成董事会建设，下属子公司董事会应建尽建，全面建立董事会向经理层授权制度、依法落实董事会各项权利。分层分类开展混合所有制改革设计和实践，2021年1月5日，“宝武特冶钛金科技有限公司”成立，引入外部投资者，开展员工持股，员工积极性，特别是技术团队的积极性得到了大幅提升，展现出不同的精神风貌；探索对非公资本的作用发挥进行制度性安排，成果已逐步显现。搭建双发展平台，即特种冶金平台和钛业平台，同步策划两层混改股权架构，推进核心员工持股、引（人）才、引资（源）、引战、上市，助推布局产业扩张，协调产业发展。完善市场化

附图 C-9　6000 吨卧式挤压机

经营机制，建立强绩效、多样化的激励约束机制，如“收、支、责”经营改善激励、产品经营跟投计划、技术人员贡献累积金计划、行为养成千分制和争先创优积分制等，进一步激发了员工动力活力，一定程度上实现了“奖的心动、罚的心痛”，促进了员工与企业共同成长。

五年来，坚持人才强企，加快打造引领高质量发展的人才高地和全方位学习的员工发展平台。面向公司战略迭代升级和高质量发展需要，优先培养核心人才，重点培养骨干人才，抓紧培养紧缺人才，超前培养后备人才，公司拥有享受国务院政府特殊津贴 10 人，全国技术能手 1 人，入选上海市产业菁英领军人才、东方英才计划、上海市首席技师资助项目等政府人才计划 8 名，确保人才队伍建设反应敏捷、科学有效。弘扬企业家精神，实施“管培生”计划，储备足够的经营管理后备力量。深化“严苛求、重契约、强绩效”管理，加大干部能上能下力度，培养具有干事创业精神的管理者队伍。弘扬科学家精神，拓宽选人视野，完善招聘策略，用好国家工程硕博士联合培养、现场工程师校企联合培养平台，多渠道引进、全方位培养、精细化用好科技创新人才队伍，推动解决国家关键战略性核心材料难题。弘扬工匠精神，以技能大师为核心，以创新工作室为工作阵地，以师徒带教为载体，加快推进“操检维调”复合型能力提升，建设一支具有较强创新能力、能快速解决现场问题的高技能人才队伍。通过体制机制创新，激发公司经营活力，助推公司摆脱特钢时期连续亏损、人才流失、战略不稳定、用户不信任的困境，相继引入了十几位国内外知名学府的高端专业核心技术人才，多位已经离职的专业领军人才又重新“归队”，逐渐成为中国宝武一个重要的核心人才集聚的高地。

面向未来，宝武特冶有责任主动对接国家战略发展领域，为全面提升特种冶金材料自主保障能力挺身而出。围绕国家战略需求，开展关键核心技术攻关，解决关键战略性和高度依赖进口的产品和技术，实现关键核心技术自主可控，提升使命产品保供能力，更好地完成国家重大战略任务，开创宝武特冶高质量发展的新局面！

附录 D　太钢集团高质量发展专题报道

D1　融焕新姿　蓬勃太钢

2021 年 12 月 23 日清晨，一场别开生面的升旗仪式在太钢技术中心主楼前广场举行。太钢职工整齐肃立，迎国旗入场。与以往不同的是，除了太钢的厂旗，中国宝武的司旗也随着国旗一同冉冉升起。时任太钢党委书记、董事长高祥明说："今天是中国宝武与太钢联合重组 1 周年，也是中国宝武首个'公司日'，是一个具有重大纪念意义的特殊日子!"

时针拨回到 2020 年 12 月 23 日，太钢完成了 51%股权工商变更登记，正式成为中国宝武大家庭的一员。也是在那一天，亿吨宝武梦圆，中国宝武成为全球最大的钢铁企业。

附图 D-1　2020 年 8 月 21 日，山西省人民政府与中国宝武战略合作框架协议签约仪式现场

"对太钢来说，这是站在巨人肩膀上实现弯道超车的一次历史机遇。中国宝武的不锈钢使命从此由太钢来践行。" 7 月 4 日，当《中国冶金报》高质量发展的宝武实践报道组走进太钢，中国宝武太钢负责人向报道组讲述了整合融合一年多来的故事。

D1.1　四大基地入列，扛起宝武不锈钢旗舰平台这面大旗

自 1952 年太钢炼出新中国第一炉不锈钢以来，中国不锈钢产业经历了从无到有、从小到大、从弱到强的沧桑巨变。随着世界不锈钢产业发展重心的转移，中国钢铁工业要想实现由大到强，必须建设世界一流的不锈钢企业。正因此，"南宝北太"走到了一起。

2021 年 1 月 5 日，元旦刚过没几天，在太钢正式加入中国宝武后的第 8 个工作日，中国宝武党委书记、董事长陈德荣，总经理、党委副书记胡望明带领相关部门人员奔赴太钢，组织召开了太钢干部大会和管理对接会。

附图 D-2　太钢召开管理对接会

陈德荣在会上发出了动员令："牢记钢铁报国初心，加快整合融合步伐，携手打造全球钢铁业引领者！"在这场标志着太钢与中国宝武整合融合工作全面启动的大会上，太钢领受了加入中国宝武后的新使命——"建设成为中国宝武不锈钢产业一体化运营的旗舰平台公司，打造全球最具竞争力的不锈钢全产业链企业集团"。

联合重组伊始，正值"十四五"开局之际，如何在"同一个宝武"的平台上打造全球最大的不锈钢产业平台，是摆在太钢人面前的首要任务。

2020 年 12 月 30 日，太钢托管宝钢德盛和宁波宝新协议签约仪式在上海宝武大厦举行。作为被托管单位，宝钢德盛和宁波宝新对这位新"家长"十分认可："太钢是全球不锈钢行业领军企业，拥有先进的技术装备、优秀的人才队伍和雄厚的研发实力，我们要主动融入太钢。"

附图 D-3　太钢托管宝钢德盛和宁波宝新协议签约仪式现场

在“入主”太钢之前，中国宝武的不锈钢产业主要由宝钢德盛、宁波宝新组成。其中，宁波宝新主要产品包括光亮不锈钢冷轧板、2B 不锈钢冷轧板、不锈钢研磨板，与太钢在不锈钢板材市场领域有一定的重合；而宝钢德盛主要产品为铬镍锰氮不锈钢，与太钢同业竞争的情况并不明显。

“宁波宝新主要生产 200 系、300 系不锈钢，另外还有年产能 130 吨左右的 400 系不锈钢。”部分产品结构存在直接正面冲突，这让太钢人起初也犯了难。太钢负责人介绍：“确实，如果只生产 400 系不锈钢，那么无论是从成本还是从品牌的角度来看，太钢的优势都很明显，但加入中国宝武后，我们有了新的使命，要扛起不锈钢这面大旗，就必须把 200 系、300 系不锈钢也拿起来!”

“产品重叠、市场竞争，这是必然存在的。”太钢营销中心党委副书记陈岩想出个解决“兄弟打架”的办法，“首先要对几个不锈钢生产基地进行精准的市场定位和分层。举个例子，太原基地的研发能力、品种覆盖面优势较为突出，而宁波宝新的品控能力很强，始终专注于两三类高端产品。”

被太钢托管后，宁波宝新依托太钢的品种研发优势，在实现原料品种全覆盖的同时，利用太钢创新资源优势，加快推进新产品开发。2021 年 3 月份，太钢太原基地精密带钢团队助力宁波宝新生产出 0.049 毫米宽幅超薄精带产品。1 个月后，宁波宝新又成功轧制出厚度 0.03 毫米、宽度 1000 毫米的更薄规格宽幅精带产品，是当时全球同等厚度中宽幅最大的“手撕钢”。与此同时，作为中国宝武沿江沿海战略中的一个重要布局，宝钢德盛也不断发挥整合融合协同优势，借助天然的混合所有制基因，开启了体制机制改革。

附图 D-4　宁波宝新下线的全球同等厚度中宽幅最大的“手撕钢”

“如今，双方可以充分发挥协同优势，合理配置市场资源。尤其是在市场形势不好的时候，谁能拿订单谁就先拿!”太钢不锈冷轧厂总工李旭初用“对手变队友”来形容太钢与两家托管单位关系的变化，“通过整合融合，我们把效益留在了企业内部。”2021 年，太钢与宝钢德盛、宁波宝新两个不锈钢生产基地实现协同效益 23 亿元。

作为一家内陆钢厂，太钢在当地发展不锈钢的空间有限，加入中国宝武后，太钢登上了更高的发展平台，迎来了更广阔的发展空间，逐渐形成了“一总部多基地”的管控模式。除了太原基地、福州基地、宁波基地之外，天津基地专业化整合也加速推进，太钢本部、宝钢德盛、宁波宝新、天津太钢天管四大不锈钢生产基地的协同优势不断聚合，太钢逐渐显现出世界级不锈钢产业旗舰雏形。

2022 年 4 月 17 日，太钢不锈发布公告称，拟向山东鑫海实业增资 3.927 亿元，增资完成后将持有鑫海实业 51%股权。双方新设立的合资公司将建设成为 300 系不锈钢低成本高效化生产基地。太钢优化不锈钢产业北方沿海布局迈出重要一步。

立足自身不锈钢专长，太钢计划分两步实现“建成全球最具竞争力不锈钢全产业链企业集团”目标。“第一步是到 2023 年末，把不锈钢规模做到 1500 万吨，实现不锈钢产量三年翻两番（的目标）。”太钢负责人介绍，第二步是到“十四五”末，把不锈钢规模做到 1800 万吨，谋求全球不锈钢领域头部企业地位。

过去，太钢与中国宝武所处地域不同，更因资产关系的不同，让有形的边界横亘在两家企业中间。加入中国宝武后，墙拆了，边界消失了，打破了太钢在发展上的地域限制、能力限制，蓬勃发展的新局面在太钢迅速形成。

D1.2 “一企一业”，让专业的人干专业的事

中国宝武的发展史就是一部联合重组、整合融合史，而专业化整合正是中国宝武探索出的一条特色发展之路，成为推动中国宝武不断走向强大的核心竞争力。在太钢身上，这种方法同样适用。

“国有企业在发展中都形成了不少多元产业。很多钢企的多元产业都是内生、依附型的，没有经历市场考验，也没有最大化完成资源优化配置，因此削弱了国企的核心竞争力。”陈德荣道出了专业化整合的实质，“自中国宝武成为国有资本投资公司试点以来，按照‘一企一业、一业一企’的原则，大力度推进内部多元产业的专业化整合。我们要求子公司业务必须专业化，着力在‘大家庭’中培养‘单打冠军’。”

太钢也一样，除了钢铁主业之外，还形成了资源开发、产品深加工、工程技术、新材料、资本运营、国际贸易、酒店管理、房地产开发、医疗卫生等多个板块的多元产业。如何利用专业化整合，让相关产业的规模效应得到充分发挥，成为摆在中国宝武面前的新课题。

2021 年 7 月 29 日，在上海宝武大厦会议室内，经过激烈的头脑风暴后，“固废利用”“招标代理”“智能运维”“废水处理”“空分运营”“产业园区”“财务公司”等 7 个项目组形成了各自的专业化整合实施方案。12 天后，中国宝武举行了太钢专业化整合委托管理协议签约仪式，7 个项目组进行了委托管理协议云签约，标志着太钢专业化整合正式迈入实质性操作阶段。由此，太钢非钢产业开始全面纳入中国宝武“一基五元”产业整体布局。

整合融合注定不会一蹴而就，“1+1>2”也不是敲锣打鼓就能实现的。在一纸协议上签字不过是几秒钟的事情，之后的整合融合却是重组双方用一次次理念碰撞与深入交流换来的。

“与业务、管理、资产的整合相比，人员的整合更难。”太钢规划发展部副部长邓立波参与过专业化整合项目组的工作，对此

深有体会，“业务的整合必然带来人员的划转，有的职工起初对此并不理解，难以接受‘太钢人’这一身份的转变，甚至包括整合后职工卡的余额怎么用这类细节问题也是非常在乎的。”通过一次次深入交流，太钢人关心的大大小小的问题被一一摆在了明面上。

“高看一眼，厚待三分!”中国宝武要求宝武环科、宝武智维、宝地资产等 7 家受托方“放下身段”，通过多年来积累的专业能力对托管单位提供全方位的技术、管理及核心资源的支持，不断提升其专业化能力。

在太钢干部大会上，陈德荣的一句“一家人一条心”，深深感染了每一位太钢人。强烈的情感共鸣让托管单位放下了包袱，以全新的姿态融入新的管理体系，一系列专业对接、对口帮扶工作迅速展开，整合融合各项工作蹄疾步稳。

2021 年 12 月 10 日，宝华招标华北分公司揭牌成立，标志着太钢招标代理项目专业化整合工作全部完成，成为太钢第一家 100%完成专业化整合百日计划的小组。太钢招标业务至此真正进入中国宝武大家庭。

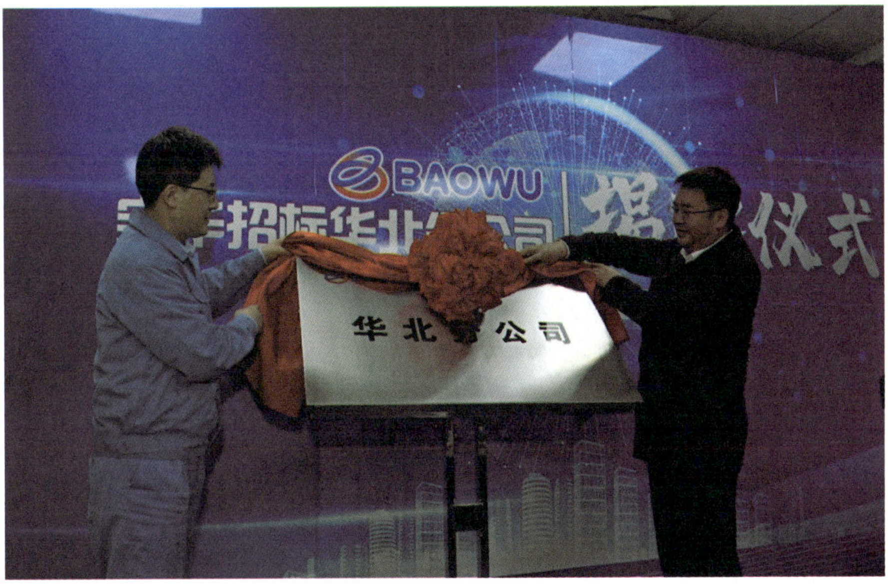

附图 D-5　2021 年 12 月 10 日，宝华招标华北分公司揭牌

太钢党委常委、太钢不锈总经理尚佳君为新成立的公司揭牌：“宝华招标是中国宝武的全资子公司，在招投标行业内享有较高的知名度。2019 年 6 月份，为进一步整合招标资源，中国宝武正式委托宝华招标搭建统一招标业务平台。”

2021 年 7 月份，太钢专业化整合工作正式启动后，太钢招标代理项目专业化整合工作组与宝钢工程技术集团共创整合方案、共商百日计划，最终经过 4 个多月的努力，全部完成了组织机构变革、业务流程梳理、财务管理变更、信息化系统改造、政府招标资格备案、资产交割等各项工作。

“变的是管理关系，不变的是始终推动提升钢铁产业高质量发展的责任。”太钢负责人用 10 个字精准概括出中国宝武专业化整合的实质——让专业的人干专业的事。

“原来，在企业大而全的时代，有很多小专业得不到重视，人员效率、资产效率和职业发展空间与钢铁主业是不平衡的，发展也是不充分的。”太钢负责人对专业化整合有着自己的理解，“现在，专业的人由专业的人来管，专业的事由专业的人来干，专业的绩效由专业的人来评。与此同时，这还倒逼了太钢资产效率、人员效率大幅提升。更重要的是，可以让太钢集中精力做强做优做大不锈钢产业。”

不仅如此，专业化整合、平台化运作、产业化经营，让中国宝武的非钢产业也有了新的作为空间。今年5月份，宁波宝新30余吨400系废钢跨越1500公里运抵太钢加工厂废钢料场库区。这是太钢在“一总部多基地”思路下从外埠基地回收的第一批入库废钢资源，也是对外埠基地废钢回收管理整合融合的一次成功探索，每年产生的协同效益就超过了1000万元。

附图 D-6　宁波宝新废钢装车

附图 D-7　太钢加工厂废钢料场库区

与此同时，太钢非钢产业也开始改变过去“自给自足”的经营模式。太钢负责人继续以宝华招标为例说：“原来的太钢招标公司只是太钢国际贸易公司旗下的一家小公司，经过专业化整合变为宝华招标华北分公司，业务范围从太钢扩展到了整个华北地区，可以为社会提供更多的服务，为企业创造更多的价值。”

除了“招标代理”外，“固废利用”“智能运维”等专业化整合项目组已经尝到了整合融合的甜头。这 3 个专业化整合项目组累计策划 11 个协同效益项目，2021 年实现协同效益 900 余万元，超额完成年度目标任务。

D1.3　协同管理创新，不仅要“合体”更要“合心”

2021 年 1 月 31 日，在太钢党委召开的常委（扩大）会上，作为中国宝武战略管控、推进发展的核心管理工具，“商业计划书”一词首次以如此重要的地位出现在太钢高层领导会议上。

“太钢原来实行的是全面预算管理模式，现在要切换到商业计划书上来。”太钢经营财务部主任郝晋伟负责预算管理工作，切身体会到了“宝武速度”。“加入中国宝武后，最大的感受就是极致的高效化、系统化、规范化。通过商业计划书，战略规划与经营目标衔接得更紧密了，逻辑也更顺畅了。”

“成为全球钢铁业引领者”“共建高质量钢铁生态圈”“超越自我、跑赢大盘、追求卓越”……太钢人挑灯夜战，快速学习并掌握商业计划书的管理语言和商业逻辑，一系列既熟悉又陌生的管理语言迅速成为太钢人自上而下学习的热词。最终，太钢高质量交出了加入中国宝武后的第一份商业计划书。郝晋伟深有感触：“过去，中国宝武一直是我们学习的标杆。如今成了一家人，通过全面深入系统学习，才发现自身在很多方面有很大差距。”

“以前，太钢每到年终都会收集一线的合理化建议，我们自己叫作‘五小六化’。现在，我们可以随时登录中国宝武智慧工会微信平台，随时为企业‘献一计’。”太钢系统创新部管理创新管理师李彬一边介绍，一边登录自己的账号，向报道组展示了“献一计”的操作过程。

“现在，我们的科技人员完全进入了中国宝武科技人员评级序列。我去年还参评了中国宝武科学家。”太钢不锈钢精密带钢公司党委书记、总经理王天翔说着笑起来，“当然可能未必能评得上，但通道总归是有了，以后要往这个方向努力。”

管理机制上的整合融合带来的冲击直接且明显，文化的融合与之相比则是“润物细无声”。

尽管太钢与中国宝武所处地域、历史文化背景各异，但都因钢铁而生，有着共同的精神源头和文化根脉。在“钢铁报国、开放融合、严格苛求、铸就强大”的“宝武精神”中，“钢铁报国”作为起句，是中国宝武集团的立企之基。这与太钢产业报国的发展历程一脉相承。

2021 年 4 月 29 日，中国宝武管理与文化融合太钢集团轮训结束。回忆起当时参训的情景，太钢技术中心主任南海依然记忆犹新：“如此大规模的全脱产培训，这在太钢历史上还是头一次，参训人员几乎辐射了太钢科级以上所有管理层。”“合体固然重要，但更重要的是合心。”南海一语中的，增强“同一个宝武”的认同感非常重要。

走在太钢厂区，只见主干道、通勤站点、办公楼、参观通道、宣传橱窗、电子屏等公共区域，都在全天候、全覆盖、滚动式展示传播着宝武文化与管理理念。太钢以讲好“同一个宝武”故事为抓手，凝聚起“同一个宝武”的共识，特别是让以“一心为公、艰苦创业的工人阶级主人翁精神”为核心的李双良精神具有了新时代的传承意义。

太原基地炼铁厂成立支撑工作组，派出工艺技术人员千里驰援宝钢德盛项目建设；马钢与太钢开始坯料采购合作，共同开发TJ17不锈钢彩涂板，用于国内在建最大氧化铝项目；宝钢股份与太钢协同生产9Ni钢，为国内最大液化天然气储罐项目保供……一系列整合融合带来的高效协同，生动诠释了“同一个宝武同一家人”的理念。

附图 D-8 太钢与马钢共同开发的不锈钢彩涂板

在联合重组一年多的时间里，太钢有了“不锈钢产业一体化运营旗舰平台公司”的更高定位和作为空间，承担起了中国宝武乃至中国不锈钢产业高质量发展的重任。通过一场场从里到外、从上到下、从主业到辅业深入骨血的整合融合，这家地方老钢厂焕发出了前所未有的蓬勃活力。

如今的太钢，宛若一位朝气蓬勃的青年，面对属于他的新使命，谦虚好学，身强体健，潜力无限。

D2 创新不辍 家国太钢

在广东江门离地面700米的地下，有一座世界领先的以测量中微子质量顺序为首要目标的大科学装置，在其核心探测设备——中微子探测器中起到网架支撑作用、具有极低放射性、可排除探测器材料里放射性同位素的低本底不锈钢产品便是由中国宝武太钢集团供应的。而这只是太钢为国家重大工程、重点项目解决关键核心材料供应难题的一个小缩影。

实际上，从1952年9月份炼出中国第一炉2Cr13不锈钢，到“笔尖钢”突破关键战略性钢铁新材料、“手撕钢”炼成“绕指柔”，再到核电不锈钢用于国之重器、氢能源双极板专用精密带钢JDA61等实现全球首发……太钢产品上天入地下海，不仅解决了国之所需，更紧跟民之所求。可以说，太钢的产品，大则镕铸“国之重器”，中则支撑工业脊梁，小则服务百姓生活。

附图 D-9　太钢精密带钢 JDA61 全球首发现场

究其根本，我们可以看到，太钢人以深入骨髓的为国为民情怀，紧握创新法宝，挺起了中国制造的“钢铁脊梁”，不断展示着大国钢企的风采。

7 月 4~6 日，《中国冶金报》高质量发展的宝武实践报道组深入太钢，探寻这风采背后的责任担当。

D2.1　大国重器　谨记使命担当

“航空、军工、石油、化工等领域原来所需的 300 系不锈钢的生产成本非常高，太钢之所以能一直稳定供应这些领域，靠的就是太钢在高科技方面的研发优势。”太钢负责人道出了太钢使命必达的底气所在。

报道组一行走进习近平总书记曾经视察过的山西太钢不锈钢精密带钢有限公司（下称精密带钢公司），首先映入眼帘的就是展览台上那一件件代表着当前国内乃至国际上具有领先水平的高精尖产品。

“这是用在国产大飞机尾翼上的碳纤维手撕钢复合材料。得益于手撕钢的‘薄’，这个材料电阻大、发热效果好，可以很快融化飞机尾翼上结的冰。”精密带钢公司经理王天翔指着其中一件展品向记者介绍，“这是我们中国独创的产品。现在，它的用途也在逐步拓宽。”这块包覆着黑色碳纤维的手撕钢，记者掂在手里感觉轻飘飘的，但是它却以独特的性能、极高的强度维系着国产大飞机的最高安全。

顺着展览台往前走，一个在众多小器件中显得有些“庞大”的截面为六边形的不锈钢管状物吸引了《中国冶金报》记者的注意。这正是太钢技术中心不锈钢研究所产品工程师尹嵬介绍过的国际热核聚变实验堆（ITER）用不锈钢材料。

“可别小瞧了这个材料。它其中可蕴含着很多科技元素。”尹嵬介绍，这种材料不但要保证在零下 269℃ 使用场景的力学性能、强度和韧性满足使用要求，而且由于核聚变实验要求做到磁约束，也就是通过磁场来约束等离子体中带电粒子的运动，其作为外壁的不锈钢材料中不能有影响磁场稳定的成分，所以客户要求太钢要把金相组织做到完全奥氏体。“也就是一点铁素体都不能有。

附图 D-10　国产大飞机 C919

附图 D-11　《中国冶金报》高质量发展的宝武实践报道组在精密带钢公司展台采访

这是因为铁素体组织不稳定，在受到中子辐照时易发生转变，影响磁场。”尹嵬解释原因。

也正因此，他们在生产一些厚规格的产品时，遇到了棘手的问题。“在我们的设计中，正常情况下是不会出现铁素体的，但是在实际生产中由于凝固过程（自然冷却）无法干预，容易出现偏析，也会产生一些铁素体相，而且钢坯尺寸越大越容易出现偏析。”尹嵬告诉记者。

为解决这一问题，他们在太钢技术中心进行了一次又一次试验，从成分纯度、浇铸温度、锭型设计到轧制参数等形成了一整套生产和工艺控制技术，最终破解了该难题。

负责后道成材工序的热轧厂总工程师杨明永也深有感触：“我们为此还进行了约 50 次的质量精密度和准确度控制的工艺试验。那段时间就是没日没夜地试验、试验、再试验，才最终掌握了该钢种工艺参数的执行情况。”

这种心怀使命、甘于奉献、不计成本的投入和坚持，也奠定了太钢稳定供应国内外重大工程用不锈钢材料的地位。自 2007 年开始参与国际热核聚变实验堆（ITER）项目以来，太钢已先后为国内外多个核聚变试验项目提供不锈钢热轧中板、无缝管、复合板、锻件、薄带及多种挤压异型材等系列高端产品。

附图 D-12　采用太钢不锈钢材料打造的快堆核心部件支撑环

“实际上，不仅是不锈钢，在磁性材料方面，只要是国家需要，太钢就敢于承担。”太钢负责人强调。

全球第二大水电站——白鹤滩水电站发电机组转子重要部件所需的磁轭钢过去全部依赖进口。那时，国外提供的磁轭钢片标准是不平度误差不超过 6 毫米。

“白鹤滩项目对磁轭钢的精密度要求特别高，其中转子是一片一片磁轭钢叠起来的，客户要求影响板面不平度的凸度在 0.1 毫米以下。”太钢热连轧厂技术质量室副主任王敏介绍。

为彻底解决这一关键战略性技术难题，太钢研发团队承受了巨大的压力和考验。经过无数次试验修正，他们找到高等级磁性材料成分最佳参数配比，攻克了多项技术难题，终于让白鹤滩转子所需磁轭钢片的不平度稳定在每平方米 1 毫米以内，成品质量达到世界一流水平。目前，太钢可以提供全系列磁轭钢产品。

秉持国之大者，自有使命担当，太钢目前已成为我国重要的航空航天、水电、核电、国防等国之重器专用钢生产基地。其中，不锈钢、超高强度冷轧板、高等级电磁纯铁三类四种关键材料应用于长征系列火箭发动机、神舟系列飞船和“天宫一号”等重大工程。

附图 D-13　太钢磁轭钢通过白鹤滩发电机核心用钢叠圆检测

D2. 2　民之所需　坚定服务为本

2020 年 12 月 23 日，太钢成为中国宝武的一员，驶入高质量发展快车道。在中国宝武战略指引下，太钢确立了新的发展目标：到 2023 年，钢铁产业规模力争达到 2000 万吨，其中不锈钢规模达到 1500 万吨，实现不锈钢规模“三年翻两番”；到 2025 年，钢铁产业规模力争达到 2500 万吨，其中不锈钢 1800 万吨，把太钢建设成为全球最具竞争力的不锈钢全产业链高科技企业，成为全球不锈钢业引领者。

“在该战略指引下，太钢必然要将生产量大面广、满足人民对美好生活追求的产品作为自己的责任，这也是与太钢的责任担当精神一脉相承的。”太钢负责人表示。

从勇担使命，让产品应用于大国重器，到服务民生，让“不锈之美”走进千家万户，是太钢进入中国宝武之后的重大转变。

太钢负责人介绍，适应新的发展，太钢必须依托雄厚的人才和技术储备，打造一流产品和服务。现在，太钢正通过强化市场导向和产品经营，来研发适合市场的高品质、低成本绿色不锈钢产品，并将其视为与研发重点工程用钢同等地位的重点任务。

战略已定，从哪些方面寻求突破？

“我们去年启动了研发建筑用低成本不锈钢的相关项目，已经取得良好进展，目前已向下游行业供应了 1 万多吨建筑用低成本不锈钢。”太钢技术中心高级工程师邹勇在采访中向《中国冶金报》记者介绍，目前世界上面积最大（22 万平方米，相当于 27 个足球场大小）的超薄（0.5 毫米）不锈钢屋面——青岛新机场航站楼不锈钢屋面使用的就是太钢超纯铁素体不锈钢材料。

据了解，这款不锈钢材料不仅具有强度高、自重轻、焊接性能优异、膨胀系数小的特点，防台风（可防最高 16 级台风）、防漏水，还针对机场处于温带海洋性季风气候地区特别优化设计了材料的耐腐蚀性能，使用寿命可达 80 年以上。

相较传统的屋面材料由于不可焊接及膨胀系数大导致出现屋顶易漏水、连接处易断裂等问题，这款不锈钢屋面从诞生之日起就

附图 D-14　太钢精密带钢公司生产车间职工正在转运刚下线的产品

附图 D-15　青岛胶东国际机场一期 22 万平方米屋面工程

获得用户的高度青睐。

“除此之外，我们还解决了不锈钢屋面光污染问题。”邹勇介绍，“不锈钢出厂普遍都是亮面的，以前是通过下游企业二次加工后做成毛面（亚光）。再加上这次客户要求这么大面积的屋面不能有色差，我们就想着能不能研发一种工艺可以直接满足现场使用要求？”

经过多轮试验，他们终于在国内首先研发出可直接冷轧低光亮度不锈钢的生产工艺，并就该工艺申请了国家发明专利。

如果说急用户之急、想用户所想是太钢

拓展民用市场的第一步，那么打破消费习惯、创造需求便是第二步。

“前段时间，太钢与山西交投合作开发公路护栏的签约项目便是创造新需求、为未来双方合作开发更多种经济适用不锈钢的一个好例子。”太钢营销中心党委副书记陈岩告诉《中国冶金报》记者，太钢目前正在大力推动不锈钢产品应用向新领域的拓展，从而不断创造市场、引领消费。

创造需求离不开对需求变化的精准把握。“随着家电领域新一轮能效升级要求提出，硅钢片不仅要满足复合驱动要求，厚度要求也精确到了微米级。”冷轧硅钢厂技术质量室副主任姚力介绍，太钢目前可以生产全系列无取向硅钢，已量产 0.2 毫米高牌号硅钢片，正在批量试验生产 0.15 毫米高牌号硅钢片。

听着太钢人的产品故事，记者忽然想起，太钢负责人在采访中说的话：太钢目前在成本空间和效率空间上还有很大的挖掘潜力。这，就是太钢的优势。而这优势，正在转化为太钢满足人民美好生活追求的强大产品优势。

D2.3　未来航行　紧握创新法宝

“产品和技术是企业安身立命之本，希望太钢在科技创新上再接再厉、勇攀高峰，在支撑先进制造业发展方面迈出新的更大步伐。”习近平总书记的殷殷嘱托，如今已深深铭刻在太钢人的心里。《中国冶金报》记者采访的二十几位太钢人，频频向记者提到这句话。记者也深深地感到，为什么太钢总能抓住机遇，在大国重器的研发上勇立潮头，在拓展民用市场时独辟蹊径，靠的正是他们手握科技创新这一法宝。

以雄厚的科技创新实力瞄准关键战略性产品和技术，瞄准国家战略需求和材料科学发展方向，勇闯无人区，是太钢创新文化的一大特色，彰显太钢创新之重剑无锋。

附图 D-16　“手撕钢”剪纸作品

“我们正在试生产0.01毫米的手撕钢。已经试验了3次，还在不断完善工艺中。”王天翔告诉记者，目前他们已经能够工业化生产的极限厚度是0.015毫米，要知道这已经是世界最薄，但是太钢还在不断努力创造新的纪录。联想到他们曾经试验近800次最终轧出了0.02毫米手撕钢，记者相信他们最终能成功挑战极限。

附图 D-17　太钢冷轧无取向硅钢成功应用于国产百万千瓦核电机组

“太钢精密带钢产品的用途，那就多了！不过我们正在研发的好东西，现在还不能告诉你，这是商业秘密！”那是2019年1月份，王天翔带着神秘的笑容对《中国冶金报》记者说。当时，记者只能记下悬挂在墙上的展板中对精密带钢产品的介绍：“电子行业：包覆材料、接触片等”“医疗行业：手术用心脏导管支架、注射针头等”“航空航天：隔热件、直升机联轴器、衬片、蜂巢式结构体等”……如今，再次踏进精密带钢公司，记者发现，墙上的展板少了，很多当年传说中的“好东西”，已被搬上了展台，王天翔一件件给记者讲解它们的特点、用途，很少提及保密的要求。很明显，这个无人区，他们很快就闯进去了，而且开辟了更多。

如果说太钢的特钢产品是国内乃至世界的引领者，那么碳纤维则是太钢在材料领域开拓的一片新蓝海。2010年起，太钢集团与中科院山西煤化所合作进行T800碳纤维工程化研究；2014年4月份，具有完全自主知识产权的百吨级专线生产出第一批合格材料；2016年1月份，太钢成为国家级航天航空T800H碳纤维“一条龙”项目的研制单位并签订研制项目任务书。

“目前，在该领域，我们已经进入世界领先行列。这对于落实国家重大战略、引领新材料高端发展、构建现代产业体系，具有重大意义。”山西钢科碳材料有限公司的一位工程师对《中国冶金报》记者说。

从无到有、从小到大，经过10多年发展，如今的山西钢科碳材料有限公司已形成高强标模型、高强中模型和高强高模型3大系列13个牌号高性能碳纤维产品的长期稳定供货能力，到“十四五”末将实现年产6000吨高端碳纤维，远期达到万吨产能。

在现场，《中国冶金报》记者随手拿起一根1K碳纤维，细腻柔顺，轻轻一捻便散开成为1000根更细的单纱。想到这样的“丝线”能制成坚硬无比的高强材料助力国家航空航天事业发展，自豪之感油然而生。

其实，纵观太钢发展史，可以发现，坚持“闻新则喜、闻新则动、以新制胜”的创新理念和“鼓励创新、宽容失败、反对守成”的创新文化，厚植了太钢不断涌出创新成果的肥沃土壤。

为进一步引导全员树牢“科技是第一生产力”理念，加快构建一流创新生态，鼓励广大科技工作者拿出更多过得硬、立得住、叫得响的创新成果，太钢每年都会隆重表彰奖励优秀科技质量成果和杰出科技贡献者(团队)。“太钢对做出重要贡献的科技人员的奖励很给力，而且由来已久。”不锈冷轧厂总工程师李旭初说道。作为我国2005年8月31日起发行的不锈钢1角硬币材料的研发者，李旭初和他的团队不仅让1角硬币拥有了国际一流水平的精美度，而且填补了我国不锈钢造币领域的空白，他本人也在2004年获得10万元重奖，成为太钢第一位拿到公司科技奖的科研人员。

附图 D-18 太钢生产的造币钢

“太钢上下深刻认识到创新是引领发展的第一动力。接下来我们在创新上将进一步加大投入，激发全员创新活力潜力，研发出更多、更广的关键产品。”太钢负责人介绍。

肥沃的创新土壤，也让创新争先精神成为太钢全体员工的一种自觉。众所周知，太钢是笔尖钢的生产者，但不为人知的是，在2015年底李克强总理发出“圆珠笔尖之问”之前，在中国笔尖钢还未诞生之前，太钢就申报了环保型笔尖用不锈钢。“2018～2020年，我们成功研发出了环保型笔尖用不锈钢。”太钢技术中心高级工程师王辉绵、笔尖钢研发团队工程师车德会一提起笔尖钢，便充满自豪：“我们不仅能生产笔尖钢，还要让其环保，更重要的是，无论是好的墨水还是差的墨水，用我们的笔尖钢制作的笔写字永远流畅顺滑。”目前，太钢生产的笔尖钢已经占据四成的市场份额。

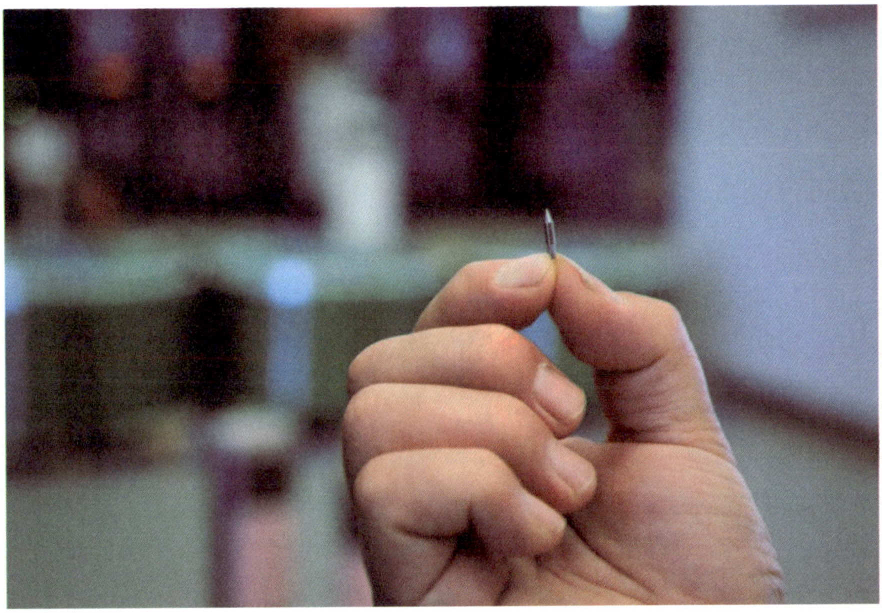

附图 D-19　太钢生产的笔尖钢

2021 年，太钢高效整合中国宝武不锈钢研发资源，成立中国宝武中央研究院太钢技术中心和不锈钢研发中心，不断加强与各基地的协同创新，研发效率和产出进一步提升，为太钢的这块创新土壤再增一分肥沃。

“既要承担好使命类任务，又要面向民生和工业主战场挖掘好效益类产品。此外，太钢要进一步发挥科技创新在推动降本增效、加快节能降碳、支撑智慧制造、促进效率提升等方面的重要作用。”太钢负责人告诉《中国冶金报》记者。

目前，太钢集团的高端产品创效率达到 80%，特殊钢产品中有 18 种成为国内首创，有 26 种国内市场占有率第一，有 40 多种替代进口，拥有不锈钢核心专利技术 800 多项。

胸怀家国、勇担使命，打造一流创新生态，培育做强新动能。如今，太钢正在创新发展道路上加速奔跑。

D3　“基石”护航　远见太钢

太钢作为以不锈钢为主的全流程内陆钢厂，立足山西腹地，打造了世界一流的不锈钢企业龙头，客户遍布全球。尤其在近 10 年的时间里，太钢在品种、质量、效益、技术等多方面不断实现新突破。这一切，离不开太钢人的创新拼搏。从战略层面看，我们不能忽略太钢发展的一个坚强后盾：铁矿资源。

钢铁行业具有非常明显的周期性，钢材价格呈现周期性波动，主要原料铁矿石的价格也随之波动。周期来临，钢铁企业往往在国际铁矿石价格波动中陷入被动，而近年来太钢不管风吹浪打，胜似闲庭信步。

太钢的铁矿石自给率实现了 100%，在国内千万吨级钢厂中是唯一的。峨口、尖山、袁家村三大铁矿山，造就了太钢稳固的低成本资源保障体系，也为太钢的发展奠定了重要基础。

“2021 年，太钢矿业生产铁精粉近 1400 万吨。除满足太钢自身需要，还有部分供应周边。”太钢矿业总工程师、副经理米子军说。无论是应对国际大环境的挑战，还是落实中国钢铁工业协会推动的保资源安全的

“基石计划”，太钢都是不折不扣的践行者。为深入了解太钢自有铁矿的具体情况，《中国冶金报》高质量发展的宝武实践报道组对太钢的矿山进行了深入采访。

D3.1 踏浪而行 稳健发展离不开矿山引擎

“铁矿石作为国际大宗贸易商品，已形成供应垄断，中国作为主要需求方市场，长期受制于人。对太钢来说，必须把原料的饭碗端在自己手里。”中国宝武太钢集团负责人说。

太钢的平稳可持续发展离不开矿山。“太钢地处内陆，10 年前，产成品物流成本就高达每年 60 亿元左右，如果铁矿等资源还需要从港口运进，不说铁矿石自身成本，单是运输成本就要翻倍。”太钢采购中心副经理王继伟说。所幸，太钢的矿山弥补了这一劣势。“抛开铁矿石自身成本，与进口矿相比，太钢仅物流成本就可以降低 90%。”

太钢建厂后一直“吃百家饭”，这种情况到 1977 年才有所改观。所谓“吃百家饭”，就是太钢需要到处去买矿。为解决这一问题，太钢坚定不移地实施资源战略。1977 年，位于山西忻州市代县的太钢峨口铁矿投产（又称代县矿业公司）；20 世纪 90 年代，位于太原市娄烦县的太钢尖山铁矿投产，铁矿石自给率达到 40%。2004 年，太钢 150 万吨新不锈钢工程开工建设。为打破资源“瓶颈”，太钢同步实施了资源战略。山西省委、省政府为支持太钢做大做强不锈钢，充分发挥太钢在该省产业结构调整中的引领作用，决定将位于吕梁市岚县的袁家村铁矿（又称岚县矿业公司）交由太钢整装开发。

附图 D-20　袁家村铁矿露天采场

2012 年，袁家村铁矿建成投产。“袁家村铁矿的快速达产达效，成为太钢实施资源战略的重要一环。”太钢集团岚县矿业公司党委书记、经理王永章说。如今，太钢三大矿山共形成年产 1400 万吨铁精粉的能力，铁矿资源实现完全自给。从 1986 年太钢年产 100 万吨钢，到如今太钢太原基地的年产量已超过 1000 万吨，在这个发展过程中，自有矿山为太钢跨越式发展奠定了雄厚的基础。除了支撑太钢的产量上台阶，矿山在降低生产成本、应对进口矿涨价压力方面也功劳卓著。依托铁矿资源优势，太钢在多年的周期中踏浪前行，波澜不惊。

附图 D-21 峨口铁矿

附图 D-22 尖山铁矿采场

D3.2 十年磨一剑 占据全球选矿技术制高点

太钢原料资源的自给之路，决定性的胜利是袁家村铁矿的成功开发。袁家村铁矿的建成投产是战略定力和技术实力的完美体现，也是国家支持和企业决心的共同成果。

袁家村铁矿于 1958 年被发现，但直到 1992 年还无法得到开发，到底难在哪？

“微细粒红磁混合铁矿在我国储量约 60 亿吨。此类矿物中铁矿物和脉石矿物种类多、选别特性相近，分选难度大，国家曾组织多轮技术攻关，终因矿床矿物复杂，一直未探索到可行的解决方案，长期得不到工业利用。”袁家村铁矿党委副书记李煊生介绍。

“为了开发利用袁家村铁矿，太钢用了近 10 年时间，通过‘产、学、研’联合攻关，在微细粒红磁混合铁矿选矿技术及装备集成创新方面取得重大突破，解决了多矿体多类型矿石采矿精准配矿和微细粒磨矿、分级、选别、浓缩等一系列选矿难题，使沉寂了半个世纪的资源得到高效开发，建成了亚洲规模最大、工艺技术装备最先进的微细粒红磁混合采选烧联合冶金矿山，铁矿石年处理能力达 2200 万吨，金属回收率达 70%以上，其成本比国产铁精粉平均成本低 24%，总体技术达到国际领先水平。”米子军说。

附图 D-23　袁家村铁矿磨磁车间

该项目成果“超大规模微细粒复杂难选红磁混合铁矿选矿技术开发及工业化应用”，先后获冶金科技奖特等奖、山西省科技进步奖一等奖、国家科技进步奖二等奖，已广泛应用于同类铁矿资源的开发，带动了中国铁矿行业技术升级，改善了炼铁原料结构，支撑中国钢铁工业可持续发展，同时为太钢培养了一批优秀的矿山科技人才。

附图 D-24　袁家村铁矿采选厂区

袁家村铁矿项目的建成投产，标志着长期以来困扰我国的微细粒红磁混合铁矿选矿关键技术实现了历史性的突破，这是我国坚持自主创新、建设现代化矿山取得的又一重大成果。太钢自主集成开发的一整套微细粒铁矿采选综合技术极大地推进了我国铁矿技术的进步，对推动微细粒难选资源的开发利用起到了引领和示范作用。该成套技术应用于中信澳矿（全球最大微细粒铁矿）的工艺调试，并实现达产达效。

D3.3 一脉相承 巩固全球战略资源布局

太钢今日的优势，与太钢历任领导坚定不移推进资源战略是分不开的。

“铁矿投资是战略性投资，需要长远规划，要从 10 年甚至 30 年的长周期来看待铁矿投资的合理性。”米子军说。太钢历任领导都非常重视铁矿的投资开发。从 20 世纪 70 年代峨口铁矿建设到 90 年代尖山铁矿建设，再到 21 世纪初袁家村铁矿的投资建设，基于科技投入，将劣势资源转化为富有竞争力的优质产品，太钢的原料保障能力逐步提升，由“吃百家饭”到实现 100% 自给，不仅获得了丰厚的效益，而且为钢铁主流程提供了优质稳定的原料保障。

附图 D-25 尖山铁矿选磨车间

“建议国家出台减税政策，支持国内钢铁企业加快自有矿山建设，降低对外依存度。”2012 年，时任太钢集团董事长李晓波在全国两会期间接受记者采访时重点谈了这个话题，并提出了一系列加强国内铁矿山建设的政策建议。

2019 年，时任太钢党委书记、董事长高祥明提出全面推进“一核两海”战略。所谓“一核两海”，即指做强太钢本部核心钢铁产业，并向沿海、海外地区延伸产业链，其中重要的一环就是确保本部铁矿资源，整合沿海和海外的镍铬矿资源。在过去若干年中，太钢一直在强化这种战略。

D3.4 时代不断赋予太钢资源战略新的定位和价值

在中国宝武与太钢实施联合重组之际，中国宝武党委书记、董事长陈德荣曾经亲自前往袁家村铁矿考察。在宝武的资源战略中，太钢的矿山极具分量。“中国宝武让集团内分布在全国的十几个铁矿山进行对标，制造成本、磨机利用系数、金属回收率等指标要逐个对标。”中国宝武太钢集团负责人说，“整个宝武内部的矿山就形成了一个高效对标的螺旋上升体系。”未来，这些矿山的生产经营效率会进一步提升，而太钢矿业的挖潜增效仍在路上。

在合金资源保障方面，太钢也一直在努力。中国贫铬少镍，太钢作为不锈钢产业龙头企业，铬矿、镍矿长期依赖进口。“十二五”期间，太钢与山西晋中万邦炉料有限公司合资建设铬铁项目，设计年产铬铁 30 万吨；与中国有色集团共同建设的缅甸达贡山镍矿项目建成投产，形成年产镍铁 8.5 万吨的能力；与山西鑫磊公司合作建设的年产 60 万吨的盂县高品质活性石灰项目顺利投产。

宝武与太钢联合重组以来，太钢实施资源战略进一步提速，资源保障体系加快构建。“近期，太钢积极与国内镍铁和铬铁主流企业展开战略合作，强化镍铁、铬铁资源保障，打造坚实的铬镍资源供应体系。”太钢资本运营部投资管理师郅钧栋说。据了解，太钢集团碳减排工程朔州绿电氢铬基合金绿色低碳项目也在加紧筹划，海外资源项目也有了实质性进展。这些必将为太钢新的发展提供充足后劲。

D3.5 绿色发展 创新造就铁矿绿水青山

《中国冶金报》记者来到袁家村铁矿时，晴空万里，从矿区制高点俯瞰，不远处的尾矿库如湖面般平静。155 米高的尾矿坝筑起了安全屏障。“与大多数矿山的尾矿坝用尾砂筑坝不同，袁家村尾矿坝是用采场围岩筑成，解决了微细粒尾矿在生产规模大、库容大、坝体高以及湿陷性黄土地基条件下安全、环保、高效、经济堆存的难题。”李煊生介绍。围岩由废石场堆存创新为筑坝，更有利于矿区周边植树绿化，恢复绿色矿山的容貌。袁家村的尾矿坝是一个缩影，它的背后是太钢矿山与生俱来的绿色发展理念。

附图 D-26 峨口铁矿采选厂区

目前，太钢矿业正加快实现自动化碳数据采集，加紧富氧燃烧、绿电、电动车等绿色低碳技术和装备的研究应用，以科技创新和奋发作为加速矿山绿色低碳可持续发展。

D3.6 再接再厉，勇攀高峰

在袁家村铁矿的智慧操控中心《中国冶金报》记者看到，整个矿区通过鹰眼实时系统全部展现在大屏幕上，包括每辆车、每条道路以及选矿厂现场、选矿生产线数据、球团厂生产情况等。

《中国冶金报》记者注意到，智控中心有专门的远程操控设施，由操控人员远程操纵挖掘并向卡车装矿，分场景屏幕上显示了各个区域装车的实时场景。

附图 D-27　袁家村铁矿智慧操控中心鹰眼实时系统大屏幕

附图 D-28　袁家村铁矿智慧操控中心

“袁家村铁矿堆取料机无人值守、变电站智能安防与水源地取水泵站远程控制等项目完成，采矿、选矿、球团、能动、热电等系统实现了一厂一集控。”王永章介绍。尖山铁矿水系统智能化改造、精矿管道监测分析系统实施完成；代县矿业公司井底车场智能运输实现无人驾驶，球团成品系统跑车自动布料系统项目已经投入运行。

附图 D-29　峨口铁矿智能矿运系统

令人敬佩的是，太钢的矿山人在极其艰苦的环境中，通过持续的研发、艰苦的施工、对选矿技术的不懈追求，不仅打造了高效矿山、绿色低碳矿山，而且一马当先，举起了智慧矿山的大旗，取得了卓有成效的成绩。今日的太钢矿业，在保资源安全的进程中，勇立潮头，向新时代的绿色发展使命阔步迈进。

D4　绿启新程　大美太钢

2017 年 6 月 22 日、2020 年 5 月 12 日，习近平总书记分别来到中国宝武太钢集团钢科碳材料公司和不锈钢精密带钢公司考察调研。习近平总书记指出：“‘手撕钢’是高新技术，你们把百炼钢变成了‘绕指柔’，很不简单！”“新材料产业是战略性基础性产业，也是高技术竞争的关键领域，我们要奋起直追，迎头赶上。”“产品和技术是企业安身立命之本，希望太钢在科技创新上再接再厉、勇攀高峰，在支撑先进制造业发展方面迈出新的更大步伐”……这些指示是给太钢的，也是给中国钢铁行业的、给中国制造业的。

自 2020 年以来，中国钢铁工业协会党委书记、执行会长何文波多次就宣传中国宝武高质量发展典型经验提出明确要求。何文波强调，中国宝武大规模的快速整合，不仅促进了中国钢铁产业集中度的提升，也直接改变了世界钢铁竞争格局。前不久，中国宝武正式转为国有资本投资公司。可以说，中国宝武的高质量发展实践对包括钢铁企业在内的工业企业完整、准确、全面贯彻落实新发展理念，实现高质量发展，具有积极的借鉴和引领意义。

太钢集团是以产品和技术安身立命的典范企业。新中国的第一炉不锈钢、第一张热轧硅钢片、第一块电磁纯铁、第一吨笔尖钢和“手撕钢”等产品在太钢诞生；在装备技术方面，新中国的第一台不锈钢精炼炉、第一台不锈钢立式板坯连铸机、第一条冷轧不锈钢生产线、第一条冷轧宽带不锈钢光亮退火线、第一条不锈钢冷热卷混合退火酸洗线均由太钢建设。

近年来，太钢坚持自主创新，立志产业报国，产品研发、技术创新捷报频传。2020 年 12 月 23 日，太钢集团进入中国宝武，翻开了发展新篇章，实现从追赶到引领的跨越。

日前，《中国冶金报》高质量发展的宝武实践报道组来到太钢，深入产线、矿山，实地采访普通员工、科技人员和管理人员，通过绿色低碳、产品引领、资源保障、整合融合等 4 个不同的维度，还原中国宝武太钢高质量发展的足迹，为钢铁行业和制造业高质量发展提供助力。

7 月 4 日下午，在被称作“碳园”的太钢碳循环示范园出口附近，太钢集团能源环保部部长马良招呼员工一起，轻轻推开一座沙盘上的挡板，依山傍绿的绿电绿氢铬基材料碳减排工程规划模型展现在《中国冶金报》记者眼前。

“这是我们拟在山西晋北地区规划建设的工程。我们准备利用那里丰富的太阳能与风能资源，建设大型清洁能源发电场，耦合绿色低碳不锈钢原料制造先进技术，打造‘源网荷储’一体化‘清洁能源+绿氢还原’的不锈钢原料基地。”马良说。

“从 2019 年 12 月太钢实现全流程超低排放，到 2020 年 10 月顺利通过监测评估验收成为全国首批环保 A 级钢铁企业之一、全国第一家包括焦化工序在内的全流程超低排放 A 级企业，现在的太钢正按照中国宝武‘高于标准、优于城区、融入城市’的要求，全速推进环保全要素‘AA’企业创建和山西省新的‘超超低’目标实现，布局绿色低碳未来。”马良说起来如数家珍。

现在，太钢大气污染物排放总量与超低排放改造前相比，下降了 70%以上；焦炉、转炉等工序已达到能效标杆水平；在中国宝武绿色低碳发展大会上发布主要不锈钢产品的环境产品声明……

达到全球钢铁工业最严苛的超低排放标准，实现“双碳”目标远远短于发达国家所用时间……中国钢铁正在绿色低碳发展的新征程上创造历史。

“这是一份必须答好的政治考卷。”中国宝武太钢集团负责人说。

盛夏的 7 月，《中国冶金报》高质量发展的宝武实践报道组走进太钢，探寻到了太钢正在以责任和担当作答新时代的绿色低碳发展考卷，看到了太钢正在打造面向未来的绿色低碳高质量发展样本。

今年 6 月，太钢“水系统生态化双循环管理”荣获了世界不锈钢协会可持续发展奖金奖。

目前，太钢正以“废气超低排，废水零排放，固废不出厂，噪声趋静音，厂区洁美新”为内涵，全速推进环保全要素“AA”企业创建和“超超低”目标实现。

D4.1 自主创新，走出一条降碳新路

走进“碳园”，入园处的展板上，是 2022 年 5 月 30 日太钢集团发布的《碳达峰及降碳行动方案》。该方案提出了“13460”（一个低碳发展中心、三个低碳发展阶段、四个低碳实施步骤、六大低碳发展路径、最终实现零碳目标）的绿色低碳发展模式，为太钢集团实现“双碳”目标描绘了清晰的路线图。

实现绿色低碳发展，技术创新至关重要。

“‘碳园’全面展示了太钢在绿色低碳

附图 D-30　与城共融的美丽太钢

附图 D-31　太钢污水回用净化系统

发展方面的技术探索和实践。”马良作为“碳园”的讲解员，给记者上了一堂生动的绿色低碳技术课，“二氧化碳能源化资源化应用是太钢实现碳循环的最核心、最关键的工艺技术路线，也是太钢走出的一条降碳新路子。”

何为二氧化碳能源化？“经过机理研究和工业化试验，太钢成功研发出二氧化碳气

附图 D-32　太钢“碳园”

体用于转炉吹炼工艺，实现‘以碳脱碳、减氧代氩’的效果。顶吹氧枪中吹入二氧化碳气体，氧气消耗可降低千分之五，同时有效抑制电除尘泄爆，并可收获可观的煤气增量。底吹二氧化碳则实现了 1∶1 的代氩效果。使用该技术，节能、减碳、降本效果显著，可谓一举多得。”马良介绍道。

但是，由于二氧化碳具有弱酸性，在大流量底吹、高强度搅拌下，转炉炉底耐材寿命会缩短。太钢人经过攻关，成功突破转炉炉底快速热更换技术，实现 15～20 小时在线热更换。这样一来，转炉炉体的耐材寿命得以保障。

“转炉炉底快速热更换是二氧化碳能源化资源化应用过程催生的突破性技术，实现了转炉复吹全炉役长寿命效果，解决了底吹二氧化碳受限的瓶颈问题，属国内首创的重大技术革命。”马良进一步解释道。

何为二氧化碳资源化？太钢创新性地提出了“以碳治渣、以渣固碳”的理念。利用钢铁生产过程捕集的二氧化碳（或含二氧化碳烟气），对转炉钢渣进行稳定化处理。钢渣中含有氧化钙，加入二氧化碳后，可以变成碳酸钙，也就是“石灰石”，从而实现钢渣对二氧化碳的固化。经过处理后的钢渣，可以用作钢渣砖、沥青路面、水泥原料，从而为二氧化碳规模化应用与钢渣资源化提供全新的解决方案。

“实际上，就是铁矿石变成石灰石，铁资源被提炼出来了，通过二氧化碳与渣耦合，新的建材资源产生了。”马良给出了一个生动的注解。

二氧化碳既然能够实现能源化资源化应用，那么二氧化碳如何捕集呢？太钢是国内首家以高炉煤气为原料气制取二氧化碳的企业。整体工艺采用化学吸收法，将高炉煤气进行水洗、捕集、压缩、脱硫、脱水，最后形成高纯度二氧化碳。

“二氧化碳捕集和循环利用项目不仅可以减少二氧化碳气体的排放，还可以有效推动二氧化碳能源化资源化利用，可在钢铁全行业推广利用，在冶金低碳发展进程中具有重要意义。”马良对太钢走出的这条降碳新路充满信心。

D4.2　勇攀高峰，打造极致能效行业标杆

2021 年 10 月，针对钢铁等重点行业，国家五部门发布了《冶金、建材重点行业严格能效约束推动节能降碳行动方案》，其中明确转炉工序能效标杆水平为-30 千克标准煤/吨。

现在，太钢转炉工序能耗已达到-32.75 千克标准煤/吨的水平，超越了行业标杆值。

中国宝武认为，提升综合能效是钢铁行业低碳发展的重要路径，为此提出了“极致能效”的理念。太钢坚决践行这一理念，在绿色低碳的道路上一展“勇攀高峰”的极致追求。其中，以转炉的极致能效最为典型。

附图 D-33　太钢转炉工序

太钢以转炉工序能耗创标杆为目标，以工艺技术创新、生产组织优化为手段，围绕转炉开展了一系列的节能降碳挖潜。例如，提高废钢比、二氧化碳能源化资源化、一键炼钢、余能自产自用、转炉出钢直上连铸、铸坯清洁化切割、铸坯热送等。这些工艺技术的全面应用，使太钢的转炉工序能耗达到了标杆水平。对太钢来说，以极致效率提升推进绿色低碳发展，有一个重要路径是去除“活套”。在钢铁生产过程中，铁水鱼雷罐车是铁钢之间的“活套”；钢包是转炉跟连铸之间的“活套”……中间这一层层的“活套”都带来了成本的提高、效率的降低。太钢为了实现极致效率提升，进行了一系列去除“活套”的尝试。以转炉出钢直上连铸为例，太钢在提升转炉洁净钢冶炼技术和控制能力基础上，加大转炉出钢后直上连铸的生产组织，部分钢种省去了 LF 精炼、保温环节，缩短了工艺流程，在有效提高生产效率的同时，吨钢电耗降低约 5 千瓦时。加热炉能效提升也得益于去除“活套”。太钢经过生产组织优化，加热炉热装率提升

10%。开展罩式炉不锈钢直接热装热退工艺攻关，成功实现大于 400℃ 入炉点火生产，罩式炉热装率实现 0 的突破，达到 30%。“在现阶段如何能够极致地利用已有工艺、装备、技术、能力，降低碳排放，是我们必须面对的问题。冶金工艺进化的过程就是不断连续化、紧凑化、去中间化的过程。坚定不移去除‘活套’，实现工序间无缝对接，比如进一步提升热送热装比、铁钢之间实现一‘罐’到底……由此带来的效率提升都将进一步加速太钢的绿色低碳发展步伐。”太钢有关部门负责人告诉《中国冶金报》记者。

附图 D-34 绿意盎然的美丽太钢

D4.3 创造价值，提升绿色低碳竞争力

2019 年，太钢完成烧结机头烟气超低排放改造，采用自主研发、世界首创的“活性炭+SCR 脱硝”污染物高效协同处理工艺，实现了优于超低排放的绩效水平。这背后，太钢付出了巨大的努力。

“目前，太钢运行着两套烧结机头烟气脱硫脱硝系统，每年的运营费用上亿元。”太钢能源环保部环保管理室科员陈超告诉《中国冶金报》记者。

太钢的吨钢环保成本在 300 元/吨左右。未来，随着《碳达峰及降碳行动方案》的落实，太钢在绿色低碳领域的投入将更大。

对此，太钢集团负责人表示：“现在有些‘降碳’技术已经非常成熟，企业考虑的就是成本和效益问题。对太钢来说，我们坚定不移地将绿色低碳发展作为重大政治任务去完成！况且，在绿色低碳领域进行投入，有利于未来提升产品竞争力，是能够创造价值的。”

“目前欧洲碳税在 60 欧元/吨左右，中国现在的碳交易市场刚刚开始起步，1 吨的碳排放交易额为 60 元，而 1 吨的钢材基本有 2 吨的碳排放。所以，如果开始收碳税，欧洲 1 吨钢材就要收 100 欧元以上，中国也要收 100 元以上。从长远的角度来看，我相信中国对碳的价值衡量会跟世界同步。面向未来提升产品的绿色低碳竞争力，太钢必须提前布局。”太钢有关部门负责人算了这样一笔账。

此外，越来越多的下游客户已经对钢铁产品的单位碳排放提出要求，比如一些汽车公司要求钢铁企业承诺 2023 年每吨钢铁产品的碳排放不能超过 1.6 吨或 1.7 吨。可以说，碳排放已经变成了产品在市场上的准入标准。

“市场是企业生存的前提，没有客户，就没有企业的生存空间。这也倒逼着我们在降低碳排放方面有所探索、有所行动，而且还要加速行动。”太钢集团负责人说道。

在绿色低碳方面的投入，还能创造直接经济效益。

以高炉热熔渣制棉为例，太钢建成有国内首条利用高炉热熔渣制棉的规模化生产线，采用“热熔渣+电炉”工艺，可有效利用熔渣显热直接生产矿棉，熔渣显热回收率达 50%以上。加入中国宝武后，经过专业化整合，宝武环科山西公司接手了该项业务。2022 年，通过智能化、专业化、集中化改造，产品由矿棉升级为高品质岩棉。与国内采用冷矿渣或玄武岩为原料的同行相比，该生产线具有显著的减碳效果，而且经济效益可观。矿棉的市场价格为 600 元/吨，改造后生产的岩棉，市场价格高达 3200 元/吨。

“我们感觉，绿色低碳发展产生的是一个协同效应，它不仅有环境效益，更是能创造价值，带来经济效益、社会效益。”太钢能源环保部副部长张利军对记者表达了自己的观点。

他给记者算了三笔账。其一，每年采暖季京津冀及周边地区要求钢铁企业在重污染天气期间较大幅度限产，太钢因为是超低排放 A 级企业，不受此限制，可以自主减排。如果真的频繁停限产，生产效率会降得非常低，成本会非常高。其二，太钢厂区面积较小，厂内物流组织难度大，对生产效率影响很大。实施“公转铁”以后，物流系统全面优化，全面助力了生产效率的提高。其三，环保提升之后，职工和周边居民非常满意，政府非常认可，提高了太钢的社会声誉，这是无形的收益。

附图 D-35　生机勃发的美丽太钢

D4.4　布局未来，打造全球不锈钢业低碳发展旗舰

要以“成为全球不锈钢业低碳发展旗舰”为目标，按照中国宝武总体部署，坚持节能、减污、降碳、扩绿、增效，全面推进绿色低碳发展，将太钢集团打造成为全球最具竞争力的不锈钢全产业链企业、全球不锈

钢低碳冶金科技创新引领企业。

这是太钢在《碳达峰及降碳行动方案》中布局未来的蓝图。

太钢人意识到，推进“双碳”行动计划，不仅必要，更显迫切。

从国家层面来看，2020 年 9 月 22 日，习近平主席代表中国向世界作出了“2030 年碳达峰、2060 年碳中和”的承诺。中国钢铁行业碳排放占全国碳排放的 15%以上，如果钢铁行业不立即行动，不抓紧时间去落实，那就很难完成国家提出的“双碳”目标。从企业层面来看，中国宝武作为全球最大钢铁企业率先发布了实现碳达峰、碳中和目标的时间表：2023 年力争实现碳达峰、2025 年具备减碳 30%的工艺技术能力、2035 年力争减碳 30%、2050 年力争实现碳中和。太钢，作为中国宝武的一个旗舰子公司，必须有所行动。从技术层面来看，如果不发布“双碳”行动计划，不提出宣言，太钢可能在意识上、思想上重视就不够，但是实际上现在有很多企业、有很多技术已经在“双碳”领域取得了突破和进步，如果太钢不重视，那就会落后一大步，太钢会从一个先行者变成一个落后者，从而削弱未来的竞争力。太钢必须为实现“双碳”目标进行技术布局、装备布局和工艺布局，这样才能做百年老店，才能够打造全球不锈钢业的旗舰平台公司。

进行低碳工艺的探索和创新、打造能效标杆、提高资源循环利用率、生产不锈钢绿色产品、建设绿色矿山、发展低碳物流……现在，太钢的一系列布局已经开始“落子”。

近两年，太钢对厂区柴油机车进行油电混动改造，并在厂区建设 6 座换电站、36 台充电桩，推动厂区短驳汽车全部实现电动化，实现了运输车辆动力源头的低碳化转变。

附图 D-36 太钢的混合动力机车

2022 年，太钢与相关新能源企业签订了每年不少于 11 亿度的绿电直购协议，未来，将按年增 5%的比例扩大绿电购入量。同时，通过在厂房屋顶自建光伏发电，总装机容量约 16 兆瓦，年均发电量 1700 万度以上，实现了自有绿电“0”的突破。

附图 D-37 厂区屋顶的光伏发电项目

太钢还率先启动不锈钢等主要产品的全生命周期碳足迹跟踪，组织开展以奥氏体、铁素体、马氏体为代表的五大类产品全生命周期（LCA）碳足迹评价。

通过钢铁行业 EPD 平台，太钢首家申请不锈钢产品的环境产品声明，向客户及利益相关者提供产品的全生命周期环境信息，助力构建低碳供应链管理体系。

中国宝武旗下八钢、湛钢正在分别进行富氢碳循环高炉、氢基竖炉工业化试验和探索，待工艺技术成熟后可向中国宝武各个子公司乃至全行业推广。目前，太钢已经在研究通过多种途径制取氢气，为迎接未来氢冶金重构钢铁工艺流程做准备。

“氢春跃动、碳寻钢蕴、绿启新程、智行极致、零创未来。”在碳园，马良提醒《中国冶金报》记者拍下这几个刷在墙上的彩色美术字。这是太钢人面向世界、面向未来要走的绿色低碳发展道路，也是太钢成为“全球不锈钢业低碳发展旗舰”的必由之路。

附图 D-38 蓝天白云下的美丽太钢

附录E　马钢集团高质量发展专题报道

附图 E-1　中国“复兴号”高速动车轮

H 型钢是马钢的传统优势产品，而今更是强势品牌产品、系列最全产品。

在马钢长材事业部重型 H 型钢产线，一根根产品接连下线，成为支撑国内外大型标志性建筑的“钢筋铁骨”。“马钢是目前国内唯一能生产重型 H 型钢的企业，打破了国外产品垄断。”该事业部型钢首席工程师张文满表示，目前该产品畅销国内外，月产量屡创新高。

“不仅如此，马钢通过为产品附加更多

附图 E-2　马钢重型 H 型钢产品库

功能，进一步推进产品绿色化。我们的目标是既要实现绿色制造，又要制造绿色。”马钢集团党委书记、董事长丁毅表示。

今年 7 月 29 日，马钢热轧大 H 型钢环境产品声明在中国钢铁行业 EPD（环境产品声明）平台发布。目前，马钢正持续“改善环境决策、量化环境绩效、满足用户需求、推动绿色消费”，推进马钢其他重点产品的碳足迹评价，通过不断进行技术攻关和系统创新，推进极致能效，实现“绿色制造”和“制造绿色”并举，全面推进马钢碳达峰、碳中和战略实施和目标如期实现。

让强势产品更强、让特钢更特、让产品更绿色并具有更多功能，马钢不仅做到了，而且做成了响亮的品牌。

如今的马钢，已经跨上大国重器、中流砥柱的崭新平台，正在转型升级的全新赛道上，奋勇争先、一路向前。

“不断加大新产品开发力度，围绕‘研发一代、应用一代、储备一代’的理念，推进新产品开发工作。根据市场需求，开发高附加值产品；瞄准新行业、新领域、新用户需求，做好产品推广应用，抢占市场高地。”马钢技术中心副主任朱涛介绍。

“当前，面对严峻复杂的钢铁市场形势，马钢上下将牢记习近平总书记嘱托，忠诚尽职、奋勇争先，把工作当事业，把挑战当考验，努力把各项工作干成一流、做到极致，力争‘十四五’末全面实现‘5 个翻番’（钢铁规模、营业收入、利润总额、人均产钢、职工收入）的战略目标，坚定不移打造后劲十足大而强的新马钢，为中国宝武成为世界一流伟大企业做出积极贡献，以优异成绩迎接党的二十大胜利召开。”丁毅强调。

E1　转型马钢　从长江之滨到五湖四海

两年前的 8 月 19 日，习近平总书记考察调研中国宝武马钢集团（下称马钢）时指出，疫情发生以来，马钢克服困难，率先复工复产，上半年产量和营收同比实现“双升”。要抓住深化国有企业改革和推动长三角一体化发展的重大机遇，加强新材料新技术研发，开发生产更多技术含量高、附加值高的新产品，增强市场竞争力。

两年的时间，能发生什么？如果是一个芯片，按照摩尔定律，两年时间可以将集成电路上可容纳的元器件的数目增加1倍，性能提升1倍；对于一个企业——中国宝武来说，两年时间可以实现从《财富》世界500强的第111位提升到第44位、稳居全球钢企第一的跃迁；而对于有着“江南一枝花”之称的马钢来说，两年时间可以完成“脱胎换骨”，实现“千亿元收入，百亿元利润”，全力打造后劲十足大而强的新马钢，并在落实长三角一体化国家战略的进程中，拉开高质量发展的大幕，形成钢铁产业和相关产业协同发展的产业格局。

两年来，沿着习近平总书记指引的方向，马钢把握机遇、顺势而上，全面贯彻新发展理念，根据中国宝武的战略目标和“一基五元”产业布局，充分发挥自身区域、产业、资源、产品、文化等优势，创新驱动，加速专业化整合、平台化运营、生态化协同、市场化发展，初步探索出一条实现区域一体化发展和产业高质量协同发展的有效路径。

日前，《中国冶金报》高质量发展的宝武实践报道组一行来到马钢，从党建引领、转型升级、科技创新、智慧制造等几个方面，全面展示和剖析马钢高质量发展的具体实践。

“2020年8月19日，习近平总书记亲临中国宝武马钢集团考察调研并发表重要讲话，肯定马钢、勉励马钢、期许马钢，令全体马钢人倍受鼓舞、豪情满怀，进一步增强了钢铁报国的信心。”8月3日，董事长丁毅在接受《中国冶金报》记者采访时，回忆起两年前总书记视察时的情景依旧心潮澎湃，“马钢将时刻牢记习近平总书记的殷切嘱托，在中国宝武的坚强领导下，精益高效、奋勇争先，走好新阶段的钢铁长征路。”

附图E-3　中国宝武马钢南区生产区域俯瞰

“马钢进入宝武后的发展，就是在融入宝武、融入长三角的发展中壮大自己，概括地说就是‘一体化、高质量’。”丁毅说。

2021年，马钢集团产钢2097万吨，实现营业收入2093亿元，利润总额113亿元，而2022年发布的《财富》世界500强的营业收入门槛约为1848亿元。

马钢，从长江之滨到五湖四海，正向着高质量发展的目标奔跑。

E1.1　定位之变：打造“优特长材专业化平台公司”

“马钢的发展历史上有4个里程碑：一是1958年成立到20世纪60年代初，毛主席两次到马钢，邓小平同志定下火车车轮项目，‘江南一枝花’享誉大江南北；二是20世纪90年代前后，马钢上市成为中国钢铁第一股，建设2500立方米高炉，从中型企业成为大型企业；三是通过‘十五’时期结构调整，平炉改转炉，上马板材，2005年效益行业第二；四是2019年9月19日加入中国宝武集团，拉开宝武开疆拓土的序幕，也是落实长三角一体化国家战略的具体体现。”8月3日，马钢集团党委书记、董事长丁毅向《中国冶金报》记者讲述了马钢转型发展的4个不同阶段。

加入中国宝武后，马钢开启第四次转型。但是，马钢的定位是什么？到底该如何发展呢？

“联合不能是简单的‘1+1>2’，联合以后的专业化整合才是发挥联合协同效应的最佳路径和方式。只有通过专业化整合，形成极致专业化基础上的规模效应，我们才能够把联合的协同效应发挥出来。”中国宝武党委书记、董事长陈德荣饱含希冀、振奋人心的话语，为加快推进马钢有关业务聚焦整合工作指明了方向、明确了路径。

马钢按照中国宝武“做强、做优、做大”的总体思路，有了新的战略定位——中国宝武优特长材专业化平台公司和优特钢精品基地。

“在进入宝武之前，马钢什么都有。这从单一企业看，是对的；但是从整个社会层面上看，未必合理。因此，宝武统筹规划，将马钢定位为‘全球钢铁业优特长材引领者’，那么对于整个社会来说，钢铁的发展就实现了有序化。”丁毅补充道。

“根据新的战略定位，马钢从实际出发对规划进行了调整，对内填平补齐，对外开疆拓土。为此，马钢进行了一系列新的投资。”丁毅接着说。

立足这一新定位，马钢通过建立生产、技术、成本等全方位对标体系，快速推进与中国宝武协同支撑项目。当然，为之支撑的转型升级项目也在紧锣密鼓地进行中。据现场工作人员介绍，绝大部分填平补齐项目都要在年底前完成。

从大的方面来看，马钢的填平补齐项目主要包括南区500万吨特钢+500万吨型材、北区1000万吨板材基地等一些补短板项目。

“北区主要是结构调整，南区是长材产品线项目。”马钢规划与科技部副部长崔银会介绍。

附图 E-4　马钢 A 高炉大修投产

北区结构调整项目主要包括A、B高炉大修改造，焦炉大修改造，C烧结机工程，四钢轧炼钢效能提升技术改造项目等。其中，C烧结机工程项目为马钢“十四五”规划北区结构调整项目之一。根据马钢炼铁总厂南北区高炉炉料平衡需求，通过淘汰链箅机回转窑等落后产能，改建为一台360平方米烧结机。该项目已获得政府的备案批复。该项目总投资7.3亿元，主要建设内容为：建设原料处理系统、配料混合系统、烧结冷却系统、成品整粒系统、脱硫脱硝系统、配套公辅系统等，占地面积约为81200平方米。目前该项目正按网络计划工期推进，处于土建施工和设备制作安装阶段，预计于2022年底建成投运。

四钢轧炼钢效能提升技术改造项目也是马钢“十四五”规划北区结构调整项目之一。该项目主要通过对四钢轧炼钢连铸系统效能提升技术改造，充分释放炼钢连铸效能，平衡炼钢—轧钢上下游工序，充分挖掘公司的效益潜能。该项目投资9800万元，目前已经建成投运。

附图E-5　马钢新2号焦炉建成投产

“改造后的马钢北区，将按照极致效能模式组织生产，停产一座高炉，但是产量不降反增，效率提升不是一星半点儿。”丁毅说。

南区是领军型优特长材的战略定位。

“南区主要包括长材产品产线规划新特钢项目和型钢连铸项目。”技术改造部副部长朱广宏介绍说。

长材产品产线规划新特钢项目是宝武定位马钢为“优特钢精品基地”的关键重点规划项目，也是马钢抢抓长三角区域加快打造改革开放新高地机遇所采取的重要举措之一。该项目总投资92.7亿元，主要建设内容为：建设2座150吨转炉、1台4机4流大圆坯连铸机、1台7机7流大方坯连铸机、1台8机8流小方坯连铸机；新建1条高速线材和大盘卷复合生产线、1条合金钢中规格棒材生产线；相关配套设施同步建设。该项目总占地1028.5亩，产品方案瞄准轴承钢、齿轮钢、弹簧钢、非调质钢、合金冷镦钢等中高端产品市场。

“这一项目的实施，有助于提升我国产业链供应链安全水平，有助于攻克关键战略性核心材料难题；有助于推动我国特钢产业高质量发展；有助于实现中国宝武行业引领的目标；有助于促进马钢集团的转型升级，快速实现优特钢规模生产基地的愿景；有助于提高马钢整体竞争力。”朱广宏认为。

附图 E-6　马钢新特钢项目现场

南区型钢连铸项目为马钢“十四五”规划南区长材产品产线规划项目之一，主要是新特钢转炉陆续建成投产后，现有大小 H 型钢、中型材及大棒供坯的长材事业部一区的炼钢连铸设施将关停，需解决上述轧钢生产线的坯料来源问题。

“在型钢方面，通过整合和填平补齐，最终成为重、大、中、小无缝衔接的产品系列齐全的马钢。”朱广宏说。

可以预见，一个引领全球钢铁业的优特长材专业化平台公司和优特钢精品基地即将呈现在世人面前。

E1.2　布局之变：跳出马鞍山发展马钢

加入中国宝武大家庭，马钢的站位、所拥有的发展平台，以及使命与愿景都有了崭新的内涵。马钢以更宽广的视野、更远大的理想和更有效的举措，创造出更多更新的商业模式，从而谱写合作发展新篇章。

“2020 年马钢产量首次突破 2000 万吨大关，力争‘十四五’末规模翻一番，产量达到 4000 万吨。”丁毅说，“那么，如何实现 4000 万吨？要靠资本运作和联合重组来不断开疆拓土。马钢要‘跳出马钢看马钢，跳出马鞍山发展马钢’。”

国务院印发的《关于推进钢铁产业兼并重组处置僵尸企业的指导意见》指出，到 2025 年，中国钢铁产业 60%～70%的钢产能要集中在 10 家左右的大钢铁集团中。可见，单体企业再扩大规模很难，只有整合之路行得通。

马钢如何重新布局？

根据中国宝武安徽区域马鞍山总部的定位，马钢积极构建协同化发展格局和加快推进一体化发展进程；同时，加强区域资源优化配置与协同发展能力，努力在更大范围、更广领域配置资源，探索“一总部多基地”管理模式，共建高质量钢铁生态圈。

打破所有制形式的束缚发展马钢，推进国有企业和民营企业多种形式的合作，是马钢优化资源配置，探索“一总部多基地”管理模式的新尝试。

网络钢厂，是马钢实现对普通类相关钢材品种钢厂整合的一种有效形式。

7 月 5 日，马钢举行“基地管理+品牌运营”网络钢厂合作圆桌会，邀请 22 家品牌运营合作方、潜在合作方、用户和贸易商汇聚一堂，共商合作共谋发展。当天，马钢与 5 家企业签约。5 家企业，如果按一家保守 500 万吨年产能计算，一年就是 2500 万吨产能。

6 月 9 日，“马钢晋南生产制造基地”揭牌暨“晋南钢铁 H 型钢生产线委托管理框架协议”签订仪式举行。

“此举对促进钢铁及相关产业聚集发展，推动区域产业结构升级具有重要作用。”晋南钢铁集团党委书记、董事长郑家平认为，双方将共同打造央企、民企的合作样板。

“销售+管理+技术支持”网络钢厂模式，让晋南钢铁集团 900 万吨钢材进入马钢品牌序列。

与晋南钢铁网络钢厂模式不同，马钢与安徽长江钢铁股份有限公司（下称长江钢铁）的合作则是实质性重组。

长江钢铁是安徽省重要的建筑用钢材生产基地，主要产品为螺纹钢、高速线材等。2011 年 4 月份，其与马钢股份联合重组，马钢实现对长江钢铁的控股，从而将长江钢铁纳入马钢总体发展战略，马钢将其规划建设为精品建材生产基地。

跳出马鞍山发展马钢，同样意味着要走出国门发展马钢。“法国的瓦顿已经成为马钢在欧洲最大的车轮制造基地，与德国、捷克的两家交通材料企业也已经进入实质性合作。”朱广宏介绍，现在瓦顿的车轮母材都来自马钢，通过不断增加交通材料生产商的合作数量，进一步扩大市场份额，有利于全球车轮市场的稳定、有序发展。

附图 E-7　马钢交材车轮三线热轧处理区

钢铁生产能力走向“一带一路”，主要是在东南亚地区发展马钢。“目前，马钢正在东南亚寻求建设 300 万吨/年的优特钢生产基地项目。”丁毅介绍。

跳出马钢、跳出马鞍山，甚至走出国门发展马钢，关键在于如何发展得更好。阿基米德说：“给我一个支点，我就能撬起整个地球。”有效、科学地管理就是这个支点。

目前，马钢集团按照“覆盖管理、延伸管理、自主管理”3 种模式，确保组织运行有序、业务流程高效。比如对“投资、科技、财务、人力资源、采购、销售、研发”等专业、业务职能管理，马钢以“延伸管理”模式实施管控，以体系策划职责为主，侧重于管理过程的顶层策划、过程监控、结果评价等要素，而基地以操作执行职责为主，侧重于管理过程的组织实施、结果控制。

对“安全消防、能源环保、生产制造、质量控制、设备运维”等专业、业务职能管理，马钢明确基地“自主管理”管控模式，侧重于统筹协调、监督指导等职责，督促基地守住“底线”，不破“红线”。

对生产厂部、分（子）公司的职能管理，已构建“一体化管理体系”，马钢以“覆盖管理”模式，实施全过程管理。

“对于品牌运营+基地管理的网络钢厂，主要是质量管控和营销管控。”马钢运营改善部首席工程师张良城说，质量管控就是输出马钢技术、标准，对网络钢厂进行质量提升、标准提升，确保符合马钢产品的品质要求；营销管控主要是管理网络钢厂的订单系统。

“以H型钢为例，用户需要马钢的重型H型钢、中小型H型钢等一揽子服务，如果都从马钢本部采购，中小型H型钢就会由于运费因素，没有效益或者效益不多。因此，就需要在西南当地寻找合作钢厂，配套马钢的H型钢。这样，用户既用上了品牌产品，又降低了成本，还避免了恶性竞争。”张良城说。

什么产品适合以网络钢厂形式建立合作？

“同质化产品，如线材、螺纹钢、H型钢等。”张良城说。

未来，马钢将形成全球布局合理、品牌卓越的品牌运营+基地管理平台体系。可以预见，这是一个非常宏伟又极具战略意义、历史意义的大事件。

附图 E-8 马钢冶金服务公司揭牌

E1.3 品种之变：打造“专精特新”产品体系

习近平总书记指出，一代人有一代人的长征，一代人有一代人的担当。

中国钢铁经历了从“有没有”到“够不够”，再到“好不好”的不同发展阶段，目前，正处于从“太多了”到“更好了”的发展阶段，这是中国钢铁高质量发展的必然要求。反映到产品上，就是实现“从中国产品到中国品牌”的转变。

过去，马钢作为当地省属企业，在 60 多年的滚动式发展中，形成了“大而全”的产品结构和产业链条，稳固了作为国内头部大钢企的行业地位，创造了中国钢铁行业诸多第一，如我国第一个车轮轮箍厂、第一套高速线材轧机、“中国钢铁第一股”、第一条热轧大 H 型钢和重型 H 型钢生产线。

“加入宝武后，借助宝武管理、技术、人才和品牌等优势，马钢强基础、练内功、提能力，立足新的发展方位，在深化国有企业改革和推动长三角一体化发展中把握机遇、顺势而上，打造发展新优势。”丁毅说。

马钢牢记习近平总书记嘱托，深化改革创新，不断转型突破，瞄准科技前沿和关键战略性技术难题，扎实推进自主创新和原始创新，全力打造后劲十足大而强的新马钢。其中，产品不断升级和持续创新是关键一环。

走进马钢展览馆，一系列车轮和型钢占据产品展示的中心。其中一个多环结构的车轮引起了《中国冶金报》记者的注意，据介绍，这是无噪声车轮。

“我们通过对车轮的结构进行重新设计，加入降噪材料，大幅降低了车轮与轨道因震动产生的噪声，为城市轨道交通发展和人民美好生活体验作了一份贡献。”马钢技术中心副主任朱涛介绍。

今年 3 月份，马钢自主研发制造的两列 120 片时速 350 公里复兴号高铁车轮发往客户。这标志着马钢率先在高铁车轮国产化批量应用上实现“零的突破”。

E2 智慧马钢 从繁星点点到艳阳一片

“推进智慧制造是中国宝武全集团的整体战略，不是点状的。我们提出，要从繁星点点变成艳阳一片，不能闪光点很多，没形成一片光。智慧之光必须照耀到每一个角落、每一个基地、每一个工序、每一个岗位。”正如中国宝武党委书记、董事长陈德荣所期待的，如今的“江南一枝花”正沐浴在智慧之光里。

自 2019 年 9 月 19 日加入中国宝武以来，马钢集团围绕“四个一律”（现场操控室一律集中、操作岗位一律采用机器人、运维监测一律远程、服务环节一律上线）打造智慧制造 1.0 版，以数字化、网络化、智能化为手段，深入推进智能化改造提质扩面，深挖管理效率、劳动效率等方面的潜力，加快打造以“三跨融合”（跨产业、跨空间、跨界面）为特征的智慧制造 2.0 版，不断提升核心竞争力，持续打造后劲十足大而强的新马钢。

“‘十四五’，我们提出‘5 个翻番’（钢铁规模、营业收入、利润总额、人均产钢、职工收入）的战略目标。实现这个目标是有支撑的，就是极致高效、智慧制造。”8 月 3 日，中国宝武马钢集团党委书记、董事长丁毅在接受《中国冶金报》记者采访时，这样“定义”智慧制造。

E2.1 “1+8”——业务、产能“智慧全覆盖”

2021 年首个工作日，中国宝武绿色发展与智慧制造现场会如期在马钢举行。绿色、智能，一个崭新的马钢展现在来宾眼前。“那天听到最多的评价就是变化之大超乎想象。”马钢运营改善部资深专员张吾胜笑着向《中国冶金报》记者“透露”，“但其实我们压力很大。”

在 2019 年 12 月 31 日召开的马钢专业化整合融合启动会上，陈德荣向他们布置了承办两年后现场会的任务。据介绍，中国宝武有举办现场会的传统，各子公司通过举办某一专业领域的现场会，互看、互学、互比，共同进步。“现场会好比‘赛马’。马钢现场会怎么办？实际上是马钢智慧制造怎么搞的问题。”张吾胜说，马钢作为宝武一级子公司，以成为全球钢铁业优特长材引领者为愿景，实施智能制造既是企业提升运行水平的内在要求，也是愿景落地的抓手。马钢智慧制造以实现极致效率为目标，就是要发挥牵引作用，把企业的竞争力提起来，尤其是国际竞争力，助力马钢实现引领。

在加入宝武之前，马钢的信息化、自动化工作已经开展了二三十年，具备了一定的基础，但也存在着基础设施落后，系统更新迭代不够等问题。“加入宝武之后，我们智慧制造的推进明显提速。特别是2020年8月19日，习近平总书记考察调研马钢后，我们的信心更足了、步伐更快了。”炼铁总厂高炉工艺首席工程师/智慧制造项目部经理高鹏对《中国冶金报》记者说。

马钢智园，是马钢高质量发展的“发动机”，是马钢按照宝武整体规划构建的智慧高效总部。这里形成了“1个智慧中枢（运营管控中心，涵盖制造部、设备部、能环部、安管部、运输部）+8个智控中心（炼铁、炼钢、热轧、冷轧、长材、交材、长江钢铁、合肥公司）”的马钢工业大脑，实现了对现有业务领域和产能的智慧管控全覆盖。

“‘8’就是按一厂一中心原则，对厂区内物流、信息流、能源流进行集中管控。在此基础上形成的‘1’的作用是把所有智控中心的信息再次集中，实现对公司总体的生产运营调度和决策。”马钢党委工作部副部长金翔告诉《中国冶金报》记者。

走进马钢运营管控中心，宽敞的大厅里，寥寥数人对着一张巨大的屏幕操作着眼前的电脑。屏幕上显示着马钢当前的生产、质量、物流、设备、能环、安保等业务信息。这里实现了从原燃料进厂、生产制造到成品出厂的全流程管控，同时与8个智控中心上下联动，实现了一体化操控和智能化决策。

“全流程一体化管控带来的是‘数字说话、数据分析、数据决策、用数据进行管理’的数字经营。”金翔介绍说，一是加强了协同性，提升了整个公司的研发、生产效率。二是实现了数据的可视化，改变了过去靠经验来判断、指挥生产运营的局面，实现了数据决策。三是有利于对产品全生命周期的管控，如果发现问题，马上就可以追溯到具体环节，及时做出调整。

插上智慧的“翅膀”，马钢发展也步入了快车道。2020年，马钢钢产量首次突破2000万吨，营业收入首次突破1000亿元；人均产钢首次突破1000吨；关键指标取得突破，主要技术经济指标进步率达到73.76%、刷新率达到25.83%。2021年，马钢产钢2097万吨，实现营业收入2093亿元，利润总额达113亿元，在产量基本不变的情况下，营业收入实现翻番。

“今年上半年，马钢炼铁总厂的铁水成本指标在宝武内部排第3位，去年是第7位，前年是第6位。”高鹏告诉《中国冶金报》记者，“从整个行业看，我们以前排到中等偏上，而今年上半年基本能进前10名。”

“作为一个企业，我们做任何事情都要带来运行效率和效益的提升。”说起这样的成绩，马钢冷轧总厂电气首席工程师陈立君深有感触，“马钢在智慧制造推进过程中产生的变化，让公司上下形成一种共识，哪怕短期效果不明显，也要坚定地推动智慧制造建设快速顺利向前。”

E2.2　“All In One”——从流程再造到组织变革

“今天的马钢，绿色、智能，给大家很大的视觉冲击，随之而来的，企业内部效率的提升，比如流程再造、组织变革，不容易看出来，但实际上最大的改变是这些。”丁毅对《中国冶金报》记者说。

在马钢，这样的改变被具象为“All In

One”（一体化）。基于宝武工业互联网平台，马钢全面构建的“一厂一中心”智控新模式就属于这一概念，其目的是实现设备接入 In One、全要素数据 In One、功能开发 In One、知识沉淀 In One、主（重）要作业线操控 In One，最终实现智慧工厂的管控“All In One”。

如今，“All In One”在马钢随处可见。

附图 E-9 马钢炼铁智控中心

马钢炼铁智控中心是目前业内集控操作距离最远、工序产线最齐全、覆盖产能规模较大的炼铁智控中心。据介绍，马钢铁前已形成了年产超 1500 万吨铁水的炼铁规模，到今年底，随着部分高炉、焦炉、烧结产线大修和新建项目结束，年产能将达到 1600 万吨。届时，炼铁智控中心将实现对主要工艺配置包括原料场（码头、料场、供料、烘干、固废等）、8 座焦炉、1 台带式焙烧机、6 台烧结机、6 座高炉的全流程、远程化、集中化、信息化操控。

炼铁智控中心以流程再造为抓手，在行业内首次建立起铁区一体化流程管控体系，打造了 I-DEEP（深度智能化炼铁，即 intelligent 智能、distance 远程、extent 全流程、efficiency 效率、person 人才）智控炼铁新模式。该模式结合工业互联网、5G+、大数据、云计算等先进技术手段，实现 10 公里以上的远距离生产操控，200+智能模型的过程管控，汇聚 60 万+数据点、2000+视频信号，建立了覆盖铁、烧、焦、球、料、能、环的铁前全流程生产系统。

高鹏告诉《中国冶金报》记者，炼铁智控中心具有以下 3 个特点：一是化整为零，集技术集成中心、决策支持中心、生产指挥中心和运行管理中心于一体，打破了组织边界、提升了人事效率，组织架构扁平化、高效化。二是数字化生产，可在系统中直观看到反映高炉内部状态的三维画面，实时掌握高炉生产状况，通过建模、数字仿真等技术，实现智能监控分析。三是人文生产，提升一线职工获得感、幸福感。远距离大规模的集控，使 46 个控制室 346 人撤离现场，实现本质化安全。同时，在智能应用的支撑下，员工每天可缩短低效重复劳动工作时长 2 小时。

“All In One”在马钢冷轧总厂的实践，则催生了全球最大的冷轧智控中心和“一线一岗”的新型生产作业模式。

附图 E-10　马钢冷轧智控中心

该总厂选取17条典型产线分两期入驻冷轧智控中心，形成冷轧、涂镀、硅钢三大集中操控制造单元，产品覆盖冷轧、镀锌、硅钢、酸洗、彩涂五大品种。两年间，两期项目完成了51个操作室跨越5地超10公里、同处一室的集控建设，实现多线一室操作，全面提升了冷轧生产过程的智能化水平，人均劳动生产率较之前提升了68%。整个项目集成了“数字钢卷”“精细化能源”“智慧安全、消防、环保”“移动操检”“设备远程运维”“一键式轧钢”“大数据分析”等复合技术，实现了区域化、工序化的无边界协同操作，以及生产现场与智控中心的无缝衔接。这一实践所形成的“基于工业互联网的冷轧‘All In One’智控创新应用”成果获批为工信部2021年国家级工业互联网平台创新领航应用案例。

“构建冷轧‘All In One’智慧工厂，17条产线操控In One是关键。”陈立君告诉《中国冶金报》记者，冷轧总厂由此首创了“一线一岗”作业模式。冷轧大型机组作业一般由分布在全线的3~4个操作室的若干作业人员共同完成。“一线一岗”则是整条生产线由一名人员操控完成。

据介绍，马钢冷轧17条产线中部分已实现“一线一岗”，目前他们正通过不断提高机组自动化率，加速推进全部产线实现“一线一岗”。在“一线一岗”的带动下，冷轧总厂的基层单位已由原来的19个整合为8个，作业区由81个优化为42个，实现纵向到底、横向到边的岗位融合，为接下来打造“黑灯工厂”奠定了坚实基础。

“这种作业模式促进机构变革，追寻流程再造，探求极致效率。”陈立君介绍，“一线一岗”对岗位人员要求很高，比如全面掌握整条生产线所有岗位操作技能，熟悉生产现场从入口到出口所有设备功能、作业环境、操作要领和安全要点等。为此，冷轧总厂同步开展了“一线一岗”理论培训，并通过导师带徒、轮岗实操帮助员工尽快掌握技能。

马钢制造管理部制造体系信息技术首席

工程师刘强认为，从“一线一岗”带来的组织变革可以看出，智慧制造打破了地域边界、行政边界、层级边界，岗位边界也在逐步模糊，人的角色和职责已被重新定义。

“从职业角度看，以前，搞 IT 是搞 IT 的、搞工艺是搞工艺的，而钢铁智慧制造则是信息技术与钢铁工艺的深层次结合，因此就需要既懂工艺又懂计算机程序和算法的复合型人才。”张吾胜解释道。目前，马钢除了对外招聘复合型人才，还在岗位上进行重点培养，比如让 IT 人才到岗位学习工艺，让工艺人才学习编程等。另外，宝武内部也经常举行职工技能大赛，其中就有仅面向工艺技术人员的编程大赛。

E2.3 “工业大脑”——协同发展带来无限想象

“马钢取得的成绩，既有我们自身努力的成分，又有加入宝武以后平台化运作的推动。”丁毅说。

走进马钢长材智控中心，智慧操作岛台错落有致，铁水、精炼、炼钢……一道道工序清晰呈现。放眼望去，“藏”在一隅的智慧运维岛台吸引了《中国冶金报》记者的注意。

附图 E-11 中国宝武马钢长材智控中心

“智慧运维岛台能够监测我们设备的状态，由宝武智维公司远程提供设备维护技术支撑。他们有工作组进驻这里。”不等《中国冶金报》记者详问，金翔就介绍起来。

“宝武智维是马钢加入了宝武以后才成立的，整合了马钢原有的检修公司。”金翔告诉《中国冶金报》记者，除了宝武智维，加入宝武重工的马钢重机公司也在为马钢提供智慧制造解决方案。

“在宝武大家庭，我们得到了很多支撑，冷轧智控中心项目就是基于宝信软件 iPlat 平台建设的。”陈立君说，“前期我们着力实现了跨界面、跨产业融合，因为平台相通，数据能够共享，接下来将重点与合肥公司板材开展跨空间融合。”

今年 6 月 20 日，宝武发出了万名宝罗（BaoRobot）上岗实施动员令。张吾胜告诉《中国冶金报》记者，马钢正在对“3D”（危险性高、劳动环境差、简单重复劳动）等岗位进行梳理，未来将实现宝罗替代，在降低安全生产风险的同时，大幅提高劳动效率。

宝罗上岗对马钢乃至整个宝武都提出了更高的要求。“人走了现场有问题怎么办？

附图 E-12　马钢检测中心原料制样机器人“宝罗之星”正在取样

宝罗坏了怎么办?”张吾胜解释道，这一方面要求产线的故障率非常低，另一方面要求远程运维能够支撑解决现场的一切问题。据介绍，顺利的话，预计到 2024 年将有 1200 个宝罗在马钢上岗。

在 2019 年的马钢专业化整合融合启动会上，陈德荣这样谈宝武的融合发展：“尽管每一个钢铁基地都处在不同的历史方位，但是他们拥有一个共同的未来，这就是‘成为全球钢铁及先进材料业引领者’的亿吨宝武，这是我们共同的事业。”协同发展、共建共享，就是对“共同事业”最好的诠释。

去年 11 月 1 日，中国宝武工业大脑战略计划正式启动。据介绍，工业大脑是产业智能化的形象描述，是中国宝武“三跨融合”的组成部分。该计划分为智能制造产线、智能化全流程、智能设备运维、智能软硬件技术等四大攻关领域，14 个重点攻关项目共同推进，各“一基五元”公司分头攻关实施。马钢承接了其中的“钢铁工业大脑——宝武智能炼钢项目”。该项目以现有装备水平、现行工艺理论、现实管理思想为基础，创新突破炼钢前沿关键技术，将提升炼钢工序模型群自感知、自决策、自执行能力，数据、信息驱动的工序界面联通能力，以及平台化数据挖掘运用能力，构建智能炼钢工业大脑。

今年 6 月 18 日，马钢四钢轧总厂成功利用智能 RH 技术同时操控两座 RH 炉，完成了硅钢与汽车板的生产。这意味着，马钢不仅实现了 RH 炉全钢种“智能精炼”这一历史性突破，而且实现了一名主操同时操控两座 RH 炉。

据了解，这套智能 RH 控制系统已经具备脱碳模型、温度控制模型、合金最小成本模型、增氮模型、脱硫模型、低碳钢模式智能选择模型等全套功能模型，适用汽车板、无取向硅钢、取向硅钢、管线钢、工业纯铁等高端品种，钢种覆盖率达到 100%，截至目前投用率达到 99%以上。

工业大脑项目最终会给我们带来什么?在马钢人看来，这将是足以改变整个行业的成果，当下留给钢铁人太多的想象。

“我们做很多事情往往基于经验。但是未来我们肯定会走到一个依靠系统、依靠 AI（人工智能）、依靠算法解决问题的阶段。

附图 E-13　马钢炼钢智控中心

毕竟人是会犯错的。机器不一样，一旦调整到位，它就会有非常稳定的产出。即便是系统出现错误，我们也可以通过复盘调整优化，实现正向迭代。”刘强告诉《中国冶金报》记者，“我们整个行业的智慧制造最终都会走到这个阶段，基于科学的方法、数学的方法以及人类经验，实现知识、技能的不断迭代。”

高鹏也有同感。“炼铁是一件非常辛苦的工作。大家常说高炉是‘黑匣子’，有事全靠老师傅‘把脉’。但我觉得快乐炼铁是可以实现的。”高鹏解释说，“智慧高炉会发展到什么程度？到最后一定是计算机通过数据自学习发出控制指令，把人给解放出来，让人能够充分挖掘自己的智慧潜力，不断推动企业创新，自己实现有钱、有闲、有趣的‘三有’生活。”

谈话间，仰望智造“苍穹”的马钢人不忘脚踏实地。

“现在宝武内部每个季度都要评智慧制造指数，就是看‘四个一律’‘三跨融合’做得怎么样，各个基地都在力争上游。虽然我们目前排第二，但其他基地进步都特别快，真是前有标兵，后有追兵，一点不能松懈。”陈立君感慨道，“‘昨天’的智慧制造1.0，‘今天’的2.0，‘明天’的3.0、4.0，智慧制造这条路真的是任重道远，我们还是要不断学习、不断追赶、不断向前。”

E3　党建马钢　从强根铸魂到引领发展

从2020年8月19日习近平总书记到中国宝武马钢集团（下称马钢）考察调研至今，两年来，马钢在转型升级、智慧制造、科技创新等诸多方面都实现了大踏步的发展。“这一切都离不开党建工作的引领。”2022年8月3日，马钢集团党委书记、董事长丁毅在接受《中国冶金报》记者采访时表示。

“要深入学习领会习近平总书记考察调研马钢集团重要讲话精神，深刻认识新时代国有企业和钢铁行业的使命担当。”中国宝武集团党委书记、董事长陈德荣曾在学习时指出，中国宝武要不折不扣落实习近平总书记的谆谆教导和使命要求，主动融入长三角一体化发展，加快建设高质量钢铁生态圈。

在中国宝武党委的领导下，作为素有“江南一枝花”美誉的国有钢铁企业的马钢，党建工作将如何实践和创新，从强根铸魂到引领企业高质量发展？《中国冶金报》记者从一些侧面带来了观察。

E3.1 紧跟核心 创新打造马钢特色

2018年4月23日，为贯彻落实国家推进供给侧结构性改革、坚定不移化解过剩产能的要求，推动马钢实现高质量发展，安全运行60年的马钢9号高炉被永久关停，并作为爱国主义教育基地和工业遗址进行保存。一个甲子的转变，毛主席曾亲临视察的功勋高炉变身红色教育资源，这是马钢不忘初心、牢记使命的传承。

目前，马钢集团公司党委下属基层党委23个，直属总支2个，基层党（总）支部共227个，拥有8000多名党员。习近平总书记考察调研马钢集团两年来，马钢集团党委在中国宝武党委领导下，主动拉高标杆，站在新的起点思考和谋划党建工作，各单位始终坚持常态化学习习近平总书记系列重要讲话和指示批示精神，深入学习贯彻习近平总书记考察调研马钢集团重要讲话精神，常学深思践悟，学懂弄通做实，并在机制创新、形式创新、活动创新等方面努力打造马钢特色。

附图 E-14　马钢党史学习教育总结大会

“9号高炉变身红色教育资源正是我们开展‘三个课堂’的生动体现。”马钢集团党委工作部相关同志向《中国冶金报》记者介绍，2021年，马钢结合党史学习教育，在深入学习习近平总书记重要讲话精神方面开展了“三个课堂”的特色活动。

一是开办理论课堂。马钢把党史学习教育和业务培训相结合，针对党委领导干部开展重点专题培训，2021年共举办专题培训班17次、基层专业培训班600多次。

二是依托马钢各类教育阵地举办群众课堂。一方面，通过马钢网上教学平台组织学习，2021年共开发49门课程，学习人次超过37000次；另一方面，开展党史微宣传视频征集活动，鼓励各单位结合自己的实际制作微视频，通过讲故事的方式推动党史学习。同时，马钢围绕着新时代“江南一枝花”精神的新内涵，开展了一系列文化实践活动，推动宝武精神和价值观同马钢的“江南一枝花”优良传统相结合，起到以文化育人的效果。

三是依托红色资源开办初心课堂。习近平

总书记考察调研的马钢展厅（特钢）被评为中国宝武首批爱国主义教育基地，已被打造成红色教育基地；而 9 号高炉也正作为工业遗址进行开发保护，将成为新的爱国主义教育基地。另外，2021 年，马钢还组织 21 名党委书记、6000 余名基层职工到红色教育基地进行了现场教学。在学习中，马钢重点发挥基层党委创造力和战斗力，努力挖掘基层党建工作创新案例并向全公司推广，推动党建与生产经营深度融合。

马钢长材事业部历史悠久。近年来，随着改革的推进，长材事业部历经多次调整，形成了现有 20 个党支部，分散在多个产线和点位，基层党支部书记也大多随之调整，很多新任党支部书记缺乏党建工作的实际经验，怎么办？长材事业部原党委副书记赵广化向《中国冶金报》记者娓娓道来。

“那是 2021 年 1 月份，长材事业部党委研究决定，成立事业部党建发展指导组，成员由事业部党委在经验丰富的党务工作人员或退居二线的党支部书记中遴选，隶属事业部党群工作部管理，代表事业部党委对基层党支部党建工作进行督查指导。我们选定了 3 名同志组成党建发展指导组，要求他们动态参加各支部的‘三会一课’，对各支部党建工作进行监督，及时纠偏。”赵广化高兴地说，“一年多来，党建发展指导组的设立有效提升了基层党支部书记的工作水平，在推动上级党委各项部署要求在基层落实落地方面取得了实效。”

此外，长材事业部还推行了党员作业长担任党小组长的制度，形成党小组、作业长“两长”合一，“两组”同管的工作格局。“作业长是一条产线的负责人，把产线的负责人和党建的负责人‘糅’在一起，有助于推动党委各项部署的落实，也能提高工作效率。”赵广化介绍，2021 年 2 月份，长材事业部依据产线班次的特点和党员分布变化的实际，将党小组由之前的 95 个优化为 79 个，其中 67 名党小组长由作业长担任，从管理方式、工作机制上解决了“两张皮”的问题。“制度实行以后，作业长的干劲更足了，党建工作水平也上去了，工作也更具针对性、更有实效性，党建和生产经营工作的效率都得到了很大提升。”赵广化表示。

E3.2 围绕中心 联创联建必求实效

马钢南区，新特钢项目正在如火如荼地建设。两年前，习近平总书记考察调研马钢特钢公司时，对马钢的发展提出了殷切希冀。2021 年 11 月份，响应习近平总书记号召的新特钢项目开工建设，面对疫情等各种风险挑战，项目建设实现了安全、环保、质量、投资可控，这都离不开联创联建机制。

在马钢 2022 年第二季度党建工作例会上，丁毅指出，要围绕中心，围绕党组织联创联建、党员互学互促两个维度，努力探索构建具有马钢特色的基层党组织“双 543”联创联建新模式，在组织维度上，注重“五联四有三做到”（五联，即组织联建、资源联享、活动联办、阵地联动、难题联解；四有，即有目标、有清单、有机制、有效果；三做到，即做到紧跟核心、围绕中心、凝聚人心），体现组织力；在党员维度上，注重“五保四促三突出”（五保，即保安全、保生产、保设备、保士气、保奉献；四促，即促指标提升、促难题解决、促精益改善、促造物育人；三突出，即突出责任担当、突出无私奉献、突出联系群众），体现战斗力。目前，马钢集团正在开展 6 项公司级、80 余项基层单位级联创联建活动，推动基层党建与中心工作“双融双促”。

“马钢这种联创联建的模式与以往有很大不同。”马钢集团党委工作部相关同志表示。一方面是小切口，每一对联创联建的单位都要签订包含项目的协议书，而这些项目都以生产经营上的重点、难点问题作为切入口，并且每一个项目都有具体的指标。“这个指标和我们以往的指标也不一样，我们现在提出的指标是要力争达到宝武系前三名。”另一方面是制度建设。联创联建协议实行一年一签的制度，并对项目进行管理。“比如某个项目原定 12 个月完成，联创联建单位用 10 个月的时间就完成了，便可以立即滚动到下一个项目，这样就形成一个良性循环的鼓励机制。”

附图 E-15　马钢基层党组织联创联建签约仪式

对于联创联建的作用，马钢特钢公司有话要说。“新特钢项目是公司近年来最大的项目之一，项目建设进场人员多，包括安全、环保、廉政等各方面风险都比较大。”特钢公司党委副书记、工会主席汤怡啸向《中国冶金报》记者介绍，面对项目工期紧等问题，特钢公司以新特钢临时党支部等“党建+”为载体，与中国十七冶等施工单位党支部开展了“4+1+N”联创联建工作。

“4”即新特钢项目将要建立的 4 个分厂，在建设过程中同时建立党支部，“1”即新特钢临时党支部；“N”即所有参与建设的单位。“我们与参建单位全部签署了联创联建协议，在协议中把安全、质量等具体的目标、责任明晰化。”汤怡啸说，“我们在项目现场设立了宣传板，把协议双方党员的名字列上去，包括支部书记的联系方式，让大家形成‘这个区域我负责’的理念。一旦出现各种风险，现场人员可以直接联系两边的支部书记或党员，及时报告并解决问题。借助联创联建，我们把属于不同管理体系的多个公司的职工结合到一起，这就拓宽了管理范围，有效防范了各类风险。”

马钢新特钢项目启动建设以来，面对新冠肺炎疫情考验，项目建设施工参建人员共 1200 余人，未出现 1 个病例。“尤其是面对疫情，联创联建机制发挥了很大的作用。”汤怡啸表示，“我们借助联创联建成立了党员志愿者队伍，在对工地进行封闭管理的同时，发挥党员志愿者的管理作用，严格进场管理，实行‘一人一档案’，并协调核酸检测机构进场检测，便利职工。另外，党支部班子成员轮流在建设工地蹲点，现场督战，确保了项目建设不受疫情影响，保证了施工进度。”

此外，特钢公司还积极开展了内部联创联建。“最典型的例子就是我们与公司审计部门的联创联建。”汤怡啸介绍，新特钢项目建设过程中，特钢公司与马钢审计部门签订了联创联建协议，借助党建工作的互动，

附图 E-16　马钢新特钢项目进场防疫管理

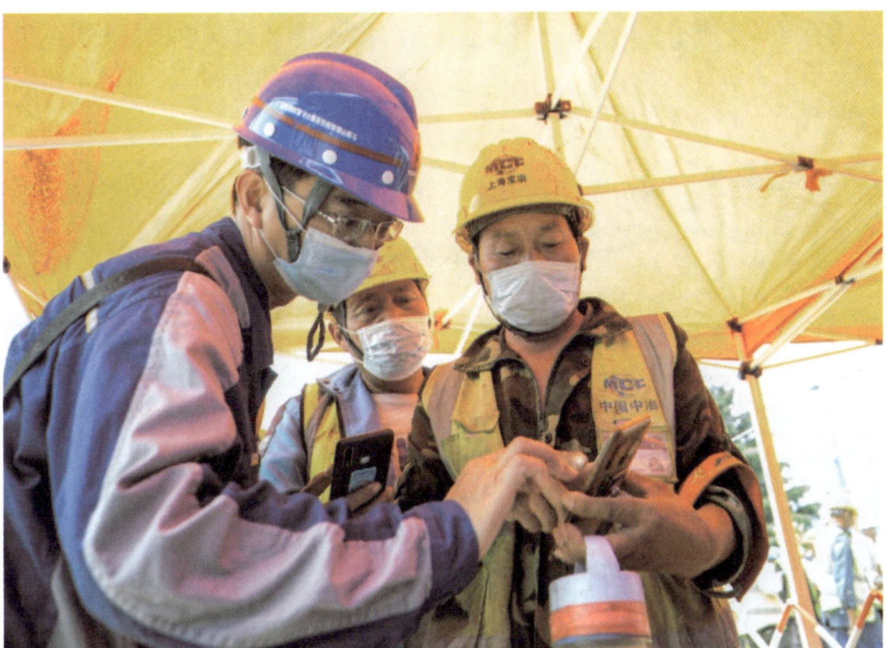

附图 E-17　党员志愿者检查进场人员防疫信息

让审计部门更早地介入工程建设，有效防范化解了工程建设中廉洁等方面的各类风险。

马钢品牌车轮产品是特钢公司的“拳头”产品，作为高铁列车的“跑鞋”，质量问题容不得半点马虎。为此，特钢公司与马钢交材等上下游工序单位签订协议，就质量、降本等设立目标，发动各分厂的党员与技术人员一同解决问题。“以前上下游各单位可能是各自为政，做好自己本职工作即可。现在，大家进行了联创联建，目标是一致的，劲往一处使，确保了产品质量，也贯彻了马钢提出的‘质量一贯制’的理念。”汤怡啸表示。

“我们的联创联建模式还延伸到乡村振兴的范畴，即公司内部的党组织和扶贫对象党组织也进行着联创联建，更好地推动乡村振兴措施的落地。”马钢集团党委工作部相关同志表示，下一步，马钢还将把这种模式推广到旗下的“网络钢厂”，通过国有企业和民营企业党组织的联创联建来构建和完善多机制管控模式，推动党建一贯到底。

E3.3　凝聚人心　汇聚干事创业合力

走进马钢特钢公司优质合金棒材生产线，一个“上有老，下有小，出了事故不得了”的灯箱标语引人注目。两年前，习近平总书记在考察调研马钢时特意停下脚步，询问了标语的来源。原来，这是特钢公司对各党支部征集的职工百条安全警句进行了梳理筛选，在生产线显著位置用灯箱的形式广而告之。这是特钢公司党委安全文化宣传的一部分，也是马钢集团党委通过党建工作凝聚人心的一个缩影。

“要凝聚人心，强引领汇合力。”丁毅在马钢 2022 年第二季度党建工作例会上指出，各级党员领导干部要持之以恒改进作风，巩固深化“我为群众办实事”实践活动，宣传部门要主动发声，营造正能量充盈、精气神充足、人人奋勇争先、处处精益高效的良好氛围。

2021 年，结合“我为群众办实事”活动，马钢开展了职工“三最”（最关心、最直接、最现实）实事项目征集工作。“我们以此为抓手，在集团党委层面分两批推出了 15 件大事，基层单位层面分 3 批推出了 446 项实事，在《马钢日报》等平台公示，接受群众监督，办实事项目的扎实开展，得到了广大职工的认可。”马钢集团党委工作部相关同志表示。

附图 E-18　“我为群众办实事”事项之一——马钢南区员工共享服务中心

马钢长材事业部是一个人数众多的基层单位，职工诉求相应也较多。“公司提出的‘四室两堂一所’，也就是操作室、休息室、更衣室、盥洗室、公共食堂、公共澡堂、公共厕所，也是长材事业部职工诉求较为集中的地方。”赵广化介绍，长材事业部党委积极开展“我为群众办实事”实践活动，多次开展职工座谈会，征集意见和建议。“一年来，我们围绕改善职工工作环境，实施完成了钢区炉台环境整治；围绕提升本质化安全，实施完成了巡检通道优化；围绕改善饮水品质，配套完成了饮用水管道改造；围绕职工所盼，修缮了92间职工‘四室’，改造12处公厕，翻新北区、线棒职工食堂，升级棒材、型钢浴室……目前，‘四室两堂一所’环境得到大幅度改善，职工的幸福感也大幅提升。”赵广化表示。

说到凝聚人心，赵广化回忆起了一年前的一次机构整合。马钢加入中国宝武后，以深度融入为契机，在股份公司开展了一系列改革，于2020年11月份开启的基层管理变革就是其中的重要一步。2021年初，马钢长材事业部与一钢轧总厂机构整合（后整合为新的马钢长材事业部）拉开帷幕，同时天车工、磨辊间员工、非在岗人员的划转作为另一项重要工作也正式启动。面对机构调整和人员岗位变动，部分职工出现情绪变化和心理波动。如何快速平稳完成整合融合，尽快发挥合力效应？

“各党支部积极开展职工思想状况调研、风险隐患排查，广泛征求职工代表意见，及时反映职工合理诉求。”赵广化讲述，事业部党委领导和各党支部党员骨干以维护和保障职工切身利益为出发点，对存在转岗思想疑虑的少数职工开展了一对一、多对一、多场次、多层面的谈心谈话，积极疏导劝导，缓释职工情绪。

张敏，原成品分厂党员，是首批调动的天车工，他结合自己的安置及收入情况，主动向分厂职工现身说法，帮助职工消除顾虑，积极投身全新岗位；中型材分厂党支部书记“追”到公司人力资源共享中心，对4名职工动之以情、晓之以理，帮他们渡过思想难关，4人欣然签署了同意书；线棒材分厂党支部书记、支部委员在相关岗位人员转岗截止日的前一天，与2名涉及转岗的职工及其家属交谈至深夜，终于做通其思想工作……

在长材事业部党委的努力下，整个改革过程平稳有序，未产生舆情事件，也确保了232名天车工、20名天车点检员、188名磨辊间员工、114名非在岗人员的平稳有序划转、移交，保障了职工利益。“这次整合让很多职工真切体会到了党组织在凝聚人心方面的作用，也让我们更有信心推进今后的党建工作。”赵广化表示。

马钢特钢公司展厅外，一批特殊的游客即将进入参观，这是埃斯科特钢党支部组织的职工子女参观活动。“特钢公司有一个说法叫职工来自马钢的‘五湖四海’，因为特钢公司的职工大多是从马钢其他公司或单位调任过来的。这种情况下，我们讲‘造物育人’，党建与文化相结合，用文化浸润人心就显得尤为重要。”汤怡啸说。

近水楼台先得月。近年来，特钢公司充分利用优棒产线、特钢展厅等自有的红色资源，组织职工、家属、市民等到这些教育基地参观学习，2021年，共有2000余人次到特钢公司的红色教育基地参观。“这些参观让大家能了解钢铁生产的过程，感知劳动创造的价值，也让公司的人文关怀向家庭、社会延伸。”汤怡啸表示，“公司党委还通过展板、报道等多种方式，积极宣传公司的道德模范、‘安徽好人’等，形成示范效应。通过这些文化建设，职工的自豪感和凝聚力都显著增强了，人心也就更齐了，干事创业的动力也就更足了。”

紧跟核心，围绕中心，凝聚人心，这一个个案例正是马钢在中国宝武党委领导下开展高质量党建工作的生动实践。

从强根铸魂到引领发展，如今的马钢正着力推进“党建创一流”创新实践，努力在中国宝武集团内形成具有马钢特色的党建品牌，以高质量党建引领保障高质量发展，向后劲十足大而强的新马钢阔步前进，以优异成绩迎接党的二十大胜利召开。

E4　创新马钢　从生产基地到科技先锋

2020 年 8 月 19 日上午，正在安徽考察调研的习近平总书记走进中国宝武马钢集团优质合金棒材车间，冒着高温察看生产运行情况，并同劳动模范、工人代表亲切交流。习近平总书记说："新冠肺炎疫情肆虐的这一段时间，社会经济都受到了影响，但是马钢比较早地复工复产，实现了产量和营销收入的同比双升，这也能看出我们的国有企业强大的韧性。你们创造了很多辉煌，现在把握自己的优势，顺应当前企业现代化发展的潮流，在现代企业改革发展中，特别是在长三角一体化发展中，把握机遇、顺势而上，为长三角一体化发展做出自己的贡献。"

"长三角一体化是国家战略，马钢加入中国宝武实际上是落实国家战略的一个切入点，而长三角一体化的关键在于 6 个字：一体化、高质量。" 2022 年 8 月 3 日，马钢集团党委书记、董事长丁毅对《中国冶金报》记者说。

2022 年 4 月份，马钢生产的 120 件时速 350 公里复兴号用高铁车轮完成发货，马钢成为国内首批进入高铁轮轴扩大装车运用阶段的轮轴生产企业，这是马钢技术创新的里程碑式事件。回首马钢过去几十年技术创新积累，放眼马钢技术创新体系的成长，与中国宝武重组之后的创新成果突破，马钢用"厚积薄发"诠释了其创新历程。

E4.1　厚积薄发　马钢创新战略定位大转变

"加入中国宝武以后，马钢的战略定位发生了重大变化。根据中国宝武的战略定位，马钢要成为全球钢铁业优特长材引领者，我们正在按照这个目标推进。" 丁毅说。

据了解，马钢加入中国宝武之后，以宝武"一基五元"战略为牵引，聚焦"中国宝武优特长材专业化平台公司和优特钢精品基地"新定位，聚力建设"后劲十足大而强的新马钢"，实施中国宝武"三高两化"（高科技、高市场占有率、高效率和生态化、国际化）的创新路径，加快新技术、新材料、新产品研发与应用。

"中国宝武集团党委书记、董事长陈德荣提出，要面向市场、面向用户、面向未来，这也是我们马钢技术创新的核心指导思想。为此，我们的主要工作目标是聚焦精品制造，提高新产品盈利能力。" 马钢技术中心副主任朱涛说。

对于长三角一体化的"重大机遇"，马钢人理解得很透彻。马钢规划与科技部副部长崔银会说："马钢板材、长材、特钢的主要用户集中在长三角，产业链下游集中在江浙沪，具有巨大的成本优势和区位优势。而且，长三角的高端制造业用户对钢厂的要求特点是规格多、批次多、用量小、品种全，对这些要求，马钢全品种规格的产品特点具有天然的适配优势。"

在新的创新战略下，马钢抓住机遇，重点推进以下创新：

首先，产品持续升级，巩固传统技术优势。H 型钢、车轮是马钢传统优势产品。近年来，马钢持续组织这几类品种的技术创新。

在 H 型钢方面，马钢攻克了厚壁重型热轧 H 型钢细晶高强韧化、抗层状撕裂、轧后 QST 控冷工艺等多项关键技术，开发了高低温韧性热轧 H 型钢、高寒地区油气结构用型钢、抗层状撕裂重型热轧 H 型钢等新产品，牵头制定了 12 项国家、行业标准，确立了马钢 H 型钢产品的国际品牌地位。

"2020 年，马钢建成国内首条年产 80 万吨重型 H 型钢生产线，填补国内空白；

自主开发超厚、超大规格等独有品种 40 个，实现 3 个重型热轧 H 型钢产品的国内首发。”朱涛介绍。马钢超大规格高强钢也首次在海外港口工程竞标中击败世界顶尖企业，超厚超宽 Z 向性能抗震钢首次实现在大型公共建筑核心构件里的批量应用，大规格耐低温钢首次实现在高速公路高架主梁中的批量应用。

附图 E-19　H 型钢产品

另外，马钢实现了高速车轮、大功率机车车轮等高端产品的自主化。马钢复兴号动车组 D2 高速车轮在实现国内首发并获得国内首张高铁车轮 CRCC（中铁检验认证中心）证书之后，又获得了世界制造业大会创新产品类金奖；今年实现了部分高铁全车列装。马钢人自豪地宣称：“中国高铁穿上了马钢的跑鞋。”

此外，马钢还开发了全球最大轴重（45 吨）重载车轮、全球最大牵引功率（28800 千瓦）机车车轮，中国标准地铁列车用车轮实现全球首发；马钢重载车轮在重载铁路发达的澳大利亚的市场占有率超过 60%，马钢机车车轮在全球知名机车制造商的占有率也超过 70%，开发出具有自主知识产权的多项关键冶金技术及系列高速重载列车用车轴钢产品，打破了国外垄断，达到国际领先水平。高速车轴通过法国法铁认证，出口欧洲等。

针对板材等重点用户如汽车厂商，马钢推行 EVI（供应商前期介入）技术服务。从 2020 年起，马钢累计实施 EVI 项目 55 项，新增销售量达 38 万吨，创销售利润 1.8 亿元。

其次，加速创新，拓展特钢市场空间。马钢特钢板块原本服务于车轮深加工，由于炼钢产能的富裕，马钢开始对特钢市场进行尝试性开发。加入中国宝武以来，马钢全面进军齿轮钢、轴承钢、风电能源用钢市场，在特钢领域实施全品种开发。依托强大的技术实力，马钢攻克了连铸大圆坯心部质量控制、超高纯净度控制等一系列关键技术，开发的超超临界高压锅炉管用钢达到国际先进技术水平，迅速推开市场。在此基础上，马钢计划完成南区 500 万吨年产能的特钢业务布局。

“我们今年已经开发了近 80 家特钢用户，明年计划开发新客户 100 家。”丁毅介绍。

据介绍，两年来，马钢组织实施各类科

附图 E-20　马钢交材车轮三线热轧处理区

附图 E-21　马钢板材成品库

研项目 409 项，其中承担政府重大科技项目 14 项，开展基础研究和应用项目 68 项；获授权专利 505 件，其中发明专利 187 件、PCT（专利合作协定）国际专利 4 件；制定、修订国家及行业标准 23 项；获国家、省部级科技进步奖 19 项。2020 年以来，马钢累计开发新产品 216 万吨，其中 2021 年实现新产品开发 139.6 万吨，创历史新高。

E4.2　勤于磨砺　创新利器历久弥坚

从 2000 年到 2021 年，马钢拓展了诸多产品领域：特钢、硅钢、冷轧板、汽车板等从无到有，型钢、车轮、高强钢筋等从有到强；年产能从 400 万吨增长到 2000 多万吨，产品从以长型材、车轮为主，逐渐调整为板带、长材、特钢、轮轴四大系列产品。20 多年间，马钢技术创新工作强势助力开发新产品2000余个品种，新产品在研期间销售量达1798万吨，近200项新产品项目得到安徽省、马鞍山市以及行业认定。

多年来，马钢技术创新的核心部门一直是马钢技术中心。由于马钢产品长期以来的全品种规格特点，马钢技术中心几乎拥有所有流程技术和产品品种的专业人才，科研团队多达300余人，其规模在业内各大钢铁企业中排到了前5位。早在2001年，马钢技术中心就已经是国家级企业技术中心，处于冶金行业前列，高于产能排名；车轮、型钢领域技术均为国内引领，板材、线材、特钢均处于国内第一梯队。

2020年6月份，马钢技术中心融入宝武中央研究院，确立了“成为全球钢铁业优特长材引领者”的目标。近年来，为支撑新产品开发和技术创新工作的推进，在中国宝武的支持下，马钢不断加大创新投入，完善科研开发和设计手段，持续开展技术中心实验能力建设，马钢技术创新进入加速期。

“2020年，马钢研发投入率达2.22%，2021年达3.99%，为国内同行业领先水平，2017年这一指标为1%。2020年，马钢研发人员占比达10.98%，2021年则提高到11.52%。”中国宝武工程科学家，马钢技术中心党委书记、主任张建告诉《中国冶金报》记者。为提升马钢轮轴系统创新能力，改善轮轴产品研发条件，马钢投资5590万元进行轮轴创新能力平台建设，新建的轮轴创新平台包括：设计与数值计算研究室、中试研究室、工艺材料研究室、检测研究室、应用技术与评价研究室、声学研究室。

为了提高高端电工钢、新能源汽车驱动电机用硅钢、汽车板以及精品线棒材产品研发能力，马钢先后购置了高低温高频磁测仪、电机性能测试仪、高磁感取向硅钢（HiB）脱碳和高温退火炉、硅钢专用剪板机、场发射扫描电镜、能谱仪（EDS）、EBSD（背散射电子衍射技术）、100千牛蠕变试验机、电感耦合等离子体质谱仪、红外碳硫仪、1200千牛材料试验机等实验设备。通过不断建设与完善，马钢技术中心已形成了集检验、仿真、焊接、腐蚀、产品开发以及中试实验为一体的各类实验平台19个，包含了烧结杯实验室、球团实验室、冶金性能实验室、数值模拟实验室、精炼物理模拟实验室、综合利用工艺实验室、腐蚀实验室、涂装模拟实验室、热处理工艺实验室等30余个实验室。

马钢技术创新注重实效。无论是2004年启动硅钢开发，还是2009年启动特钢开发，再到近两年的车轮和H型钢的品种升级，马钢都是基于自身的能力基础，锚定市场需求后果断出手。马钢也因此获得丰厚回报，2021年新产品销售占比达9.02%，同比增长43%；销售毛利总额约12.2亿元，同比增长102%。同时，传统产品的附加值大幅提高。2021年，马钢集团实现营业收入2093亿元，利润总额为113亿元，实现营收千亿元、利润破百亿元的历史突破。

E4.3 机制创新 三层体系锻造核心队伍

丁毅一直强调：“马钢要坚定不移实施创新驱动发展战略。”

如果说马钢技术中心是一支特种部队，这支部队发挥作用离不开其背后的主力部队、协同保障部队和指挥员的组织指挥能力。马钢强大的创新体系，一直是“一把手”工程。而马钢三层技术创新工作网络，是马钢技术创新的核心动力。

2001年，以技术中心为核心，马钢成立了技术管理推进委员会，建立了“技术创新决策层、科研机构核心层、制造单元工作层”的三层技术创新工作网络，以及“政、产、学、研、用”开放协同的技术创新体系。

技术创新决策层由最高管理者（公司领导）、技术管理推进委员会组成，负责对公司中长期科技发展规划、技术创新规划和重大科研项目的立项开展专项技术研讨、论证，对各专业领域前沿技术跟踪、前瞻性和共性技术研究、应用技术研究和现场转化，负责各专业领域技术对标、技术进步和制造能力提升等工作。

科研机构核心层主要由规划与科技部、技术中心、制造管理部、营销中心等组成，负责马钢科技创新工作的具体实施。其中，技术中心承担了公司重大、前沿、基础性项目和新产品、新技术、新工艺、新材料的研究与开发，科研成果的应用与转化支撑，生产过程技术难题（品种、质量、成本、工艺等）攻关与解决，重大技术的合作研究和用户使用技术研究，支撑公司重大工程开展自主集成技术创新研究及冶金产品的检验技术研究任务。

制造单元工作层主要由炼铁总厂、炼焦总厂、长材事业部、特钢公司、冷轧总厂、四钢轧总厂等组成，主要负责现场技术攻关、科技创新成果转化落地，并与科研机构核心层共同完成各项科研工作。

在这种框架之下，马钢形成了分工明确的技术创新联合发展协同机制：以公司领导为决策中心，确定马钢的战略产品技术定位和发展方向；以技术中心为主体进行基础研究和产品研发；各总厂进行应用和转化，推动岗位创新创效。

在此基础上，马钢植入了赛马机制。“我们叫拉高标杆，奋勇争先，精益运营，争创一流，不仅要跟过去比，而且还要在安徽省内比，要在宝武集团内横向比，并以此推动绩效提升。”丁毅说。

与中国宝武重组后，马钢融入宝武技术创新体系，借助宝武在板带材方面的共性成熟技术，巩固了原有的板材、长材生产技术，更多地参与到行业前沿技术的更新研发、宝武集团内兄弟单位的协同创新、宝武内部成熟技术成果的推广应用，推进了宝武集团内部的技术交流、对标挖潜，以及行业内的技术交流和技术贸易，大大提升了技术创新的平台高度和创新效率。

值得一提的是，在这一创新体系中，马钢设置了一个特殊的岗位：首席工程师。全公司有50名左右的首席工程师，他们既不属于技术中心，又不属于生产厂，而是由该公司领导和人力资源部直接管辖，主要负责技术中心和应用单位的衔接，负责新技术落地的过程设计和应用问题解决，大大提升了新技术落地的效率。此外，通过这些首席工程师对接的各总厂技术人员，有1000多人。在这种技术体制下，马钢把分散在技术中心、各分厂的技术人员，组织成为一个拥有1800多人的研发转化应用生产一体化的核心队伍。在这个团队的通力合作之下，马钢技术创新研发和生产落地应用实现了效率最大化。

更值得称道的是，在这1800多人中，技术研发、技术管理、各厂技术人员分工合作，职责明确，而且都有明确的上升通道，确保了整个科研团队的高效运作。

近几年，马钢加大科技创新投入和人才激励力度，通过公司和技术中心的“揭榜挂帅”“五小”（小发明、小创造、小革新、小设计、小建议）等攻坚机制，通过“企业科学家、首席工程师、科研工匠”等技术带头人层级建设，通过“团队长竞聘”等多措并举，实施实战化选拔、成熟人才靶向引进，体系化推进人才队伍建设和人才培养，构建起关键核心领域技术团队，使科技创新加快推进。

E4.4　延伸发展　打造“政产学研用”创新平台

马钢建立以市场为导向、以企业为主体、“政产学研用”开放、协同、高效的技术创新体系。

马钢积极承担政府科技项目，尤其是实

施“十四五”重点研发技术专项，推进共性技术研究。截至目前，马钢已建成各类省部级科技创新平台10个，其中包括轨道交通关键零部件先进制造技术国地联合工程研究中心、工业（车轮、H型钢）产品质量控制和技术评价实验室2个国家级创新平台，轨道交通关键零部件安徽省技术创新中心等5个省级创新平台，高性能建筑用钢产业技术创新战略联盟等3个技术创新战略联盟。2021年，马钢轨道交通关键零部件安徽省技术创新中心、轨道交通关键零部件先进制造技术国家地方联合工程研究中心分别获国家发展改革委、安徽省批准建设。

在产学研合作方面，马钢以项目为牵引，与高校和科研院所建立了开放型、高层次、多元化的产学研联合体，形成联合开发、委托开发、共建联合实验基地、人才培训等模式。

马钢与北京科技大学、燕山大学、钢铁研究总院、东北大学、安徽工业大学等单位合作，在热轧超高强复相钢的组织性能、低碳炼铁工艺、高强韧厚重热轧H型钢组织控制、超高强韧弹簧钢等领域，高磁感硅钢研发、高强度耐酸性腐蚀钢板开发、重型热轧H型钢控冷工艺、高成型性1000兆帕超高强钢开发等领域，以及贝氏体车轮钢研究方面开展合作，突破了车轮、汽车板、家电板、硅钢、型钢产品等一系列技术。

在此基础上，马钢强化技术创新供应链思维，与高校、科研院所合作推行“基地+原创技术”模式。高校教师的科研成果可为攻关项目提供理论支撑，企业的先进技术装备和行业经验可为科研项目提供验证平台，降低技术难题的验证难度，缩短研发和成果商品化周期。

近3年，马钢和高校、科研院所共签订技术合同101项，成交额达4800万元，同时从各大高校引进人才10人，共同培养博士3人。此外，马钢对板带、长材、特钢、轮轴四大类产品进行专利导航，根据各类产品在世界各国的知识产权特点和发展趋势，在轨道交通、高性能建筑钢材、汽车板、电工钢和环保型焦炉技术等技术领域展开专利布局，构建若干专利池，并优先在轮轴和H型钢领域申请海外专利，加强海外布局，提升国际竞争力。截至2021年底，马钢累计申请专利3947件，其中发明专利2283件；累计获得授权专利2509件，其中发明专利919件；累计获得中国专利奖、安徽省专利奖11项。

2020年以来，借助中国宝武的技术优势，马钢进一步调整战术，充分利用宝武和马钢原有的板带、长材的成熟技术，把技术创新的主要精力转向优势产品如H型钢、车轮车轴新品种的研发，向新能源领域进军，集中研发力量主攻新材料、新技术、新工艺，打造优特钢和优特长材新优势，为取得新的市场胜利打下基础。

面向未来，马钢设定了新的目标——科技综合实力稳居全国同行业前列：优特钢技术创新能力国内先进、全球引领，综合竞争力进入国内前列；轮轴技术创新能力全球第一；H型钢技术创新和综合竞争力保持国内第一，全球一流；板带产品向中高端升级发展，综合竞争力进入国内第一梯队。这些，将支撑马钢成为全球钢铁业优特长材引领者。